DA PRÁTICA LABORAL
À LUZ DO *NOVO* CÓDIGO
DO TRABALHO

Obras publicadas:

PAULA QUINTAS
- "Regime (O) Jurídico dos Despedimentos", Almedina, 2007, reimp., em co-autoria.
- "Regulamentação do Código do Trabalho", Almedina, 2006, 3.ª ed., em co-autoria.
- "Código do Trabalho Anotado e Comentado", Almedina, 2007, 5.ª ed., em co-autoria.
- "Prática (Da) Laboral à Luz do Novo Código do Trabalho", Almedina, 2006, 3.ª ed., em co-autoria.
- "Direito do Turismo", Almedina, 2003.
- "Legislação Turística Anotada", 3.ª ed., Almedina, 2007.
- "Direito de segurança, higiene e saúde no trabalho, Almedina, 2006.
- "Problemática (Da) do Efeito Directo nas Directivas Comunitárias", *Dixit*, 2000.
- "Regime Jurídico dos Títulos de Crédito – Compilação anotada com Jurisprudência", Almedina, 2000, em co-autoria.
- "Legislação Turística Comentada e Anotada", Almedina, 2000.
- "Direito do Consumidor e Tutela de Outros Agentes Económicos", Almeida & Leitão, Lda., 1998.

HELDER QUINTAS
- "Regime (O) Jurídico dos Despedimentos", Almedina, 2007, reimp., em co-autoria.
- "Regulamentação do Código do Trabalho", Almedina, 2006, 3.ª ed., em co-autoria.
- "Código do Trabalho Anotado e Comentado", Almedina, 2007, 5.ª ed., em co-autoria.
- "Prática (Da) Laboral à Luz do Novo Código do Trabalho", Almedina, 2006, 3.ª ed., em co-autoria.
- "Direito dos Transportes – Legislação Nacional, Internacional e Comunitária: Jurisprudência Nacional e Comunitária", Almedina, 2002, em co-autoria.
- "Regime Jurídico dos Títulos de Crédito – Compilação Anotada com Jurisprudência", Almedina, 2000, em co-autoria.

Artigos Publicados:

PAULA QUINTAS
- "A *dificultosa* transposição da Directiva 98/59/CE, do Conselho, de 20 de Julho de 1998 (despedimentos colectivos)", *Scientia Iuridica*, n.º 302.
- "A precariedade dentro da precariedade ou a demanda dos trabalhadores à procura de primeiro emprego", Questões Laborais, n.º 24.
- "A directiva n.º 80/987 (quanto à aproximação das legislações dos Estados-membros respeitantes à protecção dos trabalhadores assalariados em caso de insolvência do empregador) – o antes e o depois de *Francovich*", Questões Laborais, n.º 16.
- "A *preversidade* da tutela indemnizatória do art. 443.º do CT – a desigualdade entre iguais (breve reflexão)", do Prontuário do Direito do Trabalho, n.º 71, CEJ
- "A utilidade turística – a urgência de uma actualização", RPDC, n.º 46.

PAULA QUINTAS
ADVOGADA
PÓS-GRADUADA EM ESTUDOS EUROPEUS
MESTRE EM DIREITO COMUNITÁRIO
PROFESSORA DO ENSINO SUPERIOR

HELDER QUINTAS
ADVOGADO

DA PRÁTICA LABORAL À LUZ DO *NOVO* CÓDIGO DO TRABALHO

4.ª EDIÇÃO

DA PRÁTICA LABORAL.
À LUZ DO *NOVO* CÓDIGO DO TRABALHO

AUTORES
PAULA QUINTAS, HELDER QUINTAS

EDITOR
EDIÇÕES ALMEDINA, SA
Avenida Fernão de Magalhães, n.º 584, 5.º Andar
3000-174 Coimbra
Tel.: 239 851 904
Fax: 239 851 901
www.almedina.net
editora@almedina.net

PRÉ-IMPRESSÃO • IMPRESSÃO • ACABAMENTO
G.C. – GRÁFICA DE COIMBRA, LDA.
Palheira – Assafarge
3001-453 Coimbra
producao@graficadecoimbra.pt

Setembro, 2007

DEPÓSITO LEGAL
264471/07

Os dados e as opiniões inseridos na presente publicação
são da exclusiva responsabilidade do(s) seu(s) autor(es).

Toda a reprodução desta obra, por fotocópia ou outro qualquer processo,
sem prévia autorização escrita do Editor,
é ilícita e passível de procedimento judicial contra o infractor.

PREFÁCIO DA 4.ª EDIÇÃO

Nesta nova edição introduziram-se três novos regimes de suprema importância, relativos:

– ao exercício do direito de livre circulação e residência dos cidadãos da União Europeia e dos membros das suas famílias, previsto na Lei n.º 37/ /2006, de 9 de Agosto;

– à entrada, permanência, saída e afastamento de estrangeiros do território nacional, aprovado pela Lei n.º 23/2007, de 4 de Julho;

– ao contrato temporário, constante da Lei n.º 19/2007, de 22 de Maio.

Indicou-se também alguma da mais recente jurisprudência nacional e comunitária.

Aproveitamos, ainda, para actualizar as notas à minuta de contrato de trabalho temporário, levando em consideração o novo regime aprovado pela Lei n.º 19/2007, de 22 de Maio e para inserir duas novas minutas, relativas ao contrato de trabalho de estrangeiro.

Grijó, 13 de Setembro de 2007

PREFÁCIO DA 3.ª EDIÇÃO

Na presente edição, no geral, introduziram-se alterações pontuais, eminentemente na perspectiva de actualizar e melhorar as matérias tratadas.

A título de novidade, e em particular:

– anotaram-se as minutas do *contrato de cedência de trabalhadores* e do *contrato de trabalho temporário;*
– aditou-se e anotou-se uma minuta de *renovação de contrato de trabalho a termo certo;* e
– inseriu-se a anotou-se uma *carta de suspensão da prestação de trabalho motivada pela mora salarial.*

Melhorou-se ainda a parte dedicada à segurança, higiene e saúde no trabalho, actualizando-se a legislação aí apresentada.

Por último, aditou-se um novo Capítulo, respeitante ao **Direito Comunitário do Trabalho**, que, a nosso ver, cada vez mais deverá ser tratado e valorizado. Desenvolveu-se, especificamente a entrada e permanência em Portugal de cidadãos estrangeiros, para fins de prestação de uma actividade laboral.

A essência da obra mantêm-se, assumindo plenamente a sua vertente prática, para além do, sempre necessário, enquadramento teórico.

A todos que permitiram esta nova edição, a promessa do nosso empenho em fazer mais e melhor, usando como mote *crescit eundo* (cresce caminhando) ...

Grijó, 20 de Janeiro de 2006

PREFÁCIO DA 2.ª EDIÇÃO

Na edição que agora se publica, procurou-se enquadrar a recente Regulamentação do Código do Trabalho (RCT), aprovada pela Lei n.º 35/ /2004, de 29.07, que veio dotar de exequibilidade vários regimes protectivos, *v.g.*, maternidade, trabalhador-estudante, menores, organização dos serviços de segurança, higiene e saúde no trabalho; e proceder à definição de conceitos essenciais, nomeadamente, alcance da figura do agregado familiar, sentido da discriminação directa e indirecta, âmbito do conceito trabalho igual e trabalho de valor igual.

Desenvolveu-se ainda a parte referente ao Direito Comunitário, como fonte normativa, realçando-se a discussão sobre o Tratado Constitucional Europeu.

Para além dessas actualizações, manteve-se, na íntegra, a estrutura da obra.

GRIJÓ, 09 de Novembro de 2004

PREFÁCIO

A presente obra pretende proceder à demonstração prática do novo regime do direito do trabalho e do processo do trabalho. Em especial, após as novidades introduzidas pela codificação.

Não é portanto, um trabalho de feição académica, outrossim foi concebido tendo em vista corresponder às necessidades dos chamados *práticos do direito*.

Com esse intuito, é pontuada com esquemas e exemplificações (*cenários* de casos concretos).

Assim, apresenta jurisprudência relevante, que, apesar de ainda produzida à luz da lei revogada, mantém toda a sua pertinência.

Incidindo sobre alguns temas completamente novos na sua dinâmica jurídica, padecerá, concerteza, de vícios de tratamento, que através de uma melhor e futura ponderação, análise e comparação, esperamos, venham a ser corrigidos.

Assim, a estrutura da obra é apresentada da seguinte forma:

Parte I – Direito do Trabalho

Parte II – Do Processo do Trabalho

Parte III – Minutas contratuais, procedimentais e processuais anotadas.

As partes I e II são meramente descritivas, incidindo sobre alguns dos mais importantes temas laborais, e, em especial, conforme já dito, cuidando das principais novidades do regime codificado.

A parte III, como indica o título, vem dar aplicação prática à estrutura anterior, apresentando algumas notas explicativas e comparativas da lei antiga *v.* lei nova.

A todos, o nosso agradecimento...

GRIJÓ, 10 de Maio de 2004

GLOSSÁRIO

AAFDL — (Associação Académica da Faculdade de Direito de Lisboa)
Ac. — (Acórdão)
ADSTA — (Acórdãos Doutrinais do Supremo Tribunal Administrativo)
AECL — (Associação Europeia de Comércio Livre)
AUE — (Acto Único Europeu)
BFD — (Boletim da Faculdade de Direito da Universidade de Coimbra)
BMJ — (Boletim do Ministério da Justiça)
BTE — (Boletim do Trabalho e Emprego)
CAAS — (Co. de Aplicação do Acordo de Schengen)
CC — (Código Civil, aprovado pelo Decreto-Lei n.° 47 344, de 25 de Novembro de 1966)
CCJ — (Código das Custas Judiciais, aprovado pelo Decreto-Lei n.° 224-A/96, de 26 de Novembro)
CCom. — (Código Comercial, aprovado pelo Lei de 28 de Junho de 1888)
CE — (Comunidade Europeia)
CECA — (Comunidade Económica do Carvão e do Aço)
CEDH — (Convenção Europeia dos Direitos do Homem)
CEE — (Comunidade Económica Europeia)
CEEA — (Comunidade Económica de Energia Atómica)
CEEP — (Centro Europeu das Empresas Públicas)
CEJ — (Centro de Estudos Judiciários)
CES — (Confederação Europeia dos Sindicatos)
CID — (Classificação Internacional de Doenças)
CIRE — (Código da Insolvência e da Recuperação de Empresas, aprovado pelo Decreto-Lei n.° 53/2004, de 18 de Março)
CJ — (Colectânea de Jurisprudência)
CJTJ — (Colectânea de Justiça do Tribunal de Justiça da Comunidade Europeia)
CNDT — (Congresso Nacional de Direito do Trabalho)
CNot. — (Código do Notariado, aprovado pelo Decreto-Lei n.° 207//95, de 14 de Agosto)

CNPD	(Comissão Nacional de Protecção de Dados)
COREPER	(Comité dos Representantes Permanentes)
CPC	(Código do Processo Civil, aprovado pelo Decreto-Lei n.° 44129 de 28 de Dezembro de 1961)
CPE	(Cooperação e Política Externa)
CPEREF	(Código dos Processos Especiais de Recuperação da Empresa e de Falência, aprovado pelo Decreto-Lei n.° 315/98, de 20 de Outubro)
CPP	(Código de Processo Penal, aprovado pelo Decreto-Lei n.° 78/ /87, de 17 de Fevereiro)
CPT	(Código de Processo do Trabalho, aprovado pelo Decreto-Lei n.° 480/99, de 09 de Novembro)
CRP	(Constituição da República Portuguesa, de 02 de Abril de 1975)
CSC	(Código das Sociedades Comerciais, aprovado pelo Decreto-Lei n.° 262/86, de 02 de Setembro)
CT	(Código do Trabalho, aprovado pela Lei n.° 99/2003, de 27 de Agosto)
DLJ	(Dicionário de Legislação e Jurisprudência)
DR	(Diário da República)
DUDH	(Declaração Universal dos Direitos do Homem)
EEE	(Espaço Económico Europeu)
EFTA	(European Free Trade Association)
EIRL	(Estabelecimento Individual de Responsabilidade Limitada)
EMJ	(Estatuto dos Magistrados Judiciais)
EUROPOL	(Serviço Europeu de Polícia)
GDE	(Gabinete de Direito Europeu)
FGS	(Fundo de Garantia Salarial)
IDICT	(Instituto de Desenvolvimento e Inspecção das Condições de Trabalho)
IGT	(Inspecção Geral do Trabalho)
IMT	(Imposto Municipal sobre as Transacções, aprovado pelo Decreto-Lei n.° 287/2003, de 12 de Novembro)
IMTOI	(Imposto Municipal sobre Transmissão de Bens Onerosos, aprovado pelo Decreto-Lei n.° 287/2003, de 12 de Novembro)
JOC	(Jornal Oficial das Comunidades Europeias)
LAT	(Regime Jurídico dos Acidentes de Trabalho, aprovado pela Lei n.° 100/97, de 13 de Setembro)
LCCT	(Regime Jurídico da Cessação do Contrato de Trabalho, aprovado pelo Decreto-Lei n.° 64-A/89, de 27 de Fevereiro)
LCT	(Regime Jurídico do Contrato Individual de Trabalho, aprovado pelo Decreto-Lei n.° 49408, de 24 de Novembro de 1969)

Glossário

LDT	(Regime Jurídico da Duração do Contrato de Trabalho, aprovado pelo Decreto-Lei n.º 409/71, de 27 de Setembro)
LFFF	(Regime Jurídico das Férias, Feriados e Faltas, aprovado pelo Decreto-Lei n.º 874/76, de 28 de Dezembro)
LPDP	(Lei de Protecção de Dados Pessoais, aprovada pela Lei n.º 67/98, de 26 de Outubro)
LSCT	(Regime Jurídico da Suspensão do Contrato Individual de Trabalho, aprovado pelo Decreto-Lei n.º 398/83, de 02 de Novembro)
LSA	(Regime Jurídico dos Salários em Atraso, aprovado pela Lei n.º 17/86, de 14 de Junho)
LTC	(Lei do Tribunal Constitucional, aporvada pela Lei n.º 28/82, de 15 de Novembro)
LTS	(Regime Jurídico do Trabalho Suplementar, aprovado pelo Decreto-Lei n.º 421/83, de 02 de Dezembro)
LTT	(Regime Jurídico do Trabalho Temporário, aprovado pelo Decreto-Lei n.º 358/89, de 17 de Outubro)
MJ	(Ministério da Justiça)
NATO	(North Atlantic Trade Organization)
OCDE	(Organização Europeia de Desenvolvimento Económica)
OECE	(Organização Europeia de Cooperação Económica)
OIT	(Organização Internacional de Trabalho)
OMC	(Organização Mundial do Comércio)
PAC	(Pauta Aduaneira Comunitária)
PDT	(Prontuário de Direito do Trabalho)
PE	(Parlamento Europeu)
PESC	(Política Externa e de Segurança Comunitária)
PGR	(Procuradoria Geral da República)
QL	(Questões Laborais)
RC	(Relação de Coimbra)
RCT	(Regulamentação do Código do Trabalho, aprovada pela Lei n.º 35/2004, de 29 de Julho)
RDES	(Revista de Direito e de Estudos Sociais)
RE	(Relação de Évora)
RJCCG	(Regime Jurídico das Cláusulas Contratuais Gerais, aprovado pelo Decreto-Lei n.º 446/85, de 23 de Outubro)
RL	(Relação de Lisboa)
ROA	(Revista da Ordem dos Advogados)
RP	(Relação do Porto)
RPDC	(Revista Portuguesa de Direito do Consumo)
SEF	(Serviço de Estrangeiros e Fronteiras)

SIS	(Sistema de Informação Schengen)
STJ	(Supremo Tribunal de Justiça)
TAC	(Tarifa Aduaneira Comunitária)
TC	(Tribunal Constitucional)
TCE	(Tratado Constitucional Europeu)
TJCE	(Tribunal de Justiça das Comunidades Europeias)
TR	(Tratado de Roma)
TUE	(Tratado da União Europeia)
UEO	(União da Europa Ocidental)
UNICE	(União das Confederações da Indústria e dos Empregadores da Europa)
UE	(União Europeia)

PARTE I

DIREITO DO TRABALHO

CAPÍTULO I
A Relação Jurídico-Laboral

1. A relação jurídico-laboral – introdução

A definição de contrato (ou negócio jurídico bilateral), tem colhido entre nós entendimento pacífico, este apresenta-se como o resultado da reunião de duas ou mais declarações de vontade, de conteúdo diverso e até oposto (uma proponente, a outra aceitante), visando a produção de um determinado efeito jurídico unitário embora com um significado próprio para cada parte.[1]

A relação jurídico-laboral como qualquer relação jurídica assenta num determinado acto jurídico (contrato) realizado entre dois intervenientes com capacidade jurídica plena ou suficiente (caso dos menores quando a lei lhes permite contratar, art. 127.º do CC e arts. 53.º e ss do CT)[2], em que um deles recebe a chamada prestação laboral, de índole física e intelectual, em troca de retribuição.

Como bem explica PEDRO ROMANO MARTINEZ:[3] "No domínio da relação laboral pressupõe-se a existência de uma prestação de

---

[1] Nas palavras de MANUEL DE ANDRADE, *in* "Teoria Geral da Relação Jurídica", vol. II, Coimbra, Almedina, 1987, p. 38, "nos negócios jurídicos bilaterais ou contratos há duas ou mais declarações de vontade – ou grupos de declarações de vontade (*declarações de vontade plurais*) –, com conteúdos diversos e até opostos, mas que se harmonizam ou conciliam reciprocamente, que se ajustam uma à outra como as diversas partes do mesmo objecto, pois se dirigem à produção de um *resultado jurídico unitário*, embora tendo para cada um dos declarantes – ou grupos de declarantes – *significações* distintas, e até de certo modo antagónicas. São declarações ou grupos de declarações *convergentes*".

[2] Aprovado pela Lei n.º 99/2003, de 27 de Agosto, rectificado pela Declaração de Rectificação n.º 15/2003, de 28.10 e alterado pela Lei n.º 9/2006, de 20.03.

[3] "Direito do Trabalho", Instituto do Direito do Trabalho, Almedina, 2002, p. 275.

facto. De entre as prestações de facto, a actividade laboral corresponde a uma obrigação de meios, que impõe uma actividade a prosseguir, independentemente da obtenção do seu fim; deste modo, a não obtenção do fim é, em princípio, irrelevante, pois, não afecta, nem a validade, nem a perfeita execução do contrato de trabalho. Assim, se o trabalhador desenvolver a actividade diligentemente, mas, por causa que não lhe seja imputável, o fim pretendido pelo empregador não se verifica, a remuneração continua a ser devida.

O empregador terá de providenciar no sentido de a actividade desenvolvida atingir o fim pretendido; se este não for obtido é um risco da entidade patronal, na medida em que tem de pagar a retribuição devida pela actividade do trabalhador, não obstante o objectivo não se ter atingido".

O contrato de trabalho constitui ainda "uma relação obrigacional complexa, porque dela emergem deveres principais [em especial, prestar uma actividade e pagar a remuneração), deveres secundários (...) e deveres acessórios de conduta (por exemplo, tratar com urbanidade o empregador e companheiros de trabalho e não divulgar segredos de produção (...) ou proporcionar boas condições de trabalho (...)]", explica o mesmo Autor[4].

2. O empregador-empresário

O empregador (proponente ou aceitante) pode possuir ou não uma dinâmica empresarial.

Para o nosso estudo, vamos cuidar apenas do chamado empregador-empresário:

A constituição empresarial pode assumir a forma de estabelecimento individual de responsabilidade limitada, de cooperativa ou de sociedade comercial, relembrando-se, no entanto, que o termo "empresa" colhe igualmente para o empresário em nome individual.

– Na figura do *empresário em nome individual*, não há qualquer separação patrimonial, antes pelo contrário, o património pessoal (con)funde-se com o empresarial.

---

[4] "Incumprimento contratual e justa causa de despedimento", Estudos do Instituto de Direito do Trabalho, vol. II (Justa causa de despedimento), Almedina, 2001, p. 95.

A Relação Jurídico-Laboral 21

– Para obviar a tal (con)fusão patrimonial foi criado pelo Decreto-Lei n.º 248/86, de 25.08, o instituto do *Estabelecimento Individual de Responsabilidade Limitada* (EIRL).

Pretendia-se com este regime limitar a responsabilidade pelas dívidas geradas com o exercício da actividade empresarial ao próprio património do EIRL (cfr. art. 10.º e 11.º do Decreto-Lei n.º 248/ /86, de 25.08).

A figura sempre despertou muito pouco interesse, e agora com motivos mais que justificados, face à realidade das sociedades unipessoais por quotas.

– As *cooperativas* entendidas como "pessoas colectivas autónomas, de livre constituição, de capital e composição variáveis, que, através da cooperação e entreajuda dos seus membros, com obediência aos princípios cooperativos, visam, sem fins lucrativos, a satisfação das necessidades e aspirações económicas, sociais ou culturais daqueles" (art. 2.º da Lei n.º 51/96, de 07.09, que aprovou o Código Cooperativo) não obstante possuírem regras próprias de funcionamento, recorrem quando necessário (*i.e.*, quando o seu próprio regime jurídico não apresenta a solução jurídica para resolver determinado caso) às normas do Código das Sociedades Comerciais, pelo que não nos deteremos no seu regime específico.

– A constituição da *sociedade comercial* obedece necessariamente à tipologia do art. 1.º-2 do Código das Sociedades Comerciais (CSC), que ao adoptar o *princípio da tipicidade*, obriga a que a escolha incida sobre um dos tipos propostos. Uma vez escolhido este, tem o empresário necessariamente que se conformar com o seu regime, não podendo enxertar na futura sociedade, *v.g.*, em nome colectivo, aspectos referentes apenas às sociedade por quotas, salvo o disposto nas normas legais supletivas, que permitem desde logo que as partes afastem a sua aplicação, escolhendo, naquela matéria, uma outra regulação jurídica.

Refere o artigo citado que: "São sociedades comerciais aquelas que tenham por objecto a prática de actos de comércio e adoptem o tipo de sociedade em nome colectivo, de sociedade por quotas, de sociedade anónima, de sociedade em comandita simples ou de sociedade em comandita por acções".

Desde 1996 (mais propriamente com o Decreto-Lei n.º 257/96, de 31.12) foi acolhida a possibilidade de as sociedades por quotas nascerem sob a forma de sociedades unipessoais (é a chamada *uni-*

pessoalidade originária), a sociedade constitui-se desde início apenas com um só titular, detentor da totalidade do capital social. Por sua vez, na *unipessoalidade superveniente*, a sociedade queda-se por um único titular, fruto das vicissitudes empresariais.

Segundo o art. 270.°-A, n.° 1, do CSC, "A sociedade unipessoal por quotas é constituída por um sócio único, pessoa singular ou colectiva, que é o titular da totalidade do capital social."

2.1. *O regime jurídico das sociedades comerciais quanto à responsabilidade pelas dívidas sociais*

Analisemos em diagonal e de forma muito sumária, os diferentes tipos societários, quanto ao regime de responsabilidade dos sócios perante os credores sociais:

Quanto às *sociedades em nome colectivo*, refere o art. 175.°, n.° 1, 2ª parte, do CSC, que pelas obrigações sociais responde *directamente* o património da sociedade comercial.

No entanto, na insuficiência ou inexistência de património social, responde também o sócio. Usando as palavras do legislador, "o sócio responde pelas obrigações sociais *subsidiariamente* em relação à sociedade".

O sócio além de responder subsidiariamente, responde ainda solidariamente com os outros sócios. *I.e*, o sócio com capacidade económica deverá satisfazer a parte do sócio que não a tem, podendo posteriormente recuperar essa perda, através do chamado *direito de regresso* (n.° 3).

As *sociedades por quotas* caracterizam-se como sociedades de responsabilidade limitada, assim pelas dívidas sociais responde exclusivamente o património social (art. 197.°, n.° 3, do CSC), não impondo a lei, subsidiariamente ou não, igual responsabilidade para os sócios. Possuindo as sociedades personalidade jurídica após seu registo definitivo (art. 5.°, do CSC), no caso particular das sociedades por quotas, o património social constitui o *limite de responsabilização* da sociedade perante os credores sociais.

Podem, no entanto, os sócios acordar em que um ou mais deles respondam também directamente pelos credores sociais até determinado montante, uma responsabilidade que embora directa é limitada, portanto (art. 198.°, n.° 1, do CSC).

A *Relação Jurídico-Laboral*

Também aqui o sócio que suporta exclusivamente essa perda, tem direito de regresso contra a sociedade pela totalidade do que houver pago (n.º 3) e não contra os outros sócios, como vigora no tipo societário anterior, uma vez que, como já dito, não colhe aqui o regime de responsabilidade subsidiária dos sócios.

O regime das *sociedade anónimas* assemelha-se em quase tudo ao das sociedade por quotas, com uma importante excepção, não se admite, em caso algum, a responsabilidade directa de um ou mais sócios perante os credores sociais. Configurando as sociedades anónimas, segundo a clássica abordagem doutrinária, *sociedades de capitais*, sociedades em que o elemento capitalístico é o dominante, decorre daí que o seu regime de responsabilidade assenta exclusivamente no património social. Segundo este mesmo entendimento doutrinário, assim como as sociedade anónimas são o paradigma das sociedades de capitais, as sociedades em nome colectivo, seriam o paradigma das *sociedades de pessoas*. Configurando as sociedades por quotas, um regime híbrido, que recebe influências tanto das sociedades de capitais, como das sociedades de pessoas.

As *sociedades em comandita*, são subdivididas em sociedades em comandita simples e em sociedades em comandita por acções, às primeiras, aplicam-se as disposições respeitantes às sociedades em nome colectivo (art. 474.º, do CSC); às segundas, aplica-se o regime das sociedades anónimas (art. 478.º, do CSC).

3. O contrato de trabalho como contrato de adesão

Atenta a vertente socializante da relação jurídica em causa, o legislador cuida, aqui, de a enformar (em aspectos entendidos como mais penalizantes para o trabalhador) com alguns limites à autonomia da vontade do empregador.

Como sabemos, muitas (amiúdes) vezes o trabalhador limita-se a aderir a um contrato pré-formulado, não lhe cabendo qualquer poder negocial para o modelar a seu contento.

A disparidade entre as partes é aqui bem manifesta.

Os contratos, em que ao trabalhador cabe reduzida ou inexistente actividade reguladora e conformadora, são configurados agora pelo Código do Trabalho, expressamente, como contratos *de adesão* (art. 96.º, do CT), sendo-lhes a aplicáveis não só o regime jurídico laboral, como também o regime jurídico das cláusulas contratuais gerais[5].

São vários os AA. que entendem que a liberdade contratual (e por inerência a liberdade de modelação contratual) se quedam, nos nossos dias, apenas pela *liberdade de contratar ou não*[6]. Apresentando para esse facto motivos tendencial e essencialmente económicos (nomeadamente o domínio das posições de supremacia ou monopólio no mercado dos fornecedores ou prestadores), o que limita o leque de potenciais alternativas negociais, em detrimento do contraente particular.

No entanto, sempre se diga que a liberdade de não contratar ("exercício negativo da liberdade de celebração", nas palavras de Sousa Ribeiro[7]) apresenta um outro efeito, perverso para o contraente mais forte:

"Quando o consumidor valora como excessivamente elevado o preço que lhe é exigido ou como desmedidamente onerosas as condições contratuais tem – reconhece-se – escassas possibilidades de entrar em negociações e de obter uma modificação desses elementos favorável aos seus interesses. Mas isso não significa que ele fique, de imediato, exposto ao «poder económico» da contraparte. Ainda lhe sobra a possibilidade de se desviar para a oferta mais vantajosa de um concorrente; no caso de esta não existir, pode decidir-se pela aquisição de um sucedâneo aceitável e, em último termo, renunciar à satisfação da necessidade que o levava ao contrato. Estas decisões, se multiplicadas por um número significativo de sujeitos, conduzem a movimentações do mercado e a mudanças nas condições de oferta", explica o mesmo A..[8]

---

[5] Aprovado pelo Decreto-Lei n.º 446/85, de 25.10, alterado pelo Decreto-Lei n.º 220/95, de 31.08 e pelo Decreto-Lei n.º 249/99, de 07.07, adiante RJCCG ou CCG.

[6] *V.* Sousa Ribeiro, "O Problema do Contrato – As cláusulas contratuais gerais e o princípio da liberdade contratual", Coimbra, Almedina, Colecção Teses, ISBN 972-40-1176-3, p. 61 e 203.

[7] *Op. cit.,* p. 208.

[8] *Op. cit.,* p. 208.

Os contratos de adesão designados também por contratos-tipo ou pré-fixados[9], são correntemente definidos como contratos destinados a grupos de pessoas e não ao sujeito concreto, que se apresentam como formas contratuais em que o conteúdo da liberdade contratual, *i.e*, a paridade entre as partes, a liberdade de decisão e a possibilidade do exercício de escolha[10], se encontra limitado ou de algum modo cerceado[11].

O art. 405.º, do CC desdobra o princípio da liberdade contratual, quer como a liberdade que é conferida às partes de celebrarem os contratos que entenderem necessários à salvaguarda dos seus interesses, "dentro dos limites da lei", quer como liberdade de modelação, conforme já referido.

Este poder de auto-regulação do conteúdo contratual por ambos os intervenientes em posições de paridade ou aproximada, falha no contrato de adesão.

No contrato em que, segundo ANTUNES VARELA, "um dos contraentes – o cliente, o consumidor – como sucede, por exemplo, na generalidade dos contratos de seguro e de transporte por via aérea, férrea ou marítima ou dos contratos bancários, não tendo a menor participação na preparação e redacção das respectivas cláusulas, se

---

[9] "As empresas, explorando certas situações de concentração económica – monopólios ou oligopólios – ou motivadas pelo forte espírito de concorrência económica, oferecem em massa ao público geral modelos negociais tipificados e uniformizados, sem considerar na generalidade dos casos a qualidade em que o aderente outorga, subscreve ou aceita esse clausulado", explica ANTÓNIO ALMEIDA, "Cláusulas Contratuais Gerais e o postulado da liberdade contratual", Revista Portuguesa de Direito do Consumo, n.º 11, p. 40.

[10] A imodificabilidade do contrato apresenta-se para ANTÓNIO ALMEIDA, *op. cit.*, p. 40, pela imposição "de cláusulas absolutamente rígidas que não admitem qualquer modificação proposta pelo aderente".

[11] "Não quer dizer que estejamos perante esse tipo específico de contrato sempre que alguém se encontre em situação de impor determinadas condições à outra parte, dizendo-lhe «pegar ou largar», de tal modo que, se esta quiser contratar realmente, não terá outro remédio senão aderir a tais condições.

O tipo específico de contrato que temos em vista é aquele em que condições rigidamente estabelecidas se acham formuladas em abstracto, predispostas para toda uma série de contratos da mesma natureza. Há uma contratação uniforme, uma contratação em massa, uma contratação estandardizada", I. GALVÃO TELLES, "Das condições gerais dos contratos e da directiva europeia sobre as cláusulas abusivas", Revista Portuguesa de Direito do Consumo, n.º 2, p. 9.

limita a aceitar o texto que o outro contraente oferece, em massa, ao público interessado".[12]

Exactamente porque nos contratos de adesão[13] uma das partes se encontrar em posição de grande vantagem, a tutela da chamada "parte negocial mais fraca" se apresenta tão pertinente.

Essa situação de senhorio económico advém da utilização abusiva da posição de monopólio, ou, em outros casos, prende-se com razões de eficiência empresarial.

Configurando o contrato de adesão, uma prévia modelação contratual realizada por uma das partes, apenas resta à contraparte a possibilidade (mais ou menos livre, mas nunca totalmente livre) de rejeitar ou aceder à proposta contratual no seu todo.[14]

"Os contratos são concluídos, em regra, após negociações prévias, com propostas e contrapropostas, de tal sorte que cada uma das partes fique a saber dos seus direitos (e obrigações) quando os mesmos se formalizem. Tal não acontece com os contratos de adesão, de que o contrato de seguro é um exemplo típico. Neste tipo de contratos, o cliente não tem a menor participação na preparação das

---

[12] "Das obrigações em geral", vol. I, Coimbra, Almedina, 1989, 6ª ed., p. 258.

[13] Que segundo AA. estrangeiros, citados por ANTUNES VARELA, "Das obrigações em geral", Vol. I, Coimbra, Almedina, 1989, 6ª ed., p. 259, nota 1, apresentam como caracteres distintivos, a superioridade económica de um dos contraentes, a unilateralidade das cláusulas e a invariabilidade do texto negocial.

[14] São contratos onde há "predomínio absoluto de uma só vontade que, agindo como vontade unilateral, dita a sua lei, já não a um indivíduo mas a uma comunidade indeterminada", Salleilles; citado por I. GALVÃO TELLES, *op. cit.*, p. 9.

Segundo CARLOS FERREIRA DE ALMEIDA, "Os contratos de adesão pressupõem o poder económico desigual a favor de uma das partes, só assim se compreendendo que a outra (ou as outras partes) aceite condições idênticas, sem consideração dos seus interesses concretos. As condições gerais de contratação são portanto favoráveis a quem as impõe; são geralmente cláusulas abusivas (...). Os contratos de adesão são muitas vezes contratos de consumo, em que os fornecedores-consumidores impõem cláusulas abusivas aos consumidores (...). Subjacente às questões jurídicas e ao seu regime está uma evidente e inevitável massificação das necessidades, causa e também efeito duma produção e distribuição em série (...). Em si mesma, a tipificação contratual não é lesiva dos interesses dos consumidores. Mas sendo um epifenómeno da oferta oligopolística, redunda facilmente em resultados abusivos", *in* "Os Direitos dos Consumidores", Coimbra, Livraria Almedina, 1982, p. 95 e ss..

respectivas cláusulas limitando-se a aceitar o texto que o outro contraente lhe oferece em massa, quando oferece, já que é vulgar o segurado assinar a proposta do contrato e só vir a tomar conhecimento (ou mesmo a não tomar conhecimento, no caso do seguro de vida) do seu conteúdo quando se verifica o risco cuja liberação se quis garantir", esclarece o Ac. do STJ, de 06.02.1996[15].

3.1. *A limitação aos contratos de adesão imposta pelo regime jurídico das cláusulas contratuais gerais (rjccg)*

O regime jurídico mencionado foi aprovado pelo Decreto-Lei n.º 446/85, de 25.10, alterado posteriormente pelo Dec.-Lei n.º 220//95, de 31.08 e pelo Decreto-Lei n.º 249/99, de 07.07.

Se, durante muito tempo, a autonomia da vontade pôde permitir a inclusão de cláusulas que penalizavam ou fragilizavam grandemente a posição contratual de uma das partes, essa autonomia de vontade, mais propriamente a do contraente mais forte, está hoje subordinada a alguns princípios substanciais e formais que hetero-regulam essa disponibilidade das partes, ou melhor, de uma das partes.

ANTÓNIO DE ALMEIDA[16] refere e apela a uma ordem pública de protecção, que visa "remediar os abusos dos contratos de adesão, domínio onde se manifesta com maior acuidade o carácter de urgência na protecção dos sujeitos – partes contratuais – económica e socialmente mais débeis. Esta ordem pública de protecção visa os contratos de trabalho, de transportes, de seguros e mais recentemente toda a tipologia dos contratos de consumo".

SOUSA RIBEIRO[17] pergunta "(…) Se o aderente fica vinculado porque aceitou, como se justifica que possa não ficar vinculado a tudo quanto aceitou (…)?"

Para explicar depois que a grande distinção entre os contratos, a que chamaríamos, à falta de melhor terminologia, *de paridade* e os contratos onde se inserem as cláusulas contratuais gerais (e daí a especial salvaguarda dos interesses de um dos contraentes) "é o pró-

---

[15] *In* Colecção "Divulgação do Direito Comunitário", n.º 26, p. 87.
[16] "Cláusulas…", p. 34, nota 58.
[17] *Op. cit.*, p. 266.

prio modo de contratar, o processo formativo do vínculo contratual: adesão a cláusulas previamente elaboradas para inclusão numa série de contratos. O regime legal confirma esta visão, pois se certas cláusulas são proibidas quando constituem ccg, mas inteiramente válidas quando contidas em contratos submetidos à disciplina geral, a conclusão a tirar é a de que não é ao conteúdo do acordo (ou unicamente ao conteúdo do acordo), em si, que a lei reage, mas ao modo da sua formação."[18]

Nos termos do art. 96.º, do CT, o regime das ccg será aplicável quanto aos aspectos essenciais do contrato, sempre que o mesmo não tenha sido sujeito a prévia negociação individual, ou seja, a vontade do trabalhador manifesta-se somente na adesão (ou não) a um conteúdo negocial pré-existente.

Para resolver a limitação imposta ao âmbito de aplicação material das ccg, que exclui as situações jurídicas públicas, as situações familiares ou sucessórias e as regulamentações colectivas do trabalho, explicam ROMANO MARTINEZ e outros,[19] "o instrumento de regulamentação colectiva para o qual se remete no contrato de trabalho, neste âmbito, vale como se fosse um formulário com cláusulas pre-estabelecidas. Esta tomada de posição determina a derrogação (parcial) do disposto na alínea *e*) do artigo 3.º, da Lei das Cláusulas Contratuais Gerais."

Pode ainda ocorrer que o trabalhador se encontre subordinado ao chamado regulamento interno da empresa, situação prevista no art. 95.º, n.º 1 do CT, caso em que o contrato se encontra igualmente sujeito ao rjccg.

4. A codificação do Direito do Trabalho

O termo codificação assenta na regulação em corpo homogéneo de um conjunto de princípios e normas consensualmente aceites, completos e duradouros.

---

[18] *Op. cit.*, p. 267.
[19] "Código do Trabalho Anotado", ROMANO MARTINEZ e outros, Almedina, 2003, p. 188.

A maior crítica à codificação advinha do entendimento segundo o qual, atenta a especificidade da relação laboral, ser particularmente difícil ou até impossível, acompanhar a constante mutação da realidade social, o que tornaria utópica a ideia da cristalização num corpo único.

A regulação jurídica laboral pretende-se ágil e flexível.

Em resposta a esta crítica, o legislador do presente Código de Trabalho, na exposição de motivos[20], refere: "*A opção por um Código do Trabalho assentou na circunstância de, por um lado, o Direito do Trabalho, tendo em conta os estudos e a jurisprudência dos últimos quarenta anos, já ter alcançado uma estabilidade científica suficiente para se proceder a uma primeira codificação e, por outro, a mera consolidação de leis, ainda que sistematizadas, apontar para uma incipiente codificação*".

Concorde-se ou não com a actual codificação, certo é que urgia compactar e expurgar normas incompatíveis, sistematizando a legislação laboral no contexto do esquecido *princípio da coerência normativa*.

Relembremos que os principais regimes jurídicos laborais foram criados e manifestados em distintos tempos históricos, *v.g.*, Lei do Contrato de Trabalho (1969), Lei da Duração do Trabalho (1971), Lei Sindical (1975), Lei das Férias, Feriados e Faltas (1976), Lei da Cessação do Contrato de Trabalho (1989), o que necessariamente, se reflectia na (boa) aplicação e interpretação da lei.

5. Algumas das características do contrato de trabalho

a) *O consensualismo* ou a *liberdade da forma*

O contrato de trabalho é um contrato consensual ou de liberdade formal[21] ("O contrato de trabalho não depende da observância de forma especial, salvo quando se determinar o contrário,"

---

[20] RDES, Ano XLIII, n.os 2, 3 e 4, p. 225.

[21] "Da *forma* há que distinguir as *formalidades*: enquanto a *forma* dá sempre corpo a uma certa exteriorização da vontade – ela *é* essa própria exteriorização – a *formalidade* analisa-se em determinados desempenhos que, embora não revelando, em si, qualquer vontade, são, no entanto exigidos para o surgimento válido de certos negócios jurídicos", refere MENEZES CORDEIRO, em comentário ao princípio da forma da declaração, *in* "Tratado de Direito Civil Português", I, Parte Geral, Tomo I, 1999, Coimbra, Livraria Almedina, ISBN 972-40-1197-6, p. 317.

enuncia o art. 102.°, do CT), ou seja, não está sujeito a uma determinada exteriorização da declaração negocial (*v.g.*, por escrito), salvo as excepções da lei, decorrentes nomeadamente da *precariedade do vínculo contratual* (*v.* art. 103.°, n.° 1, al. *c*), do CT, no que concerne aos contratos a termo) e de determinados casos em que a redução a escrito do contrato ou das cláusulas contratuais se impõe (*v.g.* art. 103.°, n.° 1, als. *g*) e *h*) do mesmo Código).

"A liberdade de forma, assim reconhecida, exprime uma opção, feita pelo legislador, entre as vantagens de celeridade e maleabilidade no estabelecimento das relações de trabalho e a conveniência (...) de se dispor de meios de prova concludentes sobre o conteúdo das estipulações", esclarece ANTÓNIO MONTEIRO FERNANDES.[22]

Quid iuris então se a forma não é observada?

Resulta claramente da lei que o contrato que não observe a forma prescrita, na ausência de uma qualquer outra sanção, é nulo (art. 219.°, do CC).

Atente-se, no entanto, que os efeitos da invalidade do contrato de trabalho, constituem uma importante excepção ao regime civil. Refere expressamente o art. 115.°, n.° 1, do CT, "o contrato de trabalho declarado nulo ou anulado produz efeitos como se fosse válido em relação ao tempo durante o qual esteve em execução", ou seja, a invalidade produz apenas efeitos para o futuro (*ex nunc*) não retroagindo até à data da declaração do vício formal ou da celebração do negócio inválido (cfr. art. 289.°, do CC).

O regime geral do art. 219.° CC sofre uma derrogação nos contratos a termo, em caso de violação formal. A falta de observância dos requisitos formais obriga à conversão do contrato a termo em contrato sem termo (art. 131.°, n.° 4, do CT).

b) *A onerosidade*

Entende-se que os negócios onerosos pressupõem atribuições patrimoniais recíprocas e simultâneas[23]. O negócio gratuito, pelo contrário, gera vantagens e sacrifícios apenas para uma das partes.

---

[22] "Direito do Trabalho", Coimbra, Almedina, 2004, décima segunda edição, ISBN 972-40-20991, p. 175.

[23] Conforme refere MANUEL DE ANDRADE, *op. cit.*, vol. II., p. 54, "Cada uma delas *dá e recebe*, considerando aquilo que dá *retribuído* ou contrabalançado por aquilo que recebe".

A *Relação Jurídico-Laboral* 31

O contrato de trabalho é claramente um contrato oneroso, cada uma das partes recebe determinado benefício com a prestação do outro, pretendendo a retribuição traduzir uma equivalência entre as prestações de cada uma das partes[24] (art. 10.°, do CT).

c) A *sinalagmaticidade*

Dentro do âmbito contratual, é unânime a classificação do contrato laboral como um contrato sinalagmático, na medida em que, apresenta um *sinalagma* ou um *nexo causal* entre as obrigações inerentes a cada contraente, ficando, as partes ao mesmo tempo credores e devedores uma da outra.

Para o trabalhador a obrigação principal é a prestação de trabalho, para o empregador é a retribuição inerente a essa prestação, cada uma assenta na outra e não ocorre sem que a anterior se verifique, são portanto, correspectivas[25].

A sinalagmaticidade exposta da relação jurídica manifesta-se em certas formas de ruptura negocial, *v.g.*, despedimento com (justo) fundamento na violação dos deveres contratuais, por parte do empregador; resolução pelo mesmo motivo por parte do trabalhador.

Pese embora, no contrato de trabalho o cariz sinalagmático se atenue, *v.g.*, determinadas ausências ao trabalho, não implicam para o trabalhador qualquer sanção contratual, quando em rigor há incumprimento de um dos deveres mais sagrados da relação laboral, o de assiduidade (art. 230.°, n.° 1, do CT).

Corolário da sinalagmaticidade é o princípio da *excepção do não cumprimento dos contratos* ou *exceptio non adimpleti contratus*, consagrado no art. 428.°, do CC, que atribui a "cada um dos contraentes a faculdade de recusar a sua prestação enquanto o outro não efectuar a que lhe cabe ou não oferecer o seu cumprimento simultâneo".

---

[24] *Vidé* MOTA PINTO, "Teoria Geral da Relação Jurídica", Coimbra Editora, 3ª ed. actualizada, p. 401; MANUEL DE ANDRADE, *op. cit.*, p. 54; MENEZES CORDEIRO, "Tratado…", p. 266; "Manual do Direito do Trabalho", Coimbra, Almedina, 1997, p. 519; JORGE LEITE, "Lições de Direito do Trabalho", policopiadas, p. 243; BERNARDO XAVIER, "Curso de Direito do Trabalho", Verbo, 2ª ed., ISBN 972-22-1149-8, p. 294; e MOTTA VEIGA, "Lições de Direito do Trabalho", Universidade Lusíada, 2000, p. 307 e ss.

[25] *V.* MENEZES CORDEIRO, "Tratado…", 253.

Ora, a violação dos deveres contratuais por qualquer uma das partes não legitima *tout court* o exercício do direito de resolução contratual.

A acrescer ao fundamento substantivo (o incumprimento configurado no despedimento ou na resolução), a lei exige ainda uma tramitação procedimental muito própria.

d) A *natureza duradoura de execução continuada*

O contrato de trabalho é um contrato duradouro de execução continuada, que tende para a perenidade.

JORGE LEITE[26] apresenta alguns efeitos que se prendem com esta característica:

i) A consideração da retroactividade dos contratos de trabalho inválidos (art. 115.º, do CT);

ii) A não determinação da extinção do contrato por impossibilidade temporária de receber ou prestar trabalho (cfr. art. 331.º, do CT).

Sendo essa a sua vocação principal, a duração temporal da relação laboral (configurando então a *antiguidade* do trabalhador), influi decisivamente na relação creditória.

O caso mais representativo do fenómeno é apresentado na fórmula de cálculo da indemnização devida ao trabalhador, nomeadamente, por força da ilicitude do despedimento, nos termos do art. 439.º, do CT.

A antiguidade, "instrumento juslaboral destinado a definir o círculo normativo e funcional do trabalhador, com reflexos compreensíveis na prestação de trabalho" (*"a antiguidade é a qualidade correspondente à duração da situação jurídica laboral"* do trabalhador)[27], é a "expressão da continuidade prática (não jurídica) da integração do trabalhador ao serviço da entidade patronal"[28]. Esta começa com a integração do trabalhador no processo produtivo da empresa, como ilustra este último, com o início "do processo de identificação do trabalhador com os processos e os escopos do funcionamento da organização".

---

[26] *Op. cit.*, p. 243.
[27] MENEZES CORDEIRO, "Manual...", p. 675.
[28] MONTEIRO FERNANDES, *op. cit.*, p. 219.

Veja-se a consagração da ideia nos arts. 104.º, n.º 3 (o período experimental conta para efeitos de antiguidade) e 140.º, n.º 5 (havendo conversão do contrato a termo em contrato sem termo, a antiguidade conta-se *desde o início da prestação de trabalho a termo*), ambos do CT.

A antiguidade é um instituto mais amplo que o tempo de serviço efectivo (o tempo durante o qual o trabalhador esteve, na realidade, em funções) vide, *v.g.*, o art. 221.º, n.º 2, *in fine*, do CT, na medida em que adiciona à antiguidade um período de férias não gozado.

Assim, são de incluir na antiguidade os períodos de:
– *férias* (art. 221.º, n.º 2, *in fine*, do CT);
– *suspensão por impedimento prolongado* (art. 331.º, n.º 2, do CT);
– *faltas justificadas* (art. 230.º, n.º 1, do CT);
– *suspensão das relações emergentes do contrato de trabalho motivada pela greve* (art. 597.º, n.º 3, do CT).

Por outro lado, o período de ausência, em virtude de *faltas injustificadas*, deverá ser descontado na antiguidade do trabalhador (art. 231.º, n.º 1, do CT).

O conceito de antiguidade é polissémico, pois encarna várias concepções, consideremos:
– a *antiguidade na empresa*, que reflecte o período no qual o trabalhador encabeçou a respectiva posição no contrato de trabalho;
– a *antiguidade no posto de trabalho*, que se refere ao lapso de tempo durante o qual o trabalhador ocupou um determinado lugar na empresa;
– a *antiguidade na categoria profissional*, correspondente ao período pelo qual o trabalhador desempenhou determinadas funções-tipo (categoria-função) ou pelo qual foi colocado num determinado *contexto normativo* (categoria estatuto).

A antiguidade na categoria profissional está *envolvida* com certas realidades jurídicas que alimentam a posição e estatuto normativos do trabalhador, nomeadamente:
– a *diuturnidade* que consiste no período de permanência na mesma categoria e um acréscimo de retribuição correspondente a essa categoria ("prestação retributiva complementar", chama-lhe MENEZES CORDEIRO)[29];

---

[29] "Manual...", p. 724.

– a *promoção automática,* que significa a subida de categoria assente no decurso do tempo. Para efeitos de promoção automática não se atende ao tempo de serviço efectivamente prestado, outrossim ao de *permanência* na categoria de origem.

e) *Intuitu personae*

A obrigação de *facere* é intransmissível, o trabalhador não se pode fazer substituir por outrem.

A *pessoalidade,* característica do contrato de trabalho, prende-se, certamente, com a tutela da confiança *inter-partes* para a realização do escopo contratual.

Essa natureza *fiduciária*[30] é manifesta, por exemplo:

– no contexto do período experimental, que visa, fundamentalmente, facultar a possibilidade de testar a aptidão profissional do trabalhador (art. 104.º, do CT);

– na exigência de carteira profissional para o exercício de determinadas profissões[31].

f) *Carácter nominado*

Decorre juridicamente da autonomia da vontade (entendida por MENEZES CORDEIRO[32] como um *"espaço de liberdade jurígena*[33] *atri-*

---

[30] BERNARDO XAVIER, *op. cit.,* p. 296.

[31] A este propósito veja-se alguma da muita jurisprudência relevante:

"I – O contrato de trabalho é uma relação jurídica de natureza estritamente pessoal, que se extingue por morte do trabalhador, não podendo ser objecto de sucessão.

II – Os direitos a certa categoria profissional e a determinado nível de vencimento não podem, por sua natureza, transmitir-se por sucessão, extinguindo-se com a morte do respectivo titular".

Ac. RP de 03.02.1997, BMJ, 464, p. 614.

"I – O contrato de trabalho é um negócio «intuito personna», que se extingue com o óbito do trabalhador.

II – Mas, a relação jurídica de trabalho, nascida do contrato, não se esgota com esse aspecto pessoal, pelo que os direitos de carácter pessoal nascidos do contrato de trabalho se mantêm.

III – Assim, os sucessores do trabalhador, entretanto falecido, podem reclamar as diferenças salariais devidas ao trabalhador".

Ac. STJ, de 26.11.1997, CJ, Ano V, Tomo III, p. 286.

[32] "Tratado...", p. 169.

[33] *I.e.,* "área reservada na qual as pessoas podem desenvolver as actividade jurídicas que entenderem".

buído, pelo Direito, às pessoas, podendo definir-se como uma *permissão genérica de produção de efeitos jurídicos"*[34]), quer a *liberdade contratual,* quer a *liberdade de estipulação* ou *modelação contratual.*

Da primeira advém a faculdade legalmente concedida de contratar ou não contratar.

A segunda como espaço supremo de liberdade, permite às partes, dentro dos limites da lei, "fixar, de acordo com a sua vontade, o conteúdo dos contratos que realizarem, celebrar contratos diferentes dos prescritos do Código ou incluir nestes as cláusulas que lhes aprouver", ANTUNES VARELA[35].

Acerca da "relação de tensão" que liga indissoluvelmente a autonomia privada e o princípio da liberdade contratual, afirma J. SOUSA RIBEIRO[36]: "A universalidade do princípio da autonomia exige então que todos os sujeitos afectados pelos efeitos vinculativos do acto sejam chamados a manifestar a sua vontade, dando, assim, corpo a uma estrutura bilateral de declarações que, justamente, caracteriza o contrato como negócio jurídico (...)".

Explica MOTA PINTO[37], " *a ninguém podem ser impostos contratos contra a sua vontade ou aplicadas sanções por força de uma recusa de contratar nem a ninguém pode ser imposta a abstenção de contratar.*"

Tal proibição à limitação da liberdade de fixação do conteúdo contratual leva à existência dos seguintes tipos contratuais:

– *típicos ou nominados* (regulados no Código Civil ou em outro texto legal, contratos que possuem um *nomem iuris,* como contrato de compra e venda, doação, locação, sociedade), inserindo-lhe as partes as cláusulas que lhes aprouverem;

– *atípicos ou inominados,* criados e regulados pelas partes de acordo com as suas necessidades;

– *mistos,* assim considerados os que reúnem elementos de dois ou mais contratos regulados na lei (*v.g.,* A. arrenda um prédio urbano, obrigando-se o arrendatário à prestação de determinados serviços; até 1979 o contrato de locação financeira, por reunir pres-

---

[34] Ou, nas palavras de J. SOUSA RIBEIRO, como um *"processo de ordenação que faculta a livre constituição e modelação de relações jurídicas pelos sujeitos que nelas participam",* em "O Problema do Contrato...", p. 21.

[35] *Op. cit.,* p. 237.

V. também ANTÓNIO ALMEIDA, *op. cit.,* p. 32.

[36] *Op. cit.,* p. 55.

[37] *Op. cit.,* p. 95.

tações de compra e venda e prestações de locação, foi qualificado como contrato misto, depois de 79 converteu-se em contrato nominado, *i.e,* contrato de locação financeira).

Esclarece ANTUNES VARELA[38] "a liberdade contratual é um corolário da *autonomia privada,* concebida como o poder que os particulares têm de fixar, por si próprios (*auto ...*), a disciplina (*nomos*) juridicamente vinculativa dos seus interesses. A autonomia privada, que não se confunde com o dogma da vontade, é mais ampla do que a *liberdade contratual,* que se limita ao poder de auto-regulamentação dos interesses concretos e contrapostos das partes, mediante *acordos vinculativos.*"[39-40]

O contrato de trabalho é pois um contrato típico e nominado.

g) *Natureza não real (quoad constitutionem)*

Os negócios reais *quoad constitutionem* são aqueles cuja eficácia depende não só das declarações das partes, mas também da prática anterior ou simultânea de um certo acto material.

---

[38] *Op. cit.,* p. 238.

[39] *"I – Para se qualificar um contrato – para saber qual a regra aplicável – há que previamente o interpretar, sabendo-se que o negócio jurídico é o instrumento principal da realização da autonomia privada.*

II – O princípio da autonomia privada é tutelado constitucionalmente e liga-se ao valor de autodeterminação da pessoa, à sua liberdade, como direito de conformar o mundo e conformar-se a si próprio, estando internamente ligado à ideia de auto-responsabilidade, devendo combinar-se com outros, como, por exemplo, o princípio da protecção das expectativas de confiança do destinatário e o princípio da protecção de segurança no tráfego jurídico.

III – Contratos típicos serão aqueles para os quais existe uma disciplina legal e atípicos aqueles onde tal disciplina não existe.

IV – No contrato em apreço foi cedida determinada sala, por períodos múltiplos de um dia mediante contrapartida monetária, tendo-se o dono da sala obrigado perante a locatária a proporcionar-lhe uma multiplicidade de serviços, como, por exemplo, de recepcionista, fornecimento de electricidade gratuita, limpeza das partes comuns, sala de espera e casa de banho.

V – Em tal contrato, a sua causa, a função económica-social que visa preencher, afasta-se das causas que tipificam os contratos de arrendamento e de prestação de serviços.

VI – Tal contrato, em consequência, tem de ser qualificado como um contrato fusão, um todo orgânico, unitário e complexo, caracterizando-se por ser um contrato socialmente típico, mas legalmente atípico."

Ac. STJ, de 09.07.98, BMJ, 479, p. 580.

[40] *V.* em desenvolvimento MENEZES CORDEIRO, "Tratado...", p. 264 e 265 e ANTUNES VARELA, "Das Obrigações...", p. 270.

O contrato de trabalho é um contrato não real, pois como é sabido a situação laboral ganha corpo com o simples consenso, não se exigindo qualquer acto material de tradição, criação, modificação ou extinção[41].

h) *Puro ou simples*

Conforme já referimos[42]: O contrato de trabalho não se combina com outros contratos típicos, na medida em que contém um conjunto de prestações (prestação de trabalho e retribuição), perfeitamente articuladas num conteúdo contratual típico, numa palavra, o contrato de trabalho *reúne elementos do mesmo contrato.*

Em oposição aos contratos simples ou puros surgem os contratos mistos, diz-se misto o contrato no *"qual se reúnem elementos de dois ou mais negócios, total ou parcialmente regulados na lei".*[43]

A problemática em torno da qualificação jurídica e da fixação do regime aplicável a estes contratos de plúrimas prestações prende-se em saber se neles existem dois ou mais contratos ou se, pelo contrário, há apenas um contrato *atípico*, embora de diversas prestações[44].

Se o contrato de trabalho em si é um contrato simples, não será difícil imaginá-lo em articulação com outras figuras contratuais.

Vejamos a seguinte hipótese, A. contrata B. como gerente de um dos seus hotéis, acordando ambos, que B. ficaria instalado numa das respectivas *suites* à sua escolha, mediante o pagamento de um preço especial, assim como lhe seria concedido o direito a usar, a título pessoal, os veículos destinados ao serviço do hotel.

Neste caso, parecem existir elementos de um contrato de trabalho, de um contrato de prestação de serviços e de um contrato de comodato, resta saber se estamos perante uma pluralidade de contratos autónomos ou perante um único contrato de natureza mista, neste seguimento diremos que para que haja um só contrato, as

---

[41] Cfr. MOTA PINTO, *op. cit.*, p. 398; PIRES DE LIMA/ANTUNES VARELA, "Noções fundamentais de Direito Civil", Coimbra, 1986, p. 374; ANTUNES VARELA, "Das Obrigações...", p. 293; e MENEZES CORDEIRO, " Tratado...", p. 259 e "Manual...", p. 519.

[42] "Código do Trabalho Anotado e Comentado", PAULA QUINTAS E HELDER QUINTAS, Almedina, 5ª ed., 2007, p. 94.

[43] ANTUNES VARELA, *op. cit.*, p. 274.

[44] ANTUNES VARELA, *op. cit.*, p. 279.

prestações a cargo das partes têm que estar integradas num processo *unitário e autónomo de composição de interesses*[45].

ANTUNES VARELA indica ainda como critérios *auxiliares* de resolução do problema, a unidade ou pluralidade da contraprestação (se às diversas prestações a cargo de uma das partes corresponder uma única contraprestação, é de presumir que as partes quiseram celebrar um só contrato) e, a unidade ou pluralidade do *esquema económico subjacente à contraprestação* (estaremos perante uma pluralidade de contratos quando na base das prestações das partes não haja um *esquema ou acerto económico unitário* que estimule a sua negociação em conjunto)[46].

Na hipótese apresentada entendemos haver um só contrato, embora de natureza mista, porquanto os seus diversos elementos agregam-se num núcleo estruturante orientado pela *filosofia* jurídico-normativa do regime do contrato de trabalho (os elementos do contrato de prestação de serviços e de comodato são absorvidos no contrato de trabalho, falamos obviamente da *teoria da absorção*). Até porque será de considerar que os benefícios patrimoniais (a estada no hotel mediante um preço especial, como ajudas de custo e o uso do veículo) concedidos ao trabalhador, se incluem no conceito de retribuição.

6. Elementos do contrato de trabalho

Além da actividade laboral e da retribuição, a caracterização do contrato de trabalho é, ainda, integrada pela subordinação a que se sujeita o trabalhador (entendida esta como elemento de primordial importância).

A nossa doutrina tem vindo a considerar três planos de análise da subordinação, o jurídico; o económico e, por fim, o técnico.

A subordinação jurídica em especial

A subordinação jurídica consiste numa "*relação de dependência necessária da conduta pessoal do trabalhador na execução do contrato face*

---

[45] ANTUNES VARELA, *op. cit.*, p. 279.
[46] Cfr. ANTUNES VARELA, *op. cit.*, ps. 279 e 280.

às ordens, regras e orientações ditadas pelo empregador, dentro dos limites do mesmo contrato e das normas que o regem"[47], e tem a sua correspondência legal, nas expressões *"sob a autoridade e direcção"* (artigo 10.º, do CT e art. 1152.º, do CC).

O enquadramento de determinada relação jurídica como relação laboral, obriga a que *in casu* se preencham as características contratuais acima enunciadas, que têm de ser aferidas de acordo com o que é efectivamente prestado, sendo irrelevante a qualificação atribuída pelas partes.

O legislador, sensível à fraude ao contrato de trabalho, estabelece agora uma presunção contratual, a aferir nos termos do artigo 12.º, do CT.

Pois, se por vezes, é linear e simples esse enquadramento, identificando-se os efeitos contratuais com o efectivamente pretendido pelas partes, com correspondência ao *nomem* (por muito irrelevante que o *baptismo* do contrato seja para a sua configuração), outras há em que o enquadramento é difícil, a relação apresenta-se híbrida, *flutuando* entre a relação laboral e a mera relação de prestação de serviços (não falamos aqui obviamente das relações laborais encapotadas, com recurso, *v.g.*, ao virtual *recibo verde*). O trabalhador/prestador não negociou especificamente qualquer um dos tipos contratuais, às vezes, por ausência de força jurídica para fazê-lo (nos casos mais exemplares de contrato de adesão), ocasionando que uma mesma prestação laboral possa ser realizada a título de prestação de serviços ou no contexto do contrato de trabalho.[48]

A este propósito se fala em *crise do contrato de trabalho,* que se manifesta para PALMA RAMALHO,[49] tanto nos casos em que as partes procedem a uma manipulação ilícita da qualificação do contrato para se subtraírem ao regime laboral protectivo (é o caso dos falsos independentes, em que o conteúdo do vínculo negocial é idêntico ao de um vínculo laboral, mas as partes declaram celebrar um contrato de prestação de serviço para não arcarem com as obrigações de contribuição para o sistema de segurança social e com as restrições das normas laborais ao despedimento), como nos casos em que

---

[47] MONTEIRO FERNANDES, "Direito...", p. 133.
[48] Ac. de 20.04.98, CJ, Ano XXIII, Tomo II, p. 263.
[49] "Da autonomia dogmática do Direito do Trabalho", Coimbra, Almedina, Colecção Teses, 2001, p. 556, nota 295.

as partes optam pela celebração de um contrato de prestação de serviço para desenvolverem em termos autónomos uma actividade que tradicionalmente era desempenhada de forma subordinada – esta opção, permitida pelo sistema jurídico e correspondente à vontade real das partes é, evidentemente, lícita, mas não deixa de demonstrar a revitalização da figura da prestação de serviço.

Conforme já por nós referido,[50] «A subordinação jurídica, numa perspectiva funcional, surge como instrumento privilegiado de determinação dos termos em que a prestação de trabalho se irá realizar, pois como é sabido, no contrato não é possível *esculpir os moldes* precisos em que se vai desenvolver a relação laboral. Tal tarefa fica a cargo da entidade patronal que, no "exercício do seu poder complementar de escolha, desenha o programa de cumprimento do trabalhador, a realizar de acordo com os fins que ela tiver por convenientes e que são caracteristicamente os da *organização* ao serviço dos quais está o contrato"[51].

Ao contrário do que se poderia entender, este estado de dependência não carece de concretização efectiva pois trata-se de uma realidade potencial, "a subordinação jurídica existirá, pois, sempre que ocorra a mera possibilidade de ordens e direcção, bem como quando a entidade patronal possa de algum modo orientar a actividade laboral em si mesma, ainda que só no tocante ao lugar ou ao momento da sua prestação"[52], pelo que será de concordar com a ideia de que a posição do trabalhador se configura, antes de mais, como um "estar à disposição" submetendo-se a desempenhar as actividades ordenadas pela entidade patronal, dentro de determinados limites.

Será de considerar que os poderes que caracterizam a subordinação jurídica podem ser exercidos directamente pelo empregador, como também pelos superiores hierárquicos do trabalhador, como aliás decorre do art. 121.º, n.º 2, do CT[53]. (...).

---

[50] "Código do Trabalho...", p. 96.
[51] BERNARDO XAVIER, *op. cit.*, p. 288.
[52] Acordão STJ de 11.1.95, *in* BMJ 445, p. 183.
[53] Cfr. MONTEIRO FERNANDES, "Direito...", p. 133; BERNARDO XAVIER, *op. cit.*, p. 289 e JORGE LEITE, "Direito...", ps. 225 e 226.

Como vimos a subordinação jurídica prende-se com a ideia de que ao trabalhador é imposto um conjunto de *parâmetros impositivos* dos termos em que a prestação de trabalho se irá e deverá realizar, todavia a subordinação jurídica não se perfilha inflexível, pelo contrário, goza de uma intensidade de natureza *gradativa,* em função das aptidões e qualificações do trabalhador e da *tecnicidade* inerente às próprias tarefas. Assim facilmente se compreenderá que, nalguns casos, o trabalhador goze de alguma autonomia e iniciativa na execução do contrato, *maxime* no exercício de actividades de natureza intelectual em que, por vezes, podemos falar de uma "salvaguarda absoluta da autonomia técnica do trabalhador" (*v.g.* engenheiros, médicos, enfermeiros, químicos, etc).[54]

A subordinação jurídica é portanto um conceito padrão apurável pela verificação de um conjunto de características, daí que a sua determinação se efectue através daquilo a que a doutrina italiana chama de *caça ao indício,* em que o objectivo é apurar o possível paralelismo entre duas realidades conectáveis, quais sejam a situação concreta e o conceito padrão de subordinação. Os elementos deste conceito padrão, que ganham expressão prática na específica concretude (em conjunto com outros tantos indícios de subordinação), "definirão uma zona mais ou menos ampla de correspondência e, portanto, uma maior ou menor *proximidade* entre o conceito-tipo (conceito padrão) e a situação confrontada"[55]».

---

[54] Cfr. Monteiro Fernandes, "Direito...", p. 133; e Jorge Leite, "Direito...", p. 225.

[55] Monteiro Fernandes, "Direito...", ps. 133 e ss; Jorge Leite, *op. cit.,* p. 225.

CAPÍTULO II

As Fontes de Direito do Trabalho

1. Noção de fonte em sentido jurídico

O sentido de fonte de que ora cuidamos é necessariamente o *técnico-jurídico*, como forma de revelação e manifestação das normas jurídicas[56], ou, nas palavras de MONTEIRO FERNANDES, "dos instrumentos pelos quais essas normas são estabelecidas e, do mesmo passo, expostas ao conhecimento público"[57].

Para além da fonte em sentido próprio encabeçada pela lei, outras manifestações há, que destituídas de força vinculativa, modelam, com um forte alcance, as relações juslaborais.

Referimo-nos desde logo, à jurisprudência dominante; ao acervo das decisões proferidas pelos tribunais superiores; aos usos e práticas laborais; e às ordens e instruções emanados do poder directivo do empregador.

2. As fontes internas juslaborais

A Constituição da República Portuguesa como fonte jurídica primordial consagra nos Títulos II (*Direitos, liberdades e garantias*) e III (*Direitos e deveres económicos*) da Parte I (*Direitos e Deveres Fundamentais*) as normas jurídicas mais relevantes para o Direito do Trabalho.

Logo no art. 18.°, n.° 1[58] é dito que: "Os preceitos constitucio-

---

[56] Em desenvolvimento, *v.* OLIVEIRA ASCENSÃO, "O Direito – Introdução e Teoria Geral", Coimbra, Almedina, ISBN 972-40-0721-9, p. 231.

[57] *Op. cit.,* p. 63.

[58] Inserido no Título I (Princípios gerais) da Parte I (Direitos e deveres fundamentais).

nais respeitantes aos direitos, liberdades e garantias são directamente aplicáveis e vinculam as entidades públicas e privadas."

Sobre a problemática da aplicabilidade directa daqueles preceitos constitucionais, nomeadamente quando falha a aptidão vinculativa da norma, por falta de exequibilidade do seu conteúdo, resta sempre a eterna dúvida: até que ponto o art. 22.°, da CRP admite a responsabilidade do legislador por omissão legislativa?

Conforme explica MONTEIRO FERNANDES,[59] "É óbvio que as disposições constitucionais de incidência juslaboral não reúnem, todas elas, características operatórias que permitam reconhecer-lhes uma função regulamentar ou preceptiva imediata: umas sim (como, por exemplo, o artigo 56.°, n.° 3: «Compete às associações sindicais exercer o direito de contratação colectiva (...)») outras não (entre elas o art. 58.°, n.° 1: «Todos têm direito ao trabalho»).

Mesmo aceitando-se sem reservas a responsabilidade do legislador, existe uma lacuna jurídica[60] no que concerne à regulamentação de tal princípio.

Dentro do regime jurídico ordinário, além das normas civis aplicáveis, a título subsidiário (com especial incidência para o Direito das Obrigações), o art. 1.°, do CT enuncia como aplicáveis aos contratos de trabalho, os instrumentos de regulamentação colectiva de trabalho, que podem ser negociais ou não negociais (art. 2.°, n.° 1, do CT).

O n.° 1, do art. 524.°, do CT entende por legislação do trabalho, as normas que regulam "os direitos e obrigações dos trabalhadores e empregadores, enquanto tais, e as suas organizações". O n.° 2, por seu lado, estabelece a exemplificação.

Os instrumentos de regulamentação colectiva englobam as chamadas convenções colectivas (que se dividem em *contratos colectivos, acordos colectivos* e *acordos de empresa*, segundo o art. 2.°, n.° 3, do CT), o *acordo de adesão* (art. 563.°, do CT) e a *arbitragem voluntária* (art. 564.°, do CT).

Os instrumentos de regulamentação colectiva não negociais contemplam o *regulamento de extensão* (art. 573.°, do CT), o *regula-*

---

[59] *Op. cit.*, p. 66.

[60] Sobre o princípio da responsabilidade legislativa do Estado, os doutrinários portugueses encontram-se divididos entre a aceitação sem reservas do princípio e a rejeição liminar de tal possibilidade.

mento das condições mínimas (art. 577.°, do CT) e a *arbitragem obrigatória* (art. 567.°, do CT).

As convenções colectivas assumem diferentes denominações, consoante sejam celebradas por uma associação de empregadores, uma pluralidade de empregadores ou um só empregador.

Assim, nos termos do n.° 3, do art. 2.°, do CT, podemos distinguir:

– as convenções celebradas entre associações sindicais e associações de empregadores, denominadas *contratos colectivos*;

– as convenções celebradas por associações sindicais e uma pluralidade de empregadores para diferentes empresas, definidas por *acordos colectivos*;

– as convenções subscritas por associações sindicais e um empregador para uma empresa ou estabelecimento, designadas *acordos de empresa*.

No que concerne aos níveis da negociação colectiva, PALMA RAMALHO[61] destaca "uma tendência para o incremento da negociação colectiva ao nível da empresa, em detrimento das grandes convenções colectivas do sector; e uma tendência para o envolvimento do Estado na negociação colectiva, através da concertação social".

---

[61] *Op. cit.*, p. 573.

DIREITO COLECTIVO DO TRABALHO

Instrumentos de regulamentação colectiva negociais

Convenção colectiva (art. 2.º/3)
- contrato colectivo
- acordo colectivo
- acordo de empresa

acordo de vontades entre empregadores/associações sindicais
depósito e publicação no BTE
vigência limitada (art. 556.º)

Acordo de Adesão (art. 563.º)
alargar o âmbito de aplicação de uma convenção colectiva ou decisão arbitral
(tal como o regulamento de extensão)

Arbitragem voluntária (art. 564.º)
(ex. decisão arbitral) compos. arbitral (art. 565.º)

Instrumentos de regulamentação colectiva não negociais

Regulamento de extensão (art. 573.º)
(ex. portaria de extensão)

Regulamento das condições mínimas (art. 577.º)
(ex. portaria de regulamentação do trabalho)

Arbitragem obrigatória (art. 567.º)
Despacho do Ministério (art. 568.º)

Acordo de Adesão ≠ autonomia colectiva (art. 563.º/ /1 e 2) natureza autonomia/negocial	**Regulamento de extensão** – poder normativo da Administração (art. 574.º) – pode alargar o âmbito de uma convenção colectiva/decisão de arbitragem. Justif.: dado que a c.c./d.a. só se aplicam aos trabalhadores filiados (art. 552.º), na ausência de tal regul., a Adm. intervem, utilizando o conteúdo de uma c.c./d.a. para os trabalhadores não abrangidos
Acordo de Adesão ≠ não há liberdade de estipulação, não pode modificar a c.c. ou a d.a. a que se adere, só há liberdade de celebração.	**Convenção colectiva** – há liberdade de { celebração / estipulação }
Regul. de cond. mínimas ≠ criação *ex novo* da Administração, subsidiário ao regulamento de extensão (art. 578.º), obriga a um estudo preparatório (art. 579.º)	**Regulamento de extensão** identifica-se com a { c.c. / d.a. }

CAPÍTULO III
Direito Comunitário

I – Os primórdios da Comunidade. Breve resenha histórica.

1. *A fase da cooperação*

No plano da defesa

a) UEO (União da Europa Ocidental)

A UEO advém da tensão conhecida por «guerra fria», iniciada com a recusa pela então URSS do Plano *Marshall*.

A UEO é criada pelo Tratado de Bruxelas de 17 de Março de 1948, visando substituir o Tratado de Dunquerque (assinado apenas pela França e Grã-Bretanha, em 1947, e que consagra um pacto de aliança e de assistência mútuas, ao tempo, principalmente, dos actos agressores da Alemanha), acolhendo agora, além da França e da Grã-Bretanha, a Bélgica, a Itália, a Holanda, o Luxemburgo e a Alemanha federal (de relevar que esta última se alia, pela primeira vez depois da II Grande Guerra, a um sistema de defesa comum face aos países da Europa Ocidental).

A UEO é caracterizada como organização intergovernamental de simples cooperação, possuindo reduzida eficácia, dado que as decisões que emite não possuem carácter vinculativo, visa sobretudo a assistência mútua no plano da defesa e a resolução pacífica de conflitos.

b) OTAN (ou NATO)

A Organização do Tratado do Atlântico Norte (OTAN) é criada em 4 de Abril de 1949, contando com a participação dos EUA e do Canadá.

Visa a organização de um sistema de defesa comum e de segurança – assistência mútua automática – devendo as partes proceder a consultas mútuas, sempre que a integridade territorial, independência política ou segurança sejam postas em causa.

O fim do Pacto de Varsóvia deveria, para alguns, ter provocado a extinção da NATO, mas tal não aconteceu, a NATO mantém-se e estreita as relações com a Federação Russa.

Os dois blocos geopolíticos celebram em 24.05.97, o "Acto Fundador das Relações Mútuas de Cooperação e Segurança".

Este acordo estabelece pela primeira vez relações formais e estreitas entre os «velhos adversários». O acordo garantiu à Federação Russa o acesso a uma série de contrapartidas económicas, passando pela integração no G7.

Quanto à União Europeia é ainda em torno da NATO, que assenta a defesa comum, apesar da criação da Política Externa e de Segurança Comum (PESC).

No plano económico

a) O Plano Marshall e a criação da Organização Europeia de Cooperação Económica (OECE)

A OECE, organização de mera cooperação, surge para viabilizar a ajuda norte-americana no esforço de reconstrução europeia, quanto à forma de repartição e utilização desse auxílio económico-financeiro entre os Estados da Europa.

O Plano foi extensivo à URSS que recusa, sendo aceite apenas pelos países da Europa Ocidental.

Os objectivos da OECE são essencialmente os de proceder à reconstrução do aparelho de produção de bens alimentares e de produtos industriais, abolir as restrições quantitativas ao comércio intra-europeu e instituir uma união europeia de pagamentos, para facilitar as trocas comerciais.

b) A Organização de Cooperação e Desenvolvimento Económico (OCDE)

A OECE é, mais tarde, substituída pela OCDE, passando a integrar agora os EUA e o Canadá.

Com a criação da Associação Europeia de Comércio Livre (AECL) e das Comunidades Europeias, a sua actuação perdeu grande parte da relevância inicial.

Mantém, no entanto, ainda algum interesse: procede, no âmbito da política económica mundial, à definição de objectivos e acordos comuns, estabelecimento de medidas, realização de inquéritos e estatísticas intergovernamentais e aconselhamento dos governos dos Estados participantes.

Colabora com a Comunidade Europeia (art. 304.° TR)[62], na coordenação das políticas económicas, no desenvolvimento da economia mundial e na melhoria das condições de vida.

No plano político

a) *Conselho da Europa*

Para assegurar a unidade europeia, na sequência do Congresso de Haia (convocado para discussão das teses a favor do federalismo ou da mera cooperação, relativas ao movimento de integração), surge, em 1949, o Conselho da Europa, de vocação meramente intergovernamental.

Trata-se, no fundo, da criação de uma Assembleia Europeia eleita democraticamente para debater a criação de uma União ou Federação aberta a todas as nações europeias de regime democrático visando defender uma Carta de Direitos do Homem. A tutela dos Direitos do Homem é a sua principal tarefa. Cabe ao Conselho da Europa a outorga da Convenção Europeia dos Direitos do Homem, da Carta Social Europeia, do Código Europeu de Segurança Social, da Convenção Europeia sobre o Estatuto Legal dos Trabalhadores Migrantes.

O Conselho da Europa impõe como condições de adesão a pertença a território europeu e a vigência no país participante de princípios democráticos (pluripartidarismo e democracia representativa, daí a retirada da Grécia em 1969, quando os coronéis tomaram o poder, readerindo em 1974)[63].

– *A fase da integração*

a) *Comunidade Europeia do Carvão e do Aço (CECA)*

A Europa debatia-se ao tempo com três importantes questões:

– a questão económica, fruto da debilitação económica do pós--guerra e na necessidade de reorganização da siderurgia europeia (carvão e aço);

---

[62] A sigla TR, circunscreve-se sempre ao Tratado de Roma que instituiu a CEE.

[63] Sobre esta temática, *v.* João Mota de Campos e João Luiz Mota de Campos, "Manual de Direito Comunitário", Coimbra Editora, 2007.

50 *Direito do Trabalho*

– a questão política, centrada na premência da regulação das relações franco-alemãs para eliminação de eventuais conflitos; de facto, as rivalidades franco-alemãs deram origem a três guerras: a guerra franco-prussiana de 1870 que teve por centro a Alsácia e a Lorena; a I e a II Grande Guerras;

– a questão mais ampla da unificação europeia (tendência federalista), superando as organizações de mera cooperação.

Schuman propõe a colocação em conjunto da produção franco-alemã (carvão e aço, sectores-chave, vitais para o armamento, aproveitando a Autoridade Internacional do RUHR), sobre uma autoridade comum, aberta a todos os outros países da Europa.

A Alemanha, a Itália, a Bélgica, a Holanda e o Luxemburgo aderiram e instituiu-se a CECA, pelo Tratado de Paris de 1951.

A CECA não possuía vocação perpétua, prevendo um prazo de vigência de 50 anos.

b) *Comunidade Económica Europeia (CEE) e Comunidade Europeia de Energia Atómica (EURATOM ou CEEA)*

Sob proposta holandesa dirigida aos restantes membros da CECA, reuniu a Comissão *Spaak*, concluindo pela necessidade de formação de mais duas Comunidades, uma de vocação eminentemente económica, outra para regular a energia e as matérias nucleares.

Regulada a questão do carvão e do aço, pretende-se investir na generalidade dos produtos e dos sectores da economia, através da criação de uma união aduaneira.

Do art. 23.°, n.° 1 TR consta expressamente que a "Comunidade assenta numa união aduaneira que abrange a totalidade do comércio de mercadorias e implica a proibição, entre os Estados--membros, de direitos aduaneiros de importação e de exportação e de quaisquer encargos de efeito equivalente, bem como a adopção de Pauta Aduaneira Comum nas suas relações com países terceiros".

A CEE e a EURATOM são instituídas por dois Tratados de 1957, assinados em Roma.

A Grã-Bretanha não faz parte dos Estados fundadores das Comunidades, tendo criado logo depois, pela Convenção de Estocolmo de 04 de Janeiro de 1960, com Portugal, Suécia, Noruega, Dinamarca, Áustria e Suíça, uma Associação Europeia de Comércio Livre, competindo com a CEE no estabelecimento de uma união aduaneira[64].

A EFTA apresenta como objectivo principal a eliminação dos obstáculos às trocas comerciais mediante a progressiva abolição dos direitos aduaneiros e das restrições quantitativas nas relações entre os seus membros, com dois importantes condicionamentos:

A liberdade de trocas seria limitada aos produtos industriais (com exclusão dos produtos agrícolas e pescas), e não se estabeleceu uma pauta aduaneira comum em relação aos países exteriores à zona de comércio livre, dando assim a cada Estado Membro inteira liberdade para praticar a política comercial e aduaneira que julgue conveniente.

Este sistema obriga ao controlo permanente das importações vindas dos outros Estados-membros, mediante *certificados de origem* que comprovam que a mercadoria importada foi produzida nos países membros.

2. *A teoria da integração económica – os cinco patamares*

a) *Zona de comércio livre*
Na zona de comércio livre vigora a livre circulação de mercadorias, abolindo-se no interior da zona, os direitos aduaneiros e as restrições quantitativas.

Fora da zona, no entanto, mantém-se a autonomia pautal de cada Estado, não há uma política aduaneira comum.

Para evitar a perversidade do regime, que permite que o Estado terceiro faça penetrar os seus produtos pelo país da zona com menor encargo aduaneiro, impôs-se a *regra da or*igem das mercadorias, a fim de distinguir os produtos originários da zona dos que não o são.

"Os embaraços decorrentes da situação descrita podem ainda ver-se consideravelmente agravados, na medida em que se impõem

---

[64] Exemplo actual de uma zona de comércio livre é a *North American Free Trade Agreement* (NAFTA), constituída entre o Canadá, os Estados Unidos da América e o México, em 1992. Esta organização, no entanto, não se limita à adopção da livre circulação de mercadorias, permitindo ainda a livre circulação de determinadas pessoas, de serviços e de investimento.

definir com rigor os critérios de *determinação da origem* de um produto quando este é o resultado de um processo de produção que comporta a utilização, em percentagem variável de matérias-primas e de componentes importadas de terceiros países (é o problema da definição das *regras de origem*)"[65].

b) *A união aduaneira*

Para além de uma zona de comércio livre, esta fase de integração obriga ao estabelecimento de uma política aduaneira comum, fixando a pauta aduaneira comum (PAC) ou tarifa aduaneira comum (TAC), o que significa que os produtos que entram na CE sofrem uma mesma imposição comunitária.

O art. 23.º TR postula a união aduaneira como fase preliminar da Comunidade.

O art. 25.º TR proíbe os direitos aduaneiros ou encargos de efeito equivalente entre os Estados-Membros da Comunidade Europeia, e os arts. 28.º e 29.º TR proíbem as restrições quantitativas ou medidas de efeito equivalente.

c) *O mercado comum*

O mercado comum alarga a livre circulação às pessoas, serviços e capitais (as chamadas *Quatro Liberdades*), o que implica o estabelecimento de políticas comuns (política agrícola comum, política comum dos transportes, política comercial comum).

Mais tarde, o mercado interno vem abolir todas as barreiras a essa livre circulação. O art. 3.º, *c*) TR prevê a abolição, entre os Estados-Membros, dos obstáculos à livre circulação de mercadorias, de pessoas, de serviços e de capitais.

d) *A união económica*

Os arts. 98.º e ss. TR pressupõem uma harmonização das várias legislações nacionais (*v.g.*, direito societário, direito fiscal) no sector económico, a coordenação das diferentes políticas económicas, financeiras e monetárias sob uma autoridade comum e a substituição de determinadas políticas nacionais por políticas comunitárias.

---

[65] Mota Campos e outro, "Manual...", p. 514.

Direito Comunitário 53

e) *A união económica e monetária*

A união económica e monetária assenta na fixação de câmbios fixos, na convertibilidade obrigatória e ilimitada das diferentes moedas nacionais, numa política monetária unificada e num controlo das reservas e das taxas de câmbio.

"União monetária não significa, necessariamente, moeda única emitida por um Banco Central da união sob a forma de moedas ou notas de banco com igual valor, idêntica expressão facial e curso forçado em todos os países membros"[66].

3. *Os alargamentos da Comunidade*

a) *Primeiro alargamento*

Em 1972 aderem a Grã-Bretanha, a Irlanda e a Dinamarca.

A adesão da Grã-Bretanha põe fim a um complicado processo de negociações, iniciado em 1961, aquando da formulação do primeiro pedido de adesão, indeferido pelo veto do Governo francês.

b) *Segundo alargamento*

Adesão da Grécia em 1979. Desde 1961 que vigorava o Tratado de Associação com a Comunidade que previa a instituição de uma união aduaneira.

c) *Terceiro alargamento*

Aderem Portugal e Espanha, em 1985.

Portugal havia apresentado o seu pedido de adesão em 1977, na sequência das negociações entre a Grã-Bretanha e a Comunidade, sendo, na altura, membro da EFTA.

Na sequência da candidatura da Grã-Bretanha em 1961, Portugal inicia as negociações com a Comunidade Europeia, posteriormente suspensas com o veto francês à adesão da Grã-Bretanha. As negociações são retomadas em 1967, com o segundo pedido de adesão da Grã-Bretanha, ficando novamente suspensas com o segundo veto francês.

Só em 1971, no seguimento do Congresso de Haia, de 1969, e com a adesão da Irlanda, Dinamarca e Grã-Bretanha à Comuni-

---

[66] MOTA CAMPOS e outro, "Manual...", p. 518.

54   *Direito do Trabalho*

dade (1972), se restabelecem as negociações que conduziriam em 1972 e por um período transitório de 4 anos e meio, ao estabelecimento de uma zona de comércio livre limitada aos produtos industriais.

Em 28.03.77, Portugal formaliza o seu pedido de adesão às Comunidades.

d) *Quarto alargamento*
Em 1 de Janeiro de 1995, a União Europeia passa a ser constituída por 15 membros, com a adesão da Finlândia, Suécia e Áustria.

e) *Quinto alargamento*
Em 1 de Maio de 2004, aderem Chipre, Eslováquia, Eslovénia, Estónia, Hungria, Letónia, Lituânia, Malta, Polónia e República Checa[67].

4. *As instituições da União Europeia*

As esferas institucionais da União não se assemelham à clássica separação entre poderes, não se pode dizer que a cada órgão corresponda um determinado e único poder.

Quanto ao poder legislativo
Este poder é exercido comummente pelo Conselho (art. 202.º, 2 § TR), em regra, só pode agir sob proposta da Comissão.

O art. 249.º, § 1.º TR, refere que o Conselho e a Comissão adoptam regulamentos e directivas. Do Conselho provêm os regulamentos de base.

O Conselho representa os interesses dos Estados membros.

A Comissão tem ainda, em casos excepcionais, poder de decisão próprio (art. 211.º, § 3 TR).

O Parlamento Europeu, no âmbito do processo de co-decisão, possui igualmente poderes decisórios, exercidos, conjuntamente, com o Conselho (art. 251.º TR).

---

[67] Prepara-se, entretanto, a adesão, de diversos outros Estados (Turquia, Croácia, Bulgária, Croácia e Roménia).

Quanto ao poder executivo

Este poder cabe, em regra, à Comissão, devendo o Conselho delegar na Comissão os actos que adopta (art. 202.°, 4.° § TR).

O Conselho possui igualmente funções executivas, embora a título excepcional, *i.e*, quando não exerce o poder de delegação na Comissão.

A Comissão desempenha além das funções executivas e legislativas (regulamentos de execução), funções de fiscalização (é vista como a guardiã dos Tratados), representando os interesses próprios da Comunidade.

Quanto ao poder judicial

O poder judicial é exercido pelo Tribunal de Justiça das Comunidades Europeias, conjuntamente com o Tribunal de Primeira Instância, que representa por excelência a defesa do Direito e da Justiça (art. 220.° TR).

5. Os órgãos da Comunidade

Conselho (de ministros)

O Conselho é composto por um representante de cada Estado-membro a nível ministerial, que "terá poderes para vincular o governo desse Estado-membro" (art. 203.°, 1.° § TR), é, portanto, assumido como órgão comunitário, no entanto, é também um órgão inter-governamental.

O Conselho é designado como um órgão itinerante: "Os «representantes» dos Estados-membros não são permanentes: quando se discutem assuntos gerais, estão normalmente presentes os Ministros dos Negócios Estrangeiros dos Estados-membros (*Conselho para Assuntos Gerais*); em discussão mais específicas estarão presentes os Ministros nacionais das respectivas pastas.

O Comité dos Representantes Permanentes (COREPER) assegura a continuidade dos trabalhos, promovendo, no seu seio, o diálogo entre os vários representantes dos Governos, controlando os grupos de trabalho que funcionam junto do Conselho e – tarefa essencial – preparando os trabalhos do Conselho"[68].

---

[68] MARIA JOÃO PALMA e LUÍS DUARTE D´ALMEIDA, *op. cit.*, p. 75.

Comissão

A Comissão zela pelo cumprimento dos interesses da Comunidade, é o órgão mais federalizado da União.

É composta por vinte comissários, "escolhidos em função da sua competência geral e que ofereçam todas as garantias de independência" (art. 213.º TR), os comissários, não são, portanto, representantes ou mandatários dos respectivos Estados.

A Comissão detém um leque vasto de poderes:

Detém o poder de impulso legislativo; possui poder de decisão próprio, participando na formação dos actos do Conselho e do Parlamento Europeu (art. 211.º, 3.º § TR); executa as normas do Conselho (4.º §); e impõe-se como guardiã dos Tratados (1.º §), sendo-lhe facultada, em sede de contencioso comunitário, a propositura de acções por incumprimento (art. 226.º TR), recursos de anulação (art. 230.º TR), ou de omissão (art. 232.º TR).

Desde o Tratado de Nice, que a Comissão tem um presidente, conforme preceitua o n.º 2 do art. 214.º TR:

"O Conselho, reunido a nível de Chefes de Estado ou de Governo e deliberando por maioria qualificada, designa a personalidade que tenciona nomear presidente da Comissão, essa designação será aprovada pelo Parlamento Europeu".

Parlamento Europeu

O Parlamento Europeu é composto por representantes dos povos dos Estados membros (art. 189.º, 1.º § TR), eleitos por sufrágio directo e universal (art. 190.º, n.º 1 TR). Todos os cidadãos comunitários elegem esse representante e todos os cidadãos são elegíveis.

Este órgão que não se pode equiparar a um parlamento nacional, possui, entre outras, as seguintes funções:

i) competência consultiva, a nível legislativo (art. 192.º, 1.º § TR) e na celebração de acordos internacionais (art. 300, n.º 3 TR)

ii) poderes de controlo político, interpelando a Comissão (art. 197.º, 3.º § TR), discutindo publicamente o relatório geral anual da Comissão (art. 200.º TR), apreciando as moções de censura dirigidas à Comissão (art. 201.º TR), constituindo uma comissão de inquérito temporária para analisar "alegações de infracção ou de má administração na aplicação do direito comunitário" (art. 193.º, 1.º § TR).

De assinalar a possibilidade de exercício do direito de petição ao Parlamento Europeu, por qualquer cidadão da União ou qualquer outra pessoa singular ou colectiva com residência ou sede estatutária num Estado membro (art. 194.º TR), sobre qualquer questão que se integre nos domínios dos assuntos comunitários.

Ainda, o direito de recurso, por parte de qualquer cidadão comunitário ou qualquer pessoa singular ou colectiva com residência ou sede estatutária num Estado membro, ao Provedor de Justiça Comunitário, nomeado pelo Parlamento Europeu, sobre aspectos de má administração na actuação das instituições ou organismos comunitários, com excepção do Tribunal de Justiça e do Tribunal de Primeira Instância no exercício das respectivas funções jurisdicionais (art. 195, n.º 1 TR).

iii) poder decisório em matéria orçamental, cabendo-lhe aprovar ou rejeitar em bloco o orçamento da Comunidade (art. 272, n.º 4, 8 e 9 TR). Trata-se de um dos poucos casos em que cabe ao Parlamento Europeu um poder decisório, embora partilhado com o Conselho.

iv) poder de veto, sempre que interpelado para emissão de um parecer favorável, e no caso do procedimento de celebração de acordos de associação (art. 300, n.º 3 TR) e no processo de adesão de novos Estados membros (art. 49.º TUE).

Tribunal de Justiça

Conjuntamente com o Tribunal de Primeira Instância, cabe ao Tribunal de Justiça garantir o respeito do direito na interpretação e aplicação do presente Tratado (art. 220.º, 1.º § TR).

Para SÓNIA TEIXEIRA[69], "A principal fonte da capacidade de criação do TJCE é o art. 177.º (agora 234.º TR), as sentenças do Tribunal têm reforçado o papel da Comunidade e do seu sistema legal. Estávamos perante um Tratado-Quadro que não prevendo tudo ao pormenor, deixava uma grande margem de manobra para o Tribunal, constantemente solicitado a colmatar as suas lacunas.

Este órgão foi apelidado de intervencionista, tendo a sua actuação sido solicitada, para suprimir *gaps* legislativos superando o silêncio ou as insuficiências dos Tratados.

---

[69] "A protecção dos Direitos Fundamentais na Revisão do Tratado da União Europeia", AAFDL, Lisboa, 1998, p. 21 e ss.

Este cognome, ficou a dever-se, por um lado, à construção de conceitos novos, não previstos mas exigidos pela evolução dos acontecimentos, em virtude de uma maior ingerência do Direito Comunitário na vida dos cidadãos, e por outro lado, à efectivação de um direito novo e incipiente que se sobrepõe à ordem jurídica dos Estados.

Subjacente a este labor encontra-se o método de interpretação utilizado pelo TJCE, que vem acatando as modalidades interpretativas preconizadas pela Convenção de Viena de Direito dos Tratados, veiculadas no art. 31.º, segundo o qual a interpretação deve fazer-se de acordo com o sentido ordinário a atribuir aos tratados, no seu contexto e à luz dos seus objectivos e fins".

Explica MARIA JOÃO PALMA e LUÍS DUARTE D'ALMEIDA, "No seguimento das últimas adesões que tiveram lugar em 1995 (Áustria, Finlândia e Suécia), o TJCE passou a ser composto por 15 Juízes. Embora o Tratado não imponha nenhuma condição de nacionalidade, a tradição tem determinado que cada Estado tenha um Juiz da sua nacionalidade.

Nos termos do art. 222.º do TCE, o TJCE é assistido por 9 Advogados-Gerais. O Advogado-Geral é uma figura importada do direito francês, tendo funções idênticas ao Comissário do Governo junto do *Conseil d'Etat*. Francês"[70].

O Tribunal de Primeira Instância seria criado pelo Acto Único Europeu, conferindo-lhe o poder de conhecer em primeira instância, sem prejuízo do recurso para o Tribunal de Justiça (órgão de 2ª instância), certo tipo de acções propostas por particulares, independentemente de se reportarem às regras de concorrência (art. 225.º TR e art. 3.º do Estatuto do Tribunal). Fica vedado à intervenção do Tribunal de Primeira Instância as questões prejudiciais (art. 234.º TR), as acções interpostas por ou contra um Estado-membro; e as acções interpostas por um órgão comunitário.

Conselho Europeu

O Conselho Europeu é assumido como instituição comunitária porque a sua criação de deve às necessidades de construção europeia, institucionalizada no Acto Único Europeu.

---

[70] *Op. cit.*, p. 95 e 96.

Direito Comunitário 59

Apresenta-se como instrumento de concertação política e de cooperação em matéria de política externa e de segurança comuns, e como instância de apelo e orgão de decisão.

Dispõe o art. 4.°, 1.° § TUE: "O Conselho Europeu dará à União os impulsos necessários ao seu desenvolvimento e definirá as respectivas orientações políticas gerais".

II – As fontes de Direito Comunitário

1. *As fontes de Direito Comunitário originário*

a) *Os Tratados de Paris e de Roma*

O Direito Comunitário Originário é constituído pelos Tratados de Paris e de Roma e por todos os actos e tratados que os alteraram.

"Os Tratados de Paris e de Roma, no seu conjunto, têm sido, não sem razão, considerados como a «*Constituição*» da Comunidade Europeia.

Neles figura, além do mais, o *enunciado dos objectivos fundamentais, a definição da estrutura institucional, as bases essenciais do direito económico, financeiro e social das Comunidades*, as disposições relativas à *salvaguarda da ordem jurídica* que os Tratados instituíram"[71].

Qualquer Estado membro, bem como a Comissão podem submeter ao Conselho projectos de revisão dos Tratados (art. 48.°, 1.° § TUE).

O Tratado CEE é considerado como um Tratado-Quadro, pois moldura as finalidades gerais e as competências para os atingir.

Já o Tratado CECA e EURATOM enquadram o Tratado-lei, ou Tratado-regra, desenvolvendo os objectivos a alcançar.

b) *Acto Único Europeu*

O Acto Único Europeu teve por objectivo rever, em 1986, o conteúdo dos três tratados constitutivos das Comunidades (daí denominar-se Acto Único), integrando, ainda, no quadro comunitário questões de cooperação política (CPE, futura Política Externa e de Segurança Comum).

---

[71] MOTA CAMPOS e outro, "Manual...", p. 290.

Explica SÓNIA TEIXEIRA[72], "Esta revisão teve como antecedente um ambicioso projecto do PE, usualmente conhecido por projecto Spinelli, que arrogava poderes exacerbados para o órgão de que era originário, pretendendo instaurar o federalismo como forma de integração, falando por isso mesmo no princípio da subsidiariedade". O compromisso a que se chegou dota o Parlamento Europeu de algumas formas de cooperação com os restantes órgãos comunitários, instituindo um novo procedimento decisório, o processo de cooperação.

O Acto Único Europeu entrou em vigor em 01.07.87[73], institucionalizando os objectivos e as acções do Livro Branco de 14.06.85. Este Livro enumera as razões impeditivas da existência do mercado interno e propõe as medidas a adoptar pelo Conselho a fim de criar o «grande mercado interno» até 01.01.93; inventariando todas as barreiras físicas, técnicas e fiscais existentes, que justificam os controlos nas fronteiras e entravam o funcionamento do mercado.

O mercado interno apresenta-se mais amplo do que o mercado comum (que se satisfaz com a existência de fronteiras, embora abertas), pois visa um espaço geográfico e económico único, sem fronteiras internas, realçando o direito de circulação e de estabelecimento dos cidadãos da Comunidade.

O mercado interno decorre da unificação dos vários mercados nacionais dos Estados-membros, assegurando um espaço geográfico e económico único, destituído de fronteiras burocráticas[74].

---

[72] *Op. cit.*, p. 11, nota 2, p. 15.

[73] "...após o alargamento da Comunidade a três novos Estados-membros, Grécia em 1981, Portugal e Espanha que ratificaram o Tratado de Adesão em 1986, curiosamente no mesmo dia, em Portugal de manhã e em Espanha à tarde", SÓNIA TEIXEIRA, *op. cit.*, p. 11, nota 2.

[74] Fronteiras burocráticas internas, no que concerne ao controlo de mercadorias (controlos veterinários e fitossanitários apenas nos locais de produção e comercialização), no que concerne ao controlo de pessoas nas fronteiras (existente nas matérias referentes a emigração de países terceiros); fronteiras físicas, tendo em vista a eliminação dos controlos das pessoas e mercadorias; fronteiras técnicas, prevendo a harmonização das legislações nacionais relativas à liberdade de estabelecimento das profissões liberais, reconhecimento de equivalência de diplomas, liberdade de circulação de serviços; fronteiras fiscais, introduzindo-se o IVA e harmonizando-se as taxas dos impostos sobre o consumo), possibilitando total liberdade de circulação dos factores de produção.

Direito Comunitário 61

O Acto Único Europeu apela ainda "à dimensão social do mercado interno".

O art. 118.°-A (agora 140.° TR) alargou a competência da CE ao permitir adoptar, por maioria qualificada, directivas fixando «prescrições mínimas progressivamente aplicáveis» em matéria *nomeadamente* de condições de trabalho, formação e aperfeiçoamento profissionais, segurança social e protecção contra acidentes e doenças profissionais.

Neste contexto foi adoptado um importante conjunto de directivas sobre higiene e segurança no trabalho.

No que respeita às relações colectivas, o novo 138.° TR dispôs que "O diálogo entre os parceiros sociais ao nível comunitário pode conduzir, se estes o entenderem desejável, a relações contratuais, incluindo acordos".

c) *Tratado da União Europeia (ou Tratado de Maastricht)*

Com o Tratado da União Europeia assinado em 07 de Fevereiro de 1992, com entrada em vigor em Novembro de 1993[75], nasce a União Europeia, resultando da União das três Comunidades já existentes.

Com o Tratado de *Maastricht* assinado em 07.02.1992 foi instituída uma nova arquitectura comunitária que assenta agora em três pilares:

i) o primeiro, das Comunidades propriamente ditas (art. 1.° TUE), comunitarizou políticas que até aqui eram vistas como e apenas de *interesse comum* para os Estados-membros; propõe-se a integração comunitária, passando-se de uma fase de mera cooperação para uma etapa mais avançada.

Explica MARIA JOÃO PALMA e LUÍS DUARTE D'ALMEIDA[76], "A integração assenta na auto-limitação das esferas de soberania dos Es-

---

Em desenvolvimento, *v.* PAULO DE PITTA E CUNHA, "A União Monetária e suas implicações", *in* A União Europeia, Curso de Estudos Europeus, Universidade de Coimbra, p. 48.

[75] "Não obstante o conturbado processo da sua entrada em vigor, uma vez que, a Dinamarca se pronunciou negativamente aquando do primeiro referendo, o que causava um imbróglio institucional, só tendo sido possível ultrapassá-lo através da Declaração Europeia de Edimburgo, que veio realizar uma verdadeira operação de cosmética ao Tratado, uma vez que para os restantes EM ficou exactamente igual, ao mesmo tempo que respondeu às exigências da Dinamarca", SÓNIA TEIXEIRA, *op. cit.*, p. 11, nota 3.

[76] "Direito Comunitário", AAFDL, Lisboa, 2000, p. 18.

tados-membros que, com fundamento constitucional, acordam no exercício comum de um determinado leque de poderes soberanos, definindo para o efeito uma estrutura organizativa, procedimentos de atribuição do exercício de competências e meios de controlo da legalidade".

"O Acto Único Europeu inscreveu, pela primeira vez, na matriz institutiva das Comunidades Europeias, uma fórmula genérica de fundamentalização de direitos. (...). Seria, contudo, necessário aguardar pelo Tratado da União Europeia para localizar este compromisso de princípio no próprio articulado do Tratado"[77].

Refere o art. 17.º, n.º 1 TR: "É instituída a cidadania da União. É cidadão da União qualquer pessoa que tenha a nacionalidade de um Estado-membro. A cidadania da União é complementar da cidadania nacional e não a substitui".

Para SÓNIA TEIXEIRA[78], "Cidadania é ao mesmo tempo que a identidade nacional um vínculo jurídico e político, que se traduz na pertença de um indivíduo a um Estado, e o constitui perante esse Estado num particular conjunto de direitos e obrigações. É um vínculo entre o indivíduo e uma entidade política – Estado – que assume uma importância primordial uma vez que é através desse vínculo que se define um dos seus elementos estruturantes, a população ou povo Estadual, para além de lhe conferir três níveis de direitos, segundo CARLOS CLOSAS: primeiro, o direito que garante a igualdade dos indivíduos perante a lei; segundo, direitos políticos que permitem ao indivíduo participar no exercício da soberania nacional, terceiro, os direitos sociais que são o marco final do desenvolvimento da cidadania".

O conceito de cidadania europeia consagra uma multiplicidade de direitos interligados entre si: o direito de circular e permanecer na Comunidade, independentemente do exercício de uma actividade económica (art. 18.º TR); o direito de eleger e de ser elegido nas eleições locais ou europeias, com base exclusivamente no critério da residência (art. 19.º TR); o direito à protecção diplomática em países terceiros (art. 20.º TR); o direito de petição directa ao Parlamento Europeu no que concerne a questões integradas nos domí-

---

[77] MARIA LUÍSA DUARTE, "Estudos de Direito da União e das Comunidades Europeias", Coimbra Editora, 2000, p. 16.

[78] Op. cit., p. 74.

Direito Comunitário 63

nios de actividade da Comunidade (art. 21.°, n.° 1 TR); direito de acesso ao Provedor de Justiça (art. 21.°, n.° 2 TR), a este cabe examinar as queixas de «má administração» da actuação das instituições comunitárias.

ii) o segundo consagra a Política Externa e de Segurança Comum (PESC, art. 11.° TUE);

iii) e o terceiro reporta-se à administração interna e aos assuntos judiciários (agora inserido no Título VI – Cooperação policial e judiciária em matéria penal), cujo objectivo é alcançar uma cooperação mais estreita entre autoridades judiciárias no âmbito da cooperação judiciária (arts. 29.° e 31.° do TUE), e entre as forças policiais, autoridades aduaneiras e outras, tanto directamente, como através do Serviço Europeu de Polícia (EUROPOL)[79], no âmbito da cooperação policial (arts. 29.° e 30.° do TUE)[80].

A política comum de vistos (uma das políticas comunitarizadas no seio da União Europeia prevista no art. 62.° TR), ponto importante para o controlo das fronteiras externas, desdobra-se, nomeadamente, na criação "de listas de países terceiros cujos nacionais devem ser detentores de visto na passagem das fronteiras externas e daqueles cujos nacionais estão isentos dessa obrigação" (art. 61.°-*i*) TR), processos e condições de emissão de vistos pelos Estados-membros (*ii*)), modelo-tipo de visto (*iii*), regras em matéria de visto uniforme (*iv*).[81]

---

[79] Conforme esclarece M. GORJÃO-HENRIQUES, *op. cit.*, p. 71, nota 81, "exemplo desta maior cooperação é a instituição da «Europol», como instrumento privilegiado de luta contra certas formas de criminalidade internacional, maxime pela instalação «de um sistema de intercâmbio de informações no âmbito de uma Unidade Europeia de polícia (...). Esta nova entidade, que alguns chamam o «FBI europeu», não está sujeita a controlo por parte do TJCE (...)"

[80] Em desenvolvimento, *v.* ANA MARIA GUERRA MARTINS, "O Tratado da União Europeia – Contributo para a sua compreensão", Lex, Ed. Jurídicas, Lisboa, 1993 e CARLA AMADO GOMES, "A Natureza Constitucional do Tratado da União Europeia", *Lex*, Ed. Jur., Lisboa, 1997.

[81] Entre nós, em 1997, foi aprovada uma proposta de referendo respeitante ao Tratado de Amesterdão, tendo o Presidente da República algumas dúvidas sobre a sua constitucionalidade, submete a proposta à apreciação do Tribunal Constitucional.

Por acórdão n.° 531/98, de 29 de Julho, o Tribunal Constitucional pronuncia-se pela inconstitucionalidade da pergunta "Concorda com a continuação da participação de Portugal na construção da União Europeia no quadro do Tratado de Amesterdão?", por lhe faltar clareza e objectividade.

Nos segundos e terceiros pilares o lema é ainda a cooperação entre os Estados, vigorando aí a regra da unanimidade.

O acordo *Schengen* entrou em vigor em 26.03.1995, incluído no terceiro pilar, pelo Tratado de Amesterdão, assinado por Portugal, Espanha, Alemanha, França, Bélgica, Luxemburgo, Holanda, Grécia, Áustria, Itália, Suécia, Finlândia e Dinamarca. Ficaram de fora a Grã-Bretanha e a Irlanda. O acordo visa simplificar a circulação de pessoas e mercadorias entre os países da União Europeia, signatários do Acordo.

A Convenção de Aplicação do Acordo de *Schengen* (CAAS) tem por finalidade proceder à supressão gradual dos controlos nas fronteiras internas comuns, implicando um reforço de controlo nas fronteiras externas. Esclarece F. LUCAS PIRES,[82]" (…) Talvez devamos, porém, distinguir duas dimensões diferentes: a da *liberdade de entrada* e a da *liberdade de circulação* na Europa comunitária de cidadãos de países terceiros. De modo grosseiro e liminarmente, podia dizer-se que, em princípio, as entradas curtas, de tipo turístico, até três meses, são "comunitarizadas". Verificadas certas condições, asseguram ao contemplado a concessão de um visto uniforme e a liberdade de circulação em todo o território comunitário durante esse período. Em compensação, as entradas longas, por mais de três meses, motivadas pela emigração ou o asilo, com excepção dos motivos humanitários ou de reunificação familiar, embora objecto de consulta e cooperação enquanto assunto de "interesse comum" (art. K1), continuam, em grande parte, "nacionalizadas" Daí decorre uma política harmonizada de concessão de vistos a cidadãos estrangeiros, um sistema de inscrição de pessoas não admissíveis (inscritos no Sistema de Informação *Schengen* ou na lista nacional) e uma política comum para a concessão do direito de asilo[83].

O TUE institui, ainda, um novo processo decisório, o processo de co-decisão, com um importante aumento dos poderes do Parlamento Europeu.

---

[82] "Schengen e a Comunidade de Países Lusófonos", Coimbra Editora, 1997, Corpus Iuris Gentium Conimbridge, ISSN 0873-7495, p. 24 e ss.

[83] Para maiores e melhores desenvolvimentos, *v*. MIGUEL GORJÃO-HENRIQUES, "Aspectos Gerais dos Acordos de Schengen na Perspectiva da Livre Circulação de Pessoas na União Europeia", *in* Temas de Integração, Universidade de Coimbra, 1996, 2.º semestre, 1.º vol., p. 47 e ss.

Direito Comunitário 65

Quanto à política social, face à recusa do Reino Unido em subscrever o Acordo sobre Política Social (já antes não aderira à Carta Social), incluiu-se esse Acordo em anexo ao Tratado da União, mas não fazendo parte dele. O Reino Unido ficou, portanto, somente vinculado às normas sociais do Tratado de Roma e do Acto Único Europeu.

Conclui JOSÉ JOÃO ABRANTES[84], "A situação tinha implicações desfavoráveis, designadamente no plano social, com a legitimação do *dumping* social no interior da Comunidade"[85].

d) *Tratado de Amesterdão*

A revisão operada pelo Tratado de Amesterdão advém da necessidade da União Europeia se preparar para os alargamentos a Leste.

O Tratado aprovado em 02.10.97 entra em vigor em 1 de Maio de 1999 e é ratificado entre nós pelo Decreto do Presidente da República n.º 65/99, de 19.02.

Procedeu-se ao alargamento no âmbito do processo de co-decisão (o qual confere ao Parlamento Europeu o poder de alterar e/ou rejeitar uma proposta legislativa, quase como se do Conselho se tratasse).

Destacam-se as seguintes inovações:

i) a inclusão de novo título dedicado ao emprego e a incorporação do "Acordo sobre Política Social no Tratado (a partir da adesão do Reino Unido)[86].

"O Tratado de Amesterdão expande o campo de reconhecimento a certos direitos que dependem, tradicionalmente, da decisão soberana dos Estados: direitos relacionados com a matéria de vistos, asilo, imigração e outras políticas relativas à livre circulação de pessoas"[87], estabelecendo uma cláusula san-

---

[84] "Do Tratado de Roma ao Tratado de Amesterdão...", p. 169.

[85] E exemplifica com a deslocalização de unidades industriais da Hoover de França para Inglaterra, fruto da falta de regras sociais mínimas em Inglaterra.

[86] Explica JOSÉ JOÃO ABRANTES, *op. cit.*, p. 169, nota 18, "As alterações políticas entretanto ocorridas no Reino Unido, com a chegada dos trabalhistas ao poder, permitiram que, em Amesterdão, as regras e princípios contidos no «acordo relativo à política social», (...) fossem incorporadas no Tratado da União".

[87] MARIA LUÍSA DUARTE, *op. cit.*, p. 17.

cionatória para os Estados membros que violem os princípios fundamentais da UE (liberdade, democracia, respeito pelos direitos humanos e Estado de Direito).

ii) a *comunitarização* do terceiro pilar. Assim, o Parlamento Europeu passará a ser consultado em qualquer decisão nestes domínios, a Comissão assumirá o seu direito de iniciativa e o Tribunal de Justiça passará a exercer o controlo judicial da legalidade das medidas tomadas.

Prevê uma cláusula de flexibilidade, que permite as "cooperações reforçadas", *i.e.*, a possibilidade de alguns Estados-membros que pretendam avançar mais depressa do que outros em alguns domínios da integração, o fazerem, desde que seja para favorecer a realização dos objectivos da União, respeito pelos princípios do Tratado e das instituições, seja utilizado apenas em último recurso, envolva uma maioria de Estados-membros, não afecte o acervo comunitário, nem as competências, direitos, obrigações e interesses dos Estados membros não participantes, não diga respeito à cidadania comunitária, nem possa originar qualquer discriminação entre os cidadãos comunitárias.

e) *Tratado de Nice*

O Conselho de Nice anuncia que "O Conselho Europeu congratula-se com a proclamação conjunta pelo Conselho, pelo Parlamento Europeu e pela Comissão, da Carta dos Direitos Fundamentais, que congrega num único texto os direitos civis, político, económicos e sociais e de sociedade até aí expressos em diversas fontes internacionais, europeias e nacionais. O Conselho Europeu deseja que à Carta se dê a mais vasta divulgação possível junto dos cidadãos da União", acabando, no entanto, por a Carta não ser incluída quer no Tratado da Comunidade Europeia, quer no Tratado União Europeia, ficando somente uma referência na Acta Final da Conferência de Nice sobre o futuro debate do estatuto da Carta.

Contra a dotação de uma pretensa Constituição Europeia, afirma JORGE MIRANDA, "Certos autores, como se sabe, têm defendido a existência de uma constituição europeia ou a afirmação de um poder constituinte europeu em *Maastricht*, em Amesterdão e, eventualmente, em Nice; e outros entendem que se estaria numa

---

[88] "Direito Constitucional III", Lisboa, AAFDL, 2001,p. 11.

fase de pré-Constituição ou de uma Constituição transnacional"[88]. No entanto, não há nestes tempos um poder constituinte que apele à sua criação.

Na verdade, continua o A., "Não existe um povo europeu que seja titular desse poder constituinte. Não há um povo europeu; há sim um conjunto de povos europeus. Nem há cidadãos europeus; há cidadãos de diferentes Estados europeus – aos quais são atribuídos certos direitos económicos e políticos comuns e nisto consiste, justamente, aquilo a que se chama cidadania europeia (sempre dependente, portanto, de cidadania própria de cada Estado comunitário)"[89-90].

f) *Tratado Constitucional Europeu*

Em 29 de Outubro de 2004, foi assinado pelos 25 Estados--membros, em Roma, o Tratado Constitucional Europeu (TCE)[91].

Resultava do respectivo preâmbulo que este novo Tratado se inspirou: "*no património cultural, religioso e humanista da Europa, de que emanaram os valores universais que são os direitos invioláveis e inalienáveis da pessoa humana, bem como a liberdade, a democracia, a igualdade e os Estado de Direito.*"

O TCE seria depois ratificado pelos respectivos Estados, com eventual recurso a referendo nacional, a fim de entrar em vigor no ordenamento jurídico comunitário[92].

---

[89] *Op. cit.*, p. 12.

[90] Para maiores desenvolvimentos *v.* "A União Europeia – os caminhos depois de Nice", 2.° semestre 2001, 1.° semestre 2002, n.os 12 e 13, 2002, Almedina.

[91] Curiosamente, a Constituição Europeia foi assinada na mesma sala (a Sala *Degli Orazi and Curiazi* do edifício *Campidoglio*), onde em 25 de Março de 1957 os seis países fundadores assinaram os Tratados de Roma que deram origem à CEE e à EURATOM (ou CEEA).

[92] Realçando-se o simbolismo da União Europeia, preceitua o art. 8.° do TCE:

"A bandeira da união é constituída por um círculo de doze estrelas douradas sobre fundo azul.

O Hino da União é extraído do "Hino à Alegria", da Nona Sinfonia de *Ludwig van Beethoven.*

O lema da União é: «Unida na diversidade».

A moeda da União é o euro.

O Dia da Europa é comemorado a 9 de Maio em toda a União".

Atribuia-se à União Europeia personalidade jurídica (art. 7.°), o que a autonomiza para outorgar tratados e convenções internacionais, prescindindo-se da intervenção de todos os Estados-membros que a compõe.

O TCE pretendia não só unificar num só texto, as várias alterações sofridas pelos Tratados fundadores, que se reflectiam na sistematização legal, como ainda proceder a alterações (de vulto) a nível institucional, das quais assinalamos, em particular:

– O Conselho Europeu passava a pertencer à estrutura institucional da União Europeia, criando-se a figura de Presidente do Conselho Europeu, ou Presidente da União, eleito por maioria qualificada, com mandato de dois anos e meio (art. 22.º, n.º 1);

– O represente da Política Externa e de Segurança Comum (Sr. PESC) seria substituído por um super-ministro, o Ministro dos Negócios Estrangeiros Europeu, que acumulva com o cargo de vice-presidente da Comissão Europeia (art. 28.º);

– Limitava-se o número máximo de deputados, para 750, conferindo-se a cada Estado o máximo de 96 deputados e o mínimo de 6 (art. 20.º, n.º 2);

– O Parlamento Europeu via ainda alargado o processo de co-decisão (o poder legislativo que partilha com o Conselho), e era-lhe atribuído o poder de eleger o Presidente da Comissão Europeia, de acordo com a proposta apresentada pelo Conselho Europeu, e de confirmar a equipa de comissários (art. 20.º),

– A regra de ponderação de votos no Conselho Europeu obrigava agora a uma maioria qualificada (sistema de dupla maioria) que representava 55% dos Estados-membros que reúnam 65% da população europeia (art. 25.º, n.º 1).

Esta dupla maioria é elevada para 72% dos Estados e 65% da população, no caso de decisões não propostas pela Comissão ou pelo Ministro de Negócios Estrangeiros Europeu (art. 25.º, n.º 2).

A minoria de bloqueio seria composta por 35% da população e um número mínimo de quatro Estados;

– Os actos comunitários seriam divididos em actos legislativos e não legislativos (arts. 34.º e 35.º).

Os actos legislativos tomavam a forma de leis e de leis-quadro (estas últimas substituiriam as directivas).

Dos actos não legislativos pertenciam os regulamentos, as decisões e os pareceres.

– Reforçava-se a cooperação operacional entre as autoridades competentes, incluindo os serviços de polícia, das alfândegas e outros serviços especializados no domínio da prevenção e detecção de infracções penais (art. 42.º, n.º 1, al. c);

– Previa-se expressamente que qualquer Estado-Membro poderia decidir retirar-se da União (art. 60.º, n.º 1).

2. *As fontes de Direito Comunitário Derivado*

O Direito Comunitário Derivado é composto pelos chamados actos normativos, *i.e.*, regulamentos, directivas e decisões. As recomendações e os pareceres têm outra estrutura, não sendo actos normativos, pois não têm carácter vinculativo (art. 249.º, 5.º § TR)[93].

Os regulamentos que põe em prática o próprio Direito Comunitário denominam-se regulamentos de base, e os que visam executar estes, são classificados como regulamentos de execução.

O regulamento é ainda uma norma de carácter *geral* (aplicando-se à generalidade de Estados-membros), ao contrário da directiva, que se assume como norma de carácter *particular*, dirigindo-se apenas aos Estados que dela carecem, para harmonização dos restantes Estados, que já contêm no respectivo ordenamento jurídico essa tutela.

O regulamento é obrigatório em todos os seus elementos (art. 249.º, 2.º § TR), já a directiva só obriga o Estado destinatário a prosseguir determinado resultado, deixando-lhe a liberdade de escolha dos meios e métodos para o atingir, configurando verdadeira discricionariedade de transposição (art. 249.º, 3§ TR).

A directiva comunitária irá ser substituída como fonte normativa. Propõe-se agora, na linha do preconizado pelo Tratado Constitucional Europeu, que as chamadas leis-quadro tomem o seu lugar, deixando a cargo do executivo o respectivo desenvolvimento; preferindo-se esta a uma outra solução, também debatida, a conversão de todas as directivas em regulamentos (depois de obtido um certo grau de harmonização, embrião deste fenómeno ocorre hoje com as directivas-regulamentares).

O traço distintivo entre a directiva e o regulamento assenta na aplicabilidade directa deste último: a directiva ao contrário do regulamento é uma norma de duplo grau[94], carece sempre de inter-

---

[93] No Tratado CECA, os regulamentos, as directivas e as decisões tomavam o nome, respectivamente, de decisão geral, recomendação e decisão individual.

[94] "(...) no primeiro, faria ainda parte do Direito Comunitário, impondo sobre o Estado destinatário uma obrigação de resultado, para depois, encerrada

venção normativa nacional, não sendo directamente aplicável, exige a incorporação num diploma legal publicado de acordo com as regras de Direito constitucional (art. 249.°, 3.° § TR).

A versatilidade dos instrumentos técnico-jurídicos utilizados variará de ordenamento jurídico para ordenamento jurídico, dentro dos limites expressos ou implícitos da lei constitucional ou geral. Entre nós, a Quarta Revisão Constitucional (Lei n.° 1/97, de 20.09), estreitou o leque de instrumentos técnico-jurídicos com aptidão transpositiva, aos instrumentos legislativos por excelência: lei e decreto-lei seja qual for a matéria a converter em direito nacional.

Hoje, portanto, o cidadão nacional sabe com a certeza e a segurança que a publicação oficial nos dá, que na inexistência de lei ou de decreto-lei de transposição, não houve transposição de todo, desde que a referida omissão ocorra durante o período concedido para a transposição, podendo vir a integrar segundo vários A. comunitaristas violação do direito comunitário (apresentando-se não como única voz de discordância, SACHA PRECHAL) como, para efeito, nomeadamente, e quanto ao contencioso comunitário, acção de condenação do Estado em causa.

A omissão legislativa do Estado, ou do próprio órgão legiferante, no caso português, não se esgota na não transposição de todo em todo, duas outras hipóteses há ainda a considerar: a da transposição deficiente, que pode assumir várias modalidades e a falta de exequibilidade da norma transposta.

Neste último aspecto, assume particular relevância o princípio do *efeito bloqueador* construído pela jurisprudência comunitária, o Estado destinatário não pode obstucalizar a entrada em vigor da directiva, após a publicação desta ou no decurso do seu processo de formação. O dever de cooperação do art. 10.° TR obriga a que o Estado assuma um papel positivo evolutivo na construção europeia.

---

essa etapa, incorporar o direito interno (2.° grau), através da transposição efectuada pelos meios e procedimentos adequados disponíveis no ordenamento jurídico do Estado em causa, dotada ou com aptidão para produzir efeito *erga omnes*", da nossa "Da problemática do efeito directo nas directivas comunitárias", *Dixit*, 2000, p. 77.

Direito Comunitário   71

Esta última omissão é, hoje assente, equivale à falta de transposição pura e simples, não podendo o Estado, profícuo legislador, invocar que a directiva já se encontra vertida e quiçá a produzir efeitos no direito nacional, quando, *v.g.*, o decreto-lei em questão se encontra por regulamentar.

A distinção entre directivas e regulamentos é mais aparente do que real, o TJC sempre afirmou a irrelevância da forma do acto sobre o seu conteúdo, acrescente-se que certas directivas são, no fundo, verdadeiros regulamentos (a nomenclatura formal teve que abrir espaço para as chamadas directivas-regulamentares).

Quanto à não obrigatoriedade da publicação constitutiva, desde o Tratado da União Europeia tal dispensa foi atenuada. De acordo com o art. 254.º TR, as directivas gerais, bem como aquelas que surgem no decurso do processo de co-decisão, são objecto de publicação obrigatória no Jornal Oficial da União Europeia (JOUE), para produção dos respectivos efeitos jurídicos, findo o período de *vacatio legis*.

Adiante-se, no entanto, que sempre houve publicidade declarativa, a título de informação, para controlo do comportamento do Estado-membro.

As decisões são obrigatórias em todos os seus elementos para os destinatários que designar (art. 249.º, 4.º § TR).

3. *Princípios fundamentais do Direito Comunitário*

3.1. *Princípio do primado (ou princípio da primazia comunitária ou princípio da preferência comunitária)*[95].

Visando o Direito Comunitário atingir a uniformidade e facultar aos particulares a protecção dos direitos conferidos em seu favor, necessariamente terá que se sobrepor a todo o direito nacio-

---

[95] Sobre alguns dos princípios a seguir enunciados, *v.* MARIA JOÃO PALMA, "Breves notas sobre a invocação das normas das directivas comunitárias perante os tribunais nacionais", 1ª reimpressão, AAFDL, 2000.

nal[96], quer anterior, quer posterior[97], seja qual for a sua fonte. Pretendendo-se assim que o Direito Comunitário produza o mesmo efeito ou efeito idêntico em todo o espaço comunitário.

O Direito Comunitário prima portanto sobre as leis internas originárias, por força do art. 8.°-2 CRP.

E qual a hierarquia entre uma norma de direito comunitário derivado e o direito interno?

Os tratados constitutivos da Comunidade não se referem a tal questão. No entanto, tanto o TJC como as jurisdições nacionais têm aceite que não se aplique qualquer norma interna contrária anterior ou posterior conflituante com o direito derivado, pois o Direito Comunitário carece de produzir o mesmo efeito ou um efeito idêntico em todo o espaço comunitário.

No Ac. *Simmenthal*, o Tribunal de Justiça sustentou a superioridade do Direito Comunitário sobre todo o direito interno (inclusive a Constituição), pois, caso contrário, o Direito Comunitário filtrado pelas diversas constituições, veria perdida a sua uniformidade e, por consequência, precludiria o princípio da igualdade jurídica dos cidadãos.

Conclui J. V. LOUIS[98], "a integração, no direito de cada Estado-membro, de disposições provenientes de fonte comunitária e, mais geralmente, os termos e o espírito do tratado, têm por corolário a impossibilidade, para os Estados, de fazerem prevalecer, sobre uma ordem jurídica por eles aceite numa base de reciprocidade, uma medida unilateral posterior que não se lhe pode opor; ao direito emergente do Tratado, emanado de uma fonte autónoma, não poderia assim, em razão da sua natureza específica original, ver-se confrontado judicialmente com um texto interno qualquer que fosse posta em causa a base jurídica da própria Comunidade."[99-100]

V., ainda, sobre esta matéria os Ac. *Costa/ENEL; von Colson*[101]; *Factortame*[102], verdadeiras celebridades jurídicas.

---

[96] Ac. Costa/ENEL, de 15.07.64, Proc. n.° 6/64, SPOCE, vol. X/2, p. 1141.

[97] Ac. *Simmenthal*, de 09.03.78, Proc. n.° 106/77, SPOCE, vol. I, p. 629.

[98] "A Ordem Jurídica Comunitária", 3ª ed., Bruxelas, Comissão das Comunidades Europeias, Col. Perspectivas Europeias, p. 123.

[99] *Ibidem.*

[100] Sobre os limites do primado, *v.* nossa "Da problemática ...", p. 39 e ss.

[101] Ac. de 10.04.84, Proc. n.° 14/83, CJTJ, vol. II, p. 1891.

[102] Ac. de 19.06.90, Proc. n.° C-213/89, CJTJ, vol. VI, p. I-2433.

3.2. Princípio da subsidiariedade

"O art. 5.º do Tratado CE contém três elementos principais:
– um limite estrito à acção comunitária (*1.º parágrafo*);
– uma regra (*2.º parágrafo*) para responder à pergunta: «*A Comunidade deverá intervir?*» Esta regra aplica-se a domínios que não são da competência exclusiva da Comunidade;
– uma regra (*3.º parágrafo*) para responder à pergunta: «*Qual deverá ser a intensidade ou a natureza da acção da Comunidade?*». Esta regra aplica-se quer a acção seja ou não da competência exclusiva da Comunidade"[103].

Estes três parágrafos abrangem três conceitos jurídicos distintos que têm antecedentes históricos nos actuais Tratados comunitários ou na jurisprudência do Tribunal de Justiça:
a) O princípio de que a Comunidade só pode intervir quando lhe forem conferidas competências para tal – o que implica que as competências nacionais são a regra e as da Comunidade a excepção – este foi sempre um aspecto fundamental do ordenamento jurídico comunitário (*princípio da atribuição de poderes*);
b) O princípio de que a Comunidade só deve intervir quando um determinado objectivo for melhor atingido a nível comunitário do que a nível dos Estados-membros;
c) O princípio de que os meios a utilizar pela Comunidade deverão ser proporcionados aos fins em vista – princípio que a jurisprudência do Tribunal de Justiça não ignorava mas que havia sido desenvolvido sem o apoio de um artigo específico do Tratado (*princípio da proporcionalidade ou da intensidade da intervenção comunitária*).

3.3. Princípio da solidariedade ou da cooperação

O princípio impõe que "os Estados-membros deverão tomar todas as medidas necessárias ao cumprimento do Direito Comunitário (*vertente positiva do princípio*), devendo, por outro lado, abster-se de tomar quaisquer medidas que posam pôr em perigo a realização dos objectivos do Tratado (*vertente negativa*)"[104].

---

[103] Mota Campos e outro, "Manual...", p. 274.
[104] Maria João Palma e Luís Duarte d'Almeida, *op. cit.*, p. 63.

74 *Direito do Trabalho*

O princípio da cooperação está estritamente ligado ao princípio da autonomia institucional, que "se prende com o facto de não obstante o processo legislativo ter lugar nas instâncias supranacionais, a aplicação e execução das normas comunitárias recair sobre os órgãos nacionais administrativos e jurídicos, pelo que estamos perante uma estrutura descentralizada de aplicação"[105].

3.4. *Princípio do adquirido comunitário ou do acervo comunitário*
Este princípio exige aos Estados-membros aderentes uma aceitação integral do adquirido pela Comunidade até então, não assistindo aos Estados a faculdade de se excluírem do processo de integração ou harmonização, em certas matérias, invocando a sua qualidade de Estado não membro aquando do processo de decisão.

3.5. *Princípio da aplicabilidade directa*
"O conceito de aplicabilidade directa (...), prende-se com a forma de integração do Direito Comunitário originário ou derivado na ordem jurídica de cada Estado membro"[106].

A norma jurídica comunitária está apta a conferir direitos e a impor obrigações aos Estados-membros, aos seus órgãos e aos particulares, como o faz a lei nacional, *não carecendo*, para produzir efeitos na ordem jurídica interna, *de ser transformada em direito interno*. Este princípio é aplicável aos regulamentos comunitários, já quanto às directivas não beneficiam desse tipo de aplicabilidade, carecem sempre de transposição, ou seja, de incorporação no direito nacional de acordo com as técnicas legislativas vigentes. Quando o Estado-membro viola o dever de transposição, é conferido, em determinado contexto, ao particular, o benefício de invocar directamente a norma comunitária não acolhida internamente (havendo aí, de alguma forma, uma aplicação directa da norma comunitária ao caso concreto), tal faculdade recebe o nome de efeito directo.

3.6. *Princípio do efeito directo*
"O critério do efeito directo ou princípio da efectividade é inteiramente uma criação jurídica do Tribunal de Justiça das Comunidades, que foi afirmado como uma lógica e necessária conse-

---

[105] SÓNIA TEIXEIRA, *op. cit.*, p. 31.
[106] Nossa "Da problemática...", p. 55.

Direito Comunitário

quência do princípio do primado do Direito comunitário, tendo, por finalidade, nomeadamente, a integração desse mesmo Direito e a igualdade jurídica dos cidadãos comunitários[107]."

Para minorar perante o particular os efeitos negativos da não transposição, admite-se que este invoque, em determinado contexto, directamente o conteúdo da directiva. Tal faculdade é, como vimos, designada por efeito directo.

O efeito directo pode então ser definido como a aptidão da norma para, preenchidos certos requisitos, conferir direitos, impor obrigações ou proteger interesses legítimos, sendo aplicada pelos órgãos jurisdicionais, contra o Estado membro (*efeito directo vertical*) ou contra outro particular (*efeito directo horizontal*).

"Corolário do conceito de efeito directo, é, em sede de direito comunitário originário e derivado, a susceptibilidade de determinadas disposições comunitárias dirigidas aos Estados-membros, serem invocáveis pelos particulares, na ausência de texto nacional ou na presença de texto insuficiente (denominada *invocabilidade de substituição*), para aplicação da directiva directamente aos factos; e ainda, afastando a aplicação de normas internas incompatíveis com a norma comunitária (chamada *invocabilidade de exclusão*), desempenhando aí igualmente um papel de controlo da legalidade das normas internas"[108].

O efeito directo vertical é visto como consequência da proibição do *estoppel*, os Estados-membros não podem beneficiar da sua omissão para negar direitos a particulares (daí a legitimidade do efeito directo vertical) ou para lhe impor sanções (decorrendo a negação do efeito directo vertical invertido).

Para a produção do efeito directo, a norma carece dos seguintes requisitos:

i) Clareza ou precisão, ou seja, existe imperatividade do *facere* ou do *non facere*, a norma não tem um conteúdo demasiado vago ou genérico. Os titulares do direito conferido pela directiva sabem em concreto quais as suas obrigações e quais os direitos respectivos.

ii) Completude e perfeição, a norma não carece de intervenção complementar ou se carece, não assiste ao Estado-membro

---

[107] "Da problemática…", p. 89.
[108] "Da problemática…", p. 94.

margem de apreciação, a norma basta-se a si própria (*auto-suficiência da norma*).

iii) Incondicionalidade, a norma não apresenta qualquer condição, termo, prazo ou reserva, ou, se apresenta, está sujeita a controlo jurisdicional.

Apesar do alargamento às directivas do princípio do efeito directo, não se apagou a diferença entre directiva e regulamento, pois a directiva continua a exigir o preenchimento casuístico dos requisitos de clareza e certeza, não condicionalidade e perfeição das situações jurídicas nela previstas[109], ou seja, o efeito directo das directivas não é automático, pelo contrário, reveste um carácter excepcional, pois depende da verificação dos requisitos jurídicos enunciados, quanto à norma em causa, e um certo comportamento, quanto ao Estado-membro destinatário, como já analisamos. Embora, e numa segunda fase, o Tribunal de Justiça das Comunidades tenha consagrado determinado grupo de normas[110], como detentoras de efeito directo, abstraindo da ponderação caso a caso, para determinar se se encontram preenchidas as condições para tal. Não obstante, será correcto afirmar que as diferenças entre directivas e regulamentos se têm vindo a esbater, com a inerente erosão da arquitectura jurídica do Direito Comunitário derivado fundador, desde que se atribuiu aos Estados-membros, em determinadas matérias, somente a liberdade de adoptar a forma adequada para a transposição, regulando-se ainda, exaustivamente os meios de execução (daí que, como já referido, tal género de directivas, sejam denominadas de directivas regulamentares)[111] e por outro lado, pelo

---

[109] No Ac. *Watson e Belmann*, Proc. n.º 118/75, de 07.07.1976, CJTJ, Lux., SPOCE, 1976, 1ª parte, p. 1185, foi entendido que todas as medidas adoptadas pela Comunidade em aplicação dos artigos 48.º e 66.º TCEE, possuem efeito directo.

[110] Explica J. V. LOUIS, *op. cit.*, p. 75, «o grande rigor de certas directivas – que está longe de ser geral – é exigido pela necessidade de cobrir eficazmente uma matéria, muitas vezes técnica, como é o caso dos entraves ao comércio. Além disso, é a desconfiança dos Estados em relação aos seus parceiros que engendra muitas vezes a minúcia das directivas pois que se teme, com ou sem razão, que qualquer falha na regulamentação seja por outros utilizada para dela se tirar vantagem concorrencial».

A maior ou menor liberdade conferida aos Estados-membros depende pois do objectivo a atingir, por ex. tratando-se de unificar padrões de fabrico, a directiva de tão pormenorizada deixa aos Estados-membros pouca liberdade de acção.

[111] Seguindo-se de perto a nossa "Da problemática...", p. 118 e ss.

efeito dos próprios princípios gerais de direito, nomeadamente, o da *efectiva protecção do particular*.

A aceitação do efeito directo nas directivas comunitárias

O alargamento às directivas do princípio do efeito directo, tem como principal argumento a preservação do seu efeito útil, esvaziado caso os cidadãos do Estado faltoso fossem impedidos de as invocar perante os órgãos competentes. Conforme entendimento no Acórdão Nederlandse Ondernemingen, «no caso em que as autoridades comunitárias obrigaram, por meio de directiva, os Estados-membros a adoptarem um comportamento determinado, o efeito útil de tal acto achar-se-ia enfraquecido se os particulares fossem impedidos de o invocar em juízo e os órgãos jurisdicionais nacionais impedidos de o tomar em consideração enquanto elemento do direito comunitário». *Pois sem efeito directo, a directiva só pode ser implantada através da Comissão e de outro Estado-membro, via contencioso comunitário (arts. 226.º e 227.º TR)*.

O próprio art. 234.º TR, ao permitir a interpretação de qualquer disposição do Tratado, vem implicitamente admitir a produção do efeito directo, *i.e.*, no sentido de invocabilidade pelos particulares, independente de mediação estatal.

A aceitação do *princípio do efeito directo* levanta, no entanto, uma série de questões que comprometem, em alguns casos, a própria eficácia do princípio. Propomo-nos analisar algumas delas[112].

i) Uma primeira questão prende-se com a possibilidade de produção de efeito directo quando ainda não se encontra esgotado o prazo de transposição concedido. Por outras palavras, existe já uma verdadeira obrigação jurídica, não obstante, esse prazo não ter ainda expirado?

No caso *Ratti* foi entendido pelo Tribunal de Justiça das Comunidades que o efeito directo não se produz enquanto a directiva não for obrigatória para o Estado-membro destinatá-

---

[112] Mas haveria nesse caso já uma obrigação de interpretação conforme à directiva? Veja-se, na oportunidade, a articulação curiosa feita no Ac. *Ibiyinka Awoyemi*, supra nota 169, p. 17 e ss, *"O direito comunitário não se opõe a que, em razão do princípio, reconhecido pelo direito nacional de vários Estados-Membros, da retroactividade da lei penal mais favorável, um órgão jurisdicional de tal Estado-Membro aplique as disposições da Directiva 91/439, mesmo quando a infracção teve lugar antes da data prevista para o início de aplicação desta directiva"*.

78 *Direito do Trabalho*

rio, pois ainda não haveria, na verdade, violação dessa obrigação comunitária por parte do Estado[113].

ii) Questiona-se ainda se o particular pode apelar directamente à directiva para corrigir a legislação nacional quando o Estado-membro a transpõe, antes do tempo, mas o faz incorrectamente.

T. C. HARTLEY[114], esclarece que assim como o Estado não pode ser beneficiado com o seu comportamento faltoso (na linha do argumento da proibição do *estoppel)*, também não poderia ser prejudicado por uma transposição antes da data-limite. Posição contrária, perfilham aqueles que entendem que se o Estado se propôs acolher a directiva antes de esgotado o tempo concedido, então obrigou-se de igual modo a acolher as obrigações que aquela encerra nos seus precisos termos. Além disso, gerar-se-ia certa confusão jurídica, não aconselhável porquanto poder-se-ia sempre alegar que houve já transposição e só depois se verificaria que ela foi deficiente.

iii) Se a directiva é transposta, o particular pode recorrer a ela em vez de à legislação interna?

O Tribunal de Justiça entendeu que o efeito directo também se verifica quando as medidas de aplicação da directiva foram efectivamente tomadas, *i.e.,* não há qualquer reprovação a tecer ao Estado-membro quanto a uma eventual omissão ou abstenção, mas ainda assim assiste ao particular o direito de não só invocar uma disposição de uma directiva perante a jurisdição nacional no sentido de fazer apreciar se as autoridades nacionais competentes (no exercício da faculdade que lhes é reservada quanto à forma e aos meios de execução, respeitando os limites de apreciação traçados pela directiva), a transpuseram convenientemente; como ainda, em face de medidas de aplicação incorrectas ou insuficientes, de beneficiar directamente das disposições da directiva que preencham as condições de eficácia[115]. Ou seja, admite-se a já referida *invocabilidade de substituição.*

---

[113] *Op. cit.,* p. 214.
[114] *V.* Ac. *Rutili,* de 28.10.75, Proc. n.º 36/75, CJTJ, parte 2, p. 1219.
[115] "European Community Contract Law", vol. I, Kluwer Law International, 1997, p. 428.

iv) A mera transposição incorrecta, apesar de realizada de boa-fé responsabiliza o Estado-membro?

Para CONOR QUIGLEY[116], a responsabilização do Estado-membro só é possível se a interpretação incorrecta for considerada suficientemente grave, ao contrário do que sempre sucederá quando o Estado pura e simplesmente não transpõe a directiva, apesar da limitação dos poderes de apreciação dessa posição. No mesmo sentido decidiu o Ac. *British Telecom*[117], o Estado-membro apesar de ter transposto a directiva incorrectamente, não poderia ser responsabilizado, pois a violação (de boa-fé) não teria sido suficientemente grave.

v) Um outro aspecto de enorme pertinência diz respeito à contagem dos prazos de prescrição do exercício do direito que cabe ao particular. Havendo uma transposição tardia, os prazos nacionais processuais e procedimentais para accionar os mecanismos necessários para assegurar os direitos conferidos pela directiva contam-se a partir de quando?

Em *Emmott*[118] esta questão foi abordada e resolvida em termos definitivos através de uma fórmula que ficou conhecida por *regra de Emott*, a qual dispõe que os prazos nacionais de prescrição só começam a correr a partir do momento em que a directiva seja correctamente transposta e não a partir da expiração da data-limite de transposição concedida ao Estado.

A solução encontrada coaduna-se ou tenta coadunar-se com o contexto de *protecção máxima dos direitos concedidos ao particular*, pois a contagem prescricional só se inicia quando é o próprio Estado que põe termo ao incumprimento.

vi) Havendo omissão por parte do Estado, esgotado o prazo previsto, a transposição que haverá então que efectuar, deve retroagir à data-limite de transposição (a mesma questão pode ser colocada quando há transposição, mas deficiente)?

No pressuposto de que a transposição tardia ou a falta de transposição gera consequências indemnizatórias, o Tribunal de

---

[116] Ac. de 26.03.96, Proc. n.º C-392/93, CJTJ, 1996, vol. III, p. I-1631.

[117] Ac. de 25.07.1991, Proc. n.º C-208/90, CJTJ, Lux., SPOCE, 1991, vol. VII/1, ISSN 011.5072, p. 4272.

[118] Ac. de 10.07.97, Proc. n.os C-94/97 e C-95/97, CJTJ, vol. 7, p. I-3969. *V.* ainda Ac. *Frederica Maso*, de 10.07.97, Proc. n.º 373/95, CJTJ, Lux., SPOCE, 1995, vol. 7, ISSN 1022-8454, p. 4051.

Justiça consagrou no Ac. *Bonifaci*[119] a aplicação retroactiva e completa da directiva, para remediar tais consequências, salvo se os beneficiários demonstrarem a existência de prejuízos adicionais, pois então a simples retroactividade não será suficiente.

O Tribunal entende que no caso de a directiva prever vantagens a favor dos particulares, tais vantagens devem ser-lhes concedidas desde a data-limite de transposição, respeitando todos os seus direitos adquiridos. É o simples e mero facto de a data para a realização da transposição ter expirado, que consagra a favor dos particulares determinados direitos, *direitos adquiridos* a partir da omissão do Estado[120].

A transposição além de *retroactiva*, deverá ser ainda *plena*, colocando os particulares na posição que teriam se tivesse havido uma transposição correcta e tempestiva; e explícita, *i.e*, realizada mediante disposições expressas, claras e sem lacunas, dotadas de efeito directo similar ao das medidas de execução para o futuro.

vii) E havendo uma transposição retroactiva, essa retroactividade pode atingir as relações jurídicas constituídas à luz da não-transposição? Parece-nos que não, devido, nomeadamente, ao princípio da certeza jurídica, apenas haverá lugar ao direito à indemnização.

viii) Havendo atraso na transposição, os direitos consagrados na directiva comunitária a favor dos particulares devem ser respeitados a partir de quando?

Pelo raciocínio desenvolvido no Ac. *Bonifaci,* que consagrou a transposição retroactiva, a resposta só poderá ser a de atribuir direitos aos particulares desde a expiração do prazo concedido e não evidentemente a partir do momento em que a transposição foi realizada.

Foi aqui novamente desenvolvido pelo Tribunal o *princípio da protecção máxima do particular*, o que permite que os direitos concedidos já o sejam desde a expiração do prazo e não somente a partir

---

[119] Assim entendeu o Ac. *British Telecom.*

[120] Claro que se o Estado-membro contraria a directiva depois de esta se encontrar em vigor, tendo sido já transposta ou não, sujeita-se a uma acção de incumprimento do Tratado, conforme decorre do sistema de contencioso comunitário.

Direito Comunitário 81

do momento em que há transposição ou transposição adequada. É a obrigação jurídica de transpor que impende sobre o Estado que permite a invocabilidade imediata dos direitos dos particulares, esgotado o prazo para o efeito.

ix) Pode o Estado-membro contrariar as disposições da directiva ainda em formação, nomeadamente quando já tendo sido publicada ainda não se esgotou o prazo de transposição concedido[121]?
Pelo *efeito bloqueador* (*Sperrwirkung*) o Estado-membro deve abster-se de a contrariar ou de dificultar a sua entrada em vigor, nomeadamente, tomando medidas incompatíveis com ela[122]. O *efeito bloqueador* como corolário do primado, impede a tomada de medidas distorcivas por parte do Estado, quando ainda não se esgotou o prazo para o exercício da obrigação jurídica de transpor. Não se lhe pede que promova os mecanismos e meios necessários para receber e executar a directiva, tão só que não contrarie a sua aptidão normativa, assumindo uma posição conformante passiva.

x) Devem os tribunais aplicar a directiva *ex officio*, ou é-lhes pedido somente que ao aplicarem a norma nacional a interpretem à luz do Direito Comunitário (de acordo, portanto, com o *princípio da interpretação conforme*)?
No Ac. *Verholen*[123], o prazo de transposição já tinha expirado e a directiva não tinha sido invocada pela parte. O Tribunal de Justiça entendeu que o Direito Comunitário não preclude a possibilidade

---

[121] Incumbe ao Estado não apenas tornar inaplicável de pleno direito, qualquer norma de direito interno contrária, "mas também impedir a formação válida de novos actos legislativos nacionais, na medida em que sejam incompatíveis com normas do direito comunitário", repete o Ac. *Ministero delle Finanze/IN.Co.GE*, de 22.10.98, Proc. n.os C-10/97 e C-22/97, Actividades n.º 25/98, p. 2.

[122] Ac. de 11.07.91, Proc. n.º C-87/90, C-88/90 e C-89/90, CJTJ, 1991, vol. 7/1, p. I-3757.

[123] SACHA PRECHAL, "Community Law in National Courts: the lessons from *van Schijndel*", CMLR, Kluwer Law Publ., London, Mart. Nij. Publ., ISSN 0165-0750, n.º 3, 1998, Junho, p. 681, deduz do Ac. *Verholen*, que os tribunais nacionais devem aplicar o Direito Comunitário *ex officio*, quando tal obrigação existe a nível nacional, bem como quando tal é permitido pela lei nacional e necessário para proteger os interesses individuais.

de o tribunal examinar, de sua própria iniciativa, se a lei nacional está em conformidade com o Direito Comunitário.[124]

Pode acontecer, não obstante, que a aplicação *ex officio*, e dizemos aplicação e não interpretação, do Direito Comunitário seja limitada pelos procedimentos nacionais. Sobre essa questão respondeu o Tribunal de Justiça claramente no Ac. *Peterbroeck*[125], *"o Direito Comunitário pode opor-se à aplicação de uma norma processual nacional que impeça, i.e, torne impossível ou excessivamente difícil a aplicação do Direito Comunitário, o órgão jurisdicional nacional de apreciar* ex officio *a compatibilidade de um acto de direito interno com uma disposição comunitária, quando esta última não for invocada pelo particular"*. Nas Conclusões, o Advogado-Geral refere que é obrigação dos tribunais não só invocarem oficiosamente a norma comunitária, essencialmente no caso do art. 234.º TR, interpretação conforme e direito à reparação, como ainda afastarem, por sua iniciativa uma lei interna contrária à norma comunitária, desde que esta tenha efeito directo.[126]

Ora, parece concluir-se que, quem afasta uma lei, igualmente deve aplicar, por sua própria iniciativa, a norma comunitária.

Ou, nas palavras de SACHA PRECHAL[127] se os tribunais nacionais são obrigados ou podem dar efectividade às regras nacionais vinculativas, também deveriam ser obrigados a dar efectividade às regras nacionais, mas tendo por limite os procedimentos nacionais, *i.e*, quando há para os tribunais nacionais tal obrigação.

Mas, o Tribunal de Justiça quedou-se, cautelosamente, pelo seguinte argumento: *"O Direito Comunitário não impõe que os órgãos jurisdicionais nacionais suscitem oficiosamente um fundamento assente na violação de disposições comunitárias, quando a análise deste fundamento implique a renúncia ao dispositivo"*.

Consoante vigore na ordem jurídica interna, o princípio do dispositivo ou o princípio da oficiosidade, pode a suscitação da norma comunitária ser ou não provocada pelo próprio órgão jurisdicional,

---

[124] Ac. de 14.12.1995, Proc. n.º C-312/93, CJTJ, Lux., SPOCE, 1995, vol. 12, ISSN 1022-p. 5429.

[125] A págs. I-3772 e I-3771, respectivamente.

[126] *Loc. cit.*

[127] No Ac. *FMC* de 08.02.96, Proc. n.º C-212/94, CJTJ, 1994, vol. fi, ISSN 1022--8454, p. I-389, foi decretado que as regras nacionais relativas ao ónus da prova não podem afectar a efectividade do Direito Comunitário.

Direito Comunitário   83

o que vai criar disparidades entre os diferentes e variegados ordenamentos jurídicos e, dentro do mesmo ordenamento, entre os diferentes ramos do Direito.

Sendo certo, não obstante, que sempre as modalidades processuais que variam de Estado-membro para Estado-membro têm limites impostos pelo próprio Tribunal de Justiça, nomeadamente o *princípio da efectividade*[128], enunciado em *Peterbroeck*.

Quanto às medidas de execução das directivas, o Tribunal de Justiça das Comunidades entendeu que «(...) *do art. 189.°-3*[129] *TCE resulta que a execução das directivas comunitárias, deve ser assegurada por medidas de aplicação adequadas, tomadas pelos Estados-membros. Somente em circunstâncias especiais, designadamente quando um Estado-membro se abstenha de tomar as medidas de execução exigidas, ou tenha adoptado medidas não conformes com a directiva, é que o Tribunal reconheceu o direito dos particulares invocarem em justiça uma directiva contra um Estado-membro em falta. Esta garantia mínima que decorre do carácter vinculativo da obrigação imposta aos Estados-membros por força do art. 189.°-3, não poderia servir de justificação a um Estado-membro para se dispensar de tomar, em tempo útil, medidas de aplicação adequadas ao objecto de cada directiva».*

No Ac. *Marshall I*, o TJCE confirmou em absoluto, a aptidão da directiva para produzir efeito directo vertical[130] (interpretando de forma extensiva o conceito de Estado, *i.e*, seja qual for a qualidade em que este intervenha, dentro ou fora das funções clássicas que exerce) quando sem margem para dúvidas refere que tal possibilidade apenas existe relativamente ao Estado-membro destinatário e aos órgãos desse Estado[131].

---

[128] Agora art. 249.° TR.

[129] Segundo as próprias Conclusões do Advogado-Geral Sir Gordon Slynn, que entendeu que «uma directiva *só* entra em jogo, para permitir aos particulares invocar direitos contra o Estado que falte às suas obrigações (...). O cidadão pode invocá-las contra o Estado, seja para atacar, seja para se defender».

[130] Jurisprudência confirmada, posteriormente, nos Acs. *Pretore di Salo*, de 17.03.1987, Proc. n.° 14/86, CJTJ, SPOCE, 1987, vol. VI, ISSN 1011-5072; *Kolpinghuis Nijmegen*, de 08.10.1987, Proc. n.° 870/86, CJTJ, Lux., SPOCE, 1987, vol. XIX, ISSN 1011-5072, p. 3969; *Faccini Doris*, de 14.07.94, Proc. N.° C-91/92, CJTJ, 1994, vol. VII, p. I-3325.

[131] À posição do TJC no Ac. *Marshall* não é alheia a pressão exercida pelo *Conceil d´Etat* e pelo *Bundesfinanzhof*, que com muitas reticências aceitavam o próprio efeito directo vertical.

V., ainda, Acs. *Pretore di Salo; Kolpinguis Nijmegen*.

O Acórdão *Marshall I*[132] representa, não obstante, um retrocesso face à posição assumida em *Defrenne II*, tendo então sido entendido que uma norma possui efeito direito quando cria *obrigações na esfera não só dos Estados-membros mas também dos particulares* (denominado *efeito directo horizontal*)[133].

Para CARMEN PLAZA MARTIN[134], o Acórdão *Marshall I* acarretou graves consequências para o processo jurídico comunitário, invocando nomeadamente:

– A restrição da efectividade das directivas dentro da ordem jurídica interna;

– O prejuízo para a uniformidade do Direito Comunitário, atribuindo aos cidadãos dos Estados-membros um *estado de imunidade* face às obrigações decorrentes da directiva, em detrimento dos cidadãos dos Estados-membros que a transpuseram;

– A discriminação dos particulares, titulares activos da relação jurídica, dos Estados-membros que não transpuseram a directiva, nomeadamente no campo laboral, prejudicando os empregados das empresas privadas face aos das empresas públicas[135].

O Tribunal de Justiça no Ac. *Foster* indicou como critério para determinar se se trata de uma órgão público, a possibilidade de *seja*

---

[132] No caso *Defrenne*, o sujeito da obrigação jurídica era o próprio empregador.

[133] «Furthering the effectiveness of EC directives and the judicial protection of individual rights thereunder», ICLQ, The British Institute of International and Comparative Law, ISSN 0020-5893, vol. 43, parte 1, Jan. 1994, p. 29.

[134] Relativamente a este último argumento, *v.* as Conclusões no Ac. *Marshall I*, do Advogado-Geral Sir Gordon Slynn, quando sustenta que o Estado como entidade indivisa, enquanto empregador não deve ser equiparado a um empregador privado, pois o Estado pode legiferar, o que não acontece com um empregador privado. E é precisamente como legiferante que pode tomar as medidas correctivas, se faltou à sua obrigação de executar a directiva em causa.

No Ac. *Foster*, de 12.07.1990, Proc. n.° C-188/89, CJTJ, Lux., SPOCE, 1990, vol. IX, ISSN 1011-5072, p. I-3313, o TJCE não comungou deste entendimento, referindo que, «não há qualquer razão para que uma directiva não produza efeito directo em relação a organismos instituídos pelo Estado mas com funções diferentes das funções clássicas do Estado», reconhecendo o próprio Tribunal que as funções clássicas do Estado podem variar de um Estado para outro e de uma época para outra, o que contenderia com a desejável aplicação uniforme do direito comunitário e com a segurança jurídica.

[135] Sobre o conceito funcional de Estado e para uma análise critica ao Acordão, *v.* SACHA PRECHAL, "Directives…", p. 79.

qual for a natureza do organismo, ter sido encarregado, por um acto de natureza pública, de prestar, sob controlo deste, um serviço de interesse público e que disponha, para esse efeito, de poderes especiais que exorbitem das normas aplicáveis às relações entre particulares[136]. O que pode levar à responsabilização de entidades que nada têm a ver com a função de transposição da directiva.

O Acórdão sublinhou, neste contexto, que *«as disposições de uma directiva podiam ser invocadas contra autoridades fiscais[137], colectividades territoriais[138], autoridades constitucionalmente independentes encarregadas da manutenção da ordem e da segurança públicas, bem como autoridades públicas que assegurem serviços de saúde públicos».*

A doutrina tem entendido que este critério afinal não assegurou uma definição comum, dando azo, pelo contrário, a uma grande margem de apreciação por parte dos tribunais nacionais, o que sempre prejudicará, repita-se, a uniformidade do Direito Comunitário.

Como bem aponta o Advogado-Geral *van Gerven* no Acórdão *Barber*[139], o Acórdão *Marshall I* ao *«basear o efeito directo duma directiva relativamente a um Estado-membro na falta de transposição por parte deste da directiva para a legislação nacional»,* colocou a questão do

---

[136] Acordãos *Becker*, de 19.01.82, Proc. n.° 8/81, CJTJ, vol. I, p. 53.; *Busseni*, de 22.02.1990, Proc. n.° C-221/88, CJTJ, Lux., SPOCE, 1990, vol. VIII, ISSN 1011-5072, p. I-495.

[137] Acórdão *Constanzo*, de 22.06.1989, Proc. n.° 103/88, CJTJ, Lux., SPOCE, 1989, vol. VI, ISSN 1011-5072, p. 1839.

[138] Ac. de 17.05.1990, Proc. n.° C-262/88, CJTJ, Lux., SPOCE, 1990, vol. V, ISSN 1011-5072, p. I-1938. O recorrente (Barber) intentou uma acção contra o Guardian (empregador), alegando ter sido vítima de uma discriminação proibida pelos art. 1.°-a)-i) e 6.°-2-a) e b) do «Sex Discrimination Act 1975», pelo art. 119.° TCE e pela Directiva 75/117, sobre igualdade de remuneração, e pela Directiva 76/207, sobre igualdade de tratamento.

Esclarece o Advogado-Geral, «a questão já não é saber se o n.° 1 do artigo 5.° da Directiva 76/207 criou para o Guardian obrigações a que correspondem direitos na esfera jurídica do particular – a norma não o faz por si só, mas sim a de saber se Barber pode opor ao Guardian a omissão de um Estado-membro que negligenciou o respeito da sua obrigação de transposição do direito comunitário, quando esta omissão lesa os seus direitos».

Em *Barber* foi admitido o efeito horizontal com base directamente no art. 119.° (como também já o tinha sido em *Defrenne*), contornando-se a questão de o transpôr igualmente para as directivas.

[139] Efeito directo positivo.

efeito directo *horizontal* das normas da directiva, numa perspectiva muito própria.

Assim, a questão do efeito directo horizontal de uma directiva reconduz-se à possibilidade de um particular invocar o desrespeito, por um Estado-membro, de uma directiva, que vincula esse Estado-membro, no litígio que o opõe a outro particular, exigindo-lhe determinado comportamento[140], ou inversamente, à questão de saber se este último pode beneficiar da omissão de um Estado-membro para negar a outro particular (o seu empregado) uma regalia legítima, baseada no direito comunitário[141].

Por *efeito directo em relação a terceiros* (também denominado *efeito em relação a terceiros das normas das directivas – Drittwirkung*),[142] entende-se, portanto, que a norma em apreciação pode também atingir a esfera jurídica de um *terceiro*, ou seja, de uma entidade ou pessoa que não aquela em relação à qual a disposição impõe directamente obrigações ou confere direitos[143].

A este respeito, *van Gerven*[144] questiona se a jurisprudência que consagra o efeito directo vertical deve ser alargada no sentido de que um particular, que de forma alguma depende de autoridades públicas, deixe de poder beneficiar, nas suas relações com outros particulares, da omissão do Estado-membro e, deste modo, se abstenha de invocar uma norma (legal ou contratual) contrária à directiva.

Com efeito, não se exclui que se entenda o princípio *nemo auditur* como uma «*proibição geral de beneficiar da negligência de uma outra pessoa, desde que, nos termos da referida jurisprudência, esse prin-*

---

[140] Efeito directo negativo.

[141] J. STUYCK e P. WYTINCK, «Case Law», CMLR, Kluwer Law International, London, Martinus Nijhoff Pub., ISSN 0165-0750, vol. 28, 1991, p. 205, restringem o conceito, aceitando o efeito horizontal meramente a título de excepção, em sede de litígio, *i.e.*, um particular poderia judicialmente opor a outro, um direito conferido por uma directiva (chamado *efeito horizontal passivo*, ou *efeito horizontal mitigado*). V. o já citado Ac. *Smith*, supra nota 26. Ainda, NADINE DANTONEL-COR, "La violation dela norme communautaire et la responsabilité extracontractuel de État", RTDE, Paris, ISSN 035-4317, n.º 1, Jan-Mars, 1998.34 année, p. 76 e ss; SACHA PRECHAL, "Directives...", p. 291.

[142] Por ex. autoridades públicas autónomas que não serão responsáveis pela omissão do Estado-membro.

[143] Nas Conclusões que apresentou no Ac. *Barber*.

[144] *V. Reyners*, de 21.06.74, Proc. n.º 2/74, CJTJ, 1974, p. I-631.

cípio tenha uma aplicação de tal modo lata que deixe de remeter para uma omissão «pessoal» do Estado-membro enquanto legislador».

Ou seja, dever-se-ia aplicar o princípio *nemo auditur* também às relações de puro direito privado (baseada na omissão de um Estado-membro)?

Concluindo que, o Tribunal de Justiça das Comunidades ainda não avançou nesse sentido, limitando os efeitos do princípio *nemo auditur* às pessoas que dependem da esfera das autoridades públicas e em relação às quais o Estado tem, por conseguinte, uma determinada responsabilidade.

O que para *van Gerven*, se, por um lado, parece oportuno, sob pena de o princípio perder o seu significado original; por outro, gera uma impossibilidade no que respeita à eliminação das desigualdades de tratamento entre empregadores do sector público e do sector privado, bem como problemas de delimitação, em função da noção de «Estado», do sector público e do sector privado.

3.7. *Princípio da uniformidade*

O Direito Comunitário deve ser interpretado e aplicado de igual modo seja qual for o Estado em questão. O reenvio prejudicial protagoniza um importante papel no princípio da uniformidade, estabelecendo um processo de cooperação horizontal entre o juiz nacional e o juiz comunitário. O marco é, sem dúvida, o Ac. CILFIT[145], refere NUNO PIÇARRA[146], "nele se confirma, à guisa de enquadramento geral, que a obrigação estabelecida pelo terceiro parágrafo do artigo 177.° (agora 234.° TR), se integra no âmbito da colaboração entre os órgãos jurisdicionais nacionais incumbidos da aplicação do direito comunitário e o TJ, com o objectivo de garantir a correcta aplicação e a interpretação uniforme deste direito no conjunto dos Estados-Membros e de evitar divergências de jurisprudência no interior da comunidade, mais concretamente, que se consolide uma jurisprudência nacional em contradição com o direito comunitário. Frisa-se igualmente (…) que o art.177.°, «mão constitui um expediente jurídico colocado à disposição das partes num processo

---

[145] Ac. de 06.10.82, Proc. n.° 283/81.

[146] "O Tribunal de Justiça das Comunidades Europeias como Juiz Legal e o processo do artigo 177.° do Tratado CEE", AAFDL, 1991, p. 19.

Para uma visão de direito comparado, *v.* p. 27 a 103.

pendente num órgão jurisdicional nacional», não bastando, portanto, que uma questão de interpretação seja suscitada pelas partes para que o juiz de última instância fique obrigado ao seu reenvio".

Combatendo a *teoria do acto claro*, na qual se escudam alguns Estados, a qual não suscita o mínimo entrave interpretativo, dado que a norma é perfeitamente clara, para além de qualquer dúvida razoável, o Tribunal estabelece a obrigação dos tribunais nacionais chamarem à colação o Tribunal de Justiça, sempre que do esclarecimento prévio da questão a interpretar dependa a decisão final do caso concreto, a menos que não haja, de facto, qualquer margem para a dúvida razoável.

O Tribunal de Justiça é chamado a intervir sobre:

i) a interpretação de todo o Direito Comunitário;

ii) a validade do Direito Comunitário Derivado.

O art. 234.º TR estabelece uma distinção entre os casos de reenvio obrigatório e de reenvio facultativo.

"1. De acordo com a *teoria abstracta*, apenas ficam obrigados a colocar a questão os Tribunais Supremos:

2. De acordo com a *teoria do litígio concreto* também o ficarão aqueles que *julguem em última instância em determinado caso concreto*, em virtude, por exemplo, das regras sobre as alçadas dos tribunais."[147]

O TJ perfilhou esta segunda teoria no Acórdão *Costa c. Enel.*

3.8. *Princípio da interpretação conforme ou princípio do efeito indirecto*

O princípio da interpretação conforme apela a que, na reconstrução interpretativa levada a cabo pelos tribunais e demais autoridades, a norma nacional a interpretar o seja em conformidade com os ditames teleológicos do Direito Comunitário.

Este princípio visa construtivamente preencher a lacuna deixada pela denegação de produção do efeito directo horizontal.[148]

O princípio foi reconhecido principalmente nos Casos *von Colson*[149] e *Harz*[150].

---

[147] MARIA JOÃO PALMA e LUÍS DUARTE D'ALMEIDA, *op. cit.*, p. 156.

[148] Protagonizada pelo Ac. *Marshall* I.

[149] Ac. de 10.04.84, Proc. n.º 14/83, CJTJ, vol. II, p. 1891.

[150] Ac. de 10.04.84, Proc. n.º 79/83, CJTJ, vol. IV, p. 1921.

Direito Comunitário   89

"Estes últimos sublinham a anomalia decorrente da distinção entre ente público e ente privado (...), ambos os particulares invocam a Directiva 76/207 (sobre igualdade de tratamento entre homens e mulheres no emprego), *von Colson* contra o serviço prisional alemão, logo um orgão público; e *Harz* contra um ente privado".

O Tribunal de Justiça das Comunidades evitando a questão da dicotomia ente privado-ente público, resolveu os litígios com base no art. 5.º TR[151] (que encerra a obrigatoriedade dos tribunais nacionais interpretarem a lei nacional à luz dos objectivos previstos no Direito Comunitário, recaindo tal obrigação sobre todos os orgãos do Estado, *i.e*, o legislativo, o executivo e o judicial), permitindo que o Direito comunitário fosse aplicado indirectamente, através da interpretação, posição que ficaria conhecida por princípio do efeito indirecto ou *von Colson* (e ainda princípio da substancialidade efectiva e princípio da interpretação conforme)"[152-153].

3.9. *Princípio da responsabilização estatal*

Existindo violação do Direito Comunitário, o respectivo Estado pode ser responsabilizado pelos danos causados, através da competente acção de indemnização a propor na jurisdição nacional.

O marco quanto à responsabilização do Estado destinatário da directiva é, sem dúvida, o Ac. *Francovich*, que lançou um princípio geral de reparação por omissão legislativa (mais propriamente não cumprimento por parte do Estado italiano da obrigação de transposição da Directiva n.º 80/987, relativa à protecção dos trabalhadores assalariados em caso de insolvência do empregador)[154].

Foi aí entendido que a directiva em questão não possuía efeito directo, "*embora as disposições da Directiva (...), sejam suficientemente*

---

[151] Agora art. 10.º TR.

[152] "Da problemática...", p. 155.

[153] Para análise dos limites do princípio da interpretação conforme, *v.* a nossa "Da problemática ...", p.157.

[154] Em desenvolvimento *v.* P. CRAIG, "Francovich, remedies and the scope damages liability", LQR, London, Steven & Sons, Ltd., ISSN 420-46670-3, n.º 109, 1993, p. 595, quanto à questão da responsabilização do Estado por acção ou por omissão, *v.* MARIA LÚCIA AMARAL PINTO, "Responsabilidade do Estado e dever de indemnizar do legislador", Coimbra Editora, 1998, p. 742; RUI MEDEIROS, "Ensaio sobre a responsabilidade civil do Estado por actos legislativos", Coimbra, Livraria Almedina, 1992 (Tese de mestrado), ISSN 972-40-0660-3, p. 130 e ss.

precisas e incondicionais no que respeita à determinação dos beneficiários e ao conteúdo da garantia, os interessados não podem, na falta de medidas de aplicação tomadas por um Estado-membro dentro dos prazos, invocar estas disposições perante os órgãos jurisdicionais nacionais em virtude de, por um lado, as disposições da directiva não precisarem a identidade do devedor da garantia e por outro, o Estado não poder ser considerado devedor apenas em virtude de não ter tomado dentro dos prazos as medidas de transposição".

Assim, e numa primeira abordagem a reparação que cabe ao Estado foi concedida apenas na presença de efeito directo da norma jurídica protectiva, a partir de *Francovich*, o direito à reparação colhe para todas as normas comunitárias, possuidores ou não desse efeito (*critério de cumulação*), em nome, aliás, do *princípio da protecção judicial efectiva*, se outras razões não sobejassem[155].

A reparação a atribuir assenta também aqui no critério da igualdade, quer entre os próprios Estados-membros, quer ainda, e principalmente, quanto ao respectivo ordenamento jurídico nacional. As modalidades processuais e procedimentais ao alcance do particular para fazer valer a norma nacional terão que ser igualmente concedidas estando em causa a aplicação e execução da norma comunitária.

No Ac. *Palmisani* foi analisada uma determinada questão prescricional, mais concretamente, se o prazo de preclusão de um ano que o legislador italiano fixou para a propositura da acção de indemnização destinada a ressarcir os que sofreram um prejuízo no decurso do período em que a Directiva 80/987/CEE (que motivou, aliás, o Ac. *Franciovich*) ainda não se encontrava transposta, é conforme ao direito comunitário.

Assim, uma mesma directiva enriquece o património jurídico da Comunidade com dois importantes contributos, um quanto à responsabilização estatal[156], no campo substantivo, outro quanto ao critério da similitude, no aspecto adjectivo!

---

[155] Sobre o princípio da protecção judicial efectiva, enquadrando um novo *"Ius Commune", v.* ROBERTO CARANTA, "Case Law", CMLR, Kluwer Law Internat., London, Mart. Nij. Publ., 1995, vol. 32, p. 703.

[156] Sujeita ao *princípio do tratamento nacional*, que obriga a que a tutela jurisdicional concedida seja semelhante àquela que é concedida às normas jurídicas internas que atribuem posições jurídicas análogas; ao *princípio da equivalência ou da não discriminação*, quanto à decisão judicial propriamente dita, que não poderá ser

Em relação a que acções ou omissões é o Estado responsável? O Tribunal de Justiça estabeleceu que a responsabilidade do Estado depende da «*natureza da violação do direito comunitário*», estabelecendo dois regimes distintos, consoante o Estado disponha de um amplo ou reduzido/inexistente poder de apreciação.[157]

Foi no caso *Francovich*, em que a violação consistiu, como vimos, no desrespeito pela obrigação de transposição da directiva, que se impuseram os seguintes pressupostos materiais mínimos, segundo o critério de limitada ou inexistente margem de apreciação de que disponham as autoridades nacionais no exercício da sua actividade legislativa ou na subordinação ao Direito Comunitário, de forma a que o direito à reparação seja comum em todos os Estados-membros[158]:

a) o resultado prescrito pela directiva implique a atribuição de direitos[159] a favor dos particulares (equiparando, para este efeito, os interesses legítimos aos direitos subjectivos);

b) que o conteúdo desses direitos (mesmo o conteúdo mínimo) possa ser identificado com base nas disposições da directiva (ou seja, determinável no seu objecto)[160];

O direito à reparação subsiste, conforme já referido, mesmo que à norma não seja reconhecido efeito directo (como aconteceu em *Francovich*, apesar do conteúdo do direito ser suficientemente preciso e incondicional)[161]. Pois se originariamente, conforme ex-

---

menos desfavorável do que aquela que é proferida nos casos de idêntica violação da ordem jurídica interna, ou torne praticamente impossível, na prática, o exercício dos direitos conferidos pela ordem jurídica comunitária *(princípio da efectividade)*.

Para maiores e melhores desenvolvimentos, *v.* COBNOR QUIGLEY, *op. cit.*, 31; VAN GERVEN, "Bridging...", p. 682 e 693; e STEPHEN WEATHERILL, *op. cit.*, p. 118.

[157] Acompanhamos o raciocínio desenvolvido em "Da problemática...", p. 183.

[158] *V.* CARMEN PLAZA MARTIN, *op. cit.*, p. 42; SACHA PRECHAL, "Directives...", p. 318.

[159] E em que circunstâncias existe o direito? Quando a directiva expressamente o prevê e ainda em virtude das obrigações impostas aos Estados, esclarece SACHA PRECHAL, "Directives...", p. 328.

[160] Pois pode acontecer que a directiva apta a conferir direitos só os confira após a intervenção do Estado.

[161] O TJCE entendeu neste Ac. que, «embora as disposições da Directiva n.º 80/987, relativa à protecção dos trabalhadores assalariados em caso de insolvência do empregador, sejam suficientemente precisas e incondicionais no que res-

posto no Ac. *Rewe,* o direito à reparação colhia apenas para as normas comunitárias possuidoras de efeito directo, posteriormente e como dissemos, graças ao contributo de *Francovich,* veio-se alargar tal direito a todas as normas comunitárias, possuidoras (*critério de cumulação*) ou não desse efeito. Aliás, a reparação quando não há efeito directo funciona exactamente com um carácter subsidiário, sob pena da pretensão do particular não receber direito que a acolhesse[162].

c) exista um nexo de causalidade entre a violação da obrigação que incumbe ao Estado (não se exigindo para o efeito uma decisão judicial que comprove a violação, determinada quer pelo juiz comunitário, quer pelo nacional, se competente para tal[163]) e o prejuízo sofrido pelas pessoas lesadas.[164-165] Claro está que a definição

---

peita à determinação dos beneficiários e ao conteúdo da garantia, os interessados não podem, na falta de medidas de aplicação tomadas por um Estado-membro dentro dos prazos, invocar estas disposições perante os orgãos jurisdicionais nacionais em virtude de, por um lado, as disposições da directiva não precisarem a identidade do devedor da garantia e por outro, o Estado não poder ser considerado devedor apenas em virtude de não ter tomado dentro dos prazos as medidas de transposição». Ou seja, falha a precisão e incondicionalidade da norma no que concerne à identidade do devedor. Além *de Francovich, v.,* ainda, *F. Doris, El Corte Inglés* e *Dillenkofer.*

[162] Neste sentido, P. CRAIG, «Francovich, Remedies and the Scope Damages Liability»,LQR, London, Steven & Sons, Ltd., ISSN 420-46670-3, n.º 109, 1993, p. 595.

[163] Conforme concedeu o TJCE nos Acs. *Dillenkofer* e *Brasserie du Pêcheur.* Sobre a decisão judicial tomada em sede de reenvio prejudicial, *v.* NADINE DANTONELL-COR, *op. cit.,* p. 76.

[164] *V.* Conclusões do Advogado-Geral Tesauro, Ac. *Brasserie,* p. I-1098, acerca do TJCE se ter quedado pelas condições enunciadas, não precisando os conceitos referentes à ilegalidade do comportamento do autor do dano e da efectividade do dano.

Acerca desta questão, *v.,* ainda, MARIA LUÍSA DUARTE, «A cidadania da União e a responsabilidade dos Estados por violação do Direito Comunitário», Lisboa, Lex-Edições Jurídicas, 1994, p. 72, ISBN 972-9495-25-4; R. JOLIET, «Le Droit institutionnel des Communautés Européennes – Le contentieux», Liége, 1981, p. 260 e ss.

[165] SACHA PRECHAL, "Directives...", p. 332, levanta uma curiosa questão acerca da relevância ou não da própria transposição para efeito de verificação do nexo de causalidade, segundo o A., o Estado-membro pode não transpôr a directiva criada e ser concebível que possa invocar em sua defesa que, mesmo com a directiva correctamente transposta, não haveria garantias de que o particular acatasse os deveres nela impostos, frustando-se, por consequência, o nexo de causalidade entre o comportamento do Estado e o prejuízo sofrido.

Direito Comunitário

de nexo de causalidade e circunstâncias que o interrompam é matéria estritamente de direito nacional.

Em *Brasserie du Pêcheur e Factortame III* estava em causa um amplo poder de apreciação que cabia ao Estado, o Tribunal de Justiça manteve a exigibilidade das primeira e terceira condições enunciadas (respectivamente, que a norma tenha por objecto conferir direitos aos particulares e verificação de nexo de causalidade entre a violação da obrigação comunitária por parte do Estado e o prejuízo sofrido), acrescentando, agora, um novo requisito quanto à ilegalidade do comportamento. Assim, a responsabilidade não pode surgir se não tiver sido cometida uma violação suficientemente caracterizada (ou seja, manifesta e grave dos limites que são impostos à sua própria discricionariedade, como a seguir se transcreve[166]) de uma regra hierarquicamente superior de direito que proteja os particulares (a ilegalidade de um acto normativo implica a sua oposição a uma norma hierarquicamente superior), sendo pois, o próprio princípio do primado que pode ser posto agora em causa[167].

Quanto a esta condição, o Tribunal precisou que, «*o critério decisivo para considerar que ela se verificou é o da violação manifesta e grave[168], por um Estado-membro, dos limites que se impõe ao seu poder de apreciação. A este respeito, entre os elementos que o órgão jurisdicional competente pode ser levado a tomar em consideração, figuram o grau de clareza e precisão da regra violada, o âmbito da margem de apreciação que a regra violada deixa às autoridades nacionais ou comunitárias, o carácter intencional ou involuntário do incumprimento verificado ou do prejuízo causado, o carácter desculpável ou não de um eventual erro de direito, o facto de as atitudes adoptadas por uma instituição comunitária terem po-*

---

[166] V. Ac. *Klaus Konle*, Proc. n.º C-302/97, *in* Actividades do TJCE n.º 05/99, Lux., SPOCE, 1999, p. 2.

[167] O qual impõe a não aplicação de uma lei contrária ao Direito Comunitário, e, por consequência, tem inerente o ressarcimento dos prejuízos provocados pela lei contrária, enquanto vigente.

[168] No Ac. *British Telecom*, a questão do grau de gravidade que o comportamento do Estado assume, foi abordada em termos de afastamento da responsabilização do Estado, pois apesar da transposição efectuada ser incorrecta, não teria sido suficientemente grave. *V.*, também, NADINE D., *op. cit.*; SACHA PRECHAL, "Directives ...".

dido contribuir para a omissão, a adopção ou a manutenção de medidas ou práticas nacionais contrárias ao direito comunitário»[169].

Esta condição relevante quando o Estado disponha de um amplo poder discricionário, não pode ser esquecida igualmente em sede de transposição de directivas, pois apesar da vinculação ao resultado a atingir, beneficia ainda o Estado de uma maior ou menor liberdade conformadora consoante a margem de apreciação atribuída[170], para além da própria liberdade de não actuar. Parece então que a inexistência de qualquer medida de transposição de uma directiva «para a consecução do resultado nela prescrito no prazo para o efeito estabelecido constitui, por si só, uma violação caracterizada do direito comunitário»[171-172].

No que concerne ao dever de reparação, o seu alcance tanto colhe para as violações totais (não-transposição de todo em todo da directiva em causa), como parciais[173] (transposição inadequada ou insuficiente), pois, estas últimas, nos seus efeitos práticos, são susceptíveis de se assemelharem à pura e absoluta inércia do Estado destinatário. Mas é exactamente o comportamento positivo do Estado e o grau de culpa que lhe subjaz que podem tornar problemática a sua responsabilização[174].

---

[169] *V.*, ainda, Advogado-Geral Tesauro, no Ac. *British Telecom*, p. I-1651, ponto 36.

[170] Assim entendeu o TJCE nos Acs. *Lomas*, (neste Ac. o princípio da responsabilidade estatal alargou-se às violações do Direito Comunitário em consequência de decisões administrativas); e *British Telecom*.
Sobre a menor liberdade de apreciação, *v.* as directivas-regulamentares, que de tão exaustivas deixam ao Estado diminuta liberdade de conformação.

[171] Em sede de transposição incorrecta, mas não integrando uma violação suficientemente caracterizada, *v.* Ac. *British Telecom*.

[172] VAN GERVEN, "ECJ case Law", p. 300, transpondo o incumprimento para o domínio privado, entende de forma lata que as violações realizadas por particulares em virtude das obrigações que o Direito Comunitário impõe, devem ser igualmente enquadradas em termos de Direito Comunitário.

[173] *V.* JODEPHINE STEINER, «From direct effects...», p. 11; F. SCHOCKWELLER, G. WIVENES e J. M. GODART, «Le régime de la transposition extracontractuelle du fait d´actes juridiques dans la Communauté Européennes», RTDE, Paris, Éditions Sirey, ISSN 035-4317, Jan-Mar., 1990, p. 53 e ss.

[174] Concedendo-se que a inércia do Estado dará sempre azo à sua responsabilização, conforme analisamos no ponto referente à obrigatoriedade de levar a cabo a transposição da directiva, questão que se não confunde com a violação do Direito Comunitário que advém desse facto.

Acerca do juízo de culpabilidade, aceita-se sem reservas a responsabilidade de tipo objectivo, o Advogado-Geral Tesauro, nos Proc. *British Telecom* e *Erich Dillenkofer* (e atente-se bem à violação em causa nos dois acórdãos), afirma que «*a obrigação de reparação a cargo do Estado não pode estar subordinada à averiguação da existência de uma componente subjectiva (negligência ou dolo), que acompanhe a violação de indemnizar do Estado-membro não cumpridor*». E em *Brasserie*, afirma que, «*a violação, o ilícito se verifica no momento em que o Estado não conseguiu realizar o resultado pretendido pela norma*».

Entendemos, portanto, que, atento o tipo de violação que a não-transposição da directiva enquadra, a responsabilidade do Estado não exige como pressuposto a culpa, trata-se de uma responsabilidade sem culpa, sendo pois suficiente uma imputação objectiva, por danos causados[175].

Aliás, pode ocorrer que o Estado-membro destinatário tenha, aliás, transposto a directiva correctamente, e uma interpretação inesperada do TJCE, que contrarie a transposição realizada, venha colocar o Estado responsável pelos prejuízos sofridos.

Quem define a extensão do dano indemnizável, é o próprio Tribunal ou são os tribunais nacionais?

No Acórdão *Marshall I*, o Tribunal esclareceu que quando ao Estado-membro incumbe proceder a uma reparação, esta deve ser integral, não podendo «*ser fixado a priori um limite ao seu montante*»[176].

Embora respeitando a autonomia dos Estados-membros, o TJCE recusa a exclusão do lucro cessante dos particulares, perante o objecto da reparação[177], aceitando, ainda, indemnizações específicas, como a indemnização exemplar do direito inglês, desde que aceites no direito nacional[178].

A acção de indemnização deverá possuir um carácter subsidiário, face às acções nacionais que permitam uma outra via de direito, por ex. através do recurso de anulação?

---

[175] Quando subjectiva, deveria ser suficiente como prova de culpa, para os tribunais nacionais, a declaração nesse sentido do próprio TJCE, segundo entendimento manifestado no Ac. *Brasserie*, p. I-1044 e nas Conclusões do Advogado--Geral Mischo no Ac. *Francovich*, p. 5397, col. dir..

[176] Ainda. SACHA PRECHAL "Directives...", p. 334.

[177] V. Ac. *Brasserie*. Confirmado no Ac. *Danila Bonifaci*.

[178] V. Ac. *Brasserie*.

Esta é uma questão de direito interno que não compete ao TJCE resolver. O Direito Comunitário parece que exigirá apenas que o Direito interno respeite os princípios da equivalência e da efectividade, já enunciados.

No que concerne ao contencioso propriamente dito, ao particular (recorrente não privilegiado ou ordinário) cabe apenas invocar o incumprimento do Estado (considerando que não foram acatadas as obrigações que lhe incumbem no quadro da ordem jurídica comunitária)[179], perante os tribunais nacionais, sendo-lhe vedado, portanto, o recurso ao TJCE, como forma de sancionar tal incumprimento, pois decorre do próprio tratado (arts. 227.° e 226.° TR), que tal recurso é reservado aos Estados-membros e à Comissão.

Desta forma, a função de vigilância que caberá aos particulares só poderá ser exercida a nível interno.

Ora, há uma diferença fundamental entre a acção por incumprimento comunitária e a acção por incumprimento nacional, pois *«a acção de um particular visa salvaguardar os direitos individuais num caso concreto, enquanto que a intervenção da Autoridade Comunitária visa assegurar a observância geral e uniforme da regra comunitária.»*[180]

a) *Indicação de algumas das mais importantes directivas jus-laborais*

Veja-se meramente a título informativo, o protagonismo das directivas mais relevantes em matéria de política e direito sociais, já transpostas entre nós ou que agora o Código do Trabalho acolhe:

Liberdade de circulação de trabalhadores

– Directiva 2004/38/CE do Parlamento Europeu e do Conselho, de 29 de Abril de 2004 – Relativa ao direito de livre circulação e residência dos cidadãos da União e dos membros das suas famílias no território dos Estados-Membros[181].

---

[179] Relembre-se que no caso de não transposição das directivas, a violação será por omissão, o Estado recusou adoptar na ordem interna as medidas jurídicas ou técnicas necessárias ao alcance do resultado prescrito.

[180] *V.* J. MOTA DE CAMPOS, «A Salvaguarda Jurisdicional da Legalidade Comunitária», Lisboa, Ordem dos Advogados-Conselho Geral, 1983, Instituto da Conferência e A. BARBOSA DE MELO, «Notas de Contencioso Comunitário», Coimbra, 1986, p. 55.

[181] A directiva citada revogou desde 30.04.2006 as Directivas n.os 64/221/ /CEE, de 25.02.64 (que regulava as medidas especiais relativas aos estrangeiros

Princípio da igualdade de tratamento
– Directiva n.° 75/117/CEE, de 10.02 (princípio da igualdade de remuneração entre os trabalhadores masculinos e femininos); Directiva n.° 76/207/CEE, de 09.02 (princípio da igualdade de tratamento no que concerne ao acessão ao emprego, formação e promoção profissionais e condições de trabalho) e Directiva n.° 97/80/ /CE, de 15.12.97 (ónus da prova nos casos de discriminação baseada no sexo), *as citadas directivas irão ser revogadas com efeitos a partir de 15 de Agosto de 2009, pela Directiva 2006/54/CE do Parlamento Europeu e do Conselho, de 05 de Julho de 2006* (Relativa à aplicação do princípio da igualdade de oportunidades e igualdade de tratamento entre homens e mulheres em domínios ligados ao emprego e à actividade profissional);
– *Directiva 2000/43/CE, de 29.06.2000* – Princípio da igualdade de tratamento entre as pessoas, sem distinção de origem racial ou étnica;
– *Directiva 2000/78/CE, de 27.11.2000* – Quadro geral de igualdade de tratamento no emprego e na actividade profissional.

Garantias conferidas em caso de insolvência do empregador
– *Directiva n.° 80/987/CEE, de 20.10.80,* alterada pela Directiva n.° 2002/74/CE do PE e do Conselho, de 23.09.2002 – Protecção dos trabalhadores em caso de insolvência do empregador.

Protecção da saúde e segurança dos trabalhadores
– *Directiva-Quadro n.° 89/391/CEE, de 12.06.89* e inúmeras directivas sectoriais – Protecção da saúde e segurança dos trabalhadores, (ex., sinalização de segurança, exposição a agentes biológicos);
– *Directiva n.° 91/383/CEE, de 25.06.91* – Segurança e saúde dos trabalhadores que têm uma relação de trabalho a termo ou uma relação de trabalho temporário;
– *Directiva 92/85/CEE, de 19*.10.92 – Melhoria da segurança e da saúde das trabalhadoras grávidas, puérperas ou lactantes

Protecção dos jovens
– *Directiva n.° 94/33, de 22.06.96* – Protecção dos jovens, fixando a idade mínima de 15 anos para acesso ao mercado de trabalho.

---

em matéria de deslocação e estada justificadas por razões de ordem pública, segurança pública e saúde pública), e n.° 68/360/CEE, de 15.10.68 (que previa o regime de supressão das restrições à deslocação e permanência dos trabalhadores dos Estados-membros e suas famílias na Comunidade).

Licença parental
– *Directiva n.º 96/34, de 03.06.96* – Concessão aos trabalhadores de uma licença parental com fundamento no nascimento ou na adopção de um filho.

Dever de informação que cabe ao empregador
– *Directiva n.º 91/533, de 14.10.91* – Informação dos trabalhadores quanto aos direitos decorrentes da relação laboral;
– *Directiva 94/45/CE, de 22.09.94* – Instituição de um conselho de empresa europeu ou de um procedimento de informação e consulta dos trabalhadores nas empresas ou grupos de empresas de dimensão comunitária;
– *Directiva n.º 2002/14/CE, de 11.03.2002* – Quadro geral relativo à informação e à consulta dos trabalhadores.

Tempo de trabalho
– *Directiva n.º 2003/88/CE do PE e do Conselho, de 04.11.2003*, que revogou a Directiva 93/104/CE – Organização do tempo de trabalho

Trabalhadores destacados
– *Directiva n.º 96/71, de 16.12.96* – Garantia dos direitos dos trabalhadores quando são temporariamente destacados para outro Estado-membro.

Trabalho em tempo parcial
– *Directiva n.º 97/81, de 15.12.97* – Protecção dos direitos dos trabalhadores que exercem uma actividade em regime de tempo parcial.

Protecção a conferir aos trabalhadores em caso de despedimento colectivo
– *Directiva 98/59/CE, de 20.07.98* – Aproximação das legislações dos Estados-membros respeitantes aos despedimentos colectivos.

Contrato a termo
– *Directiva 1999/70/CE, de 28.06.99* – Acordo-Quadro CES, UNICE e CEEP, relativo a contratos de trabalho a termo.

Transferência de empresas ou de estabelecimentos
– *Directiva n.º 2001/23/CE, de 12.03* – Garantia dos direitos dos trabalhadores face a transferência de empresas ou de estabelecimentos, ou de partes de empresas ou de estabelecimentos.

CAPÍTULO IV
Direito Comunitário do Trabalho

1. O Direito Comunitário do Trabalho

Explica MARIA LUÍSA DUARTE[182], "A designação Direito Comunitário do Trabalho não é unívoca no seu sentido, nem consensual na doutrina. Podemos, com efeito, descortinar nesta expressão pelos menos duas acepções: em sentido restrito, o Direito Comunitário do Trabalho é o conjunto de regras que regulam, de modo específico, o estatuto do trabalhador comunitário; em sentido amplo, o Direito Comunitário do Trabalho surge como sinónimo de Direito Social, cujo âmbito material de aplicação se estende aos domínios conexos da protecção social dos trabalhadores em geral, comunitários e não-comunitários (melhoria das condições devida e de trabalho; segurança social)".

A criação desta nova ciência, reflecte-se igualmente em todos os ordenamentos que o acolhem, nomeadamente no nosso.

"Podemos dizer que a mutação do Direito do Trabalho nacional que se tem vindo a desenvolver é no sentido da sua comunitarização, fruto do fenómeno da harmonização comunitária, quer tendo por fundamento o próprio Direito Comunitário originário, quer por impulso e imposição dos regulamentos e das directivas comunitários, não por real e efectiva transferência de poderes dos Estados a favor da Comunidade, mas pela cada vez maior preocupação com a dimensão social do espaço comunitário, ao arrepio, portanto, da tendência neo-liberal que o criou.

Num e noutro âmbito, ou seja, tanto no âmbito dos artigos 39.° e 141.°, do TR, que hoje não são assumidos como meras normas

---

[182] "Estudos de Direito da União das Comunidades Europeias", Coimbra Editora, p. 256.

programáticas, face ao desenvolvimento da jurisprudência que sobre elas se debruçou, nomeadamente a partir do Ac. *Defrenne*,[183] colhendo agora verdadeiro efeito directo, como ainda, no que respeita às directivas e aos regulamentos, que proficuamente vêem regulando relevantes aspectos do jus-laborismo, no tocante à protecção do trabalhador visto, amiúdes vezes, como parte negocial mais fraca, simples aderente de modelos negociais pré-fixados.

O Tribunal de Justiça tem protagonizado ainda um notável papel de integração do Direito Comunitário e do direito nacional, com uso e abuso (dizemos abuso face à tendência actual de espartilhar o recurso a essa via) do mecanismo do reenvio prejudicial, e na resolução propriamente dita dos casos confiados à sua jurisdição.

Para as directivas, a querela doutrinária do efeito jurídico directo horizontal ainda se impõe, colhendo, no entanto, aqui e ali, argumentos de peso a favor da concessão desse efeito, aliás, muitos deles, dos *Wise Men* da Comunidade.

Curiosamente, um dos primeiros acórdãos que o admitiu em tais termos, questionava o efeito horizontal do seio do próprio Tratado, mais propriamente do art. 141.º, do TR. A concessão do efeito directo horizontal àquela norma do Tratado, teve por fundamento exactamente o carácter discriminatório de separação entre o sector privado e o sector público garantindo os trabalhadores face a entidades patronais do sector público em detrimento daqueles que negoceiam com particulares."[184]

2. A liberdade de circulação de trabalhadores

O Título III, do TR (arts. 39.º a 60.º) postula a livre circulação de pessoas, de serviços e de capitais[185].

---

[183] Acordão de 08.04.1976, conhecido por *Defrenne* II, "o princípio da igualdade de remuneração entre trabalhadores masculinos e trabalhadores femininos, fixadas no art. 119.º, é susceptível de ser invocado perante as jurisdições nacionais".

[184] Nosso "A Directiva n.º 80/987 (quanto à aproximação das legislações dos Estados-membros respeitantes à protecção dos trabalhadores assalariados em caso de insolvência do empregador) – o antes e o depois de *Francovich*", Questões Laborais, Ano VII-2000, n.º 16, Associação de Estudos Laborais, Coimbra Editora, p. 176 e ss.

[185] Com o Tratado Constitucional Europeu (TCE) assinado em 29.10.2004, em Roma, mantêm-se as quatro liberdades, que integram o conceito de mercado

Direito Comunitário do Trabalho   101

O Capítulo I dedica-se à consagração da liberdade dos trabalhadores (arts. 39.º a 42.º); o Capítulo II, à liberdade de estabelecimento (arts. 43.º a 48.º); o Capítulo III, aos serviços (arts. 49.º a 55.º), o Capítulo IV, aos capitais e aos pagamentos (arts. 56.º a 60.º).

O Título IV (introduzido pelo Tratado de Amesterdão), inclui as políticas de vistos, asilo, imigração e outras políticas relativas à livre circulação de pessoas.

Refere o art. 39.º, n.º 2, do TR que "A livre circulação dos trabalhadores implica a abolição de toda e qualquer discriminação em razão da nacionalidade, entre os trabalhadores dos Estados-membros, no que diz respeito ao emprego, à remuneração e demais condições de trabalho".

O legislador comunitário acompanhou o nacional, que igualmente prevê na Constituição da República Portuguesa o princípio da igualdade de tratamento (art. 59.º).[186]

Nos termos do n.º 3, do art. 39.º, do TR, a livre circulação de trabalhadores é analisada em quadríplice:

i) possibilidade de responder a ofertas de trabalho;

ii) direito à livre deslocação para o efeito, dentro do espaço comunitário;

iii) direito à fixação de residência num dos Estados-membros para o exercício de uma actividade laboral;

iv) direito à permanência no país destinatário dessa prestação, findo o seu exercício.

Segundo FRANCA BORGOGELLI,[187] os âmbitos temáticos em que a harmonização mais se vem impondo são as questões relacionadas

---

interno, em particular, a Secção 2 (Livre circulação de pessoas e de serviços – arts. 133.º a 150.º), a Secção 3 (Livre circulação de mercadorias – arts. 151.º a 155.º) e a Secção 4 (Capitais e pagamentos – arts. 156.º a 160.º).

O art. 133.º, do TCE reproduz o art. 39.º, do TR.

[186] Dispõe a al. *a*), do n.º 1, deste preceito que:

"1. Todos os trabalhadores, sem distinção de idade, sexo, raça, cidadania, território de origem, religião, convicções políticas ou ideológicas, têm direito:

a) À retribuição do trabalho, segundo a quantidade, natureza e qualidade, observando-se o princípio de que para trabalho igual salário igual, de forma a garantir uma existência condigna".

[187] *In* "O direito e a jurisprudência social comunitária", Questões Laborais, Ano IV – n.os 9-10, p. 188.

com a igualdade de tratamento entre homens e mulheres, a "preferência pelo modelo participativo nas relações colectivas a nível de empresa, fundado nos direitos de informação e consulta, sem tomar posição sobre a forma de representação dos trabalhadores a nível de empresa," a protecção da saúde e da segurança no trabalho, "confiado a um modelo integrado de compromisso das partes, entidade empregadora e trabalhador, e de peritos privados e públicos, na actividade de controlo e promoção"; e uma concepção das crises ou da transformação da empresa nas suas "manifestações típicas de redução de pessoal, da transferência de empresas, da insolvência do empregador, como fenómeno colectivo dos trabalhadores e dos poderes públicos, realizadas sobretudo por via de procedimentalização".

A intervenção comunitária em matéria social não faz parte das preocupações dos Estados fundadores da Comunidade, o núcleo essencial foi sempre o da integração económica, e não propriamente o da coesão social.

Por isso, conclui JOSÉ JOÃO ABRANTES,[188] "muitas das normas de carácter social são apenas consequência ou condição da livre circulação de trabalhadores, verdadeira base do mercado comum do trabalho, em conjugação com medidas e políticas de formação profissional e de ajustamento entre a procura e a oferta de emprego".

Da **política social da Comunidade** de hoje vertida nos arts 136.° a 145.°, do TR,[189] destacam-se as preocupações com a melhoria do ambiente de trabalho, com as condições de trabalho, a informação e consulta dos trabalhadores, as condições de emprego, a integração dos trabalhadores excluídos, a igualdade entre homens e mulheres.[190]

---

[188] "Do Tratado de Roma ao Tratado de Amesterdão – a caminho de um Direito do trabalho europeu?", Questões Laborais, n.° 16, Coimbra Editora, p. 164.

[189] Inseridos no Título XI, dedicado à política social, à educação, à formação profissional e à juventude.

[190] Matérias sujeitas a votação por maioria qualificada (nos termos das disposições conjugadas dos arts. 137.°, 2, b) e 251.°, do TR).

As matérias referentes à segurança social e protecção social dos trabalhadores, protecção dos trabalhadores em caso de rescisão do contrato de trabalho, representação e defesa colectiva dos interesses dos trabalhadores e das entidades patronais – incluindo a co-gestão –, condições de emprego dos nacionais de países terceiros, estão sujeitas, por sua vez, à regra da unanimidade (art. 137.°, 2, último §, do TR).

O art. 137.°, do TR foi acolhido pelo art. 210.°, do TCE.

Direito Comunitário do Trabalho 103

Após Nice, mantém-se na exclusiva competência dos Estados as matérias referentes às remunerações, direito sindical, direito de greve e direito de *lock out* (art. 137.°, n.° 5 TR).

2.1. *A Carta Social Europeia*

A Carta Social Europeia, criada sob a égide do Conselho da Europa, foi assinada em Turim em 18.10.61 e entrou em vigor em 26.02.65[191].

A Carta Social Europeia visa completar, no âmbito comunitário, a Convenção Europeia dos Direitos do Homem, que não aborda os direitos económicos e sociais.

A Carta concede, entre outros, os seguintes direitos, que destacamos:

– Direito ao Trabalho (art. 1.°); Direito sindical (art. 5.°); Direito à negociação colectiva, incluindo o direito à greve (art. 6.°)[192]; Direito à segurança social (art. 12.°); Direito à assistência médica (art. 13.°); Direito a protecção económica e social da família (art. 16.°); Direito dos trabalhadores migrantes e das suas famílias à protecção e à assistência (art. 19.°).

2.2. *Carta Comunitária dos Direitos Sociais Fundamentais dos Trabalhadores*

A Carta Comunitária dos Direitos Sociais Fundamentais dos Trabalhadores, foi aprovada no Conselho Europeu de Estrasburgo, de 8 e 9 de Dezembro de 1989, por 11 dos então doze Estados-Membros (o Reino Unido exerceu o direito de *opting out*).

Comenta FRANCA BORGOGELLI[193], "Não deixa (...) de ser significativo que a Comunidade Europeia, quando decide adoptar um

---

[191] Entre nós, a Carta foi ratificada pela Resolução da Assembleia da República n.° 21/91, de 06.08, DR, I-A, de 06.08.91.

[192] Do artigo 2.°, da Resolução da AR consta que "A vinculação ao art. 6.° não afecta no que respeita ao parágrafo 4.°, a proibição do *lock out* estabelecida no n.° 3 do art. 57.° da CRP".

[193] *Op. cit.*, p. 193.

programa próprio de intervenção na área dos direitos sociais, incluindo o reconhecimento do direito de greve, acolha o modelo *standard* da Carta Social do Conselho da Europa de 1961, o que suscita alguma perplexidade."

De facto, no catálogo dos princípios, desprovido de vinculatividade jurídica mas assaz significativo no plano político e programático, contido na Carta Comunitária dos Direitos Sociais Fundamentais dos Trabalhadores, (...) afirma-se que «o direito de recorrer, em caso de conflito de interesses, a acções colectivas compreende o direito de greve, sem prejuízo das obrigações resultantes das regulamentações nacionais e dos contratos colectivos»".

E mais adiante, refere a A. citada, "A exclusão da greve da competência comunitária pode significar que os Estados-Membros da União Europeia não têm intenção, no momento, de prosseguir na construção de um *standard* comunitário de tutela do direito de greve. Pode perguntar-se se tal limitação deve ser interpretada como opção por um modelo de concertação, que exclua o conflito do programa de diálogo social, ou se simplesmente foi ditada pelo temor de uma standardização rígida de formas de tutela que anule as diferenças nacionais (...).

É significativa a menção na mesma disposição de um direito de *lock-out* juntamente com o direito de greve, em contraste com os princípios constitucionais de numerosos Estados da União que negam a igualdade das partes no conflito social. Tal menção não está subavaliada: há quem dela tenha deduzido que a regra comunitária imporia aos Estados-membros o reconhecimento de um direito de *lock-out* numa condição de igualdade com o direito de greve".[194]

Para SABINA PEREIRA DOS SANTOS[195] "A Carta Comunitária, apesar da importância do seu conteúdo, assume mais o sentido de uma declaração política (uma declaração de intenção) do que o de um instrumento jurídico (...).

Três principais ideias orientam o compromisso político dos Estados signatários: a necessidade de aproximação da legislação laboral dos Estados-membros, no sentido de equivalência de resultados, o estabelecimento de um *standard* laboral comunitário mínimo que

---

[194] *Op. cit.*, p. 194.
[195] "Direito do Trabalho e Política Social na União Europeia", *Principia*, 2000, p. 94.

Direito Comunitário do Trabalho

permita evitar o perigo do *dumping* social e o reconhecimento, ao nível comunitário, de um conjunto de direitos fundamentais de natureza social".

2.3. *Carta dos Direitos Fundamentais da União Europeia*

Pela primeira vez, a Comunidade dota-se de um elenco escrito de direitos fundamentais, depois da sua inclusão dispersa no Tratado da União Europeia e de Amesterdão.

Explica GOMES CANOTILHO,[196] "O seu primeiro objectivo é, assim, a *positivação* de direitos através da sua incorporação jurídica no ordenamento da União. Em segundo lugar, pretende-se positivar os direitos conferindo-lhes um valor de *Fundamental Rights* e atribuindo-lhes uma hierarquia materialmente superior no quadro das fontes de direito da União Europeia".

Atendendo a que a Comunidade não é signatária da Convenção Europeia dos Direitos do Homem (CEDH), entende-se o alcance desta Carta, que reúne "«os direitos fundamentais vigentes a nível da União», para assim adquirirem «maior visibilidade»"[197].

A Carta dos Direitos Fundamentais vem então marcar politicamente a natureza da União, relevando a necessidade de garantir os direitos das pessoas no centro de actuação do processo de integração europeia.

Acerca da juridificação da Carta, a Comissão dos Assuntos Europeus da Assembleia da República apresentou as seguintes Conclusões:

"*a.* Primeiro, na negação de uma eventual estadualização e até constitucionalização da UE, como consequência directa e/ou necessária da aprovação da Carta;

b. Segundo, na ideia de que os direitos fundamentais aí inscritos não deveriam envolver apenas os direitos e liberdades civis e políticas, antes estendendo-se para, entre outros, os direitos sociais e económicos e os chamados de terceira geração;

---

[196] "Carta de Direitos Fundamentais da União Europeia", Coimbra Editora, 2002, p. 13.

[197] MIGUEL GORJÃO-HENRIQUES, "Uma carta sem destino?", Temas de Integração, 5.º vol., 1.º semestre, n.º 9, p. 114.

106   *Direito do Trabalho*

c. Terceiro, na consequência de que a Carta deveria constituir-se como instrumento jurídico obrigatório (única forma de fazer sentido);

d. Quarto, no consenso quanto aos destinatários da Carta (os orgãos das Comunidades e União Europeias e não os Estados), conclusão ligada ao entendimento de que os Estados se encontram dotados de meios de tutela dos direitos fundamentais bem mais desenvolvidos e aperfeiçoados;

e. Quinto, na comum afirmação da insuficiência dos mecanismos de garantia associados e previstos para a Carta (estão mesmo ausentes os mecanismos externos de controlo), a impôr como preferível a adesão da CE (...) à CEDH"[198].

O Tratado Constitucional Europeu acolheu finalmente no seu corpo a Carta dos Direitos Fundamentais da União, rompendo com a crítica feita ao Tratado de Nice, que apenas a anexou.

O título IV (Solidariedade) apresenta especial interesse, encontrando-se previstos, no âmbito social, os seguintes direitos:

Direito à informação e à consulta dos trabalhadores na empresa (art. 27.º, da Carta; *no TCE, art. 87.º*); Direito de negociação e de acção colectiva (art. 28.º, da Carta; *no TCE, art. 88.º*); Direito de acesso aos serviços de emprego (art. 29.º, da Carta; *no TCE, art. 89.º*); Protecção em caso de despedimento sem justa causa (art. 30.º, da Carta; *no TCE, art. 90.º*); Condições de trabalho justas e equitativas (art. 31.º, da Carta; *no TCE, art. 91.º*); Proibição do trabalho infantil e protecção dos jovens no trabalho (art. 32.º, da Carta; *no TCE, art. 92.º*); Vida familiar e vida profissional (art. 33.º, da Carta; *no TCE, art. 93.º*); Segurança social e assistência social (art. 34.º, *da Carta; no TCE, art. 94.º*); Protecção da saúde (art. 35.º, da Carta; *no TCE, art. 95.º*); Acesso a serviços de interesse económico geral (art. 36.º, da Carta; *no TCE, art. 96.º*).

Apesar de não inserida formalmente no Tratado de Roma, a Carta dos Direitos Fundamentais, constitui, a nosso ver, fonte normativa da Comunidade.

Assim, os cidadãos comunitários serão destinatários dos direitos consagrados na Carta, podendo invocá-los no ordenamento jurídico nacional, prescindindo-se de acto próprio de recepção.

---

[198] MIGUEL GORJÃO-HENRIQUES, "Uma Carta...", p. 115.

Direito Comunitário do Trabalho 107

3. Liberdade de circulação de trabalhadores comunitários na Comunidade

3.1. *A Directiva 2004/38/CE do Parlamento Europeu e do Conselho, de 29 de Abril de 2004 relativa ao direito de livre circulação e residência dos cidadãos da União e dos membros das suas famílias no território dos Estados-Membros*

A directiva citada revogou, desde 30 de Abril de 2006, a Directiva do Conselho n.º 68/360/CEE, de 15 de Outubro de 1968[199]. É explicado no ponto 3 do preâmbulo que:

"A cidadania da União deverá ser o estatuto fundamental dos nacionais dos Estados-membros quando estes exercerem o seu direito de livre circulação e residência. É, pois, necessário, codificar e rever os instrumentos comunitários em vigor que tratam separadamente a situação dos trabalhadores assalariados, dos trabalhadores não assalariados, assim como dos estudantes e de outras pessoas não activas, a fim de simplificar e reforçar o direito de livre circulação e residência de todos os cidadãos da União".

A Directiva 2004/38/CE concedeu até 30 de Abril de 2006, prazo para a respectiva transposição (art. 40.º). Portugal veio em 09 de Agosto de 2006, pela Lei n.º 37/2006, proceder a tal acto, revogando, por consequência, o Decreto-Lei n.º 60/93, de 3 de Março.

---

[199] Explica MARIA LUÍSA DUARTE, "A Liberdade de circulação de pessoas e a ordem pública no direito comunitário", Coimbra Editora, 1992, p. 72: "A primeira etapa da livre circulação de trabalhadores ficou marcada pela aprovação do Regulamento n.º 15, de 16 de Agosto de 1961, e pela Directiva do mesmo dia, a qual suprimia o visto de entrada e de saída, passando o exercício do direito de entrada e saída a depender somente da apresentação do passaporte ou bilhete de identidade. Nesta fase, a circulação de trabalhadores estava condicionada pelo limite da prioridade dos trabalhadores nacionais, cuja invocação deixará de ser possível, na segunda etapa, nos termos do Regulamento n.º 38/64, de 25 de Março, e da Directiva 64/240, do mesmo dia. A Directiva n.º 64/240 aboliu as autorizações de trabalho e substituiu as autorizações de residência por títulos de residência, meramente declarativos do direito. No entanto, admitia-se que um Estado-membro suspendesse a livre circulação por razões de excedente de mão-de-obra numa profissão ou numa região. A Directiva n.º 64/221, de 25 de Fevereiro, foi, igualmente, aprovada nesta fase e mantém-se em vigor".

108 — Direito do Trabalho

a) Âmbito de aplicação pessoal da directiva

A directiva aplica-se a todos os cidadãos da União que se deslequem ou residam num Estado-Membro que não aqueles que são nacionais, bem como aos membros das suas famílias (cônjuge, parceiro com quem um cidadão comunitário constituiu uma parceria registada considerada como equiparável ao casamento pelo Estado de acolhimento[200]; descendentes directos, ou do cônjuge ou parceiro, com menos de 21 anos de idade ou a cargo[201]; ascendentes directos, ou do cônjuge ou do parceiro, que estejam a cargo, segundo a definição apresentada pelo art. 2.°, n.° 2) que os acompanhem ou que a eles se reúnam (art. 3.°, n.° 1).

O art. 3.°, n.° 1, da Lei n.° 37/2007, de 09 de Agosto possui idêntica formulação. No entanto, a versão nacional é mais alargada: o n.° 2 do mesmo preceito adianta que é facilitada, nos termos da lei geral, a entrada e residência de qualquer outro familiar, independentemente da sua nacionalidade, que, no país do qual provenha, esteja a cargo do cidadão da União que tem direito a residência a título principal ou que com este viva em comunhão de habitação, ou quando o cidadão da União tiver imperativamente de cuidar pessoalmente do membro da sua família por motivos de saúde graves".

b) Âmbito de aplicação material da directiva

A directiva regula as condições que regem o direito de livre circulação e residência no território dos Estados-membros pelos cidadãos da União e membros das respectivas famílias (art. 1.°, al, a)); o direito de residência permanente (al. b)) e as restrições a tais direitos por razões de ordem pública, de segurança pública ou de saúde pública (al. c)).

O art. 1.°, n.° 1, da Lei n.° 37/2007, de 09 de Agosto possui idêntica formulação.

---

[200] V. Lei n.° 7/2001, de 11.05, que estabelece, no ordenamento jurídico nacional, a união de facto, como instituto (relativamente) equiparável ao casamento.

[201] "Consideram-se a cargo os membros da família cujo sustento é assegurado pelo trabalhador, ainda que lhes não assista um direito a alimentos ", explica MOTA CAMPOS, "Direito Comunitário", III vol. Lisboa, Fundação Calouste Gulbenkian, 1991, p. 271.

c) Livre regime de entrada e saída

Todos os cidadãos da União [definidos como "qualquer pessoa que tenha nacionalidade de um Estado-Membro" (art. 2.°, n.° 1, da Directiva)][202], "sem prejuízo das disposições em matéria de documentos de viagem aplicáveis aos controlos nas fronteiras nacionais", têm o direito de entrar e sair do espaço comunitário mediante a simples apresentação do bilhete de identidade ou de passaporte válido.

E os membros das suas famílias que não possuem a nacionalidade de um Estado-Membro, devem apenas munir-se de um passaporte válido, prescindindo-se de visto de entrada[203] (art. 4.°, n.° 1).

No que respeita ao *direito de entrada*, aos cidadãos comunitários só pode ser exigido o bilhete de identidade ou passaporte válido (art. 5.°, n.° 1, da Directiva). Não podendo ser exigido ao cidadão um "visto de entrada ou formalidade equivalente" (2.° § do n.° 1, do art. 5.°, da Directiva).

O art. 4.°, n.° 1, da Lei n.° 37/2007, de 09 de Agosto, acompanha o teor do preceito comunitário

No que diz respeito aos " membros da família que não tenham a nacionalidade de um Estado-membro só estão sujeitos à obrigação de visto de entrada nos termos do Regulamento CE n.° 539/ /2001 ou, se for caso disso, da legislação nacional. Para efeitos da presente directiva, a posse do cartão de residência válido a que se refere o art. 10.° isenta esses membros da família da obrigação de visto" (art. 5.°, n.° 2, da Directiva).

O art. 4.°, n.° 2, da Lei n.° 37/2007, de 09 de Agosto, preceitua que os familiares não comunitários só estão sujeitos à obrigação de visto de entrada "nos termos das normas em vigor na União Europeia, beneficiando, porém, de todas as facilidades para a obtenção dos vistos necessários, os quais são concedidos a título gratuito e com a tramitação especial que garanta a celeridade na emissão"[204].

---

[202] *V.* art. 2.°, al. *a*), da Lei n.° 37/2007, de 09 de Agosto.

[203] Conforme é esclarecido no ponto 5 do preâmbulo da directiva: "O direito de todos os cidadãos da União circularem e residirem livremente no território dos Estados-membros implica, para que possa ser exercido em condições objectivas de liberdade e de dignidade, que este seja igualmente concedido aos membros das suas famílias, independentemente da sua nacionalidade".

[204] Na Lei anterior (Decreto-Lei n.° 60/93, de 03.03) o art. 3.°, preceituava que

No que concerne ao *direito de saída*, "não pode ser exigido às pessoas referidas no n.º 1[205] um visto de saída ou formalidade equivalente" (art. 4.º, n.º 2, da Directiva).[206]

O art. 5.º, n.º 1, da Lei n.º 37/2007, de 09 de Agosto, apresenta teor semelhante, salvaguardando as "disposições em matéria de documentos de viagem aplicáveis ao controlo nas fronteiras nacionais".

d) Direito de residência não permanente

A directiva simplificou o regime de residência do cidadão comunitário, tendo sido substancialmente aligeiradas as formalidades administrativas.

Assim, distingue-se entre direito de residência até três meses (art. 6.º) e por mais de três meses (art. 7.º).

O *direito de residência até três meses* é livremente exercido "sem outras condições e formalidades" além da posse de um bilhete de identidade ou passaporte válido (n.º 1, do art. 6.º), sendo igualmente válido para os membros da família não comunitários, desde que munidos de passaporte válido, acompanhem ou se reúnam ao cidadão comunitário (n.º 2)[207], contanto que não constitua uma sobrecarga não razoável para o regime da segurança social do Estado de acolhimento (art. 14.º).

O *direito de residência por mais de três meses* obriga aos requisitos previstos no n.º 1, do art. 7.º, que têm subjacente a existência de meios de subsistência e a não oneração do regime de segurança social nacional.

V. quanto ao ordenamento jurídico nacional, o art. 7.º da Lei n.º 37/2007, de 09 de Agosto, muito semelhante ao preceito comunitário.

Aboliu-se a exigência de "cartão de residência de nacional de um estado-membro"[208], apenas se prevendo que no caso de perío-

---

os familiares não comunitários são sujeitos ao regime jurídico de entrada, permanência, saída e expulsão de estrangeiros.

[205] Ou seja, cidadão comunitário e familiares não comunitários.

[206] Ao contrário do previsto na Directiva 63/360 que exigia visto aos familiares não comunitários (art. 3.º, n.os 1 e 2).

[207] *V.* art. 6.º da Lei n.º 37/2007, de 09 de Agosto.

[208] Na Directiva 63/360 o direito de residência era confirmado pelo "cartão de residência de nacional de um estado-membro" (art. 4.º, n.º 2), o qual era emi-

Direito Comunitário do Trabalho 111

dos de residência superiores a três meses, "O Estado-membro de acolhimento pode exigir que os cidadãos da União se registem junto das autoridades competentes" (art. 8.º). Para a emissão do certificado de registo basta a apresentação do bilhete de identidade ou passaporte, uma confirmação de emprego pelo empregador ou uma certidão de emprego ou a prova de que o cidadão exerce uma actividade não assalariada (art. 8.º, n.º 3).

O art. 14.º da lei portuguesa estipula que o registo deve ser efectuado no "prazo de 30 dias após decorridos três meses da entrada no território nacional" (n.º 1), junto da "câmara municipal da área de residência" (n.º 2).

A emissão do cartão apenas se mantém para os familiares não comunitários (art. 9.º, da Directiva). Para estes deve ser emitido pelo Estado de acolhimento o "cartão de residência de membro da família de um cidadão da União" (art. 10.º, n.º 1, da Directiva). O pedido de obtenção do referido cartão será instruído com os elementos previstos no n.º 2 do art. 10.º.

A respectiva validade foi fixada em 5 anos, a contar da data da sua emissão ou para o período previsto de residência do cidadão comunitário, se inferior a cinco anos (art. 11.º, n.º 1, da Directiva).

A Lei n.º 37/2007, de 09 de Agosto, estabelece que o pedido do cartão de residência é "efectuado junto da direcção ou delegação regional do Serviço de Estrangeiros e Fronteiras da área da residência, no prazo de 30 dias após decorridos três meses da entrada no território nacional" (art. 15.º, n.ºs 1 e 2).

Nos termos da Directiva 2004/38/CE o cidadão comunitário que tiver deixado de exercer uma actividade assalariada ou não assalariada mantém o estatuto de trabalhador assalariado ou não assalariado (art. 7.º, n.º 3), nos casos de incapacidade temporária de trabalho, resultante de doença ou acidente (al. *a*)); e de desemprego involuntário, embora sujeito a determinados requisitos

---

tido mediante a apresentação do documento ao abrigo do qual o trabalhador entrou no país de acolhimento e da declaração de contrato emitida pelo empregador ou um certificado de trabalho (n.º 3).

A validade deste cartão era de, pelo menos, cinco anos, sendo automaticamente renovável (art. 6.º, n.º 1, al. *b*)).

As interrupções de residência inferiores a seis meses consecutivos e as ausências motivadas pelo cumprimento de obrigações militares não afectavam a validade do cartão de residência (art. 6.º, n.º 2) (als. *b*) e *c*)). O art. 7.°, n.° 3, da Lei n.° 37/2007, de 09 de Agosto, apresenta teor semelhante.

Igualmente a morte ou partida do cidadão comunitário não afecta o direito de residência dos familiares não comunitários (art. 12.°, da Directiva), bem cimo o divórcio, anulação do casamento ou cessação da parceria registada (art. 13.°, da Directiva). O art. 8.°, n.° 1, da Lei n.° 37/2007, de 09 de Agosto, acompanha o preceito comunitário.

e) Direito de residência permanente

Os cidadãos comunitário que tenham residido legalmente por um período de cinco anos consecutivos ou antes desse período, se preencherem os requisitos do art. 17.°, têm direito de residência permanente (art. 16.°, n.° 1, da Directiva). O art. 10.°, n.° 1, da Lei n.° 37/2007, de 09 de Agosto, corrobora o preceito comunitário.

"A continuidade da residência não é afectada por ausências temporárias que não excedam seis meses por ano, nem por ausências mais prolongadas para cumprimento de obrigações militares, nem por uma ausência de 12 meses consecutivos no máximo, por motivos importantes", exemplificados no preceito (n.° 2). Quanto à ordem jurídica nacional, *v.* art. 10.°, n.° 4, da Lei n.° 37/2007, de 09 de Agosto.

"Uma vez adquirido, o direito de residência permanente só se perde devido a ausência do Estado-membro de acolhimento por um período que exceda dois anos consecutivos" (n.° 4). Cfr. com o art. 10.°, n.° 5, da Lei n.° 37/2007, de 09 de Agosto.

Igualmente beneficiários do direito são os familiares não comunitários, nos termos previstos no art. 18.°. Na lei portuguesa, *v.* o art. 12.°, da Lei n.° 37/2007, de 09 de Agosto.

f) Restrições ao direito de entrada e ao direito de residência por razões de ordem pública, de segurança pública ou de saúde pública

Conforme já advinha da directiva anterior, a Directiva 2004//38 aceita restrições à livre circulação e residência dos cidadãos e dos membros das suas famílias, comunitários ou não, em nome da *ordem pública, de segurança pública ou de saúde pública*. Estas restrições não podem ser invocadas com fins económicos (art. 27.°, n.° 1).

Direito Comunitário do Trabalho   113

Na ordem jurídica nacional, este tema encontra-se tratado nos arts. 22.° a 24.° da Lei n.° 37/2007, de 09 de Agosto.

i) A reserva de ordem pública e da segurança pública

Os conceitos expostos obrigam a uma concretização que, necessariamente, diferirá de Estado para Estado, oferecendo maior ou menor dificuldade de precisão do respectivo conteúdo.

No entanto, sublinha o Tribunal de Justiça, no Ac. *van Duyn*[209], "a noção de ordem pública deve ser *entendida restritivamente*, de forma a que o seu alcance não seja determinado unilateralmente por cada Estado membro sem controlo das instituições comunitárias" (itálico nosso).

No Ac. *Rutili*[210] (*Rolan Rutili* era um trabalhador francês alvo duma interdição em vários departamentos franceses, baseada na actividade sindical), o Tribunal de Justiça considerou que "a circunstância do art. 8.° do Regulamento 1612/68 garantir a igualdade de tratamento em matéria de filiação nas organizações sindicais e de exercício dos direitos sindicais tem por consequência directa que a reserva de ordem pública não pode ser invocada por motivos que se prendam com o exercício efectivo desses direitos reconhecidos aos trabalhadores".

A directiva obriga a que a decisão restritiva do Estado respeite os pressupostos plasmados no n.° 2 do art. 27.°:

– conformidade com o princípio da proporcionalidade;

"Com base nesta disposição ficam, desde logo, proibidas as expulsões colectivas de todos os nacionais de um certo Estado-Membro ou de toda uma categoria profissional de trabalhadores, «as medidas tomadas contra cidadãos comunitários, com base na salvaguarda da ordem pública, não podem ser desligadas do caso individual» (Acórdão *Bonsignore*)[211], o que impede, de igual modo,

---

[209] Acórdão de 04.12.1974, Proc. n.° 41/74/CJTJ, Lux, SPOCE, 1974, parte 2, p. 1337.

[210] Ac. de 29.10.1975.

[211] No citado acórdão *Bonsignore*, as autoridades alemães pretendiam expulsar de Colónia um operário italiano que ferira mortalmente um seu irmão ao limpar uma arma de fogo, sem ser detentor de licença de uso e porte de armas.

O objectivo desta medida, de acordo com a administração da cidade de Colónia, era, indiscutivelmente, o de dissuadir os outros estrangeiros de cometerem

114   *Direito do Trabalho*

as expulsões justificadas por motivos de dissuasão ou de prevenção geral, intimidando os trabalhadores estrangeiros" (ROBALO CORDEIRO)[212];

– baseada exclusivamente no comportamento pessoal;
– irrelevância de condições penais para, por si só, decretar tais medidas de restrição[213].

---

um delito semelhante. O Tribunal entendeu que uma expulsão baseada num objectivo de «dissuasão colectiva» toma em consideração outros elementos <u>para além</u> do comportamento pessoal, pelo que não pode ser admitida à luz do §1, do artigo 3.º, da directiva.

No passado, porém, o Tribunal de Justiça revelou certa incoerência interpretativa.

No Ac. *van Duyn (Ac.* de 04.12.74), "ao apreciar um diferendo entre a cidadão holandesa *van Duyn* e as autoridades inglesas que pretendiam recusar-lhe a entrada no Reino Unido por considerarem que a actividade que a Sra. *van Duyn* iria exercer, em território britânico, concretamente um emprego assalariado na Igreja de Cientologia da Califórnia, era contrária à ordem pública, apesar de qualquer cidadão britânico poder ser membro de tal organização, bem como exercer, no seu seio, uma actividade profissional, o Tribunal afirmou que «pode relevar do comportamento pessoal o facto de se pertencer a uma organização cujas actividades constituem um perigo social, apesar de não serem proibidas aos nacionais."

Como vemos, o Tribunal violou claramente os princípios da assimilação e da igualdade de tratamento entre cidadãos comunitários e cidadãos nacionais.

Já no Ac. *Adoni*, o Tribunal inverte a sua posição:

"A cidadã francesa *R. Adoni* contestou a decisão das autoridades belgas de lhe recusarem uma autorização de residência em virtude de trabalhar «num bar suspeito do ponto de vista dos costumes, onde as empregadas tinham a possibilidade de se isolarem com os clientes», comportamento considerado contrário à ordem pública, na medida em que a prática da prostituição não era legalmente censurada aos cidadãos belgas. (…).

O Tribunal decidiu que «um Estado membro não pode expulsar ou recusar a entrada no seu território a um cidadão doutro Estado-membro por força dum comportamento que, no âmbito dos seus nacionais, não dá lugar a medidas repressivas destinadas a combatê-lo»" (ROBALO CORDEIRO, *op. cit.,* p. 236).

[212] *Op. cit.,* p. 233.

[213] No Ac. *Bouchereau,* (Ac. de 27.10.1977) um cidadão francês, mecânico no Reino Unido desde 1975, confessou em juízo estar na posse ilegal de estupefacientes. Condenado por tal, ficou submetido a um regime de liberdade condicional, durante o qual as autoridades detectaram na sua residência determinadas quantidades de LSD e de anfetaminas.

O Tribunal rejeitou a medida de expulsão, entendendo que "a apreciação da salvaguarda da ordem pública não coincide necessariamente com a que está na

Robalo Cordeiro[214] conclui que a noção de ordem pública exige o preenchimento cumulativo de três requisitos:

"1. Terá de verificar-se uma alteração da ordem social consubstanciada num comportamento pessoal do arguido reprimido pelas autoridades (a nível penal ou outro), que também, seja sancionado aos cidadãos nacionais.

2. Exigir-se-á, por outro lado, que esse comportamento seja suficientemente grave, pelo que não bastará que as autoridades nacionais, face ao caso concreto, apurem uma clara tendência do indivíduo para manter esse comportamento no futuro:

3. Finalmente, tal comportamento deverá constituir uma ameaça a um interesse fundamental da sociedade"[215].

---

base de uma condenação penal, sendo necessária a existência, para além da afectação da ordem social que qualquer infracção à lei constitui, duma ameaça real e suficientemente grave afectando um interesse fundamental da sociedade".

A existência de condenações penais só poderá ser invocada, na medida em que "testemunhe uma tendência presente e futura a agir de maneira contrária à ordem pública".

Recentemente, o Tribunal de Justiça das Comunidades no Ac. *Donatella Calfa* (Proc. C-348/96), reiterou o entendimento de que "para a coordenação de medidas especiais relativas aos estrangeiros em matéria de deslocação e estada justificadas por razões de ordem pública, segurança pública e saúde pública, opõem-se (a) uma regulamentação que, à parte algumas excepções, em particular de ordem familiar, impõe ao orgão jurisdicional nacional a obrigação de ordenar a expulsão, a título definitivo, do território, dos nacionais de outros Estados-Membros condenados pelos delitos de aquisição e posse de estupefacientes para seu uso pessoal".

[214] *Op. cit.*, p. 240.

[215] No Ac. *Olazabal* (Proc. n.° C-100/2001, Actividades n.° 33/2002) discutiu-se a legalidade de medidas que limitam o direito de residência do cidadão espanhol *Oteiza Olazabal*, a uma parte do território francês.

Em 23 de Abril de 1988, *Olazabal* foi detido no território francês no quadro de um processo instaurado na sequência do rapto de um industrial de Bilbau (Espanha) reivindicado pela ETA. Em 8 de Julho de 1991, foi condenado pelo *Tribunal de Grande Instance de Paris* (França), pronunciando-se em matéria correccional, a dezoito meses de prisão, oito dos quais de pena suspensa, e a quatro anos de proibição de residência por associação de malfeitores destinada a perturbar a ordem política pela intimidação ou pelo terror.

Invocando a sua qualidade de cidadão comunitário, *Olazabal* solicitou um título de residência. As autoridades administrativas francesas indeferiram o pedido, concedendo-lhe, porém, autorizações provisórias de estadia. Por outro lado, submeteram-no a uma medida de vigilância especial (...), proibindo a sua residência em nove departamentos. Esta medida extinguiu-se em Julho de 1995.

A ameaça deve ser real, actual e suficientemente grave, não sendo aceitáveis justificações não relacionadas com o caso individual ou baseadas em motivos de prevenção geral (art. 27.º, n.º 2, *in fine*).

A directiva estatui ainda que o Estado promotor da medida deve tomar em consideração, a "duração da residência da pessoa em questão no seu território, a idade, o seu estado de saúde, a sua situação familiar e económica, a sua integração social e cultural no Estado-membro de acolhimento e a importância dos laços com o seu pais de origem" (art. 28.º, n.º 1).

ii) A reserva de saúde pública

Ao contrário da Directiva anterior, a Directiva n.º 2004/38 não estabelece uma listagem taxativa de doenças que podem levar à recusa de entrada de cidadãos. A listagem mantém-se exaustiva, mas agora de acordo com as "doenças com potencial epidémico definidas pelos instrumentos pertinentes da Organização Mundial de Saúde", bem como outras doenças infecciosas ou parasitárias contagiosas, contanto que os nacionais do Estado de acolhimento sejam igualmente delas protegidos (*princípio da equiparação*), de acordo com o art. 29.º, n.º 1[216].

Em 1996, *Olazabal*, que até esse momento tinha vivido no departamento de *Hauts--de-Seine*, decidiu estabelecer-se no departamento dos *Pyrénnes-Artlantiques*, confinante com a Espanha, e mais precisamente com a comunidade autónoma do país Baco.

O Tribunal de Justiça das Comunidades decidiu que: "nem o art. 39.º CE nem as disposições de direito derivado que aplicam a liberdade de circulação dos trabalhadores se opõem a que um Estado-Membro decrete, relativamente a um trabalhador migrante cidadão de outro Estado-Membro, medidas de polícia administrativa que limitem o direito de residência deste trabalhador a uma parte do território nacional desde que:

– razões de ordem pública ou de segurança pública baseadas no seu comportamento individual o justifiquem;

– sem essa possibilidade, estas razões só possam conduzir, devido à sua gravidade, a uma medida de proibição de permanência ou de expulsão da totalidade do território nacional, e

– o comportamento que o Estado-Membro em causa pretende evitar dê lugar, quando seja um comportamento dos seus próprios nacionais, a medidas repressivas ou a outras medidas reais e efectivas destinadas a combatê-lo".

[216] No Ac. *Emir Grul*, o Tribunal entendeu que a restrição da saúde pública "não se destina a excluir da aplicação dos princípios da livre circulação o sector da

Direito Comunitário do Trabalho 117

A superveniência de doenças (sendo assim considerada aquela que ocorre três meses depois da entrada no território) não constitui justificação para o afastamento do território (n.º 2)[217].

g) *Protecção contra o afastamento*

Relativamente ao afastamento fundado em razões de *ordem pública* ou de *segurança pública*, o Estado-Membro de acolhimento deve tomar em consideração, entre outros elementos:
– a duração da residência no território nacional;
– a idade (quanto mais elevada, mais difícil será o afastamento);
– o estado de saúde;
– a situação familiar e económica,
– a integração social e cultural no Estado-membro de acolhimento e
– a importância dos laços com o seu país de origem (art. 28.º, n.º 1).

O grau de ponderação estabelecido terá subjacente que quanto maior for, *v.g.*, a respectiva duração de residência, mais onerosa se torna a medida de afastamento, atendendo à integração na sociedade de acolhimento do cidadão em causa. Igual entendimento será estabelecido quanto mais avançada for a idade e mais fortes os laços familiares.

No caso de o cidadão comunitário (ou os membros das suas famílias, independentemente da sua nacionalidade) com direito de residência permanente, a medida de afastamento só poderá ser tomada por "razões graves de ordem pública ou se segurança pública" (n.º 2).

Não pode ainda ser decidido o afastamento, "excepto se a decisão for justificada por razões imperativas de segurança pú-

---

saúde pública, enquanto sector económico e do ponto de vista do acesso ao emprego, mas sim a permitir a recusa do acesso ou da permanência no seu território a pessoas cujo acesso ou permanência constitua, em si, um perigo para a saúde pública".

[217] Acompanhando o art. 4.º, n.º 2, da Directiva anterior, que preceituava que "a superveniência de doenças ou afecções enunciadas no número anterior, após a emissão da primeira autorização de residência, não pode justificar a recusa de renovação da autorização de residência ou a expulsão do território nacional".

118 *Direito do Trabalho*

blica", no caso de o cidadão comunitário preencher as condições previstas no n.º 3.

Em qualquer um dos casos que admitem o afastamento, é conferido ao cidadão comunitário o direito a ser notificado por escrito, "de uma forma que lhe permita compreender o conteúdo e os efeitos" da decisão (art. 30.º, n.º 1). O cidadão é informado de forma clara e completa das razões do afastamento (n.º 2), a menos que a tal se oponham "interesses de segurança do Estado"[218] (*in fine*).

A notificação para o afastamento[219] deve indicar:

– o tribunal ou autoridade administrativa competentes para conhecer um pedido de recurso ou de impugnação, e o prazo concedido para o efeito;

– o prazo para abandono do território que, em princípio, corresponderá a um mês[220] (n.º 3).

O art. 31.º estabelece as garantias processuais conferidas ao cidadão.

Admite-se o levantamento da decisão de interdição de entrada, preenchidas as condições referidas no art. 32.º).

O afastamento a título de sanção ou de medida acessória de uma pena privativa da liberdade só é possível nos termos do art. 33.º.

Na ordem jurídica nacional, este tema encontra-se tratado nos arts. 25.º a 28.º da Lei n.º 37/2007, de 09 de Agosto.

h) Conceito de trabalhador comunitário

"Verifica-se uma dificuldade real quando procuramos identificar no estatuto do trabalhador comunitário os direitos e garantias de uma plena e completa integração no Estado-membro de acolhimento. Ao mesmo tempo que se alterou o Tratado de Roma para nele prever um estatuto de cidadania. (…) Ao mesmo tempo que o Juiz comunitário procura acentuar a dimensão integrada dos direitos dos trabalhadores comunitários, continuam em vigor regras aprovadas há décadas e que reflectem uma visão predominante-

---

[218] Conforme já dispunha o art. 7.º da directiva anterior.

[219] *V.* Código de Procedimento Administrativo, que define acto administrativo como "decisões dos orgãos da Administração que ao abrigo de normas de direito público visem produzir efeitos jurídicos numa situação individual e concreta" (art. 120.º).

[220] Contra os quinze dias concedidos na directiva anterior (art. 7.º).

mente economicista dos fins subjacentes à promoção da livre circulação dos trabalhadores"[221].

O Direito Comunitário propositadamente não definiu legalmente o conceito, que tem vindo a ser sedimentado pela jurisprudência, deixando para os respectivos Estados-membros tal regulação em conformidade com cada um dos ordenamentos jurídicos. Apesar de haver todo o interesse numa definição comunitária de trabalhador para evitar a discriminação ou a violação do princípio do tratamento nacional e acautelar a efectividade do Direito Comunitário.

GORJÃO-HENRIQUES[222] propõe como definição de trabalhador comunitário a de um nacional de um Estado membro ou membro da família de um nacional de um Estado membro que exerceu, exerce ou pretende exercer uma actividade económica assalariada.

O conceito comunitário de trabalhador é apresentado no Ac. *Laurie-Blum,*[223] referindo o Tribunal de Justiça que "a característica essencial da relação de trabalho é a circunstância de uma pessoa realizar, durante certo tempo, em benefício de outra e sob a sua direcção, as prestações em contrapartida das quais recebe uma remuneração."[224] O conceito também abrange, os que procuram emprego (*ainda* não são trabalhadores) e os antigos trabalhadores (*já* não são trabalhadores).

Quando a relação laboral cessa, o interessado perde, em princípio, a qualidade de trabalhador, entendendo-se, no entanto, por um lado, que essa qualidade pode produzir determinados efeitos após a cessação da relação laboral e, por outro, que uma pessoa que verdadeiramente procura um emprego deve também ser havida como trabalhador.[225]

Ensina ANA MARIA GUERRA MARTINS[226], "Para o TJ, trabalhador é um ser humano que exerceu, exerce ou pretende exercer uma actividade económica e assalariada, visto que as normas, construídas

---

[221] MARIA LUÍSA DUARTE, "Estudos...", p. 292.

[222] "Direito Comunitário", Almedina, 2002, p. 371.

[223] Ac. de 03.07.1986, Proc. n.° 66/85.

[224] *V.* a explicitação destes três critérios em *Levin*, de 28.03.1982, proc. n.° 53/81 e *Kempf*, de 03.06.1986, proc. n.° 139/85, em www.euro.lex.

[225] Ac. *G. Leclere*, Proc. n.° C-43/99, Actividades n.° 14/01, p. 10.

[226] "Curso de Direito Constitucional da União Europeia", Almedina, 2004, p. 594.

120 Direito do Trabalho

a partir da situação de quem exerce uma actividade assalariada actual, abrangem igualmente quem está em condições de exercer uma tal actividade, tendo-a já exercido ou não.

A noção de trabalhador deve, portanto, interpretar-se de modo extensivo, tendo o Tribunal procurado critérios objectivos que caracterizam a relação de trabalho, como sejam os direitos e os deveres das pessoas envolvidas. Para o Tribunal a característica essencial da relação de trabalho é a circunstância de uma pessoa realizar, durante certo tempo, em benefício de outra e sob a sua direcção, as prestações em contrapartida das quais recebe uma remuneração."

3.2. *O Regulamento 1612/68, de 15.10.1968, que consagra a livre circulação dos trabalhadores na Comunidade*

A Directiva 2004/38/CE, do Parlamento Europeu e do Conselho de 29.04.2004 revogou os arts. 10.° e 11.° do presente Regulamento[227] (alterado pelos Regulamentos n.° 312/76/CEE, de 09.02.76 e n.° 2434/92, de 26.08.92).

As *novidades* trazidas pelo Regulamento 1612/68 foram a supressão da carta de trabalho, o princípio da preferência comunitária, o mecanismo de compensação das ofertas e pedidos de empregador e o recrutamento directo.

a) Supressão da carta de trabalho

O Regulamento dispõe que "os nacionais de um Estado-membro, independentemente do local da sua residência, têm o direito de aceder a uma actividade assalariada e de a exercer no território de outros Estado-membro, em conformidade com as disposições legislativas, regulamentares e administrativas que regem o emprego dos trabalhadores nacionais deste Estado" (art. 1.°, n.° 1).

Qual o critério adoptado, o da residência, alargando-se a aplicação do Direito Comunitário a cidadãos estrangeiros que residam ou trabalhem no espaço comunitário ou restringindo-se o conceito aos cidadãos comunitários residentes no espaço comunitário?

---

[227] Com efeitos desde 30.04.2006, segundo o disposto no art. 38.°, n.° 1, da Directiva citada.

Conforme explica MARIA LUÍSA DUARTE[228], "A conjugação dos dois critérios – nacionalidade e residência – permitiria a invocação de um direito de livre circulação por pessoas numa das seguintes situações: 1) nacional de Estado-membro, residente no espaço comunitário; 2) nacional de Estado-membro residente fora do espaço comunitário; 3) residente em Estado-membro, mas com nacionalidade de Estado terceiro. Mas não parece ser esta a solução consagrada no Tratado e no direito derivado. No âmbito do direito de estabelecimento e da prestação de serviços não subsistem dúvidas quanto à exigência do critério nacionalidade, embora conjugado, no caso dos serviços e do estabelecimento secundário, com o requisito do prévio estabelecimento num dos Estados-membros. Quanto à livre circulação dos trabalhadores, a legislação adoptada pelo Conselho em execução das regras do Tratado assenta no critério da nacionalidade".

b) Preferência comunitária

O n.º 2, do art. 1.º concede ao cidadão comunitário a mesma prioridade que é concedida aos nacionais do Estado destinatário da prestação de trabalho.

A discriminação será feita em relação aos cidadãos não comunitários.

MIGUEL GORJÃO-HENRIQUES[229] explica que primeiro beneficiam do princípio da preferência os cidadãos comunitários ou nacionais do EEE, beneficiários de convenções regidas pelo direito comunitário; criadores de empresas ou gerentes efectivos de empresas; beneficiários de direito de asilo, protecção humanitária e protecção temporária. Num segundo e último degrau de preferência *"a mão de obra não comunitária com residência legal permanentemente num Estado membro e já inserida no mercado de trabalho regular."*

Não existe ainda a consagração da livre circulação de nacionais de países terceiros, quando permaneçam na Comunidade na qualidade de trabalhadores de um determinado Estado-membro.

---

[228] "A liberdade de circulação de pessoas e a ordem pública no Direito Comunitário", Coimbra, Coimbra Editora, 1992, ISBN 972-32-0610-2, p. 113.

[229] "A Europa e o «Estrangeiro»: Talo(s) ou Cristo?", Temas de Integração, Coimbra, Almedina, 3.º vol., 2.º semestre de 1998, número 6, ISBN 972-40-1233-6, p. 41.

122   *Direito do Trabalho*

c) *Recrutamento directo*

O art. 2.º prevê a troca de pedidos e ofertas de emprego, bem como a celebração e execução de contratos de trabalho.

d) *As limitações linguísticas*

O último parágrafo, do n.º 1, do art. 3.º permite que, no acesso a certos empregos, os Estados-membros possam impôr regras próprias em matéria de conhecimentos linguísticos.[230]

Para evitar que os conhecimentos linguísticos fomentem a desigualdade, haverá que aferir, em concreto, o tipo de funções a desempenhar.[231]

e) *A igualdade de condições de trabalho e de regalias sociais*

O art. 7.º consagra o *princípio da assimilação* do trabalhador comunitário ao trabalhador nacional, em todas as condições de emprego e de trabalho, nomeadamente, em matéria de remuneração, de despedimento e de reintegração profissional ou de reemprego, se ficar desempregado.

f) *Vantagens sociais*

O n.º 2, do art. 7.º prevê expressamente que o trabalhador comunitário goza das mesmas vantagens sociais e fiscais que os trabalhadores nacionais, obrigando a uma interpretação extensiva, pois as regalias concedidas *podem emanar ou não de determinada prestação laboral,* contanto que sejam igualmente reconhecidas aos trabalhadores nacionais.

A noção de vantagens sociais, engloba "todas as vantagens que ligadas ou não a um contrato são geralmente reconhecidas aos trabalhadores nacionais, principalmente em função da sua qualidade objectiva de trabalhadores ou do simples facto da sua residência sobre o território nacional e cuja extensão aos trabalhadores

---

[230] Nomeadamente que saibam ler e/ou escrever na língua oficial do país destinatário.

[231] Parece que e compreensivelmente, o requisito será de exigir para o desempenho de determinadas funções. *V.* conclusões do AG *Darmon* no Ac. GROENER, de 28.11.1989, Proc. n.º 379/87.

Direito Comunitário do Trabalho

migrantes doutro Estado-membro aparece desde logo como apta a facilitar a sua mobilidade no interior da Comunidade."[232]

O A. enuncia, a título exemplificativo:

– redução sobre o preços de transportes a favor da família numerosa (Acórdão *Christini*, Proc. n.º 32/75, de 30.09.71);

– pensão social, garantindo um modo geral com mínimo de existência;

– rendimento garantido a pessoas idosas a favor de ascendentes a cargo do trabalhador (Ac. *Castelli*, Proc. n.º 261/83, de 12.07.84);

– subsídio especial de velhice (Ac. *Frascogna*, Proc. n.º 256/86, de 09.07.87);

– empréstimo pelo nascimento duma criança (Ac. *Reina*, Proc. n.º 65/81, de 14.01.82).

Explica MOITINHO DE ALMEIDA,[233] "No caso *Ugliola*[234] entendeu-se que os artigos 48.º do Tratado e 7.º do Regulamento n.º 1612/68 impõem que seja contado, para efeito de antiguidade na empresa, o período em que o trabalhador prestou serviço militar no Estado-membro da nacionalidade, quando, no que respeita aos trabalhadores nacionais do Estado de acolhimento o serviço militar nele prestado seja, para esse efeito, tido em consideração. E o mesmo art. 7.º foi entendido como impondo a igualdade de tratamento no que respeita à protecção especial, designadamente contra o despedimento, que a legislação de um Estado-membro atribua a

---

[232] DAVID PINA, "Comentário ao Ac. Lopes da Veiga", Colecção Divulgação, n.º 10, Ano 4, p. 172.

[233] "Direito comunitário – A Ordem Jurídica Comunitária – As Liberdades Fundamentais na CEE", Lisboa, 1985, Centro de Publicações do Ministério da Justiça.

[234] *Ugliola*, de nacionalidade italiana, trabalhava numa leitaria na RFA desde 1961 e, a dada altura, teve que interromper o seu trabalho assalariado na RFA, para se deslocar a Itália para cumprir o serviço militar. De regresso ao seu posto de trabalho, foi-lhe recusado o pagamento do subsídio de natal, em virtude de não lhe ter sido contado, para efeitos de tempo de serviço, o período passado em Itália no cumprimento das suas obrigações militares. A entidade patronal sustentava que, apesar de na RFA o serviço militar contribuir para o cálculo da antiguidade, a legislação alemã não poderia ser aplicada dado que não dizia respeito ao direito do trabalho mas sim a uma área situada fora da jurisdição comunitária, como era a da defesa nacional, *in* ROBALO CORDEIRO, *op. cit.*, p. 196.

124   *Direito do Trabalho*

categorias específicas de trabalhadores por motivos de carácter social (acórdão *Pieter Marsman)*, a medidas, previstas numa legislação nacional, com vista a permitir a diminuídos a recuperação da sua capacidade para o trabalho (acórdão *Michel S.)*,[235] a um subsídio por separação, pago como complemento de salário, sendo desnecessário distinguir se o pagamento é realizado facultativamente ou por obrigação, legal ou contratual (acórdão *Stogiu)*, a vantagens sociais, como cartões de redução de preço de transporte, emitidos por um organismo nacional de caminhos-de-ferro em benefício de famílias numerosas, e isto mesmo que tal benefício só tenha sido solicitado após a morte do trabalhador em proveito da sua família que permanecera no Estado-membro de acolhimento (acórdão *Anita Cristini)*, e a empréstimos sem juros concedidos, aquando do nascimento, por um estabelecimento de crédito de direito público a familiares com baixo rendimento e para favorecer a natalidade (acórdão *Letízia Reina)"*[236].

---

[235] Discutia-se a possibilidade de um filho de um trabalhador italiano, empregado na Bélgica, usufruir ou não do benefício de um «fundo de recuperação social dos diminuídos» que a lei belga (de 1963) reservava a cidadãos belgas. Era evidente que a concessão ao jovem *Michel*, diminuído mental, deste benefício social não estava, nem de longe nem de perto, relacionada com qualquer actividade laboral do trabalhador, nem sequer dizia respeito ao próprio trabalhador. O Tribunal, porém, entendeu que a igualdade de tratamento, em matéria de regalias sociais, é aplicável mesmo às situações que estão fora das relações de trabalho; e se é aplicável aos trabalhadores, como já tinha sido declarado no caso *Ugliola*, é-o também à sua família, *in* ROBALO CORDEIRO, *op. cit.*, p. 197.

[236] No recente Ac. *Ghislain Leclere* foram suscitadas cinco questões de reenvio prejudicial no quadro de um processo movido por *G. Leclere* e mulher, *Alina Deaconescu*, ambos de nacionalidade belga, à *Caisse nationale des prestations familiales* (a seguir «Caixa»), instituição luxemburguesa, por causa das recusa desta em conceder aos demandantes no processo principal o benefício dos subsídios luxemburgueses de maternidade, nascimento e educação a favor do filho do casal nascido em 13.03.95, com fundamento no facto de os demandantes não residirem no Luxemburgo.

Desde o nascimento do filho, o casal recebe abonos de família da Caixa. Esta recusa, no entanto, pagar-lhe os outros subsídios previstos na legislação luxemburguesa pelo nascimento de um filho.

O Tribunal de Justiça das Comunidades entendeu da validade da exclusão dos subsídios especiais de nascimento e adopção, entre os quais figuram, no caso do Luxemburgo, os subsídios pré-natal e de nascimento.

Relativamente ao subsídio luxemburguês de maternidade, pode ser legiti-

Direito Comunitário do Trabalho 125

g) Exercício de direitos sindicais

O art. 8.° postula o direito dos trabalhadores comunitários se filiarem nas organizações sindicais do Estado de acolhimento, exercendo todos os direitos inerentes a essa qualidade.

---

mamente imposta uma condição de residência no Estado da instituição competente para a concessão de prestações estreitamente relacionadas com o meio social.

Quanto ao subsídio luxemburguês para educação, este tem como objectivo compensar a perda de rendimentos sofrida quando um dos progenitores se dedica principalmente, em casa, à educação dos filhos de menos de 2 anos (Proc. n.° C--43/99, Actividades n.° 14/2001, p. 7).

No Proc. C-184/99 (Actividades n.° 22/2001, p. 9 e ss), *Rudy Grzelczyk* em litígio contra o centre *public d´aide sociale de CPAS* (França), analisou-se a decisão deste organismo de retirar o benefício do pagamento do mínimo de meios de subsistência (a seguir «*minimex*»).

Em 1995 R. G., de nacionalidade francesa, iniciou estudos universitários em educação física na Universidade de *Louvain*, vindo, por isso, residir para a Bélgica. Durante os três primeiros anos de estudos, suportou as despesas com o seu sustento, alojamento e estudos, exercendo vários pequenos trabalhos assalariados e obtendo facilidades de pagamento.

No início do seu quarto e último ano de estudos, requereu ao CPAS o pagamento do «*minimex*».

Resulta do processo que um estudante de nacionalidade belga que, sem ter a qualidade de trabalhador na acepção do Regulamento n.° 1612/68, se encontrasse em condições idênticas às de R. G., reuniria as condições necessárias para obter o benefício do «*minimex*». O facto de R. G. não ser de nacionalidade belga constitui o único obstáculo à concessão do «*minimex*» ao mesmo e, por isso, é pacífico que se trata de uma discriminação apenas com base na nacionalidade.

No âmbito de aplicação do Tratado, uma discriminação deste tipo é, em princípio, proibida pelo artigo 6.°, do mesmo. No caso vertente, este artigo deve ser lido em conjugação com as disposições do Tratado relativas à cidadania da União para apreciar o respectivo âmbito de aplicação.

No Ac. *Marie-Nathalie D´Hoop* (Proc. n.° C-224/98, Actividades n.° 21/2002), o Tribunal de Justiça das Comunidades decidiu que "O direito comunitário opõe-se a que um Estado-Membro recuse a um dos seus nacionais, estudante à procura do primeiro emprego, a concessão dos subsídios de inserção, pela única razão de este estudante ter concluído os seus estudos secundários noutro Estado-Membro".

Efectivamente, o estatuto de cidadão da União tende a ser o estatuto fundamental dos nacionais dos Estados-membros que permite, aos que entre estes se encontrem na mesma situação, obter, independentemente da sua nacionalidade e sem prejuízo das excepções expressamente previstas a este respeito, o mesmo tratamento jurídico.

126 *Direito do Trabalho*

h) O emprego na Administração Pública

O n.º 4, do art. 39.º, do TR exclui da livre circulação dos trabalhadores os empregos na Administração Pública.

Para ANA MARIA GUERRA MARTINS,[237] o "Tribunal entende que se trata dos empregos que comportam uma participação, directa ou indirecta, no exercício de um poder de autoridade pública ou em funções que tenham por objecto a salvaguarda dos interesses gerais do Estado ou das colectividades públicas".

Trata-se de um conceito delimitado e estabelecido pelo próprio ordenamento jurídico comunitário[238].

4. Regime jurídico de entrada, permanência, saída e afastamento de estrangeiros do território nacional

O novo regime jurídico de entrada, permanência, saída e afastamento de estrangeiros do território nacional foi aprovado pela Lei

---

[237] "Curso...". p. 551.

[238] No acordão *Reyners* (Ac. de 21.06.74, Proc. n.º 2/74) o Tribunal de Justiça das Comunidades decretou que o conceito "resulta da soberania e autoridade do Estado; implica, para quem a exerce, a faculdade de utilizar prerrogativas alheias ao direito comum, privilégios de autoridade pública e poderes de coerção sobre os cidadãos".

No *caso Comissão v. Bélgica* (Ac. de 17.12.80, Proc. n.º 149/79), o Tribunal de Justiça acolheu o *critério funcional* em detrimento do critério institucional, afirmando que os empregos de administração pública são aqueles que "comportam uma participação directa ou indirecta no exercício do poder público e nas funções que têm por objecto a salvaguarda dos interesses gerais do Estado e de outras colectividades públicas".

No Ac. *Lawrie-Blum* (Ac. de 03.07.86, Proc. n.º 66/85), acrescentou que "supõem, por tal facto, da parte dos seus titulares, a existência de uma relação especial de solidariedade para com o Estado, bem como a reciprocidade dos direitos e deveres que estão na base do vínculo de nacionalidade", independentemente do vínculo jurídico estabelecido, pois, acrescente o mesmo acórdão, "o acesso a certos cargos públicos não poderia ser limitado pelo facto de, num dado Estado membro, as pessoas chamadas a desempenhar tais cargos serem colocadas sob o estatuto de funcionários. Fazer depender a aplicação do art. 48.º, n.º 4, da natureza jurídica do vínculo que une o trabalhador à Administração daria com efeito aos Estados membros a possibilidade de determinarem, a seu contento, os cargos abrangidos por esta disposição de excepção".

Direito Comunitário do Trabalho 127

n.º 23/2007, de 04.07, que revogou o Decreto-Lei n.º 244/98, de 08 de Agosto[239].

A Regulamentação do Código do Trabalho, aprovada pela Lei n.º 35/2004, de 09.07[240], nos artigos 157.º a 159.º (inseridos no Capítulo X), veio dar cumprimento ao disposto nos arts. 88.º e 89.º, n.º 1, do Código do Trabalho, revogando ainda a Lei n.º 20/98, de 12.05 (Trabalho de estrangeiro.

A Lei n.º 23/2007, de 04.07, apresenta, a exemplo do regime anterior, definição dos conceitos mais relevantes, nomeadamente, considera:

– *Convenção de Aplicação:* "A Convenção de Aplicação do Acordo de *Schengen*, de 14 de Junho de 1985, assinada em *Schengen* em 19 de Junho de 1990" (al. *e*), do art. 3.º).

A CAAS visa proceder à supressão gradual dos controlos nas fronteiras internas comuns, implicando um esforço de controlo nas fronteiras externas.

"Este sistema de informação insere dados pessoais com as seguintes finalidades:

– detenção para efeitos de extradição;

– procura em caso de desaparecimento, procura de menores ou de pessoas que devam ser internadas, mediante decisão de uma autoridade competente;

– detenção para comparecer perante a justiça, mesmo na qualidade de testemunha, no âmbito de um processo penal ou para cumprir uma pena privativa da liberdade;

– vigilância discreta e controlo específico para a repressão de infracções penais e para a prevenção de ameaças à segurança pública ou para a prevenção de ameaças graves à segurança do Estado;

– não admissão no território, por força de uma decisão administrativa ou judiciária tomada em conformidade com as normas processuais nacionais ou com base numa ameaça pública ou segurança nacional, ou devido ao não cumprimento das disposições na-

---

[239] Alterado pela Lei n.º 97/99, de 26.07, pelo Decreto-Lei n.º 4/2001, de 10.10 e pelo Decreto-Lei n.º 34/2003, de 25 de Fevereiro, com as alterações previstas na Declaração de Rectificação n.º 2-D/2003, de 31.03, quanto ao texto republicado.

[240] Alterada pela Lei n.º 9/2006, de 20 de Março.

cionais aplicáveis à entrada e à estada de estrangeiros (indicações relativas a não nacionais da União Europeia"[241].

– *Residente legal*: "O cidadão estrangeiro habilitado com título de residência em Portugal, de validade igual ou superior a um ano (al. *p*), do art. 3.º)[242];

– *Título de residência*: "O documento emitido de acordo com as regras e o modelo uniforme em vigor na União Europeia ao nacional de Estado terceiro com autorização de residência" (al. *r*), do art. 3.º);

– *Zona internacional do porto ou aeroporto*: "a zona compreendida entre os pontos de embarque e desembarque e o local onde forem instalados os pontos de controlo documental de pessoas" (al. *u*), do art. 3.º).

A lei actual não define estrangeiro, ao contrário do regime anterior,[243] podendo, no entanto, por aplicação do art. 17.º, do TR, ser considerado estrangeiro todo o que não possui a nacionalidade de um dos Estados-membros.

A actividade profissional é agora enquadrada em três categorias, não tendo subjacente a distinção entre contrato de trabalho e contrato de prestação de serviços: *actividade altamente qualificada* (al. *a*), do art. 3.º); *actividade profissional independente* (al. *b*), do art. 3.º) e *actividade profissional de carácter temporário* (al. *c*), do art. 3.º). São acolhidas, pela primeira vez, as qualificações de "Estagiário não remunerado" (al. *h*), do art. 3.º); e Investigador (al. *n*), do art. 3.º).

O novo regime jurídico de entrada, permanência, saída e afastamento de estrangeiros do território nacional, projecto consideravelmente mais ambicioso do que o regime anterior, encontra-se dividido em XII capítulos, da forma que segue:

Capítulo I – Disposições gerais (arts. 1.º a 5.º)

Capítulo II – Entrada e saída do território nacional

– Secção I – Passagem na fronteira (arts. 6.º a 8.º)

---

[241] www.cnpd.pt/schengen/scheng-main.htm.

[242] Confrontando a actual redacção com a anterior, constata-se que agora é indicado que o título de residência deve possuir validade igual ou superior a um ano.

[243] O qual estabelecia no art. 2.º, que estrangeiro é "todo aquele que não prove possuir a nacionalidade portuguesa".

Direito Comunitário do Trabalho 129

– Secção II – Condições gerais de entrada (arts. 9.º a 13.º)
– Secção III – Declaração de entrada e boletim de alojamento (arts. 14.º a 16.º)
– Secção IV – Documentos de viagem
Subsecção I – Documentos de viagem emitidos pelas autoridades portuguesas a favor de cidadãos estrangeiros (arts. 17.º a 27.º)
Subsecção II – Documentos de viagem emitidos por autoridades estrangeiras (art. 28.º)
– Secção V – Entrada e saída de estudantes nacionais de Estados terceiros (arts. 29.º e 30.º)
– Secção VI – Entrada e saída de menores (art. 31.º)
– Secção VII – Recusa de entrada (arts. 32.º a 40.º)
Capítulo III – Obrigações das transportadoras (arts. 41.º a 44.º)
Capítulo IV – Vistos
– Secção I – Vistos concedidos no estrangeiro (arts. 45.º a 53.º)
Subsecção I – Visto de estada temporária (arts. 54.º a 57.º)
Subsecção II – Visto de residência (arts. 58.º a 65.º)
– Secção II – Vistos concedidos em postos de fronteira (arts. 66.º a 69.º)
– Secção III – Cancelamento de vistos (art. 70.º)
Capítulo V – Prorrogação de permanência (arts. 71.º a 73.º)
Capítulo VI – Residência em território nacional
– Secção I – Disposições gerais (arts. 74.º a 87.º)
– Secção II – Autorização de residência para exercício de actividade profissional (arts. 88.º a 90.º)
– Secção III – Autorização de residência para estudo, estágio profissional não remunerado ou voluntariado (arts. 91.º a 97.º)
– Secção IV – Autorização de residência para reagrupamento familiar (arts. 98.º a 108.º)
– Secção V – Autorização de residência a vítimas de tráfico de pessoas ou de acção de auxílio à imigração ilegal (arts. 109.º a 115.º)
– Secção VI – Autorização de residência a titulares do estatuto de residente de lona duração em outro Estado membro da União Europeia (arts. 116.º a 121.º)
– Secção VII – Autorização de residência em situações especiais (arts. 122.º a 124.º)
Capítulo VII – Estatuto do residente de longa duração (arts. 125.º a 133.º);
Capítulo VIII – Afastamento do território nacional

130   *Direito do Trabalho*

– Secção I – Disposições gerais (arts. 134.º a 144.º)

– Secção II – Expulsão determinada por autoridade administrativa (arts. 145.º a 150.º)

– Secção III – Expulsão judicial

Subsecção I – Pena acessória de expulsão[244] (art. 151.º)

Subsecção II – Medida autónoma de expulsão judicial (arts. 152.º a 158.º)

– Secção IV – Execução da decisão de expulsão (arts. 159.º a 168.º)

– Secção V – Readmissão (arts. 163.º a 168.º)

– Secção VI – Reconhecimento mútuo de decisões de expulsão (arts. 169.º a 172.º)

– Secção VII – Apoio ao afastamento por via aérea durante o trânsito aeroportuário (arts. 173.º a 180.º)

– *Capítulo IX – Disposições penais (arts. 181.º a 191.º)*

– *Capítulo X – Contra-ordenações (arts. 192.º a 208.º)*

– *Capítulo XI – Taxas e outros encargos (arts. 209.º e 210.º*

– *Capítulo XII – Disposições finais (arts. 211.º a 220.º).*

4.1. *Entrada no território nacional*

A entrada em território português efectua-se pelos postos de fronteira qualificados para esse efeito (art. 6.º, n.º 1), sendo *sujeitos a controlo nos postos de fronteira* os indivíduos que entrem em território nacional, sempre que provenham ou se destinem a Estados que não sejam Parte na Convenção de Aplicação (n.º 2).

Os cidadãos estrangeiros que entrem no País por uma *fronteira não sujeita a controlo*, vindos de outro Estado membro, são obrigados a declarar esse facto no prazo de 3 dias úteis a contar da data de entrada (art. 14.º, n.º 1). O n.º 3 isenta, dessa declaração, os estrangeiros residentes ou autorizados a permanecer no País por período inferior a seis meses (al. *a*)), os que beneficiem do regime comunitário ou equiparado (al. *c*)) e os que se instalem em estabelecimentos hoteleiros ou noutro tipo de alojamento (al. *b*)).

Neste último caso, é sobre a estrutura de alojamento que incumbe a declaração (art. 16.º, n.º 1), por meio de boletim de aloja-

---

[244] Acessória à pena principal, de privação da liberdade.

Direito Comunitário do Trabalho
131

mento, que se destina a permitir o controlo dos cidadãos estrangeiros em território nacional (art. 15.°, n.° 1).

Tal estrutura enquadra os estabelecimentos hoteleiros (regulados no Decreto-Regulamentar n.° 36/97, de 25 de Setembro), os meios complementares de alojamento turísticos (previstos no Decreto-Regulamentar n.° 34/97, de 17 de Setembro), os conjuntos turísticos (enquadrados no Decreto-Regulamentar n.° 20/99, de 13 de Setembro) e naturalmente, apesar da omissão da lei[245], os empreendimentos de turismo no espaço rural (nos termos do Decreto-Lei n.° 54/2002, de 11 de Março), bem como todos os estabelecimentos que facultem, a título oneroso, alojamento (art. 16.°).

As condições gerais de entrada obrigam, como decorria do regime anterior à existência dos seguintes documentos:

– documento de viagem reconhecido como válido (art. 9.°, n.° 1), o qual deve ser superior à duração da estada (n.° 2).

Os documentos de viagem podem ser emitidos pelas autoridades portuguesas ou por autoridades estrangeiras.

No primeiro caso, e de acordo com o art. 17.°, podem as autoridades emitir: passaporte para estrangeiros (al. *a*)), título de viagem para refugiados (al. *b*)), salvo-conduto (al. *c*)), documento de viagem para expulsão de cidadãos nacionais de Estados terceiros (al. *d*)), e lista de viagem para estudantes (al. *e*)).

Os documentos de viagem emitidos por autoridades estrangeiras, carecem de ser visados pelo SEF (art. 28.°).

– visto de entrada válido e adequado à finalidade da deslocação (art. 10.°, n.° 1).

Os *vistos concedidos no estrangeiro* podem ser de escala (art. 45.°, al. *a*)), de trânsito (al. *b*)), de curta duração (al. *c*)), de estada temporária (al. *d*)) e para obtenção de autorização de residência, adiante designado visto de residência (al. *e*)).

O visto de escala "destina-se a permitir ao seu titular, quando utilize uma ligação internacional, a passagem por um aeroporto ou um porto de Um Estado Parte na Convenção de Aplicação" (art. 49.°, n.° 1)[246].

O visto de trânsito "destina-se a permitir a entrada em território português a quem, proveniente de uma Estado terceiro, se dirija

---

[245] Que já existia no regime anterior.
[246] Conforme já advinha do regime anterior (art. 31.°, n.° 1).

para um país terceiro no qual tenha garantido a admissão" (art. 50.º, n.º 1)[247].

O visto pode ser concedido para uma ou várias entradas, não podendo a duração de cada trânsito exceder cinco dias (n.º 2).

O visto de curta duração "destina-se a permitir a entrada em território português ao seu titular para fins que, sendo aceites pelas autoridades competentes, não justifiquem a concessão de outro tipo de visto" (art. 51.º, n.º 1). Mantém, portanto, a sua natureza residual, exemplificando a lei com fins de turismo e de visita ou acompanhamento de familiares que sejam titulares de visto de estada temporária.

O visto pode ser concedido com um prazo de validade de um ano e para uma ou mais entradas (não podendo a estada exceder três meses por semestres), segundo o n.º 2.

A concessão do visto obriga ao preenchimento das condições gerais impostas pelo art. 52.º.

O visto de estada temporária destina-se a permitir ao seu titular receber tratamento médico (art. 54.º, n.º 1. al. *a*))[248], e novidade absoluta, permitir o exercício:

– de uma actividade profissional, subordinada ou independente, de carácter temporário, cuja duração não ultrapasse, em regra, os seis meses (al. *c*) e art. 56.º),

– de investigação científica durante um período de tempo inferior a um ano (al. *d*) e art. 57.º),

– de uma actividade desportiva amadora, certificada pela respectiva federação, desde que o clube ou associação desportiva se responsabilize pelo alojamento e cuidados de saúde (al. *e*)).

Também permite a transferência de cidadãos nacionais de Estados Partes na OMC (al. *b*)) e a permanência por períodos superiores a três meses, em casos excepcionais (al. *f*)).

A concessão do visto obriga ao preenchimento das condições gerais impostas pelo art. 52.º.

---

[247] Conforme já advinha do regime anterior (art. 32.º).

[248] Conforme já decorria da lei anterior (art. 38.º, n.º 1. al *a*)). Não sendo esta, no entanto, a única finalidade do visto, também permitia o acompanhamento de familiares com visto de estudo ou de trabalho (al. *b*)), o reagrupamento de familiares de titulares de autorização de permanência (al. *c*)), entre outros.

O <u>visto de residência</u> "destina-se a permitir ao seu titular a entrada em território português a fim de solicitar autorização de residência" (art. 58.°, n.° 1)[249].

O visto é válido por duas entradas e permite a permanência por um período de quatro meses (n.° 2).

A concessão do *visto de residência para exercício de actividade profissional subordinada* continua a depender da "existência de oportunidades de emprego"[250] (art. 59.°, n.° 1). Para o efeito, o Conselho de Ministros, aprova anualmente uma resolução que define um contingente global indicativo de oportunidades de emprego (n.° 2). Até ao limite desse contingente e para as ofertas de emprego não preenchidas, pode ser emitido visto de residência para exercício de actividade profissional subordinada aos nacionais de Estados terceiros que possuam contrato de trabalho ou promessa de contrato de trabalho ou possuam habilitações, competências ou qualificações reconhecidas e adequadas para o exercício de uma actividade profissional e beneficiem de uma manifestação individualizada de interesse da entidade empregadora (n.° 5).

A concessão do visto obriga ao preenchimento das condições gerais impostas pelo art. 52.°.

Aboliram-se os vistos de estudo[251] e de trabalho[252] e renomeou--se o visto de residência, precisando a sua falta de autonomia, de

---

[249] Conforme já advinha do regime anterior (art. 34.°).

[250] Esta política de quotas foi introduzida pela Resolução do Conselho de Ministros n.° 51/2004, de 13 de Março, baseada num relatório de oportunidades de trabalho, do qual constava a previsão de oportunidades de trabalho e dos sectores de actividade em que as mesmas existiam, fixando um limite máximo anual imperativo de entradas de cidadãos. A lei era criticada pela dificuldade de aplicação.

[251] Que, na lei anterior, tinham por finalidade habilitar o cidadão a iniciar ou completar os respectivos estudos académicos ou tecnológico-profissionais, sendo--lhe permitido o exercício de uma actividade profissional a título complementar (art. 35.°, n.os 1 e 2).

[252] Que, igualmente, na lei anterior, permitiam o exercício com carácter temporário de uma actividade profissional, subordinada ou não (arts. 36.° e 37.°), encontrando-se divididos em 4 tipos. O visto de trabalho I, permitia a prestação de actividade no âmbito do desporto ou dos espectáculos. O visto II, permitia o exercício de uma actividade no campo da investigação científica ou actividade que pressupunha um conhecimento técnico. O visto III, uma actividade profissional independente no âmbito de uma prestação de serviços. E o IV, a prestação de uma actividade profissional subordinada.

facto, trata-se de um visto atribuído *para* obtenção de autorização de residência.

Os *vistos concedidos em posto de fronteira* podem ser vistos de trânsito (art. 66.°, al. *a*)), de curta duração (al. *b*)), e especial (al. *c*)). Os vistos de trânsito e de curta duração só podem ser concedidos para uma entrada e a sua validade não deve ultrapassar 5 ou 15 dias, respectivamente (art. 67.°, n.° 2).

O visto especial é concedido por razões humanitárias ou de interesse nacional a cidadãos estrangeiros que não reúnam os requisitos legais exigíveis para o efeito (art. 68.°, n.° 1).

Além da documentação exposta, o cidadão estrangeiro tem que provar que dispõe de "meios de subsistência suficientes, quer para o período da estada, quer para a viagem para o país no qual a sua admissão esteja garantida" (art. 11.°), ou, em alternativa, apresentar termo de responsabilidade subscrito por cidadão nacional ou estrangeiro habilitado a permanecer regularmente em território português (art. 12.°).

O estrangeiro que entre ou permaneça ilegalmente no território português é expulso do país (art. 134.°, n.° 1, al. *a*)).

4.2. *Recusa de entrada*

A entrada em território português é recusada aos cidadãos estrangeiros que:

– não reúnam cumulativamente os requisitos legais de entrada, previstos, respectivamente, nos arts. 9.° a 12.° (art. 32.°, n.° 1, al. *a*));

– estejam indicados para efeitos de não admissão no SIS (art. 32.°, n.° 1, al. *b*)); ou

– estejam indicados para efeitos de não admissão no Sistema Integrado de Informações do SEF (art. 32.°, n.° 1, al. *c*)), nos termos do art. 33.°; ou

– constituam perigo ou grave ameaça para a ordem pública, a segurança nacional, a saúde pública[253] ou para as relações interna-

---

[253] Ao que sabemos, é a primeira vez que se cuida desta restrição, que aquando do vírus H5N1, se tornou mais acutilante. A exemplo do regime de circulação de comunitários, a recusa "só pode basear-se nas doenças definidas nos

Direito Comunitário do Trabalho 135

cionais de Estados-membros da União Europeia, vem como de Estados onde vigore a Convenção de Aplicação (art. 32.º, n.º 1, al. *d*)).

Com a lei actual ficou esclarecido que não pode haver recusa de entrada a cidadãos que tenham nascido em território português e aqui residam habitualmente (art. 36.º, al. *a*)), tenham efectivamente a seu cargo filhos menores de nacionalidade portuguesa nas condições previstas na alínea *l*) do n.º 1 do art. 122.º (al. *b*)) e tenham filhos menores, nacionais de Estado terceiro e residentes legais em Portugal, sobre os quais exerçam efectivamente o poder paternal e a quem assegurem o sustento e a educação (al. *c*)).

A decisão de recusa de entrada é proferida, após audição do cidadão (art. 38.º, n.º 1), sujeita a impugnação judicial (art. 39.º).

4.3. *Residência em território nacional*

A residência em território nacional depende de autorização de residência. Esta compreende dois tipos:

a) temporária (art. 74.º, n.º 1, al. a))

Esta autorização é válida pelo período de um ano contado a partir da data da emissão do respectivo título e é renovável por períodos sucessivos de dois anos (art. 75.º, n.º 1).

É concedida segundo as condições gerais fixadas no art. 77.º.

b) permanente (art. 74.º, n.º 1, al. b))

Esta autorização não tem limite de validade (art. 76.º, n.º 1), o título deve, no entanto, ser renovado de cinco em cinco anos ou sempre que se verifique a alteração dos elementos de identificação nele registados (n.º 2).

É concedida segundo as condições gerais fixadas no art. 80.º

---

instrumentos aplicáveis na Organização Mundial de Saúde ou em outras doenças infecciosas ou parasitárias contagiosas objecto de medidas de protecção em território nacional" (art. 32.º, n.º 2), podendo ser exigido um exame médico (n.º 3).

4.3.1. *Autorização de residência para exercício de actividade profissional*

Para além das condições gerais fixadas no art. 77.°, podem ser concedidas, provando o cidadão estrangeiro que reúne as condições específicas, autorizações de residência para as seguintes finalidades:

– *Autorização de residência para exercício de actividade profissional subordinada*

Esta autorização depende da existência de contrato de trabalho, de entrada e permanência regular em território nacional e de inscrição e situação regularizada perante a segurança social (art. 88.°, n.os 1 e 2).

– *Autorização de residência para exercício de actividade profissional independente*

Esta autorização exige a constituição de uma sociedade nos termos da lei, ou declaração de início de actividade como pessoa singular ou celebração de contrato de prestação de serviços; habilitação para exercício profissional independente (quando necessário); existência de meios de subsistência; inscrição na segurança social; e, quando exigível, declaração da ordem profissional respectiva de que o requerente preenche os respectivos requisitos de inscrição (art. 89.°, n.° 1).

– *Autorização de residência para actividade de investigação ou altamente qualificada*

A autorização para exercício de uma actividade de investigação, de uma actividade docente num estabelecimento de ensino superior ou de uma actividade altamente qualificada exige a admissão da colaboração num centro de investigação oficialmente reconhecido, nomeadamente através da celebração de um contrato de trabalho, de um contrato de prestação de serviços ou de uma bolsa de investigação científica e inscrição na segurança social (art. 90.°, n.° 1)[254].

---

[254] Também se admite autorização de residência para estudo, estágio profissional não remunerado ou voluntariado (arts. 91.° a 97.°). É vedado aos titulares de autorização de residência para realização de estágio não remunerado ou participação num programa de voluntariado o exercício de uma actividade profissional remunerada (art. 97.°).

Direito Comunitário do Trabalho 137

4.3.2. *Autorização de residência para reagrupamento familiar*

A legitimidade activa do cidadão que solicita reagrupamento familiar encontra-se sujeita às seguintes condições:
– posse de autorização de residência válida;
– permanência dos membros da família fora de território nacional, tendo o cidadão estrangeiro residente vivido com eles noutro país, ou encontrando-se dependentes dele; ou que com ele coabitaram;
– os laços familiares podem ser anteriores ou posteriores à entrada do residente (art. 98.º, n.º 1);
– os membros da família são os constantes da lista referida no art. 99.º. Além do cônjuge (art. 99.º, n.º 1, al. *a*)), é igualmente admitido o(a) unido(a) de facto (art. 100.º, n.º 1, al. *a*)).
– o cidadão residente que solicita o reagrupamento deve dispor de alojamento e meios de subsistência (art. 101.º, n.º 1).

Sempre que um pedido de reagrupamento é deferido, é imediatamente emitido ao(s) familiar(es) um visto de residência, que permite a entrada em território nacional (art. 64.º). Esse visto é posteriormente *convertido* em autorização de residência de duração idêntica à do residente (107.º, n.º 1).

Ao membro da família do titular de uma autorização de residência permanente é emitida uma autorização de residência renovável, válida por dois anos (art. 107.º, n.º 2).

Decorridos dois anos após a emissão da primeira autorização (não permanente ou permanente) os membros da família do cidadão residente podem solicitar autorização de residência autónoma, desde que:
– subsistam os laços familiares; ou,
– independentemente de tal, o requerente tenha filhos menores residentes em Portugal (art. 107.º, n.º 3).

Antes de decorridos dois anos, o n.º 4 prevê, a concessão de autorização autónoma em casos excepcionais (*v.g.*, separação judicial de pessoas e bens, divórcio, viuvez, morte de ascendente ou descendente, condenação por crime de violência doméstica, e quando seja atingida a maioridade).

Relativamente à primeira autorização de residência concedida ao cônjuge (ou ao/à unido(a) de facto, acrescentaríamos) ao abrigo do reagrupamento familiar exige-se ainda que o casamento

138 Direito do Trabalho

(relação) perdure há mais de cinco anos com o residente (art. 107.º, n.º 5).

Norma nova é a constante do art. 108.º, que visa combater o *reagrupamento familiar de conveniência*[255], tendo em vista a entrada ou residência regular, e que terá por consequência o cancelamento da autorização de residência (art. 108.º).

4.4. *Afastamento do território nacional*

Acompanhando o regime anterior, o capítulo dedicado a esta matéria, apresenta um conjunto de disposições gerais (arts. 134.º a 144.º), a expulsão determinada por autoridade administrativa (arts. 145.º a 150.º) e a expulsão judicial, dividida agora em pena acessória de expulsão (art. 151.º) e medida autónoma de expulsão judicial (arts. 152.º a 158.º).

O art. 134.º apresenta os fundamentos gerais da expulsão.

O art 135.º, inovadoramente, explicita os casos em que o cidadão estrangeiro não pode ser expulso[256]:

– quando tenha nascido em território português e aqui resida (al. *a*));

– tenha efectivamente a seu cargo filhos menores de nacionalidade portuguesa a residir em Portugal (*b*));

– possua filhos menores, nacionais de Estado terceiro, residentes em território português, sobre os quais exerça efectivamente o poder paternal e a quem assegure o sustento e a educação (al. *c*));

– que se encontre em Portugal desde idade inferior a 10 anos e aqui resida (al. *d*)). A motivação da presente norma derrogatória é muito semelhante ao polémico n.º 4 do art. 101.º, do regime anterior, que também estabelecia limites à expulsão, *mas apenas enquanto medida acessória*.

O afastamento compreende duas possibilidades: a expulsão do cidadão (acto coercivo, tomado eventualmente contra a vontade do expulsando), que implica um procedimento administrativo próprio

---

[255] O casamento de conveniência é punido com pena de prisão de 1 a 4 anos (art. 186.º).

[256] Apresentando um regime equivalente aos limites à recusa de entrada (art. 36.º).

Direito Comunitário do Trabalho 139

e o abandono voluntário do território nacional, que se basta com uma simples notificação (art. 138.º).

Para além das medidas de coação previstas no CPP, podem ser declaradas, havendo perigo de fuga, e em substituição da prisão preventiva (que vigorava no anterior regime, art. 117.º, n.º 2), as seguintes:

– apresentação periódica ao SEF (art. 142.º, n.º 1, al. *a*));

– obrigação de permanência na habitação com utilização de meios de vigilância electrónica (al. *b*));

– colocação do expulsando em centro de instalação temporária ou em espaço equiparado (al. *c*)).

Manteve-se que a expulsão não pode ser efectuada para qualquer país onde o estrangeiro possa ser perseguido por motivos que justificam o direito de asilo[257] ou, e *ex novo*, onde o cidadão possa sofrer tortura, tratamento desumano ou degradante (art. 143.º).

O prazo de interdição também se mantém, no mínimo, por um período de cinco anos (art. 144.º).

4.4.1. *Expulsão determinada por autoridade administrativa*

O estrangeiro que entre[258] ou permaneça[259] ilegalmente em território nacional é, nos termos do n.º 1, do art. 146.º, *detido* por autoridade policial (sendo competentes para efectuar detenções, as autoridades e os agentes de autoridade do SEF, da Guarda Nacional Republicana, da Polícia de Segurança Pública, da Polícia Judiciária e da Polícia Marítima, esclarece o n.º 7), e, sempre que possível entregue ao SEF acompanhado do respectivo auto, devendo ser presente no prazo máximo de quarenta e oito horas ao juiz para validação da detenção e eventual aplicação de medida de coacção.

Concomitantemente é dado conhecimento ao SEF para que promova o competente processo visando o afastamento do cidadão estrangeiro (art. 146.º, n.os 2 e 4), podendo este ficar a aguardar a decisão de expulsão em centro de instalação temporária (n.º 2).

---

[257] Art. 104.º, da lei anterior.

[258] Destituído de documentos de viagem (art. 9.º) ou visto de entrada (art. 10.º).

[259] *V. g.*, após expirado o prazo de validade do respectivo visto.

140   *Direito do Trabalho*

O cidadão estrangeiro que manifeste vontade de abandonar voluntariamente o território nacional é entregue à custódia do SEF para efeitos de condução ao posto de fronteira (art. 147.°, n.° 1).

Neste caso, e rompendo também com a polémica da lei anterior[260], o período de inibição, apesar de aplicável, decai para um ano (n.° 2). O cidadão é inscrito no SIS e na lista nacional de pessoas não admissíveis durante esse período (n.° 3).

Não havendo lugar a abandono voluntário, dá-se início ao procedimento de expulsão, facultando-se ao cidadão estrangeiro as garantias de defesa que fazem parte da nossa ordem constitucional, sendo-lhe concedido o direito de ser ouvido (art. 148.°, n.° 1), de conhecer as razões subjacentes à decisão de expulsão (art. 149.°, n.° 3) e à impugnação judicial (art. 150.°), apesar de com mero efeito devolutivo.

A decisão de expulsão é da competência do director-geral do SEF (art. 149.°, n.° 1), sendo comunicada ao ACIDI, I.P, e ao Conselho Consultivo e notificada ao expulsando (n.° 2).

Ao cidadão que abandone voluntariamente o território não lhe é aplicável o prazo de interdição de entrada (art. 138.°).

4.4.2. *Expulsão judicial*

4.4.2.1. *Pena acessória de expulsão*

O art. 140.°, n.° 2 explica que a expulsão é determinada por autoridade judicial "quando revista a natureza de pena acessória ou quando o cidadão estrangeiro objecto da decisão tenha entrado ou permanecido regularmente em Portugal".

A pena acessória de expulsão (associada à pena privativa da liberdade como sanção principal) pode ser aplicada ao cidadão estrangeiro não residente, residente e residente com carácter de permanência. O grau de tolerância do ordenamento jurídico de acolhimento eleva-se à medida em que o estatuto do cidadão estrangeiro se torne mais semelhante ao de um nacional. Assim, admite-se para um *não residente* como motivo de expulsão a condenação por crime doloso em pena superior a 6 meses de prisão efectiva (art. 151.°, n.° 1). Já para um *residente* a lei exige uma mol-

---

[260] Art. 105.°.

Direito Comunitário do Trabalho

dura penal efectiva superior a 1 ano de prisão devendo, ainda ter--se em conta, os vários critérios de ponderação explicitados no n.º 2. E para um *residente permanente* a pena acessória de expulsão só pode ser aplicada quando a conduta do cidadão "constitua uma ameaça suficientemente grave para a ordem pública ou segurança nacional" (n.º 3).

A execução da pena acessória ocorre logo que estejam cumpridos dois terços da pena de prisão (n.º 4), ou pelo menos metade da pena (n.º 5).

4.4.2.2. *Medida autónoma de expulsão judicial*

Sempre que tenha conhecimento de qualquer facto que possa constituir fundamento de expulsão (previsto no art. 134.º), o SEF organiza um processo onde sejam recolhidas as provas que habilitem à decisão (art. 153.º, n.º 1).

Parece-nos, portanto, que a principal marca distintiva entre este processo judicial autónomo de expulsão e a expulsão administrativa, é o facto de não existir qualquer situação de irregularidade de entrada, mas motivos que associados à ordem pública, segurança nacional e outros, tornem *indesejável* o cidadão em questão.

Recebido o processo de expulsão, o juiz marca julgamento (art. 154.º, n.º 1), sendo obrigatória a presença do cidadão expulsando (n.º 2). A este é concedido o direito de defesa, podendo apresentar contestação, testemunhas e outros meios de prova (n.º 3).

A decisão judicial deve indicar os respectivos fundamentos, as obrigações legais do expulsando, a interdição de entrada em território nacional e a indicação do país para onde não deve ser encaminhado (art. 157.º, n.º 1).

A execução da decisão implica a inscrição do expulsando no SIS ou na lista nacional de pessoas não admissíveis pelo período de interdição de entrada (n.º 2).

Da decisão judicial cabe recurso com efeito devolutivo (art. 158.º, n.º 2).

A decisão de expulsão judicial de um residente de longa duração (art. 125.º) só pode basear-se na circunstância de este representar uma ameaça real e suficientemente grave para a ordem pública ou a segurança pública, não devendo basear-se em razões económicas (art. 136.º, n.º 1).

4.5. *A liberdade de estabelecimento e a livre prestação de serviços*

No âmbito do art. 43.°, do TR todo o cidadão comunitário tem o direito de se instalar noutro Estado-membro para aí exercer uma actividade económica independente, nas mesmas condições concedidas aos nacionais.

O direito de estabelecimento foi conferido a partir do texto do próprio Tratado, na ausência de qualquer outra fonte normativa.

A liberdade de prestação de serviços prevista no art. 49.°, do TR compreende o direito à livre deslocação dentro da Comunidade, para exercício, temporariamente, de uma actividade económica independente, sem sofrer qualquer discriminação com base na nacionalidade ou na residência.

ROBALO CORDEIRO[261] engloba na prestação de serviços:

a) as prestações que implicam a deslocação do prestador ao Estado-membro do destinatário, apresentando como exemplos:

1.° – As prestações fornecidas pelas profissões liberais e culturais, por exemplo, prestações de serviços fornecidas por advogados, médicos, grupos de música, de teatro, etc.

2.° – Prestações fornecidas por técnicos industriais (a empresa que envia um técnico seu para montar, ou reparar, uma máquina noutro Estado-membro);

3.° – Prestações fornecidas por agentes comerciais (caixeiros viajantes, agentes de comércio, mandatários, prospectores de mercado, etc.)";

b) as prestações de serviços que implicam a deslocação do próprio destinatário ao Estado-membro onde reside o prestador desses mesmos serviços[262].

---

[261] *Op. cit.*, p. 114.

[262] No Ac. *Smits e Peerbooms* (Proc. n.° C-157/99, Actividades n.° 20/2001, p. 12), o Tribunal de Justiça afirmou que os arts. 49.° e 50.°, do TR não se opõem à legislação de um Estado-Membro, que subordina a tomada a cargo de cuidados de saúde dispensados num estabelecimento hospitalar situado noutro Estado-Membro à obtenção de uma autorização prévia da caixa de seguro de doença em que o segurado se encontra inscrito e que sujeita a concessão dessa autorização à dupla condição de, por um lado, o tratamento poder ser considerado "habitual no âmbito profissional", critério igualmente aplicado quando se trata de determinar se

No âmbito do direito de estabelecimento, os cidadãos comunitários podem criar sucursais, filiais ou agências ou prestar serviços no território doutros Estados-membros, contanto que já se encontrem estabelecidos na Comunidade.

Imputa-se, a este propósito, a exigência da verificação do *elo da territorialidade*.

Como elementos atendíveis para a separação da prestação dos serviços do direito de estabelecimento, consideremos os seguintes:

– o prestador de serviços deve estar instalado num Estado--membro diferente do Estado do destinatário desses mesmos serviços;

– a prestação deve ser fornecida em troca duma remuneração;

– o objectivo do serviço prestado deverá assumir uma natureza industrial, comercial, artesanal ou liberal, estando excluídas as prestações respeitantes à circulação de mercadorias ou de capitais;

– a prestação do serviço é exercida a título temporário (duração do serviço prestado), sob pena de se incluir no âmbito do estabelecimento.[263]

---

cuidados hospitalares dispensados em território nacional beneficiam de uma cobertura, e de, por outro, o tratamento médico do segurado assim o exigir. Todavia, isto só se verifica desde que:

– a exigência relativa ao carácter «habitual» do tratamento seja interpretada por forma a que a autorização não possa ser recusada com esse fundamento quando se revele que o tratamento em causa foi suficientemente testado e validado pela ciência médica internacional e

– a autorização só possa ser recusada com fundamento na inexistência de necessidade médica quando o paciente possa obter tratamento idêntico ou com o mesmo grau de eficácia, em tempo oportuno, num estabelecimento que tenha celebrado um convénio com a caixa de seguro de doença em que o segurado se encontra inscrito.

O factualismo do caso resume-se ao seguinte.

Smits sofria da doença de *Parkinson*. Por carta solicitou ao *Stichting VGZ* o reembolso das despesas decorrentes dos tratamentos recebidos numa clínica alemã no quadro de um tratamento categorial e multidisciplinar dessa doença. O *Stichting VGZ* recusou o pagamento, baseando-se no facto de existir nos Países Baixos um tratamento satisfatório e adequado da doença de *Parkinson*, que o tratamento clínico categorial utilizado não trazia quaisquer vantagens suplementares e, portanto, não havia qualquer *necessidade médica que o justificasse.*

[263] De notar que, não obstante este tipo de serviços não estar explicitamente consagrado no Tratado CEE (o Tratado CEE apenas refere a prestação de serviços no caso de deslocação do prestador), é perfeitamente possível imaginar-se uma tal

4.5.1. Restrições que limitam ou entravam o exercício da liberdade de estabelecimento

No Ac. Costa/ENEL, de 15.07.64,[264] o Tribunal profere que "são consideradas como restrições todas as disposições legislativas, regulamentares ou administrativas, bem como as práticas administrativas através das quais um Estado-membro subordina o exercício duma actividade económica pelos nacionais doutros Estados membros a condições suplementares que não impõe aos seus próprios nacionais."

ROBALO CORDEIRO[265] explica que é preocupação das autoridades comunitárias "impedir não só as restrições directas, óbvias (por exemplo, profissões onde fosse proibido o acesso a não nacionais), mas também aquelas restrições dissimuladas, que embora aplicáveis a todos os cidadãos residentes num certo Estado-membro (nacionais ou não), no fundo constituíssem apenas obstáculos para os nacionais doutros Estados-membros, isto é, condições aparentemente não discriminatórias pois aplicáveis a todos, mas que, em concreto, venham a dificultar o exercício efectivo apenas a alguns, o Tribunal cita, por exemplo, um caso típico de restrição dissimulada que é a exigência de um certo período de estadia prévia para o acesso a certas actividades, trata-se de uma exigência satisfeita em regra automaticamente pelos nacionais e não pelos cidadãos doutros Estados-membros".[266]

---

situação: a prestação é fornecida por ocasião da vinda do destinatário, por motivos de turismo, motivos pessoais (visitas a família, estudos), motivos de negócios, motivos de saúde, ao país onde o prestador está estabelecido. Foi o Tribunal de Justiça que inequivocamente consagrou esta modalidade dos serviços no seu Acórdão *Luisi e Carbone* ((Ac. de 31.01.1984, Proc. n.° 286/82, CTJ n.° 84, p. 377).

[264] Já citado.

[265] *Op. cit.*, p. 124.

[266] No Ac. *Reyners*, o Tribunal proclamou o efeito directo das próprias disposições do Tratado, numa matéria que se prendia com o exercício da Advocacia.

Reyners, holandês, residente há longos anos na Bélgica, onde havia obtido a sua licenciatura em Direito, viu recusada a inscrição na respectiva ordem dos Advogados, com o fundamento da lei belga limitar a inscrição na Ordem a licenciados em Direito que possuíssem a nacionalidade belga.

O Tribunal afirma então que "qualquer cidadãos nacional de um Estado-membro que se queira estabelecer, para o exercício de qualquer actividade económica, mesmo que não haja qualquer directiva que garanta esse exercício efectivo,

Direito Comunitário do Trabalho 145

4.5.2. *Limitações devido ao exercício da autoridade pública*

A delimitação do conceito de "autoridade pública" é importante nomeadamente porque pode ser destacável da actividade profissional em que se insere, excluindo-se, portanto, a derrogação do livre acesso ao trabalho, em virtude de a função se enquadrar exercício de autoridade pública (art. 45.°, do TR).

ROBALO CORDEIRO[267] conclui, em termos gerais, que se trata de actividades que "conferem ao seu titular prerrogativas exorbitantes de direito comum, isto é, poderes que não são detidos pelos particulares e que lhe permitem agir sem consentimento de terceiros, ou mesmo contra a vontade de terceiros".

---

pode invocar, junto dos tribunais nacionais, o art. 52.° TR (agora 43.°) para exigir que lhe seja concedido um tratamento idêntico ao dos cidadãos nacionais".

[267] *Op. cit.*, p. 137.

CAPÍTULO V
Direitos de personalidade do trabalhador

1. Enquadramento dos direitos de personalidade do trabalhador, em particular, na fase de recrutamento e selecção

O Código do Trabalho apresenta agora um enquadramento próprio para os direitos de personalidade do trabalhador, na perspectiva justamente laboral (arts. 15.º a 21.º).

O art. 16, n.º 1, do Código do Trabalho (sob a epígrafe *Reserva da intimidade da vida privada*), enuncia que "O empregador e o trabalhador devem respeitar os direitos de personalidade da contraparte, cabendo-lhes, designadamente, guardar reserva quanto à intimidade da vida privada".

Por conseguinte, "O empregador não pode exigir ao candidato a emprego ou ao trabalhador que preste informações relativas à sua vida privada, salvo quando estas sejam estritamente necessárias e relevantes para avaliar da respectiva aptidão no que respeita à execução do contrato de trabalho e seja fornecida por escrito a respectiva fundamentação" (n.º 1, do art. 17.º, do CT). A saúde e o estado de gravidez (considerados dados sensíveis) recebem tratamento próprio dado pelo n.º 2.

Em princípio, não pode ser exigido ao candidato a emprego ou ao trabalhador a realização ou apresentação de testes ou exames médicos, de qualquer natureza, para comprovação das condições físicas ou psíquicas (art. 19.º, n.º 1, 1.ª parte, do Código do Trabalho). No entanto, os testes ou exames médicos serão exigíveis quando tenham por "finalidade a protecção e segurança do trabalhador ou de terceiros ou quando particulares exigências inerentes à actividade o justifiquem", devendo ser indicada por escrita a respectiva fundamentação (2.ª parte).

Quanto ao enquadramento jurídico a observar no tocante ao respeito pelos direitos de personalidade, quer na fase de recrutamento e selecção, quer, na fase mais avançada, de contratação, apresentam-se de seguida algumas propostas de trabalho.

Direitos de personalidade do trabalhador 149

(Proposta de)
Questionário para efeito de recrutamento e selecção

Nos termos do art. 5.° da Lei n.° 67/98, de 26.10 (Lei de Protecção de Dados Pessoais) todo o tratamento de dados pessoais, realizado licitamente e de boa-fé, visa somente a finalidade de recrutamento e selecção de candidatos a emprego, sendo as questões colocadas as estritamente necessárias e pertinentes a tal finalidade.

Todos os dados fornecidos podem a todo o tempo ser rectificados e actualizados pelo trabalhador, nos termos do preceituado no art. 17.°, n.° 4 do Código do Trabalho e do art. 11.° da Lei n.° 67/98, de 26 de Outubro.

Os dados pessoais angariados serão conservados durante todo o tempo de duração do contrato de trabalho (art. 5.°, n.° 1, al. *e*)).

I. Identificação
Nome
Sexo
Nacionalidade
Naturalidade
Residência
Data de nascimento
Bilhete de identidade n.°

II. Habilitações Literárias
(As informações solicitadas no presente questionário visam aferir da capacidade e qualificações do candidato para a função pretendida).
Grau académico
Conhecimento de línguas estrangeiras
Outros conhecimentos relevantes para a candidatura

III. Experiência profissional

IV. Saúde:
(A informação sobre o estado de saúde é exigível somente no estritamente necessário e adequado para o desempenho da actividade profissional, nomeadamente quanto à acuidade visual e capacidade auditiva.

Nesse contexto, podem ser pedidos testes e exames médicos, que serão realizados por médico, o qual comunicará apenas ao empregador se o trabalhador está ou não apto para o desempenho profissional, nos termos do n.° 3 do art. 19.° do Código do Trabalho e do art. 11.°, n.° 5 da Lei n.° 67/98, de 26.10).
– Grupo sanguíneo
– Acuidade visual
– Capacidade auditiva
– Vacinas

V. Informações complementares:
– Tem carta de condução?
– Conhecimentos informáticos

Outro tipo de dados, como:

N.º de Contribuinte

Caixa de Previdência

N.º de segurança social

Sindicato (n.º de sócio)

Banco (para efeito de depósito em conta da retribuição)

Situação familiar do Trabalhador

(Informação relevante para efeito de tratamento fiscal e de eventuais prestações complementares)

Estado civil

(Unido de facto/Economia Comum)

Pessoas a cargo

serão somente admissíveis estando já constituída a relação de trabalho.

Veja-se a Deliberação n.º 32/98, de 13 de Maio, *in* Relatório da CNPD de 1998, p. 96, citado no parecer sobre o Código do Trabalho sob o n.º 8/2003, em "http://cnpd.pt/actos":

Os dados relativos ao «*nome e profissão do cônjuge, número de filhos e idades, situação de contribuinte, incluindo a existência de dependentes ou de cônjuge deficientes, e referências da conta bancária, serão excessivos quando está em causa a admissão a um emprego. Serão necessários – e apenas em parte – para quem já tem uma relação laboral constituída*".

(Proposta de) Ficha de pessoal

Nos termos do art. 5.° da Lei n.° 67/98, de 26.10 (Lei da Protecção de Dados Pessoais) todo o tratamento de dados pessoais, realizado licitamente e de boa-fé, visa somente a finalidade de gestão de pessoal, sendo as questões colocadas as estritamente necessárias e pertinentes a tal finalidade.

Todos os dados fornecidos podem a todo o tempo ser rectificados e actualizados pelo trabalhador, nos termos do preceituado no art. 17.°, n.° 4 do Código do Trabalho e do art. 11.° da Lei n.° 67/98, de 26 de Outubro.

Os dados pessoais angariados serão conservados durante todo o tempo de duração do contrato de trabalho (art. 5.°, n.° 1, al. *e*)).

Nome
Naturalidade
Morada
Telefone
Habilitações literárias

Situação familiar do trabalhador
(Informação relevante para efeito de tratamento fiscal e de eventuais prestações complementares)
Estado civil
(Unido de facto/Economia Comum)
Pessoas a cargo

Contribuinte n.°
Caixa de Previdência
N.° de segurança social
Sindicato (n.° de sócio)
Banco (para efeito de depósito em conta da retribuição)

Apresentar:
Fotocópia dos seguintes documentos: BI, cartão de contribuinte, cartão da Segurança Social.
N.° do NIB (número de identificação bancária) – banco – agência
1 micro-radiografia pulmonar
1 fotografia

Considerações gerais:

Certos questionários colocam na rubrica "interesses pessoais", pedidos de informação sobre passatempos do candidato, preocupações sociais ou pessoais, lista de virtudes e defeitos de si próprio e dos outros, bem como vários "cenários de crise" (do tipo: o seu filho está doente, o que faz? Apresentando-se de seguida três hipóteses diferentes para o candidato escolher uma delas), que visam traçar o perfil psico-social do candidato. Ainda é bastante comum o pedido de cartas manuscritas para efeito de exame grafológico com o mesmo propósito.

Todo este tipo de práticas empresariais de recrutamento terá que ser analisado à luz do art. 17.°, n.° 1, do CT, que estabelece na sua primeira parte um princípio geral de protecção absoluta, e no segundo segmento abre uma excepção respeitante às informações *estritamente necessárias e relevantes para avaliar da respectiva aptidão*.

O legislador permite, portanto, que atentos os princípios da adequabilidade e proporcionalidade, certas informações sejam partilhadas, quando é a própria aferição da aptidão que está em causa (na linha da previsão do art. 5.°, n.° 1, al. *c*) da Lei n.° 67/98).

Resultou em sede de apreciação preventiva da constitucionalidade do Código do Trabalho a inserção de um novo número no art. 17.° (o agora n.° 3), visando a *mediatização* de todas as informações prestadas. Essa *mediatização* é levada a cabo pela intervenção do médico, que poderá ser o médico do trabalho, que apenas comunicará ao empregador se o trabalhador está ou não apto para a função pretendida.

Na eventualidade de falhar esta intervenção de foro médico, o trabalhador legitimamente poderá recusar o pedido de informação.

Ainda, poderá ser divulgado junto do empregador o resultado das informações pedidas, *havendo autorização do trabalhador para tal efeito* (art. 17.°, n.° 3, *in fine*).

Assim, a lei permite uma derrogação à confidencialidade dos dados recebidos, havendo uma declaração de vontade do trabalhador nesse sentido.

Temos muitas reservas quanto à livre disponibilidade por parte do trabalhador desta esfera de direitos e interesses.

Sabemos que o contrato de trabalho não é um contrato de paridade, que, salvo raríssimos casos, quem presta não tem o mesmo

Direitos de personalidade do trabalhador   153

poder de quem recebe trabalho. O trabalhador na mira de angariar o emprego ou porque nem se apercebeu devidamente do teor da autorização que assinou, prescinde (se é que de facto pode prescindir), assim, de forma precipitada, de um direito essencial.

Este consentimento livre, como o artigo o entende, pode afinal não ser nada livre, de todo em todo livre!

A posição do médico assume a máxima relevância, por um lado, por ser quem está em posição de aferir da aptidão e capacidade do trabalhador ou do candidato; por outro, pela salvaguarda imposta pela deontologia profissional que ao médico cabe respeitar.

Ainda, o mesmo número, obriga à respectiva fundamentação do pedido de informação, afim de permitir ao próprio candidato ajuizar da sua pertinência e legitimidade.

É a figura do *consentimento informado* em toda a sua extensão que aqui tem lugar. Assim, deve o trabalhador ser informado da identidade do responsável pelo tratamento e, se for caso disso, do seu representante (art. 10.°, n.° 1, al. *a*) da Lei n.° 67/98, de 26.10), das finalidades do tratamento de dados (al. *b*)), dos destinatários ou categorias de destinatários dos dados (al. *c*)), do carácter obrigatório ou facultativo da resposta, bem como as possíveis consequências se não responder (al. *c*)); da existência e condições do direito de acesso e de rectificação (al. *c*)).

Qualquer tratamento de dados pessoais (definido como "qualquer informação, de qualquer natureza e independentemente do respectivo suporte, incluindo som e imagem, relativa a uma pessoa singular identificada ou identificável", art. 3.°, al. *a*) da Lei n.° 67/98, de 26.10) está sujeito à Lei de Protecção de Dados Pessoais[268].

Citam-se de seguida algumas das autorizações de isenção da Comissão Nacional de Protecção de Dados (CNPD) em http://www.cnpd.pt/actos/isencoes

---

[268] O tratamento de dados sensíveis, encontra-se sujeito a notificação à CNPD, *v.* formulário anexo.

No entanto, os responsáveis pelos tratamentos dos dados abrangidos por estas isenções, devem, cumprir as seguintes obrigações:

"– Proceder ao tratamento dos dados pessoais estritamente dentro dos limites estabelecidos pela CNPD nas suas Autorizações de Isenção, publicadas em Diário da República;

– Prestar sempre ao titular dos dados o direito de informação que a lei lhe garante, como o direito de acesso, rectificação, oposição e eliminação;

– Cumprir os princípios de protecção de dados de lealdade, licitude, legitimidade e pertinência no tratamento dos dados".

AUTORIZAÇÃO DE ISENÇÃO N.° 1/99
(PROCESSAMENTO DE RETRIBUIÇÕES, PRESTAÇÕES, ABONOS DE FUNCIONÁRIOS OU EMPREGADOS)

ARTIGO 1.°
(Finalidade do tratamento)

Estão isentos de notificação à CNPD os tratamentos automatizados, relativamente a funcionários ou empregados, que tenham como finalidade exclusiva:

a) O cálculo e pagamento de retribuições, prestações acessórias, outros abonos e gratificações;

b) O cálculo, retenção na fonte e operações relativas a descontos na retribuição, obrigatórios ou facultativos, decorrentes de disposição legal;

c) convenção colectiva de trabalho, pedido formulado pelo trabalhador ou decisão judicial;

d) O cálculo da participação nos lucros da empresa, nos termos da legislação aplicável;

e) A realização de operações estatísticas não nominativas relacionadas com o processamento de salários no âmbito da entidade processadora;

ARTIGO 2.°
(Categorias de dados)

Os dados tratados deverão ser os estritamente necessários à realização das finalidades referidas no artigo anterior, limitando-se às seguintes categorias de dados:

a) *Dados de identificação*: o nome, data de nascimento, naturalidade, filiação, sexo, nacionalidade, morada e telefone, habilitações literárias, número de bilhete de identidade, número de contribuinte, número de segurança social, número de sócio do sindicato;

b) *Situação familiar*: estado civil, nome do cônjuge, filhos ou pessoas a cargo e outras informações susceptíveis de determinar a atribuição de complementos de remuneração;

Direitos de personalidade do trabalhador 155

c) *Sobre a actividade profissional*: horário e local de trabalho, número de identificação interno, data de admissão, antiguidade, categoria profissional, antiguidade na categoria, nível/escalão salarial, natureza do contrato;

d) *Elementos relativos à retribuição*: retribuição base, outras prestações certas ou variáveis, subsídios, férias, assiduidade e absentismo, licenças, outros elementos relativos à atribuição de complementos de retribuição, montante ou taxa em relação aos descontos obrigatórios ou facultativos;

e) *Outros dados*: grau de incapacidade do trabalhador ou de membro do agregado familiar, incapacidade temporária resultante de acidente de trabalho ou de doença profissional, local de pagamento, número de conta bancária, número de associado e identificação da entidade à ordem da qual devem ser efectuados descontos obrigatórios ou facultativos (sindicato, serviços sociais, grupo desportivo, etc.).

ARTIGO 3.º
Prazo de Conservação

1. A informação não poderá ser conservada para além de 10 anos sobre a cessação da relação de trabalho.

2. A informação sobre o motivo da ausência não poderá ser conservada para além do prazo necessário à elaboração do recibo de pagamento da remuneração, nem para além do prazo de prescrição do procedimento disciplinar quando esteja em causa a apreciação de faltas injustificadas.

3. O prazo especificado no n.º 1 não prejudica a conservação dos dados estritamente necessários à prova da qualidade de trabalhador, tempo de serviço e evolução salarial, para efeitos de previdência ou para pagamento de prestações complementares posteriores devidas em momento posterior à cessação da relação de trabalho.

ARTIGO 4.º
Destinatários das informações

1. No âmbito das suas atribuições, apenas podem ser destinatários dos dados:

– As entidades a quem os dados devam ser comunicados por força de disposição legal ou a pedido do titular dos dados;

– As instituições financeiras que gerem as contas da entidade responsável pelo pagamento da retribuição e do trabalhador;

– As Sociedades Gestoras de Fundos de Pensões, desde que o trabalhador tenha sido informado;

– As Companhias de Seguros quando estiver em causa a celebração de contrato de seguro de acidentes de trabalho ou de acidentes pessoais;

– As entidades que, por força de disposição legal, estão encarregadas de processamento das estatísticas oficiais;

2. Não estarão isentos de notificação os tratamentos automatizados que comuniquem dados a entidades e em circunstâncias diferentes das indicadas no número anterior ou que procedam ao fluxo transfronteiras de dados pessoais.

Artigo 5.º
(Direito de Informação)

A presente isenção não prejudica a obrigação do responsável do ficheiro quanto ao direito de informação, constante no artigo 10.º da Lei 67/98, de 26 de Outubro.

AUTORIZAÇÃO DE ISENÇÃO N.º 3/99
(FACTURAÇÃO E GESTÃO DE CONTACTOS COM CLIENTES, FORNECEDORES E PRESTADORES DE SERVIÇOS)

Artigo 1.º
(Finalidade do tratamento)

Estão isentos de notificação à CNPD os tratamentos automatizados com a finalidade exclusiva de facturação, gestão de contactos com clientes, fornecedores e prestadores de serviços.

Artigo 2.º
(Categorias de Dados)

Os dados pessoais tratados devem ser os estritamente necessários à realização da finalidade referida no artigo anterior, limitando-se às seguintes categorias de dados:

a) *Dados de identificação:* Nome, data de nascimento, morada, telefone, fax, e-mail, número de identificação fiscal e número de identificação bancária;

Outros dados: os referidos no n.º 5 do art.º 38.º do Código do IVA, bem como os meios de pagamento, instituição financeira, número de apólice e entidade seguradora, no caso de recurso a entidades seguradoras no âmbito da finalidade prevista no art.º 1.º.

Artigo 3.º
(Prazo de Conservação)

Os dados pessoais podem ser conservados pelo período máximo de 10 anos, sem prejuízo da sua conservação, para além daquele prazo, em caso de pendência de acção judicial, com limite de três meses após trânsito em julgado.

Artigo 4.º
(Destinatários dos Dados)

São destinatários dos dados as entidades a quem estes devam ser comunicados por força de disposição legal, ou aquelas a quem, contratualmente, o titular dos dados consinta a comunicação, no âmbito da finalidade prevista no art.º 1.º.

Artigo 5.º
(Direito de Informação)

A presente isenção não prejudica a obrigação do responsável do ficheiro quanto ao direito de informação, constante no artigo 10.º da Lei 67/98, de 26 de Outubro.

AUTORIZAÇÃO DE ISENÇÃO N.º 4/99
(GESTÃO ADMINISTRATIVA DE FUNCIONÁRIOS, EMPREGADOS E PRESTADORES DE SERVIÇOS)

ARTIGO 1.º
(Finalidade do tratamento)

Estão isentos de notificação à CNPD os tratamentos automatizados que tenham por finalidade exclusiva a gestão administrativa de funcionários, empregados e prestadores de serviços.

ARTIGO 2.º
(Categorias de Dados)

Os dados pessoais tratados devem ser os estritamente necessários à realização da finalidade referida no artigo anterior, limitando-se às seguintes categorias de dados:

a) *Dados de identificação:* Nome, idade, número de bilhete de identidade, morada, telefone, fax, e-mail, número de identificação interno e fotografia;

b) *Outros dados*: Habilitações literárias e profissionais, funções exercidas, categoria, situação profissional e local de trabalho.

ARTIGO 3.º
(Prazo de Conservação)

1. Os dados pessoais podem ser conservados por período máximo de um ano após a cessação do vínculo laboral à entidade, sem prejuízo da sua conservação em caso de procedimento judicial, para além daquele prazo, até ao limite de seis meses após o trânsito em julgado.

2. O dados podem ainda ser conservados para fins históricos.

ARTIGO 4.º
(Destinatários dos Dados)

São destinatários dos dados as entidades a quem estes devam ser comunicados por força de disposição legal.

ARTIGO 5.º
(Direito de Informação)

A presente isenção não prejudica a obrigação do responsável do ficheiro quanto ao direito de informação, constante no artigo 10.º da Lei 67/98, de 26 de Outubro.

158   *Direito do Trabalho*

2. Realização de testes e exames médicos

O art. 19.°, do CT prevê que, "Para além das situações previstas na legislação relativa a segurança, higiene e saúde no trabalho", outras situações legitimem a realização de testes e exames médicos.

Em matéria de segurança e saúde no trabalho, a regulação legislativa existente assenta na Lei-Quadro (Decreto-Lei n.° 441/91, de 14.11, e sucessivas alterações), no Decreto-Lei n.° 362/93, de 15.10 (Informação estatística sobre acidentes de trabalho e doenças profissionais), nos artigos 219.° a 263.°, da RCT, que obriga à criação pelo empregador de serviços de segurança, higiene e saúde no trabalho (na linha do regulado pelo Decreto-Lei n.° 26/94, de 01.02, que consideramos tacitamente revogado), com fins eminentemente preventivos, e nas normas do próprio Código do Trabalho, dedicadas, respectivamente à segurança, higiene e saúde no trabalho (arts. 272.° a 280.°), aos acidentes de trabalho (arts. 281.° a 308.°) e às doenças profissionais (arts. 309.° a 312.°).

Aguardando-se, neste momento, a revogação da Lei dos Acidentes de Trabalho (Lei n.° 100/97,de 13.09), do Regulamento dos acidentes de trabalho (Decreto-Lei n.° 143/99, de 30.04) e do Regulamento das doenças profissionais (Decreto-Lei n.° 248/99, de 02.07), segundo o previsto no art. 21.°, n.° 2, als. *g*), *l*) e *o*) da Lei Preambular ao Código do Trabalho.

Questiona-se, desde logo, se tais intervenções podem ser realizadas fora do quadro de intervenção do médico do trabalho.

V. os comentários aduzidos sobre o art. 17.°[269].

3. Doenças de declaração obrigatória

Sobre a questão do dever de informação que recai sobre o trabalhador quanto ao seu estado de saúde, nomeadamente, se é portador do vírus da sida, citamos de seguida a tabela de doenças de declaração obrigatória (em caso de doença e em caso de morte), prevista na Portaria n.° 1071/98, de 31.12[270], de acordo com o Código da 10ª Re-

---

[269] A pág. 50.

[270] Alterada pela Portaria n.° 258/2005, de 16.03, que integrou a infecção pelo VIH na lista de doenças de declaração obrigatória.

Direitos de personalidade do trabalhador 159

visão da Classificação Internacional de Doenças (CID), e utilizando a respectiva nomenclatura nosológica, que nos parece constituir um contributo precioso para aferir desse dever de informação, a aferir não como valor discriminatório, naturalmente, mas apenas como informação relevante para adequação das condições de trabalho, atendendo a que a notificação à autoridade de saúde é apenas obrigatória para o médico do trabalho:

A00 – Cólera
A01 – Febres tifóide e paratifóide
A02 – Outras salmoneloses
A03 – Shigelose
A05.1. – Botulismo
A15, A16 – Tuberculose respiratória
A17 – Tuberculose do sistema nervoso
A19 – Tuberculose miliar
A20 – Peste
A22 – Carbúnculo
A23 – Brucelose
A27 – Leptospirose
A30 – Doenças de *Hansen* (lepra)
A33 – Tétano neonatal
A34,A35 – Tétano
A36 – Difteria
A37 – Tosse convulsa
A39 – Infecção meningocócica (exclui meningite meningocócica, A39.0)
A39.0 – Meningite meningocócica
A49.2 – Infecção por *Haemophilus influenza* (exclui meningite por *Haemophilus influenza*, G00.0)
A48.1 – Doença dos legionários
A50– Sifílis congénita
A51 – Sifílis precoce
A54 – Infecções gonocócicas
A69.2 – Doença de *Lyme*
A77.1 – Febre escaro-nodular
A78 – Febre Q.
A80 – Poliomielite aguda
A81.0 – Doença de *Creutzfeldt Jakob* (encefalopatia espongiforme subaguda)
A82 – Raiva
A95 – Febre amarela
B05 – Sarampo
B06 – Rubéola (exclui rubéola congénita, P35.0)
B15 – Hepatite aguda A
B16 – Hepatite aguda B
B17 – Outras hepatites virais agudas (exclui a hepatite C, B17.1)

B17.1. – Hepatite aguda C
B19 – Hepatite viral não especificada
B26 – Parotidite epidérmica
B50-B54 – Malária
B55 – Leishmaníase visceral
B67 – Equinococose
B75 – Triquiníase
G00.0 – Meningite por *haemophilus influenza*
P35.0 – Rubéola congénita
VIH[271]

4. Dos testes de despistagem de consumo de álcool ou droga

Conforme alertou a CNPD ("http://www.cnpd.pt/actos") podendo o estado de embriaguez, alcoolismo ou toxicodependência causar "privação permanente ou acidental do uso da razão do sinistrado", facto relevante para a chamada exclusão de responsabilidade do empregador por acidente de trabalho (art. 290.º, n.º 1, al. *c*), do CT), bem como, face à protecção especial a conceder a terceiros, justifica-se a realização de tais exames no estritamente necessário a tal prevenção.

Contanto que os princípios omnipresentes na tutela à vida privada do trabalhador (adequabilidade, proporcionalidade, e boa-fé) sejam respeitados.

Melhor explica Amadeu Guerra:[272] "...justifica-se que o direito à privacidade seja limitado quando estes factos tenham repercussões negativas na relação de trabalho, haja razões de interesse público relevante ou a necessidade de controlo estiver em conflito com outros direitos constitucionalmente consagrados. Ora, para algumas categorias profissionais – *v.g.*, pilotos, pessoal de bordo ou controladores de tráfego aéreo, motoristas, cirurgião, maquinista de comboios, gruistas – admite-se que sejam tomadas medidas de vigilância e de registo automatizado de meios auxiliares de diagnóstico ou de testes para prevenir perigos para a sua integridade física ou para terceiros".

Conclui a CNPD, «a realização de exames fora do contexto dos serviços de medicina do trabalho apresenta um grande perigo

---

[271] Alterada pela Portaria n.º 258/2005, de 16.03
[272] "A privacidade no local de trabalho", Almedina, 2004, p. 282.

de proliferação de tratamentos de dados de saúde e da vida privada dos trabalhadores, com riscos acrescidos de exames "coercivos" desenquadrados de uma prevenção integrada de promoção e vigilância da saúde do trabalhador. Por outro lado, há um risco acrescido de interconexão de tratamentos tendentes a integrar informação exaustiva sobre o estado de saúde do trabalhador, na medida em que não está regulada a relação de interdependência entre os médicos referidos no artigo 19.º, n.º 3 e os médicos do trabalho"».

5. Da informação genética

O art. 22.º, n.º 1, do CT prevê que todos os trabalhadores têm direito à igualdade de oportunidades e de tratamento, e o n.º 2, na sua vasta exemplificação, acolhe o indicador património genético.

O art. 23.º, n.º 1 reitera a proibição de discriminação, nomeadamente, em função do património genético, mas o n.º 2, apresenta uma importante derrogação, quando legitima o comportamento discriminatório do empregador, em virtude da natureza das actividades profissionais em causa ou do contexto da sua execução (profissões de grande *stress,* de maior fadiga física e mental, propícias a depressões e frustração do trabalhador), desde que essa prática constitua um requisito justificável, proporcional e determinante para o exercício da actividade profissional, e o objectivo legítimo. Permite-se portanto uma clara violação do princípio da igualdade em função de finalidades de eficiência e rentabilidade empresariais (o trabalhador menos propenso a certo tipo de desgaste físico e/ou mental, faltará menos; uma eventual situação de incapacidade para o trabalho não se manifesta precocemente, com o inerente prejuízo em recrutar e formar novo trabalhador).

Será de ponderar até que ponto é que a conduta do empregador legitimada por lei no seu estrito interesse (e não propriamente no interesse do trabalhador) não colide com os arts. 58.º e 59.º da CRP dedicados ao Direito ao Trabalho e ao Direito dos Trabalhadores e com o disposto na recente Lei de Informação Genética Pessoal e Informação de Saúde que dispõe que:

"Ninguém pode ser discriminado, sob qualquer forma, em função dos resultados de um teste genético diagnóstico, de hetero-

162 *Direito do Trabalho*

zigotia, pré-sintomático ou preditivo, incluindo para efeitos de obtenção ou manutenção de emprego... " (art. 11.º, n.º 2).

"A contratação de novos trabalhadores não pode depender de selecção assente no pedido, realização ou resultados prévios de testes genéticos" (art. 13.º, n.º 1).

Ao contrário ainda da permissão geral contida no Código do Trabalho relativamente à divulgação do resultado de *testes ou exames médicos* mediante autorização do candidato a emprego ou trabalhador (art. 19.º, n.os 1 e 3), a Lei de Informação Genética proíbe expressamente a imposição aos trabalhadores da realização de *testes genéticos* (ou a divulgação de resultados previamente obtidos), mesmo que com o consentimento daqueles (art. 13.º, n.º 2)[273].

6. Meios de vigilância à distância

Matéria sujeita a notificação à CNPD (pelo artigo 27.º, n.º 1 da Lei n.º 67/98 e pelo n.º 1, do art. 28.º, da RCT)[274].

A crítica anteriormente feita quanto ao desenquadramento entre certas práticas laborais e os regimes de segurança e saúde mantém-se também neste ponto.

A RCT (art. 29.º) explicita agora que cabe ao empregador um especial dever de informação, nos casos em que existem meios de vigilância à distância, do seguinte teor: "Este local encontra-se sob vigilância de um circuito fechado de televisão" ou "Este local encontra-se sob vigilância de um circuito fechado de televisão, procedendo-se à gravação de imagem e som"[275], vulgarmente traduzido para "*Sorria, está a ser filmado*"!

Para além de todos os casos previstos nas regulações sobre higiene e segurança no trabalho, em que a entidade empregadora é obrigada a zelar pela segurança e higiene no local de trabalho, de

---

[273] Para maiores desenvolvimentos, *v.* nossos "Código do Trabalho...", anotação ao art. 19.º e "Direito de Segurança, Higiene e Saúde no Trabalho", PAULA QUINTAS, Almedina, 2006.

[274] *V.* formulário anexo.

[275] Sobre esta matéria, *v.* ainda a Lei de Segurança Privada, aprovada pelo Decreto-Lei n.º 35/2004, de 21.02.

modo a proteger a saúde do trabalhador e de terceiros, o Código do Trabalho permite a utilização de meios de vigilância sempre que tenham por finalidade a "protecção e segurança de pessoas e bens" ou "quando particulares exigências inerentes à natureza da actividade o justifiquem" (art. 20.º, n.º 2, do CT).

A CNPD autorizou a utilização de uma câmara na zona de acesso aos balneários, mais propriamente nas escadas exteriores de acesso, quando informada que no local "não há qualquer tipo de movimentação de pessoas durante o período de laboração", não sendo as escadas utilizadas para aceder aos balneários, "uma vez que o mesmo é feito pelo interior da fábrica. Além do mais, a câmara permite o acesso a bombas do sistema de combate a incêndios" (Autorização n.º 21/2006, www.cnpd.pt/bin/decisoes/2006/htm).

Recentemente a jurisprudência estabeleceu que:

I – A instalação de sistema de videovigilância nos locais de trabalho envolve a restrição do direito de reserva da vida privada e apenas poderá mostrar-se justificada quando for necessária à prossecução de interesses legítimos e dentro dos limites definidos pelo princípio da proporcionalidade.

II – O empregador pode utilizar meios de vigilância à distância sempre que tenha por finalidade a protecção e segurança de pessoas e bens, devendo entender-se, contudo, que essa possibilidade se circunscreve a locais abertos ao público ou a espaços de acesso a pessoas estranhas à empresa, em que exista um razoável risco de ocorrência de delitos contra as pessoas ou contra o património.

III – Por outro lado, essa utilização deverá traduzir-se numa forma de vigilância genérica destinada a detectar factos, situações ou acontecimentos incidentais, e não numa vigilância directamente dirigida aos postos de trabalho ou ao campo de acção dos trabalhadores.

IV – Os mesmos princípios têm aplicação mesmo que o fundamento da autorização para a recolha de gravação de imagens seja constituído por um potencial risco para a saúde pública que possa advir do desvio de medicamentos do interior de instalações de entidade que se dedica à actividade farmacêutica.

V – Nos termos das precedentes proposições, é ilícita, por violação do direito de reserva da vida privada, a captação de imagem através de câmaras de vídeo instaladas no local de trabalho e direccionadas para os trabalhadores, de tal modo que a actividade laboral se encontre sujeita a uma contínua e permanente observação.

Ac. de 21.02.2006, PDT, n.º 72, p. 48

164   *Direito do Trabalho*

Tendo a arguida, no período que medeia entre o dia 12/01/04 e, pelo menos, 18/05/05, instalado no local de trabalho meios de vigilância à distância – câmaras fixas, sistema VI85017 Pal, para captação de imagens com gravação – sem, para tanto, ter obtido prévia autorização da Comissão Nacional de Protecção de Dados a permitir a sua utilização, esta sua conduta violou o disposto nos arts. 28.°, n.° 1 (conjugado com o art. 20.°, n.° 2, do Cód. do Trabalho) e 472.°, n.° 1, da Lei n.° 35/04, de 29/07 e art. 620.°, n.° 4, al. d), do Cód. do Trabalho, praticando, assim, contra-ordenação muito grave prevista e punida nos citados preceitos legais.
Ac. RP, de 15.01.2007, CJ, Ano XXXII, T. I p. 222

Em que termos deve ser feita essa utilização, e segundo que limites, fica por esclarecer. A norma apresenta-se algo isolada, e a sua excessiva autonomia pode suscitar comportamentos abusivos, desproporcionados e, por conseguinte, lesivos da esfera de interesses e direitos do trabalhador e de terceiros.

A CNPD (no sítio já citado) aconselha a regulamentação deste artigo para consideração de aspectos como *v.g.*, «"o direito de acesso", o tempo de conservação, a forma como deve ser assegurado o direito de informação a outras pessoas que frequentam o estabelecimento mas não são trabalhadores, se existem situações em que o titular se pode opor ao tratamento de dados por razões ponderosas e legítimas, que tipo de acesso pode ter o responsável às imagens recolhidas e para que finalidades».

7. Confidencialidade de mensagens e de acesso a informação

O n.° 2 do art. 21.°, do Código do Trabalho, permite ao empregador estabelecer regras de utilização dos meios de comunicação na empresa, nomeadamente do correio electrónico. O empregador pode decretar a proibição absoluta de uso destes meios ou a permissão absoluta ou relativa, contanto que dê a conhecer ao trabalhador, através do contrato de trabalho, regulamento interno ou outro, qual o grau de tolerância concedido.

Em matéria de e-mail a CNPD, na Autorização n.° 891/2005 (www.cnpd.pt/bin/decisoes/2005/htm) estabeleceu os seguintes princípios gerais:

"a. O facto de a entidade empregadora proibir a utilização do e-mail para fins privados não lhe dá o direito de abrir, automaticamente, o e-mail dirigido ao trabalhador (cf. Artigo 21 n.º 1 do CT).

b. A entidade empregadora não deve fazer um controlo permanente e sistemático do e-mail dos trabalhadores.

c. Para assegurar objectivos de controlo a entidade empregadora pode adoptar os «procedimentos preventivos» para – sempre com o conhecimento dos trabalhadores – fazer uma «filtragem» de certos ficheiros que, pela natureza da actividade desenvolvida pelo trabalhador podem indiciar, claramente, não se tratar de e-mails de serviço (*vg.* ficheiros «.exe», .mp3 ou de imagens).

d. Em matéria de acesso entende que este se deve limitar à visualização dos endereços dos destinatários, o assunto, a data e hora do envio."

À CNPD foi endereçada uma denúncia contra a empresa LIDL por alegadamente no «acordo para utilização do e-mail e internet», constar a seguinte cláusula: "Declaro que autorizo a empresa a consultar a minha caixa postal electrónica, bem como a tomar conhecimento das páginas da Internet a que acedi." A empresa respondeu que nunca efectuou, nem efectua, o controlo sobre a utilização do correio electrónico e internet". A CNPD considerou que, em nome do princípio da transparência (art. 2.º da Lei 67/98) "o LIDL deve informar os trabalhadores de que ainda não realiza qualquer tratamento, informando-os de novo quando se propuser retomar o projecto de controlo dos seus dados neste domínio". (Deliberação n.º 36/2004, www.cnpd.pt/bin/decisoes/2004/htm).

Declaração

ATENÇÃO
Aconselha-se a leitura das notas anexas antes de iniciar o preenchimento

A PREENCHER PELA C.N.P.D.

| Autorização □ | Entrada em ___ / ___ / ___ |
| Registo □ | Proc. N°. _____ / _____ |

1. RESPONSÁVEL PELO TRATAMENTO

Pessoa Colectiva ou Equiparada
Denominação _____
Natureza Jurídica _____
N° Pessoa Colectiva _____ C.A.E. _____
Sede _____

Endereço _____ CP _____
Tel.: _____ Fax: _____ e-mail: _____ @ _____

Pessoa Singular / Empresário em Nome Individual
Nome _____

Profissão/Actividade _____
B.I./N.I.P.C. _____ C.A.E. _____
Endereço _____ CP _____
Tel.: _____ Fax: _____ e-mail: _____ @ _____

Representante do Responsável do Tratamento
Nome _____

B.I./N.I.P.C. _____ C.A.E. _____

Endereço _____ CP _____
Tel.: _____ Fax: _____ e-mail: _____ @ _____

2. CARACTERÍSTICAS DO SISTEMA (Quadro de Peenchimento facultativo)

Data de Início do Tratamento ___ / ___ / _____

Equipamento
  Sistema central (*mainframe*) □   Computador pessoal □   isolado □
  Sistema departamental (médio porte) □   em rede □

Sistema operativo
  Unix □   Windows □
  MS-DOS □   Windows NT □
  Novell □   OS/2 □
  Outro □ _____   Outro □ _____

Suporte lógico
  Sistema de Gestão de Bases de Dados □   Linguagem de programação □

Direitos de personalidade do trabalhador   167

---

3. FINALIDADE DO TRATAMENTO

Descrição _____

_____

_____

---

4. ENTIDADE ENCARREGUE DO PROCESSAMENTO DA INFORMAÇÃO

Entidade _____

Endereço _____CP _____

Tel.: _____Fax: _____ e-mail: _____@_____

---

5. DADOS PESSOAIS CONTIDOS EM CADA REGISTO

Tipos de dados pessoais

Descrição _____

_____

_____

Dados relativos ao crédito e solvabilidade ☐

Dados pessoais sensíveis   Sim ☐   Não ☐

   Convicções filosóficas ou políticas ☐   Origem racial ou étnica ☐   Vida privada ☐

   Dados de saúde, genéticos ou vida sexual ☐   Filiação partidária ou sindical, fé religiosa ☐

Dados pessoais referidos no artigo 8º   Sim ☐   Não ☐

   Suspeita de actividades ilícitas   Infracções penais ☐   Contraordenações ☐

   Outros dados ☐   Quais? _____

---

6. RECOLHA DE DADOS

Em anexo, juntar documento que serve de base à recolha

Legitimidade do Tratamento

Consentimento dos titulares dos dados .... ☐

Para cumprimento de obrigações legais .... ☐

Execução de obrigação contratual .... ☐

Para protecção de interesse vital do titular .... ☐

Execução de missão de interesse público .... ☐

Prossecução de interesse legítimo... ☐

Exercício de direito em processo judicial.. ☐

Inexistência de risco de intromissão na vida privada ou de discriminação .... ☐

Recolha directa ☐   **Recolha indirecta** ☐

   pessoal ☐   telefone ☐   Internet ☐   Descrição _____

   por impresso ☐   outra ☐   _____

7. FORMA DE ACTUALIZAÇÃO DOS DADOS

Em anexo, juntar documento que serve de base à actualização

Directa ☐   **Indirecta** ☐

pessoal ☐   telefone ☐   Internet ☐   Descrição _____

por impresso ☐   outra ☐   _____

8. COMUNICAÇÃO DE DADOS

Existe comunicação de dados   Não ☐

                              Sim ☐   Por telecomunicações ☐

                                            Em suporte de papel ☐

                                            Em suporte magnético ☐   Banda ☐

                                                                    Disquete ☐

                                                                      CD/ROM ☐

Em caso afirmativo, indique em anexo as entidades a que podem ser transmitidos os dados e em que condições

9. INTERCONEXÕES

Existe inter-relacionamento de tratamentos   Sim ☐   Não ☐

Descrição _____

_____

_____

Em caso afirmativo indicar em anexo o tipo de dados, finalidade, entidades envolvidas e seguranças adoptadas

10. FLUXOS TRANSFRONTEIRAS DE DADOS PESSOAIS

Existem fluxos transfronteiras   Sim ☐   Não ☐

Países da U.E. ☐   **Quais:** _____

Outros países _____

Indicar em anexo os fundamentos e condições do fluxo (nº 2 do artigo 19º)

11. MEDIDAS PARA GARANTIR A SEGURANÇA DAS INFORMAÇÕES

Segurança implementada no sistema

    Cópias de *backup* (segurança) dos dados ☐   Sistemas de processamento de *backup* ☐

    Password de acesso às informações ☐   Informação cifrada ☐

Segurança física das instalações

    Acesso restrito de pessoas ☐   Sistemas de alarme e resposta ☐

Outras _____

Direitos de personalidade do trabalhador 169

12. **TEMPO DE CONSERVAÇÃO DOS DADOS PESSOAIS**

Qual o tempo de conservação dos dados _____

13. **FORMA E CONDIÇÕES COMO O TITULAR PODE CONHECER, CORRIGIR E ELIMINAR OS DADOS QUE LHE RESPEITEM**

Descrição _____

_____

_____

Anexos apresentados: *Referido no quadro 6* ☐   *Referido no quadro 7* ☐
Referido no quadro 8 ☐   *Referido no quadro 9* ☐
Referido no quadro 10 ☐

Outra documentação _____

_____

Os dados recolhidos são processados automaticamente e destinam-se à gestão dos processos de legalização de ficheiros junto da CNPD. O seu preenchimento é obrigatório. Os titulares dos dados podem aceder à informação que lhes respeite e solicitar por escrito, junto da CNPD, a sua actualização ou correcção.

ATESTA A VERACIDADE DA DECLARAÇÃO APRESENTADA ___ / ___ / ___

O RESPONSÁVEL DO TRATAMENTO

NOME _____

_____

ASSINATURA

170 *Direito do Trabalho*

A presente declaração destina-se a todas as entidades públicas e privadas que procedam ou pretendam proceder ao tratamento de dados pessoais, por meios total ou parcialmente automatizados, nos termos previstos no art° 4° da Lei 67/98, de 26 de Outubro, para efeitos de **autorização** ou **registo** pela Comissão Nacional de Protecção de Dados. A Lei 67/98, de 26 de Outubro, está disponível na página da CNPD com o seguinte endereço: **http://www.cnpd.pt**

---

1. RESPONSÁVEL PELO TRATAMENTO – Art° 29°, al. a)

Nos termos da al. d) do art.° 3°, indicar a pessoa singular ou colectiva, a autoridade pública, o serviço ou organismo responsável pelo tratamento.

Quando o tratamento seja efectuado por responsável que, não estando estabelecido em território da UE, recorra a meios situados no território português deve identificar o representante referido no n° 5 do art° 4°.

2. CARACTERÍSTICAS DO SISTEMA (Quadro de preenchimento facultativo)

Indicar as características técnicas do equipamento, suporte lógico e aplicações implementadas.

3. FINALIDADE DO TRATAMENTO- Art. 29ª al. b)

Descrever, tendo presente que o tratamento se deve processar em estrita adequação e pertinência à finalidade que determina a recolha (art.5° n.° 1 al. b)), a finalidade do tratamento.

4. ENTIDADE ENCARREGUE DO PROCESSAMENTO DA INFORMAÇÃO - Art. 29°al. e)

Indicar a entidade encarregada pelo processamento da informação, se não for o próprio responsável pelo tratamento.

5. DADOS PESSOAIS CONTIDOS EM REGISTOS - Art. 29° al. c)

Indicar especificadamente todos os dados pessoais tratados. Nas situações de tratamento de dados pessoais sensíveis (art° 7° n°1), dos dados referidos no n°2 do art° 8° e de dados relativos ao crédito e à solvabilidade, assinalar nos quadros respectivos.

6. RECOLHA DOS DADOS

Assinalar a fundamentação/base jurídica da recolha de acordo com as hipóteses previstas nos art° 6°, art°7 n°2 e art°8 n° 2

Na segunda parte, distinguir a recolha directa e indirecta de dados pessoais. Nas situações de recolha indirecta descrever a forma de recolha.

7. FORMA DE ACTUALIZAÇÃO DOS DADOS

Distinguir a actualização directa e indirecta de dados pessoais. Nas situações de actualização indirecta descrever a forma de actualização.

9. INTERCONEXÕES

No preenchimento ter em consideração o conceito legal de interconexão previsto na al. i) do art° 3°

10. FLUXOS TRANSFRONTEIRAS DE DADOS PESSOAIS

A transferência de dados para fora da U.E carece de autorização da CNPD devendo ser indicados os seus fundamentos e circunstâncias de acordo com o n°2 do art° 19° e n°s 1 e 2 do art° 20°

11. MEDIDAS PARA GARANTIR A SEGURANÇA DAS INFORMAÇÕES – Art° 29.° al. j)

Descrição geral que permita avaliar de forma preliminar a adequação das medidas tomadas para garantir a segurança do tratamento em aplicação dos artigos 14° e 15°

12. TEMPO DE CONSERVAÇÃO DOS DADOS PESSOAIS - Art. 29° al. g)

Indicar o prazo de conservação dos dados (al. e) do n° 1 do art.° 5°).

13. FORMAS E CONDIÇÕES COMO O TITULAR PODE CONHECER,CORRIGIR OU ELIMINAR OS DADOS QUE LHE RESPEITEM - Art. 29° al. h) e Art.° 12°

Preencher tendo presente o disposto nos artigos 11° al. d) e 12°.

Sempre que não sejam suficientes os espaços disponíveis no formulário deverá ser utilizada folha anexa.

Direitos de personalidade do trabalhador 171

Declaração

ATENÇÃO
Aconselha-se a leitura das notas anexas antes de iniciar o preenchimento

A PREENCHER PELA C.N.P.D.

| Autorização ☐ | Entrada em ___ / ___ / ___ |
| Registo ☐ | Proc. Nº. _____ / _____ |

1. RESPONSÁVEL PELO TRATAMENTO

Pessoa Colectiva ou Equiparada
Denominação _____

Natureza Jurídica _____

Nº Pessoa Colectiva _____ C.A.E. _____

Sede _____

Endereço _____ CP _____

Tel.: _____ Fax: _____ e-mail: _____ @ _____

Pessoa Singular/ Empresário em Nome Individual
Nome _____

Profissão/Actividade _____

B.I./N.I.P.C. _____ C.A.E. _____

Endereço _____ CP _____

Tel.: _____ Fax: _____ e-mail: _____ @ _____

Representante do Responsável do Tratamento
Nome _____

B.I./N.I.P.C. _____ C.A.E. _____

Endereço _____ CP _____

Tel.: _____ Fax: _____ e-mail: _____ @ _____

2. CARACTERÍSTICAS DO TRATAMENTO

Data de Início do Tratamento ___ / ___ / _____

Identificação do Sistema Instalado:
_____
_____
_____
_____

Nº de Câmaras: _____

| Captação sem Gravação ☐ | Câmara Fixa ☐ | Imagem ☐ |
| Captação com Gravação ☐ | Câmara Móvel ☐ | Som e Imagem ☐ |

3. LOCAIS ABRANGIDOS PELAS CÂMARAS

Descrição sumária dos locais abrangidos pelas câmaras _____

Indicar em anexo pormenorização dos locais

4. FINALIDADE DO TRATAMENTO

Descrição _____

5. SERVIÇO(S) ENCARREGADO(S) DO PROCESSAMENTO DA INFORMAÇÃO

Entidade _____

Endereço _____ CP _____

Tel.: _____ Fax: _____ e-mail: _____ @ _____

6. RECOLHA DE DADOS

Legitimidade do Tratamento

Consentimento dos titulares dos dados .... ☐
Para cumprimento de obrigações legais .... ☐

Execução de obrigação contratual .... ☐

Para protecção de interesse vital do titular .... ☐

Execução de missão de interesse público .... ☐

Prossecução de interesse legítimo... ☐

Exercício de direito em processo judicial... ☐

Inexistência de risco de intromissão na vida privada ou de discriminação .... ☐

7. COMUNICAÇÃO DE DADOS

Existe comunicação de dados   Não ☐
                                  Sim ☐   Por telecomunicações   ☐
                                          Em suporte de papel   ☐
                                          Em suporte magnético   Banda   ☐
                                                                     Cassete ☐
                                                                     Disquete ☐
                                                                     CD/ROM   ☐

Em caso afirmativo, indique em anexo as entidades a que podem ser transmitidos os dados e em que condições

8. INTERCONEXÕES

Existe inter-relacionamento de tratamentos   Sim ☐   Não ☐

Descrição _____

_____

_____

9. FLUXOS TRANSFRONTEIRAS DE DADOS PESSOAIS

Existem fluxos transfronteiras   Sim ☐   Não ☐

Países da U.E. ☐   Quais: _____

Outros países _____

Indicar em anexo os fundamentos e condições do fluxo (nº 2 do artigo 19º)

10. MEDIDAS PARA GARANTIR A SEGURANÇA DAS INFORMAÇÕES

Seguranças implementadas no sistema _____

_____

_____

_____

_____

Segurança física das instalações

Acesso restrito de pessoas   ☐   Sistemas de alarme e resposta   ☐

Identificação das categorias de pessoas com acesso à informação

_____

_____

_____

11. TEMPO DE CONSERVAÇÃO DOS DADOS PESSOAIS

Qual o tempo de conservação dos dados _____

12. FORMA E CONDIÇÕES COMO O TITULAR PODE CONHECER E ELIMINAR OS DADOS QUE LHE RESPEITEM

Descrição _____

_____

_____

Anexos apresentados:	*Referido no quadro 3* ☐	*Referido no quadro 7* ☐
	Referido no quadro 9 ☐	*Referido no quadro 10* ☐

Outra documentação _____

_____

Os dados recolhidos são processados automaticamente e destinam-se à gestão dos processos de legalização de ficheiros junto da CNPD. O seu preenchimento é obrigatório. Os titulares dos dados podem aceder à informação que lhes respeite e solicitar por escrito, junto da CNPD, a sua actualização ou correcção.

ATESTA A VERACIDADE DA DECLARAÇÃO APRESENTADA ___ / ___ / ___

O RESPONSÁVEL PELO TRATAMENTO

NOME _____

ASSINATURA _____

Direitos de personalidade do trabalhador 175

INSTRUÇÕES DE PREENCHIMENTO

A presente declaração destina-se a todas as entidades públicas e privadas que procedam ou pretendam proceder à videovigilância e outras formas de captação, tratamento e difusão de sons e imagens que permitam identificar pessoas, nos termos previstos nº4 artº 4º da Lei 67/98, de 26 de Outubro, para efeitos de **autorização** ou **registo** pela Comissão Nacional de Protecção de Dados. A Lei 67/98, de 26 de Outubro, está disponível na página da CNPD com o seguinte endereço: **WWW.CNPD.PT**

1. RESPONSÁVEL PELO TRATAMENTO – Artº 29º al. a)

Nos termos da al. d) do art.º 3º, indicar a pessoa singular ou colectiva, a autoridade pública, o serviço ou organismo responsável pelo tratamento.

Se o tratamento for efectuado por responsável que, não estando estabelecido em território da UE, recorra a meios situados no território português, identificar o representante referido no nº 5 do artº 4º.

2. CARACTERÍSTICAS DO SISTEMA

Indicar a data de início do tratamento e as características do sistema.

3. LOCAIS ABRANGIDOS PELAS CÂMARAS

Descrever a localização das câmaras e os locais abrangidos pela recolha de som e/ou imagem. Indicar em anexo a pormenorização dos locais.

4. FINALIDADE DO TRATAMENTO- Art. 29º al. b)

Descrever, tendo presente que o tratamento dos dados se deve processar em estrita adequação e pertinência à finalidade que determina a recolha (art.5º n.º 1 al. b)).

5. ENTIDADE ENCARREGUE DO PROCESSAMENTO DA INFORMAÇÃO - Art. 29ºal. e)

Indicar a entidade encarregada pelo processamento da informação, se não for o próprio responsável pelo tratamento.

6. RECOLHA DOS DADOS

Assinalar a fundamentação/base jurídica da recolha de acordo com as hipóteses previstas nos art.º 6º, n.º 2 do art.º 7º e n.º 2 do art.º. 8º.

7. COMUNICAÇÃO DE DADOS

Assinalar no respectivo quadrado a existência ou não de comunicação de dados a terceiras entidades. Em caso afirmativo indique o meio utilizado e em anexo as entidades a quem podem ser transmitidos e em que condições.

8. INTERCONEXÕES

No preenchimento ter em consideração o conceito legal de interconexão previsto na al. i) do art.º 3º.

9. FLUXOS TRANSFRONTEIRAS DE DADOS PESSOAIS

A transferência de dados para fora da U.E. carece de autorização da CNPD devendo ser indicados os seus fundamentos e circunstâncias de acordo com n.º2 do artº 19º e n.ºs 1 e 2 do art.º 20º.

10. MEDIDAS PARA GARANTIR A SEGURANÇA DAS INFORMAÇÕES – Art. 29º al. j)

Descrição geral que permita avaliar de forma preliminar a adequação das medidas tomadas para garantir a segurança do tratamento em aplicação dos artigos 14º e 15º.

11. TEMPO DE CONSERVAÇÃO DOS DADOS PESSOAIS - Art. 29º al. g)

Indicar o prazo de conservação dos dados (al. e) do nº 1 do art.º 5º). Ter em atenção no caso de sociedades de segurança privada ou serviços de autoprotecção o prazo de conservação máximo (30 dias), nos termos do n.º 2 do artigo 12º do Decreto-Lei n.º 231/98, de 22 Julho.

12. FORMAS E CONDIÇÕES COMO O TITULAR PODE CONHECER,CORRIGIR OU ELIMINAR OS DADOS QUE LHE RESPEITEM - Art. 29º al. h) e Art.º 12º

Preencher tendo presente o disposto nos artigos 11º al. d) e 12º. Ter em consideração a afixação obrigatória do Aviso de que o local é objecto de videovigilância (n.º 3 do artigo 12º do Decreto-Lei n.º 231/98, de 22 de Julho)

Sempre que não sejam suficientes os espaços disponíveis no formulário deverá ser utilizada folha anexa.

CAPÍTULO VI
Igualdade e não discriminação

1. Considerações preliminares

A divisão I, Secção III, Capítulo I, Título II, Livro I do Código do Trabalho, cuida da igualdade e não discriminação em geral. Por sua vez, a Divisão II reporta-se à igualdade e não discriminação em especial, mais propriamente, em função do sexo.

A política de igualdade e de não-discriminação visa todos os trabalhadores nacionais, todos os comunitários (decorrente esse efeito do conceito de cidadania comunitária) e todos os trabalhadores estrangeiros.

O art. 59.°, n.° 1, da CRP confere a necessária paridade entre todos os trabalhadores, quando prevê, a abolição da "distinção em função da idade, sexo, raça, cidadania, território de origem, religião, convicções políticas ou ideológicas".

Esta matéria foi ainda regulada pela RCT, que apresenta disposições dedicadas à igualdade e não discriminação (arts. 31.° a 35.°), e à igualdade e não discriminação em função do sexo (arts. 36.° a 40.°).

Esta parte do Código de Trabalho reflecte as várias directivas comunitárias produzidas sobre tal temática, algumas já transpostas na legislação anterior.

Como sendo:

– **Directiva do Conselho n.° 75/117/CEE**, de 10.02 (sobre a aplicação do princípio da igualdade de remuneração entre os trabalhadores masculinos e os trabalhadores femininos);

– **Directiva do Conselho n.° 76/207/CEE**, de 09.02 alterada pela Directiva n.° 2002/73/CE, do PE e do Conselho, de 23.09 (concretização do princípio da igualdade de tratamento entre homens e mulheres no que se refere ao acesso ao emprego, à formação e promoção profissionais e às condições de trabalho);

– **Directiva n.º 97/80/CE, do Conselho, de 15.12** (relativa ao ónus da prova nos casos de discriminação baseada no sexo);

As três directivas citadas, serão, entretanto, revogadas a partir de 15 de Agosto de 2009, pela Directiva 2006/54/CE do Parlamento Europeu e do Conselho, de 5 de Julho de 2006, relativa à aplicação do princípio da igualdade de oportunidades e igualdade de tratamento entre homens e mulheres em domínios ligados ao emprego e à actividade profissional.

– **Directiva n.º 2000/43/CE, do Conselho, de 29.06** (que aplica o princípio da igualdade de tratamento entre as pessoas, sem distinção de origem racial ou étnica);

– **Directiva n.º 2000/78/CE, do Conselho, de 27.11** (que estabelece um quadro geral de igualdade de tratamento no emprego e na actividade profissional).

A legislação anterior que regulava esta matéria constava do Decreto-Lei n.º 392/79, de 20 de Setembro (igualdade e não discriminação em função do sexo), e da Lei n.º 105/97, de 13.09 (igualdade no trabalho e no emprego), revogada pelos arts. 30.º a 40.º, da RCT (conforme dispõe o art. 21.º, n.º 2, als. *c*) e *h*), da lei Preambular ao Código do Trabalho).

Ainda da Lei n.º 134/99, de 28.08 (igualdade em função da raça, cor, nacionalidade ou origem étnica) e do Decreto-Lei n.º 111/ /2000, de 04.07 (que regulamentava aquela Lei).

O Código do Trabalho, na respectiva Lei Preambular, só prevê expressamente a revogação do Decreto-Lei 111/2000, de 04.07, aquando da publicação das normas regulamentares (art. 21.º, n.º 2, al. *q*)). Entendíamos que a Lei n.º 134/99, de 28.08, ficaria, por inerência, também revogada. Tal, no entanto não se verificou, dado que o art. 15.º da Lei n.º 18/2004, de 11.05 (que transpõe a Directiva n.º 2000/43/CE, do Conselho, de 29 de Junho) remete, no que concerne aos processos contra-ordenacionais, para tal Lei e mantém em vigor os arts. 9.º e 10.º, do Decreto-Lei n.º 111/2000, de 04.07.

Entretanto, foi também publicada a Lei n.º 46/2006, de 28.08 que proíbe e pune a discriminação em razão da deficiência e da existência de risco agravado de saúde.

A nível de preceito constitucional, o art. 13.º, n.º 1, da CRP estabelece que "todos os cidadãos são iguais perante a lei" (*vertente positiva*). Por outro lado, o n.° 2, do mesmo artigo determina a proibição de discriminação entre os cidadãos, em razão da raça, credo e sexo (*vertente negativa*).

A interpretação do art. 13.°, da CRP deve ter sempre presente que não é admitida qualquer distinção entre os sexos não fundamentada, arbitrária ou contrária aos princípios constitucionais.

Para GOMES CANOTILHO E VITAL MOREIRA[276], "as medidas de diferenciação deverão ser materialmente fundadas sob o ponto de vista da segurança jurídica, da proporcionalidade, da justiça e da solidariedade e não se baseiam em qualquer motivo constitucionalmente impróprio".

O princípio da igualdade é igualmente plasmado na determinação do valor da retribuição (art. 263.°, do CT), que haverá que ser articulado com o n.° 1, do art. 22.°, do CT, que refere, amplamente, o direito à igualdade no que concerne às condições de trabalho.

O princípio terá de ser entendido no contexto da *quantidade* (duração e intensidade), *natureza* (dificuldade, penosidade e perigosidade) e *qualidade* (conhecimentos práticos e capacidade) do trabalho prestado.

Ressalve-se que discriminação não se confunde com diferenciação, a primeira só existe quando perante a quantidade, natureza e qualidade do trabalho prestado, a retribuição é desigual[277].

---

[276] "Constituição da República Anotada", vol. I, 3ª ed., Coimbra Editora, 1993, p. 128.

[277] *"I – Por forma a excluir a discriminação ou os privilégios, a igualdade consignada constitucionalmente não significa uma igualdade absoluta em todas as circunstâncias, nem obsta ou proíbe tratamento diferenciado. No âmbito da protecção deste princípio importa que a diferenciação seja materialmente fundada sob o ponto de vista da segurança jurídica e não se baseia em qualquer motivo inadmissível em termos legais e constitucionais. Consequentemente, a diferenciação de tratamento estará legitimada sempre que se baseie numa distinção objectiva de situações e não se fundamente em nenhum dos motivos indicados no n.° 2, do art. 13.°, da CRP (ascendência, sexo, raça, língua, território de origem, religião, convicções políticas ou ideológicas, instrução, situação económica ou condição social), tenha um fim legítimo segundo o ordenamento constitucional positivo e se revele necessária, adequada e proporcionada à satisfação do objectivo que se pretende atingir.*

II – Haverá violação do princípio da igualdade em termos salariais se a diferenciação da retribuição não resultar de critérios objectivos, ou seja, se o trabalho prestado pelo trabalhador discriminado for igual ao dos restantes trabalhadores, não só quanto à natureza, mas também em termos de qualidade e quantidade.

III – O princípio constitucional de «a trabalho igual salário igual» não proíbe que o mesmo tipo de trabalho seja remunerado em termos quantitativamente diferentes con-

O art. 23, n.º 1, do CT proíbe as práticas discriminatórias, quer directas, quer indirectas, e a exemplo do n.º 2, do art. 22.º, do CT apresenta uma exemplificação quase exaustiva dos referentes de discriminação.

A RCT veio finalmente definir o conceito de discriminação directa e de discriminação indirecta (art. 32.º, n.º 2, als. a) e b)), bem como de trabalho igual e trabalho de valor igual (art. 32.º, n.º 2, als. c) e d)).

A discriminação directa é definida "sempre que, em razão de um dos factores indicados no referido preceito legal, uma pessoa seja sujeita a tratamento menos favorável do que aquele que é, tenha sido ou venha a ser dado a outra pessoa em situação comparável[278]".

---

soante seja prestado por pessoas mais ou menos habilitadas, com mais ou menos tempo de serviço, com mais ou menos experiência profissional.

IV – Vemos pois que o princípio da igualdade salarial assenta num conceito de igualdade real com aplicação ao nível das relações estabelecidas, obedecendo a uma dinâmica valorativa cujo apuramento só pode ser aferido e concretizado casuisticamente, o que pressupõe, necessariamente, a mesma dimensão na realidade material fornecida pelo caso concreto.

V – De acordo como alcance deste princípio e sob a perspectiva da sua interacção com o princípio da filiação, poderá resultar o afastamento deste quanto ao âmbito pessoal da aplicação das cláusulas normativas das convenções colectivas. Com efeito, e por via do princípio da igualdade salarial, poderá ser dado o mesmo tratamento remuneratório a trabalhadores sindicalizados em associações sindicais não signatárias de determinada convenção colectiva (ou mesmo trabalhadores não sindicalizados), desde que o trabalho dos mesmos seja desenvolvido em três condições de igualdade: natureza, quantidade e qualidade.

VI – Não viola o princípio da igualdade salarial a não aplicação do esquema remuneratório previsto em ACT a trabalhadores da mesma empresa sindicalizados em sindicato que não subscreveu tal acordo colectivo e que, igualmente, se recusaram a assinar, individualmente, uma declaração de adesão global a tal regime. Com efeito, para que tais trabalhadores pudessem beneficiar do estatuto de remuneração previsto naquele ACT, impunha-se que o seu desempenho, não só fosse da mesma natureza dos trabalhadores abrangidos pelo acordo colectivo, mas também que o exercício da sua actividade tinha a mesma duração, intensidade e penosidade, ou seja, que a sua prestação era qualitativa e quantitativamente igual à actividade desenvolvida pelos trabalhadores que aceitaram as condições de trabalho constantes de tal instrumento de regulamentação colectiva".

Ac. STJ, de 25.01.01, ADSTA, Ano XL, n.º 479, p. 1511.

[278] Acerca da discriminação com base na idade, na fase de recrutamento, *v.* a carta do Provedor de Justiça Europeu ao Presidente do PE quanto ao serviço de recrutamento das CE (ombudsman.eu.int), em que alerta para o facto de "a administração da instituição a que V. Exa. preside ainda recorre ao limite de idade. Essa Instituição está, assim, a dar uma indicação aos empregadores de toda a Europa e dos países candidatos que as pessoas com mais de 45 anos (o limite de idade usado com maior frequência) podem ser legalmente discriminada e excluídas no mer-

A discriminação diz-se indirecta "sempre que uma disposição, critério ou prática aparentemente neutro seja susceptível de colocar pessoas que se incluam num dos factores característicos indicados no referido preceito legal numa posição de desvantagem comparativamente com outras, a não ser que essa disposição, critério ou prática seja objectivamente justificado por um fim legítimo e que os meios para o alcançar sejam adequados e necessários".

A discriminação directa "faz imediatamente apelo ao factor discriminatório (por exemplo, um anúncio de oferta de emprego apenas para homens)", a indirecta "recorre a outros factores que aparentemente não têm conteúdo discriminatório, mas que mediante uma análise mais cuidada revelam tê-lo, exemplificando a lei com a referência ao estado civil ou à situação familiar", explica JÚLIA CAMPOS[279].

Para MARIA MANUELA MAIA DA SILVA[280] o conceito de discriminação indirecta partiu da teoria do impacto ou efeito adverso, tendo na origem o Ac. *Griggs*, "onde o Tribunal Supremo considerou serem proibidas não só as discriminações directas mas também as práticas que, sendo formalmente justas, são discriminatórias na sua realização, salvo se o empresário provasse a necessidade empresarial (*business necessity*). (…). Assim, seria considerada discriminatória e por isso ilegal, por exemplo, uma prática de emprego se o demandante provasse que a mesma produzia um impacto adverso sobre um grupo de mulheres e o demandado não conseguisse provar que a prática estava relacionada com o trabalho e era necessária para a empresa, bem como se o demandante apresentasse uma política alternativa e o demandado se negasse a aplicá-la."

A Autora estabelece então os seguintes elementos de caracterização do conceito de discriminação indirecta:

– existência de uma medida prática ou critério que, apesar de formalmente neutros (ou seja, aplicável tanto a homens como a mulheres), são discriminatórios em virtude do seu efeito sobre as mu-

---

cado de trabalho, desrespeitando, dessa forma, a Carta dos Direitos Fundamentais". No seguimento desta denúncia, a Comissão e o PE decidiram pôr imediatamente fim à utilização de limites de idade nos processos de recrutamento dos funcionários europeus".

[279] *Op. cit.*, p. 302.

[280] "A discriminação sexual no mercado de trabalho – Uma reflexão sobre as discriminações directas e indirectas", Questões Laborais, n.º 15, Coimbra Editora, 2000, p. 89.

lheres. Contanto que o empregador não consiga provar que são necessárias para a empresa ou para o posto de trabalho;

– efeito desproporcionalmente mais desfavorável sobre os trabalhadores de um sexo;

– efeito supra individual da prática discriminatória, atingindo um grupo de pessoas[281].

A discriminação simulada ou indirecta opera através de critérios pretensamente neutros, mas produz de facto uma desigualdade de resultado.

O n.º 2 do artigo autoriza, no entanto, o empregador a promover *juízos de selecção*, que não serão considerados discriminatórios, tendo em conta a "natureza das actividades profissionais" ou "o contexto da execução" do contrato de trabalho, e o respeito pelos princípios de proporcionalidade e adequabilidade.

Por sua vez, o art. 2.º, da Directiva 76/207 autoriza os Estados-membros a excluir, do respectivo âmbito de aplicação, as actividades profissionais para as quais, *em razão da natureza ou das condições do seu exercício*, o sexo constitua uma condição determinante. Concluindo-se então que nem toda a discriminação é ilícita.[282]

"Assim, não será discriminatória a prática da entidade empregadora que para um desfile de roupa feminina contrate uma mulher, ou que para desempenhar um papel masculino numa peça contrate um homem", exemplifica JÚLIA CAMPOS[283].

No Caso *Johnston*[284] o diferendo reportava-se à não renovação do contrato de trabalho a tempo inteiro da trabalhadora para o exercício de funções de polícia na Irlanda do Norte e da recusa em lhe dar uma formação profissional no manejo e uso de armas de fogo, fundamentando-se tal decisão na salvaguarda da segurança do Estado e na garantia da segurança e ordem públicas numa situação de graves perturbações internas.

---

[281] No Proc. C-224/01 (*Gerhard Kobler*), Ac. do Tribunal de 30.09.2003, no site www.euro.lex,int, o Tribunal de Justiça foi mais longe, configurando como discriminação indirecta um subsídio de antiguidade (mesmo que denominado prémio de fidelidade) que só toma em consideração a antiguidade adquirida em universidades do Estado-membro em causa, por violação do art. 39.º CE e do art. 7.º, do Regulamento n.º 1612/68.

[282] Em desenvolvimento, *v.* MARIA DO ROSÁRIO PALMA RAMALHO, *op. cit.*, p. 159.

[283] *Op. cit.*, p. 304.

[284] Proc. n.º 222/84, de 15.05.86, CJTJ, 1986-5, p. 1651.

Igualdade e não discriminação   183

O TJCE começa por afirmar que o art. 2.º, n.º 2, da Directiva deve ser interpretado restritivamente, uma vez que prevê uma derrogação a um direito individual consagrado neste diploma (embora admita que os Estados possam ter em consideração exigências de garantia da ordem pública, ao apreciar o factor sexo como condição determinante no exercício da actividade profissional de polícia, para reservar estas funções a homens equipados com armas de fogo).

De qualquer modo, cumpre respeitar o princípio da proporcionalidade, o qual exige que as excepções aos princípios gerais da ordem jurídica comunitária não ultrapassem os limites do que é adequado e necessário para atingir o objectivo visado. Por tal, rejeita expressamente derrogações ao princípio da igualdade no acesso ao emprego fundamentadas em risco ou perigo que afecta nos mesmos termos homens e mulheres, ou seja, que não diz respeito de forma exclusiva às mulheres enquanto tais.

No Caso *Lommers*[285] discutiu-se a igualdade de oportunidades entre homens e mulheres. *H. Lommers* é funcionário no Ministério da Agricultura. A sua mulher exerce uma actividade profissional noutro empregador. Em 5 de Dezembro de 1995, requereu a reserva de um lugar de infantário para o seu filho nascituro, subvencionado por aquele Ministério. Este pedido foi indeferido pela razão de os funcionários masculinos não poderem beneficiar dos serviços de infantário, ressalvados os casos de urgência. E acrescenta, a distinção entre sexos resulta da necessidade de combater uma situação de sub-representação dos funcionários femininos no seio do ministério.

O TJC entendeu que esta medida derrogatória do princípio da igualdade de oportunidade não viola o art. 2.º, n.os 1 e 4, da Directiva no contexto de uma comprovada insuficiência de estruturas de acolhimento adequadas e acessíveis. Quanto aos casos de urgência, o TJ precisou que a excepção prevista se destina aos funcionários masculinos que assumem sozinhos a guarda dos seus filhos, que, em tal caso, terão acesso a este sistema de infantário nas mesmas condições que os funcionários femininos.

Conforme já referimos a propósito da defesa do património genético, a análise do preceito exige especial cuidado, sob pena de estarmos a promover uma espécie de *selecção natural* de trabalhadores.

---

[285] Proc. n.º C-476/99, Actividades n.º 10/02, p. 7 e ss.

No Ac. de 12.10.2004 (Proc. C-313/02, *Nicole Wippel*), o Tribunal de Justiça das Comunidades, analisando a Directiva 76/207, a propósito da igualdade de tratamento entre trabalhadores a tempo inteiro e a tempo parcial, e partindo do pressuposto de que não são categorias comparáveis, não considerou como medida discriminatória, a fixação, quanto aos segundos, da duração e organização do tempo de trabalho em função do volume de trabalho a prestar, determinado caso a caso, segundo as conveniências do empregador.

Ainda no contexto do tempo de trabalho, mas agora quanto à revogada Directiva 93/104, discutiu-se o enquadramento da licença por maternidade quando a mesma coincide com as férias de todo o pessoal, questão que como sabemos, não se encontra expressamente resolvida entre nós (podem/devem as faltas justificadas serem gozadas em tempo de férias?), o Tribunal de Justiça das Comunidades, no Acordão de 18.03.2004, (Proc. C-342/01, *Maria Paz Merino Gómez*[286]), entendeu que a "trabalhadora deve poder gozar as suas férias anuais num período diferente do período em que se encontra de licença por maternidade igualmente em caso de coincidência entre o período de licença por maternidade e o período fixado a título geral por acordo colectivo para as férias anuais do pessoal."

2. O ónus da prova na discriminação

O n.º 3, do art. 23.º, do CT atribui ao trabalhador a prova da discriminação e ao empregador o ónus da prova de inexistência de qualquer critério ou medida discriminatória, dando cumprimento à Directiva 97/80/CE do Conselho de 15 de Dezembro de 1997, relativa ao ónus da prova nos casos de discriminação baseada no sexo (embora esta só tutele as discriminações sexuais).

Na referida directiva prevê-se a inversão de ónus da prova, sempre que, o requerente apresente uma presunção de discriminação, ou seja, "sempre que o requerente apresente um facto ou um conjunto de factos que correspondem, se não contestados, a uma discriminação directa ou indirecta" (art. 3.º).

O art. 35.º, da RCT, apresenta ainda outros casos em que haverá inversão do ónus da prova.

---

[286] www.euro-lex.int.

Em matéria probatória, dispõe o n.º 4, do art. 9.º, da Directiva que cabe ao alegante da discriminação a prova dessa discriminação, "incumbindo à entidade patronal provar que as diferenças de remuneração efectiva assentam em factor diverso do sexo".

"Consagra-se assim, aquilo que é designado por «transferência do ónus da prova». Compete ao trabalhador demonstrar os factos nos quais assenta a presumível conduta discriminatória e à entidade empregadora acusada, a prova de que tais condutas não revestem características para integrar o conceito de discriminação", conclui JÚLIA CAMPOS.[287]

3. O assédio

No art. 24.º, do CT, o legislador define assédio, em geral, como todo o comportamento indesejado, relacionado com políticas discriminatórias, que tem por finalidade afectar a "dignidade da pessoa ou criar um ambiente intimidativo, hostil, degradante, humilhante ou desestabilizador".

Estas práticas de assédio têm, na maioria das vezes, a pretensão de, com a desestabilização criada pelo empregador, forçar o trabalhador a promover a desvinculação da empresa (designadamente, nos casos em que, não cometeu qualquer infracção laboral, mas deixou de ser desejado ou foi preterido a favor de outro trabalhador).

Esta prática está intimamente ligada às políticas de *esvaziamento de funções*, que o legislador agora censura expressamente, atribuindo, no núcleo das garantias a conceder ao trabalhador, a prestação efectiva de desempenho (art. 122.º, al. *b*), do CT).

A protecção conferida ao trabalhador é alargada ao candidato a emprego, que, pela sua posição, se encontra especialmente vulnerável.

O n.º 3, do art. 24.º, do CT, dedicado propriamente ao assédio sexual, define-o como "todo o comportamento indesejado de carácter sexual, sob forma verbal, não verbal ou física, com o objectivo ou o efeito" de afectar a dignidade da pessoa ou criar um ambiente intimidativo, hostil, degradante, humilhante ou desestabilizador.

---

[287] *Op. cit.*, p. 301.

O artigo vem receber a Directiva 76/207, do Conselho, e a Directiva 2000/43, do Conselho, tendo, na definição de assédio apresentada, acompanhado de perto a definição da última directiva citada. Nos termos da qual o assédio é definido como o "comportamento indesejado relacionado com a origem racial ou étnica, com o objectivo ou o efeito de violar a dignidade da pessoa e de criar um ambiente intimidativo, hostil, degradante, humilhante ou desestabilizador" (artigo 2.°, n.° 3)"[288].

Recentemente estabeleceu a jurisprudência que:

I – Se a entidade patronal, após a reestruturação dos seus serviços esvaziou as funções correspondentes à categoria profissional do trabalhador com uma natureza de perseguição, tal poderá constituir um assédio de natureza moral.

II – A entidade patronal não pode obstar injustificadamente a prestação laboral do trabalhador, que constitui uma das suas garantias, e que constitui uma forma de pressão para o seu afastamento.

III – Se a entidade patronal exercer aqueles assédio e obstáculo, a atitude do trabalhador ao violar perante ela os seus deveres de urbanidade e respeito, embora não totalmente justificável, não possui a gravidade que leve ao seu despedimento.

Ac. RL, de 13.12.2006, CJ, Ano XXXI, T. III, p. 160

4. A política de acção positiva (*positive action*)

O art. 25.°, do CT prevê a prática de medidas discriminatórias temporárias a favor de certos grupos desfavorecidos (*v.g.*, mulheres, deficientes, estrangeiros), com o objectivo, não só, de garantir o exercício dos direitos previstos na lei, como também, de corrigir uma desigualdade de facto (*v.g.*, no caso das mulheres, pela sua condição biológica).

Já o art. 2.°, n.° 4, da Directiva 76/207 permite o exercício das chamadas "discriminações inversas ou positivas", ou seja, "uma discriminação a favor das mulheres com o escopo de, por um lado, possibilitar a recuperação desse atraso histórico (natureza compensatória), por outro, prevenir a discriminação «através da identifica-

---

[288] Exposição de acordo com o enunciado em "Código do Trabalho...", PAULA QUINTAS e HELDER QUINTAS, p. 157.

ção e modificação das situações discriminatórias» (natureza preventiva)", define CATARINA CARVALHO[289].

É lícita então a preferência automática por trabalhadores de um dos sexos?

O Tribunal entendeu, no caso *Kalanke*,[290] que tal seria contrário ao princípio da igualdade de tratamento e violaria a Directiva 76/207/CEE, entendendo que o sistema de quotas femininas é contrário ao direito comunitário.

Kalanke, entendeu que foi preterido pela candidata do sexo feminino, no concurso para o posto de chefe de departamento dos serviços de espaços verdes na cidade, em igualdade de qualificação, em aplicação de uma lei do Estado de *Bremen*, de 20.11.90, relativa à igualdade entre homens e mulheres na função pública. Segundo o art. 4.º da referida lei, em caso de admissão, transferência e promoção, deve ser dada preferência aos candidatos de sexo feminino relativamente aos do sexo masculino, em caso de igualdade de qualificação, quando as mulheres estejam subrepresentadas nos diversos graus da categoria profissional ou nos níveis de funções previstos no quadro de pessoal.

O Tribunal de Justiça entendeu que o art. 2.º, n.º 1 e 4, da Directiva se opõe a que "havendo condições iguais entre candidatos do sexo diferente, seja dada prioridade aos candidatos femininos nos sectores em que as mulheres sejam sub-representadas".

Este entendimento mereceu de FRANCA BORGOGELLI a seguinte crítica: "Se é verdade que o instrumento das quotas se apresenta juridicamente controverso e de eficácia duvidosa, o Tribunal não tem em conta o facto de, no caso em questão, se não tratar de um regime de quotas rígido, porquanto a prioridade assegurada às mulheres era subordinada pela lei à igualdade de qualificação e à representação suficiente, não parecendo acolher o significado geralmente atribuído, também com referência ao art. 2.º, n.º 4, da Directiva 76/207, ao objectivo da promoção da igualdade de oportunidades entre homens e mulheres"[291].

---

[289] "A problemática da igualdade e não-discriminação no Direito do Trabalho", IV Congresso Nacional do Direito do Trabalho, Almedina, 2002, p. 148.

[290] Proc. n.º C-450/93, de 17.10.95, CJTJ, 1995, p. 3051.

[291] "O direito e a jurisprudência social comunitária", Questões Laborais, n.os 9-10, Coimbra Editora, 1997, p. 203.

No entanto, nem todo o sistema de quotas é rejeitado. O sistema censurável seria o "absolutamente rígido", indiferente às circunstâncias individuais, mas não o sistema flexível.

O trabalhador vítima de discriminação (em função do sexo, ou outra) pode responsabilizar o empregador pela prática de acto ilícito, englobando aí, nomeadamente, todas as despesas realizadas aquando da candidatura ao emprego, despesas de transporte, vestuário, hospedagem, alimentação (art. 26.º, do CT).

O Tribunal de Justiça, garantindo a posição do trabalhador, entende que, dos arts. 2.º, n.º 3 e 3.º, n.º 1, da Directiva 76/207, decorre uma responsabilização objectiva do empregador (ou seja, independente de culpa).

No Ac. *Dreahmpaelh*[292] foi dito que o Direito Comunitário se opõe a que um Estado membro, ao decidir sancionar a violação da proibição de discriminação no âmbito de um regime de responsabilidade civil, sujeite a reparação do prejuízo sofrido por discriminações em razão do sexo num processo de recrutamento, à condição de existência de culpa.

A obrigação de indemnizar por danos patrimoniais e não patrimoniais que recai sobre o empregador, terá que ser aferida à luz do regime civil (arts. 483.º, 496.º e 799.º, todos do CC).

5. Das discriminação sexual em especial

Os arts. 27.º a 31.º, do CT cuidam da discriminação em especial, mais propriamente em função do sexo.

O art. 28.º, do CT assegura em particular a igualdade retributiva (n.º 1), ressalvando as diferenciações em função do mérito, desempenho e antiguidade (n.º 2).

O legislador da RCT define agora os conceitos de trabalho igual e de trabalho de valor igual (respectivamente, als. c) e d) do n.º 2, do art. 32.º).

Assim, o primeiro, corresponde ao trabalho em "que as funções desempenhadas ao mesmo empregador são iguais ou objectivamente semelhantes em natureza, qualidade e quantidade".

---

[292] Proc. n.º C-180/95, de 25.04.97, citado por JÚLIA CAMPOS, *op.cit.*, p. 312.

O segundo enquadra o trabalho "que corresponde a um conjunto de funções, prestadas ao mesmo empregador, consideradas equivalentes atendendo, nomeadamente, às qualificações ou experiências exigidas, às responsabilidades atribuídas, ao esforço físico e psíquico e às condições em que o trabalho é efectuado".

Vejamos, em sinopse, alguns dos recentes acordãos comunitários proferidos sobre esta matéria:

O Tribunal de Justiça das Comunidades, no Acordão de 17.09.2002 (Proc. C-320/00, *A G. Lawrence* contra *Regent Care Ltd.*),[293] alertou para o facto do art. 141.°, n.° 1, CE, exactamente sobre o *princípio do salário igual ou de valor igual*, se limitar a situações em que os homens e as mulheres realizam o seu trabalho para um mesmo empregador. "(...) quando as diferenças verificadas nas condições de remuneração de trabalhadores de sexo diferente que efectuam um mesmo trabalho ou um trabalho de valor igual não podem ser atribuídas a uma única fonte, falta uma entidade que seja responsável pela desigualdade e que possa restabelecer a igualdade de tratamento".

Relativamente à protecção das mulheres em licença de maternidade, o Tribunal de Justiça das Comunidades, no Acordão de 30.03.2004 (Proc. C-147/02, *Michelle K. Alabaster*)[294] e a propósito das políticas de promoção salarial, declara que "qualquer aumento salarial ocorrido entre o início do período abrangido pelo salário de referência e o termo da referida licença seja integrado nos elementos do salário tomados em consideração para o cálculo do montante da referida remuneração."

No Proc. C-117/01 (Ac. de 07.01.2004) discutiu-se a possível exclusão de um parceiro transexual do benefício de um pensão de sobrevivência cuja concessão é limitada ao cônjuge sobrevivo (pensão de viuvez). Esta questão foi analisada à luz do art. 141.°, do CE e da Directiva 75/117/CE, que, em princípio, se opõem a uma legislação que, em violação da CEDH, impede um casal de preencher a condição de casamento necessária para que um deles possa beneficiar de um elemento de remuneração do outro.

---

[293] No sítio citado.
[294] No sítio citado.

CAPÍTULO VII
Tempo de trabalho

1. O horário de trabalho

Nos termos do art. 159.º, n.º 1, do CT, o horário de trabalho é definido como *a determinação das horas do início e do termo do período normal de trabalho diário, bem como dos intervalos de descanso.*

O horário de trabalho configura, assim, o limite temporal da prestação de trabalho, distribuindo as horas do período normal de trabalho entre os limites do período de funcionamento.

O n.º 1, do art. 160.º, do CT define o período de funcionamento como "o intervalo de tempo diário durante o qual os estabelecimentos podem exercer a sua actividade".

O período de funcionamento dos estabelecimentos de venda ao público denomina-se «período de abertura» (n.º 2).

O período de funcionamento dos estabelecimentos industriais denomina-se «período de laboração» (n.º 3).

Para determinação do conceito tempo de trabalho, o art. 156.º, do CT estabelece uma preciosa nomenclatura, constatando-se (conforme advinha da lei anterior),[295] que o conceito de tempo de trabalho está dependente do <u>conceito de efectividade de prestação, onde se inclui, o próprio tempo em que o trabalhador não presta</u>

---

[295] Cfr. art. 1.º, n.º 3 da Lei n.º 21/96, de 23.07. A seguir a Lei n.º 73/98, de 10.11 (que transpõe a Directiva n.º 93/104/CE, do Conselho, de 23 de Novembro) desenvolve a noção de tempo de trabalho, enumerando as situações de interrupção da actividade. Segundo o art. 1.º, al. *a*): Tempo de trabalho é definido como "qualquer período durante o qual o trabalhador está a trabalhar ou se encontra à disposição da entidade empregadora e no exercício da sua actividade ou das suas funções". No n.º 2 do artigo são enunciadas as interrupções de actividade.

Parece concluir-se então pela *efectividade* como critério delimitador do período de trabalho.

serviço, mas mantém a disponibilidade (art. 155.°, do CT) e, ainda, as interrupções e intervalos previstos no art. 156.°, do CT.

a) *Adaptabilidade do horário de trabalho*

O período normal de trabalho não pode exceder as 40h semanais, e as 8 horas diárias (art. 163.°, n.° 1, do CT).

Poderá, no entanto, tal período ser aumentado, por *instrumento de regulamentação colectiva de trabalho*, até ao limite de 4h diárias, desde que a duração do trabalho não exceda as 60h (art. 164.°, n.° 1, do CT), exceptuadas as horas de trabalho suplementar prestado por motivo de força maior (art. 164.°, n.° 1, *in fine*, do CT).[296]

O período normal de trabalho não pode exceder 50h em média num período de 2 meses (art. 164.°, n.° 2, do CT).

A dilatação do período normal de trabalho também pode ocorrer por *acordo entre o empregador e o trabalhador*, até ao máximo de 2 horas, desde que não exceda as 50 horas semanais, só não contando para esse limite o trabalho suplementar prestado por motivo de força maior (art. 165.°, n.° 3, do CT). Nos termos do art. 178.°, da RCT, a alteração dos horários de trabalho deve ser feita nos termos previstos para os mapas de horário de trabalho (arts. 180.° e 181.°, da RCT).

b) *Alteração do horário de trabalho*

Quanto à alteração do horário de trabalho, prevê o n.° 1, do art. 173.°, do CT que "não podem ser unilateralmente alterados os horários individualmente acordados".

A alteração dos horários de trabalho, quando possível, deve obedecer à tramitação prevista no n.° 2, do art. 173.°, do CT.

Nos termos do n.° 3, do art. 173.°, do CT, o cumprimento da referida tramitação pode ser dispensado, nos casos em que, a alteração do horário de trabalho não exceda uma semana (esta forma de alteração não pode ser utilizada mais de 3 vezes por ano).

Na eventualidade de tal alteração implicar acréscimo de despesa para os trabalhadores (*v.g.*, deslocações tardias, sem acesso a transporte público), assiste ao trabalhador direito a compensação económica (n.° 5, do art. 173.°, do CT).

---

[296] Em comentário à Lei 21/96, de 23.07, *v.* AMADEU DIAS, *in* "Redução do tempo de trabalho, adaptabilidade do horário e polivalência funcional", Coimbra Editora, Coimbra, 1997, ISBN 972-32-0769-9, p. 190.

2. O trabalho suplementar

O trabalho suplementar (outrora disciplinado no Decreto-Lei n.º 421/83, de 2 de Dezembro com as alterações introduzidas pelo Decreto-Lei n.º 398/91, de 16 de Outubro) encontra-se hoje regulado nos arts. 197.º e ss., do CT.

A retribuição decorrente do trabalho suplementar está regulada no art. 258.º, do CT.

De acordo com o regime em vigor, entende-se por trabalho suplementar todo aquele que for prestado fora do horário de trabalho (art. 197.º, do CT), dentro do seguinte âmbito:

– trabalho diurno prestado para além dos limites diários resultantes do horário, ou fora dele;

– trabalho nocturno prestado fora do horário de trabalho;

– trabalho prestado em dia de descanso semanal.

Nos termos do art. 199.º, do CT, o trabalho suplementar só pode ser prestado nos seguintes casos:

– acréscimos eventuais e transitórios de trabalho que não justifiquem a contratação de novos trabalhadores (n.º 1);

– motivo de força maior (n.º 2, 1ª parte);

– quando se torne indispensável para prevenir ou reparar prejuízos graves para a empresa ou para a sua viabilidade (n.º 2, 2ª parte).

Verificando-se uma das situações referidas, a prestação do trabalho suplementar constitui uma das obrigações legais do trabalhador, nos termos do art. 198.º, do CT (sob pena de incorrer na violação do dever de obediência, art. 121.º-1-*d*), do CT, caso os motivos de escusa de o prestar não se apresentem relevantes).

O trabalho suplementar que se fundamente no acréscimo eventual de trabalho, *e só o trabalho prestado nesse contexto*, fica sujeito aos limites do art. 200.º, do CT.

Os referidos limites temporais de desempenho, são, por lei, restringidos a duas horas por dia normal de trabalho (art. 200.º, n.º 1, al. *c*), do CT), e a um número de horas igual ao período normal de trabalho diário nos dias de descanso semanal (obrigatório ou complementar) e nos dias feriados (al. *d*)).

Quanto aos casos em que há prestação laboral ao sábado, durante meio período de trabalho, o trabalho suplementar prestado em tal dia, não pode exceder meio período normal de trabalho (al. *e*)).

O trabalho suplementar não pode ser prestado por mulheres grávidas (ou com filhos de idade inferior a 12 meses), menores, trabalhadores deficientes ou doentes crónicos, nos termos dos arts. 46.º, 64.º e 76.º, todos do CT.

Nos termos dos n.ºs 1 e 2, do art. 258.º, do CT, a prestação de trabalho suplementar é remunerada de acordo com os seguintes acréscimos:

– 50% de acréscimo mínimo da retribuição na 1ª hora (al. *a*), do n.º 1);

– 75% de acréscimo mínimo da retribuição nas horas ou fracções subsequentes (al. *b*), do n.º 1);

– 100% de acréscimo mínimo da retribuição por cada hora de trabalho efectuado em dia de descanso semanal, obrigatório ou complementar ou em dia feriado (n.º 2).

De acordo com o n.º 1, do art. 202.º, do CT, a prestação suplementar em dia útil, em dia de descanso semanal complementar e em dia feriado, dá direito a um descanso compensatório remunerado, correspondente a 25% das horas de trabalho suplementar realizado.

Descanso compensatório que se vence quando se perfizerem o número de horas igual ao período normal de trabalho, devendo ser gozado nos 90 dias seguintes (n.º 2, do art. 202.º, do CT).

No caso de prestação de trabalho em dia de descanso semanal obrigatório, a lei atribui um dia de descanso compensatório remunerado, seja qual for a duração do trabalho suplementar, a vencer-se nos três dias úteis seguintes (n.º 3, do art. 202.º, do CT).

De acordo com o n.º 5, do art. 258.º, do CT, a retribuição por prestação de trabalho suplementar, só é exigível se:

– o empregador, prévia e expressamente, a tiver determinado;

– o recebimento da mesma seja justamente expectável pelo trabalhador.

CAPÍTULO VIII
Retribuição

1. Considerações preliminares

A retribuição é definida nos termos do art. 249.°, n.° 1, do CT, como *aquilo a que, nos termos do contrato, das normas que o regem ou dos usos, o trabalhador tem direito como contrapartida do seu trabalho.*

Na contrapartida do trabalho inclui-se a retribuição base e todas as prestações regulares e periódicas feitas, directa ou indirectamente, em dinheiro ou em espécie (n.° 2).

É agora expressamente consagrado que a base de cálculo das prestações complementares e acessórias (ligadas às circunstâncias e/ou condições do desempenho do trabalhador) é constituída apenas pela retribuição base e diuturnidades (art. 250.°, n.° 1, do CT), nos casos em que as disposições legais, convencionais ou contratuais não disponham em contrário (*v.g.*, art. 255.°, n.° 2).

Define-se também pela primeira vez, os seguintes conceitos retributivos:

> i) *retribuição-base*, que corresponde, naturalmente, ao "exercício da actividade desempenhada pelo trabalhador de acordo com o período normal de trabalho" (art. 250.°, n.° 2, al. *a*), do CT)[297];

---

[297] *I – Na vigência do Código do Trabalho, quando as disposições convencionais ou contratuais não disponham em contrário, apenas devem ser consideradas no cálculo do subsídio de Natal a remuneração-base e as diuturnidades auferidas pelo trabalhador.*

II – Assim, são excluídos desse cálculo os prémios de assiduidade, de desempenho, de produtividade, e de trabalho nocturno. Percebidos mensalmente.

III – Tais prémios devem, porém, ser considerados nas remunerações das férias e do subsídio de férias, bem como nos subsídios de Natal, devidos até 30/11/2003.

Ac. RL, de 21.09.2006, CJ, Ano XXXI, T. III, p. 49

ii) *diuturnidade*, constituída pela "prestação pecuniária, de natureza retributiva e com vencimento periódico", devida com fundamento na antiguidade do trabalhador (art. 250.°, n.° 2, al. *b*), do CT).

Qualquer prestação efectuada pelo empregador ao trabalhador presume-se constituir retribuição, face à característica de onerosidade do contrato de trabalho (art. 249.°, n.° 3, do CT).

Quid iuris se o trabalhador recebe mais do que aquilo que é documentado no recibo de pagamento?

Presume-se, igualmente, que aquilo que foi declarado é o efectivamente devido, até prova em contrário, que cabe ao trabalhador realizar.

Suscitando-se, neste âmbito, uma dificuldade probatória de relevo, atendendo ao disposto no art. 364.°, n.° 1, do CC, que impõe que a declaração negocial contida em documento particular, só possa ser substituída por outro meio de prova de força probatória superior.

O trabalhador que queira fazer valer o acréscimo salarial não documentado, terá, portanto necessariamente que habilitar-se com prova documental desse valor, hipótese, bem se vê, dificilmente concretizável no meio contabilístico empresarial.

2. A igualdade de tratamento em matéria salarial

É pacífico que a retribuição deverá ser conforme:

– à quantidade de trabalho prestado (*i.e*, à sua duração e intensidade, daí o conceito de trabalho suplementar);

– à natureza do trabalho (tendo em conta a dificuldade, penosidade ou perigosidade da execução laboral);

– à qualidade do trabalho (de acordo com o perfil de exigência traçado pelo empregador quanto aos conhecimentos, prática e capacidade requeridas).

Daqui resulta como corolário que, a *trabalho igual em quantidade, natureza e qualidade deve corresponder salário igual.*

A igualdade de tratamento em matéria salarial é aliás um direito constitucionalmente consagrado (art. 59.°, n.° 1, al. *a*), da CRP), que o Código do Trabalho agora expressamente acolhe no art. 263.°.

3. As modalidades da retribuição

A retribuição pode assumir as seguintes modalidades:

i) certa, ou seja, em função do tempo de trabalho (hora, dia, semana, mês);

ii) variável, variando em função do rendimento do trabalhador, caso da retribuição à peça ou à tarefa, ou determinada pelo montante das transacções ou pelo volume de negócios conduzidos a bom termo;

iii) mista, como o próprio nome indica, será constituída por uma parte certa e outra variável; em função dos resultados da produção, da participação nos lucros ou no capital da empresa, em prémios de produtividade, etc. (arts. 252.º e 253.º, do CT).

4. Mora salarial

O cumprimento da obrigação de retribuir ocorre na data do vencimento ou no dia útil imediatamente anterior (art. 267.º, n.º 4, al. *a*), do CT), constituindo-se o empregador em mora se o trabalhador, por facto que não lhe seja imputável (um exemplo de facto imputável ao trabalhador será o cancelamento da conta bancária disponível para depósito em conta) não puder dispor da respectiva retribuição (art. 269.º, n.º 4, do CT). A lei laboral inclui expressamente a obrigação de pagamento de juros de mora (art. 364.º, n.º 1, do CT).

5. Princípios fundamentais da retribuição

Sobre a retribuição e por causa dela foram assentes determinados princípios, eminentemente protectores, como sejam:

5.1. *O princípio da irredutibilidade da retribuição*

Decorre do art. 122.º, alínea *d*), do CT que, a retribuição não pode ser reduzida pelo empregador, nem mesmo com o consentimento do trabalhador, incidindo sobre a chamada retribuição estrita, ou seja, aquilo que, nos termos do contrato, o trabalhador tem direito como contrapartida do seu trabalho (art. 249.º, n.º 1, do CT).

5.2. *O princípio da inadmissibilidade da compensação integral*

O empregador não pode compensar a retribuição em dívida com créditos que tenha sobre o trabalhador (art. 270.º, n.º 1, do CT), salvo certas excepções limitadas previstas no n.º 2, desse artigo.

5.3. *O princípio da impenhorabilidade parcial*

Nos termos da alínea *a*) do n.º 1, art. 824.º, do CPC, são impenhoráveis dois terços dos vencimentos, salários ou prestações de natureza semelhante, auferidos pelo executado/trabalhador.

Questiona-se se a penhorabilidade parcial vale para a própria retribuição mínima mensal garantida (art. 266.º, do CT).

Nos termos do artigo 824.º, n.º 4, do CPC, «ponderados o montante e a natureza do crédito exequendo, bem como as necessidades do executado e do seu agregado familiar, pode o juiz, excepcionalmente, reduzir, por período que considere razoável, a parte penhorável dos rendimentos e, mesmo, por período não inferior a um ano, isentá-los de penhora».

O que vem no encaminhamento do artigo 10.º, n.º 2, da Convenção da OIT n.º 95 (protecção do salário), segundo o qual "o salário deve ser protegido contra a penhora ou a cessão na medida considerada necessária para assegurar o sustento do trabalhador e da sua família".

5.4. *O princípio da irrenunciabilidade da retribuição*

O trabalhador não pode renunciar previamente à retribuição ou a parte dela.

5.5. *O princípio da imprescritibilidade dos créditos salariais na vigência do contrato de trabalho*

Na vigência e no decurso da situação laboral, os créditos devidos pela execução do contrato ou decorrentes da sua violação não prescrevem.

Os créditos devidos ao trabalhador só se extinguem a partir da cessação do contrato (art. 381.º, do CT).

5.6. *O princípio da continuidade*

A retribuição é devida, independentemente das vicissitudes que possam atingir a efectiva prestação de trabalho (nomeadamente, as flutuações na produção que atingem o empregador), na medida em que, corresponde à mera disponibilidade do trabalhador para o trabalho, sendo exigível mesmo quando, por causas a ele alheias, este não se chegue a concretizar.

6. Carácter alimentício da retribuição

A retribuição tem para o trabalhador *carácter alimentício*, na medida em que se destina à satisfação de necessidades essenciais, pelo que, o crédito pela retribuição deve ser protegido:

– contra os credores do empregador, por isso, a lei atribui a natureza de privilegiados aos créditos emergentes do contrato de trabalho e da sua violação ou cessação (art. 377.º, n.º 1, do CT), derrogando, por conseguinte, o art. 737.º, n.º 1, al. *d*) e n.º 2, do CC[298], que só concede tal natureza aos créditos dos últimos seis meses;

– contra os credores do próprio trabalhador, considerando a lei impenhoráveis 2/3 do salário (art. 824.º, n.º 1, al. *a*), do CPC);

– contra os créditos do empregador, pelo que, ressalvadas certas hipóteses, se proíbe ao empregador a compensação da retribuição em dívida por créditos que tenha sobre o trabalhador ou a rea-

---

[298] Já o art. 4.º, da Lei n.º 96/2001, de 20.08 (em derrogação ao art. 25.º, da LCT) concedia a natureza privilegiada (mobiliária e imobiliária, embora geral) a todo e qualquer crédito do trabalhador.

200 *Direito do Trabalho*

lização de descontos ou deduções sobre o montante da retribuição (art. 270.°, n.° 1, exceptuando o n.° 2, do CT);
– contra o próprio trabalhador, daí a lei não lhe permitir ceder, a título gratuito ou oneroso, os seus créditos a retribuições na medida em que estes sejam impenhoráveis (art. 271.°, do CT).

7. A prescrição salarial

Os créditos salariais prescrevem, decorrido um ano a partir do dia seguinte àquele em que cessou o contrato de trabalho (art. 381.°, n.° 1, do CT).

O n.° 2, desse artigo estabelece um regime especial em matéria probatória, alargando o prazo, para cinco anos.

Não se trata, no entanto, de um alargamento prescricional dos créditos aí discriminados, mas somente de combater a perda da *frescura probatória*, exigindo-se então que a prova de "créditos resultantes de indemnização por falta de férias, pela aplicação de sanções abusivas ou pela realização de trabalho suplementar, vencidos há mais de cinco anos", seja efectuada por documento idóneo.

Quanto à prescrição do direito a reintegração do trabalhador, vinga aí a prescrição ordinária de vinte anos, conforme previsto no art. 309.° do Código Civil.[299]

8. Os créditos salariais como créditos privilegiados

a) *Considerações preliminares*

De acordo com o art. 377.°, do CT, os créditos salariais assumem a natureza de privilégios imobiliários especiais, e mobiliários gerais.

---

[299] *"Se for reconhecida e declarada judicialmente a persistência da relação jurídica derivada do contrato de trabalho, por sentença transitada em julgado, também de condenação do empregador na reintegração do trabalhador, e não houver, por culpa daquele, restabelecimento da relação laboral de facto, concretizando a reintegração ordenada pelo tribunal, a única prescrição susceptível de afectar o direito do trabalhador ou a correspondente obrigação do empregador, é a ordinária de 20 anos, prevista no artigo 309.°, ex vi do art. 311.°, ambos do Código Civil".*
Ac. STJ, de 26.02.1997, BMJ, 464, p. 315.

A história dos privilégios creditórios laborais reporta-se, como sabemos, ao art. 737.º, do CC, mais precisamente à derrogada alínea *d*) do n.º 1, nos termos do qual só gozavam de privilégio (e apenas mobiliário geral) os créditos dos últimos 6 meses.

Com a Lei n.º 17/86, de 14.06 (LSA)[300] veio-se conferir ao trabalhador, além dos privilégios mobiliários, privilégios imobiliários, embora ambos gerais. Esta Lei só referia, no entanto, a falta de pagamento pontual da retribuição. E relativamente aos restantes créditos, *quis iuris*?

Pela Lei n.º 96/2001, de 20.08, atribuiu-se, aos restantes créditos, também a natureza de privilegiados mobiliários e imobiliários gerais (art. 4.º, com excepção do n.º 2), e atenta a graduação prevista no n.º 4.

Hoje, o Código do Trabalho concede a natureza de privilégio imobiliário, agora *especial*, sobre os bens imóveis do empregador nos quais o trabalhador preste a sua actividade (art. 377.º, n.º 1, al. *b*)), mantendo os privilégios mobiliários gerais (n.º 1, al. *a*)).

Continuando o Fundo de Garantia Salarial[301] (nos termos do art. 380.º, do CT e do art. 319.º, n.º 1, da RCT), a assegurar aos trabalhadores o pagamento dos últimos seis meses de créditos laborais, emergentes do contrato de trabalho, sua violação ou cessação, contanto que reclamados até três meses antes da respectiva prescrição (n.º 3, do art. 319.º, da RCT).

O art. 381.º, do CT, atribui ao trabalhador os seguintes privilégios (ou seja, assiste-lhe a prioridade no pagamento, sobre os restantes credores, segundo o disposto no art. 733.º, do CC):

– privilégio mobiliário *geral* (art. 377.º, n.º 1, al. *a*), do CT); abrangendo este "o valor de todos os bens móveis existentes" (art. 735.º, n.º 2, 1ª parte, do CC);

– privilégio imobiliário *especial* (art. 377.º, n.º 1, al. *b*), do CT), abrangendo este "só o valor de determinados bens" (art. 735.º, n.º 2, 2ª parte, do CC), embora, *especificado* aos "bens imóveis do empregador nos quais o trabalhador preste a sua actividade". Veja-se que a aparente maior tutela da substitui-

---

[300] Revogada pelo art. 308.º, da RCT, nos termos do disposto na alínea *e*), do n.º 2, do art. 21.º, da Lei Preambular ao Código do Trabalho.

[301] Cujo regime consta dos arts. 317.º a 326.º, da RCT, que revogou o Decreto-Lei n.º 219/99, de 15.06, de acordo com o preceituado na al. *m*), do n.º 2, do art. 21.º, da Lei Preambular ao Código do Trabalho.

ção do privilégio imobiliário geral pelo especial acaba por ser frustrada, nos casos, *v.g.*, em que o local de trabalho é o próprio domicílio do cliente do empregador; no âmbito da construção civil, em que não há verdadeiramente local certo de trabalho, ou nas situações de teletrabalho.

Na eventualidade de concorrerem outros credores, há que estabelecer a graduação prevista no n.° 2, do art. 377.°, do CT.

b) *Graduação dos créditos salariais à luz do art. 377.° do Código do Trabalho*

Quanto ao *privilégio mobiliário geral* concedido pela al. *a*), do n.° 1, do art. 377.°, do CT, os créditos laborais são graduados antes dos créditos do art. 747.°, n.° 2, al. *a*), do CC.

<u>*Graduação*</u>
1.° – créditos por despesas de justiça (art. 746.°, do CC);
2.° – créditos laborais;
3.° – créditos do art. 747.°, n.° 1, als. *a*) a *e*), do CC;
4.° – créditos previstos no art. 737.°, do CC.

Por sua vez, o *privilégio imobiliário especial* concedido aos créditos laborais pela al. *b*), do n.° 1, do art. 377.°, do CT, é graduado antes dos:

– créditos do Estado, e dos agora *imposto municipal sobre transmissões* (ex-contribuição predial), do *imposto municipal sobre transmissões onerosa de imóveis* (ex– imposto de sisa/ ex. imposto sobre sucessões e doações), nos termos da al. *a*), do n.° 1, do art. 748.°, do CC;

– créditos das autarquias locais, pelo *imposto municipal sobre transmissões* (al. *a*), do n.° 1, do art. 748.°, do CC);

– preferindo ainda sobre a consignação de rendimentos, a hipoteca ou o direito de retenção, ainda que anteriores (art. 751.°, do CC).

<u>*Graduação:*</u>
1.° – créditos por despesas de justiça (art. 746.° do CC);
2.° – créditos laborais;
3.° – créditos do Estado (art. 748.°, n.° 1, al. *a*) do CC);
4.° – créditos das autarquias (art. 748.°, n.° 1, al. *b*) do CC).

CAPÍTULO IX

A mobilidade do trabalhador e a transmissão da empresa ou do estabelecimento

1. A mobilidade funcional e geográfica

1.1. *A mobilidade funcional*

O empregador não pode exigir do trabalhador a realização de tarefas não compreendidas no objecto do contrato, salvo, como veremos, as excepções referentes ao *ius variandi* funcional do art. 314.°, do CT.

Além do contrato, também as leis laborais e as convenções colectivas estabelecem limites à subordinação, não só, no que respeita ao *poder determinativo da função* (nos termos do qual, o empregador deve atribuir a cada trabalhador a função mais adequada às suas aptidões e preparação profissional), como também, no que concerne, às condições legais a que está sujeita a mobilidade funcional (figura aglutinadora da polivalência funcional[302] e do *ius variandi*, contemplados no art. 22.°, da revogada LCT).

Como princípio geral, decorre do art. 151.°, n.° 1, do CT que, o trabalhador deve exercer uma actividade correspondente à actividade para que foi contratado.

Esta regra admite, no entanto, derrogações nos casos em que é legítimo ao empregador exigir ao trabalhador outras tarefas e outra actividade, que não correspondem àquelas para o qual foi contratado.

No entanto, confrontando o art. 151.°, n.° 1, com o art. 314.°, ambos do CT, resulta que a mobilidade funcional assume um carácter verdadeiramente excepcional.

---

[302] Criada pela Lei n.° 21/96, de 23 de Julho.

O empregador, atento o <u>interesse (legítimo) empresarial</u>, pode encarregar <u>temporariamente</u> o trabalhador, de funções não compreendidas na actividade contratada, desde que tal <u>não implique modificação substancial da posição do trabalhador</u> (ou seja, contanto que não atinja o *núcleo duro* do desempenho do trabalhador, em toda a sua envolvência, *v.g.*, qualificações, posição hierárquica, antiguidade), nem implique diminuição da retribuição.

A lei confere, ainda, ao trabalhador o direito a auferir as vantagens inerentes à actividade temporariamente desempenhada (n.º 3).

Quanto aos pressupostos formais, a figura da mobilidade funcional, como figura de exercício unilateral, carece de justificação, afim de minorar arbitrariedades, devendo ainda indicar-se o tempo previsível da mobilidade imposta (n.º 4).

O n.º 2, do art. 314.º, do CT permite que as partes alarguem ou restrinjam esta faculdade. Se a possibilidade de restrição do acesso à figura, não nos oferece grandes reservas, já o seu eventual alargamento, se apresenta muito problemático. Em que termos é que licitamente pode ser feito? Qual o alcance das cláusulas contratuais de alargamento da mobilidade?

O Código permite o afastamento do regime legal da mobilidade, colocando-o na livre disponibilidade das partes.

Não se poderá, portanto, invocar o alegado tratamento mais favorável (previsto no n.º 3, do art. 4.º, do CT), para resolver uma situação de confronto das normas legais com a estipulação contratual. O caso concreto irá ser suprido à luz da vontade das partes e dos limites impostos pelo próprio art. 151.º, do CT e pela boa fé.

A mobilidade funcional recebeu fortes contributos do *ius variandi*:[303]

– A faculdade do empregador não é absoluta, podendo, sempre, ser afastada, nos termos do contrato;

– Exigência de que a alteração de funções seja fundamentada no interesse da empresa (e não por um espírito de represália ou mero capricho);

– Temporariedade do exercício de funções estranhas à categoria-função (a que identifica as funções conferidas ao trabalhador);

---

[303] Para melhores desenvolvimentos, *v.* AMADEU DIAS, "Redução do tempo de trabalho, adaptabilidade do horário e polivalência funcional", Coimbra Editora, 1997.

– Impossibilidade de diminuição na retribuição (princípio da irredutibilidade da retribuição com base na proibição da *reformatio in pejus*);

– Impossibilidade de modificação substancial da posição do trabalhador (aqui, procura-se evitar a penosidade ou indignidade no trabalho);

– Resultando da alteração temporária de funções tratamento mais favorável, é atribuído ao trabalhador tal tratamento (princípio da permissão da *reformatio in mejus*);

– Obrigatoriedade de cumprimento do dever de informação do trabalhador (o porquê do desempenho das novas funções).

1.2. *Mobilidade geográfica*

A mobilidade geográfica pode ser definitiva (art. 315.°, do CT) ou temporária (art. 316.°, do CT).

a) *A transferência definitiva*

O n.° 1, do art. 315.°, do CT cuida da transferência individual do trabalhador, o empregador pode alterar o local de trabalho, salvo se, o trabalhador provar prejuízo sério.

O n.° 2, desse artigo contempla a transferência do trabalhador, em caso de mudança, total ou parcial, do estabelecimento onde aquele presta serviço.

Nesta segunda previsão, assiste ao trabalhador, caso prove prejuízo sério, o direito à resolução do contrato de trabalho, cabendo-lhe, nesse caso, a indemnização por danos patrimoniais e não patrimoniais, nos termos do art. 443.°, n.° 1, do CT.

Em ambas as hipóteses previstas, mantendo-se o contrato de trabalho, o empregador custeia as despesas impostas pela transferência (n.° 5, do art. 315.°, do CT).

b) *A transferência individual temporária*

A transferência individual temporária (o chamado *ius variandi* geográfico) encontra-se prevista no art. 316.°, do CT, podendo o trabalhador a ela opor-se com base na existência de prejuízo sério no cumprimento da ordem de transferência (n.° 1).

206 *Direito do Trabalho*

O tempo de duração da transferência não pode, em princípio, exceder seis meses, devendo o empregador apresentar justificação para tal ordem, indicando o tempo previsível de duração (n.º 3).

Também neste caso, as despesas inerentes ao cumprimento da ordem de transferência devem ser custeadas pelo empregador (n.º 4).

Relativamente à cláusula de mobilidade prevista no n.º 3, *v.* os comentários ao n.º 2 do art. 314.º, quanto à figura da mobilidade funcional.

2. Transmissão da empresa ou estabelecimento

a) *A figura da transmissão v. a cessão da posição contratual*

O art. 318.º, do CT regula a transmissão da empresa ou estabelecimento, transpondo a Directiva n.º 2001/23/CE do Conselho, de 12.03.2001 (garantia dos direitos dos trabalhadores face a transferência ou fusões de empresas, estabelecimentos ou partes de estabelecimentos), que revogou a Directiva 77/187, de 14.02.1977, que havia sido alterada pela Directiva 98/50/CE, do Conselho.

LIBERAL FERNANDES[304] refere que "Com a transmissão do estabelecimento não se opera qualquer novação nos contratos de trabalho, verificando-se antes uma simples sucessão do cessionário na posição do cedente, e a subsequente aquisição automática de todos os direitos e obrigações do anterior empregador relativamente aos trabalhadores transferidos (...)".

A figura não se assemelha à cessão da posição contratual. Com efeito, na cessão da posição contratual é exigido sempre o acordo do outro contraente (art. 424.º do CC).

Na transmissão do estabelecimento, o transmissário sucede na posição jurídica do transmitente, prescindindo-se da concordância do trabalhador, embora para este a identidade do empregador possa ser relevante. Fala-se numa certa *coisificação* do trabalhador.

O trabalhador não é, naturalmente, obrigado a continuar na relação contratual, a lei concede-lhe o direito de se desvincular livremente, mas tal solução só fará sentido para aqueles trabalhado-

---

[304] "Transmissão do estabelecimento e oposição do trabalhador à transferência do contrato: uma leitura do art. 37.º da LCT conforme o direito comunitário", QL, n.º 14, Coimbra Editora, p. 217.

res que perderam interesse na manutenção da relação, não, evidentemente, para os que mantêm o interesse contratual.[305]

A validade do acordo de transmissão dispensa, portanto, o acordo do cedido, naquilo que se pode chamar relação trilateral imperfeita.

Para CATARINA NUNES DE OLIVEIRA CARVALHO:[306] "(...) se procedermos a uma hierarquização dos valores em jogo, não podemos deixar de reconhecer que a liberdade de o trabalhador escolher o seu empregador resulta da sua dignidade enquanto pessoa, que como tal tem de prevalecer sobre interesses comerciais, por muito relevantes que estes se apresentem. Partilhamos assim o mesmo entendimento de JÚLIO GOMES que, de uma forma elucidativa, nos diz que «a transmissão automática dos contratos de trabalho sem que o trabalhador a isso se possa recusar consiste (...) não só numa negação frontal da sua autonomia privada, como mesmo da sua dignidade fundamental enquanto pessoa, convertendo-o, de algum modo, numa coisa, num componente do estabelecimento (...) exposta à sorte deste»".

Os direitos e obrigações resultantes do contrato de trabalho são transferidos do cedente ao cessionário, permanecendo o trabalhador ao serviço do cessionário, não podendo a transferência da empresa constituir motivo de despedimento (arts. 3.°, n.° 1 e 4.°, n.° 1 da Directiva assinalada).

b) *Ainda a Directiva 77/187, de 14.02.1977, hoje revogada*

Acerca da directiva em referência esclarece LIBERAL FERNANDES:[307] "No contexto dos efeitos económicos e sociais provocados

---

[305] CATARINA NUNES DE OLIVEIRA CARVALHO, "Da Mobilidade dos trabalhadores no âmbito dos grupos de empresas nacionais", Porto, Publicações Universidade Católica, 2000, p. 170, cita os Acordãos *Katsikas* e *Schroll,* em que o TJC considerou que "uma tal obrigação de prosseguir a relação laboral com o transmissário poria em causa os direitos fundamentais do trabalhador, designadamente a sua liberdade de escolher a entidade para quem quer trabalhar, sendo portanto impensável uma interpretação da Directiva nesse sentido. Na hipótese de o trabalhador se recusar a prosseguir a relação de trabalho com o transmissário, caberá aos Estados-membros determinar o destino desta relação laboral, podendo cessar por iniciativa do trabalhador ou do empregador, ou ainda continuar a relação jurídico-laboral com o cedente".

[306] *Op. cit.,* 168.

[307] "Harmonização social no direito comunitário: a Directiva 77/187/CEE", AB UNO AD OMNES, – 75 anos da Coimbra Editora, Coimbra Editora, 1998, p. 1324 e ss.

208 *Direito do Trabalho*

pelo choque petrolífero dos anos 70 – designadamente, o aumento do desemprego e a concentração empresarial – a Comunidade, com fundamento no art. 117.° do Tratado de Roma e com base no programa de acção social aprovado em 1974, adoptou nos anos seguintes três directivas com vista a atenuar as repercussões negativas sobre os trabalhadores, que decorriam das restruturações e das situações de crise por que, em larga escala, passou então o tecido empresarial europeu. Trata-se das directivas relativas aos despedimentos colectivos, à transferência de empresas e à insolvência do empregador".

O objectivo da Directiva era o de impedir que da mudança de empregador adviesse prejuízo para os trabalhadores, assim, perante o novo empregador, o estatuto do trabalhador não podia ser afectado.[308]

c) *O âmbito de aplicação material da actual directiva*

Uma das questões que a Directiva suscita prende-se com o modo de transferência da empresa, o art. 1.°, da Directiva n.° 2001/23/CE refere a cessão convencional e a fusão.

"O Tribunal afirmou (…) a independência da aplicação da Directiva em relação à transferência de propriedade. Nestes termos, para afirmar a sua aplicação basta que exista uma mudança da pessoa física ou moral responsável pela exploração da empresa e que, por este facto, assuma as obrigações do empregador em relação aos trabalhadores da empresa (ver acórdão de 17 de Dezembro de 1987, *Ny Molle Kro*, processo 287/86, ponto 12)"[309].

---

[308] Recentemente, o Tribunal de Justiça das Comunidades, no Ac. de 04.06.2002 (Proc. C-164/2000, *Katia Beckmann*), pronunciou-se a propósito das prestações previstas em caso de despedimento, declarando que: "O art. 3.° da Directiva 77/187 deve ser interpretado no sentido de que obrigações aplicáveis em caso de despedimento de um trabalhador, emergentes de um contrato de trabalho, de uma relação de trabalho ou de uma convenção colectiva que vinculem o cedente em relação a esse trabalhador, são transferidas para o cessionário nas condições e nos limites definidos no referido artigo, independentemente do facto de essas obrigações terem origem em actos da autoridade pública ou de terem sido implementadas por tais actos e independentemente das modalidades práticas dessa implementação".

[309] VASCO MOURA RAMOS, "O âmbito material de aplicação da Directiva 77/187/CE de 14 de Fevereiro de 1977 – A manutenção dos direitos dos trabalhadores em caso de transferência de empresas, estabelecimentos ou partes de esta-

E continua o Autor[310], na exemplificação:

"O Tribunal considerou, assim, a Directiva aplicável sucessivamente aos seguintes casos:

à retoma, pelo proprietário, da exploração de um albergue em seguida à violação de um contrato de arrendamento pelo locatário-gerente (Ac. *Ny Molle Kro*); quando o comprador adquire, em virtude de um contrato de locação-venda, a qualidade de explorador da empresa, não obstante o facto de só vir a adquirir a propriedade a seguir ao pagamento da totalidade do preço da venda (acórdão de 5 de Maio de 1988, processo *Berg*, 144 e 145/87); as transferências existentes em virtude de uma decisão judicial, quando se inserem no quadro de relações contratuais (ponto 19 do último acórdão referido). Afirmou ainda a aplicação da Directiva num caso em que uma autoridade pública deixa de subvencionar uma pessoa colectiva e provoca assim uma paragem completa e definitiva das actividades desta para as transferir a outra pessoa jurídica que prossiga o mesmo fim (acórdão de 19 de Maio de 1992, *Redmond Richting*, processo C-29/91).".

"O relevante é, pois, a mudança da qualidade de empregador, *rectius*, da pessoa física ou jurídica responsável pela exploração da empresa, assumindo por esse facto as funções de entidade patronal," conclui LIBERAL FERNANDES[311].

A Directiva 2001/23/CE prevê expressamente a sua aplicação às empresas públicas ou privadas que exerçam uma actividade económica (com ou sem fins lucrativos), excluindo-se a reorganização administrativa de instituições oficiais ou a transferência de funções administrativas entre instituições oficiais (art. 1.º, al. *c*)). Afastando-se, assim, do conceito económico e jurídico de empresa.

No fundo, o que se visa é tutelar os trabalhadores que são forçados a mudar de empregador, seja qual fora a qualidade jurídica deste.

O requisito identidade económica

O art. 1.º, al. *b*), da Directiva 2001/23/CE reafirma a necessidade de manutenção da identidade económica da empresa para que

---

belecimentos –, à luz da jurisprudência do Tribunal das Comunidades", Temas de Integração, 5.º vol., 1.º semestre de 2000, número 9, Almedina, p. 96.

[310] *Op. cit.*, p. 96.

[311] "Harmonização...", p. 1331.

se considere que houve transferência. No entanto, omite quando é que se pode afirmar que há manutenção dessa identidade, conforme diz Vasco Moura Ramos[312].

Um dos indícios de manutenção da identidade jurídica da empresa, resulta da continuidade e constância da actividade desenvolvida pelo novo empregador.

Conforme referido pelo *AG Cosmas*[313], as condições fundamentais para que se verifique uma transferência de empresa, de estabelecimento ou parte de estabelecimento são duas:

"*a*) é preciso que a empresa, estabelecimento ou parte de estabelecimento constitua à partida uma entidade económica;

b) é preciso que esta entidade subsista, mantendo a sua identidade, depois da mudança de proprietário".

O conceito de transmissão foi ampliado substancialmente, não se exigindo, para o efeito, qualquer vínculo negocial entre o transmitente e o transmissário. Conforme sublinhado no Ac. *Ayse Suzen*[314], "para que a directiva seja aplicável, não é necessário que existam relações contratuais directas entre o cedente e o cessionário, já que a cedência pode também efectuar-se em duas fases, por intermédio de um terceiro, como o proprietário ou o locador".

No Ac. *Berg e outros*, de 5 de Maio de 1988, afirma o Tribunal de Justiça que:

"1. O n.º 1 do artigo 3.º da Directiva 77/187, de 14.02.77, deve ser interpretado no sentido de que após a data da transmissão, o transmitente fica liberto das obrigações resultantes do contrato ou da relação de trabalho em virtude da própria transmissão mesmo que os trabalhadores da empresa não consintam nesse efeito ou a ele se oponham, sem prejuízo, todavia, da possibilidade que os Estados membros têm de prever a responsabilidade solidária do transmitente ou do adquirente após a data da transmissão.

O n.º 1 do artigo 1.º da Directiva deve ser interpretado no sentido de a directiva se aplicar ao mesmo tempo à cessão de uma empresa por força dum contrato de locação financeira".

---

[312] *Op. cit.*, p. 106.

[313] Procs. C-127/96, C-229/96 e C-74/97 e Processos apensos C-173/96 e C-247/96, CJTJ, 1998, I, p. 8194.

[314] Proc. C-13/95, CJTJ, 1997, I-3, p. 1261.

No Ac. *Katsikas* e no Ac. *Schroll* o Tribunal de Justiça respondeu "que uma tal obrigação de prosseguir a relação laboral com o transmissário poria em causa os direitos fundamentais do trabalhador, designadamente a sua liberdade de escolher a entidade para quem quer trabalhar, sendo portanto impensável uma interpretação da Directiva nesse sentido. Na hipótese de o trabalhador se recusar a prosseguir a relação de trabalho com o transmissário, caberá aos Estados-membros determinar o destino desta relação laboral, podendo cessar por iniciativa do trabalhador ou do empregador, ou ainda continuar a relação jurídico-laboral com o cedente"[315].

A jurisprudência comunitária tem excluído da aplicação da Directiva o direito falimentar, reservando para local próprio tal regime.

Decorre ainda da Directiva a proibição de a transferência da empresa constituir motivo autónomo de despedimento, "contudo, a mesma norma não exclui que possam verificar-se despedimentos por motivos técnicos, económicos ou de organização desde que estes «impliquem mudança no plano do emprego»"[316].

d) *O conceito lato de empresa*

Outra questão equacionada é qual o sentido a atribuir ao termo empresa e estabelecimento.

O Tribunal nas variadas interpretações que formulou pretendeu sempre enunciar um conceito de grande latitude, de âmbito material, em que ressalte a actividade económica exercida, de forma a conceder a maior tutela possível à posição do trabalhador.

Por sua vez, a ausência de uma definição legal parece de facto intencional, tratando-se de um conceito impreciso, pede-se ao aplicador que o concretize em cada caso concreto.

Tarefa, no entanto, não isenta de grandes dificuldades, relembre-se o polémico Ac. *Christel Schmidt*, um banco numa das suas filiais entregou as funções de limpeza até aqui desempenhadas por uma trabalhadora, a uma empresa de prestação de serviços. O contrato de trabalho extinguiu-se, tendo mais tarde, sido proposto à

---

[315] CATARINA NUNES DE OLIVEIRA CARVALHO, *op. cit.*, p. 170.
[316] LIBERAL FERNANDES, "Harmonização...", p. 1341.

trabalhadora pela empresa de prestação de serviços a retoma das suas funções, mas mediante um salário menor.

O Tribunal de Justiça entendeu que, neste caso, tinha existido uma transmissão de parte do estabelecimento.

Os críticos apontaram o ridículo de "a mulher da limpeza" ser transformada/confundida em parte de estabelecimento. O "que poderia suceder se, a *Volkswagen* deixasse de fabricar, ela própria, as fechaduras das portas dos seus veículos, alienasse as máquinas, encerrasse a respectiva secção e passasse a adquirir as fechaduras na Correia – deveriam, então, considerar-se os 20 trabalhadores que trabalhavam nessa secção, *ipso iure* trabalhadores da empresa coreana?"[317].

Explica JÚLIO GOMES,[318] "Determinar se a entidade económica subsiste é tarefa que exige a ponderação, no caso concreto, de uma série de factores, entre os quais se contam o tipo de estabelecimento, a transmissão ou não de elementos do activo, tais como edifícios e bens corpóreos, mas também o valor dos elementos imateriais no momento da transmissão, a continuidade da clientela, a permanência do pessoal (ou do essencial deste), o grau de semelhança entre a actividade exercida antes e depois e a duração de uma eventual interrupção da actividade".

Igualmente não colhe a mera transposição para o Direito do Trabalho da definição comercial de empresa, atenta, como já dito, a latitude que se pretende atribuir ao conceito.

Para LIBERAL FERNANDES,[319] "perspectiva-se (…) uma evolução no direito nacional no sentido do reforço da afirmação de um conceito de empresa específico do direito do trabalho – basicamente entendida como simples organização duradoura de actividades assalariadas – e, portanto, de certa forma independente da noção de estabelecimento de raiz comercialista".

Esta independência face ao Direito Comercial, visa atender ao conceito de empresa essencialmente como organização de pessoas, como "complexo humano organizado."[320]

---

[317] JÚLIO GOMES, "A Jurisprudência recente do Tribunal de Justiça das Comunidades Europeias em matéria de transmissão de empresa, estabelecimento ou parte de estabelecimento – inflexão ou continuidade?", Estudos do Instituto de Direito do Trabalho, Almedina, Vol. I, p. 490.

[318] *Op. cit.*, p. 483.

[319] "Harmonização Social…", p. 1323.

[320] JÚLIO GOMES, *op. cit.*, p. 493.

A *mobilidade do trabalhador e a transmissão da empresa ou do estabelecimento*   213

Recentemente, no Ac. *Temco Service*[321] o TJ aplicou a Directiva a uma situação em que um empregador encomendou os serviços, e confiou contratualmente a limpeza das suas instalações a uma primeira empresa que mandava executar esse serviço a uma empresa subcontratada.

Posteriormente, o referido empregador extingue este contrato e assina um novo contrato para execução dos mesmos serviços com uma segunda empresa.

Neste contexto, o TJC entendeu que houve cessão de parte do estabelecimento, apesar de não ter havido cessão de elementos do activo (corpóreos ou incorpóreos), entre a primeira empresa ou a sua subcontratada e a nova empresa.

Neste acórdão o litígio assentava nos seguintes factos: a *Volkswagen* confiou a limpeza de algumas das suas instalações industriais a *BMV* a partir de 2.05.93 e até ao mês de Dezembro de 94, data em que rescindiu o contrato. A *BMV* subcontratava os trabalhos de limpeza à sua filial *GMC*. Em 14.12.94 a *Vokswagen* encarregou a *Temco* de assegurar as mesmas prestações.

A *GMC*, para quem a limpeza das instalações da *Volkswagen* constituía então a única actividade, despediu todo o seu pessoal, com excepção de 4 trabalhadores, ficando inactiva, sem, no entanto, ser dissolvida.

Em conformidade com as disposições da CCT de 05.05.93, que obriga o cessionário da actividade a informar-se junto do seu predecessor do número de assalariados afectados à actividade cedida e a readmitir 75% do pessoal, a *Temco* deu conhecimento à *BMV*, por carta de 15 de Dezembro de 1994, de que tinha conseguido o contrato de limpeza da *Volkswagen* e convidava-a a comunicar-lhe a lista do pessoal afectado a este contrato. A *GMC* comunicou-lhe essa lista e a *Temco* readmitiu uma parte do pessoal da *GMC*.

---

[321] Proc. n.° C-51/00, de 24.01.2002, Actividades n.° 3/02, p. 38.

CAPÍTULO X
A contratação jurídico-laboral individual

1. O contrato de duração indeterminada

O contrato forma-se para perdurar, assim o entendeu supletivamente o legislador, desta forma a extinção do vínculo contratual só ocorrerá nos termos caucionados pelo art. 384.º, do CT.

2. A precariedade laboral ou os *contratos com pouca esperança de vida*

Explica PALMA RAMALHO[322] "A primeira grande área de incidência do processo de flexibilização do direito do trabalho actual é a dos denominados «contratos de trabalho atípicos»: a maioria dos sistemas jurídicos europeus (embora com diferenças temporais e substanciais relevantes entre eles) tem vindo, nos últimos anos, a facilitar a celebração de contratos de trabalho a termo e a tempo parcial, bem como a admitir ou a contemporarizar com o contrato de trabalho temporário, o *job sharing* e o trabalho intermitente ou sob chamada (*Arbeit auf Abruf*).

No *job sharing* os trabalhadores dividem um posto de trabalho e, na impossibilidade de prestação da actividade por um deles, uma «cláusula negocial de substituição» permitirá ao empregador recorrer ao outro, ficando assim sempre assegurada a não interrupção da actividade produtiva; no trabalho sob chamada, o trabalhador mantém-se disponível para prestar a sua actividade quando o empregador lho solicitar, de acordo com as necessidades de gestão".

---

[322] *Op. cit.*, p. 591.

2.1. Os contratos de trabalho a termo (uma das modalidades de trabalho precário)

a) *Definição de contrato a termo*

Os contratos que contêm já uma pré-determinação da sua duração, dizem-se a termo. A actual lei admite quer o termo resolutivo legal (a cessação do contrato depende de estipulação legal), quer o convencional (dependente da vontade das partes).

Se houver aposição de termo resolutivo, a eficácia do contrato cessa com a ocorrência do mesmo. Nestes casos, a cessação dos efeitos contratuais encontra-se na dependência dum acontecimento futuro mas certo.

O termo divide-se em certo e em incerto. Qual a diferença entre ambos?

Nos contratos a *termo certo*, a cessação do contrato encontra-se dependente da verificação de um determinado momento, rigorosamente fixado no tempo[323].

Nos contratos *a termo incerto*, a cessação do contrato encontra-se dependente, por sua vez, de um determinado acontecimento cuja data de verificação é incerta[324] (*v.g.,* o contrato vigora para o contratado a termo até à recuperação do trabalhador em convalescença, que se encontra a substituir).

A diferença entre termo certo e termo incerto não tem a ver com a verificação do facto (necessariamente certa), mas com o *momento da sua verificação*.

b) *Admissibilidade, motivação e justificação*

O art. 129.°, do CT apresenta a nomenclatura das situações em que é possível recorrer a este tipo de contrato de trabalho.

Ao contrário do admitido pela LCCT (art. 41.°), o n.° 2, do art. 129.°, do CT é meramente exemplificativo. Não obstante, a situação concreta deve enquadrar-se sempre na *cláusula geral de admissibilidade*, prevista, agora e inovadoramente, no n.° 1, do preceito.

---

[323] Exemplifica MENEZES CORDEIRO, *ibid*, "(...) no dia 11 de Agosto de 1999 (eclipse total do Sol na Europa Central): há um termo certo".

[324] "(...) na data das próximas eleições; sabe-se que vão ocorrer, mas a data exacta não está fixada; há um termo incerto", explica o mesmo A.

A Relação Jurídico-Laboral — 217

"O legislador parece ter cuidado essencialmente da génese do contrato a termo e não propriamente das suas manifestações."[325]

Assim, o contrato a termo exige motivação[326], mas não uma motivação aleatória, pois há que demonstrar o carácter temporário da necessidade e a "relação entre a justificação invocada e o termo estipulado" (n.º 3 do art. 131.º, do CT), sob pena de invalidade do termo (sendo *ad substantium*[327] como é, art. 131.º, n.º 4, do CT).

A formalidade diz-se *ad substantiam* "quando ela própria é um requisito de validade do acto jurídico"[328], cuja inobservância determina a nulidade (art. 220.º, do CC).

A formalidade *ad probationem* prende-se com a exigência de determinada forma para prova de certo acto. Nestes casos, resulta da lei que a forma prescrita apenas é exigida para a prova da declaração, podendo ser substituída por confissão expressa, judicial ou extrajudicial (esta última, desde que conste de documento de igual ou maior valor probatório).

Ainda, segundo o art. 131.º, n.º 3, do CT é exigível a menção concreta dos factos e circunstâncias que motivaram o contrato, cabendo ao empregador a prova da sua veracidade e adequabilidade (art. 130.º, n.º 1, do CT),[329] para a atendibilidade da mo-

---

[325] PAULA QUINTAS e HELDER QUINTAS, "Código do Trabalho… ", p. 375.

[326] *"I – A vontade das partes, só por si, não conduz à válida formulação de um contrato de trabalho a termo certo. Há exigências formais, sujeição à forma escrita, e o obrigatório acatamento de algumas indicações, entre elas se contando, a do prazo estipulado, e a indicação do motivo justificativo.*

II – Não ficando a contar do escrito as razões justificativas da contratação, é de considerar sem termo o contrato celebrado. (…)".

Ac. STJ, de 18.06.1997, ADSTA, Ano XXXVII, n.º 433, p. 118.

[327] *"I – O motivo justificativo da celebração do contrato de trabalho a prazo constitui uma formalidade* ad substantiam, *devendo estar suficientemente indicado no documento escrito que titula o contrato de trabalho, sob pena de invalidade do termo.*

II – A remissão e reprodução dos termos da lei não satisfaz a exigência legal da indicação do motivo justificativo".

Ac. de 10.03.1997, BMJ, 765, p. 641.

[328] ANA PRATA, "Dicionário Jurídico", Coimbra, Almedina, 1995, 3ª ed., p. 52.

[329] *"I – Não basta para validade do termo estipulado no contrato de trabalho a termo certo, que se indique o motivo justificativo do termo pela concretização dos trabalhos e funções para que o trabalhador seja contratado, é necessário que tais motivos sejam verdadeiros.*

II – Cabe à entidade empregadora a prova da sua veracidade, como facto impeditivo do direito alegado pelo trabalhador.

218   *Direito do Trabalho*

tivação[330], não o sendo, o contrato a termo converter-se-á em contrato sem termo[331-332].

O n.° 2, do art. 130.°, do CT dispõe, imperativamente, que, a celebração de contratos a termo fora dos casos admissíveis, implica

---

III – É válida a cláusula constante do contrato, segundo o qual a caducidade operaria automaticamente com a verificação do termo do contrato".
Ac. RL, de 05 de Maio de 1999, CJ, Ano XXIV, Tomo III, 1999, p. 158.
"I – (…) No regime do Decreto-Lei n.° 64-A/89, não há dúvidas ter-se encaminhado em sentido inverso ao da amplitude da admissibilidade do contrato temporário, pretendendo-se antes deixar bem clara a natureza sempre excepcional do contrato de trabalho a termo. Agora a contratação sem prazo passou a ser a regra.
II – Significa isto que, em termos de ónus da prova dos factos integradores de qualquer dos casos tipificados na lei, em que excepcionalmente esta admite a contratação a termo, em acção de impugnação de despedimento, é ao empregador que cabe alegar e provar tudo o que diga respeito a determinada motivação constante do contrato escrito, por força do princípio estabelecido no art. 342.°-2 do Código Civil".
Ac. de 18.11.1997, BMJ, n.° 471/1997), p. 480.
"(…) II – Não sendo indicado de forma explícita e precisa tal motivo justificativo, no respectivo contrato de trabalho, a declaração rescisória do mesmo corresponde a um despedimento ilícito, por inexistência de prévio processo disciplinar, visto a estipulação do termo ser considerada nula, por falta de indicação da factualidade concreta e real da necessidade de tal contratação e tal exigência constituir uma formalidade «ad substantiam»"
Ac. de 23.03.98, CJ, Ano XXIII – 1998, Tomo II, p. 259.
[330] *"(…) II – A remissão e reprodução dos termos da lei não satisfaz a exigência legal da indicação do motivo justificativo."*
Ac. de 10.03.1997, BMJ, 465 (1997), p. 641. No mesmo sentido, Ac. de 27.11.1997, BMJ, n.° 471 (1997) p. 464.
[331] *"Celebrado por escrito um contrato de trabalho a termo certo com o fundamento no acréscimo temporário do serviço provocado pela ausência de um trabalhador que se encontrava na situação de doente, e verificando-se que nas suas sucessivas renovações se dizia que elas tinham lugar por se manterem os motivos que levaram à sua celebração, a reforma do trabalhador doente, publicada no Diário da República, antes da segunda renovação implica que o motivo invocado já não correspondia à verdade à data daquela renovação, e, não sendo válido esse motivo, deve passar-se a considerar o mesmo contrato sem termo".*
Ac. RL, de 28.02.1996, CJ, Ano XXI, Tomo I, 1996, p. 178.
[332] *I – A contratação a termo certo e a contratação a termo incerto são duas formas distintas de contratação temporária de trabalhadores.*
II – Assim, não se aplicam à contratação a termo certo os pressupostos da conversão em contrato sem termo que estão previstos para o contrato de trabalho a termo incerto.
III – Um contrato de trabalho a termo certo, celebrado para a substituição temporária dum trabalhador ausente do serviço por motivo de doença, só se converte em contrato de trabalho sem termo nas circunstâncias referidas no artigo 141.° do Código do Trabalho.
Ac. RE, de 14.11.2006, CJ, Ano XXXI, T. III, p. 273

a conversão do contrato. Tal conversão sancionará, amiúde, *fraude ao contrato a termo*.

Dispõe o art. 130.º, n.º 2, do CT o seguinte:

"Considera-se sem termo o contrato de trabalho no qual a estipulação da cláusula acessória tenha por fim iludir as disposições que regulam os contratos sem termo".

A prova dos factos e circunstâncias que fundamentam a celebração de um contrato a termo cabe ao empregador (art. 130.º, n.º 1, do CT).

c) *A omissão dos requisitos formais e substanciais do contrato*

A omissão de alguns dos requisitos do art. 131.º, do CT não implica *tout court* a conversão do contrato a termo, salvo nos casos, expressamente mencionados do n.º 4, desse artigo.

É importante referir que a prática habitual de proceder a tal omissão funcionará como elemento indiciador de fraude à lei, conforme entende JORGE LEITE.[333]

A falta das menções das alíneas *b*) e *c*), do art. 131.º, do CT (respectivamente, "actividade contratada e retribuição", "local e período normal de trabalho") constituem meras formalidade *ad probationem*, não afectando a validade do contrato. Aliás, a aposição de tais menções pode ser provada por outro meio que não o contratual[334].

Na lei civil, a regra é a de que as estipulações acessórias anteriores ou contemporâneas do negócio, exigem a mesma forma (art. 221.º, do CC).

Por sua vez, a lei laboral atribui um regime especial, segundo o qual a omissão da data de início do trabalho reveste a natureza de mera irregularidade, presumindo-se que o contrato tem início na data da sua celebração (art. 131.º, n.º 1, al. *d*) e n.º 2, do CT).

Já a falta de redução do contrato a escrito (mesmo que todos as indicações hajam sido consensualmente acertadas) implica a conversão do contrato (n.º 4, do art. 131.º, do CT).

---

[333] "Direito...", p. 76.

[334] *"I – À falta da indicação da retribuição no contrato a termo a lei não comina a nulidade do contrato.*

II – Aquela exigência constitui uma formalidade "ad probationem" e não "ad substantiam.

III – A retribuição contratada pode, assim, ser demonstrada por outro meio de prova". Ac. de 28.03.96, CJ, ano XXI, Tomo II, 1996, p. 65.

220   *Direito do Trabalho*

Para nós, a presunção do n.º 4, do art. 131.º, do CT tem necessariamente que assumir a natureza inilidível. De outra forma, aquilo que o legislador quis assegurar, poderia, com maior ou menor facilidade, ser contornado pelo empregador.

Por comparação com o art. 42.º, da LCCT, ressaltamos as seguintes formalidades previstas no art. 131.º, do CT:

– a substituição do termo "categoria e funções ajustadas" pela referência "actividade contratada" (al. *b*) do n.º 1);

– a omissão voluntária do horário de trabalho, substituído pelo termo "período normal de trabalho" (alínea *c*)), em representação, para nós, de flagrante e grave violação do dever de informação, assente na boa-fé contratual, e provocando alguma indeterminabilidade no objecto contratual, o que se censura;

– por último, a louvável imposição de referência da data de cessação do contrato, para além da indicação da data de celebração (alínea *f*)).

d) *Sobre a conversão do contrato sem termo em contrato a termo*

Uma questão assaz pertinente prende-se com a admissibilidade da celebração de contrato a termo quando o trabalhador já se encontra, mediante contrato sem termo, ligado à empresa.

Em causa parecem estar dois valores de grande dignidade, o da liberdade contratual *versus* o da protecção do trabalhador contra a precariedade laboral.

No regime anterior da LCCT, a lacuna legal permitia diferentes interpretações, a jurisprudência,[335] no geral, pugnava pela conversão contratual.

---

[335] Em jeito de amostra, oscilam as posições jurisprudenciais entre a admissibilidade do contrato a termo em detrimento do contrato sem termo:

"(…) III. Sendo a intenção das partes a celebração de um contrato a termo, que só por falta de forma escrita não obteve cobertura legal, podem as mesmas, posteriormente, acordar na regularização da situação, reduzindo-o a escrito, com a data de começo utilizada, e termo no fim da época futebolística, como é prática corrente relativamente aos treinadores de futebol".

Ac. do STJ, de 07.10.98, ADSTA, n.º 447, p. 402.

"I – Nada na lei impede a celebração de um contrato a termo, por escrito, se antes o trabalhador e a entidade empregadora já tinham celebrado oralmente um contrato de trabalho sem termo, que mantêm em execução.

II – Nesse caso, a celebração do contrato de trabalho a termo implica necessariamente

A *Relação Jurídico-Laboral* 221

O art. 41.°-A da LCCT, aditado pela Lei n.° 18/2001, de 03 de Julho, veio resolver a dúvida quanto a essa convertibilidade.

O n.° 3, do preceito referido dispunha que, "é nulo e de nenhum efeito o contrato de trabalho a termo que seja celebrado posteriormente à aquisição pelo trabalhador da qualidade de trabalhador permanente".

O Código de Trabalho é omisso em tal matéria. A solução agora, pensamos, haverá que ser encontrada à luz do art. 122.°, al. *j*), do CT.

e) *Duração do contrato a termo*

Entendemos que, ao contrário do regime anterior, os contratos a termo certo apresentam agora *duração inicial* limitada, até 3 anos (art. 139.°, n.° 1, do CT).

O n.° 2 prevê uma *renovação excepcional*, esgotada a renovação contratual a exercer nos termos do n.° 1, cujo limite temporal não pode ser inferior a um ano nem superior a três anos. Esta faculdade dependia, no entanto, da publicação da regulamentação ao Código do Trabalho (art. 3.°, n.° 3, da Lei Preambular ao CT).[336]

O art. 172.°, da RCT impõe o aumento da taxa social única nos casos em que na empresa a percentagem de trabalhadores contratados a termo certo seja igual ou superior a 15%.

Nos casos previstos nas alíneas *a*), e na segunda parte da al. *b*), do n.° 3, do art. 129.°, do CT (Lançamento de uma nova actividade de duração incerta ou contratação de desempregados de longa duração) a duração máxima, <u>incluindo renovações</u>, não pode exceder dois anos.

No caso previsto na primeira parte da alínea *b*), do n.° 3, do art. 129.°, do CT (Contratação de trabalhadores à procura do primeiro

---

a cessação do contrato de trabalho sem termo anteriormente mantido, o qual só vigora até à data do início do novo contrato".

Ac. de 09.12.97, CJ, Ano XXII – 1997, Tomo V, p. 250.

Sobre a inadmissibilidade do contrato a termo havendo já contrato sem termo:

"A celebração de um contrato a termo, com a justificação de acréscimo excepcional de serviço, com trabalhador que já prestava o mesmo serviço na empresa há dois anos em cuja organização estava integrado, implica a nulidade da estipulação do prazo".

Ac. de 15.01.97, CJ, 1997, Ano XXII, Tomo I, p. 177.

[336] Dispõe o preceito citado: "3. O disposto no n.° 2 do artigo 139.° só se aplica depois da entrada em vigor da legislação especial prevista no artigo 138.°".

emprego) a duração máxima, <u>incluindo renovações</u>, não pode exceder dezoito meses.

A admissibilidade dos contratos a termo por prazo inferior a 6 meses só é possível nos termos das alíneas *a*), a *g*) do artigo 129.°, por remissão do art. 142.°, n.° 1, ambos do CT.

f) *Possibilidade de renovação contratual*

A renovação do contrato (que só faz sentido em uma das espécies dos chamados *contratos precários*, neste caso, sob a forma de contratos a termo certo) encontra-se, entre nós, disciplinada no art. 140.°, do CT.

A renovação do contrato a termo pode ser realizada de forma *automática,* na falta de declaração das partes em contrário (n.° 2).

Esta renovação implicará uma prorrogação do contrato pelo período igual ao inicial (*i.e.,* tendo o contrato duração inicial de 6 meses, a prorrogação será igualmente de 6 meses).

Constata-se que a versão actual se apresenta melhorada, pois ao tempo da LCCT conferia-se exclusivamente ao empregador a capacidade de renovar ou não o contrato de trabalho (Dizia a lei que o contrato se renovava automaticamente caso o empregador não comunicasse ao trabalhador, até oito dias antes de expirar o prazo convencionado para a duração do contrato, que não era sua intenção renová-lo).

O art. 388.°, n.° 1, do CT estipula agora prazo de denúncia para ambas as partes, 15 dias para o empregador e 8 dias para o trabalhador.

Além da prorrogação legal já referida, o n.° 3, do art. 140.°, do CT consagra ainda a possibilidade da chamada *renovação contratual, i.e.,* uma renovação por período diferente do inicialmente estipulado, exigindo a lei, no entanto, a observância dos requisitos materiais e formais da celebração do contrato, sob pena da inerente conversão em contrato sem termo.[337]

---

[337] *"I – A renovação do contrato a termo pode ser efectuada por acordo, desde que reduzido a escrito e assinado por ambas as partes.*

II – Neste caso podem as partes estipular, respeitadas as duas renovações e o período de três anos, que o contrato continue em vigor para além do termo estipulado e por um prazo superior ao inicial.

III – Se, após o trabalhador rescindir o contrato, e passado algum tempo, as partes

A *Relação Jurídico-Laboral*

Conforme assente pela nossa doutrina, nada impede que o contrato contenha, *ab initio*, uma cláusula de não renovação (art. 140.°, n.° 1, do CT), prescindindo-se, dessa forma, da comunicação prevista no n.° 2, desse artigo[338].

Considera-se como único contrato aquele que seja objecto de renovação, acrescenta algo redundantemente o n.° 5.

g) *A caducidade contratual*

A lei concede agora a ambas as partes prazo para a não renovação/conversão do contrato, instituindo-se finalmente a paridade dos interesses em presença. Neste sentido, o n.° 1, do art. 388.°, do CT estabelece, pela primeira vez, um prazo próprio de denúncia contratual, para o trabalhador, de 8 dias.

Relembre-se que a lei anterior apenas concedia tal prazo ao empregador (art. 46.°, n.° 1, da LCCT), obrigando o trabalhador a recorrer à então figura de *rescisão com aviso prévio*, o que forçadamente, determinava, nos termos legais, o cumprimento do prazo de 30 ou 60 dias, consoante a respectiva antiguidade contratual.

No caso de caducidade do contrato decorrente da *declaração do empregador* (e apenas neste caso), haverá lugar ao pagamento de uma compensação ao trabalhador no valor de 3 ou 2 dias de retribuição base e diuturnidades por cada mês de duração do contrato, consoante o contrato tenha durado por um período inferior ou superior a 6 meses (art. 388.°, n.° 2, do CT).

Na óptica do legislador, quanto mais curto o contrato, maior será a correspondente compensação, tendo por ensejo, pensamos, dissuadir o recurso abusivo a esta modalidade contratual.

---

celebrarem novo contrato a termo, este deve ser considerado um novo contrato, diferente do anterior.

IV – A incapacidade absoluta para o trabalho não determina a caducidade do contrato desde que o trabalhador possa exercer actividades compatíveis com aquela impossibilidade".
Ac. RC, de 18.01.1996, CJ, Ano XXI, Tomo I, 1996, p. 55.

[338] *"I – (…).*

II – É legal a cláusula inserta num contrato de trabalho a termo certo na qual se declare que fica expressa a vontade de o não renovar, pelo que o mesmo será automaticamente rescindido a partir da data do seu termo.

III – Neste caso, não há necessidade da comunicação a que se refere o n.° 1 do art. 46.° do D-L n.° 64-A/89".
Ac. RL, de 05.07.95, CJ, Ano XX, Tomo IV, p. 149

O n.º 3, do art. 388.º, do CT que consagra o princípio da proporcionalidade, impõe que, para efeito de cálculo da compensação, a duração do contrato que corresponda a fracção de mês seja calculada proporcionalmente.

A falta da comunicação de caducidade implica *ope legis* a renovação automática do contrato por período igual ao prazo inicial ou a conversão do contrato a termo em contrato sem termo (respectivamente, arts. 140.º, n.º 2 e 141.º, ambos do CT).

Nestes casos o empregador não pode desobrigar-se da renovação/conversão, mediante liquidação do equivalente ao aviso prévio em falta.[339]

A declaração de não renovação do contrato é uma declaração unilateral receptícia, regulada no art. 224.º, do CC[340].

h) *A contratação sucessiva*

O art. 132.º, do CT proíbe a política de contratos sucessivos,[341] antes de decorrido um período de tempo equivalente a um terço da duração do contrato (incluindo as respectivas renovações).

Acerca dos pressupostos dessa proibição, nomeadamente "motivo não imputável ao trabalhador", serão de enquadrar, *v.g.*, a caducidade do contrato, a resolução contratual por parte do trabalhador, a resolução contratual sem justa causa levada a cabo pelo empregador, a extinção de postos de trabalho por causas objectivas de ordem estrutural, tecnológica ou conjuntural.

A violação desta proibição (que, no regime anterior, apresentava grande polémica) foi pacificada, dispondo o n.º 3, do artigo

---

[339] Veja-se a título exemplificativo os seguintes acordãos:

1 - *"Caducado o contrato no fim do termo, é irrelevante que durante dois dias a professora intervenha – num dia – numa reunião de turma (…), e noutro dia seguinte para assistir a um exame – o que tudo representa a execução do mesmo contrato, e não a renovação do mesmo".*

Ac. RL, de 22.01.97, CJ, Ano XXII – 1997, Tomo I, p. 180.

2 - *"I – Celebrado um contrato a termo certo e, atingido o respectivo termo, as celebrações imediatas de mais dois contratos, também a termo, numa sequência cronológica, com a mesma justificação do primeiro, revela a renovação deste por mais duas vezes, o que implica a sua transformação em contrato sem termo".*

Ac. STJ, de 05.03.1997, CJ, 1997, Ano V, Tomo I, p. 291.

[340] Ac. RL, de 11.03.92, Rev. Trab. e Seg. Social, p. 26.

[341] Conforme já decorria da lei anterior (art. 46.º, n.º 4, da LCCT).

132.°, do CT que, se considera sem termo o contrato celebrado em violação do disposto no n.° 1, "contando para a antiguidade do trabalhador todo o tempo de trabalho prestado para o empregador em cumprimento dos sucessivos contratos"[342].

No entanto, o n.° 2, do mesmo artigo estabelece uma derrogação a esta política, atenta a motivação aí prevista, o que permitirá ultrapassar os limites temporais do contrato a termo certo, fixados no art. 139.°, do CT.

Os casos apresentados na derrogação legal são:

i) Nova ausência do trabalhador substituído, quando o contrato de trabalho a termo tenha sido celebrado com vista à sua substituição.

V. g., A. encontra-se em licença de maternidade, para a sua substituição é contratado B..

Findo o período de licença, A. retoma a prestação laboral, caducando, por consequência, o contrato de B. No entanto, A., logo depois, adoece por um longo período. O empregador, que havia ficado agradado com a prestação de B. volta a contratá-lo, a termo, pelo período necessário à substituição de A..

ii) Acréscimos excepcionais da actividade da empresa, após a cessação do contrato.

V.g., a caducidade do contrato de A. coincidiu com o recebimento de uma importante encomenda que urge satisfazer, o empregador pode novamente contratá-lo para aceder a esse acréscimo de actividade.

iii) Actividades sazonais
V. g., agricultura, turismo.

iv) Trabalhador anteriormente contratado ao abrigo do regime aplicável à contratação de trabalhadores à procura de

---

[342] Conforme expunha PEDRO O. DE BETTENCOURT, "Contrato de Trabalho a termo", *Erasmus* Ed., p. 245, no contexto da LCCT, para alguns, a violação do art. 46.°, n.° 4 da LCCT (que, com a nova redacção do art. 46.°, n.° 4, vinda da Lei n.° 18/2001, de 03.07, aumentou o *interregno* entre a cessação do contrato e a nova admissão de 3 para 6 meses), implicaria a conversão do contrato em contrato sem termo; para outros, apenas teria lugar a aplicação de uma coima (art. 60.°-1-*c)*).

primeiro emprego, não podendo este contrato exceder três anos, nem ser renovado mais de duas vezes. No entanto, decorrido o período de renovação normal, pode ocorrer uma outra renovação, de cariz excepcional, limitada a, um mínimo de um ano e a um máximo de três anos (art. 139.º, 1 e 2, do CT).

Esta posterior contratação deve observar, não só, a motivação essencial do contrato a termo (arts. 129.º e 143.º, ambos do CT), como também, o respectivo formalismo (art. 131.º, do CT) e os limites legais de renovação expressamente consagrados (art. 139.º, do CT).

Ora, no caso dos trabalhadores à procura de primeiro emprego, esta segunda contratação deixa de estar submetida aos limites do n.º 3, do art. 139.º, do CT (que prevê como duração máxima do contrato a termo certo, incluindo renovações, o período de dezoito meses), para passar a receber o tratamento dos n.os 1 e 2, do mesmo artigo, nos termos do qual, o contrato a termo certo pode ser submetido a *renovação normal* até 3 anos, mais *renovação excepcional*, até o mesmo período.

Aquilo que expressamente se afastou aquando da primeira contratação (renovação contratual até ao limite dos seis anos) é admitido nos termos da segunda contratação.

Em suma, em nossa opinião, a norma apresenta-se contraditória e de propósito duvidoso.[343]

2.2. *Contrato de trabalho a termo incerto*

a) *Considerações preliminares*

A admissibilidade do contrato a termo incerto encontra-se determinada no art. 143.º, do CT (que remete ainda para o n.º 1, do artigo 129.º, do CT quanto à génese do contrato)[344].

---

[343] Para mais desenvolvimentos, *v.* "A precariedade dentro da precariedade ou a demanda dos trabalhadores à procura de primeiro emprego", PAULA QUINTAS, Q.L., n.º 24.

[344] *I – O trabalhador contratado a termo incerto para substituir um outro trabalhador com baixa por doença, e enquanto esta tivesse lugar, não pode o seu contrato ser considerado como que transformado em contrato sem termo, por se verificar a impossibilidade do regresso do trabalhador substituído ao seu posto de trabalho, em virtude de ter passado à situação de pensionista.*

Pondera-se qual a solução a atribuir quando a motivação apresentada não é admitida no contexto do contrato de trabalho a termo incerto.

Questão particularmente pertinente, atendendo a que o art. 143.°, do CT se mantém *taxativo*.

A resposta teria que ser encontrada no artigo 130.°, do CT (artigo chave da contratação a termo). Acontece que este dispositivo não regula os contratos a termo incerto. Ora, a parte final, do n.° 2, do art. 130.°, do CT considera sem termo o contrato de trabalho celebrado fora dos casos previstos no artigo art. 129.° (que, como sabemos, não se aplica aos contratos a termo incerto, por o próprio artigo 143.°, do CT afastar a sua aplicação).

A redacção da parte final do art. 130.°, do CT é, a nosso ver, muito limitativa.

De facto, o legislador ao ressaltar a celebração fora dos casos previstos no art. 129.°, do CT (agora que a admissibilidade da contratação a termo certo assenta numa *cláusula geral*, sendo os casos aí consignados meras exemplificações) peca por defeito. Isto porque, o cerne da questão é a proibição de toda a contratação a termo em violação da sua *génese* (necessidade temporária), e da respectiva *adequabilidade temporal* (período estritamente necessário).

Ainda e quanto agora aos contratos a termo incerto, fica por resolver a enunciação contratual de uma motivação não legalmente admitida, pois, como já dissemos, o art. 143.°, do CT apela à mesma fórmula da contratação a termo certo (génese contratual e adequabilidade temporal), mas os casos aí previstos são imperativamente taxativos. Resta-nos apelar a uma interpretação correctiva do art.

II – *É que não é lícito interpretar-se como condição resolutiva do contrato a termo incerto o regresso do trabalhador substituído ao seu posto de trabalho, de modo a extrair-se das cláusulas «o contrato destina-se à substituição temporária do trabalhador... que se encontra com baixa» e «... subsiste por todo o tempo necessário à substituição do trabalhador... e caduca desde que prevendo-se o regresso do trabalhador, a 1ª outorgante comunique ao 2.° outorgante o termo do contrato....» a conclusão que o contrato só caducaria se o trabalhador substituído regressasse e que, se não regressasse, o seu contrato se transformaria em contrato sem termo.*

III – *Pois, à contratação a termo incerto não está inerente a condição resolutiva, visto que este tipo de contrato dura por todo o tempo necessário à substituição do trabalhador ausente e caduca quando terminar a necessidade de substituição, que, na hipótese, se verificou com a passagem do trabalhador substituído à situação de reformado.*

Ac. RP, de 05.07.99, CJ, Ano XXIV, T. IV, p. 250

130.°, n.° 2, *in fine*, do CT, considerando convertidos todos os contratos que violem os pressupostos de admissibilidade, bem como, a contratação fora dos casos previstos no artigo 143.°, do CT.

O contrato durará por todo o tempo necessário para a substituição do trabalhador ausente ou para a conclusão da actividade, tarefa, obra ou projecto cuja execução justifica a celebração (art. 144.°, do CT), e não é passível, face à conjuntura jurídica que o configura, de renovação, *legal* ou *negocial*.

"No contrato de trabalho a termo incerto, a execução do programa contratual dura o tempo necessário até a finalidade pré-definida ser atingida, não sendo de aplicar as disposições especiais do contrato a termo certo, pois não há lacuna jurídica. O legislador *expressamente* afastou a aplicação dos limites temporais dos contratos a termo certo aos contratos a termo incerto. Assim, todo o tempo necessário para execução da obra/tarefa pode exceder o limite imperativamente fixado para o contrato a termo certo"[345].

b) *A caducidade contratual*

Para além da verificação do fim da actividade, é necessário que o empregador proceda à comunicação prévia ao trabalhador, com uma antecedência mínima de 7, 30 ou 60 dias, conforme o contrato tenha durado até seis meses, de seis meses até dois anos ou por período superior (art. 389.°, n.° 1, do CT), quando preveja a ocorrência do facto que determina a sua cessação (*v.g.*, a recuperação do trabalhador substituído).

O incumprimento, total ou parcial, do prazo de pré-aviso concede ao trabalhador o direito a ser indemnizado no correspondente ao período de pré-aviso em falta (art. 389.°, n.° 3, do CT).

Nos termos do art. 145.°, n.° 1, do CT, o contrato converte-se em contrato sem termo, havendo *continuidade na prestação laboral do trabalhador*, nos seguintes casos:

– falta de aviso prévio;

– esgotado o prazo de pré-aviso, o trabalhador continue ao serviço da empresa *15 dias depois* da conclusão da actividade, serviço, obra ou projecto para que haja sido contratado ou do regresso do trabalhador substituído ou da cessação do contrato deste.

---

[345] Paula Quintas e Helder Quintas, *op. cit.*, p. 422.

A compensação é também neste caso devida (art. 389.º, n.º 4 que remete para o art. 388.º, ambos do CT).

ENQUADRAMENTO CONTRATUAL DAS RELAÇÕES LABORAIS

Contrato sem termo — não apresenta limites temporais, cessa nos termos do art. 384.º, do C.T.

Contrato a termo

Certo (*certus an certus quando*)

|

momento da verificação do termo é conhecido

|

duração inicial e renovada (normal) = 3 anos
(art. 139.º, n.º 1, do C.T.)
+
renovação excepcional – de 1 a 3 anos
(art. 139.º, n.º 2, do C.T.)
[• nova actividade, laboração de uma empresa/
/estabelecimento, desempregados de longa duração – 2 anos de duração (art. 139.º, n.º 3, do C.T.)
• 1.º emprego – 18 meses (art. 139.º, n.º 3, do C.T.)]
Motivação contratual – *cláusula geral de admissibilidade* (necessidade temporária + pelo período estritamente necessário) (art. 129.º, n.º 1, do C.T.)
(n.º 2, meramente exemplificativo)
(n.º 3, norma auto-suficiente)

Incerto (*certus an incertus quando*)

|

dura até onde tiver que durar (art. 144.º, do CT), não renovável
Motivação contratual: art. 143.º, do C.T., que remete para o art. 129.º do C.T.

3. Período experimental

a) *Considerações preliminares*

O período experimental tem em vista testar se as prestações contratuais que cada uma das partes exige à outra, se mostram adequadas. Do "ponto de vista da *entidade patronal,* interessa que a situação resultante do contrato só se *estabilize* se, na verdade, o trabalhador contratado mostrar que possui as aptidões laborais procuradas; do ângulo do *trabalhador,* pode ser que as condições concretas do trabalho, na organização em que se incorporou, tornem intolerável a permanência indefinida do vínculo assumido", explica MONTEIRO FERNANDES[346].

O estatuído no art. 105.°, do CT (que optou pelo termo "denúncia") permite, na linha do previsto no regime anterior, a *livre e imediata* cessação do contrato sem aviso prévio para o trabalhador, prescindindo-se da invocação de justa causa e não se contemplando qualquer consequência indemnizatória. No entanto, no caso do período experimental exceder os sessenta dias, cabe ao empregador (e apenas a este) um aviso prévio de sete dias, conforme resulta do n.° 2, desse artigo.

A redução do período experimental (art. 110.°, n.° 1, do CT) ou o seu afastamento (art. 110.°, n.° 2, do CT), obriga ao acordo escrito das partes (ainda, e quanto à redução do período experimental, pode intervir a regulamentação colectiva), o que sendo uma formalidade *ad substantiam,* implica a invalidade de um qualquer acordo que viole a forma prescrita.

b) *O possível alargamento do período experimental*

O período experimental pode ser afastado ou reduzido, pela vontade das partes ou por convenção colectiva de trabalho.

A questão do seu possível alargamento (objecto de grande polémica na lei anterior) continua por resolver.

O Código do Trabalho não se pronuncia expressamente e nos termos desejáveis, o que nos obriga, pensamos, a recorrer ao princípio do tratamento mais favorável ao trabalhador.

---

[346] "Direito do Trabalho", 11ª ed., p. 315.

A posição de ROMANO MARTINEZ e outros, não nos (con)venceu, quando no comentário ao artigo 110.°, do CT refere[347] que, "Resulta agora claro que a duração do período experimental não pode ser aumentada, mas apenas reduzida, seja por instrumento de regulamentação colectiva de trabalho, seja em contrato de trabalho". De qualquer forma, partilhamos da ideia de que, o período probatório foi uma realidade jurídica criada em favor do empregador, face ao ilimitado poder de desvinculação do trabalhador na vigência do período experimental e ao (quase) ilimitado poder de desvinculação após tal período.

Está questão assume particular dimensão nos contratos a termo, como já dissemos, "(...) o período probatório alongado nos contratos a termo de duração reduzida, pode levar a uma coincidência temporal entre o período experimental e a própria duração do contrato, o que esvaziaria todo o propósito do regime, de forma flagrantemente abusiva.

Mas já nos contratos a termo de maior duração e que eventualmente poderão exigir maiores conhecimentos e capacidade técnicos do trabalhador, seria de admitir sem reservas a transposição para os contratos a termo dos limites temporais previstos para os contratos sem termo"[348].

c) *A execução contratual como elemento essencial do período experimental*

"Aceita-se consensualmente que a desvinculação contratual na pendência do período experimental exige que efectivamente se tenha iniciado a execução do mesmo, que as partes tenham tido já oportunidade de mutuamente manifestarem a respectiva aptidão para a convivência contratual.

Só após essa prestação inicial, pode haver idoneidade e/ou legitimidade para se rejeitar a continuação da vigência do contrato. Tal é dito agora expressamente no art. 104.°, n.° 2, do CT.

---

[347] "Código do Trabalho Anotado", ROMANO MARTINEZ e outros, Almedina, 2003, p. 244.

[348] *Idem.*

A promoção da denúncia do contrato por qualquer uma das partes, sem prévia execução configuraria, por consequência, um comportamento abusivo, logo, ilícito"[349].

d) *A livre desvinculação na pendência do período experimental*

Durante o período experimental, o regime de desvinculação é especial, não lhe sendo aplicável qualquer sanção.

Por outro lado, aqui, não é necessária a indicação (ou existência) de motivo.

«A declaração é, literalmente, *ad nutum* mas tal significa que se prescinde de facto de motivação, apesar de não carecer de ser manifestada? Pondera-se aí o grau de arbitrariedade conferido ao empregador em promover, quando e logo que entender, a cessação contratual.

Contra a corrente dominante, acolhemos a desvinculação livre quer do trabalhador, quer, e sobretudo, do empregador, a futura convivência marital das partes, esbatida, é certo, nas grandes de maior dimensão (embora o empregador seja sempre personificado num qualquer superior hierárquico), assim o justifica»[350].

Apesar de assim ser, apresenta-se como abusiva a desvinculação ilícita do contrato de trabalho, face às (legítimas) expectativas geradas por uma parte à outra, no pressuposto da *consumação contratual*, utilizando a imagem do período experimental como *prénupcial*.

---

[349] PAULA QUINTAS e HELDER QUINTAS, "Código do Trabalho...", p. 266.

MENDES BAPTISTA, "Jurisprudência do Trabalho Anotada", Quid Iuris, 3ª ed. (Reimpressão), 2000, p. 325, apresenta um acordão do STJ, de 25.06.86, segundo o qual:

"III – Assim, ao rescindir unilateralmente o contrato de trabalho durante o período de experiência, mas sem que o trabalhador tenha efectivamente exercido funções, a entidade patronal não está a exercer o direito de fazer cessar o contrato, mas a abusar desse direito, pois está a exceder os limites impostos pela boa fé e pelo fim social e económico do contrato de trabalho. (...)".

Entre nós, a concepção do abuso de direito consagrada é a objectiva. "Não é necessária a consciência de se excederem, com o seu exercício, os limites impostos pela boa fé, pelos bons costumes ou pelo fim social ou económico do direito, basta que se excedam esses limites", ensinam PIRES DE LIMA E ANTUNES VARELA, "Código Civil Anotado", vol. I, 4ª ed., p. 298.

[350] PAULA QUINTAS e HELDER QUINTAS, "Código do Trabalho...", p. 269.

Sobre a figura da expectativa jurídica, ensina MENEZES COR-DEIRO[351], "Em princípio, elas ocorrem em factos jurídicos complexos de produção sucessiva, isto é, em conjunções nas quais o Direito requeira, para o aparecimento de determinados efeitos jurídicos, uma sucessão articulada de eventos, que se vão produzindo no tempo.

Ora, desde que se inicie tal processo, o beneficiário tem uma esperança (*spes iuris*) crescente de, no seu termo, ver constituir um direito ou vantagem similar: ele tem uma expectativa".

A livre desvinculação durante o período experimental pressupõe naturalmente que as prestações já se encontram em execução, concedendo-se, neste contexto, cada uma das partes a oportunidade de se colocarem mutuamente à prova.

Ora a denúncia parece-nos ser igualmente livre durante o período experimental, quando o *contrato ainda não se encontra em execução, não decorrendo, portanto, ainda o tal período probatório*, mas, nesta hipótese a desvinculação já não poderá ser aferida à luz do regime do art. 384.°, do CT, mas remetida para os princípios obrigacionais gerais. O campo especial de intervenção do direito de trabalho ainda não tem aplicação.

e) *Os vícios do consentimento*

«Questiona-se se os vícios de consentimento podem ainda ser valorados no final do período experimental, ou se este esgota tudo.

Durante o período experimental, é natural que o trabalhador tente ser o mais diligente e capaz, superando eventualmente a si próprio, e que depois, com a rotina laboral, o seu desempenho se normalize.

No entanto, casos há em que, o trabalhador falseia as suas capacidades ou ilude o empregador, referindo aptidões ou conhecimentos que não possui. Nestas situações a censura disciplinar (em nome, nomeadamente, da violação dos deveres de lealdade) não nos parece suficiente.

A violação do dever de informação exorbita a finalidade do período probatório, sendo motivo para a resolução do contrato por erro-vício.

---

[351] "Tratado...", I, Parte Geral, Tomo I, 2ª ed., 2000, p. 181.

A vontade do empregador foi viciada e tal irá atingir a validade do contrato estabelecido. Ocorreram "perturbações do processo formativo da vontade, operando de tal modo que esta, embora concorde com a declaração, é determinada por motivos anómalos e valorados, pelo direito, como ilegítimos."[352-353]

f) *A duração do período experimental*

Nos contratos sem termo, o período experimental, para a generalidade dos trabalhadores, é de 90 dias[354] (art. 107.º, al. *a*), do CT).

De acordo com o art. 108.º, do CT, o período experimental, nos contratos a termo (certo ou incerto), é de:

i) 30 dias, para os contratos de duração igual ou superior a 6 meses (al. *a*)),

ii) 15 dias, nos contratos:
– a termo certo com uma duração inferior a 6 meses (al. *b*), 1ª parte);
– a termo incerto cuja duração se preveja não vir a ser superior a 6 meses (al. *b*), 2ª parte).

---

[352] MOTA PINTO, *op. cit.*, p. 500.

[353] PAULA QUINTAS e HELDER QUINTAS, "Código do Trabalho...", p. 266.

[354] *I – O período experimental, nos contratos por tempo indeterminado, tem a duração de 90 dias (art. 107.º, al. a), do CT).*

II – Porém, se o empregador pretender denunciar o contrato, cujo período experimental tenha durado mais de 60 dias, terá de dar ao trabalhador um prévio-aviso de 7 dias, cujo termo deverá verificar-se no decurso daquele mesmo período experimental.

III – A denúncia pode revestir a forma verbal, mas a declaração, que a concretiza, deve ser afirmativa, datada e séria, e não uma mera declaração de intenção, repetida no tempo ou condicional, que impossibilite, em absoluto, o controlo, pelo trabalhador, do pré-aviso de 7 dias.

IV – Tendo o empregador emitido declaração escrita de denúncia do contrato com «efeitos imediatos», sem respeito pelo prévio-aviso de 7 dias, tal declaração configura um despedimento ilícito, com as devidas consequências legais, porque não precedido de procedimento disciplinar.

Ac. RL, de 19.06.2006, CJ, Ano XXXI, T. III, p. 235

CAPÍTULO XI
Regime jurídico das férias, feriados e faltas

1. O regime jurídico das férias

1.1. *Principais novidades no que concerne ao direito a férias*

a) Extingue-se a distinção, quanto ao ano da contratação, entre primeiro e segundo semestre.

O direito a férias vence-se após seis meses de trabalho efectivo, sendo de dois dias úteis por cada mês, até ao máximo de vinte dias úteis (art. 212.º, n.º 2, do CT).

b) A maximização do tempo de férias (até 3 dias úteis) ocorre para premiar o cumprimento estrito do dever de assiduidade (art. 213.º, do CT).

Só se acatam as ausências justificadas, e o gozo desta maximização é gradativo:

– Uma falta ou dois meios dias de falta – mais três dias de férias (n.º 3, al. *a*))

– Duas faltas ou quatro meios dias de falta – mais dois dias de férias (n.º 3, al. *b*));

– Três faltas ou seis meios dias – mais um dia de férias (n.º 3, al. *c*)).

c) Aboliu-se a distinção entre contratos a termo e contratos sem termo.

O Código do Trabalho distingue os contratos com duração:

– de 6 ou mais meses, em que se aplica o regime do art. 212.º;

– até 6 meses, em que se aplica o regime do art. 214.º;

O n.º 3, do art. 214.º, do CT, dispositivo novo, prevê que nos contratos cuja duração total não atinja seis meses, o gozo das férias tenha lugar no momento imediatamente anterior ao da cessação, salvo acordo das partes em contrário.

d) O Código do Trabalho ainda no combate ao absentismo fraudulento, prevê agora mecanismos de controlo da doença invocada pelo trabalhador (art. 219.º, do CT).

e) No que concerne aos efeitos da suspensão do contrato de trabalho por impedimento prolongado, respeitante ao trabalhador, a lei obriga à prestação de seis meses de serviço efectivo para gozo de dois dias úteis de férias, até ao máximo de 20 dias úteis (art. 212.º, n.º 2, *ex vi* 220.º, n.º 2, ambos do CT).

O n.º 3 permite o gozo das férias já vencidas (respeitantes ao ano da cessação do impedimento prolongado) até 30 de Abril.

O n.º 4 dispõe, inovadoramente, que, cessando o contrato após impedimento prolongado, o ano da suspensão é assumido como o ano de cessação do contrato de trabalho.

f) Quanto aos efeitos da cessação do contrato de trabalho sobre o direito a férias, o n.º 3 do art. 221.º, do CT (dedicado ao contrato cuja duração não atinja 12 meses) prevê que o período de férias não possa ser superior ao proporcional à duração do vínculo.

Há que articular o n.º 3 deste artigo com o n.º 4, do art. 212.º, do CT.

1.2. *A aquisição, o vencimento e o gozo das férias*

O direito a férias garantido constitucionalmente (art. 59.º, n.º 1, *d*), *in fine*, da CRP) encontra-se regulado nos arts. 211 e ss., do CT[355].

O direito a férias é hoje inerente à qualidade de trabalhador, adquirindo-se *automaticamente* com a celebração do contrato de trabalho (art. 212.º, n.º 1, do CT).

---

[355] Revogando o Decreto-Lei n.º 874/76, de 28/12, com as alterações introduzidas pelo Decreto-Lei n.º 379/91, de 16/10.

Regime jurídico das férias, feriados e faltas 237

As férias destinam-se a permitir ao trabalhador uma recuperação mais profunda do desgaste provocado por um longo período de trabalho. Por outro lado, concedem-lhe libertação laboral e auto-disponibilidade por algum tempo (art. 211.º, n.º 2, do CT).

O art. 211.º, n.º 4, do CT dispõe, em conformidade, que o direito a férias não está condicionado à assiduidade ou efectividade de serviço. Contudo, este princípio admite derrogações, quer *favoráveis* (maximização do tempo de férias (art. 213.º, n.º 3, do CT), quer *desfavoráveis* (perda de dias de férias em virtude de faltas ao trabalho, art. 232.º, n.º 2, do CT).

Outrora, as férias eram tidas como recompensa atribuída ao bom trabalhador.

Este carácter de «recompensa pela permanência ou constância» ao serviço do mesmo empregador subsiste no actual Código por dois motivos:

– em primeiro lugar, porque o período de férias se alonga com a maior duração do tempo de serviço;

– em segundo lugar, porque a lei reserva um período excepcional de férias, para distribuir ao trabalhador que não falta ou que só falta justificadamente (n.º 3, do art. 213.º, do CT), constituindo este dispositivo uma das novidades mais polémicas deste Código.

Nos termos do art. 223.º, do CT e para que o efeito regenerativo da prestação laboral se cumpra, encontra-se vedado ao trabalhador o exercício durante as férias de qualquer outra actividade, salvo se, a já viesse exercendo em cumulação ou o empregador a tal autorizar.[356]

O Código não resolveu, ou não quis resolver, os casos de pluriemprego, não prevendo qualquer período de absoluta proibição de prestação laboral.

Nos termos do art. 212.º, n.º 1, do CT, o vencimento do direito a férias ocorre no dia 1 de Janeiro de cada ano civil, reportando-se,

---

[356] A violação desta proibição obriga o trabalhador a repor as quantias recebidas (sendo 50% para o Instituto de Gestão Financeira da Segurança Social, nos termos do n.º 2 do art. 223.º, do CT), através, nomeadamente, de descontos na retribuição efectuados pelo empregador, até ao limite de um sexto (n.º 3, do art. 223.º, do CT). Podendo haver lugar, a responsabilidade disciplinar do trabalhador (n.º 2, do art. 233.º, do CT).

em regra, ao trabalho prestado no ano anterior). Trata-se pois do *exercício de um direito já anteriormente adquirido* (art. 211.º, n.º 4, do CT).

No ano de admissão, o trabalhador (com contrato sem termo ou a termo de 6 ou mais meses) tem direito, após 6 meses completos de execução do contrato, a 2 dias úteis de férias, até ao máximo de 20 dias úteis (art. 212.º, n.º 2, do CT).

Conforme já referimos, o Código do Trabalho (contrariamente ao que vigorava no regime anterior) não distingue, para efeito de atribuição do direito a férias, a admissão do trabalhador no primeiro ou no segundo semestre[357].

Na eventualidade de, no ano da contratação, o trabalhador ainda não ter conseguido atingir os necessários seis meses para vencimento do direito, o *tempo de férias formado com essa prestação laboral*, pode ser gozado, até 30 de Junho do ano subsequente, logo que alcançados os seis meses de prestação do contrato (n.º 3, do art. 212.º, do CT)[358].

No caso de, no ano da contratação, o trabalhador ter desempenhado seis meses de trabalho efectivo, mas, entretanto, ocorrer o termo do ano civil, *o gozo das férias vencidas* pode ainda ocorrer até 30 de Junho do ano subsequente (n.º 3, do art. 212.º, do CT).

---

[357] Relembre-se que na vigência da LFFF, quando o início da prestação de trabalho ocorria no 2.º semestre do ano civil, o direito a férias só se vencia após o decurso de 6 meses completos de serviço efectivo, conforme expunha MONTEIRO FERNANDES, "Direito…", p. 354, "se a prestação de trabalho, após a admissão, se verificar somente no segundo semestre do ano desta, então o primeiro período de férias (a gozar no ano subsequente) não se vence necessariamente no dia 1 de Janeiro, mas na data em que se completem seis meses completos de serviço. O objectivo da lei é, seguramente, o de prevenir hipóteses aberrantes como (no limite) a de se tornar exigível em 1 de Janeiro de certo ano o direito a férias de um trabalhador admitido em 30 de Dezembro do ano anterior – hipótese que, na sua pureza, o sistema admitiria".

Ocorrendo a admissão no 1.º semestre do ano civil, o trabalhador tinha direito, após um período de 60 dias de trabalho efectivo, a um período de férias de 8 dias úteis, para evitar, por um lado, um período de trabalho excessivamente prolongado até ao vencimento das férias; e, por outro, segundo entende o mesmo Autor, visava evitar uma "consequência aberrante da configuração do sistema; a possibilidade da exigência de férias no início da relação de trabalho, antes da prestação de qualquer actividade."

[358] Para maiores desenvolvimentos, *v.* PAULA QUINTAS e HELDER QUINTAS, "Código do Trabalho…", p. 519.

O regime do n.º 4, do art. 214.º, do CT cuida apenas das situações em que ocorre *transferência* de gozo das férias, *para o ano civil seguinte*, impondo ainda um limite, por acumulação do direito de férias, do ano de admissão e do ano civil subsequente, de 30 dias úteis.

Assim , temos três *cenários* possíveis:

i) Contratação em 2 de Janeiro de 2004

No ano de admissão, prestados que estejam seis meses completos de execução do contrato, tem o trabalhador direito a 12 dias de férias (6x2).

No entanto, nos casos em que, por qualquer motivo, as férias só possam ser gozadas em 1 de Dezembro, a prestação excedente desde o momento em que se formou o direito a férias, continua a contar para a atribuição do tempo de férias, até ao limite de 20 dias úteis.

Assim, desde 2 de Janeiro a 1 de Dezembro perfazem 11 meses de execução do contrato, o que significaria o gozo de 22 dias úteis de férias (11x2=22), mas que vai ser restringido a 20 dias úteis por imposição do n.º 2, do art. 212.º, do CT.

ii) Contratação em 1 de Julho de 2004

No ano de admissão, o trabalhador presta seis meses de trabalho.

Assim, 6x2=12 dias úteis de férias.

Mas o termo do ano ocorre, o que impossibilita, naturalmente, o gozo das férias nesse ano.

A lei permite, ainda, o respectivo gozo até 30 de Junho do ano civil subsequente (n.º 3, do art. 212.º, do CT).

Mas, em 01 de Janeiro do ano subsequente (2005), vencem-se 22 dias úteis de férias (segundo o disposto no art. 212.º, n.º 1, do CT), então 12 dias úteis (devidos no ano de contratação) + 22 dias úteis de férias, seriam 34 dias úteis de férias, hipótese que a norma afasta ao impôr o gozo de apenas 30 dias úteis de férias (n.º 4, do art. 212.º, do CT).

iii) Contratação em 1 de Outubro de 2004

No ano da contratação, o trabalhador presta três meses de trabalho.

No entanto, para a formação do direito, carece de prestar mais três meses, mas tal é-lhe vedado pela sobreviência do termo do ano civil.

Neste caso, a lei, no ano civil seguinte, permite o gozo do direito a férias *angariado no ano da contratação*, desde que usufruído até 30 de Junho e logo que atingidos os seis meses de execução do contrato (n.º 3, do art. 212.º, do CT).

As férias do ano de contratação de 6 dias úteis, serão gozadas a partir de 30 de Março (logo que atingidos os seis meses de execução do contrato), até 30 de Junho.

Em 01 de Janeiro do ano civil subsequente (2005), vencem-se 22 dias úteis de férias (segundo o disposto no art. 212.º, n.º 1, do CT), então 6 dias úteis (devidos no ano de contratação) + 22 dias úteis de férias, perfazem 28 dias úteis de férias, hipótese que a norma consente ao impor o gozo de, no máximo, 30 dias úteis de férias (n.º 4, do art. 212.º, do CT).

O trabalho prestado para esta aquisição há-de ser o dos "dias, seguidos ou interpolados, em que foi prestado trabalho" (n.º 2, do art. 214.º, do CT).

Por uma questão de sistematização, entendemos que esta definição devia ter sido apresentada logo no art. 212.º, do CT.

Aliás e com o devido respeito, consideramos que os arts. 212.º e 214.º, ambos do CT poderiam ter sido conjugados num único artigo, dado que a fórmula usada é a mesma.

O regime especial dos contratos de curta duração

O trabalhador cujo contrato de trabalho *não atinja seis meses*, tem direito a gozar dois dias úteis de férias por cada mês completo de duração do contrato (art. 214.º, n.º 1, do CT), que terão "lugar no momento imediatamente anterior ao da cessação" do contrato de trabalho, salvo acordo das partes em contrário (n.º 3).

Este preceito vem alargar a faculdade prevista no n.º 5, do artigo 218.º, do CT (que já advinha da LCCT) de "nos casos em que o contrato está sujeito a aviso prévio", o empregador determinar que o período de férias seja antecipado para o momento anterior à data prevista para a cessação do contrato.

Este poder que a lei confere ao empregador, representa, quanto a nós, uma restrição ao direito formado do trabalhador, pois o último período de execução do contrato será utilizado para gozo de férias, com inerente prejuízo patrimonial do trabalhador, face à recusa do empregador em receber trabalho.

1.3. *A duração das férias*

Hoje há que distinguir o período *mínimo, normal e especial* de férias.

A duração do período *normal* anual de férias é de 22 dias úteis (art. 213.°, n.° 1, do CT),[359] compreendendo os "dias da semana de segunda a sexta-feira, com excepção dos feriados".

O regime *mínimo* prevê o gozo de, pelo menos, 20 dias úteis, em virtude de se tratar de:

– férias no ano de admissão (art. 212.°, n.° 2, do CT);

– compensação das faltas que determinem perda de retribuição em dias de férias, contanto que se salvaguarde o gozo efectivo de 20 dias úteis durante a vigência normal do contrato ou da correspondente proporção, se se tratar de férias no ano de admissão (art. 232.°, n.° 2, do CT);

– sanção disciplinar de perda de dias de férias (art. 368.°, n.° 2, do CT);

– auto-disponibilidade do tempo de férias, desde que resguardado o gozo de 20 dias úteis (art. 213.°, n.° 5, do CT).

De acordo com o n.° 3, do art. 213.°, do CT, o regime *especial* atribui uma maximização do tempo de férias nos seguintes termos:

i) 3 dias até zero faltas ou uma falta ou dois meios dias de falta;

ii) 2 dias até duas faltas ou quatro meios dias de faltas;

iii) 1 dia até três faltas ou seis meios dias de falta.

Situando o artigo, a primeira conclusão a retirar é a de que a política de maximização do tempo de férias só será concedida aos contratos já com alguma duração. Pois, para o ano da contratação, dispõe o art. 212.°, do CT com os limites aí referidos.

A maximização a conceder reporta-se ao ano (completo) a que as férias dizem respeito, e não a fracções de ano. O que significa que

---

[359] Conforme já advinha do art. 4.°, n.° 1, da LFFF.

o trabalhador contratado em 1 de Julho de 2000, só estará em condições de receber o disposto no art. 213.°, do CT a partir de 01.01.2002 (dado que as férias vencidas em 01.01.2001 se reportam a 2000, e nesse ano o trabalhador só prestou um semestre de trabalho).

Quanto às "situações de licenças, dispensas e ausências (*v.g.*, artigos 35.°, 36.°, 38.°, 40.°, 42.°, 80.°), bem como as de gozo de crédito de horas (artigo 454.°)", ROMANO MARTINEZ[360] nas suas anotações entende que: "É certo que, em regra, as situações são havidas como «prestação efectiva de serviço» (cfr., por exemplo, o n.° 1 do artigo 50.° e o n.° 2 do artigo 454.°). Porém, a norma em anotação trata não de prejudicar a duração das férias por causa da falta de assiduidade, mas de premiar em dias de férias grau elevado de assiduidade. Esta consubstancia-se na comparência do trabalhador ao serviço, exigindo dele, por isso, uma prestação de facto, uma realização, para a qual não basta a equiparação jurídica da ausência à não ausência, como acontece com as dispensas que contam como se de tempo de serviço efectivo se tratasse".

O que conta então é a efectiva e real assiduidade ao trabalho, não se relevando os *regimes equiparados*, como as licenças, dispensas e ausências.

No entanto, e de acordo com o n.° 4, do art. 213.°, do CT, o artigo já considera:

– o regime da suspensão do contrato do trabalho por facto atinente ao trabalhador (art. 333.°, n.° 1 e 2, do CT);

– o exercício de direito à greve (art. 597.°, n.° 1, do CT).

A inclusão do regime suspensivo, pensamos, é, no entanto, uma falsa questão, porquanto, o contrato só se considera suspenso, ao fim de 30 dias de duração da ausência do trabalhador (art. 230.°, n.° 3 e art. 333.°, n.° 1, ambos do CT) ou quando previsivelmente se entenda que a ausência vai ter essa duração (art. 333.°, n.° 2, do CT).

Ora, como vemos, o trabalhador com contrato suspenso, nunca terá possibilidade de aceder à maximização do tempo de férias, limitada como está à ausência máxima de três faltas ou seis meios dias.

No art. 97.°, n.° 1, da RCT, o legislador vem clarificar o regime das licenças por maternidade e paternidade, dispondo que:

"O gozo das licenças por maternidade e paternidade não afecta o aumento da duração do período de férias previsto no n.° 3 do artigo 213.° do Código do Trabalho".

---

[360] "Código do Trabalho Anotado", ROMANO MARTINEZ e outros, p. 352.

O limite para o *prémio de assiduidade* do art. 213.°, do CT é o constante da previsão do art. 225.°, do CT (Tipos de faltas), exceptuando os regimes de equiparação legal que o legislador quis consagrar.

Dizemos *quis* porque em nenhum momento o art. 213.°, do CT nos dá a matriz de resposta, o que dissemos corresponde somente às anotações interpretativas ao regime, facto esse que necessariamente irá provocar muitas e desnecessárias dúvidas.

A lei contempla agora a possibilidade de o trabalhador renunciar parcialmente ao direito a férias, desde que assegurado o gozo de 20 dias úteis (n.° 5, do art. 213.°, do CT), o que representa, de alguma forma, uma certa *monetarização* de um direito.

Assim, supondo que A. adquire por ausência de faltas 25 dias úteis de férias (que serão retribuídas e subsidiadas na respectiva duração, ou seja, em 25 dias úteis), pode agora dispor de 5 dias úteis de férias a favor do seu empregador, recebendo a retribuição correspondente a esse período.

1.4. *O gozo de férias*

As férias devem ser gozadas no decurso do ano civil em que se vencem (art. 215.°, n.° 1, do CT), continuamente ou de forma interpolada (art. 217.°, n.° 6, do CT desde que salvaguardado o mínimo de 10 dias úteis consecutivos), não sendo permitido acumular no mesmo ano férias de dois ou mais anos (art. 215.°, n.° 1, do CT).

1.5. *A cumulação de férias*

O art. 215.°, n.° 1 veda a possibilidade de o trabalhador acumular no mesmo ano férias de dois ou mais anos, salvo as seguintes excepções:

– a possibilidade de gozo das férias no 1.° trimestre do ano imediato (em acumulação ou não com as férias desse ano), por acordo entre as partes ou sempre que o trabalhador pretenda gozar as férias junto de familiares residentes no estrangeiro (n.° 2, deste artigo);

– a possibilidade de acumular no mesmo ano metade do período de férias vencido no ano anterior, havendo acordo da entidade empregadora (n.° 3, deste artigo).

244   *Direito do Trabalho*

1.6. *A marcação, a interrupção, o adiamento e a suspensão das férias*

A marcação das férias ocorre por mútuo acordo entre o empregador e o trabalhador (art. 217.°, n.° 1, do CT).

Na falta de acordo, a marcação é feita pelo empregador, através da elaboração do mapa de férias (obrigatoriamente até ao dia 15 de Abril, n.° 7) ouvida a comissão de trabalhadores (n.° 2), distribuindo-as entre 1 de Maio e 31 de Outubro (n.° 3).

A marcação das férias assim determinada só pode sofrer alterações:

– por razões puramente empresariais (art. 218.°, do CT);
– por impedimento do trabalhador (art. 219.°, do CT).

Igualmente a interrupção ou o adiamento do gozo das férias só se legitima quando movida por razões imperiosas da empresa. Nesse caso, assiste ao trabalhador o direito a ser indemnizado pelos prejuízos que comprovadamente haja sofrido na pressuposição de que gozaria as férias na época fixada (art. 218.°, n.° 1, do CT).

As férias são ainda suspensas por doença do trabalhador, desde que o empregador seja do facto informado, prosseguindo, logo após a alta, o gozo das férias compreendido no período de suspensão (art. 219.°, do CT). Dentro do espírito da lei, o trabalhador doente não repousa nem recupera do esforço laboral.

Na marcação, os períodos de férias mais pretendidos são rateados, de modo a beneficiar, alternadamente, os trabalhadores em função dos períodos gozados nos dois anos anteriores (art. 217.°, n.° 4, do CT).

Os cônjuges e as pessoas que vivam em união de facto ou economia comum, que trabalhem na mesma empresa, gozam da possibilidade de realizar férias em conjunto, salvo havendo prejuízo grave para o empregador (*v.g.*, serem ambos os gerentes do estabelecimento comercial), nos termos do n.° 5, do art. 217.°, do CT.

1.7. *Retribuição das férias*

A férias são sempre retribuídas. A *retribuição do período de férias* "corresponde à que o trabalhador receberia se estivesse em serviço efectivo" (art. 255.°, n.° 1, do CT).

Já o *subsídio de férias* (em desvio do referente geral de cálculo das prestações complementares e acessórias, previsto no art. 250.°, do CT) compreende "a retribuição base e as demais prestações retributivas que sejam contrapartida do modo específico da execução do trabalho" (n.° 2), deixando de corresponder ao montante da retribuição de férias, conforme decorria do regime da LFFF (art. 6.°, n.° 2).

Assim, na aplicação prática do conceito, poderá ser menor o subsídio de férias do que a retribuição de férias, dado que aquele só comporta o *modo específico da execução do trabalho,* as condições e condicionalismos da prestação laboral (*v.g.,* subsídio de risco, subsídio de turno).

Excluindo-se as despesas feitas pelo trabalhador em função da prestação (*v.g.,* subsídio de refeição, de transporte, de alojamento), bem como as contrapartidas de desempenho conferidas pelo empregador (*v.g.,* prémios de produtividade, de assiduidade; comissões de vendas).

Refira-se ainda que, o subsídio de férias não acompanha a maximização do tempo de férias, segundo o preceituado no art. 493.°, da RCT.

Já LOBO XAVIER[361], em apreciação ao anterior regime, havia dito que:

"Há quem sustente que o legislador disse mais do que queria ao referir-se à retribuição, afirmando que «não pode ser inferior à que os trabalhadores receberiam se estivessem em serviço efectivo». Nessa linha, não serão de computar – para efeitos da retribuição por férias e respectivos subsídios – certas atribuições patrimoniais (*v.g.,* comissões de vendas, prémios, etc.).

O ponto presta-se a dúvidas: o que nos parece líquido é que a entidade patronal não terá de desembolsar durante esse período (e em duplicado, por força do regime de subsídio) aquelas prestações que têm como determinante a assunção de despesas que competem ao trabalhador (ou, de qualquer modo, que possuem uma causa não especificamente retributiva, *v.g.,* subsídios de transporte, de fardamento, etc)."

---

[361] "Curso...", p. 431. O mesmo A. refere, no entanto, dois exemplificativos acórdãos sobre a diversidade interpretativa que a matéria acolhe: O Ac. da Rel. de Coimbra, de 14.01.82 entendeu contemplar para efeitos do subsídio de férias o valor do alojamento e o da alimentação. Já determinado Ac. da Rel. de Lisboa, rejeitou a inclusão, para esse efeito, do subsídio de refeição.

O n.º 3, do artigo 255.º, do CT consagra que, salvo acordo em contrário, o subsídio de férias deve ser pago antes do início do período de férias, salvo no caso de férias repartidas (art. 217.º, n.º 6, do CT), em que será proporcional.

Mesmo quando o período de férias é reduzido, tal não implica redução da retribuição e do subsídio de férias (n.º 4, do art. 255.º, do CT).

Tanto a retribuição como o subsídio constituem direitos irrenunciáveis e o seu gozo efectivo não pode ser substituído por qualquer compensação económica ou outra, salvo nas hipóteses expressamente previstas na lei (art. 211.º, n.º 3, do CT).

A violação do direito a férias obriga o empregador ao pagamento de uma compensação, correspondente ao triplo da retribuição do período de férias em falta (art. 222.º, do CT)[362].

Para tal, incumbe ao trabalhador o ónus de provar que:

– não gozou as férias; e

– que o empregador obstou, *culposamente*, ao respectivo gozo.[363]

---

[362] *"(…) II – A violação do direito a férias não gera uma obrigação de pagamento de retribuição de férias, mas sim uma obrigação de indemnizar".*

Ac. de 28.01.98, CJ, 1998 – Ano XXIII, Tomo I, p. 164.

"I – A indemnização por violação do direito a férias previsto no artigo 13.º do Decreto-lei n.º 874/76, de 28 de Dezembro, tem como pressuposto, não só a efectiva ausência de férias, como também a obstrução ao gozo desse direito do trabalhador por parte da entidade patronal. (…)".

Ac. STJ, de 13.05.98, BMJ, 477, p. 251.

[363] *"I – O direito à indemnização pelo não gozo de férias só é devido se se alegar e provar, o que compete ao trabalhador, que a entidade patronal obstou a esse gozo.*

II – E nem o facto de a entidade patronal ter um só trabalhador pode, só por si, levar à conclusão de que a entidade patronal obstou a esse gozo de férias".

Ac. STJ, de 11.03.99, Ano VII, Tomo I, 1999, p. 299.

V. como doutrina principal, *passim*, MENEZES CORDEIRO, *op. cit.*, p. 707; MONTEIRO FERNANDES, *op. cit.*, p. 407.

Regime jurídico das férias, feriados e faltas

Breve comentário sobre a problemática da *aplicação do Código do Trabalho no tempo* **e do** *alcance retributivo do subsídio de férias,* **no que concerne à majoração do tempo de férias que o regime legal agora concede:**

1ª QUESTÃO – O regime consubstanciado no n.º 3 do art. 213.º do Código do Trabalho tem aplicação e operará relativamente às férias a gozar em 2004?

A norma resolutiva da questão assenta no art. 8.º, n.º 1 da Lei Preambular ao Código do Trabalho, que prescreve que o regime codificado *não se aplicará às condições de validade e aos efeitos de factos ou situações totalmente passados.*

Questiona-se se a a assiduidade dos trabalhadores de 01 de Janeiro a 30 de Novembro de 2003, é, à data da entrada em vigor do Código do Trabalho (01.12.2003), *facto totalmente passado.*

Ora, é nossa opinião, que "a assiduidade de 01 de Janeiro a 30 de Novembro de 2003", não é, de todo em todo, facto totalmente passado, antes pelo contrário.

Preceitua o n.º 4, do art. 211.º, do Código do Trabalho, que: "O direito a férias reporta-se, em regra (pois há que atender ao regime especial referente ao direito a férias no ano de admissão do trabalhador), ao trabalho prestado no ano civil anterior".

Ou seja, as férias de 2004, vencidas, nos termos do art. 212.º, n.º 1, do Código do Trabalho, em 01 de Janeiro desse ano, reportam-se ao trabalho prestado durante o ano de 2003.

Assim, nunca as férias do ano anterior podem ser entendidas como um facto totalmente passado, porquanto, o respectivo vencimento desse direito só se vence no ano civil seguinte (em 1 de Janeiro), reportando-se sempre ao ano anterior.

E é agora, segundo o regime codificado, que haverá que ser valorada a qualidade da assiduidade (se elevada ou bastante satisfatória) para a atribuição do prémio de *até mais três dias úteis de férias.*

Para além da referida assiduidade, o preceito obriga, ainda, a atender ao *tipo* de trabalhador (pois, há *tipos* que, desde logo o preceito não contempla, *v.g.,* Trabalhadores-Estudantes), e às situações equiparáveis à falta justificada (*v.g,* licença de maternidade). Ou seja, é *a efectividade prestacional* que se pretende premiar.

Tivesse, de facto, sido ensejo do legislador, a salvaguarda da aplicação desta majoração só para o ano de 2005, tê-la-ia integrado, nomeadamente, no regime transitório, prescrito no art. 9.º da Lei Preambular, como fez, *v.g.*, para o período experimental.

Ao afastar-se das regras especiais de resolução, obriga o intérprete a valer-se das regras gerais, em particular, as acima enunciadas.

Relativamente ao argumento, da (quase) impossibilidade do estímulo ter funcionado durante o ano de 2004, convenhamos que não é argumento sóbrio para pretender a preclusão do direito para o ano de 2004.

Nem vislumbramos daí qualquer prejuízo para o trabalhador: para os que sempre foram assíduos no grau máximo, o prémio já é devido este ano; para os outros, é devido a partir do momento em que o respectivo desempenho assim o mereça.

Relativamente ao exemplo (extremo) do trabalhador admitido em 31 de Dezembro de um ano, como já titular de um direito ao aumento do período de férias, relembramos o disposto no n.º 2 do art. 212.º, que impõe um *período mínimo de garantia para a formação do direito*, mais propriamente, seis meses completos de execução do contrato.

2ª QUESTÃO **– O aumento de férias previsto no n.º 3 do art. 213.º do Código do Trabalho tem ínsito idêntico aumento do montante do subsídio de férias?**

Nota prévia: Apesar da presente questão se encontrar resolvida, em sentido dramaticamente oposto ao por nós defendido [o legislador da RCT (art. 493.º) preceitua, peremptoriamente, que "O aumento da duração do período de férias previsto no n.º 3 do art. 213.º do Código do Trabalho não tem consequências no montante do subsídio de férias"], mantemos, na presente edição, a título de posição crítica, o entendimento colhido ao tempo da entrada em vigor do Código do Trabalho.

Quanto a esta segunda questão, pugnamos por, a majoração, agora atribuída, ser concedida em toda a sua amplitude.

Como sabemos, o direito a férias começou por ser um privilégio dado a alguns, muito antes de se *democratizar* em 1937, com a Lei n.º 1952 (LOBO XAVIER, *in* "Curso de Direito do Trabalho", p. 425), e mesmo assim com grande parcimónia (atribuindo-se 4, 8 ou 12 dias para empregados, e 3 ou 6 dias para assalariados, conforme a antiguidade).

O período de férias estabilizou-se em 22 dias úteis de férias (*v.*, em particular, o art. 4.º da LFFF, actual n.º 1, do art. 213.º, do Código do Trabalho).

A maximização concedida pelo Código do Trabalho situa-se como uma das medidas de combate ao absentismo (a exemplo do art. 231.º, n.º 2, também do Código do Trabalho, que configura como infracção grave

Regime jurídico das férias, feriados e faltas 249

o aproveitamento de um feriado ou fim-de-semana, para alargamento do tempo de ausência, prática usualmente conhecida por *ponte*), constituindo, no fundo, uma *generalização legal* de certas políticas empresariais que, já há muito, atribuíam este tipo de prémio.

Ora, diz o n.° 3 do art. 213.° que a duração do período de férias é aumentada, nos termos e condições aí expostos. Nada é dito, no corpo do artigo, nem nada haveria a dizer, quanto à dimensão da retribuição de férias.

Para os efeitos creditórios do tempo de férias, o artigo aplicável é o art. 255.° que preceitua, de forma simples e sucinta: "A retribuição do período de férias (de 22, 23, 24 ou 25 dias, dependendo de cada caso concreto) corresponde à que o trabalhador receberia se estivesse em serviço efectivo". Ou seja, o trabalhador não pode receber menos em férias do que a trabalhar!

Salvo a ressalva feita agora quanto ao valor do subsídio de férias, que pode ser de montante inferior à retribuição de férias, não por ser restringido aos 22 dias úteis, outrossim, *por certas prestações complementares terem deixado de aí ser computadas* (n.° 2).

E é exactamente por a ponderação a fazer, para efeito de retribuição de férias, ser a da duração das mesmas, que vem o n.° 4, do mesmo preceito, explicitar que, nos casos em que as férias são (não de 22 dias úteis) mas apenas de 20 ou 21 dias úteis, ser de afastar a norma resolutiva do n.° 1 do artigo (que ao ser aplicada, conferiria apenas uma retribuição corresponde aos 20 ou 21 dias úteis), não podendo, por conseguinte, a redução do tempo de férias implicar redução correspondente na retribuição ou no subsídio das mesmas.

Se o trabalhador recebe a majoração do n.° 3 do art. 213.° (seja qual forma a latitude da mesma), a retribuição e o subsídio de férias, associados como estão ao tempo de férias, limitam-se a acompanhar essa majoração!

Relativamente ao argumento político, que assenta na postura expressa pelos ministros da tutela, consideramos, algo redundantemente, que a interpretação da norma não pode fundar-se em entendimentos políticos ou partidários, mesmo se legítimos.

O legislador deve, na respectiva função, corporizar a *ratio legis*, usando a melhor técnica legiferante. Aliás, a interpretação que não tenha na lei a mínima correspondência verbal, é desconsiderada por *contra legem*.

Como mecanismo corrector de uma interpretação normativa que não se enseja, tem o legislador a faculdade de emitir uma lei interpretativa, que se integra na lei interpretada, como se fossem uma só, e aí se esgota o poder do legislador-intérprete.

250   *Direito do Trabalho*

A partir daí, a norma será interpretada, melhor ou pior, pelo aplicador do Direito, mormente pelos tribunais.

Ainda, no caso em apreço, é entendimento interpretativo de ROMANO MARTINEZ (que, como sabemos, foi o jurista que dirigiu a equipa que elaborou o Código do Trabalho) e outros que:
"O aumento do período de férias retribuídas previsto no n.° 3 importa idêntico acréscimo do valor a pagar a título de subsídio de férias. É o que resulta da regra geral (n.° 2 do art. 255.°), a que acresce a ausência de *regra especial*, ao contrário do que se prevê, para as situações de redução do período de férias, no n.° 5 (do artigo 213.°) e no n.° 4 do artigo 255.°" (itálico nosso), *in* "Código do Trabalho Anotado", 2ª ed. revista, 2004, Almedina.

Por último, sempre se dirá, que outro entendimento sobre esta matéria representaria uma constrangedora *violação ao direito ao trabalho*, consagrado constitucionalmente. Aquilo que o legislador quis premiar (a excelência na assiduidade), o empregador viria agora perversamente rejeitar, concedendo, no fundo, um tempo de descanso (até 3 dias), não retribuído.

O empregador recusaria legitimamente receber trabalho, e ainda, recusaria retribuir (e subsidiar) um tempo acrescido de férias, que só alguns podem e devem receber. O trabalhador ver-se-ia perante este paradoxo: não pode trabalhar, porquanto está a gozar a majoração de férias, e não é retribuído, porque o empregador só lhe concede 22 dias úteis de retribuição!

1.8. *A suspensão do contrato por impedimento prolongado e a sua repercussão no direito a férias*

Quando o trabalhador se encontre impossibilitado de gozar férias por suspensão do contrato de trabalho (o que, conforme decorre da lei, implicará a interrupção do gozo das férias), tem direito:
– no ano da suspensão à retribuição correspondente ao período de férias não gozado e respectivo subsídio (art. 220.°, n.° 1, do CT) e
– no ano da cessação desse impedimento prolongado, *após seis meses completos de execução do contrato*, a 2 dias úteis de férias por cada mês de trabalho efectivamente prestado (art. 220.°, n.° 2, que remete para o art. 212.°, n.° 2, ambos do CT).
Na eventualidade de sobrevir o fim do ano civil antes de decorrido o prazo de seis meses ou antes de gozadas as férias, o tra-

balhador pode usufruir das férias formadas no ano da cessação do impedimento prolongado, até 30 de Abril do ano civil subsequente (n.º 3, do art. 220.º, do CT).

Conforme já referido, o n.º 4, do art. 220.º, do CT, assume, pela primeira vez, o ano de suspensão como o de cessação contratual, no caso de o contrato vir a cessar após impedimento prolongado respeitante ao trabalhador. Tal solução havia sido acolhida, implicitamente, no regime anterior.

1.9. *A cessação do contrato de trabalho e a sua repercussão no direito a férias*

a) *Regime geral de cessação*

Cessando o contrato de trabalho, por qualquer uma das formas previstas no art. 384.º, o trabalhador terá direito a receber a retribuição correspondente a um período de férias proporcional ao tempo de serviço prestado no ano da cessação e respectivo subsídio (art. 221.º, n.º 1, do CT).

Se o trabalhador ainda não tiver gozado o período de férias vencido, terá ainda direito a receber a retribuição correspondente a esse período, bem como o respectivo subsídio (n.º 2, desse artigo).

b) *Regime especial de cessação*

Conforme já vimos, o n.º 3, do art. 221.º, do CT (dedicado ao contrato cuja duração não atinja 12 meses) prevê que o período de férias não pode ser superior ao proporcional à duração do vínculo. Esta solução não existia no regime anterior.

Vejamos o seguinte exemplo:

A. recrutado em 01.03.2000, goza, ao fim de seis meses de trabalho efectivo, 12 dias úteis de férias (6 meses x 2 dias = 12 dias úteis).

O contrato de trabalho cessa em 01.02.2001, pretensamente ter-se-iam vencido em 01.01.2001, 22 dias úteis de férias (regime normal), que a cumular com os 12 já vencidos, daria 34 dias úteis de férias (22 + 12 = 34).

É esta solução que a lei quer afastar.

Nos termos do n.º 4, do 221.º, do CT (que obriga ao limite proporcional da duração do vínculo) o trabalhador tem direito a gozar apenas 22 dias úteis de férias, referente ao período de 11 meses de trabalho prestado entre 01.03.2000 a 01.02.2001. Calculados da seguinte do forma:

(11 x 2 = 22 dias úteis)

Relativamente à aplicação do regime do n.º 4, do art. 212.º, do CT (sobre a transferência do direito a férias para o ano civil subsequente) pensamos que, essa solução apenas é de aplicar para os *contratos em execução*. Para os *contratos cessantes* é aplicável a regra do art. 221.º, do CT.

2. Feriados

2.1. *Os feriados obrigatórios*

Os feriados não visam reparar o esforço de trabalho, mas permitir a toda a população celebrar oficialmente um facto histórico ou homenagear um determinado dia.

Não se trata, portanto, de mais uma das manifestações do direito ao repouso, alerta MONTEIRO FERNANDES[364], mas "de uma obrigação do empresário relativamente ao Estado, que se articula com um direito subjectivo público dos trabalhadores".

O art. 208.º, do CT estabelece a nomenclatura taxativa dos feriados obrigatórios.

2.2. *A incompensabilidade e a inalterabilidade dos feriados*

A lei veda expressamente a possibilidade de *marcação de feriados*, configurando a sua inalterabilidade, sob pena de nulidade, nos termos do art. 210.º, do CT, salvo no que respeita aos feriados facultativos (art. 209.º, n.º 2, do CT).

Mas o Código de Trabalho prevê agora que, mediante legislação especial, determinados feriados obrigatórios possam ser observados na segunda-feira da semana subsequente (art. 208.º, n.º 3, do CT), numa tentativa de combate aos *fins-de-semana fraudulentamente alargados*.

---

[364] "Direito…", p. 405.

3. Faltas justificadas e faltas injustificadas e sua articulação com o poder disciplinar do empregador

3.1. *Noção de falta*

Sobre o trabalhador impende o dever jurídico de assiduidade (art. 121.°, n.° 1, al. *b*), do CT), salvo as excepções previstas ou concedidas na lei, *v.g.*, faltas motivadas por doença ou em cumprimento das obrigações legais.

Assim e em princípio, a ausência do trabalhador, durante o período normal de trabalho a que está obrigado e no local de trabalho, integra a noção de falta (art. 224.°, n.° 1, do CT).

Na eventualidade da ausência se prolongar *efectiva* ou *previsivelmente* por mais de um mês, o período de ausência converte-se em período de suspensão do contrato (neste caso, suspensão por impedimento respeitante ao trabalhador), conforme dispõe o art. 230.°, n.° 3, do CT.

Toda a ausência ao trabalho determina uma falta pelo período correspondente (art. 224.°, n.° 2, do CT), *se o trabalhador se apresentar com atraso injustificado não superior a 30 m*, o empregador é obrigado a aceitar a sua prestação de trabalho e o tempo de falta vai sendo somado, para efeito de determinação de dias de faltas injustificadas.

Há casos, no entanto, em que o empregador, face à latitude da ausência, pode recusar parte ou toda a prestação laboral, com os inerentes efeitos de ausência injustificada ao trabalho:

– se o *atraso na apresentação ultrapassar 30 minutos, mas não exceder 1 hora*, o empregador tem o direito de recusar a prestação de trabalho durante a parte da manhã ou da tarde, conforme o atraso seja de manhã ou de tarde. E o meio dia de falta é considerado todo injustificado;

– se o *atraso for superior a 60 minutos*, o empregador pode recusar o trabalho durante todo o dia, havendo, portanto, um dia de falta injustificada (art. 231.°, n.° 3, do CT).

3.2. *Tipologia legal das faltas justificáveis*

O nosso sistema jurídico consagra um regime híbrido de admissibilidade da falta.

Por um lado, o art. 225.°, do CT apresenta uma enumeração imperativa[365], por outro, a alínea *i)*, do n.° 2, deste mesmo artigo admite que o empregador, dentro do seu poder directivo, exonere o trabalhador da realização da prestação laboral, sem aparentemente qualquer motivo justificativo especial.

Questiona-se a natureza desse poder, para nós, ele enquadra uma verdadeira faculdade discricionária, de punir ou premiar, sem que o ataque à coerência decisória, possa ser censurado.

Da nomenclatura do n.° 2, do art. 225.°, do CT resultam como faltas justificadas as dadas devido a:

i) casamento – atribuindo-se o limite de "15 dias seguidos";

ii) luto – o tempo de falta em virtude de luto é variável conforme o grau de parentesco e de afinidade que unia o falecido ao trabalhador.

Cinco dias no caso de falecimento do cônjuge não separado de pessoas e bens ou de parente ou afim no 1.° grau da linha recta (art. 227.°, n.° 1, al. *a*), do CT).

Dois dias em caso de morte de parentes ou afins na linha recta ou até ao 2.° grau da linha colateral (art. 227.°, n.° 1, al. *b*), do CT).

Quanto ao falecimento de pessoa que viva em união de facto[366] ou economia comum[367] com o trabalhador, a lei atribui igualmente cinco dias de falta no caso de falecimento do cônjuge não separado de pessoas e bens ou de parente ou afim no 1.° grau da linha recta (art. 227.°, n.° 2, do CT). Relembre-se que a equiparação de regimes *só colhe para o previsto na al. a)* do n.° 1 do art. 227.°, do CT.

Sobre a distinção entre parentesco e afinidade, diga-se sumariamente que o parentesco é o "vínculo que une duas pessoas, em consequência de uma delas descender da outra (pais e filhos, avós e netos), ou de ambas procederem de um progenitor comum (tios e sobrinhos, irmãos entre si)", (art. 1578.°, do CC).

---

[365] Sobre uma prévia exoneração do dever de prestar trabalho, nomeadamente para dação de sangue, prática desportiva de alta competição, *v.* MONTEIRO FERNANDES, *op. cit.,* p. 389.

[366] *V.* Lei n.° 7/2002, de 11.05.

[367] *V.* Lei n.° 6/2002, de 11.05.

Por sua vez, a afinidade é o "vínculo que liga cada um dos cônjuges aos parentes do outro" (art. 1584.º, do CC).

O parentesco, bem como a afinidade, admitem duas espécies:

O parentesco em linha recta, como vínculo que liga as pessoas que descendem umas das outras (art. 1580.º, n.º 1, 1ª parte, do CC), que pode ser descendente ou ascendente (art. 1580.º, n.º 2, do CC, consoante se parta do progenitor para os que dele descendem ou o contrário (*v.g.* o pai é parente dos filhos na linha descendente, o neto é parente do avô na linha ascendente) e

– o parentesco em linha colateral, como vínculo que liga as pessoas que descendem de um progenitor comum (art. 1580.º, n.º 1, do CC), *v.g.* os irmãos são parentes colaterais[368].

Como se procede à contagem do parentesco (ou da afinidade)?

O nosso Código Civil procede à contagem do parentesco, medindo por graus a proximidade entre os parentes, correspondendo cada grau a um nascimento.

Na linha recta, "há tantos graus quantas as pessoas que formam a linha de parentesco, excluindo o progenitor" (art. 1581.º, n.º 1, do CC).

Na linha colateral, "os graus contam-se da mesma forma, subindo por um dos ramos e descendo pelo outro, mas sem contar o progenitor comum" (art. 1581.º, n.º 2, do CC).

V.g. avó e neto – parentes em 2.º grau da linha recta; pai e filho – parentes no 1.º grau da linha recta; primos – parentes no 4.º grau da linha colateral (1.º primo, por onde se inicia a contagem; pai do 1.º primo; avô; pai do 2.º primo; 2.º primo).

A afinidade conta-se da mesma forma que o parentesco. *V.g.* afins na linha recta – padrasto e enteados, nora e sogra; afins na linha colateral – cunhados.

A língua e a terminologia inglesa explica este fenómeno bastante melhor, os afins são aos olhos da lei os parentes, *v.g.* a nora é uma filha, a sogra uma mãe, *sister-in-law, mother-in-law;*

---

[368] São chamados irmãos bilaterais (ou germanos, os irmãos que provêm do mesmo pai e da mesma mãe; e unilaterais, os que provêm apenas da mesma mãe (uterinos) ou apenas do mesmo pai (consanguíneos).

	3.° grau	
	Bisavô/Bisavó (do trabalhador ou do cônjuge)	– 2 dias
Linha Recta (ascendente)	**2.° grau**	
	Avô/Avó (do trabalhador ou do cônjuge)	– 2 dias
	1.° grau	
Cônjuge – **5 dias** unidos de Facto – **5 dias** Economia em comum – **5 dias**	Pai/Mãe Padrasto/Madrasta Sogro/Sogra	– 5 dias
↑└── Trabalhador		**Linha colateral**

			2.° grau
			Irmão/Irmã — – 2 dias Cunhado/Cunhada
	1.° grau		
	Filho/Filha natural ou adoptado(a) plenamente Enteado/Enteada Genro/Nora	– 5 dias	
Linha Recta (descendente)	**2.° grau**		
	Neto/Neta (do trabalhador ou do cônjuge)	– 2 dias	
	3.° grau		
	Bisneto/Bisneta (do trabalhador ou do cônjuge)	– 2 dias	

Esquema adaptado de Abílio Neto, Contrato de Trabalho, Ediforum, 1998, p. 677.

iii) prestação de provas em estabelecimento de ensino (arts. 149.° a 151.°, da RCT);

iv) as motivadas por impossibilidade de prestar trabalho, devido a facto não imputável ao trabalhador;

v) as motivadas pela necessidade de prestação de assistência inadiável e imprescindível a membros do seu agregado familiar; O art. 203.°, da RCT enuncia o alcance do conceito de «agregado familiar», nele compreendendo o cônjuge, parente ou afim na linha recta ascendente ou no segundo grau da linha colateral, filho, adoptado ou enteado com mais de 10 anos.

A Lei n.º 90/2001, de 20 de Agosto estabelece ainda um regime especial de faltas, para as mães e pais estudantes que se encontrem a frequentar os ensinos básico e secundário, o ensino profissional ou o ensino superior, em especial as jovens grávidas, puérperas e lactantes, cujos filhos tenham até 3 anos de idade (arts. 2.º e 3.º);

vi) as necessárias para acompanhamento do educando.

vii) as dadas pelos trabalhadores eleitos para as estruturas de representação colectiva;

viii) as dadas por candidatos a eleições para cargos públicos, em período de campanha eleitoral;

ix) as autorizadas ou aprovadas pelo empregador;

x) as qualificadas como tal pela lei.

3.3. *Comunicação e prova da falta*

Para que as faltas se considerem justificadas não basta a previsão do n.º 2 do art. 225.º, do CT é necessária, ainda, a apresentação da prova da falta formalmente justificada (art. 229.º, n.º 1, do CT).

Ao abrigo do disposto no art. 228.º, do CT, a falta justificada, quando previsível, deve ser comunicada com a antecedência mínima de cinco dias (n.º 1), quando imprevisível, deve ser comunicada logo que possível (n.º 2).

É igualmente sobre o trabalhador faltoso que recai o ónus da prova dos pressupostos das faltas justificadas supra enumeradas (n.º 4).

3.4. *Combate à falta fraudulenta*

O Código do Trabalho permite uma nova e alargada comprovação da falta, em especial, de intuito fraudulento (art. 229.º, n.os 2 a 7, do CT), sendo que essa admissibilidade *ex novo* suscitou e suscita muita controvérsia.

Desde logo, pela intervenção de médico indicado pelo empregador (dito médico *de parte*),[369] com a função de meramente fiscalizar e não diagnosticar a doença do trabalhador.

Continuam, no plano da ética e da deontologia, as dúvidas quanto à valia da relação artificialmente criada médico-paciente. Entendemos que, também aqui, a função do médico se esgota na comunicação de aptidão ou não aptidão para o trabalho[370].

As informações devidas quanto à saúde do trabalhador são, portanto, *mediatizadas* pelo médico interveniente.

O incumprimento do dever de informação e do ónus probatório que cabem ao trabalhador, bem como a oposição, sem motivo atendível (conceito indeterminado que a casuística irá resolver), converte as faltas justificáveis em faltas injustificadas (art. 229.°, n.° 6, do CT).

O n.° 7, deste mesmo artigo refere ainda (algo redundantemente, face ao local próprio das situações enquadráveis no conceito de justa causa previsto no art. 396.°, do CT, que o Código revisita), que "A apresentação ao empregador de declaração médica com intuito fraudulento constitui falsa declaração para efeitos de justa causa de despedimento".

A RCT (arts. 191.° a 201.°, *ex vi* art. 206.°) instituiu um regime próprio de verificação da situação de doença por médico designado pela segurança social.

3.5. *Faltas injustificadas*

O n.° 3, do art. 225.°, do CT estatuí, como categoria residual, que as faltas não justificadas são «as faltas não previstas no número anterior».

---

[369] Que não poderá ser o médico do trabalho (cfr. parte final do n.° 4, do art. 229.°, do CT), instituído nos termos do art. 256.°, da RCT.

[370] Atente-se ao disposto no n.° 3, do art. 17.°, do CT sobre protecção de dados pessoais: "As informações previstas no número anterior são prestadas a médico, que só pode comunicar ao empregador se o trabalhador está ou não apto a desempenhar a actividade, salvo autorização escrita deste".

3.6. Efeitos das faltas justificadas

Conforme resulta do art. 230.°, do CT, as faltas justificadas não determinam perda de qualquer direito ou regalia, excepto *quanto à retribuição* nos casos previstos no n.° 2, desse mesmo artigo (no qual se incluem, como novidade, as faltas autorizadas ou aprovadas pelo empregador, al. *d*)).[371]

Prevê-se a possibilidade de reflexo das faltas dadas no período de férias, nos termos previstos no art. 232.°, n.° 2, do CT.

3.7. Efeitos das faltas injustificadas

As faltas injustificadas constituem violação do dever de assiduidade e implicam sempre a perda de retribuição correspondente ao período de ausência, com efeitos sobre a antiguidade do trabalhador (art. 231.°, n.° 1, do CT).

Com o disposto no n.° 2, do art. 231.°, do CT, procurou-se, no nosso entendimento, evitar e restringir os casos de alargamento dos fins-de-semana, penalizando o trabalhador agora em sede de ilícito disciplinar (e já não deduzindo o período de ausência na retribuição devida).

---

[371] *"I – (...) As faltas só conduzem à perda de retribuição se o trabalhador tiver direito ao respectivo subsídio de previdência.*

II – Não tendo o trabalhador direito a esse subsídio (...) recai sobre a entidade patronal a obrigação de lhe pagar as retribuições respeitantes ao período de doença".
Ac. RE. de 02.07.96, in CJ, 1996, Ano XXI, Tomo IV, p. 303.

260   *Direito do Trabalho*

QUADRO DE FALTAS JUSTIFICADAS À LUZ DO REGIME DE PROTECÇÃO DA MATERNIDADE E PATERNIDADE*

	Duração da Falta	Comunicação e Justificação	Retribuição	Férias	Antiguidade
Maternidade	– 120 dias consecutivos (90 dias a seguir ao parto, 30 dias antes ou depois do parto), 35.°, n.° 1 Em caso de nascimentos múltiplos: 30 dias mais por cada gemelar (35.°, n.° 2)	Comunicação com 5 dias de antecedência ou logo que possível (228.°, n.° 1 e 2) Prova a apresentar nos 15 dias seguintes (229.°, n.° 1)	Não aufere (50.°, n.° 1, al. a) e b))	Não prejudica (art. 50.°, n.° 1, al. a))	Não prejudica (art. 50.°, n.° 1, al. a))
Paternidade	– 5 dias úteis seguidos ou interpolados, a gozar no 1.° mês a seguir ao nascimento do filho (36.°, n.° 1)			Não prejudica (art. 50.°, n.° 1, al. b))	Não prejudica (art. 50.°, n.° 1, al. b))
Aborto	Entre 14 dias a 30 dias (35.°, n.° 6)	"	Não aufere (50.°, n.° 1, al. a))	Não prejudica (art. 50.°, n.° 1, al. a))	Não prejudica (art. 50.°, n.° 1, al. a))
Adopção de menores de 15 anos	100 dias consecutivos (38.°, n.° 1)	"	Não aufere (50.°, n.° 1, al. c))	Não prejudica (art. 50.°, n.° 1, al. c))	Não prejudica (art. 50.°, n.° 1, al. c
Consultas, amamentação e aleitação até 1 ano de idade do menor	Pelo tempo e número de vezes necessários e justificados (39.°)	"	Aufere (50.°, n.° 2)	Não prejudica (art. 50.°, n.° 2)	Não prejudica (art. 50.°, n.° 2)
Assistência a menores de 10 anos (filhos, adoptados ou enteados), em caso de acidente ou doença	Até 30 dias por ano (40.°, n.° 1), em caso de hospitalização de menor de 10 anos, pelo tempo necessário (40.°, n.° 2)	"	Não aufere (50.°, n.° 1, al. d))	Não prejudica (art. 50.°, n.° 1, al. d))	Não prejudica (art. 50.°, n.° 1, al. d))
Assistência a netos (filhos de adolescentes com idade inferior a 16 anos) que vivam com o trabalhador em comunhão de mesa e habitação	Até 30 dias consecutivos (41.°)	"	Não aufere (50.°, n.° 1, al. a), por adaptação)	Não prejudica (art. 50.°, n.° 1, al. a))	Não prejudica (art. 50.°, n.° 1, al. a))
Falta para assistir a pessoa com deficiência ou doença crónica	Até 30 dias por ano (40.°, n.° 1 por remissão do art. 42.°), em caso de hospitalização de menor de 10 anos, pelo tempo necessário (40.°, n.° 2)	"	Não aufere (50.°, n.° 1, al. g))	Não prejudica (art. 50.°, n.° 1, al. g))	Não prejudica (art. 50.°, n.° 1, al. g))
Licença parental especial para assistir a filho ou adoptado até aos 6 anos da criança	3 meses (43.°, n.° 1, al. a))	"	Não aufere (50.°, n.° 1, al. d))	Não prejudica (art. 50.°, n.° 1, al. d))	Não prejudica (art. 50.°, n.° 1, al. d))
Licença para assistir a filho, adoptado ou enteado com deficiência ou doença crónica até aos 12 anos	Até 6 meses, prorrogável até ao limite de 4 anos (44.° n.° 1)	"	Não aufere (50.°, n.° 1, al. g))	Não prejudica (art. 50.°, n.° 1, al. g))	Não prejudica (art. 50.°, n.° 1, al. g))
Regime especial de apoio social às mães e pais estudantes de filhos até 3 anos de idade	– pelo tempo necessário para consultas pré-natais, para período de parto, amamentação, doença e assistência a filhos (art. 3.°, n.° 1, al. a) da Lei n.° 90/2001, de 20.08)	"	Aufere (230.°, n.° 1)	Não prejudica (art. 232.°)	Não prejudica (art. 230.°, n.° 1

Regime jurídico das férias, feriados e faltas

QUADRO LEGAL DE FALTAS JUSTIFICADAS

	Duração da Falta	Comunicação e Justificação	Retribuição	Férias	Antiguidades
Casamento (225.º, n.º 2, al. a))	15 dias seguidos (225.º, n.º 2, al. a))	Comunicação com 5 dias de antecedência ou logo que possível (228.º, n.º 1 e 2) Prova do facto nos 15 dias seguintes à comunicação (229.º, n.º 1)	Aufere (230.º, n.º 1)	Não prejudica (232.º, n.º 1)	Não prejudica (230.º, n.º 1)
Falecimento de familiar (225.º, n.º 2, al. b))	– 5 dias consecutivos por falecimento de cônjuge não separado de pessoas e bens (unido de facto ou em ec. comum, 227.º, n.º 2) ou de parente ou afim no 1.º grau na linha recta (227.º, n.º 1, al. a)). – 2 dias consecutivos por falecimento de outro parente ou afim na linha recta ou em 2.º grau na linha colateral (227.º, n.º 1, al. b)).	"	"	"	"
Trabalhador-Estudante (225.º, n.º 2, al. c))	V. arts. 149.º e 151.º, da RCT	"	"	"	"
Doença (225.º, n.º 2, al. d))	Falta justificada: – Ausência até 1 mês ou com previsão até 1 mês (225.º, n.º 2, al. d)). Contrato suspenso: – Ausência superior a 1 mês ou com previsão superior a 1 mês (230.º, n.º 3)	Comunicação com 5 dias de antecedência ou logo que possível (228.º, n.º 1 e 2) Prova do facto nos 15 dias seguintes à comunicação (229.º, n.º 1) por estabelecimento hospitalar, declaração do centro de saúde, ou por atestado médico (n.º 2)	Não aufere, se beneficiário(a) de um regime de segurança social de protecção na doença (230.º, n.º 2, al. a))	"	"
Outros factos não imputáveis de impossibilidade de prestação laboral (225.º, n.º 2, al. d) e 203.º, n.º 1, da RCT)		Comunicação com 5 dias de antecedência ou logo que possível (228.º, n.º 1 e 2)	"	"	"
Assistência inadiável e imprescindível a membro do agregado familiar (225.º, n.º 2, al. e) e 203.º, n.º 1, da RCT) Conjugar com as disposições sobre Protecção da Maternidade (arts. 37.º a 42.º) e com o quadro de medidas de apoio social às mães e pais estudantes, cujos filhos tenham até 3 anos de idade (Lei n.º 90/2001, de 20.08)	Até 15 dias/ano (art. 203.º, RCT). V. ainda n.º 2.	"	Não aufere (art. 204.º, RCT)	" (art. 204.º, RCT)	" (art. 204.º, RCT)
Deslocação à escola pelo responsável pela educação do menor (225.º, n.º 2, al. f))	4 horas por trimestre (225.º, n.º 2, al. f))	"	Aufere (230.º, n.º 1)	"	"
Trabalhadores eleitos para as estruturas de representação colectiva (225.º, n.º 2, al. g))	Subcomissões de trabalhadores: 8 horas mensais (467.º, n.º 1, al. a)) Comissões de Trabalhadores: 25 horas mensais (467.º, n.º 1, al. b)) Comissões Coordenadoras: 20 horas mensais (467.º, n.º 1, al. c)) Micro-empresas: crédito reduzido a metade (n.º 2) V. também art. 455.º	Comunicação com 2 dias de antecedência, salvo motivo atendível para as faltas no regime de crédito de horas (454.º, n.º 3). Comunicação com 1 dia de antecedência ou nas 48 horas imediatas ao primeiro dia de ausência, no caso de faltas para alem do crédito de horas (455.º, n.º 3).	Aufere (230.º, n.º 1), com excepção das faltas que excedam o crédito de horas (455.º, n.º 1)	Não prejudica (454.º, n.º 2 e 455.º, n.º 1)	Não prejudica (454.º, n.º 2 e 455.º, n.º 1)
RTSHST (280.º, RCT)	5 horas por mês (280.º, n.º 1, da RCT). Quando exceda o crédito referido, consideram-se faltas justificadas (281.º, RCT)	Regime de crédito: Comunicação com 2 dias de antecedência (280.º, n.º 3, da RCT) Regime de falta: Comunicação com 1 dia de antecedência, ou nas 48 horas imediatas ao primeiro dia de falta	Aufere (280.º, n.º 1, da RCT), com excepção das faltas que excedam o crédito de horas (281.º, n.º 1, da RCT)	Não prejudica (art. 281.º, n.º 1, da RCT)	Não prejudica (art. 281.º, n.º 1, da RCT)
Eleições para cargos públicos (225.º, n.º 2, al. h))		48 horas (230.º, n.º 4)	1/3 da duração da campanha eleitoral (230.º, n.º 4)	Não prejudica (232.º, n.º 1)	Não prejudica (230.º, n.º 1)
Aprovadas/Autorizadas pelo empregador (225.º, n.º 2, al. i))			Não aufere (230.º, n.º 2, al. d))	"	"

CAPÍTULO XII

A redução da actividade e suspensão do contrato de trabalho[372]

1. A suspensão do contrato de trabalho

A secção IV, do presente Código, dedicada à <u>redução da actividade e suspensão do contrato,</u> admite:
– *a suspensão do contrato de trabalho por facto respeitante ao trabalhador,* prevista nos arts. 333.º e 334.º,
– *a redução temporária do período normal de trabalho ou suspensão de trabalho por facto respeitante ao empregador* (arts. 335.º a 350.º),
– o *encerramento* temporária do estabelecimento ou diminuição temporária da actividade (arts. 350.º a 353.º), as licenças (arts. 354.º a 355.º) e
– *a pré-reforma* (arts. 356.º a 362.º).
Os artigos 330.º e 331.º, do CT são disposições genéricas, aplicáveis, portanto, quer à suspensão por facto respeitante ao trabalhador, quer respeitante ao empregador.
Quanto à primeira modalidade, enquadra todos os casos de incapacidade temporária (e não definitiva, sob pena de caducidade do contrato) de prestação laboral por parte do trabalhador, ou usando a terminologia legal, *respeitante ao trabalhador.*
A questão é de facto importante, a motivação da suspensão dever-se-á a facto respeitante ao trabalhador, mas que não lhe é imputável a título de culpa,[373] o trabalhador não se terá colocado intencionalmente em situação de não poder prestar trabalho.

---

[372] A presente secção corresponde às nossas anotações em "Código do Trabalho...", ps. 751 e ss.
[373] "(...) pois, de contrário, tratar-se-ia do não cumprimento culposo do contrato por parte do trabalhador, com evidentes repercussões disciplinares", esclarece LOBO XAVIER, *op. cit.,* p. 438.

Explica doutamente LOBO XAVIER[374], "assim a suspensão visa tutelar a situação determinada pela impossibilidade da prestação do trabalho, que constitui uma manifestação de patologia contratual. Nos casos das férias ou dos feriados não há impossibilidade da prestação, até porque não há obrigação de prestar, não há suspensão das prestações, pois nem existem prestações: por isso melhor enquadra a esses fenómenos a designação de *interrupções* do trabalho".

Pela suspensão «o contrato de trabalho mantém alguns dos seus efeitos jurídicos, enquanto outros se atenuam, embora sem se extinguirem, e serão reactivados, logo que o trabalhador retome o serviço. A suspensão poderá converter-se, a todo o tempo, em cessação por caducidade "no momento em que se torne certo que o impedimento é definitivo", ou seja, no momento em que o impedimento de temporário passa a definitivo, segundo um juízo casuístico.

O art. 333.°, do CT prevê as situações de impedimento temporário e prolongado (por mais de um mês), estabelecendo uma enumeração não exaustiva de casos previsivelmente motivadores da suspensão (serviço militar obrigatório/substitutivo, doença, acidente) que extravasam, portanto, o regime das faltas justificadas (este regime contempla somente aquelas que não vão para além de um mês, sendo, aliás, o próprio art. 230.°, n.° 3, do CT que remete expressamente para o regime da suspensão do contrato de trabalho).

Durante o período de suspensão "mantêm-se os direitos, deveres e garantias das partes, na medida em que não pressuponham a efectiva prestação de trabalho" (art. 331.°, n.° 1, do CT).

Quais são então os direitos que não pressupõem efectiva prestação de trabalho?

Desde logo, todos aqueles que têm expressão económica, *v.g.*, direito à retribuição, direito a férias, embora os direitos ligados à subsistência do vínculo não sejam atingidos, *v.g.*, a antiguidade.

Quanto aos deveres funcionais do trabalhador previstos no art. 121.°, do CT mantém-se evidentemente somente aqueles que são exigíveis haja ou não suspensão do contrato de trabalho, *v.g.*, dever de respeito, de obediência, de zelo.

Daí que, a relação contratual durante o período da suspensão possa ser posta em causa, invocando cada uma das partes motiva-

---

[374] *Op. cit.*, p. 438.

ção própria de justa causa para a desvinculação (despedimento por parte da entidade empregadora; resolução por iniciativa do trabalhador)[375].

Sob pena de a situação contratual enquadrar as faltas injustificadas e eventualmente a figura híbrida do abandono do trabalho, o trabalhador deve logo que terminado o impedimento, apresentar-se à entidade empregadora, para retomar o serviço (art. 334.º, do CT)[376].

2. Redução temporária do período normal de trabalho ou suspensão do contrato de trabalho por facto respeitante ao empregador

Por razões conjunturais de mercado, motivos estruturais ou tecnológicos, catástrofes ou outras ocorrências que afectem gravemente a actividade produtiva normal da empresa[377], pode o em-

---

[375] "*I – A suspensão do contrato de trabalho, por motivo de acidente, não leva à suspensão ou interrupção do prazo de caducidade previsto no n.º 2 do art. 34.º da LCCT.*

II – Assim, o prazo de 15 dias, estabelecido nessa norma, conta-se sempre a partir do momento em que o trabalhador teve conhecimento dos factos em que fundamentou a rescisão do contrato".

Ac. de 12.03.1997, CJ, ASTJ, 1997, Ano V, Tomo I, p. 293.

[376] "*I – Se um trabalhador estiver ininterruptamente de baixa por doença 1095 dias, deixará, a partir dessa data, de receber o subsídio de doença, sendo este substituído pela concessão da pensão provisória de invalidez, até ser sujeito oficiosamente a exame, pela comissão de verificação de incapacidades permanentes.*

II – O pagamento da pensão provisória cessa, se o trabalhador não comparecer, sem motivo justificativo, ao exame para que foi convocado, bem como se não for certificada a incapacidade permanente.

III – Se um trabalhador, até ser submetido a exame, estiver na situação de impedimento por doença prolongada, ao ser-lhe concedida alta por ter sido considerado apto para o exercício das suas funções termina o impedimento que fazia suspender o seu contrato de trabalho.

IV – Só a partir daquele momento poderá a entidade patronal, se o trabalhador não se apresentar ao serviço, despedi-lo com base em faltas injustificadas.

V – Assim, o trabalhador, no caso dos autos, só não se apresentou ao serviço por já estar despedido, tendo-o sido sem justa causa, pelo que terá direito às indemnizações previstas na lei".

Ac. RL, de 26.07.1996, Dicionário de Legislação e Jurisprudência, n.º 791, Setembro 1999 (140), AZ – 32709.

[377] "(...) a empresa onde o trabalhador presta serviço encerra temporaria-

pregador reduzir temporariamente os períodos normais de trabalho ou suspender os contratos de trabalho, evitando desta forma a cessação do contrato por motivos objectivos, desde que tais medidas se mostrem indispensáveis para assegurar a viabilidade da empresa e a manutenção dos postos de trabalho (art. 335.°).

Durante o período temporário de redução ou suspensão, mantêm-se os direitos creditórios associados à efectiva prestação laboral, *v.g.*, retribuição salarial, com equivalência para a retribuição mínima mensal legalmente garantida (art. 341.°, n.° 1, al. *a*), do CT), contagem do tempo de suspensão ou redução para o direito a férias (art. 346.°, n.° 1, do CT), subsídio de natal[378] *por inteiro* (art. 347.°, do CT o que constitui uma novidade, face ao regime anterior), bem como regalias sociais e prestações da segurança social (art. 341.°, n.° 1, al. *b*), do CT).

Quanto ao subsídio de férias, dispõe o art. 294.°, da RCT, que cabe ao trabalhador o subsídio de férias de montante igual ao que teria direito em regime de prestação normal de trabalho.

Durante o tempo de redução ou suspensão, o trabalhador tem direito a uma compensação retributiva, que visa assegurar-lhe uma retribuição mensal equivalente a dois terços da sua retribuição normal ilíquida (constituída pela retribuição base, diuturnidades e por todas as prestações regulares e periódicas inerentes à prestação de trabalho, conforme resulta do n.° 4 do art. 341.°, do CT) ou à retribuição mínima (art. 343.°, n.° 1, do CT).

O art. 293.°, da RCT determina que tal retribuição seja calculada proporcionalmente, por aplicação da fórmula de cálculo da retribuição horária (art. 264.°, do CT).

A compensação retributiva é suportada em 30% pelo empregador, e em 70% pelo orçamento da segurança social (art. 344.°, n.° 1, do CT).

---

mente, ou fica isolada por uma inundação ou inoperacional por um incêndio; a empresa mantém-se aberta, mas certa secções de fabrico paralisam por falta de matéria-prima ou porque parte da equipa indispensável ao trabalho faltou ou esteve em greve; verifica-se uma falta de energia que não permite o funcionamento da empresa; tudo está em condições para funcionar, mas a entidade patronal decide suspender a produção por quebra de encomendas, etc.", ilustra Lobo Xavier, *op. cit.*, p. 442.

[378] O art. 295.°, da RCT, dispõe que, quanto ao subsídio de Natal, o montante correspondente a 50% da compensação salarial será pago pela segurança social e o restante pelo empregador.

A propósito da manutenção da prestação creditória a cargo da entidade empregadora, LOBO XAVIER[379], enquadrando-a no *risco do estabelecimento*, tece uma análise crítica sobre a bondade da consagração legal, ponderando que, "Em certas situações não deixaria de parecer adequada uma solução de *divisão de riscos*, a compartilhar pelas suas partes"[380].

3. Encerramento temporário do estabelecimento ou diminuição temporária da actividade

A figura do encerramento temporário, incluída outrora nos arts. 78.° e 79.°, da LCT, foi aparentemente, revogada, por lapso, pelo art. 31.°, da LFFF, não tendo a Lei da Suspensão do Contrato de Trabalho incluído no respectivo regime as situações de encerramento temporário. Daí que, para nós, os arts. 350.° e ss., do CT constituam uma consagração *ex novo*.

No encerramento temporário, por motivo alheio à vontade do empregador, determinada causa (caso fortuito ou motivo de força maior, *v.g.*, inundação do estabelecimento comercial; incêndio que destruiu as matérias-primas), provoca (e o nexo de causalidade tem que necessariamente ocorrer) diminuição temporária (não definitiva) da actividade da empresa ou encerramento temporário do estabelecimento.

Neste caso, as disposições genéricas do art. 331.°, do CT sofrem algumas derrogações: o trabalhador decai em 25% na retribuição, assumindo, de alguma forma, a repartição do risco inerente à actividade empresarial.

No entanto, se o encerramento temporário ou a diminuição da actividade se deverem a facto imputável ao empregador ou por motivo do interesse deste (art. 351.°, do CT), recupera o trabalhador o direito à retribuição plena. Aqui serão de incluir, entre outros, os casos de abertura ao público, sem o procedimento de licenciamento

---

[379] *Op. cit.*, p. 443.

[380] *Ibid.* Explicita o A., "Desde logo, porque não parece adequado um regime que trata igualmente os casos em que a inexecução da prestação do trabalho se deve a *culpa* patronal e aqueles em que a paralisação da empresa se deve a *força maior* ou, pelo menos, a necessidades de gestão ou, porventura até, a factos que têm a ver com outros trabalhadores da empresa (em greve parcial ou em doença)".

estar devidamente ultimado, decaimento no volume de negócios, suspensão de actividade em virtude de prática contra-ordenacional.

A lei não estipula o prazo de impedimento temporário, deixando o critério da sua fixação para o empregador, tal permissão é muito questionável, pois pode estimular fraude à retribuição do contrato de trabalho.

Na eventualidade de o trabalhador exercer uma actividade remunerada, aproveitando o tempo de impossibilidade de prestação laboral, em virtude do encerramento temporário ou da diminuição temporária da actividade, a retribuição auferida nessa actividade sucedânea é descontada do valor da retribuição a satisfazer pelo empregador em crise, dando assim, acolhimento, também neste contexto, ao princípio da dedução do *alliunde perceptum* (art. 352.º, do CT).

O art. 353.º, do CT impõe um dever de informação a cargo do empregador para a retoma da prestação laboral.

A RCT (arts. 296.º a 299.º) impõe agora um regime preventivo e punitivo dos chamados encerramentos (temporários) *selvagens*, de cariz comercial (*v.g.*, a inibição de prática de certos actos, art. 297.º) e criminal (art. 466.º RCT).

Para maiores desenvolvimentos, *v.* a nossa "Regulamentação do Código do Trabalho Anotada", Almedina, 2006, 3.ª ed., p. 209.

O contrato de trabalho pode ainda ser suspenso por acordo das partes, pela licença sem retribuição (art. 354.º, do CT) e pela pré-reforma (art. 356.º, do CT).

CAPÍTULO XIII

A cessação do contrato de trabalho[381]

1. Considerações preliminares

O contrato de trabalho, apesar da sua vocação perpétua, finda como qualquer outra relação jurídica. A índole socializante do Direito do Trabalho estabelece, no entanto, limites à autonomia das partes no seu propósito de pôr termo à situação contratual, ou melhor, delimita a livre disponibilidade jurídica da parte negocial em supremacia[382].

As possibilidades extintivas da relação laboral são limitadas às formas fixadas na lei, de acordo com o art. 384.º, do CT[383], aí se acolhendo, a caducidade, a revogação, a resolução e a denúncia.

2. Caducidade

Pela caducidade o contrato extingue-se automaticamente, sem que haja necessidade de qualquer manifestação da vontade em tal

---

[381] A presente secção corresponde às nossas anotações em "Código do Trabalho...", ps. 832 e ss.

[382] "A garantia de estabilidade de emprego é a caução do sustento do trabalhador e de sua família, e um penhor de segurança de existência", como bem diz, LOBO XAVIER, *op. cit.*, p. 449.

[383] Em desacordo da taxatividade da enumeração do art. 3.º, da então LCCT, LOBO XAVIER, *op. cit.*, p. 459, apontando a deficiência técnica da enumeração (mais evidente com o restante articulado do diploma) estabelece como formas extintivas, além da caducidade em geral, a caducidade especial dos contratos a termo, a revogação por mútuo acordo, o despedimento do empregador por justa causa «subjectiva», o despedimento por eliminação do posto de trabalho (justa causa «objectiva»), despedimento por inadaptação do trabalhador, despedimento colectivo, denúncia e rescisão pelo trabalhador, e despedimento ilícito.

FORMAS EXCLUSIVAS DE CESSAÇÃO DA RELAÇÃO LABORAL
Correspondência com a LCCT

Caducidade (art. 384.º, al. a), C.T.) *versus* Caducidade *(art. 3.º, n.º 2, al. a) da LCCT)*

Revogação (art. 384.º, al. b), C.T.) *versus* Revogação por acordo das partes *(art. 3.º, n.º 2, al. b) da LCCT)*

Resolução (art. 384.º, al. c), C.T.) Por iniciativa do empregador:

- **(individual)**
  - despedimento por facto imputável ao trabalhador *versus* despedimento promovido pela entidade empregadora *(art. 3.º, n.º 2, al. c) e art. 9.º da LCCT)*
  - despedimento por extinção do posto de trabalho *(art. 402.º, C.T.) versus* extinção de postos de trabalho por causas objectivas de ordem estrutural, tecnológica ou conjuntural relativas à empresa *(art. 3.º, n.º 2, al. f) e 26.º da LCCT)*
  - despedimento por inadaptação *versus* cessação do contrato por inadaptação do trabalhador *(art. 1.º, do DL n.º 400/91, de 16.10)*
- **(colectiva)**
  - despedimento colectivo *versus* despedimento colectivo *(art. 3.º, n.º 2, al. f) e art. 16.º da LCCT)*

Por iniciativa do trabalhador *versus* rescisão com justa causa *(art. 3.º, n.º 2, al. d) da LCCT)*

Denúncia (art. 384.º, al. d), C.T.)
- *versus* rescisão sem justa causa *(art. 3.º, n.º 2, al. d) da LCCT)*
- *versus* rescisão por qualquer das partes durante o período experimental *(art. 3.º, n.º 2, al. e) da LCCT)*

A *cessação do contrato de trabalho* 271

sentido, bastando a ocorrência de certos factos ou situações previstos no contrato de trabalho ou nas normas que o regem.

Em sentido amplo, a caducidade implica a cessação duma situação por superveniência de um facto a que a lei ou outra fonte atribua esse efeito.

Como bem esclarece MONTEIRO FERNANDES[384], "o «automatismo» da caducidade é, porém, uma noção destituída de rigor. No processo pelo qual o contrato de trabalho «caduca» intervêm sempre, de uma maneira ou de outra, «momentos volitivos» que se exprimem através de declarações ou manifestações com carácter para-negocial."

E essa falta de automatismo ocorre quer no contrato sem termo, quer no contrato a termo.

Em particular, o contrato a termo obriga a uma manifestação expressa da vontade de não renovação (arts. 388.° e 389.°, do CT), não bastando o mero esgotamento da duração prevista, é necessário um *comportamento declarativo formal* no sentido de que o prosseguimento das relações contratuais não interessam às partes.

De acordo com o previsto na alínea *b*) do art. 387.°, do CT, o contrato *caduca* pela "impossibilidade superveniente, absoluta e definitiva" de prestação laboral, dado que (e tendo presente a sinalagmaticidade que caracteriza o contrato de trabalho, vinculando-se as partes reciprocamente), se uma das obrigações se extingue casualmente, a outra extingue-se também.

A impossibilidade será então:

– *absoluta*, ou seja, total;

– *definitiva*, pois previsivelmente nunca mais será viável a prestação[385] ou o recebimento do trabalho,[386] na óptica da relação

---

[384] *Op. cit.*, p. 526.

[385] *"I – A ocorrência de um acidente de trabalho que incapacite o trabalhador de forma absoluta e definitiva para o trabalho habitual é causa de caducidade do contrato de trabalho subjacente.*

II – Para que a obrigação se extinga não basta, no entanto, uma alteração das circunstâncias que a torne extraordinariamente onerosa ou excessivamente difícil, sendo necessário que se torne verdadeiramente impossível.

III – Tal impossibilidade deve obedecer a três requisitos: ser superveniente à celebração do contrato de trabalho, ser absoluta, no sentido de ser total (quando o trabalhador não estiver em condições de prestar o trabalho), e ser definitiva.

IV – Uma incapacidade permanente absoluta fixada em 70% contém, em princípio, aqueles três requisitos, não cabendo no disposto na base XLIX da Lei n.° 2127 e do artigo

laboral estabelecida entre as partes, *v.g.* o trabalhador, por doença natural, fica total e definitivamente impossibilitado de prestar o serviço para que foi contratado, não sendo possível ao empregador oferecer-lhe outra função na empresa; por imposição legal ou administrativa, o empregador fica, em definitivo, impedido de exercer a sua actividade (porque foi vedada à iniciativa privada[387] ou porque sofreu uma acção de despejo, não conseguindo obter outro local para se instalar)[388] e[389]

– *superveniente* à celebração do contrato de trabalho.

O contrato caduca igualmente pelo atingimento da reforma por velhice ou invalidez por parte do trabalhador (art. 387.º, al. *c*), do CT).

Na perspectiva da caducidade do contrato de trabalho por invalidez, já se acolhe a impossibilidade prestacional do trabalhador

---

62.º *do Decreto n.º 360/71, que obrigam certas empresas, sempre que admitam pessoal, a dar prioridade em actividades compatíveis com a lesão de que o trabalhador ficou afectado".*
Ac. STJ, de 27.01.99, BMJ, 483, p. 128.

[386] Pois se o fosse o regime aplicável seria o da suspensão.
"I – A incapacidade definitiva para o trabalho leva a um impedimento definitivo gerador da caducidade do contrato de trabalho.
II – O posterior exame que considere o trabalhador apto para o trabalho não produz o renascimento do anterior contrato cessado por caducidade".
Ac. STJ, de 2.11.1995, CJ, Ano III, 1995, Tomo III, p. 289

[387] **1** – *"I – A incapacidade definitiva para o trabalho leva a um impedimento definitivo gerador da caducidade do contrato de trabalho.*
II – O posterior exame que considere o trabalhador apto para o trabalho não produz o renascimento do anterior contrato cessado por caducidade".
Ac. STJ, de 02.11.1995, CJ, Ano III, Tomo III, p. 289

2 – *"I – O contrato de trabalho mantido entre um trabalhador e um proprietário de oficina de reparação de automóveis cessa, por caducidade, se este morre e se os seus herdeiros não continuam a exploração do estabelecimento.*
II – Essa caducidade ocorre na data do óbito, começando a contar-se a partir da dia imediato à data da morte o prazo de prescrição dos créditos laborais do trabalhador.
III – É irrelevante, para a contagem de tal prazo, o facto do trabalhador ter continuado a executar trabalhos na oficina, para além do decesso do proprietário – uns já aceites antes e outros encomendados de novo – e de ter recebido dos clientes os respectivos pagamentos".
Ac. RC, de 27.11.1997, CJ, Ano XXII, Tomo V, p. 64.

[388] Hipótese apresentada no Ac. RL, de 17.04.1996, CJ, Ano XXI, Tomo II, p. 175.

[389] Na verdade, a definitividade da impossibilidade de receber trabalho nem sempre é clara. O empregador que sofreu a acção de despejo, pode não querer, angariar novo locado. Em tal caso, os contratos de trabalho pura e simplesmente caducam, e nenhum controlo há sobre a vontade do empregador.

A cessação do contrato de trabalho 273

para qualquer tipo de trabalho, o habitualmente exercido ou outro, sendo esse o sinal distintivo entre esta forma de caducidade e a caducidade em geral (impossibilidade para o desempenho habitual e incapacidade de o empregador oferecer outra função ao trabalhador, e, em consequência, nessa hipótese, modificação do próprio contrato de trabalho).

A reforma por velhice não se confunde com a impossibilidade de trabalhar[390], o trabalhador reformado pode estar totalmente apto para o trabalho, nada impede, aliás, que os reformados mantenham automaticamente o vínculo contratual, o que ocorrerá permanecendo o trabalhador ao serviço decorridos 30 dias sobre o conhecimento da reforma ou atingindo o trabalhador os 70 anos de idade.[391]

Mas o estatuto do trabalhador-reformado goza do seguinte regime especial:

Por um lado, a vinculação contratual do trabalhador só ocorrerá por conversão do contrato sem termo em contrato a termo, ou da manutenção do contrato a termo, se for esse o caso, contanto que, se mantenha a identidade da outra parte, a caducidade do *primitivo* contrato de trabalho não permite a celebração de um *novo* contrato (a termo), com nova entidade empregadora (este elo de continuidade é essencial para a sobrevivência do contrato e da qualidade de trabalhador).

Por outro lado, a conversão do contrato a termo não está sujeita a escrito, colidindo expressamente com o regime formal dos contratos a termo (art. 392.°, n.° 2, al. *a*), do CT).

O trabalhador que atingida a idade dos 70 anos, continue a trabalhar, sem solicitar a reforma, fica automaticamente sujeito ao regime da contratação a termo (art. 392.°, n.° 3, do CT).

Ocorrendo a caducidade do contrato, quais os créditos devidos ao trabalhador?

---

[390] "A reforma por velhice é, em técnica de seguros sociais, uma invalidez meramente presumida: em muitos casos os trabalhadores reformados trabalham", assim o diz Lobo Xavier, *op. cit.*, p. 464.

[391] *"I – A caducidade do contrato de trabalho por reforma só opera na data em que ambas as partes tenham dela conhecimento.*

II – O prazo para prescrição dos créditos da entidade patronal ou do trabalhador só começa a correr no dia seguinte àquele a que ambos tiveram conhecimento da reforma".

Ac. STJ, de 30.04.1997, CJ, Ano V, Tomo II, 1997, p. 270.

274 *Direito do Trabalho*

No caso dos contratos a termo, em geral, o trabalhador tem direito a uma compensação correspondente a três ou dois dias de retribuição base e diuturnidades por cada mês completo de duração, consoante o contrato tenha excedido ou não os seis meses (art. 388.°, n.° 2, do CT).

Nos contratos a termo de trabalhador em idade de reforma, é dito claramente que não há atribuição de qualquer compensação ao trabalhador (art. 392.°, n.° 2, al. *d*), do CT).

Em caso de caducidade por morte ou extinção do empregador, já o trabalhador terá direito a uma compensação, pela qual responde o património da empresa (art. 390.°, n.° 5, do CT).

3. Revogação

3.1. *Considerações preliminares*

O empregador e o trabalhador podem fazer cessar o contrato de trabalho por acordo, diz o art. 393.°, do CT.

«Esta forma de cessação constitui um afloramento do princípio da liberdade contratual, à faculdade de livremente contratar[392], contrapor-se-ia a liberdade de deixar de contratar, mas em rigor e face ao contexto jurídico-laboral, esta última liberdade só é exercível pelo trabalhador; ou, no caso da revogação, mediante o acordo de ambos, não autorizando a lei o seu exercício unilateral pelo empregador.

Pelo exercício do acto revogatório, verdadeiro contrato extintivo *ad libitum*, pois não carece de motivação, desvinculam-se as partes da relação jus-laboral, acautelados que estejam alguns requisitos formais.

Explica MOTA PINTO,[393] "Nalguns casos a lei autoriza um dos sujeitos do negócio jurídico a revogá-lo. A revogação tem apenas a

---

[392] Dispõe o art. 405.° (Liberdade contratual), do CC o seguinte: "1. Dentro dos limites da lei, as partes têm a faculdade de fixar livremente o conteúdo dos contratos, celebrar contratos diferentes dos previstos neste código ou incluir nestes as cláusulas que lhes aprouver".

[393] *Op. cit.*, p. 620.

A cessação do contrato de trabalho

consequência de extinguir os efeitos do negócio para o futuro ("ex nunc"); não opera, portanto, retroactivamente.

Pode ter lugar igualmente uma *revogação dos contratos por comum acordo*, eventualmente com eficácia retroactiva «inter partes». É o chamado contrato extintivo ou abolitivo ou «contrarius consensus» (cfr. art. 460.º, n.º 1 do CC). Com este «contrarius consensus» as partes, por mútuo consentimento, extinguem a relação contratual existente entre eles. Esta eliminação de efeitos jurídicos do primeiro contrato terá uma eficácia «ex tunc» ou «ex nunc», conforme a vontade das partes, expressa ou deduzida das circunstâncias do caso concreto. Se o efeito extintivo é querido com eficácia retroactiva, o contrato extintivo ou abolitivo implica mais uma resolução do que uma revogação."

(...) Para satisfação de um interesse probatório, além de substantivo (de facto, se as partes não reduzem a escrito o seu consenso, será aplicável o regime da nulidade das declarações negociais impropriamente formuladas, previsto no art. 219.º do CC), o acordo de cessação deverá constar de documento escrito assinado por ambas as partes (em arrepio, portanto, do princípio do consensualismo que suporta a celebração contratual), ficando cada uma com um exemplar (art. 394.º-1).»[394]

Este escrito que consubstancia a vontade das partes de porem termo ao contrato deverá mencionar a data da sua celebração e o momento a partir do qual produzirá efeitos (n.º 2, do art. 394.º, do CT).

O que, alerta LOBO XAVIER, *op. cit.*, p. 473, "dificulta o sistema fraudulento de, no acto da celebração do contrato, exigir ao trabalhador um acordo de revogação com a data em branco".

A declaração de revogação pode ser produzida em qualquer *tempus* contratual, havendo perenidade no vínculo ou estando este em crise[395].

---

[394] PAULA QUINTAS e HELDER QUINTAS, "Código do Trabalho...", p. 866.

[395] *"I – É admissível a revogação de um contrato de trabalho por mútuo acordo na pendência de um processo de despedimento colectivo. II – (...)".*

Ac. RL, de 18.10.1995, CJ, Ano XX, Tomo IV, p. 164.

3.2. *O* **direito ao arrependimento** *do trabalhador*

O legislador actual afastou a expressão "revogação" e substi-tuiu-a pela designação geral de *cessação do acordo de revogação*, sem explicitar qual a figura desvinculante. Assim, e ficando esta dúvida por resolver, mantemos a terminologia constante da lei anterior.

O actual regime (na linha do introduzido pela Lei n.° 38/96, de 31.08), permite que o trabalhador e apenas este ponha termo ao acordo de revogação do contrato de trabalho.

A revogação do acordo revogatório exercida neste termos con-substancia um verdadeiro *direito ao arrependimento por parte do trabalhador*, que só será vedado, se as assinaturas das partes tiverem merecido reconhecimento notarial presencial (que serve como uma espécie de *blindagem* do contrato extintivo), prevendo-se que, a in-tervenção notarial[396] dessa entidade só "homologará" os acordos que acautelem os direitos, nomeadamente patrimoniais, do traba-lhador, ao mesmo tempo, que sanciona despedimentos simulados (n.° 4, do art. 395.°, do CT).

O Código do Trabalho aboliu, também para esse mesmo efeito, a intervenção do inspector de trabalho.

3.3. *A natureza da compensação pecuniária global*

No mesmo acordo revogatório podem constar outros efeitos, diversos da cessação do contrato de trabalho.

Na verdade, em face da estabilidade legal da relação de traba-lho e do bloqueamento dos despedimentos, a extinção do contrato faz-se muitas vezes através da motivação do trabalhador em con-sentir na revogação, mediante promessa de indemnização: é o que se chama um «*despedimento negociado*».[397]

Face ao carácter prospectivo da declaração de revogação, a lei não prevê a atribuição de indemnizações ou compensações adqui-ridas pelo trabalho prestado.

---

[396] "O objectivo do legislador consiste, manifestamente, em garantir a ge-nuinidade do acordo de cessação do contrato de trabalho, em particular no que respeita à sua *actualidade*, ou, por outras palavras, à coincidência entre a data da assinatura do trabalhador e aquela em que se pretende fazer valer o acordo", MON-TEIRO FERNANDES, *op. cit.*, p. 525.

[397] LOBO XAVIER, *op. cit.*, p. 473.

A cessação do contrato de trabalho

Não obstante, é frequente o acordo revogatório conferir ao trabalhador uma compensação pecuniária, mais pertinentemente nos casos de *despedimento negociado* simulado em revogação.

O n.° 4, do art. 394.°, do CT estabelece uma presunção quanto à compensação pecuniária de natureza global[398] atribuída *ope voluntatis* ao trabalhador.

Entende-se que, em tal compensação, se consideram incluídos e pagos os créditos do trabalhador já vencidos exigíveis em virtude da cessação do contrato de trabalho[399].

Daí que, "qualquer afectação específica de valores desvanece a presunção e autoriza que se faça valer créditos não explicitados"[400].

Tal declaração integra uma remissão abdicativa válida e eficaz[401]?

---

[398] Global porque não discrimina a que título se venceram os créditos e qual o valor de cada um.

[399] **1** – *"I – (…). II – (…). III – No caso de revogação do contrato de trabalho por acordo das partes, é também no prazo do artigo 38.°, n.° 1, da LCT, que deve ser proposta a acção visando o pagamento de quaisquer créditos vencidos à data do acordo ou exigíveis em virtude deste, bem como o pedido da declaração da nulidade do referido acordo, por falta de algum dos seus elementos essenciais.*

IV – Pretendendo os autores a anulação do negócio jurídico revogatório do contrato de trabalho, com fundamento em vícios da vontade, previstos nos artigos 144.°, 212.° e 213.° do CC, a requerida arguição pode ser feita dentro do prazo (de caducidade) de um ano a partir do conhecimento desses vícios".

Ac. STJ, de 11.11.1998, ADSTA, n.° 447, p. 411.

2 – *"I – Se o trabalhador revogar o acordo que faz cessar o contrato de trabalho (art. 7.°, do Dec-Lei n.° 372-A/75) o contrato de trabalho revive.*

II – Assim, o prazo de prescrição de um ano dos créditos só trabalhador só começa a contar após a posterior cessação do contrato", Anotação ao Ac. anterior, *loc. cit.*.

[400] Esclarece MENEZES CORDEIRO, *op. cit.*, p. 465.

[401] **1** – *"I – No documento (acordo) assinado pela entidade empregadora e o trabalhador, extinguindo-se o contrato de trabalho, podem as partes acordar na produção de outros efeitos, diversos da cessação do contrato individual de trabalho, desde que não contrariem a lei.*

II – Entre os efeitos voluntários que as partes podem ligar à revogação do contrato destaca-se, pela sua preferência, o estabelecimento de uma compensação pecuniária de natureza global para o trabalhador.

(…) IV – A declaração do trabalhador, inserida em acordo celebrado com a entidade empregadora, de que esta «nada mais lhe deve» – para além da indemnização que a mesma se comprometeu a pagar-lhe, «para que tudo o que diz respeito à colaboração do trabalhador fique liquidado» –, integra um verdadeiro contrato de remissão, celebrado com o propósito de extinguir a relação obrigacional entre eles existente.

V – Através desse contrato, o trabalhador renunciou, com a aquiescência da en-

E assim sendo, qual o seu valor? *Juris tantum* ou *iuris et de iuris*[402]?

Contra o valor expropriante da declaração (que confirma, em absoluto, a liquidação total do crédito exigível), contrapõe-se o ónus probatório de ilidir a presunção legal, provando, não só que os créditos não foram liquidados ou não o foram integralmente, como são de facto devidos.

---

tidade empregadora em dívida, afastando definitivamente da sua esfera jurídica os instrumentos de tutela do seu interesse, que a lei lhe conferia, na qualidade de credor (cfr. art. 863-1.º do Código Civil)".

Ac. do STJ, de 06.07.94, Bol. Trab. Emp., 2ª Série, n.º 10-11-12, 1996, p. 991.

No mesmo sentido, Ac. STJ, de 01.10.97, ADSTA, Ano XXXVII, n.º 435, p. 392.

2 – *I – Autor e réu celebraram um Acordo no qual o autor renunciou expressamente a todos os eventuais créditos que tivesse sobre aquele, emergentes do contrato de trabalho com ele estabelecido ou da sua cessação, tendo recebido do réu a título de compensação pecuniária global a quantia de € 64.404,00.*

II – Tal Acordo incorpora um contrato de remissão abdicativa que abrange todos os créditos a que o autor pudesse ter direito por força do contrato de trabalho ou da sua cessação, com a sua consequente extinção.

III – Não é inconstitucional o contrato de remissão abdicativa quando estão em causa relações laborais.

Ac. STJ, de 06.12.2006, CJ, Ano XIV, T. III, p. 300

[402] Sendo certo que decorre do regime civil que a presunção relativa constitui a regra e a presunção absoluta, a excepção.

As presunções legais podem ser ilididas mediante prova em contrário, excepto nos casos em que a lei o proibir (art. 350.º, n.º 2, do CC).

"I – O n.º 4 do art. 8.º da LCCT, consagra a presunção de que na compensação pecuniária de natureza global as partes incluíram e liquidaram os créditos já vencidos à data da cessação do contrato ou exigível em virtude dessa cessação.

II – Tal presunção deve qualificar-se como absoluta ou "iuris et de iuris", no sentido de que, na falta de estipulação em contrário, não poderá depois o trabalhador pretender que na compensação pecuniária global não foram incluídos e liquidados alguns créditos já vencidos, de que então era titular, ou exigíveis em virtude da cessação do contrato".

Acordão de 25.01.1995, STJ, in Questões Laborais, n.º 4, Ano II, 1995, p. 61.

No mesmo sentido, v. Ac. STJ, de 18.06.97, BMJ, n.º 468, (1997), p. 279:

"I – No documento de acordo de cessação do contrato de trabalho as partes podem convencionar a produção de outros efeitos, desde que não contrários à lei.

II – Se as partes estabelecem uma compensação pecuniária de natureza global, entende-se que naquela compensação foram incluídos e liquidados os créditos já vencidos à data da cessação do contrato ou exigíveis em virtude da mesma, estabelecendo-se uma presunção juris et de jure de que naquela compensação global se incluíram todos os créditos emergentes do contrato de trabalho.

III – Se houver afectação específica de valores no âmbito da referida compensação, a presunção desvanece-se, permitindo que se façam valer créditos não explicitados. (…)".

A cessação do contrato de trabalho

Ilisão essa que, sendo possível, será por certo e muitas vezes, de enorme dificuldade para o trabalhador.

Argumentando contra uma interpretação mais *literalista* da lei, JOÃO LEAL AMADO[403], em defesa do valor relativo da declaração presuntiva pergunta: "porquê considerar que estamos perante uma presunção absoluta, a qual, por definição, recusa a busca da verdade, desinteressando-se desta, e não perante uma presunção relativa, a qual sempre se traduz num método, ainda que discutível, de busca daquela?".

E mais adiante, "Nenhum fundamento minimamente razoável se descortina para que o legislador tenha vindo (com)fundir dois direitos, perfeitamente autónomos, que normalmente assistem ao trabalhador em caso de revogação do contrato. O direito a receber todos os créditos já vencidos à data da cessação do contrato ou exigíveis em virtude dessa cessação, por um lado; o direito a uma compensação pecuniária pela perda do emprego, por outro".

Contra, enunciam ROMANO MARTINEZ e outros[404] que: "nos termos do art. 350.º, n.º 2 CC, para que uma presunção seja inilidível é necessário que a lei proíba a prova em contrário, na falta de tal proibição as presunções são ilidíveis".

Qual a interpretação teleológica a desenvolver, no fundo, qual o bem jurídico que merece maior protecção?

Face à insuficiência gramatical, parece ser de aplicar dentro do espírito do sistema, o princípio *in dubio pro operario*[405], permitindo ilidir a presunção invocada contra o direito de crédito do trabalhador[406].

Também aqui, o prazo prescricional para reivindicação dos créditos emergentes da cessação do contrato de trabalho é de um ano, segundo o previsto no art. 381.º, do CT[407].

---

[403] "Revogação do contrato e compensação pecuniária para o trabalhador: notas a um acordão do Supremo Tribunal de Justiça", Questões Laborais, Ano I, n.º 3, 1994, p. 170.

[404] "Direito do Trabalho", p. 837.

[405] Acerca do afastamento do princípio do *in dubio pro operario*, em matéria probatória, *v.* Ac. de 21.10.96, CJ, 1996, Ano XXI, T. IV, p. 268.

[406] PAULA QUINTAS e HELDER QUINTAS, "Código do Trabalho...", p. 827.

[407] "(...) III – No caso de revogação do contrato de trabalho por acordo de partes, é também no prazo do artigo 38.º, n.º 1, da Lei do Contrato de Trabalho que deve ser proposta a acção visando o pagamento de quaisquer créditos vencidos à data do acordo ou exigíveis em virtude deste, bem como o pedido de declaração de nulidade do referido acordo,*

280   *Direito do Trabalho*

4. O despedimento individual subjectivo

4.1. *A justa causa de despedimento e os deveres do trabalhador*

A liberdade de desvinculação contratual por parte do empregador não tem o mesmo alcance da liberdade que a lei confere ao trabalhador.

A validade substancial do despedimento impõe que no caso concreto se preencha o *conceito de justa causa*, e a validade formal do mesmo exige que o *procedimento para comprovação dessa justa causa seja realizado*[408].

"Significa isto que a Constituição não se limitou a exigir a motivação do despedimento como pressuposto da licitude do mesmo: ao colocar a segurança no emprego à cabeça do catálogo constitucional dos direitos dos trabalhadores, gozando do regime privilegiado dos direitos, liberdades e garantias, a CRP acolheu o chamado «princípio da coercibilidade do vínculo contratual» (JORGE LEITE), isto é, a ideia de que o contrato de trabalho pode subsistir mesmo contra a vontade da entidade patronal.

Desta forma, o despedimento ilegal passou a traduzir-se num verdadeiro e próprio despedimento *inválido*, e não já, como antes (no domínio da LCT), num mero despedimento *irregular* – invali-

---

por falta de alguns elementos essenciais previstos no artigo 8.° do regime anexo ao Decreto-Lei n.° 64-A/89, de 27 de Fevereiro.

IV – Pretendendo os autores a anulação do acordo revogatório do contrato de trabalho, com fundamento em vícios de vontade, previstos nos artigos 244.°, 252.° e 253.° do Código Civil, a arguição daquela anulação pode ser feita dentro do prazo de (caducidade) de um ano a partir do conhecimento desses vícios".

Ac. de 11.11.98, STJ, já citado.

[408] A resolução por parte do empregador só é válida por *legal* motivação e de acordo com a tramitação procedimental exigível: "*I – (...) II – O sentido decisivo da declaração negocial é aquele que seria apreendido por um destinatário normal, medianamente instruído e diligente, colocado na posição do declaratário real, em face do comportamento do declarante.*

III – Assim, escrevendo-se numa carta da entidade patronal dirigida a um seu trabalhador «é com mágoa que me dirijo a V. Exa. a fim de lhe comunicar que não posso continuar a contar com a sua colaboração, dada a abertura do mercado único a partir de 1 de Janeiro de p.a., tem de se entender que se trata de uma declaração de rescisão individual do respectivo contrato de trabalho".

Ac. STJ, de 22.01.1997, Ano V, Tomo I, p. 259.

A cessação do contrato de trabalho 281

dade esta que, operando retroactivamente (art. 289.° do Cód. Civ.), elimina o acto viciado e implica o *revigoramento do contrato*, a reconstituição do vínculo, tudo se passando como se o despedimento nunca tivesse sido efectuado, pelo que as partes devem ser colocadas, na medida do possível, na posição em que estariam se tal acto não tivesse ocorrido".[409]

O regime do art. 396.°, do CT (conforme já ocorria com o art. 9.°, da LCCT) estabelece o chamado *despedimento-sanção*, aplicável, após adequada ponderação do grau das sanções disciplinares, como censura pela gravidade de comportamento do trabalhador.

A exemplo da lei anterior, o Código do Trabalho adoptou, ainda, uma outra forma de despedimento intimamente ligado a causas eminentemente objectivas, que em nada se prendem com o comportamento censurável do trabalhador, articuladas, como estão, a questões de mercado, estruturais ou tecnológicas.[410]

O conceito de justa causa haverá que ser determinado atendendo aos princípios, normas e direitos constitucionalmente consagrados (*v.g.*, direito à segurança no emprego, art. 53.°, 1ª parte e o direito ao trabalho, art. 59.°, n.° 1, al. *a*), ambos da CRP; à organização do trabalho – art. 60.°, n.° 1, al. *b*) da CRP)), concretizáveis caso a caso.

O conceito de justa causa visa, ainda, tornar adequada a sanção aplicável ao ilícito legal ou contratual cometido, limitando nessa matéria o poder disciplinar do empregador, proibindo a aplicação de sanções abusivas (art. 367.°, do CT)[411].

---

[409] Conforme bem explica, JOÃO LEAL AMADO, "Despedimento ilícito e salários intercalares: a dedução do *alliunde perceptum* – uma boa solução?". – Questões Laborais, Ano I, n.° 1, 1994, p. 43 e ss.

[410] Para mais desenvolvimentos, *v.* "O Regime Jurídico dos despedimentos – Uma abordagem prática", PAULA QUINTAS/HELDER QUINTAS, Almedina, 2007.

[411] **1** – "*I – A sanção disciplinar de suspensão do trabalho com perda de retribuição, revogada pela entidade patronal, que pagou os dias relativos à suspensão deixou de subsistir, pelo que a acção em que se pedia a condenação da entidade patronal no pagamento de tais importâncias perdeu utilidade, devendo ser julgada extinta a instância por inutilidade superveniente da lide.*

II – Só é possível classificar-se de abusiva uma sanção que foi aplicada e se manteve.

III – A indemnização calculada nos termos do n.° 3 do artigo 33.° do RJCIT pressupõe sempre a aplicação e manutenção de sanção qualificável como abusiva, nos termos do art. 33.° desse Regime Jurídico.

IV – Se o trabalhador considera ter direito a uma indemnização pelo facto de ter sido condenado com as consequências daí resultantes, não podendo falar-se em sanção abusiva,

O legislador enuncia, no n.° 1, do art. 396.°, do CT, o conteúdo de justa causa de despedimento, cuja concretização se deverá operar caso a caso, de acordo com as circunstâncias do tempo em que ocorre[412]. O n.° 2, desse artigo estabelece um critério de razoabilidade. Por último, o n.° 3 apresenta uma enumeração exemplificativa dos comportamentos que merecerão esse grau de censura, concretizados sempre casuisticamente ao previsto e estatuído no n.° 1, tornando inexigível a manutenção do vínculo laboral e sancionando situações laborais que, por razoes imputáveis ao trabalhador, tenham entrado de tal modo em crise, que não mais se possam manter[413].

---

que deixou de existir, terá de propor acção, devendo a indemnização, se a ela houver lugar, ser calculada nos termos gerais de direito".
Ac. RL, de 06.03.1996, CJ, Ano XXI, Tomo II, p. 156.
2 – *"I – A entidade patronal detém a exclusiva titularidade do poder disciplinar; o que implica não poder fazer-se um controlo judicial da sanção aplicada de modo a proceder à sua correcção, substituindo-a.*
II – Por isso, se o trabalhador impugnar judicialmente a sanção que lhe foi cominada, ao tribunal apenas cabe revogar ou confirmar a sanção, não podendo substituir-se ao empregador na determinação da medida da sanção".
Ac. STJ, de 24.04.1996, Questões Laborais, n.° 8, p.192.
3 – *"Se a entidade patronal aplica uma sanção disciplinar que se vem a considerar desproporcionada para o comportamento do trabalhador, nem por isso se verifica uma violação culposa das garantias legais deste que lhe permita fazer cessar o contrato com justa causa".*
Ac. RL, de 10.07.1985, BTE, 2ª, 1-2/1988, p. 205.
4 – *"I – Prende-se o estabelecimento da indemnização por sanção abusiva com uma das principais especificidades da situação jurídica laboral: o poder disciplinar. A simples existência do poder disciplinar torna substancialmente diferente a posição da entidade patronal, que pode impor sanções, e a posição do trabalhador, que pode ser objecto delas. Na especificidade desta situação (destas diferentes situações) reside o sentido e o «motivo razoável» do aparecimento de uma norma que, como o art. 33.°, n.° 3, do Decreto-lei n.° 49408, de 24 de Novembro de 1969, pretende reagir a uma sancionamento disciplinar, tão grave quanto a multa e a suspensão, abusivamente exercido. Não viola, aquela norma o artigo 13.° da Constituição. (…).*
Acordão TC, de 08.11.1995, BMJ, 451, p. 573.
[412] Acerca da oportunidade do elemento contextual, mais propriamente do espírito da época, em face de uma *sociedade erotizada*, v. JOÃO LEAL AMADO, "Pornografia, informática e despedimento (a propósito de um acordão da Relação de Lisboa)". – Questões Laborais, Ano I, n.° 2, 1994, p. 109.
[413] *"As previsões referenciadas no n.° 2 do art. 9.°do Decreto-lei n.° 64-A/89, de 27 de Fevereiro, representam mera enumeração exemplificativa de comportamentos susceptíveis de constituírem justa causa de despedimento, pelo que a simples verificação objectiva de uma dessa previsões não representa, necessariamente, o preenchimento do conceito definido no n.° 1 do mesmo preceito legal".*
Ac. de 12.03.1997, BMJ, 565, p. 654.

A cessação do contrato de trabalho 283

4.2. *A violação dos deveres contratuais ou legais*

A justa motivação para o despedimento promovido pelo empregador, no âmbito do art. 396.º, do CT, haverá que ser aferida à luz da violação legal e contratual levada a cabo pelo trabalhador. O grau de gravidade do comportamento culposo (que pressupõe uma violação, quer por acção, quer por omissão, dos deveres legais, art. 121.º, do CT) ou contratuais do trabalhador[414], haverá, ainda, que ser avaliado em termos objectivos, segundo o critério do bom *paterfamilias*[415] e da causa adequada à impossibilidade de sub-

---

[414] **1** – *"I – O exercício de actividade remunerada durante as férias, sem autorização da entidade patronal, é proibido por lei e constitui o trabalhador em eventual responsabilidade disciplinar e na obrigação de devolver à entidade patronal a retribuição correspondente a férias e respectivo subsídio.*

II – Sendo um comportamento culposo do trabalhador, violador das normas que regulam a relação contratual, terá que haver ponderação daquela gravidade quando envolva um trabalhador sem qualificação, como é o caso dos autos por se tratar de um contrato rural.

III – Assim, não sendo demasiado grave a infracção cometida, não pode a actividade do trabalhador acarretar consequências tais que comprometam a relação laboral".
Ac. RC, de 18.01.1996, Dicionário de Legislação e Jurisprudência, n.º 774, Abr./1998, (99), AZ – 32304.

2 – *"I – Os elementos decisivos na determinação da existência (ou não existência) de justa causa num despedimento são o grau de culpa do trabalhador no comportamento tido, a gravidade da infracção e as suas consequências.*

II – A prática ou a coerência disciplinar duma empresa não podem ser o elemento decisivo na apreciação da justa causa de despedimento.

III – Não basta a identidade material das infracções para se concluir pela falta de coerência disciplinar duma entidade patronal, num caso de diferentes sanções disciplinares aplicadas a dois trabalhadores".
Ac. da RP; de 06.05.1996, CJ, Ano XXI, 1996, Tomo III, p. 246.

[415] *"I – A existência de justa causa de despedimento exige a verificação cumulativa dos requisitos: um, de natureza subjectiva, traduzido num comportamento culposo do trabalhador; outro, de natureza objectiva, que se traduz na impossibilidade de subsistência da relação de trabalho; existência de causalidade entre aquele comportamento e esta impossibilidade de subsistência da relação laboral.*

II – Tanto a gravidade como a culpa hão-de ser apreciadas em termos objectivos e concretos, de acordo com o entendimento de um bom pai de família ou de um empregador normal, em face do caso concreto e segundo critérios de objectividade e razoabilidade.

III – Existe impossibilidade prática de subsistência da relação laboral sempre que, nas circunstâncias concretas, a permanência do contrato e das relações que dele resultem sejam de molde a ferir, de forma exagerada e violenta, a sensibilidade e a liberdade de uma pessoa normal, colocada na posição do empregador, e de modo a abalar e destruir

284   *Direito do Trabalho*

sistência do nexo laboral, pois vem atingir os valores que as normas constitucionais pretendem garantir[416].

a confiança que entre a entidade patronal e o trabalhador que presidiu à elaboração do contrato de trabalho.

IV – Os comportamentos culposos do trabalhador, violando o dever de assiduidade, com atrasos não justificados na entrada ao serviço que perfazem 10 dias e meio no ano, e os deveres de urbanidade e obediência a ordem legítima, e a sua gravidade, maior quanto às faltas, e também o modo lento como executava as suas tarefas, tornam imediata e praticamente impossível a manutenção da relação laboral".
    Ac. STJ, de 10.12.1997, BMJ, 472, p. 321.

[416] **1** – *"I – O trabalhador de uma Seguradora que produz um programa radiofónico sobre o ramo de seguros, prestando esclarecimentos sobre as modalidades de seguros e referindo o lançamento de produtos de outras seguradoras, sem os comparar ou referir os da sua entidade patronal, viola em grau levíssimo o dever de lealdade.*

II – Assim, esse seu comportamento não constitui justa causa para o seu despedimento".
    Ac. de 05.02.97, CJ, ASTJ, 1997, Ano V. Tomo I, p. 273.

    2 – *"I – A rescisão desatempada de um contrato que se havia iniciado como a termo e que, entretanto, se tornara por tempo indeterminado, comunicada através de carta, sem invocação de justa causa, nem precedência de processo disciplinar, configura um despedimento ilícito.*

II – É irrelevante a declaração unilateral de reintegração do trabalhador emitida pela entidade patronal ao reconhecer o erro da rescisão, primeiro, extrajudicialmente, através de carta, à qual aquele respondeu, e depois, por via judicial, na contestação, dado que o despedimento se consumou e produziu efeitos, a partir do momento em que a comunicação da rescisão do contrato chegou directamente ao conhecimento do trabalhador. (...)".
    Ac. de 02.02.98, CJ, Ano XXIII – 1998, Tomo I, p. 245.

    3 – *"I – Tendo uma trabalhadora justificado, mediante atestado médico, as suas faltas ao serviço para prestar cuidados assistenciais imprescindíveis a seu filho, menor, há motivo suficiente para a justificação de tais faltas, tanto mais que vivia há muito separada de seu marido, facto que era do conhecimento da entidade patronal.*

II – Assim, não se justifica a exigência da entidade patronal da prova de que a assistência apenas podia ser prestada por ela.

III – Neste caso o despedimento foi ilicitamente decretado, uma vez que a trabalhadora não tinha antecedentes disciplinares, nomeadamente no que respeita a ausências de serviço".
    Ac. RL, de 29.03.1995, CJ, Ano XX, 1995, Tomo II, p. 175.

    4 – *"(...) IV – Os preceitos que regulamentam a atribuição de período de repouso aos tripulantes de aviões devem qualificar-se como normas de segurança no trabalho, a que todo o tripulante está vinculado e cuja inobservância culposa é susceptível de integrar justa causa de despedimento.*

V – A circunstância do comportamento violador desses preceitos ter lugar fora do local e do tempo de trabalho não é suficiente para o subtrair ao poder disciplinar da entidade patronal do tripulante, dado o nexo existente entre tal comportamento e o vínculo contratual, bem como com a disciplina da actividade a que o tripulante se obrigou".
    Ac. STJ, de 07.12.1994, Questões Laborais, n.º 4, Ano II, 1995.

A cessação do contrato de trabalho | 285

Dentro do núcleo exemplificativo do art. 121.º, do CT, ressaltam os seguintes deveres do trabalhador:

i) Dever de obediência

Só a desobediência *ilegítima* às ordens dadas por responsáveis hierarquicamente superiores revela violação do dever

5 – *"I – Não há justa causa para despedimento no comportamento dum trabalhador consistente em pedir à entidade patronal (e transmitir-lhe o pedido de outros colegas de profissão), que lhes fosse pago o subsídio de Natal antes de os bancos encerrarem ao público, no último dia do mês de Dezembro, por ser feriado o dia imediato.*

II – É abusiva a sanção de despedimento aplicada pela entidade patronal àquele trabalhador, se na acção só se provou esse facto, quanto aos fundamentos da rescisão do contrato de trabalho".
Ac. RE, de 23.01.1996, CJ, Ano XXI, Tomo I, p. 295.

6 – *"(…) Não integra justa causa de despedimento o comportamento de um trabalhador consistente em ter deixado aberta uma torneira, por esquecimento, o que originou uma inundação nas instalações da entidade patronal".*
Ac. RE, de 25.06.1996, CJ, no XXI, Tomo III, p. 300.

7 – *"I – (…). II – (…) a recusa de cumprir um trabalho que não cabia na categoria profissional do trabalhador, conduta que fora aceite durante muito tempo pela entidade patronal que não o substituiu por outro para o desempenho de tal trabalho, sem que tivesse resultado qualquer prejuízo para aquela entidade dessa recusa, é de concluir que esse comportamento em face das circunstâncias, não tornou impossível a subsistência da relação de trabalho justificativa do despedimento".*
Ac. RL, de 16.10.1996, CJ, Ano XXI, Tomo IV, p. 186.

8 – *"I – (…). II – Concedida a uma trabalhadora dispensa do trabalho para amamentação dum filho, constitui justa causa de despedimento a utilização por ela dos tempos de ausência do serviço para fins diferentes da aleitação".*
Ac. de 18.03.98, CJ, Ano XXIII – 1998, Tomo II, p. 71 e ss.

9 – *"I – A existência de justa causa de despedimento exige a verificação cumulativa dos requisitos seguintes: 1) um, de natureza subjectiva, traduzido num comportamento culposo do trabalhador; 2) outro, de natureza objectiva, que se traduz na impossibilidade de subsistência da relação de trabalho; 3) existência de nexo de causalidade entre aquele comportamento e esta impossibilidade de subsistência da relação laboral.*

II – Para haver fundamento para o despedimento com justa causa não basta um comportamento faltoso do trabalhador, sendo necessário que o mesmo revista uma gravidade tal que a continuação do vínculo laboral constitua uma insuportável e injusta imposição ao empregador.

III – Não se provando que tivesse sido desviado por trabalhadora, no exercício das suas funções de caixa, o dinheiro correspondente aos valores de cheques recebidos, mas tãosó que não lançou oportunamente os mesmos na «folha do caixa» e não passou os correspondentes recibos, esse comportamento, embora possa constituir violação do dever de zelo e diligência, não reveste gravidade tal que possa fundamentar a medida sancionatória mais grave do elenco das sanções disciplinares".
Ac. STJ, de 20.01.1999, BMJ, 483, p. 116.

286 Direito do Trabalho

constante da al. *d*), do n.º 1, do art. 121.º, CT[417]. Desobediência que pode constituir justa causa de despedimento, nos termos do art. 396.º, n.º 3, al. *a*), do CT.

Assim, não merece censura a desobediência cometida dentro duma permissão ou dum direito superior[418] ou na defesa dos próprios direitos do trabalhador[419], pondo-se em causa a legitimidade da ordem proferida[420].

---

[417] *"I – O abandono, pelo recorrente, durante cerca de uma hora, do posto fronteiriço das Portas do Cerco, em Macau, para que estava escalado de serviço, não configura violação do dever de assiduidade mas antes dos deveres de zelo e obediência.*

II – Efectivamente, não se censurou ao recorrente um comportamento desregrado ou descontínuo na satisfação no tempo do seu vínculo laboral, como indivíduo faltoso, que não compareceu à jornada de trabalho, mas diferentemente o facto de, tendo comparecido ao serviço, dando pois cumprimento ao dever de assiduidade, o ter todavia abandonado sem razões devidamente justificadas e sem aviso conforme, em contravenção das ordens de serviço aplicáveis.

III – O recorrente pode e deve ser censurado por tal comportamento, tanto quanto o abandono da fronteira, sem comunicação adequada e atempada indicia culpa grave, considerando a natureza das funções que ali exercia e o interesse público que lhes é atinente.

IV – Não dirime a sua responsabilidade disciplinar o facto de ter ido levar um filho menor à escola, pois o valor postergado pelo recorrente é de grandeza superior. Não estava sequer em questão o correcto exercício do poder paternal, que não pode considerar-se exigível se, por razões de interesse público de relevância decisiva, como a prevenção e repressão da criminalidade, o filho não foi à escola um dia".

Ac. STA, de 09.12.1998, BMJ, 482, p. 282

[418] Como por exemplo, o direito à greve.

[419] *V. g.*, categoria profissional.

[420] **1** – *"I – Não é lícito a uma empresa hoteleira, que encerra um snack-bar em funcionamento num hotel por si explorado, colocar um trabalhador, que ali trabalhava como «chefe de snack-bar», a prestar serviços de jardinagem e de limpeza. II – Não obstante, se temporariamente o referido trabalhador aceitou realizar essas tarefas, constitui um comportamento censurável seu a posterior ocupação por ele do snack-bar encerrado e a recusa em sair do mesmo, contrariando ordens de superiores hierárquicos para que abandonasse o local. III – A desobediência do trabalhador a essas ordens, embora seja uma conduta censurável, não assume gravidade suficiente para integrar justa causa de despedimento, pois que tal comportamento foi consequência de conduta anterior da empresa, igualmente reprovável, o que atenua a culpa do sancionado com a pena disciplinar máxima".*

Ac. STJ, de 08.10.1997, CJ, Ano V, Tomo III, p. 265.

2 – *"I – O regulamento interno da empresa que impõe a sujeição dos trabalhadores ao teste de alcoolemia, a realizar mediante sorteio daqueles, não é inconstitucional, pois não viola o direito à integridade pessoal consagrado no artigo 25.º da Constituição.*

II – À ordem do empregador, aí contida, para que os seus trabalhadores se submetam ao teste de alcoolemia integra-se no poder directivo e regulamentar da entidade patronal.

A cessação do contrato de trabalho

A desobediência presume-se culposa, já que pressupõe a violação de deveres contratuais específicos[421-422].

III – A recusa do trabalhador em submeter-se ao teste de alcoolemia viola o dever de obediência e constitui justa causa de despedimento".
Ac. STJ, de 24.06.1998, BMJ, 478, p. 171.

[421] **1** – *"I – Sendo o contrato de trabalho celebrado com base numa recíproca confiança entre empregador e trabalhador, devem as suas relações obedecer aos ditames da boa-fé e desenvolver-se nessa relação de confiança, a qual uma vez quebrada pode constituir justa causa de despedimento.*

II – A desobediência do trabalhador sem motivo justificado a ordens expressas da entidade patronal ao arrendar uma casa em Tomar, quando lhe fora determinado instalar-se com a sua equipa em Torres Novas, resultou num encargo para aquela entidade no pagamento da respectiva renda.
Ac. de 22.01.97, in CJ, ASTJ, 1997, Ano V, Tomo I.

2 – *"(...) – Constitui justa causa de despedimento o facto de um trabalhador com a categoria profissional de encarregado de loja, desempenhando funções de gestão e direcção do estabelecimento, ter desobedecido a ordens expressas e legítimas da entidade patronal, permitindo com a sua negligência a adulteração de grande volume de géneros alimentícios, verificada pela brigada da Inspecção Geral de Actividades Económicas, o que ocultou à entidade patronal, a qual só teve conhecimento através do respectivo processo, assim causando com a sua actuação lesão grave de interesses patrimoniais da empresa".*
Ac. do STJ, de 04.12.1997, CJ, Ano V, Tomo III, p. 296.

3 – *"I – É lícita a ordem dada por uma entidade patronal a um trabalhador para que passe a trabalhar num outro local de trabalho, distante do anterior cerca de 20 km, se ele dispõe de viatura fornecida pela empresa e de gasolina paga pela mesma e se não tem prejuízos sérios com a mudança.*

II – Constitui justa causa de despedimento, nessas circunstâncias, o comportamento dum trabalhador consistente na não aceitação da mudança do seu local de trabalho, na continuação da sua apresentação ao serviço no anterior local onde vinha trabalhando e na sua não comparência no local de trabalho para onde foi transferido pela empregadora, mantendo-se em desobediência a ordens expressas desta referentes a essa transferência".
Ac. da RE, de 28.03.1995, CJ, Ano XX, Tomo II, p. 287.

4 – *"I – Tendo-se o trabalhador, motorista de autocarros de transporte público de passageiros, recusado a trabalhar como agente único, justifica-se a sua transferência de local de trabalho, não havendo qualquer prejuízo sério do trabalhador, tendo-lhe sido assegurado o seu transporte para o trabalho tanto na ida como no regresso.*

II – Compete à entidade patronal estabelecer o horário de trabalho do seu pessoal, mas a alteração do tipo de horário do trabalhador carece de acordo do trabalhador, excepto tratando-se da passagem do horário por turnos para horário fixo.

III – Se a alteração se verificar dentro do mesmo tipo – horário fixo – não há lugar a acordo do trabalhador.

IV – A recusa a cumprir o novo horário de tipo fixo, como o anterior, constitui justa causa de despedimento".
Ac. RL, de 29.03.2995, CJ, Ano XX, Tomo II, p. 174.

5 – *"I – Tendo a entidade patronal proibido o fumo do tabaco nas áreas cobertas*

288 — *Direito do Trabalho*

ii) *dever de respeito* (art. 121.º-1-*a*), do CT));[423]

iii) *dever de lealdade* (art. 121.º-1-*e*), do CT);[424]

O dever de lealdade gera como dever acessório o dever de não-concorrência, susceptível de integrar justa causa de

---

da empresa, não assiste aos trabalhadores o direito de interromperem o seu trabalho para irem fumar num espaço, criado pela empregadora nas suas instalações, para a satisfação do hábito tabágico durante os intervalos do período diário laboral.

II – Constitui justa causa de despedimento, a desobediência dum trabalhador às determinações que lhe haviam sido transmitidas por superiores hierárquicos, no sentido de que não interrompesse o trabalho para ir fumar naquele espaço".

Ac. RP, de 25.03.1996, CJ, Ano XXI, Tomo II, p. 259.

6 – "*I – A entidade patronal pode proibir uma sua trabalhadora de frequentar aulas de condução durante o horário de trabalho.*

II – Se, apesar daquela ordem, a trabalhadora continua a frequentar aquelas aulas, afirmando aquela sua intenção, infringe o dever de obediência.

III – Se a trabalhadora, perante aquela ordem, se dirige ao seu superior hierárquico, em voz alta e exaltada, que não recebia carta nenhuma e que ele não mandava nela como nas suas filhas e lhe chama malcriado e o ameaça de lhe bater, infringe o dever de urbanidade".

Ac. de 19.09.1996, CJ, Ano XXI, Tomo IV, p. 79.

[422] Segundo Menezes Cordeiro, *op. cit.*, p. 831, que acrescenta "A jurisprudência exige que a desobediência tenha um mínimo de gravidade o que, em regra, sucede com pessoas de mais responsabilidade".

[423] "*Constitui justa causa de despedimento o comportamento do trabalhador, que exercendo as funções de chefe do sector comercial, dirige convites a trabalhadoras, suas subordinadas, para «sair», deixando claramente perceber que procurava a prática de relações íntimas, convites que perturbaram e incomodaram as visadas, fazendo promessas de celebração de contrato sem termo num caso, e levando à cessação de um contrato de trabalho noutra situação".*

Ac. STJ, de 11.11.98, ADSTA, Ano XXXVIII, 447, p. 422.

[424] **1** – "*I – Violam o dever de lealdade os comportamentos do empregado bancário que movimenta contas de um cliente sem sua autorização; que transfere fundos para a conta de uma sociedade, de que é sócio, para evitar o cancelamento da sua conta e a rescisão da convenção que permitia que aquela emitisse cheques.*

II – Esses comportamentos constituem justa causa de despedimento. (…).

Ac. STJ, de 10.02.1999, Dicionário de Legislação e Jurisprudência, n.º 719, Setembro/1999, (14), AZ – 32710.

2 – "*(…) II – Viola o dever de lealdade e de fidelidade, o trabalhador que exerce a actividade de reparação de veículos numa garagem, por conta própria, em concorrência com a sua entidade patronal, que ao tempo explora uma oficina de reparação de veículos, onde o emprega, como mecânico de automóveis.*

III – O referido comportamento do trabalhador constitui justa causa de despedimento".

Ac. RP, de 08.07.1996, CJ, Ano XXI, Tomo IV, p. 261.

despedimento, seja por dano eventual, seja pela quebra de lealdade e de confiança[425].

O dever de lealdade tem como corolários os deveres de informar e de urbanidade.

O dever de informar está presente, quer na fase preliminar do contrato de trabalho (em que é exigível a informação correcta das habilitações do trabalhador, conhecimentos linguísticos e informáticos, experiência, etc.), quer durante a sua execução, aplicando-se as regras gerais do art. 227.º, n.º 1, do CC.

A viciação destes dados (que estiveram presentes aquando do recrutamento e que subordinam a execução contratual) fere a validade do contrato, por vício na formação da vontade do empregador, para além de, legitimar um pedido indemnizatório.

Acerca do dever de informação pré-contratual como parte do princípio da tutela da confiança que, legitimamente, uma das partes inspira à outra, exemplifica MENEZES CORDEIRO que, "um trabalhador que concorrera a um lugar de camionista sem esclarecer que já não conduzia há dez anos deve ser responsabilizado".

iv) deveres de zelo e diligência (art. 121.º, n.º 1, als. *c), f)* e *h)*, do CT);

A previsão do art. 396.º, n.º 3, als. *d)* e *m)*, do CT pressupõe a violação do dever de diligência[426], "o qual requer ao tra-

---

3 - *"I – Existe impossibilidade prática de subsistência da relação laboral sempre que se esteja perante uma situação de absoluta quebra de confiança entre as partes, por se terem deixado de verificar as condições mínimas de suporte psicológico de uma vinculação duradoura.*

II – A diminuição da confiança resultante da violação, pelo trabalhador, do dever de lealdade, não se encontra dependente, quer da verificação de prejuízos para a entidade patronal, quer da existência de culpa grave por parte daquele".

Ac. STJ, de 10.02.1999, ADSTA, Ano XXXVIII, n.º 454, p. 1297.

[425] *V.* sobre cláusula de não-concorrência, JÚLIO GOMES, "As cláusulas de não concorrência no Direito do Trabalho", Revista de Direito e de Estudos Sociais, Janeiro-Março, 1999, p. 7 e ss.

[426] *"(...) II – Se o trabalhador efectua uma manobra com máquina que conduz, sem atenção e sem cuidado e sem atender a sinais que lhe eram feitos e a faz colidir com ela em vigas de aço que a entidade patronal tinha arrumadas, viola o dever de zelo.*

III – Se desse embate resultaram prejuízos para a entidade patronal e se o trabalhador já tinha sido interveniente em outros acidentes, de que também resultaram prejuízos para a entidade patronal, verifica-se a existência de justa causa de despedimento".

Ac. RL, de 10.12.1997, CJ, Ano XXII, Tomo V, p. 166.

balhador o esforço exigível ao trabalhador normal. Por esta via é possível pôr cobro a situações laborais nas quais o trabalhador seja manifestamente inapto: a violação do dever de diligência acarreta presunção de culpa – artigo 799.º/1 do CC – sendo certo que, quando grave, ela torna a relação de trabalho inaproveitável".[427]

v) dever de não afectação da relação de confiança;[428-429]

---

[427] MENEZES CORDEIRO, *op. cit.*, p. 832.

[428] **1** – "*I* – (...) *II* – *Tratando-se de falhas laborais grosseiras indesculpáveis num operário especializado, que procurou ocultar das chefias a sua actuação danosa, resultou a perda de confiança que nele depositava a entidade patronal e tornou impossível a manutenção da relação de trabalho".*
Ac. STJ, de 01.10.1997, CJ, Ano V, Tomo III, p. 263

2 – "*I* – *Os actos da vida privada do trabalhador, estranhos à empresa, só podem justificar a justa causa de despedimento se afectarem valores empresariais objectivos que ponham em causa a confiança necessária à relação laboral ou afectem o prestígio exigido ao trabalhador nas relações com os clientes.*

II – *Se um funcionário de um Banco, em dificuldades económicas, solicita a clientes um empréstimo de dinheiro para satisfação de despesas imperiosas, tal comportamento não afecta valores empresariais, não afecta a relação laboral nem o prestígio do funcionário perante os clientes, pelo que não constitui justa causa de despedimento.*
Ac. da RC, de 01.06.1995, CJ, Ano XX, Tomo III, p. 85.

3 – "*I* – *O gerente de um Banco que aprovou, contra as normas internas, operações de crédito através do recurso a reformas fictícias de letras e rotação de cheques, causando prejuízos à sua entidade patronal, viola a confiança inerente ao seu cargo, constituindo-se na situação de justa causa de despedimento.*

II – *Podem ser aplicadas sanções diferentes a dois trabalhadores por infracção imputada a ambos, se for diferente a respectiva culpabilidade.*

III – *Também essa diferente sanção pode fundamentar-se no diverso grau hierárquico na empresa".*
Ac. STJ, de 21.05.1997, CJ, Ano V, Tomo II, p. 288.

4 – "*(...). III* – *Os actos apropriativos fraudulentos cometidos pelo trabalhador terão de ser aferidos em relação à susceptibilidade de quebrar a confiança por parte da entidade patronal, independentemente do valor dos objectos apropriados e a maior ou menor acessibilidade aos mesmos".*
Ac. RL, de 05.04.1995, CJ, Ano XX, Tomo II, p. 178.

[429] "*I* – *Verifica-se a existência de justa causa de despedimento, quando um trabalhador com a categoria de Chefe do Departamento Administrativo e Logístico de determinado empresa, a quem competia, entre outras tarefas, a conferência das senhas de refeição e verificação das facturas emitidas pela empresa fornecedora das refeições, não ter conferido de forma repetida e sistemática as senhas de refeição e as facturas respectivas, do que resultou a sua entidade patronal ter pago 65 mil contos de refeições que não haviam sido fornecidas – o que traduz uma conduta repetidamente negligente e um desinteresse repetido pelo cumprimento das suas obrigações.*

vi) dever de assiduidade;

Enquadram aptidão para a justa causa de despedimento as faltas não justificadas que determinem directamente prejuízos ou riscos graves para a empresa ou quando o número de faltas injustificadas atingir, em cada ano, 5 seguidas[430] ou 10 interpoladas (art. 396.°, n.° 3, al. *g*), do CT).[431]

Para além dos deveres principais a relação laboral admite um feixe de deveres secundários ou acessórios, como o dever de urba-

---

II – Este comportamento tornou praticamente impossível a subsistência da relação de trabalho determinando a falta da indispensável confiança no trabalhador com a categoria de Chefe de Departamento".
Ac. STJ, de 07.05.1997, CJ, Ano V, Tomo II, p. 276.

[430] *"I – Os cinco dias seguidos de faltas injustificadas a que se refere o art. 10.°, n.° 2, alínea g), do Decreto-Lei n.° 392-A/75, só começam a contar-se no momento em que o trabalhador se ausenta do trabalho.*
II – Assim, se no primeiro dia o trabalhador completou o turno de trabalho da manha, só a partir do turno de trabalho da tarde pode iniciar-se a contagem dos referidos cinco dias".
Ac. RC, de 18.03.1982, BMJ, 317, p. 305.
"(...) III – O número de faltas injustificadas por 5 dias consecutivos constitui fundamento objectivo de despedimento, porque o legislador não refere esse motivo de despedimento à prolação de qualquer juízo de valor, constituindo uma presunção de impossibilidade de subsistência da relação de trabalho".
Ac. RP, de 22.03.1982, BTE, 2ª, 05.06.1985, p. 690.
Contra a presunção, *v.* Ac. STJ, de 25.03.1983: *"(...) II – As faltas injustificadas dadas durante três dias seguidos ou seis interpolados, no período de um ano, constituem infracção disciplinar grave, mas só constituem justa causa de despedimento se, revelando comportamento culposo, delas tiverem resultado prejuízos ou riscos graves para a entidade patronal, tornando impossível a subsistência da relação de trabalho".* – BMJ, 325, p. 491.
Ainda, Ac. de 15.05.87, *"(...) III – Não satisfaz pois, o pressuposto exclusivo de aplicação de cada uma das alíneas do n.° 2 do artigo 10.° do Decreto-Lei n.° 372-A/75, de 16 de Julho, já que nelas existe uma remissão implícita para o n.° 1 do mesmo normativo".* – BMJ, 367, p. 411.

[431] *"I – Para que as faltas injustificadas constituam justa causa de despedimento, independentemente de produzirem prejuízos ou riscos para a empresa, necessário é que elas revelem um comportamento gravemente culposo por parte do trabalhador.*
II – Recai, assim, sobre a ré (entidade patronal) a alegação e a prova de que as faltas verificadas, pela sua reiteração e motivação, revelaram manifesto desinteresse do trabalhador pelo dever de assiduidade, tornando imediata e praticamente impossível a subsistência da relação de trabalho".
Ac. de 15.05.1987, BMJ, 367, p. 411.

292   *Direito do Trabalho*

nidade, de respeito, de boa-fé que são difusamente plasmados pelo corpo do art. 121.°, do CT.

A problemática das faltas por motivo de prisão

As faltas ocorridas por motivo de prisão podem sê-lo a título definitivo ou a título preventivo.

Nas faltas em virtude de prisão preventiva impera um *juízo de probabilidade* na condenação do arguido; no primeiro caso, formula-se já um *juízo de culpabilidade*.

Tratando-se de faltas por motivo de prisão preventiva, a jurisprudência e a doutrina oscilam entre a sua justificabilidade e a sua não-justificabilidade[432].

Um sector só aceita a sua justificabilidade, se no processo respectivo o trabalhador vier a ser absolvido.[433]

Para as faltas em virtude de sentença de condenação, já haveria a "certeza jurídica de que as faltas daí resultantes podem ser imputadas ao condenado a título de culpa"[434].

---

[432] *"(...) III – As faltas dadas em número superior a cinco dias seguidos por motivo de prisão preventiva do trabalhador por infracção pela qual veio a ser condenado, embora com pena suspensa, devem considerar-se injustificadas, pois foram dadas por culpa sua".*
Ac. RL, de 17.05.1995, CJ, Ano XX, Tomo III, p. 183.

[433] V. MENDES BAPTISTA, "Faltas por motivo de prisão". – Questões Laborais, Ano V, n.° 11, p. 67 e ss. sobre uma análise crítica dos acordão a favor e contra a justificação da falta.

A propósito de determinado acordão que considerou justificáveis as faltas em prisão preventiva seguidas de decisão de absolvição, comenta o A., "Se a sentença fosse de absolvição, o despedimento entretanto ocorrido teria de ficar sem efeito, consubstanciando-se numa decisão precipitada e descabida. Com a agravante de a entidade patronal poder, entretanto, ter feito novas contratações ou ter procedido a alterações organizativas e/ou produtivas. Ou seja, a suspensão do contrato de trabalho operaria retroactivamente.

Se a sentença fosse de condenação, as faltas correspondentes ao período de prisão preventiva, seriam retroactivamente injustificadas, só então validando o despedimento efectuado.

Não se saberia qual a qualificação jurídica do trabalhador entre a data da prisão e a data da sentença de condenação".

[434] Ac. STJ, de 30.10.87, BMJ, 370, p. 472.

"I – A prisão resultante de condenação constitui motivo de faltas justificadas: na base de tal prisão e das consequentes faltas ao serviço, está sempre um comportamento que o trabalhador quis ou que, podendo evitar tal actuação, não agiu de modo adequado para que o evento criminoso, mesmo que culposo, não corresse.

II – O empregador tem o ónus de provar a falta (art. 342.°, do C. Civil), cabendo

MENDES BAPTISTA[435], em comentário discordante, alega que as faltas por motivo de prisão, não fazem incorrer o trabalhador no regime de faltas injustificadas.

Como refere este autor "A situação é evidentemente uma situação de impossibilidade de executar a prestação. Mas, embora o impedimento seja respeitante ao trabalhador, não lhe é imputável. A imputabilidade a que se faz referência (...), é uma imputabilidade laboral. O que significa que o trabalhador beneficia do regime da suspensão (ou, se for caso disso, do regime das faltas justificadas), a não ser que tivesse praticado o acto para se furtar à prestação do trabalho".

Tudo gravita à volta da imputabilidade ao trabalhador-arguido da sua conduta extra-laboral como impedimento da execução do contrato[436-437], atendendo-se à imputabilidade laboral como um facto *"pré-ordenado* no sentido de dele resultar a impossibilidade de prestar trabalho"[438].

Caso se entenda que, nos casos de prisão efectiva, as faltas são justificadas, coloca-se a questão de saber se a suspensão se converte

---

ao trabalhador provar a sua justificação (arts. 25.º, n.ᵒˢ 2 e 4, do Decreto-Lei n.º 874/76, de 28.12).

III – Impende sobre o trabalhador, demonstrar que o crime pelo qual o mesmo foi pronunciado e condenado, é de tal modo insignificante que em nada – ou em muito pouco – se repercute sobre a relação laboral.

IV – Não o provando o trabalhador, e tendo o mesmo sido condenado em pena de prisão em grau significativamente injuriante e com as faltas correspondentes, estão preenchidos todos os requisitos de justa causa de despedimento e de despedimento lícito".

ADSTA, Ano XXXV, 432, p. 1515.

[435] *Op. cit.,* p. 57.

[436] Nas palavras de MENDES BAPTISTA, *op. cit.,* p. 59, "O problema central neste debate é, pois, o problema da imputabilidade, em sede de *valoração laboral.* Não é o problema da ilicitude do acto ou da culpa no âmbito penal".

[437] O próprio comportamento do trabalhador, actuando nesse qualidade, para além de constituir ilícito penal, pode configurar justa causa de despedimento, se subsumível é certo ao n.º 1, do art. 396.º, do CT.

[438] MENDES BAPTISTA, *op. cit.,* p. 58. Acrescenta, ainda, este autor que, "Se a imputabilidade tivesse o conteúdo que alguma doutrina e jurisprudência lhe pretende atribuir, a conduta privada das pessoas seria intoleravelmente condicionada, na medida em que teria de ser *determinada* pela preocupação omnipresente de não se ficar impossibilitado de prestar o trabalho".

em cessação do contrato (apesar da impossibilidade, em rigor terminológico, não ser definitiva)[439].

Por outro lado, será legítimo obriga-se o empregador a lançar mão, repetidas vezes, do trabalho precário, até ao retorno do trabalhador-arguido substituído?

A questão convida de facto à polémica. De um lado, temos uma suspensão indeterminada em nome da garantia ao emprego, que, afastando a conversão da suspensão em cessação contratual, funciona como uma espécie de *sanção acessória* à condenação penal do trabalhador. Por outro lado, a dinâmica empresarial e de produtividade são valores que seriam colocados em crise.

LOBO XAVIER estabelece a proximidade entre a impossibilidade (ou melhor, a *incerteza* de prestação laboral nos termos descritos) e a *impossibilidade definitiva do trabalhador prestar trabalho nos moldes previstos para a caducidade contratual.*

Esclarece este autor,[440] "Entendemos também que devem considerar-se como casos de impossibilidade *definitiva* aqueles em que se comprove que a impossibilidade vai durar tanto tempo que não será exigível à empresa guardar futura e sempre incerta viabilização das relações contratuais. Será o caso, por exemplo, de um trabalhador condenado a longo tempo de prisão ou que se encontra doente há vários anos".

4.3. *Prazos prescricionais da infracção disciplinar e prazo de caducidade do procedimento*

Como questão prévia há que definir e distinguir a prescrição da caducidade.

---

[439] Em sentido favorável, MENDES BAPTISTA, *op. cit.*, p. 58, "parece-nos que neste caso o contrato de trabalho *pode* cessar por impossibilidade superveniente, absoluta e definitiva – art. 4.º, alínea *b)*, da LCCT.

Incluem-se nesta forma de caducidade situações que num entendimento mais exigente não integrariam uma impossibilidade absoluta e definitiva de o empregador receber a prestação, mas em que se verifica a *perda do interesse do credor na prestação*. Na terminologia de B. LOBO XAVIER, nas situações em que a desvalorização da prestação do trabalho assume tal importância que não poderá pretender que a empresa a deva receber".

[440] *Op. cit.*, p. 463.

A cessação do contrato de trabalho 295

O não exercício de um direito durante o lapso de tempo estabelecido na lei, gera a sua *caducidade* a "menos que a lei se refira expressamente à *prescrição*" dispõe o n.º 2, do art. 298.º, do CC.

Ensina MANUEL DE ANDRADE[441], "o fundamento específico do instituto prescricional (...) é a inércia do respectivo titular, que ou significa renúncia ao seu direito ou de qualquer maneira o torna indigno de protecção jurídica".

E mais adiante, "O *fundamento específico* da caducidade é o da *necessidade de certeza jurídica*. Certos direitos devem ser exercidos durante certo prazo, para que ao fim desse tempo fique inalteravelmente definida a situação jurídica das partes".

Entre as principais diferenças de regime ressaltam:

i) A prescrição só pode ser invocada por "aquele a quem aproveita", o prescribente (art. 303.º, do CC), ao contrário da caducidade, que é apreciada oficiosamente (art. 333.º, do CC);

ii) A prescrição admite genericamente os institutos da suspensão e da interrupção (respectivamente, arts. 318.º e ss. e 323.º e ss., do CC), já a caducidade só excepcionalmente se interrompe ou suspende (art. 328.º, do CC);

iii) A prescrição interrompe-se pela "citação ou notificação judicial de qualquer acto que exprima, directa ou indirectamente, a intenção de exercer o direito" (art. 323.º, n.º 1, do CC), por sua vez, a caducidade só é impedida, pela prática do acto com efeito impeditivo (art. 331.º, n.º 1, do CC).

A infracção laboral integra a violação de deveres legais e/ou contratuais por parte do trabalhador com relevância jurídica e, por isso, passíveis de sanção disciplinar a exercer pelo titular do poder directivo.

O exercício do poder disciplinar, assim conferido ao empregador, é, no entanto, limitado, quer pela prescrição da infracção ao fim de um ano a contar do momento em que teve lugar (art. 372.º, n.º 2, do CT)[442], quer pela caducidade do próprio direito de acção, que

---

[441] "Teoria Geral da Relação Jurídica", vol. II, Coimbra, Almedina, 1987, p. 464.

[442] *"(...) III – A infracção disciplinar prescreve no prazo de um ano a contar da sua prática, mesmo que a infracção disciplinar constitua também infracção criminal.*

ocorrerá caso a acção disciplinar não seja exercida nos 60 dias imediatos ao conhecimento da infracção (art. 372.°, n.° 1, do CT).

Ora o ilícito disciplinar pode configurar infracção instantânea ou continuada.

A relevância da precisão da infracção instantânea e da infracção continuada é inquestionável para a correcta contagem do prazo prescricional. Perante a omissão juslaborista do entendimento de um e outro conceito, teremos que nos socorrer analogicamente do disposto quanto às normas penais.

EDUARDO CORREIA[443], no que concerne à pluralidade de crimes, explica que, "Quando (...) há uma *pluralidade de actos de vontade*, a unidade criminosa procura justificar-se por recurso ao carácter homogéneo dos actos, ou à conexão de lugar e tempo, ou à unidade do evento, (...), ou, finalmente, à unidade de resolução – que só jurídica e não naturalisticamente pode ter capacidade unificadora da conduta criminosa."

E mais adiante[444], "está-(se) por vezes perante uma série de actividades que, devendo em regra – segundo os princípios até agora

---

IV – Neste último caso, o prazo de prescrição não se conta a partir do trânsito da sentença que condenou o trabalhador pela infracção criminal.

V – A condenação criminal não constitui, só por si, justa causa de despedimento".
Ac. RL, de 18.12.1997, CJ, Ano XXII, Tomo V, p. 172. V. Ac. RP, de 09.12.1997, CJ, Ano XXII, Tomo V, p. 249.

1 – *"I – A prescrição da infracção disciplinar, que ocorre no prazo de um ano a contar da sua prática, é independente do facto de a entidade patronal ter tido ou não, conhecimento da sua prática.*

II – O decurso desse prazo prescricional interrompe-se com o início do processo disciplinar. (...)".
Ac. STJ de 09.10.98, CJ, Ano VI, Tomo I, p. 285.

2 – *"I – Mantendo-se o contrato de trabalho, é sempre de um ano o prazo de prescrição da infracção disciplinar, ainda que os factos se revistam de natureza criminal. (...).*

III – Dá-se a prescrição da infracção disciplinar logo que decorre o prazo de um ano contado desde a prática do acto, independentemente do seu conhecimento ou desconhecimento por parte da entidade patronal".
Ac. RC de 09.12.97, CJ, Ano XXII, Tomo V, p. 249

3 – *"(...) III – O prazo de caducidade do procedimento disciplinar conta-se a partir do momento em que a entidade patronal teve conhecimento da infracção.*

IV – É ao trabalhador que incumbe a prova da caducidade".
Ac. STJ, de 28.01.98, já citado.

[443] "Direito Criminal", vol. II, Coimbra, Almedina, 1968, p. 199.

[444] A p. 208.

expostos – ser tratada nos quadros da pluralidade de infracções, tudo parece aconselhar – que se tomem, unitariamente, como um crime só".

O art. 30.°, n.° 2, do CP define como crime continuado, "a realização plúrima do mesmo tipo de crime ou de vários tipos de crime que fundamentalmente protejam o mesmo bem jurídico, executada por forma essencialmente homogénea e no quadro da solicitação de uma mesma situação exterior que diminua consideravelmente a culpa do agente".

Precisando o conceito: "I – Para que exista infracção disciplinar continuada é necessário que se verifiquem cumulativamente os seguintes elementos:

a) que as várias condutas infraccionais visem o mesmo bem jurídico;

b) sejam efectuadas de forma homogénea;

c) que se enquadrem numa mesma situação exógena, que leve à diminuição da culpa do agente", segundo o Ac. STJ, de 14.05.1997[445].

---

[445] CJ, Ano V, Tomo II, p. 280.

"II – Não constitui infracção disciplinar continuada, a autorização de pagamentos ainda que indevidos, de serviços prestados a uma Companhia de Seguros, por um restaurante e a aquisição, não autorizada, de um «salvado».

III – Está prescrita, nos termos do n.° 3 do art. 27.° da LCT, a conduta consistente na aquisição não autorizada, do «salvado», se ocorrida há mais de um ano".

"No caso da autorização por um trabalhador de seguros, de pagamentos indevidos e venda ilícita pelo mesmo trabalhador de um «salvado» da seguradora, há identidade do bem jurídico protegido : o interesse patrimonial da entidade patronal. Porém, não há homogeneidade na execução das condutas relativas àquelas infracções disciplinares, nem os mesmos ocorreram no quadro de uma mesma situação exterior propiciadora da sua prática continuada pelo trabalhador.

IV – A não verificação de um dos pressupostos da figura do crime, impõe o seu afastamento, fazendo reverter o caso à figura da acumulação real.

V – Tendo a alegada infracção disciplinar de venda de um «salvado», ocorrido em 05.03.93, encontrava-se a mesma extinta por prescrição, em 10.03.94, data em que foi instaurado o processo disciplinar, por já então ter sido ultrapassado o prazo de um ano, a que se refere o n.° 3, do art. 27.° do RJCIT, aprovado pelo Decreto-Lei n.° 49 408, de 21.11.1969".

Ac. STJ, de 14.05.1997, ADSTA, n.° 432, p. 1515.

Por sua vez, a infracção instantânea (como infracção singular) é configurada como o preenchimento automático do mesmo tipo legal de crime formado por um único acto de vontade[446].

Caso a infracção integre ilícito instantâneo[447], a contagem do prazo inicia-se com a sua perpetração.

Na hipótese de infracção permanente ou continuada, a contagem inicia-se a partir do último acto que a integra, *v.g.*, faltas injustificadas.

4.4. *Procedimento de despedimento por justa causa*

A aplicação de qualquer sanção disciplinar ao trabalhador, ainda que diferente da do despedimento, não pode ser aplicada sem audiência prévia do trabalhador (art. 371.º, n.º 1 do CT)[448] e quer a tra-

---

[446] *"I – Se tiver havido um só desígnio criminoso, o crime há-de ser necessariamente único, já que subsumível a um mesmo tipo criminal, ou seja, ofensivo de idêntico bem jurídico.*

II – Ao invés, se o comportamento do arguido revelar uma pluralidade de resoluções poder-se-ão pôr – e só então – as hipóteses de pluralidade de infracções ou de crime continuado.

II – Tendo havido mais do que uma resolução, a regra será o concurso real de crimes, constituindo a continuação criminosa uma excepção a aceitar quando a culpa se mostre consideravelmente diminuída, mercê de factores exógenos que facilitaram a recaída ou recaídas".

Ac. STJ, de 30.01.1986, BMJ, n.º 353, p. 240.

[447] *(…) "II – Sendo a infracção disciplinar constituída pela apropriação ilícita duma quantia, ela tem um carácter instantâneo, pelo que a manutenção do resultado lesivo é um mero efeito de tal infracção".*

Ac. RP, de 09.12.1997, já citado.

[448] Ac. de 15.06.94, BMJ, n.º 438, p. 308.

1 – *"I – O despedimento verbal duma trabalhadora, perpretado no decurso de processo disciplinar, é ilícito e, como tal, produz de imediato os seus efeitos na esfera jurídica da despedida.*

II – Assim, um subsequente despedimento desta, decretado no final daquele processo disciplinar, de nada aproveita à entidade patronal, que ao tempo já não detinha poder disciplinar sobre a mesma trabalhadora".

Ac. RP, de 17.03.1997, CJ, Ano XXII, Tomo II, p. 243.

2 – *"I – Tendo uma trabalhadora, durante a pendência do processo disciplinar em que era arguida, por carta enviada à sua entidade patronal, rescindido o contrato de trabalho com invocação de justa causa, considera-se extinto esse contrato de trabalho, pois aquela declaração unilateral receptícia tornou-se eficaz logo que recebida pelo destinatário.*

mitação das *sanções conservadoras correctivas*[449] quer a tramitação das *sanções expulsivas*[450] devem salvaguardar o direito de defesa do trabalhador, sendo, quanto a esta última, obrigatório desde logo a indicação da vontade de despedir[451], nos termos do n.° 1, do art. 411.°, do CT.

Não se acolhe entre nós a figura do despedimento indirecto ou do despedimento tácito,[452] o empregador tem que manifestar ex-

---

II – Extinto, assim, tal contrato, foi inócuo o despedimento, depois proferido pela entidade de trabalho no processo disciplinar, ficando prejudicada a sua apreciação na acção de impugnação do despedimento".
Ac. de 14.05.1997, CJ, Ano XXII, Tomo III, p. 161
3 – *"I – Em qualquer procedimento disciplinar – ainda que apenas esteja em causa a aplicação de sanção disciplinar de índole conservatória –, a nota de culpa deve revestir a forma escrita e conter a descrição dos comportamentos infraccionais imputados ao trabalhador, com narração do circunstancialismo de tempo, modo e lugar em que os factos ocorreram. (...).*
Ac. STJ, de 15.06.1994, Questões Laborais, Ano I, n.° 2, p. 124.
[449] Como sendo, nos termos do art. 366.°, do CT, a repreensão, a repreensão registada, a sanção pecuniária, a perda de dias de férias; e a suspensão do trabalho com perda de retribuição.
Apesar de, quanto a esta última, suscitar igualmente alguma penalização para o empregador, que é obrigado a manter as contribuições para a Segurança Social.
[450] Despedimento sem qualquer indemnização ou compensação.
[451] *"I – Só no processo disciplinar para aplicação de sanção de despedimento a lei exige que a intenção de despedir seja desde logo anunciada ao arguido. Nas restantes sanções, correctivas, mas conservadoras, impõe-se apenas que não sejam aplicadas sem audiência prévia do trabalhador.*
Ac. STJ, de 24.06.1998, ADSTA, n.° 445, p. 112.
[452] *"I – No nosso ordenamento jurídico não existe a figura do despedimento tácito.*
II – Se a entidade patronal se limita a praticar actos que levem o trabalhador a despedir-se, rescindindo o seu contrato de trabalho, está-se perante um despedimento indirecto e não um despedimento tácito".
Ac. STJ, de 18.05.1984, ADSTA, 274, p. 1188.
B. LOBO XAVIER, P. FURTADO MARTINS e ANTÓNIO NUNES DE CARVALHO, "Cessação factual da relação de trabalho e aplicação do regime jurídico do despedimento", Revista de Direito e de Estudos Sociais, Janeiro-Março-1999, Verbo, ISSN 0870-3965, p. 41 comentam o enquadramento jurisprudencial levado a cabo perante as, assim chamadas, cessações factuais do vínculo laboral que têm vindo a ser entendidas como configurando um despedimento ilícito.
Vejamos os casos em que:
– a causa invocada de cessação do contrato de trabalho é a caducidade, apurando-se mais tarde que tal causa inexiste como tal;
– a qualificação contratual é de trabalho não subordinado, quando afinal o era, e o empregador o denuncia livremente, conforme permite as relações não subordinadas;

300   *Direito do Trabalho*

pressamente a vontade de despedir, e manifestar essa vontade nos moldes legais consentidos.

O despedimento com justa causa ao integrar a sanção disciplinar mais grave, veio trazer maior *sofisticação* à tramitação do procedimento disciplinar, prevista nos arts. 411.° e ss., do CT.

Nota de culpa

O procedimento disciplinar é faseado e inicia-se com a nota de culpa (art. 411.°, n.° 1, do CT), que circunscreve o factualismo disciplinar em causa e delimita o âmbito das diligências probatórias a requerer[453].

A nota de culpa é usualmente classificada como uma declaração de vontade receptícia ou recipienda. Isto é, logo que chega ao poder ou é conhecida pelo destinatário, torna-se eficaz (art. 224.°, n.° 1, 1ª parte, do CC)[454], fundamentada e explícita da factualidade subjacente à vontade de pôr termo à vinculação contratual[455].

– a invocabilidade da caducidade do contrato de trabalho qualificado como a termo, padecendo este de nulidade.

[453] *"I – O facto de na nota de culpa não constar exactamente a data em que se passaram os factos imputados ao trabalhador-arguido não implica nulidade insuprível do processo disciplinar se o trabalhador na sua resposta mostrou perfeito conhecimento de que factos se tratava e do momento em que eles teriam tido lugar. (…)".*
Ac. RL, de 29.03.1995, CJ, Ano XX, Tomo II, p. 176.

[454] A declaração recipienda ou receptícia distingue-se da declaração não receptícia ou recipienda, prevista na segunda parte do artigo citado, produzindo, esta última, os respectivos efeitos "logo que a vontade do declarante se manifesta de forma adequada" (2ª parte, do n.° 1, do art. 224.°, do CC).

[455] **1** – *"(…) III – Não se encontra ferido de qualquer irregularidade o processo disciplinar em que o trabalhador não respondeu à nota de culpa, não obstante a entidade empregadora lhe ter remetido duas cartas registadas com aviso de recepção para as duas moradas que o mesmo havia fornecido à empresa, as quais vieram devolvidas com a menção «não reclamada»".*
Ac. STJ, de 13.01.1999, ADSTA, Ano XXXVIII, n.° 450, p. 858.

2 – *"I – A lei não exige que a indicação dos preceitos legais que qualificam os factos como infracções disciplinares seja feita imediatamente a seguir à imputação de cada facto, nada impedindo – designadamente em casos em que é reduzido o número de factos imputados – que a especificação dessas normas se faça na parte final da acusação, desde que daí não resulte, para o arguido, a impossibilidade ou especial dificuldade em estabelecer a relação entre cada conduta fáctica descrita e cada violação disciplinar imputada. (…)".*
Ac. de 20.01.1999, BMJ, 483, p. 260.

3 – *"I – Se a entidade patronal envia a nota de culpa para a morada indicada pelo trabalhador e constante do ficheiro da empresa, o não recebimento dela pelo trabalhador, que mudou de residência sem indicar a nova à entidade patronal, é da culpa do trabalhador.*

A cessação do contrato de trabalho 301

Da nota de culpa deve constar, desde logo, a intenção do empregador de proceder ao despedimento (art. 411.º, n.º 1, do CT), que deverá ser enviada à comissão de trabalhadores da empresa (n.º 2, desse artigo), salvo se se tratar de uma microempresa[456] (art. 418.º, do CT).

Se tal intenção não for indicada, considera-se o procedimento inválido, e o despedimento ilícito, por violação do direito de defesa do trabalhador (art. 430.º, n.º 2, al. *a*), do CT).

Não obstante, e sendo tal aferição correcta, como princípio geral, o Código do Trabalho confere agora ao empregador a faculdade de sanar certo tipo de invalidades, nas quais se inclui a omissão da vontade de despedir (art. 436.º, n.º 2 do CT).

Transpondo para a linguagem penal, dir-se-ia que, além da *acusação* que contra ele foi deduzida, o trabalhador deve igualmente conhecer a *moldura penal* aplicável[457].

II – Neste caso, e se a nota de culpa não for devolvida, considera-se que a mesma foi recebida pelo trabalhador".

Ac. STJ, de 01.04.1998, CJ, ano VI, Tomo II, p. 259. No mesmo sentido, Ac. STJ, de 01.07.1998, Dicionário de Legislação e Jurisprudência, n.º 786, Abril/1999, (120), AZ – 32589.

4 – *"Se, posteriormente à remessa da nota de culpa, a entidade patronal remete uma adenda a essa nota de culpa, tal adenda é válida, desde que precise, pormenorize, explicite e desenvolva factos e circunstâncias relacionados com o facto essencial constante da nota de culpa".*

Ac. STJ, de 02.11.1995, CJ, Ano III, Tomo III, p. 292.

5 – *"I – Nada na lei obriga a entidade patronal a comunicar ao trabalhador, na carta que acompanha a nota de culpa, o local, dia e hora, em que o processo disciplinar pode ser consultado. O que importa é que o processo lhe seja facultado para ele organizar a sua defesa. (...)".*

Ac. RL, de 05.04.1995, CJ, Ano XX, Tomo II, p. 178.

[456] Segundo o art. 91.º, do CT consideram-se microempresas as que empreguem no máximo 10 trabalhadores.

[457] Acerca da fundamentação da nota de culpa:

1 – *"I – Não é nulo o processo disciplinar em cuja nota de culpa dirigida ao trabalhador a entidade patronal lhe imputa os factos constantes da acusação deduzida em processo crime, dando por reproduzidas as circunstâncias de modo, tempo e lugar em que foram cometidos os crimes e juntando, para o efeito, cópia dessa acusação.*

II – O direito de defesa do trabalhador fica, assim, eficazmente assegurado com a remissão efectuada na nota de culpa para os factos constantes da acusação crime.

III – Conhecendo o trabalhador os termos da nota de culpa e da acusação crime que integrou aquela, há que concluir que a decisão de despedimento se encontra devidamente fundamentada quando refere que o trabalhador cometeu, nas circunstâncias de

302 Direito do Trabalho

A nota de culpa pode ser acompanhada da suspensão preventiva do trabalhador[458], sem perda de retribuição (art. 417.º, n.º 1, do

---

modo, tempo e lugar indicadas, os actos que são referidos na nota de culpa, consubstanciadoras das infracções que lhe são imputadas. (...) ».
Ac. STJ, de 28.10.1998, STJ BMJ, 480, p. 337.

2 – "*I – A cessação do contrato de trabalho por despedimento, quanto às grávidas, puérperas e lactantes, carece sempre de parecer favorável dos serviços do Ministério do Emprego e Segurança Social e presume-se feito sem justa causa.*

II – Contudo, para que esse regime possa operar, é necessário que a trabalhadora informe o empregador do seu estado, por escrito, e que apresente um atestado médico comprovativo do mesmo.

III – Nada constando duns autos de suspensão de despedimento acerca de um tal procedimento por parte de uma trabalhadora lactante – sabendo-se apenas que estava a amamentar um filho – este facto é insuficiente para se presumir a inexistência de justa causa no despedimento processado.

IV – Constitui mera irregularidade do processo disciplinar a não obtenção prévia do parecer referido em I".
Ac. da RE, de 05.05.1998, CJ, Ano XXIII, Tomo III, p. 293.

[458] **1** – "*(...) IV – A suspensão antes da comunicação da nota de culpa tem de se fundamentar na necessidade de preservar o ambiente de trabalho ou o desenvolvimento da relação laboral.*

V – Se a entidade patronal suspende o trabalhador antes da comunicação da nota de culpa e não provou aquelas necessidades de preservação do ambiente de trabalho ou de desenvolvimento da relação laboral, pode incorrer na obrigação de indemnizar o trabalhador por danos não patrimoniais".
Ac. STJ, 10.02.1999, Dicionário da Legislação e Jurisprudência, n.º 791, Setembro/1999, (141), AZ – 32710.

2 – "*– A suspensão do trabalhador antes da notificação da nota de culpa não implica nulidade do processo disciplinar, uma vez que a nulidade desse processo só ocorre quando se verificam quaisquer dos factos constantes das alíneas a), b) e c) do n.º 3 do art. 12.º do Reg. Jurídico aprovado pelo D-L 64-A/89, onde não se inclui aquela suspensão (...)".*
Ac. do STJ, de 04.12.1997, CJ, ano V, Tomo III, p. 296.

3 – "*(...) IV – O artigo 31.º, n.º 2, da LCT, consagra o princípio da suspensão motivada, limitando-se o artigo 11.º, n.º 1, da LCCT, a tipificar situações em que a suspensão da prestação laboral se encontra justificada. Assim, a suspensão verbal do trabalhador, não fundamentada e efectuada antes da notificação da nota de culpa, faz incorrer o empregador numa situação de incumprimento culposo do dever de ocupação efectiva, com a consequente responsabilização pelos eventuais prejuízos daí decorrentes para o trabalhador".*
Ac. STJ, de 10.02.1999, ADSTA, Ano XXXVIII, n.º 454, p. 1297

4 – "*(...) II – A suspensão preventiva do trabalhador não é uma obrigação da entidade patronal, mas mera faculdade, sem que o não exercício dessa faculdade permita a ilação de que os factos imputados ao arguido não constituem impossibilidade de subsistência da relação laboral (...)".*
Ac. RL, de 05.04.1995, CJ, ano XX, Tomo II, p. 178.

CT). A suspensão pode agora ser determinada ainda antes da nota de culpa, nos casos previstos no n.° 2 do art. 417.°.

Direito de resposta do trabalhador

Princípio essencial na tramitação do despedimento é o da preservação das garantias de defesa do trabalhador, nomeadamente o direito de resposta do trabalhador à nota de culpa (no prazo de 10 dias úteis), podendo solicitar diligências probatórias a realizar através do empregador e consultar os autos (art. 413.°, do CT)[459].

---

[459] **1** – *"I – A única nulidade insuprível dum processo disciplinar para despedimento do trabalhador é a falta de audição do arguido, nas diversas modalidades que ela comporta.*

II – Nesse processo disciplinar a entidade patronal tem sempre a faculdade de recusar as diligências inúteis solicitadas pelo trabalhador, ou seja, aquelas diligências que não interessam ao apuramento dos factos.

III – A não realização de diligências inúteis requeridas, não leva à nulidade do processo disciplinar.

IV – As deficiências da nota de culpa, verificadas quanto aos factos que constituíram a infracção disciplinar, não conduzem à nulidade do referido processo, se o trabalhador teve uma perfeita noção de tais factos e se exercitou, com pleno conhecimento do circunstancialismo da infracção disciplinar, o seu direito de defesa.

V – (...). VI – (...)".

Ac. RC, de 27.05.1999, CJ, Ano XXIV, Tomo III, p. 68.

2 – *"(...) II – Haverá violação do direito de audiência e defesa em processo disciplinar sempre que o enquadramento jurídico-disciplinar acolhido na decisão punitiva apesar de baseado no constante da acusação e representar uma perspectiva nova contra a qual o arguido não teve oportunidade de se defender: sempre que surja uma situação de indefensão, haverá violação do direito de defesa. (...)".*

Ac. de 20.01.1999, BMJ, 483, p. 260.

3 – *"I – Constitui nulidade insuprível do processo disciplinar instaurado para despedimento do trabalhador a não inquirição de testemunhas indicadas pelo arguido.*

II – O facto de as testemunhas do trabalhador se terem ausentado do local designado para a inquirição, por não terem sido ouvidas no dia e hora marcados pelo instrutor do processo, o qual justificou a não audição delas então, com um atraso na comparência do advogado da empresa, não dispensa esta de tomar no processo disciplinar os depoimentos das testemunhas oferecidas".

Ac. RE, de 18.11.1997, CJ, Ano XXII, Tomo V, p. 287.

4 – *"I – Não constitui qualquer irregularidade a notificação da nota de culpa ao trabalhador, com processo disciplinar, sem se referir o local onde se encontra o respectivo processo, pois nenhum preceito legal obriga a tal comunicação.*

II – Faz parte do direito de defesa do arguido a faculdade de consultar o processo disciplinar, mas só deve considerar-se violado quando o trabalhador solicita essa consulta e a mesma lhe é negada".

Ac. de 21.10.97, BJM, n.° 470 (1997), p. 707.

Sobre a redução a escrito das declarações prestadas pelas testemunhas arroladas em procedimento disciplinar, profere JORGE LEITE nos seus ensinamentos que,[460] "A instauração de um processo disciplinar pressupõe uma crise disciplinar e é, por isso, um acto grave da relação laboral, particularmente quando está em risco a manutenção do emprego. Daí que se considere razoável a preocupação da lei em evitar dificuldades de prova dos momentos essenciais do processo disciplinar. (…) Parece evidente que só a forma escrita se revela adequada à satisfação da certeza e da segurança jurídica".

Diligências probatórias

A realização das diligências probatórias serão as oportunas e adequadas à descoberta da verdade material (art. 414.°, n.° 1, do CT), dentro do *princípio de igualdade de armas,* não podendo o empregador julgar de livre arbítrio da sua oportunidade, pondo em causa as garantias do trabalhador, apesar de inseridas no crivo do seu poder disciplinar,[461] *v.g.,* a inquirição feita às testemunhas indicadas pelo trabalhador poderá incidir sobre toda a base instrutória, e não necessariamente sobre a factualidade apresentada pelo trabalhador[462].

---

[460] "Direito do Trabalho – da Cessação do Contrato de Trabalho", p. 175 e 176, citado em ADSTA, Ano XXXVIII, n.° 454, p. 1323.

[461] Explica P. FURTADO MARTINS, "Cessação do Contrato de Trabalho", p. 91 e 92, citado em ADSTA, Ano XXXVIII, n.° 454, p. 1323, deve "entender-se que aquilo que é decisivo não é o cumprimento da formalidade exigida na parte final do artigo 10.°, n.° 5 da L. Desp., mas sim a apreciação da relevância que as diligências em falta poderiam ter para a defesa do trabalhador. Na verdade, o que interessa é a realidade do interesse das diligências para a defesa: poderá o instrutor fazer uma rigorosa e plausível fundamentação quanto à sua pertinência e elas virem a ser consideradas judicialmente como necessárias, anulando-se o processo disciplinar. Pelo contrário, poder-se-á omitir tal fundamentação, mas nem por isso se deverá anular o processo, quando o tribunal verifique que certas diligências são objectivamente irrelevantes".

"I – *Não está ferido de nulidade o processo disciplinar instaurado a um motorista, se nele se não realizou uma peritagem a um veículo, pedida pelo trabalhador, em razão do perito, por este indicado, não ter procedido à mesma, no dia e hora designados, e ter declarado que não tinha meios, nem tempo, para desmontar o veículo".*

Ac. RC, de 09.10.1997, CJ, Ano XXII, Tomo IV, p. 70.

[462] No que respeita à amplitude do poder de inquirição da entidade patronal, *v.* o Ac. STJ, de 17.02.1999, ADSTA, Ano XXXVIII, n.° 454, p. 1323:

"*(…) IV – Tendo a testemunha sido arrolada pelo arguido, não estava a entidade*

A cessação do contrato de trabalho 305

Assim, a não realização das diligências probatórias *pertinentes* requeridas pelo trabalhador, nos termos do art. 413.°, do CT, fere o procedimento disciplinar de invalidade (art. 430.°, n.° 2, al. *b)*, do CT)[463].

Exige-se ainda a intervenção da comissão de trabalhadores, que é necessária:
– na fase da nota de culpa (art. 411.°, n.° 2, do CT);
– no final da instrução do procedimento (art. 414.°, n.° 3, do CT);
– após a decisão (art. 415.°, n.° 4, do CT).

Decisão de despedimento
A decisão de despedimento é sempre uma decisão formal e impugnável e, como tal, deve ser reduzida a escrito, fundamentada e comunicada por cópia ou transcrição ao trabalhador (art. 415.°, n.° 2, do CT)[464].

A decisão final deve ser proferida no prazo (agora) peremptório de 30 dias, nos termos do n.° 1, do art. 415.°, do CT.

---

patronal proibida de a ouvir sobre quaisquer outros factos não invocados na resposta à nota de culpa e mesmo aos factos imputados na acusação".

[463] *"I – A única nulidade insuprível dum processo disciplinar para despedimento de trabalhador é a falta de audição do arguido, nas diversas modalidades que ela comporta.*

II – Nesse processo disciplinar a entidade patronal tem sempre a faculdade de recusar as diligências inúteis solicitadas pelo trabalhador, ou seja, aquelas diligências que não interessam ao apuramento dos factos.

III – A não realização de diligências inúteis requeridas, não leva à nulidade do processo disciplinar.

IV – As deficiências da nota de culpa, verificadas quanto aos factos que constituíram a infracção disciplinar, não conduzem à nulidade do referido processo, se o trabalhador teve uma perfeita noção de tais factos esse exercitou, com pleno conhecimento do circunstancialismo da infracção disciplinar, o seu direito de defesa. (...)".
Ac. RC, de 27.05.1999, CJ, Ano XXIV, Tomo III, p. 68

[464] *"(...) II – Na sua fase da decisão, o processo disciplinar deve conter a decisão escrita da entidade patronal, onde esta delibera o despedimento do trabalhador e indica os seus fundamentos, cuja cópia terá de ser entregue ao despedido.*

III – Está ferido de nulidade insanável o processo disciplinar donde não conste documento escrito que contenha a referida decisão.

IV – O despedimento opera de imediato, pelo que não pode ser ratificado, se já se tiver verificado a sua nulidade".
Ac. STJ, de 06.12.1995, CJ, Ano III, Tomo III, p. 301.

De tal modo que se a decisão de despedimento e/ou os seus fundamentos não constarem de documento escrito, o procedimento será considerado inválido (art. 430.°, n.° 2, al. *c*), do CT)[465].

A declaração de despedimento, assim delineada, torna-se eficaz logo que chega ao poder do destinatário ou é por ele conhecida (art. 416.°, n.° 1, do CT), tem, portanto, o valor de uma declaração rescisória *receptícia* ou *recipienda*[466].

---

[465] **1** – *"I – O despedimento verbal duma trabalhadora, perpetrado no decurso de processo disciplinar, é ilícito e, como tal, produz de imediato os seus efeitos na esfera jurídica da despedida.*

II – Assim, um subsequente despedimento desta, decretado no final daquele processo disciplinar, de nada aproveita à entidade patronal, que ao tempo já não detinha poder disciplinar sobre a mesma trabalhadora".

Ac. de 17.03.97, in CJ, 1997, Ano XXII, Tomo II, p. 243

2 – *"(…) II – O facto de na comunicação do despedimento transcrever-se a deliberação da entidade competente na qual se davam como reproduzidos os factos constantes da nota de culpa não envolve nulidade do processo disciplinar, pois faz-se saber ao trabalhador, sem a menor possibilidade de deficiente percepção deste, quais as razões da rescisão contratual".*

Ac. RL, de 17.05.1995, CJ, Ano XX, Tomo III, p. 183.

[466] **1** – *"I – O despedimento caracteriza-se como sendo uma declaração da entidade patronal ao trabalhador que visa produzir a ruptura da relação contratual.*

II – Tal declaração torna-se eficaz logo que chegue ao poder do destinatário ou dele seja conhecida, podendo ser expressa, feita por qualquer meio de manifestação de vontade, ou tácita, quando se deduz de factos que com toda a probabilidade a revelem.

III – Não existe despedimento enquanto a entidade patronal continuar a receber a prestação do trabalhador".

Ac. STJ, de 25.11.1998, ADSTA, n.° 448, p. 575.

2 – *"I – Constitui meio adequado e idóneo para comunicação da decisão de despedimento, carta registada com aviso de recepção, enviada pela entidade patronal para o domicílio do trabalhador (tal como havia acontecido com as anteriores comunicações sobre o processo disciplinar em curso) onde constava cópia, quer da deliberação da gerência quer do relatório final do instrutor do processo para o qual aquela remetia quanto aos fundamentos da decisão.*

II – É assim válida e eficaz a comunicação de despedimento nestes termos levada a cabo, sendo que o não recebimento da mesma pelo trabalhador só a ele poderá ser imputado, conforme preceitua o n.° 2, do artigo 224.°, do Código Civil.

III – Não enferma de qualquer inconstitucionalidade, designadamente por desconformidade do art. 53.° do Código Civil, uma vez que as garantias de defesa ínsitas no princípio da estabilidade do emprego, para além de respeitarem, nuclearmente, ao conhecimento dos factos imputados e à possibilidade da sua impugnação e prova, tendo em vista a decisão final nesse processo, nunca poderiam ser extensivas a situações imputáveis a culpa do trabalhador-arguido".

Ac. STJ, de 01.07.1998, ADSTA, Ano XXXVIII, n.° 446, p. 262

A cessação do contrato de trabalho

Nota de Culpa (art. 411.º, n.º 1)	Resposta do trabalhador (art. 413.º)	Instrução (art. 414.º)	Decisão (art. 415.º)
Descrição circunstanciada das infrações disciplinares imputáveis ao trabalhador (n.º 1) + intenção de proceder ao despedimento (n.º 1), sob pena de invalidade do procedimento (art. 430.º, n.º 2, al.)).	em 10 dias úteis + contestação dos factos que lhe são imputáveis + indicação das diligências probatórias pretendidas	3 testemunhas por cada facto descrito na nota de culpa, no máximo de 10 (n.º 2) processo apresentado de seguida à – comissão de trabalhadores – associação sindical, se trabalhador é representante sindical	– 30 dias após a realização da instrução | junção do parecer da | – com. de trab. | – assoc. sindical, sob pena de caducidade (n.º 1).
Eventualmente suspensão preventiva do trabalhador (art. 417.º), sem perda de retribuição, ao mesmo tempo que a nota de culpa (n.º 1) ou 30 dias antes (n.º 2). [A suspensão preventiva do trabalhador eleito para as estruturas de representação colectiva e do representante dos trabalhadores para a segurança, higiene e saúde no trabalho não obsta a que os mesmos possam ter acesso aos locais e actividades que se compreendem no exercício normal dessas funções (art. 456.º, n.º 1, do CT, e art. 282.º, n.º 1, da RCT, respectivamente).]	junção de prova documental (a violação do princípio do contraditório é sancionável com a invalidade do procedimento, art. 430.º, n.º 2, al. b)).	Que dispõem de 5 dias úteis para função de parecer fundamentado (n.º 3), salvo tratando-se de micro-empresas (art. 418.º, n.º 1), excepto se trabalhador for membro da comissão de trabalhadores/representante sindical, correndo então o procedimento os trâmites normais (art. 418.º, n.º 4).	– fundamentada – por escrito (arts. 415.º, n.º 2 e 418.º, n.º 3), sob pena de invalidade do procedimento (art. 430.º, n.º 2, al. c)). – ponderando-se as circunstâncias do caso/adequabilidade do despedimento à infracção cometida/pareceres juntos aos autos (art. 415.º, n.º 3). – circunscrita aos factos constantes da nota de culpa e à defesa do trabalhador, salvo se atenuarem/dirimirem a responsabilidade do trabalhador (n.º 3).
Remetida ao – trabalhador (art. 411.º, n.º 1) – Comissão de trabalhadores (art. 411.º, n.º 2), salvo tratando-se de micro-empresas (art. 418.º, n.º 1), excepto se trabalhador for membro da comissão de trabalhadores/representante sindical, correndo então o procedimento os trâmites normais (art. 418.º, n.º 4). – associação sindical, se trabalhador for representante sindical (art. 411.º, n.º 3), salvo tratando-se de micro-empresas (art. 418.º, n.º 1), excepto se trabalhador for membro da comissão de trabalhadores/representante sindical, correndo então o procedimento os trâmites normais (art. 418.º, n.º 4). – interrompe o prazo de acção disciplinar (art. 411.º, n.º 4). – ocorre o mesmo efeito interruptivo quando é instaurado procedimento prévio de inquérito (art. 412.º)	no caso de **micro-empresas** → – audição do trabalhador ou – alegação escrita, no prazo de 10 dias úteis, com indicação de prova testemunhal (art. 418.º, n.º 2), sob pena de invalidade do procedimento (art. 430.º, n.º 2, al. b)).	[No caso de trabalhadora grávida, puérpera ou lactante ainda necessário o parecer da entidade competente na área da igualdade de oportunidades entre homens e mulheres (art. 51.º, n.º 1), sob pena de invalidade do procedimento disciplinar (n.º 4). A entidade competente na área da igualdade dispõe de 30 dias subsequentes à recepção do procedimento para emissão de parecer (n.º 3). Presume-se sem justa causa o despedimento de trabalhadora grávida, puérpera ou lactante (n.º 2)]. (Sobre a mesma presunção, v. art. 456.º, n.º 2, do CT e art. 282.º, n.º 2, da RCT) (A violação do princípio do contraditório é sancionável com a invalidade do procedimento disciplinar (art. 430.º, n.º 2, al. b)). Outras sanções que não o despedimento: – garantia sempre do direito de defesa do trabalhador e do conhecimento adequado da motivação da sanção aplicada (art. 371.º).	Comunicada – ao trabalhador – à comissão de trabalhadores – à assoc. sindical, se trabalhador for representante sindical (art. 415.º, n.º 4). Logo que chega ao conhecimento do trabalhador, é eficaz (art. 416.º, n.º 1) Igualmente eficaz quando não é recebida por culpa do trabalhador (art. 416.º, n.º 2)

308   *Direito do Trabalho*

A declaração há-de ainda ser univocamente manifestada[467]. O art. 415.°, n.° 1, do CT veio considerar que o prazo para emissão da decisão final é um prazo peremptório (ficou, assim, resolvida a polémica quanto à natureza, peremptória ou aceleratória, de tal prazo[468]).

4.5. *A suspensão judicial do despedimento*

Nos termos do art. 434.°, do CT, o trabalhador tem o direito de requerer a suspensão preventiva do despedimento, através do *procedimento cautelar especificado de suspensão de despedimento individual*, previsto nos arts. 34.° a 40.°, do CPT[469].

A suspensão assegura a manutenção, ainda que provisoriamente, do vínculo laboral, conservando o trabalhador, em consequência, o direito à retribuição.

Igualmente pode o trabalhador impugnar o despedimento que considera ilícito[470], por violação procedimental ou porque falhou a fundamentação substantiva de justa causa (art. 435.°, do CT).

---

[467] *"A declaração de despedimento como declaração negocial rescisória ou recipienda que é, seja expressa ou tácita, deve ser unívoca, no sentido do trabalhador tomar conhecimento da vontade da entidade patronal de não dar continuação ao contrato de trabalho. Não reveste essa qualidade a imposição feita pela entidade patronal ao seu trabalhador, como condição do pagamento do ordenado do mês vencido, da assinatura, por este, de uma declaração de despedimento".*
Ac. da RC, de 10.12.1998, BMJ, 482, p. 303

[468] *"(...) V – O artigo 12.°, n.° 3, da lei de contrato de trabalho contém uma enumeração taxativa das causas de nulidade do processo disciplinar, e daí que a inobservância pela entidade patronal do prazo de 30 dias para proferir a decisão de despedimento fixado no n.° 8 do artigo 10.° da lei do contrato de trabalho, não constitua causa de nulidade do processo disciplinar. Tal prazo não tem, aliás, natureza peremptória, mas, tão-somente, aceleratória.*
V – Assim, o incumprimento do referido prazo de 30 dias não se reflecte na regularidade do processo disciplinar, podendo apenas assumir relevância no âmbito da apreciação da justa causa de despedimento".
Ac. de 28.10.98, STJ, já citado.

[469] Aprovado pelo Decreto-Lei n.° 480/99, de 09.11.

[470] *"I – Encontrando-se o trabalhador acusado em processo crime pelos mesmos factos que são invocados como justa causa de despedimento, a acção de impugnação desse despedimento não deve ser suspensa até decisão da acção penal, por inexistir entre ambas as acções uma relação de prejudicialidade.*

A cessação do contrato de trabalho   309

4.6. *O procedimento disciplinar nas microempresas*

Relativamente às microempresas a lei estabelece um regime próprio de tramitação do procedimento disciplinar.

O procedimento disciplinar, aqui, caracteriza-se pela simplicidade e celeridade, continuando, no entanto, a manter as seguintes características:

    i) manutenção do direito de resposta e de audição do trabalhador;

    ii) necessidade de reprodução por escrito de toda a defesa apresentada pelo trabalhador;

    iii) necessidade de formulação prévia da intenção de despedir[471], que deve ser: fundamentada; discriminativa de todos os factos imputáveis ao trabalhador e comunicada, por escrito, ao trabalhador (art. 418.º, do CT).

Nos termos do n.º 4, do art. 418.º, do CT, exceptua-se deste regime, os casos em que o trabalhador-arguido é membro da comissão de trabalhadores ou representante sindical, remetendo-se então para o regime geral do art. 411.º, do CT.

4.7. *Créditos salariais emergentes do despedimento ilícito*

A ilicitude do despedimento, sem prejuízo de legislação especial, decorre (segundo o previsto nos arts. 429.º e 430.º) da:

II – Trata-se de acções independentes, com critérios de apreciação e objectivos diferentes, pelo que a decisão do processo crime não condiciona nem prejudica a decisão do processo laboral; neste processo, visa-se o enquadramento disciplinar dos factos, em ordem a apurar se são susceptíveis de integrar justa causa de despedimento, ao passo que no processo crime, se pretende averiguar se tais factos constituem crime, à luz dos conceitos de natureza estritamente penal".

Ac. STJ, de 20.03.1996, Questões Laborais, n.º 8, p. 191

[471] *"I – Mesmo nas pequenas empresas é necessária a existência de processo disciplinar.*

II – Esse processo disciplinar deve conter a comunicação da intenção de despedimento acompanhada da intenção de despedimento acompanhada da nota de culpa.

III – Se tal não acontecer, o processo disciplinar é nulo e fundamenta a ilicitude do despedimento".

Ac. RC, de 20.06.1996, CJ, Ano XXI, Tomo III, p. 69.

310 Direito do Trabalho

– ausência de procedimento disciplinar (*grosso modo*, ocorreu um despedimento verbal);
– motivação política, ideológica, étnica ou religiosa, ainda que com invocação de motivo diverso (conhecido por despedimento por tendência);
– improcedência dos motivos invocados;
– decurso do prazo de prescrição (e caducidade) estabelecido(s) no art. 372.º;
– procedimento disciplinar inválido.

Por sua vez, a invalidade procedimental é consequência, de acordo com o n.º 2 do art. 430.º:
– da falta da comunicação da intenção de despedimento junto à nota de culpa ou da inobservância do formalismo previsto no art. 411.º (al *a*));
– do desrespeito pelo princípio do contraditório [nos termos enunciados nos arts. 413.º, 414.º e 418.º, n.º 2 (al. *b*)];
– da não redução a escrito da decisão de despedimento e respectivos fundamentos, segundo o preceituado no art. 415.º ou 418.º, n.º 3 (al. *c*)).

O procedimento disciplinar é, no entanto, em determinados casos, sanável, de acordo com o art. 396.º, n.º 2, do CT (como veremos de seguida).

Em caso de despedimento ilícito, a lei ficciona que o contrato de trabalho termina com o trânsito em julgado da decisão condenatória do empregador (art. 437.º, n.º 1, do CT)[472], atribuindo ao trabalhador:

a) *o direito indisponível às retribuições*[473] *vincendas até àquela data* (as chamadas prestações intercalares), como se o contrato de trabalho tivesse continuado em execução[474].

---

[472] A este propósito e quanto à interposição de recurso judicial, o que colhia maioritariamente, para efeito do art. 13.º, n.º 1, alínea *a*), da LCCT, era a condenação na 1ª instância (*v.* Ac. STJ, de 26.04.1995, Questões Laborais, Ano II, 1995, p. 110).

[473] *"Provando-se que o trabalhador auferia um subsídio de refeição e um abono para falhas à data do despedimento julgado ilícito, deverá o mesmo receber tais quantias, referentes ao período decorrido entre a data do despedimento e a data da sentença da 1ª instância, por se tratar de quantias que o trabalhador continuaria a receber se não tivesse sido despedido".*
ADSTA, Ano XXXVI, n.º 422, p. 243.

[474] *"I – É nulo o contrato de trabalho celebrado entre um banco e uma sua trabalhadora, se esta prestou falsas declarações acerca das suas habilitações literárias.*

A cessação do contrato de trabalho 311

Desse valor são deduzidos os seguintes montantes:

i) as retribuições correspondentes ao período decorrido, desde o despedimento até 30 dias (contados a partir do dia *a quo*, incluindo sábados, domingos e feriados) antes da propositura da acção (n.º 4, do art. 437.º, do CT)[475-476],

"A declaração de invalidade do despedimento tem, assim, eficácia retroactiva, operando *ex tunc* tudo se passando

---

II – A declaração de nulidade do contrato pelo Banco empregador, logo que tomou conhecimento dessas falsas declarações, leva à cessação do contrato de trabalho.

III – O pedido de declaração de tal nulidade não constitui abuso de direito.

IV – Não obstante a referida nulidade, o contrato declarado nulo produz os seus efeitos, como se válido fosse, em relação ao tempo durante o qual este esteve em execução.

V – Tendo a trabalhadora sido despedida ilicitamente, antes da declaração da nulidade do contrato, deve receber todas as retribuições que lhe sejam devidas até à data dessa declaração, não podendo, todavia, ser reintegrada ao serviço do Banco".

Ac. RC, de 10.07.1997, CJ, Ano XXII, Tomo IV, p. 63.

[475] "Deste modo, estimula-se o trabalhador a impugnar celeremente o despedimento, evitando-se que este «jogue» com o prazo de caducidade de um ano na mira de fazer crescer, injustificadamente e à custa do empregador, o montante dos seus salários intercalares", JOÃO LEAL AMADO, "Despedimento...", p. 51, nota 15.

"A questão que aqui se pode pôr é a de saber quem suporta a correspondente desvantagem pecuniária quando o prazo dos trinta dias termine em domingo, feriado e, sobretudo, em período de férias judiciais, quando a acção dê entrada em tribunal no primeiro dia útil imediato (v.g., o prazo termina no primeiro dia das férias de verão e a acção é proposta no dia da reabertura dos tribunais, ou seja, dois meses depois); embora não consideremos a solução isenta de dúvidas, propendemos para, por aplicação da regra consignada na alínea c), do art. 279.º, do C. Civil, fazer recair a desvantagem sobre a entidade patronal, o que equivale a um alargamento do prazo fixado na alínea a), do n.º 2, deste artigo 13.º, nas hipóteses configuradas".

Ac. do STJ, de 10.02.1999, ADSTA, n.º 452/453, p. 1122

[476] *"I – No domínio da actual Lei dos Despedimentos, se a acção não for proposta nos 30 dias subsequentes ao despedimento ilícito, há sempre que descontar nos valores retributivos, que sejam devidos ao trabalhador, o montante das retribuições respeitantes ao período decorrido desde a data da ruptura contratual até 30 dias antes da data da entrada em juízo da petição inicial.*

II – No despedimento ilícito, reconhecido judicialmente, não são de descontar nos referidos valores retributivos as quantias entregues ao trabalhador, a título de subsídio de desemprego, já que cabe apenas à Segurança Social accionar os mecanismos com vista à recuperação de tais importâncias.

Ac. RP, de 29.01.1996, Dicionário de Legislação e Jurisprudência, n.º 774, Abr./1998, (91), AZ – 32296)

como se a relação laboral jamais tivesse sido interrompida (cf. art. 189.°, n.° 1, do Código Civil)."[477]

Paralelamente à retroactividade do efeito da ilicitude do despedimento, acolhe-se o regime do art. 795.°, n.° 2, do CC, como princípio geral aplicável aos contratos sinalagmáticos[478].

ii) as importâncias recebidas em virtude do despedimento e que não seriam auferidas se este não ocorresse (n.° 2, do art. 437.°, do CT).

A dedução do *alliunde perceptum* (as referidas importâncias) visa evitar a dupla fonte de rendimentos do trabalhador, o que geraria uma iniquidade patrimonial[479].

---

[477] Ac. STJ, de 11.10.1994, Dicionário de Legislação e Jurisprudência, n.° 766, Agosto/1997, (114), AZ – 32107.

[478] Explica JOÃO LEAL AMADO, "Despedimento...", p. 46, "Ora, não há dúvida de que, no caso vertente, a prestação de trabalho se torna impossível pelo facto do despedimento, imputável ao credor-empregador, pelo que este não fica desobrigado da contraprestação (ou seja, do pagamento da retribuição); mas, se o devedor exonerado (o trabalhador fica, de facto, exonerado do dever de trabalhar, devido ao despedimento) tiver algum benefício com a exoneração (exemplo: rendimentos de um novo emprego), será então o valor desse benefício descontado na contraprestação (isto é, no montantes dos salários intercalares)".

[479] "(...) Estabelecem-se restrições em função da inércia do trabalhador e de eventuais remunerações que tenha auferido pelo exercício de actividade profissional posterior ao despedimento. Tenta-se, por isso, nesse ponto, aproximar quanto possível aquele montante ao prejuízo efectivamente sofrido pelo trabalhador e evitar situações de dupla fonte de rendimentos, socialmente injustificadas", dizia o preâmbulo da LCCT.

1 – *"(...) IX. A dedução prevista na alínea a), n.° 2, do art. 13.°, da LCCT, opera apenas quanto a salários mensais (e não nas férias e subsídios de férias) se o empregador não conseguir provar (pertencendo-lhe o ónus) que existem tais valores recebidos pelo trabalhador, após o despedimento, tendo este constituído uma sociedade com terceiro, desempenhando as funções de gerente (...)".*

Ac. STJ, de 10.02.1999, ADSTA, n.° 452/453, p. 1122.

2 – *"I – Declarada a ilicitude do despedimento e, consequentemente, condenada a empregadora ao pagamento das prestações intercalares (período que decorre entre a data do despedimento e a da sentença, com a redução referida na alínea a), n.° 2, do artigo 13.° da LCCT, se for caso disso), não fornecendo os autos qualquer elemento para ser determinado o seu montante, nomeadamente para saber se a condenação da 1ª instância está correctamente calculada, deve tal cálculo ser remetido para execução de sentença, constituindo o seu limite inferior o constante da decisão de 1ª instância. (...)*

III – A condenação surge como consequência da irrenunciabilidade absoluta (no sentido que não pode a eles renunciar) dos direitos subjectivos do trabalhador. (...)".

Ac. STJ, de 10.02.1999, ADSTA, n.° 452/453, p. 1136.

A cessação do contrato de trabalho 313

Questionava-se então, como hoje se questiona, da bondade do regime consagrado, muitos entendem que premeia o trabalhador negligente e sanciona o trabalhador diligente, este último verá descontada na retribuição devida em sede de despedimento ilícito a remuneração entretanto auferida.

Por sua vez, o trabalhador negligente poderá receber exactamente o mesmo que o trabalhador diligente, apesar de nenhum esforço laboral ter dispendido.

Sendo de referir que, o prejuízo que advém para o trabalhador diligente não é mais do que um efeito perverso da demora judicial na resolução dos litígios, apesar de, os Tribunais de Trabalho serem *reconhecidamente* céleres[480].

iii) prevê-se, ainda, inovadoramente, que o subsídio de desemprego seja deduzido na compensação devida (n.º 3, do art. 437.º, do CT), resolvendo assim o problema da falta de cumprimento do reembolso aos cofres da segurança social do subsídio auferido.

b) Em caso de ilicitude do despedimento, pode o trabalhador optar entre:
– a reintegração[481] e a recuperação dos direitos creditórios e es-

---

[480] PAULA QUINTAS e HELDER QUINTAS, "Código do Trabalho...", p. 1043.

JOÃO LEAL AMADO, "Despedimento...", p. 52, nota 16, cita o caso espanhol, que prevê que o pagamento dos chamados "salários de tramitação", em caso de demora da resolução judicial superior a 2 meses, fiquem a cargo dos cofres do Estado, como afloramento do princípio da responsabilidade do Estado por danos provenientes de factos ilícitos culposos resultantes da função jurisdicional.

[481] **1** – "(...) II – *Reintegrado o trabalhador no Banco em funções provisórias e compatíveis com o seus estatuto profissional, algum tempo depois da prolação do acordão confirmativo do STJ, não se justifica a condenação desse Banco no pagamento ao trabalhador de uma sanção pecuniária compulsória até efectiva reintegração no seu posto de trabalho, solicitada numa outra acção com as mesmas partes, cujo pedido diz respeito ao pagamento das retribuições vencidas a partir da data da sentença e até à reintegração e de uma quantia diária de 25.000$00, a título dessa sanção".*

Ac. STJ, de 15.05.1996, CJ, Ano IV, Tomo II, p. 254.

2 – "*I – Na acção de impugnação de despedimento, no domínio do contrato de trabalho, a declaração judicial de ilicitude de despedimento, tendo como consequência a reintegração do trabalhador no seu posto de trabalho, constitui título executivo bastante para conferir ao trabalhador o ressarcimento dos prejuízos por essa reintegração deixadas de auferir. (...)".*

Ac. STJ, de 15.12.1998, BMJ, 482, p. 139

314   *Direito do Trabalho*

tatutários próprios, como se tivesse estado sempre em serviço (art. 439.º, do CT)[482];

– o recebimento de uma indemnização por antiguidade, neste caso, acatando a cessação contratual.

O direito optativo do trabalhador deve, nos termos legais, ser exercido até à sentença, e uma vez declarado, torna-se irrevogável.

Ao interesse do trabalhador em gerir o seu tempo de escolha, contrapõe-se a segurança empresarial do empregador, que não pode ser confrontado com um pedido de reintegração quando (contando legitimamente com a dissolução contratual, de acordo com o declarado pelo trabalhador) já (re)organizou ou recrutou novos trabalhadores.

Na indemnização por antiguidade, a tónica é a atribuição do devido prestacional à luz do princípio da proporcionalidade (omnipresente em todo o Código), de natureza gradativa.

---

[482] **1** – *"(...) IV – Tendo a sentença condenado a ré a reintegrar o trabalhador, tal reintegração significa a reconstituição ope curia do vínculo laboral, não passando de uma declaração judicial de subsistência ou manutenção do contrato de trabalho, declaração essa que leva implícita uma condenação do empregador no cumprimento das prestações que se vão vencendo após a declaração de invalidade do despedimento, de tal forma que, se a entidade patronal não cumprir voluntariamente as suas obrigações, o trabalhador poderá intentar directamente uma acção executiva".*

Ac. STJ, de 11.10.1994, Dicionário de Legislação e Jurisprudência, n.º 766, Agosto/1997, (114), AZ – 32107.

2 – *"I – O trabalhador no ano da reintegração, terá direito a gozar férias como se sempre tivesse estado ao serviço, como qualquer outro trabalhador ou seja, às férias respeitantes ao ano anterior e vencidas em 1 de Janeiro desse mesmo ano e não a gozar férias, hipoteticamente acumuladas, dos anos que decorreram entre o despedimento e a reintegração.*

II – Não tem direito ao pagamento de qualquer indemnização em sua substituição, sem prejuízo, todavia, do pagamento em singelo, dessas mesmas férias, pagamento esse que está integrado no das remunerações devidas nos termos do art. 13.º da Lei dos Despedimentos".

Ac. RL, 09.06.1999, CJ, Ano XXIV, Tomo III, 1999, p. 170

3 – *"I – A entidade patronal condenada a reintegrar o trabalhador não fica obrigada a colocá-lo no lugar concreto em que o trabalhador se encontrava.*

II – É legítima a ordem da entidade patronal que, na reintegração do trabalhador, lhe indica um outro local para prestação da actividade, desde que esta implique o exercício de funções da sua categoria e lhe mantenha o estatuto.

IV – Não há baixa ou alteração de categoria se o trabalhador passar a exercer tarefas do núcleo essencial da sua categoria.

V – A desobediência reiterada às ordens de se apresentar no novo local de trabalho constitui justa causa de despedimento do trabalhador".

Ac. 12.05.1999, CJ, Ano VII, Tomo II, p. 275

A cessação do contrato de trabalho 315

Assim, a indemnização varia entre os 15 e os 45 dias, nos termos do n.° 1, do art. 439.°, do CT (contra os 30 dias, do art. 13.°, n.° 3, da LCCT), atendendo ao valor da retribuição e ao grau de ilicitude do despedimento, mantendo-se o limite mínimo geral de três meses (n.° 3, do art. 439.°, do CT).

O regime do Código do Trabalho limita a indemnização por antiguidade à retribuição base (hoje como no passado, a opção é muito discutível).

Não obstante, o Código do Trabalho, ao incluir agora a indemnização por todos os danos (patrimoniais e morais), segundo o preceituado no art. 436.°, n.° 1, al. *a*), do CT; vem acolher, entendemos, o ressarcimento de todos os danos patrimoniais (incluindo os próprios créditos salariais) que extravazam o previsto estritamente no art. 439.°, n.° 1, do CT.

Inclusivé poderá incluir, parece-nos, o próprio direito a férias *perdido,* dado que para o cálculo deste, no contexto da cessação contratual, só se equaciona o tempo de trabalho efectivamente prestado.

No que diz respeito aos *regimes especiais de indemnização*, é de atender às seguintes situações:

– trabalhadora grávida, puérpera e lactante, entre 30 a 60 dias de retribuição base e diuturnidades por cada ano completo ou fracção de antiguidade (art. 439.°, n.° 4, por remissão do art. 51.°, n.° 7, ambos do CT), desde a data do despedimento até ao trânsito em julgado da decisão final, não podendo ser inferior a 6 meses (art. 439.°, n.° 5, do CT);

– O pai tem direito, durante o gozo da licença por paternidade, à mesma protecção no despedimento de trabalhadora grávida, puérpera ou lactante (art. 98.°, n.° 4, da RCT).

– trabalhador representante sindical, membro da comissão de trabalhadores ou membro de conselho de empresa europeu, entre 30 a 60 dias de retribuição base e diuturnidades por cada ano completo ou fracção de antiguidade (art. 439.°, n.° 4, por remissão do art. 456.°, n.° 5, ambos do CT), desde a data do despedimento até ao trânsito em julgado da decisão final, não podendo ser inferior a 6 meses (art. 439.°, n.° 5, do CT);

– trabalhador temporariamente incapacitado em resultado de acidente de trabalho, dobro da indemnização conferida por despedimento ilícito (art. 306.°, n.° 4, do CT).

REGIME GERAL	CONTRATO SEM TERMO
	– entre 15 e 45 dias de retribuição-base e diuturnidades por cada ano completo ou fracção de antiguidade (art. 439.º, n.º 1), desde a data do despedimento até ao trânsito em julgado da decisão judicial (n.º 2), não podendo ser inferior a 3 meses (n.º 3).
	CONTRATO A TERMO
	– entre 15 e 45 dias de retribuição-base e diuturnidades por cada ano completo ou fracção de antiguidade (art. 439.º, n.º 1 *ex vi* art. 440.º, n.º 1), desde a data do despedimento até ao termo certo ou incerto do contrato ou do trânsito em julgado da decisão, consoante o que ocorra primeiro (439.º, n.º 2, por adaptação). ↓
Havendo oposição procedente à reintegração do trabalhador →	Entre 30 e 60 dias de retribuição-base e diuturnidades por cada ano completo ou fracção (439.º, n.º 4), não podendo ser inferior a 6 meses (n.º 5).
REGIME ESPECIAIS	
Trabalhadora grávida, puérpera e lactante (art. 51.º do CT) Trab. durante o gozo da licença por paternidade (art. 98.º, n.º 4, da RCT)	– Entre 30 e 60 dias de retribuição-base e diuturnidades por cada ano completo ou fracção de antiguidade (art. 439.º, n.º 4, por remissão do art. 51.º, n.º 7), desde a data do despedimento até ao trânsito em julgado da decisão judicial, não podendo ser inferior a 6 meses (art. 439.º, n.º 5)
Trabalhador-representante sindical, membro da comissão de trabalhadores ou membro de conselho de empresa europeu	– entre 30 e 60 dias de retribuição-base e diuturnidades por cada ano completo ou fracção de antiguidade (art. 439.º, n.º 4, por remissão do art. 456.º, n.º 5), desde a data do despedimento até ao trânsito em julgado da decisão judicial, não podendo ser inferior a 6 meses (art. 439.º, n.º 5).
Trabalhador temporariamente incapacitado em resultado de acidente de trabalho	Dobro da indemnização conferida por despedimento ilícito (art. 306.º, n.º 4).
Representante dos trabalhadores para a segurança, higiene e saúde no trabalho	entre 30 e 60 dias de retribuição-base e diuturnidades por cada ano completo ou fracção de antiguidade (art. 439.º, n.º 4, do CT), desde a data do despedimento até ao trânsito em julgado da decisão judicial, não podendo ser inferior a 6 meses (art. 439.º, n.º 5, do CT, por remissão do art. 282.º, n.º 5 da RCT)

A cessação do contrato de trabalho

– Representante dos trabalhadores para a segurança, higiene e saúde no trabalho, entre 30 e 60 dias de retribuição-base e diuturnidades por cada ano completo ou fracção de antiguidade (art. 439.º, n.º 4, do CT), desde a data do despedimento até ao trânsito em julgado da decisão judicial, não podendo ser inferior a 6 meses (art. 439.º, n.º 5, do CT, por remissão do art. 282.º, n.º 5, da RCT).

c) *A ressarcibilidade dos danos, patrimoniais e não patrimoniais*
O Código do Trabalho consagra, agora expressamente, a ressarcibilidade dos danos patrimoniais e morais (art. 436.º, n.º 1, al. a), do CT), que mereceu no passado grande controvérsia, apesar de parte da jurisprudência já acolher essa consagração.[483]

4.8. *A sanabilidade do procedimento disciplinar inválido*

O n.º 2, do art. 436.º, do CT, admite a reabertura do procedimento disciplinar inválido para expurgação dos seguintes vícios (previstos no n.º 2, do art. 430.º, do CT):
i) falta de comunicação da intenção de despedir (art. 411.º, do CT);
ii) desrespeito pelo formalismo subjacente à realização da nota de culpa (art. 411.º, do CT);
iii) violação do princípio do contraditório, quanto à resposta à nota de culpa (art. 413.º, do CT), à realização da instrução (art. 414.º, do CT) e à falta de audição do trabalhador no procedimento de despedimento das microempresas (art. 418.º, n.º 2, do CT);
iv) falta de redução a escrito da decisão de despedimento (arts. 415.º ou 418.º, n.º 3, ambos do CT).

O preceito foi objecto de apreciação da respectiva constitucionalidade, em sede de controlo preventivo.

---

[483] Sobre o não acolhimento do ressarcimento de danos, como equívoco histórico, *v.* MENEZES CORDEIRO, "Manual de Direito do Trabalho", Almedina, 1997, p. 845.

O Tribunal Constitucional, através do Ac. 306/2003[484], considerou que o n.º 2, do art. 436.º, do CT não é um norma inconstitucional:

Assim, a «vontade de despedir como declaração receptícia deixa de produzir automaticamente efeitos plenos (destrutivos do vínculo laboral), logo que atinge o destinatário, podendo, portanto, ser modificada ou corrigida, no sentido de converter um acto ilícito em acto lícito».[485]

Questionou-se, no referido Acordão, se *"esta possibilidade (…), sendo susceptível de, por parte do empregador, fazer desaparecer, numa primeira fase, o ónus do respeito das garantias formais do procedimento disciplinar, estimulando a inobservância das exigências procedimentais, e de, por parte do trabalhador, desincentivar a impugnação judicial dos despedimentos formalmente inválidos e dificultar objectivamente as hipóteses de uma defesa que poderá ter de ocorrer muitos meses após o despedimento e perante a invocação de factos que podem, nessa segunda oportunidade, estar a ser invocada pela primeira vez, ao que acresce o prolongamento dos prazos de prescrição da infracção e de caducidade do procedimento disciplinar, pode traduzir-se numa diminuição das garantias de defesa do trabalhador e afecta sensivelmente as garantias de certeza e segurança jurídicas, umas e outras próprias do princípio do Estado de direito consagrado no artigo 2.º, da CRP"*.

O Tribunal Constitucional, a título prévio, precisa que a norma em causa "não se aplica aos casos de inexistência do processo disciplinar e que se exige que, no mínimo, tenha sido emitida nota de culpa, pois só assim será possível fazer activar a previsão contida na segunda parte (reinício do prazo interrompido *com a notificação da nota de culpa*). Ora, existindo nota de culpa, ela delimita o objecto do processo, não podendo, na decisão condenatória, ser invocados factos não constantes da nota de culpa, conforme determina o artigo 415.º, n.º 3 do Código do Trabalho".

E conclui que: "A possibilidade de reabertura do procedimento disciplinar, em si mesma considerada, não ofende a perspectiva substantiva da proibição de despedimentos sem justa causa, pois a acção de impugnação do despedimento só soçobrará

---

[484] Diário da República, I-A, de 18 de Julho de 2003, p. 4142.
[485] Paula Quintas e Helder Quintas, "Código do Trabalho…", p. 1031.

definitivamente se o empregador provar ter o trabalhador praticado infracção disciplinar que tornou imediata e praticamente impossível a subsistência da relação de trabalho. E também não viola a perspectiva procedimental dessa garantia constitucional, pois a reabertura do processo disciplinar visa justamente fazer respeitar os requisitos formais destinados a assegurar eficazmente os direitos de defesa do arguido".

Ainda, os potenciais efeitos perversos que a possibilidade de reabertura procedimental provoca (estimulação do desrespeito das regras procedimentais por parte do empregador e desinteresse na impugnação judicial de despedimentos formalmente ilícitos) serão "atenuados pelo facto de o empregador não poder reportar os efeitos do «segundo despedimento» à data do primeiro e de ao trabalhador sempre interessar fazer respeitar as garantias processuais que lhe assistem e impugnar despedimentos infundamentados.

A única objecção relevante respeita ao prolongamento do(s) prazo(s) de prescrição, que a solução legislativa consagra enquanto que, como se viu, mesmo a jurisprudência e a doutrina que defendiam a admissibilidade da reabertura do processo disciplinar sempre pressupuseram que não eram excedidos os prazos prescricionais. Entende-se, apesar disso, que tal não afecta de forma intolerável os direitos de defesa dos trabalhadores arguidos nem os valores da segurança e da certeza jurídicas.

Por último, ainda se dirá que a solução em causa não viola o princípio *non bis in idem*. Este princípio – (…) não obsta, nem sequer em processo criminal a que, anulado por razões formais um julgamento (com a consequente eliminação da condenação que dele haja derivado), o arguido, relativamente ao qual procederam os motivos da anulação, seja sujeito a outro julgamento (…)".

Sem desmerecer as considerações do Acórdão do TC, certo é que, como sabemos, o princípio *ne bis in idem* foi pensado em defesa plena do arguido. Ora, a solução legal agora consagrada rompe com a igualdade de armas entre as partes, facultando-se agora ao empregador uma contestação correctiva, que pode, ou não, ser processualmente controvertida pelo trabalhador, em termos ainda pouco esclarecedores.

4.9. *Da oposição à reintegração*

O n.º 2, do art. 438.º, do CT apresenta a polémica *oposição à reintegração*, no caso de micro-empresa[486] ou tratando-se de cargo de administração ou de direcção[487], atenta a limitação do n.º 4[488].

Também sobre este normativo, se pronunciou o Ac. do TC n.º 306/2003, decidindo que se está "perante um regime que não ameaça de forma desproporcionada a estabilidade do emprego, até porque só pode funcionar precedendo uma decisão judicial, ou seja, rodeada da garantia do juiz–realizando, em termos não censuráveis, uma concordância prática dos interesses em presença, por isso mesmo não ferindo as exigências constitucionais"[489].

Entre o fazer-se justiça e o promover-se a paz social, o tribunal optou pela segunda possibilidade.

Pensamos que ao impedir certo tipo de reintegração *monetariza-se o despedimento*, que apesar da sua natureza ilícita (e, portanto, sem força extintiva da relação contratual) acaba por ser validado com tal efeito, contra a vontade da parte que não suscitou, no campo dos deveres jurídicos, a desvinculação contratual (pois cremos, se a tivesse suscitado, o despedimento seria então com justa causa).

4.10. *Prazo de impugnação do despedimento*

Os direitos creditórios resultantes da cessação contratual estão sujeitos ao prazo prescricional de um ano (art. 381.º, n.º 1, do CT).

---

[486] Considerada como tal a que emprega no máximo 10 trabalhadores (art. 91.º, n.º 1, al. *a*), do CT).

[487] Comenta FURTADO MARTINS, "Consequências do despedimento ilícito: indemnização/reintegração", Código do Trabalho – Alguns aspectos cruciais, *Principia*, 2003, p. 57:

"O CT utiliza o conceito de «cargo de administração», na esteira do diploma que regulamenta o trabalho em regime de comissão de serviço, sem, no entanto, esclarecer o que por tal se deve entender. Não estando, certamente, em causa os membros do conselho de administração das sociedades anónimas (já que esse cargo é legalmente incompatível com a situação jurídica de trabalho subordinado) nem os directores que directamente reportam à administração (que se integram na segunda categoria), permanecem por clarificar quais as situações que a lei quer abranger".

[488] Validado o direito à oposição, a indemnização devida em substituição da reintegração, é aferida em termos próprios (*v.* n.os 2 e 3, do art. 439.º, do CT).

[489] A p. 4158.

A cessação do contrato de trabalho

No restante, são aplicáveis os institutos próprios da prescrição civil, *v.g.*, suspensão e interrupção da prescrição[490-491].

---

[490] **1** – "*I – Para que o credor possa beneficiar da interrupção da prescrição referida no n.º 2 do artigo 323.º do CC é preciso que requeira a citação do R. 5 dias antes do termo do prazo da prescrição e evitar que o retardamento da prescrição lhe seja imputável.*

II – Este princípio aplica-se mesmo no caso de ter sido requerida a citação prévia.

II – Assim, se o A. intenta a acção 3 dias antes do termo do prazo já não pode beneficiar do regime do n.º 2 do art. 323.º CC", Ac. STJ, de 24.03.1999, CJ, Ano VII, Tomo II, p. 251.

2 – "*I – A citação só interrompe o prazo prescricional relativamente aos créditos formulados na petição inicial, e não quanto a direitos não accionados.*

II – Em acção proposta pelo trabalhador contra a sua ex-entidade patronal, relativamente a créditos que prescreviam a 2.04.1995, tendo o réu sido citado em 30.03.1995, os efeitos interruptivos desta citação só são oponíveis no que se reporta aos pedidos formulados na petição inicial. Assim, tendo o autor, em 05.05.1995, ampliado o pedido na resposta à contestação, mostram-se prescritos os créditos reclamados no âmbito de tal ampliação, por decurso do prazo previsto no n.º 1, do artigo 38.º, da LCT. (...)".

Ac. STJ, de 11.11.1998, ADSTA, XXXVIII, n.º 448, p. 555.

[491] **1** – "*I – Extinta, por força de lei, uma empresa pública, ocorre a caducidade dos contratos de trabalho mantidos com os seus trabalhadores, nos termos da LCCT, por se verificar uma impossibilidade superveniente, absoluta e definitiva de eles lhe prestarem os seus serviços e de ela os receber.*

II – É a partir da data da extinção dessa empresa (ou da cessação de facto das relações laborais), que se conta o prazo de prescrição dos créditos dos trabalhadores, previsto no art. 38.º, n.º 1, da LCT.

III – A invocação da prescrição de tais créditos, nesse caso, não constitui abuso de direito".

Ac. STJ, de 13.05.1998, CJ, Ano VI, Tomo II, p. 276

2 – "*I – Em acção laboral, o Autor deve requerer a citação do Réu com a antecedência necessária para que a citação deste se efectue antes de consumada a prescrição dos seus créditos.*

II – Para poder beneficiar do regime consagrado no n.º 2 do art. 323.º do CC, tem o Autor de requerer a citação, prévia ou não, antes de 5 dias do termo do prazo prescricional.

III – Assim, consuma-se a prescrição dos créditos do trabalhador, nos termos do art. 38.º da LCT; se foi despedido em 24.03.94, se intentou a acção de impugnação de despedimento em 22.03.95 e se a citação da ré ocorreu em 25.05.95. (...)".

Ac. STJ, de 18.11.1997, CJ, Ano V, Tomo III, p. 283

3 – "*I – O prazo de prescrição estabelecido no n.º 1 do art. 38.º da LCT é aplicável a todos os créditos emergentes do contrato de trabalho, iniciando-se no dia seguinte ao da cessação de facto da relação de trabalho, ainda que esta se tenha verificado em virtude de despedimento ilícito.*

II – Aquele normativo assume a natureza de lei especial, quer no tocante à fixação do prazo prescricional em um ano, quer no que tange à determinação do início do curso da

A impugnação do *despedimento singular*, tem agora prazo próprio, de um ano a contar da data do despedimento (art. 435.º, n.º 2, primeira parte, do CT).

Para a impugnação do *despedimento colectivo*, a lei concede somente um prazo de seis meses (art. 435.º, n.º 2, segunda parte, do CT).

4.11. A cessação do contrato de trabalho nos contratos a termo

Os contratos a termo apresentam um regime especial de cessação, a exemplo do que já ocorria na lei anterior (art. 52.º, da LCCT).

O art. 440.º, do CT mantém parte das dúvidas que, no passado, se suscitavam e, cumulativamente, traz também novos problemas a serem debatidos.

Assim, e quanto ao direito à reintegração ("caso o termo ocorra depois do trânsito em julgado da decisão do tribunal", n.º 2, al. *b*)), mantém em aberto a questão de saber se este direito tem natureza disponível ou indisponível.

Na indemnização por danos patrimoniais, o legislador impôs uma forte limitação à sua latitude quantitativa, segundo a qual, o montante indemnizatório tem como limite as próprias prestações intercalares (n.º 2, al. *a*)).

---

prescrição, afastando, consequentemente, a aplicabilidade de regras diferentes do Código civil, designadamente da constante do n.º 4 do seu art. 306.º".

Ac. STJ, de 15.02.1995, Questões Laborais, n.º 4, Ano II, p. 61.

4 – *"I – O prazo de prescrição previsto no n.º 1, do art. 38.º, da LCT encontra a sua justificação na circunstância de o trabalhador, só após a cessação do contrato, readquirir a sua independência perante a entidade patronal, ficando a salvo de eventuais represálias.*

II – Sendo o despedimento declarado ilícito e a entidade empregadora condenada na reintegração do trabalhador, verifica-se a subsistência da relação de trabalho, com efeitos retroactivos, não se iniciando, por isso, o decurso daquele prazo de prescrição".

Ac. STJ, de 04.05.1994, Questões Laborais, Ano I, n.º 1, p. 61.

5. Resolução do contrato por iniciativa do trabalhador

5.1. *Considerações preliminares*

A cessação por iniciativa do trabalhador (o chamado *despedimento indirecto*, prevista no art. 384.°, al. *c*), do CT e desenvolvida no art. 441.°, do CT) configura um direito potestativo[492] do trabalhador[493], de por acto receptício[494] proceder à desvinculação contratual.

---

[492] Que implica "um poder de alterar, unilateralmente, através de uma manifestação de vontade, a ordem jurídica", nas palavras de MENEZES CORDEIRO, "Tratado de Direito Civil Português", I, Parte Geral, Tomo I, 1999, Almedina, 1999, p. 127.

[493] **1** – "*I – Constitui abuso de direito o aproveitamento ilegítimo de uma faculdade legal.*

II – Assim, age com abuso de direito um trabalhador que, sabendo que a sua entidade patronal iria proceder à regularização da parte restante dos atrasos salariais, se apressa a rescindir o seu contrato de trabalho, unicamente para alcançar uma indemnização que lhe era devida por lei, violando desta forma os limites impostos pela boa fé e o fim económico e social do direito invocado".

Ac. de 07.06.1995, Bol. Trab. Emp., 2ª Série, 1996, 7-8-9, p. 764.

2 – "*O facto de a entidade patronal não ter fornecido a viatura que estava distribuída a um seu trabalhador, a qual se avariou em virtude de acidente de viação, não constitui justa causa para o trabalhador rescindir o seu contrato de trabalho, provando-se que a reparação orçaria em centenas de contos, quase igual ao seu valor comercial, não havendo na empresa outro veículo disponível e a situação financeira da empresa não permitir a aquisição de outro, tendo-lhe esta fornecido passe para os transportes públicos e comprometido a pagar-lhe as comissões das vendas por ele efectuadas e sobre as encomendas que lhe fosse directamente feitas*".

Ac. da RL, de 13.03.1996, CJ, Ano XXI, Tomo II, p. 167.

3 – "*Em caso de despedimento promovido pelo trabalhador, fundado em salários em atraso, a indemnização que lhe é devida pela rescisão contratual tem de ser calculada atendendo à retribuição mensal global por ele auferida e não apenas à sua remuneração de base.*"

Ac. de 23.09.1997, CJ, Ano XXII – 1997, Tomo IV, p. 297.

[494] **1** – "*I – A liberdade de desvinculação do trabalhador é absoluta, no sentido de que não pode ser-lhe imposta a subsistência de um vínculo por ele não mais desejado.*

II – Por isso, o acto desvinculatório por parte do trabalhador ainda que seja irregular, não é válido nem sequer ineficaz, produzindo sempre o efeito por ele pretendido – a extinção do contrato de trabalho.

III – A declaração de vontade jurídico-extintiva do trabalhador torna-se eficaz quando chega ao poder da entidade patronal. (...)".

Ac. STJ, de 04.05.1994, Questões Laborais, no I, n.° 1, p. 61.

2 – Em sentido contrário, Ac. STJ, de 26.02.1988, BMJ, 374, p. 359 e Ac. RL, de 24.04.85: "*I – A rescisão do contrato de trabalho é uma acto receptivo, tornando-se eficaz a declaração de vontade nesse sentido emitida logo que chegue ao poder do destinatário ou que este tome conhecimento. (...)*". – BMJ, n.° 53, p. 505.

324   *Direito do Trabalho*

A eficácia da declaração assenta em certos pressupostos de validação formal e substancial.

Quanto à matéria substantiva, o art. 441.º, do CT enumera as situações de justa causa, embora não taxativamente, *v.g.* o direito à ocupação efectiva[495] não se encontra aí plasmado.[496]

É essa justa causa ponderada nos mesmos termos da justa causa (subjectiva) de despedimento?

Parte da nossa jurisprudência entende que sim[497], mesmo tratando-se da questão delicada do não pagamento da retribuição, atendendo, nomeadamente, ao seu carácter alimentício, que enquadra a primeira exemplificação do art. 441.º, n.º 2, alínea *a*), do CT.

5.2. *A falta culposa do pagamento pontual da retribuição na forma devida como especial causa resolutiva*

Nos termos do art. 269.º, n.º 4 do CT, o empregador fica constituído em mora "se o trabalhador, por facto que não lhe for imputável, não puder dispor do montante da retribuição na data do vencimento".

Por sua vez, o empregador que falte culposamente ao cumprimento de prestações pecuniárias, constitui-se na obrigação de

---

[495] No sentido de que o trabalhador deve dispôr de todos os meios para satisfazer de forma idónea a prestação laboral que lhe cabe.

[496] *"(...) II – Constitui justa causa de rescisão do contrato de trabalho pelo trabalhador com a categoria de chefe de secção, o facto deste, ao apresentar-se após a alta da baixa por doença, ter sido instalado na sala de um armazém de electrónica, sita nas traseiras dos escritórios, numa mesa virada para a parede, sem janela de iluminação directa, local insalubre, não lhe tendo sido distribuídos quaisquer trabalhos.*

III – Com esta actuação culposa a entidade patronal violou os mais elementares dos direitos do trabalhador com a sua categoria, incluindo o da falta de ocupação efectiva."

Ac. RL, de 27.09.1995, CJ, Ano XX, Tomo IV, p. 154.

[497] *"I – A justa causa de rescisão deve ser entendida nos mesmos termos da justa causa de despedimento.*

II – Para a rescisão com fundamento em falta de pagamento pontual de retribuições é necessário que se verifiquem dois requisitos: falta de pagamento (elemento objectivo) e culpa da entidade patronal (elemento subjectivo). (...)".

Ac. STJ, de 26.05.1999, CJ, Ano VII, Tomo II, p. 291. No mesmo sentido Ac. RC, de 02.11.1995, CJ, Ano XX, Tomo V, p. 81.

A cessação do contrato de trabalho

pagar os correspondentes juros de mora, nos termos do art. 364.º, n.º 1, do CT.

Em tal caso, dispõe o n.º 2, desse artigo que, o trabalhador pode suspender a prestação de trabalho nos 15 dias seguintes ou resolver o respectivo contrato, nos 60 posteriores, nos termos a definir em legislação especial, o que veio a ocorrer, com a publicação da RCT (arts. 300.º a 314.º).

Ocorrendo a falta de pagamento pontual da retribuição por período que exceda 15 dias sobre a data do vencimento, pode o trabalhador suspender a execução contratual, de acordo com o formalismo explicitado pela RCT (arts. 303.º), que obriga a comunicar tal faculdade, com a antecedência mínima de 8 dias em relação à data de início da suspensão, ao empregador e à IGT (n.º 1 do preceito citado). A mora contratual, neste caso, deve ser declarada pelo empregador, ou pela IGT, havendo recusa daquele em a prestar.

O período de 15 dias imposto no n.º 1, pode ser encurtado, sempre que o próprio empregador declare por escrito a previsão de não pagamento, até ao termo daquele prazo (n.º 2).

Quando a falta de pagamento pontual da retribuição se prolongue por período de 60 dias sobre a data do vencimento, pode o trabalhador resolver o contrato de trabalho (art. 442.º, n.º 1, do CT), tendo ocorrido ou não prévia suspensão contratual (art. 308.º, n.º 1, RCT).

A exemplo do previsto no art. 297.º, n.º 2, da RCT, o *período de espera* para o exercício do direito resolutivo pode ser encurtado, mediante declaração do empregador, por escrito, quanto à previsão de não pagamento, até ao termo daquele prazo, do montante da retribuição em falta (n.º 2, do art. 308.º, RCT). Não se admite, no entanto, agora que a não declaração do empregador seja suprível por declaração da IGT.

O encurtamento do prazo moratório convence quem considerava excessiva a duração do atraso no pagamento (60 dias), para formação do direito resolutivo, previsto no n.º 2, do art. 364.º, do CT, tratando-se, como é o caso, de um incumprimento muito especial (o incumprimento das prestações pecuniárias do trabalhador), atento o carácter *alimentício* da retribuição.

A al. *a*), do n.º 3, do art. 308.º, da RCT, prevê, algo redundantemente, direito indemnizatório considerado no art. 443.º, do CT, pois a resolução por causa retributiva necessariamente que se enquadra no regime geral do direito, cabendo sempre ao trabalhador a indemnização a fixar entre 15 e 45 dias de retribuição base e diuturnidades por cada ano completo de antiguidade.

É conferido ao trabalhador também os direitos às prestações de desemprego (embora condicionadas ao disposto no n.º 4, do art. 308.º, da RCT), e à prioridade na frequência de curso de reconversão profissional (respectivamente, als. *b*) e *c*), do n.º 3, do art. 308.º, RCT).

Este prazo resolutivo visa, segundo o legislador, demonstrar uma *presunção de justa causa* para a resolução do contrato de trabalho, ou seja, presume-se com justa causa, uma resolução contratual assente no incumprimento culposo continuado do empregador por um período superior a 60 dias.

Também no que concerne a este tipo de incumprimento, a RCT (arts. 300.º a 314.º) impôs um regime próprio preventivo e punitivo.

Assim, veda-se ao empregador a prática de certos actos (art. 301.º, RCT), declarando-se ainda anuláveis, em determinado contexto, todos os actos de disposição do património a título gratuito ou oneroso (art. 302.º, da RCT).

5.3. *Pressupostos de validade substancial e formal da resolução*

A cessação por resolução opera por redução a escrito, com indicação dos respectivos fundamentos e no prazo legal estabelecido de 30 dias, contados a partir do conhecimento do facto que motivou a resolução (art. 442.º, do CT).

Quis iuris se o prazo de 30 dias não for observado?

A declaração de resolução padece, *tout court* de eficácia, a vinculação contratual mantêm-se, portanto, não sendo de aplicar aqui a penalização para o trabalhador por falta de aviso prévio que a resolução nessa modalidade contempla (art. 448.º, do CT).[498]

---

[498] Em sentido contrário, ROMANO MARTINEZ e outros, "Código do Trabalho", p. 652, que apela à intervenção do art. 448.º.

"I – A caducidade resultante da não observância do prazo de 15 dias, previsto no n.º 2 do artigo 34.º do regime jurídico aprovado pelo Decreto-Lei n.º 64-A/89, de 27 de Fevereiro, não retira ao trabalhador o direito de ser ressarcido pelos danos não patrimoniais que sofreu, em virtude de factos praticados pela entidade patronal e que serviram de fundamento para a rescisão com justa causa.

A cessação do contrato de trabalho

No entanto, também assiste ao trabalhador o direito de sanar essa intempestividade (passível de decretar a ilicitude do procedimento resolutivo), nos termos do art. 445.º, do CT.

Fundamentada a resolução, concede a lei ao trabalhador o direito a uma indemnização (art. 443.º, do CT).

5.4. *O limite indemnizatório na resolução contratual*

No art. 443.º, n.º 1, 1ª parte, do CT é conferido ao "trabalhador o direito a uma indemnização por todos os danos patrimoniais e não patrimoniais sofridos".

Na segunda parte, do mesmo artigo, é referido que, esta (indemnização por danos patrimoniais e não patrimoniais) deve "corresponder a uma indemnização a fixar entre quinze e quarenta e cinco dias de retribuição base e diuturnidades por cada ano completo de antiguidade".

Ou seja, o legislador fundiu num só dois regimes distintos (o de indemnização por antiguidade e o de indemnização por danos patrimoniais e morais). Com o ónus desta última estar limitada, por sua vez, à própria indemnização por antiguidade do trabalhador.

Esta solução é bastante questionável, em particular, à luz do n.º 2 do art. 441.º, do CT, atendendo a que, como sabemos, é, especialmente na resolução contratual com justa causa promovida pelo trabalhador que mais se manifestam as situações de abuso e de fraude contratuais por parte do empregador.

Relembremos os fenómenos de *esvaziamento de funções*, de discriminação contra a mulher grávida, de não pagamento de créditos salariais devidos (trabalho suplementar, comissões por vendas realizadas, subsídio por prestação de trabalho nocturno), em que o trabalhador, provando a justa causa de impossibilidade laboral, pede a resolução do contrato.

II – Verificando-se existência de justa causa para o trabalhador rescindir o contrato de trabalho, e não obstante não ter exercido o seu direito nesse prazo de 15 dias, não é devida à entidade patronal uma indemnização correspondente ao prazo de aviso prévio".
Ac STJ, de 02.12.1998, BMJ, 482, p. 123.

Nestes casos, é justo que o trabalhador reclame a justa indemnização pelas práticas empresariais que feriram a sua dignidade, a sua auto-estima, para além, dos prejuízos patrimoniais propriamente ditos que possa ter sofrido, desde que, demonstre o respectivo nexo causal.

Quando o direito à prestação laboral efectiva foi legalmente promovido a garantia do trabalhador (e há agora uma tutela expressa, no domínio laboral, dos direitos de personalidade e dos direitos de igualdade e de não discriminação) assiste-se, algo contraditoriamente, a uma limitação do valor do dano moral e patrimonial sofrido. Ele será ressarcível, mas só até ao limite da própria antiguidade do trabalhador, ou seja, quanto mais novo este seja na empresa, menor a tutela ressarcitória![499]

5.5. *A sanabilidade do procedimento resolutivo*

A figura da sanabilidade do procedimento disciplinar, prevista no art. 436.º, n.º 2, do CT recebeu igual acolhimento quando é o próprio trabalhador a pôr termo ao contrato de trabalho, por incumprimento da outra parte, segundo o previsto no artigo 445.º, do CT.

6. Denúncia

Nesta modalidade a causa da cessação não é revelada, podendo ocorrer a todo o tempo, com ressalva da salvaguarda do *tempo de aviso* (art. 447.º, do CT), tanto mais longo quanto maior for a antiguidade do trabalhador na empresa (30 dias para os trabalhadores com antiguidade até 2 anos; 60 dias nos restantes casos, por se presumir que será mais penoso e difícil para a entidade empregador promover a substituição do trabalhador, atendendo, nomeadamente, à maior experiência e conhecimentos angariados).

---

[499] Para maiores desenvolvimentos, *v.* "A *preversidade* da tutela indemnizatória do art. 443.º do CT – a desigualdade entre iguais (breve reflexão)", PAULA QUINTAS, PDT, n.º 71.

A cessação do contrato de trabalho 329

Os prazos referidos podem ser alargados por instrumentos de regulamentação colectiva de trabalho e por contratos individuais de trabalho em algumas situações (*idem*, n.° 2).

A inobservância do pré-aviso prevista obriga o trabalhador ao pagamento de uma indemnização correspondente à retribuição base equivalente ao período de aviso prévio em falta, sem embargo de responsabilidade civil por danos eventualmente causados em virtude da *intempestiva* cessação, se os houver (art. 448.°, do CT).

A denúncia vale, ainda, para as situações de abandono do trabalho[500] (art. 450.°, do CT), considerando-se como tal, a ausência do trabalhador ao serviço acompanhada de factos que revelam a intenção de o não retomar (n.° 1), no período mínimo de 10 dias (n.° 2), não havendo qualquer comunicação (presunção ilidível), valendo como denúncia contratual, daí decorrendo a obrigação de indemnização ao empregador (n.° 4).

---

[500] **1** – "*I – (...)*

II – A figura do abandono do trabalho requer a verificação cumulativa de dois elementos:

1.° – Um elemento objectivo, constituído pela ausência do trabalhador ao serviço;

2.° – Um elemento subjectivo, que se traduz e pela intenção do trabalhador de não mais retomar o trabalho.

III – Assim, a ausência do serviço, para constituir abandono ao trabalho, tem de traduzir um incumprimento voluntário e injustificado do contrato de trabalho, com intenção de ruptura tácita deste".

Ac. de 21.10.97, CJ, Ano XXII, Tomo IV, 1997, p. 301.

2 – "*I – Não se verifica a cessação do contrato de trabalho por abandono do trabalhador quando se verifique uma ausência voluntária e injustificada ao serviço por um período inferior a 15 dias, sem que haja da parte dele intenção de romper o contrato ou de não retomar o trabalho com carácter definitivo, embora nada comunique à entidade patronal.*

II – Não deve considerar-se haver abandono do trabalhador quando este falta injustificadamente por 9 dias, data a partir da qual entra em regime de baixa por doença, o que chegou ao conhecimento da entidade patronal.

III – Não se verificando os requisitos de abandono, a comunicação da entidade patronal a invocar a cessação do contrato de trabalho equivale a um despedimento do trabalhador, que por não ter sido precedido do processo disciplinar se tem de considerar ilícito".

Ac. de 21.10.97, BMJ, 470, p. 700.

7. Cessação por causas objectivas ligadas à empresa

7.1. *Despedimento colectivo*

a) *Considerações preliminares*

Ao contrário do regime anterior, o encerramento definitivo da empresa não gera despedimento colectivo, sendo agora causa de caducidade contratual.

Actualmente, a figura do despedimento colectivo está associada à necessidade de reestruturação (encerramento de uma ou várias secções ou estrutura equivalente) ou redução de pessoal (*downsizing*), determinada objectivamente por motivos de mercado, estruturais ou tecnológicos, sendo apresentada quase sempre como um alternativa ao encerramento do estabelecimento.

Assim, para a sobrevivência laboral de uns, sacrificam-se outros.

A nível de dimensão pessoal tem que abranger 2 (no caso de micro-empresa ou de pequena empresa)[501] ou 5 trabalhadores (tratando-se de média ou grande empresa).[502]

As cessações devem ainda ocorrer simultânea ou sucessivamente no período de 3 meses.

O n.° 2 do art. 397.° define os motivos de mercado, estruturais e tecnológicos subjacentes ao despedimento colectivo.

A motivação, nos termos restritivos em que é apresentada, não é, no entanto, consensual.

A Directiva do Conselho n.° 98/59/CE do Conselho (que revogou a Directiva n.° 75/129, de 17.02.75, alterada pela Directiva 92//56/CEE, do Conselho, de 24 de Junho de 1992) enuncia as garantia dos direitos dos trabalhadores face aos despedimentos colectivos.

Recentemente, o Tribunal de Justiça condenou o Estado Português por transposição incorrecta dos arts. 1.°, 6.° e 7.°, da Directiva citada[503], declarando que:

"Ao restringir a noção de despedimentos colectivos a despedimentos por razões estruturais, tecnológicas ou conjunturais e ao não alargar esta noção a despedimentos por todas as razões não inerentes à pessoa dos trabalhadores, a República Portuguesa não

---

[501] Até 10 ou entre 10 a 50 (art. 91.°, n.° 1, al. *a*) e *b*), do CT).
[502] Mais de 50 e até 200 ou mais de 200 (art. 91.°, n.° 1, als. *c*) e *d*), do CT).
[503] V. Acordão de 12.10.2004, http://curia.eu/jurisp.

A cessação do contrato de trabalho   331

cumpriu as obrigações que lhe incumbem por força dos artigos 1.º
e 6.º da Directiva 98/59/CE do Conselho, de 20 de Julho de 1998".

Conforme já expusemos[504]: "Para o Tribunal de Justiça, na voz
do seu Advogado-Geral A. Tizzano, «os casos considerados de falência, liquidação e procedimentos análogos, expropriação, incêndio ou outros motivos de força maior, bem como cessação da actividade da empresa na sequência da morte do empregador» podem
subsumir-se no conceito de despedimento colectivo.

Dessa decisão condenatória não houve ainda, ao que sabemos,
qualquer intervenção conformadora do legislador nacional[505].

Entende-se, entre nós, por despedimento colectivo o conjunto
de despedimentos individuais, para fazer face a questões estruturais (as quais podem pôr em risco um número mais elevado de postos de trabalho, art. 397.º, do CT). O despedimento abrange, portanto, uma pluralidade de trabalhadores da empresa; fundando-se
a ruptura dos contratos numa razão comum a todos eles.

Um mesmo e único acto jurídico do empregador dissolve uma
variedade de relações jurídicas laborais, constituídas em momentos
diferentes, assente numa motivação alheia à actuação dos trabalhadores, suscitado por razões igualmente não imputáveis ao empregador, ditas objectivas.

Quanto ao cerne da definição são de destacar a abolição da indicação "encerramento definitivo da empresa", que será mais apro-
priada para a caducidade do contrato de trabalho; e a substituição
das referências "motivos estruturais, tecnológicos ou conjunturais"
por "motivos de mercado, estruturais ou tecnológicos".

"Superada a prática ingénua que igualiza o despedimento colectivo ao despedimento plural (mais de um ou – melhor dizendo –
que atinge mais de que um trabalhador), tem-se sobretudo afirmado um critério quantitativo ou numérico de identificação (nos
despedimentos em dado período, dentro de uma unidade produtiva). Se se adopta uma técnica de controle numérico haverá que
definir exactamente o arco temporal em que se deve proceder ao

---

[504] "A *dificultosa* transposição da Directiva 98/59/CE, do Conselho, de 20 de
Julho de 1998 (despedimentos colectivos) e a condenação do Estado português",
Scientia Iuridica, n.º 302, p. 321 e ss.

[505] Para maiores desenvolvimentos, *v.* nosso "Código do Trabalho...", p. 928
e nosso "Regime (O) jurídico dos despedimentos", p. 69.

respectivo cômputo. Não se depreende da lei a necessidade de unicidade do motivo que opere simultaneamente ou instantaneamente.(...). O despedimento colectivo, que corresponde principalmente a uma decisão que representa uma diminuição do nível de emprego de categoria determinadas, exprime-se em dois momentos: decisão de diminuição de quadros (com os respectivos números de postos de trabalho) e conversão desses números de postos de trabalho em decisões de despedimento (ou outras formas alternativas)", explica BERNARDO LOBO XAVIER[506].

O conceito de empresa laboral, que convirá se apresente o mais lato possível, é, para nós, o defendido por COUTINHO DE ABREU[507], segundo o qual empresa é a "organização de meios que constitui um instrumento de exercício relativamente continuado de uma actividade de produção, cujos trabalhadores estão sujeitos, individual e colectivamente, ao regime do direito do trabalho".

Mas para os efeitos pretendidos pelo mecanismo do despedimento colectivo, o conceito legal de empresa não se pode esgotar no empregador-empresário.

Igualmente o empregador que não prossegue interesses económicos verá sancionada a sua pretensão de pôr termo a contratos de trabalho dentro dos limites delineados pelo regime do despedimento colectivo.

Em relação ao tipo de trabalhadores que a empresa comporta, a abrangência do art. 16.° terá necessariamente que recair nos trabalhadores que apresentam vinculação à empresa, com carácter mais ou menos permanente.

Os trabalhadores sob contrato a termo (certo ou incerto) não nos parecem fazer parte desse rol. Como contrato precário que é, o contrato a termo não se coaduna com a política de "redimensionamento da empresa" de que fala LOBO XAVIER.

Em contrário, será argumento bastante o disposto no art. 134.°, do CT: "O trabalhador admitido a termo e incluído, segundo um cálculo efectuado com recurso à média no ano civil anterior, no total

---

[506] "O regime dos despedimentos colectivos e as modificações introduzidas pela Lei n.° 32/99, de 18.05", Estudos do Instituto de Direito do Trabalho, Almedina, 2001, p. 405.

[507] "Da empresarialidade – as empresa no direito", Almedina, Colecção Teses, 1996, p. 299.

A cessação do contrato de trabalho

dos trabalhadores da empresa para determinação das obrigações sociais relacionadas com o número de trabalhadores ao serviço"?

Quanto ao ónus da prova do despedimento colectivo, é à empresa que compete o ónus de alegar os factos que integram os fundamentos apresentados.

LOBO XAVIER[508] critica a aplicação «automática» do art. 342.º, do CC, de molde a fazer recair sobre o empregador o ónus de demonstrar os factos constitutivos do seu direito. "Como poderá funcionar completamente tal ónus numa decisão que se não baseia apenas em factos, mas em valorações, apreciações e juízos de prognose?"[509].

Na verdade, os factos determinantes do despedimento devem ser perspectivados na situação concreta da empresa, atendendo à queda dos postos de trabalho[510].

O controlo jurisdicional deverá averiguar da justeza da decisão do empregador quanto aos interesses em presença, face ao factualismo, e respeitando os critérios de gestão empresarial.

b) *Procedimento de despedimento colectivo*

i) Comunicações da intenção de despedimento, primeiro à comissão de trabalhadores e depois à comissão intersindical (art. 419.º, n.º 1, do CT). A omissão de tal comunicação acarretará a ilicitude do despedimento (art. 431.º, n.º 1, al. *a*), do CT);[511]

ii) Subsequentes consultas e negociações com a entidade representativa dos trabalhadores (art. 420.º, do CT), a fim de obter um acordo entre a entidade empregadora e as organizações representativas dos trabalhadores.

Os serviços do ministério responsável pela área laboral participam no processo de negociação (art. 421.º, do CT).

iii) Decisão da entidade empregadora de proceder ao despedimento (art. 422.º, do CT).

---

[508] Em Anotação ao Ac. STJ, de 01.03.2000, RDES, Jan.-Julho 2001, ano XLII, n.ᵒˢ 1 e 2, p. 43.

[509] *Ibidem*.

[510] Aceitamos a tese de LOBO XAVIER, "Regime do Despedimento Colectivo e as Alterações da L n.º 32/99", Estudos, vol. III, p. 249, que assenta o ónus patronal sobretudo na demonstração da efectiva queda dos postos de trabalho.

[511] Para maiores desenvolvimentos, *v.* nosso "Regime (O) Jurídico das Despedimentos", p. 71.

334   *Direito do Trabalho*

c) A ilicitude do despedimento

A ilicitude está prevista para os casos em que o procedimento não prossegue os passos legais necessários (art. 431.°-1, al. *a*) e *b*), do CT); ou não se coloque à disposição do trabalhador os créditos que lhe assistem (*idem*, alínea *c*)).

O procedimento de despedimento colectivo obriga, como vimos, a uma tramitação rigidamente formalizada (arts. 420.° a 422.°, do CT), sob pena de ilicitude do despedimento (n.° 1, do art. 431.°, do CT), a qual só pode ser declarada judicialmente (n.° 1, do art. 435.°, do CT), e no prazo de seis meses contados da data da cessação do contrato (n.° 2, 2ª parte).

O regime creditório do despedimento ilícito, assenta nas seguintes disposições conjugadas:

– art. 436.°, n.° 1, al. a), do CT, que tutela a indemnização por danos (patrimoniais e morais);

– art. 437.°, n.° 1, do CT, que tutela as prestações intercalares;

– art. 439.°, n.° 1, do CT, que considera a indemnização por antiguidade, tendo esta a seguinte moldura pecuniária: entre 15 e 45 dias de retribuição base e diuturnidades por cada ano completo ou fracção de antiguidade, não podendo ser inferior a 3 meses (n.° 3).

Ficou por resolver se assiste(m) ao(s) trabalhador(es) direito a reintegração na empresa, atenta a aparente impossibilidade de receber trabalho por parte, naturalmente, do empregador.

A reintrodução da presunção da aceitação do despedimento (art. 401.°, n.° 4, do CT) colectivo, por extinção do posto de trabalho e por inadaptação, por quem receba a respectiva compensação, parece-nos legitimar um perigoso cerceamento ao acesso à Justiça, *v.g.*, porque atinge os mais vulneráveis economicamente.

7.2. *Despedimento por extinção de postos de trabalho*

Esta forma de cessação individual é justificada por motivos económicos, tanto de mercado, como estruturais ou tecnológicos (art. 402.°, do CT).

O n.° 1, do art. 403.°, do CT exige que sejam preenchidas, cumulativamente, as seguintes condições:

i) O motivo em causa não seja devido a uma actuação culposa do trabalhador ou do empregador;

A cessação do contrato de trabalho 335

ii) Seja praticamente impossível a subsistência da relação de trabalho;

iii) Não se verifique a existência de contratos a termo para as tarefas correspondentes ao posto de trabalho extinto;

iv) Não se aplique o regime de despedimento colectivo;

v) Seja posta à disposição do trabalhador a compensação devida.

Devem, ainda, ser atendidos os critérios estabelecidos pelo n.° 2, do art. 403.°, do CT, em função da antiguidade e da categoria profissional dos trabalhadores.

Sobre o regime de ilicitude, v. art. 432.°, do CT.

7.3. *Despedimento por inadaptação*

O Código do Trabalho admite como fundamento de despedimento do trabalhador a "inadaptação superveniente ao posto de trabalho" (artigo 405.°).

A política subjacente a esta medida visa libertar postos de trabalho que podem ser melhor aproveitados por outro trabalhador, flexibilizando uma escolha mais eficiente de recursos humanos.

Sobre a origem do regime, explica JOÃO SOARES RIBEIRO[512], "O instituto da inadaptação surgiu porque os empresários se queixavam de que não havia nenhum mecanismo legal que lhes permitisse «gerir» os recursos humanos tendo em conta a evolução técnica e tecnológica, o que facilmente lhes fazia perder competividade face às empresas congéneres estrangeiras pelo que, em última análise, a falta dum tal instrumento legal que poderia sacrificar alguns trabalhadores que não conseguiriam acompanhar o progresso, se iria traduzir, a prazo, numa perda irremediável de todos os postos de trabalho daquelas empresas condenadas à obsolescência e à extinção".

Acerca da proximidade entre a figura da inadaptação e da caducidade, comenta MENEZES CORDEIRO[513], "há certas modificações tecnológicas na empresa; são dadas ao trabalhador todas as possibilidades de formação profissional; não obstante, ele não se adapta;

---

[512] "Cessação do contrato de trabalho por inadaptação do trabalhador", IV Congresso Nacional de Direito do Trabalho, Almedina, p. 401.

[513] "Da cessação do contrato de trabalho por inadaptação do trabalhador perante a Constituição da República", RDES, Julho-Dez., 1991, p. 398.

além disso, não há na empresa outras funções para lhe atribuir. A impossibilidade parece patente. E a assim ser, o novo fundamento mais não seria do que uma forma de caducidade do contrato".

Conceito diferente é o de inaptidão, que, ao contrário da inadaptação, pode ser originária.

Neste caso, o trabalhador desde o início da execução laboral não promove um desempenho adequado ou satisfatório face às exigências do empregador.

A inaptidão será superveniente, quando no decurso do contrato o trabalhador perdeu as aptidões que possuía, sem, no entanto, tal perda motivar a caducidade do contrato (será um dos casos de admissibilidade da mudança de categoria do trabalhador).

O art. 406.°, n.° 1, apresenta as situações passíveis de gerar a impossibilidade contratual:

– redução continuada de produtividade ou de qualidade (al. *a*));
– avarias repetidas nos meios afectos ao posto de trabalho (al. *b*));
– riscos para a segurança e saúde do próprio, dos restantes trabalhadores ou de terceiros (al. *c*)).

O n.° 2 é dedicado a cargos de complexidade técnica ou de direcção, tratando-se de casos em que não se cumpriram os objectivos previamente fixados (formalmente aceites por escrito), sendo tal determinado pelo modo de exercício de funções.

O art. 407.°, n.° 1, do CT, prevê os requisitos cumulativos do despedimento por inadaptação, por forma a evitar despedimentos sem causa, assim ao trabalhador tem que, cumulativamente, ser fornecida acção de formação profissional adequada às modificações introduzidas no posto de trabalho, sob controlo pedagógico da autoridade competente ou de entidade por esta credenciada (n.° 1, al. *b*)) e após o período de formação, é-lhe facultado um «período de adaptação», não inferior a 30 dias (n.° 1, al. *c*)).

Ainda, que as modificações no posto de trabalho resultem de "alterações nos processos de fabrico ou de comercialização, da introdução de novas tecnologias ou equipamentos baseados em diferente ou mais complexa tecnologia, nos seis meses anteriores ao início do procedimento" tendente ao despedimento (art. 407.°, n.° 1, al. *a*)); não exista na empresa outro posto de trabalho disponível e compatível com a qualificação profissional do trabalhador (al. *d*)); a situação de inadaptação não tenha sido determinada pela falta de condições de segurança, higiene e saúde no trabalho imputável ao

A cessação do contrato de trabalho 337

empregador (al. *e*)) e seja colocada à disposição do trabalhador a compensação devida (al. *f*)).

Quanto aos trabalhadores com cargos de complexidade técnica, de acordo com o n.º 2, do art. 407.º, também se refere a introdução de "novos processos de fabrico, de novas tecnologias ou equipamentos " (al. *a*)), que a situação de inadaptação não tenha sido determinada pela falta de condições de segurança, higiene e saúde no trabalho imputável ao empregador (al. *b*)) e seja colocada à disposição do trabalhador a compensação devida (al. *c*)).

O trabalhador transferido para posto de trabalho em que se verifique a inadaptação tem direito à reocupação do posto de trabalho anterior, salvo se este tiver sido extinto (art. 408.º).

O trabalhador sujeito a despedimento por inadaptação tem direitos às prestações consagradas nos arts. 398.º a 401.º (art. 409.º).

Da cessação do contrato de trabalho com fundamento da inadaptação do trabalhador não pode resultar diminuição do volume de emprego na empresa (art. 410.º).

A ilicitude da cessação do contrato (art. 433.º, do CT), ocorre, por ausência de motivação (art. 407.º, n.º 1, do CT), por violação de certos requisitos procedimentais (art. 426.º a 428.º, do CT), por não atribuição da compensação devida (art. 401.º, do CT) e demais créditos.

CAPÍTULO XIV

A protecção do trabalhador em caso de insolvência do empregador

O art. 380.°, do CT surge, no contexto, da Directiva n.° 80/987, de 20.10.1980 (alterada pela Directiva 2002/74/CE, do Parlamento Europeu e do Conselho, de 23.09) que consagra as garantias dos direitos dos trabalhadores face à insolvência do empregador.

Entre nós, a directiva foi transposta pelo Decreto-Lei n.° 507/ /85, de 27 de Fevereiro, criando o Fundo de Garantia Salarial (posteriormente revogado pelo Decreto-Lei n.° 219/99, de 15 de Junho, alterado pelo Decreto-Lei n.° 139/2001, de 24 de Abril e pela Lei n.° 96/2001, de 20 de Agosto).

O regime do Fundo de Garantia Salarial consta hoje dos arts. 316.° a 326.°, da RCT.

De acordo com o art. 319.°, da RCT, o Fundo de Garantia Salarial assegura o pagamento dos créditos laborais, emergentes do contrato de trabalho, sua violação ou cessação (art. 317.°, da RCT), nos casos em que o empregador seja judicialmente declarado insolvente (n.° 1, do art. 318.°, da RCT) ou se tenha iniciado o procedimento de conciliação.

O pagamento, no entanto, reporta-se apenas, a créditos que se tenham vencido nos seis meses que antecedem a data da propositura da acção ou apresentação do requerimento de conciliação (n.° 1, do art. 319.°, da RCT), e contanto que tenham sido reclamados até três meses antes da respectiva prescrição (n.° 3).[514]

No actual Código de Insolência e Recuperação de Empresas (CIRE), aprovado pelo Decreto-Lei n.° 53/2004, de 18 de Março (alte-

---

[514] O Decreto-Lei n.° 219/99, de 15.06, que regulava o Fundo de Garantia Salarial, foi revogado pela RCT (arts. 316.° a 326.°), conforme dispõe o art. 21.°, n.° 2, al. *m*), da Lei Preambular ao Código do Trabalho.

340   *Direito do Trabalho*

rado pelo Decreto-Lei n.º 200/2004, de 18 de Agosto, pelo Decreto-Lei n.º 76-A/2006, de 29.03 e pelo Decreto-Lei n.º 282/2007, de 07/08), o insolvente é definido como "o devedor que se encontre impossibilitado de cumprir as suas obrigações vencidas" (art. 3.º, n.º 1)[515].

No caso de o trabalhador deter créditos, *exclusivamente laborais*, sobre a massa falida e carecer absolutamente de meios de subsistência e não os puder angariar pelo seu trabalho, pode o administrador arbitrar-lhes um subsídio, a título de alimentos e à custa da massa (art. 84.º, n.º 1, do CIRE).

Para a atribuição dos alimentos, o alimentando tem de provar que carece absolutamente de meios de subsistência e que os não pode angariar pelo trabalho.

A lei não prevê qualquer meio de reacção contra a não concessão do subsídio, dado que se trata de um poder discricionário de que goza o administrador e a comissão de credores ou assembleia de credores.

Igualmente a cessação da sua atribuição assenta unicamente na decisão do administrador (art. 84.º, n.º 2, do CIRE), havendo alteração dos requisitos da atribuição dos alimentos: necessidade do alimentando e possibilidade da massa.

Quanto à posição do trabalhador face à insolvência do empregador, esta, como sabemos, não produz qualquer efeito sobre a relação contratual estabelecida, relembremos que tudo se reconduz ao art. 384.º, do CT.

O art. 391.º, do CT, refere expressamente que não só a «declaração judicial de insolvência do empregador não faz cessar os contratos de trabalho» (n.º 1), como ainda, a cessação laboral deve ser antecedida do procedimento adoptado para o despedimento colectivo, salvo tratando-se de micro-empresa (n.º 3).

Ora, o procedimento de despedimento colectivo obriga a uma tramitação rigidamente formalizada (*v*. arts. 420.º a 422.º, do CT), sob pena de ilicitude do despedimento (n.º 1, do art. 431.º, do CT).

No entanto, a remissão para o procedimento do despedimento colectivo parece esgotar aí o respectivo âmbito de aplicação, ou seja,

---

[515] Na lei anterior (Código dos Processos Especiais de Recuperação da Empresa e de Falência) era considerada insolvente a "empresa que se encontre impossibilitada de cumprir pontualmente as suas obrigações em virtude de o seu activo disponível ser insuficiente para satisfazer o seu passivo exigível" (art. 3.º, n.º 1).

A protecção do trabalhador em caso de insolvência do empregador 341

não será de atribuir qualquer compensação salarial em caso de perda de emprego por declaração falimentar. Não se equipara esta forma de caducidade à resolução contratual objectiva, não sendo igualmente de aplicar o art. 390.º, do CT, sobre a morte do empregador e extinção ou encerramento da empresa, por a figura da insolvência implicar um regime especial.

Conforme já expusemos, esta solução manifestamente injusta (e que, no nosso entendimento a lei cauciona[516]) é, no entanto, afastada por ROMANO MARTINEZ[517]: "(Além disso), em qualquer dos casos, perante a cessação do contrato de trabalho, ao trabalhador cabe o direito à compensação estabelecida no art. 401.º do CT. Na falta de uma regra idêntica ao n.º 5 do art. 390.º do CT, poder-se-ia entender que a cessação do contrato resultante da insolvência do empregador não implicaria o pagamento de uma compensação. De facto, do art. 391.º do CT não consta, directamente, tal obrigação, mas ela resulta da interpretação integrada dos arts. 390.º e 391.º do CT: as situações de cessação do contrato relacionadas com a insolvência assentam no pressuposto, efectivo ou previsível, de encerramento da empresa ou estabelecimento (art. 391.º, n.º 1, parte final e n.º 4, do CT) e a caducidade do contrato em caso de encerramento da empresa implica o pagamento ao trabalhador da compensação prevista no art. 401.º do CT".

Discutia-se se o legislador nacional teria transposto correctamente a Directiva 98/59/CE, do Conselho, de 20 de Julho de 1998 (relativa à aproximação das legislações dos Estados-membros respeitantes aos despedimentos colectivos), ou se teria realizado um acolhimento selectivo.

Hoje e face às razões manifestadas pelo Tribunal de Justiça[518], conclui-se que, de facto, a transposição não foi correctamente realizada.

Relembre-se que o encerramento definitivo da empresa se reconduz agora à figura da caducidade contratual (cfr. o art. 397.º, n.º 1, in *fine*, do CT, com o art. 16.º, da revogada LCCT).

---

[516] Até por não existir no corpo do art. 391.º, um segmento semelhante ao n.º 5, do art. 390.º, ambos do CT.

[517] "Apontamentos sobre a cessação do contrato de trabalho à luz do Código do Trabalho", AAFDL, Lisboa, 2004, p. 55.

[518] No Ac. de 12 de Outubro de 2004, já citado.

Para pagamento dos créditos devidos, *v.g.*, salários em atraso, retribuição de férias e respectivo subsídio, detém o trabalhador, na qualidade de credor, o direito à garantia de pagamento, nos moldes consentidos pelo art. 377.°, do CT, que protege o trabalhador perante qualquer tipo de incumprimento por parte do empregador e face a créditos de qualquer natureza, desde que laborais (não prescritos, art. 381.°, do CT).

Nos Procs. apensos n.[os] C-19/01 e C-84/01, o Tribunal de Justiça das Comunidades foi questionado acerca da possível limitação da obrigação de pagamento das instituições de garantia, perguntando-se se:

"O artigo 4.°, n.° 3, da Directiva 80/987/CEE, de 20.10.1980 – na parte em que prevê que os Estados membros, a fim de evitar o pagamento das importâncias que excedam a finalidade social da directiva, podem fixar um limite para a garantia de pagamento dos créditos em dívida aos trabalhadores assalariados relativos aos últimos três meses da relação de trabalho –, permite impor o sacrifício de parte do crédito daqueles que, sendo o montante da sua remuneração superior ao limite, tenham recebido, nos últimos três meses da relação de trabalho, adiantamentos de montante igual ou superior ao referido limite, ao passo que aqueles que, sendo a sua remuneração inferior ao limite, podem depois obter, somando os adiantamentos pagos pelo empregador e os pagamentos concedido pelo organismo público, o ressarcimento total (ou em percentagem maior) do seu crédito".

Tendo o Tribunal de Justiça, no Acordão de 04.03.2004, concluindo peremptoriamente que aos Estados-membros não é concedida tal faculdade.

A transposição da directiva assinalada esteve na origem do importante Ac. *Francovich*[519], abordando-se a falta de transposição pelo Estado italiano da directiva em apreço.

Francovich havia prestado trabalho na empresa *CDN Elettronica SnC*, em *Vicenza*, desde 11 de Janeiro de 1983 a 7 de Abril de 1984, tendo recebido apenas pagamentos esporádicos por conta do seu salário. Em virtude disso, intentou uma acção na *pretura di Vicenza*, que,

---

[519] Ac. de 19.11.91, Proc. n.° C-6/90 e C-9/90, CJTJ, Lux., SPOCE, 1991, vol. 9, p. I-5360.

por decisão de 31 de janeiro de 1985, condenou a empresa demandada no pagamento do montante de cerca de 6 milhões de LIT.

No decurso da fase executiva, o *huisser* do tribunal de *Vicenza*, depois de se ter dirigido várias vezes à sede da empresa e encontrando sempre o estabelecimento encerrado, lavrou uma certidão negativa da penhora.

Francovich invocou então o direito de obter do Estado italiano as garantias previstas pela Directiva 80/987, ou, acessoriamente, uma indemnização por perdas e danos.

O Tribunal de Justiça entendeu que a directiva não era possuidora de efeito directo, referindo:

"embora as disposições da Directiva (...), seja suficientemente precisas e incondicionais no que respeita à determinação dos beneficiários e ao conteúdo da garantia, os interessados não podem, na falta de medidas de aplicação tomadas por um Estado-membro dentro dos prazos, invocar estas disposições perante os orgãos jurisdicionais nacionais em virtude de, por um lado, as *disposições da directiva não precisarem a identidade do devedor da garantia e por outro, o Estado não poder ser considerado devedor apenas em virtude de não ter tomado dentro dos prazos as medidas de transposição* (itálico nosso)".

Da denegação da produção do efeito directo, surge pela primeira vez, a consagração do princípio da reparação, que é válido para todas as normas comunitárias[520].

No seguimento do Ac. *Francovich*, surge o Ac. *Rosalba Palmisani*[521], tendo por protagonista a mesma directiva.

Rosalba Palmisani exerceu uma actividade assalariada, como operária, na empresa *Vamar*, cuja falência foi declarada por uma decisão do *Tribunal di Frosimone* em 17 de Abril de 1985.

No decurso dos doze meses que precederam a declaração de falência, ela adquiriu créditos, resultantes de salários e outras remunerações, no montante total de 8 496 528 LIT, apenas tendo recebido 334 870 LIT, na sequência da distribuição e rateio do produto da liquidação.

Questionou-se então se o Estado italiano ao impôr o prazo prescricional de um ano para a propositura da acção de reparação, estava a actuar de acordo com o Direito Comunitário.

---

[520] *V.* PAULA QUINTAS "A Directiva n.° 80/987...", p. 184.

[521] Ac. de 10.07.97, Proc. n.° C-261/95, CJTJ, Lux., SPOCE, 1997, vol. 7, p. 4024.

344   *Direito do Trabalho*

O Tribunal de Justiça entendeu então que é lícito aos Estados membros a fixação de um prazo de proposítura das acções judiciais, *contanto que essa modalidade processual não seja menos favorável do que as relativas a acções similares de natureza interna* (itálico nosso).

No Proc. n.° C-137/01, *Barret v. Secretary of State for Employment*[522] questiona-se a legitimidade de uma instituição de garantia que recusa o pagamento dos subsídios de férias em dívida aos trabalhadores e assalariados de uma empresa insolúvel, bem como a regulamentação nacional que limita o direito ao subsídio de férias a um período que se situa nos doze meses anteriores à data da insolvência do empregador. Caso a acompanhar!

No Caso *Soghra Gharehveran*[523] discute-se o pagamento com base na lei que institui uma garantia de pagamento do salário, como consequência da liquidação da empresa do empregador.

S. G. foi empregada da *Zarrinen AB*, sociedade que explorava um restaurante, onde, como assalariada, desempenhava algumas funções de contabilidade. O marido detinha a totalidade das acções da sociedade.

Na sequência da falência da *Zarrinen*, *S. G.* apresentou um pedido de pagamento do seu salário com base na lei de garantia. Este pedido foi indeferido pelo administrador da falência com fundamento em que a trabalhadora era parente próxima do proprietário da totalidade da empresa em falência para que trabalhava.

Ora, entendeu o TJC que, resulta do ponto G da secção I do anexo da directiva, que a exclusão nele prevista apenas diz respeito aos trabalhadores assalariados que, por si ou com os seus parentes próximos, tenham detido um aparte essencial da empresa em que trabalhavam, *de modo que esta exclusão não pode, sem se ignorar o texto claro da disposição comunitária acima referida, estender-se aos trabalhadores assalariados cujos parentes próximos eram os únicos a deter uma parte essencial da empresa* (itálico nosso).

---

[522] Actividades n.° 15/01, p. 24.
[523] Proc. n.° C-441/99, Actividades n.° 26/01, p. 11 e ss.

CAPÍTULO XV
Da segurança, higiene e saúde no trabalho

"A prestação do trabalho em condições de higiene e segurança (...) é, simultaneamente, um direito dos trabalhadores e uma imposição constitucional dirigida aos poderes públicos, no sentido de estes fixarem os pressupostos e assegurarem o controlo das condições de higiene e segurança", consideram GOMES CANOTILHO e VITAL MOREIRA[524].

Segundo FERNANDO CABRAL e MANUEL ROXO[525], podemos definir da seguinte forma os conceitos de segurança, higiene e saúde no trabalho:

– **segurança no trabalho**: "compreende o conjunto de metodologias adequadas à prevenção de acidentes de trabalho, tendo como principal campo de acção o reconhecimento e o controlo dos riscos associados aos componentes materiais do trabalho";

– **higiene no trabalho**: "compreende o conjunto de metodologias não médicas necessárias à prevenção das doenças profissionais, tendo como principal campo de acção o controlo da exposição aos agentes físicos, químicos e biológicos presentes nos componentes materiais do trabalho. Esta abordagem assenta fundamentalmente em técnicas e medidas que incidem sobre o ambiente de trabalho";

– **saúde no trabalho**: "é uma abordagem que não se contém, apenas, na vigilância médica visando a ausência de doença ou enfermidade (Vd. Artigo 3.°/e) da Convenção 155 da OIT). O conceito de «saúde do trabalho» corresponde ao definido pelo Comité Misto

---

[524] "Constituição da República Portuguesa Anotada", 2ª edição revista e ampliada, 1.° volume, Coimbra Editora, 1984, p. 324.

[525] "Segurança e Saúde do Trabalho – Legislação Anotada", 3ª ed., Almedina, 2004, p. 51.

da Organização Mundial da Saúde e da Organização Internacional do Trabalho (1950) que compreende a promoção e a manutenção do mais alto grau de bem-estar físico, mental e social dos trabalhadores em todas as profissões e, não apenas, a ausência de enfermidade ou doença".

Pelo Decreto-Lei n.º 171/2004, de 17.07 (arts. 38.º, n.º 5 e 39.º) procedeu-se à extinção do Instituto de Desenvolvimento e Inspecção das Condições de Trabalho (IDICT) e criou-se o Instituto de Segurança, Higiene e Saúde no Trabalho (ISHST), que visa promover a segurança, higiene e saúde e bem-estar no trabalho, coordenando, executando e avaliando as políticas no âmbito do Sistema Nacional de Prevenção dos Riscos Profissionais.

Refere-se no preâmbulo do diploma que "Nas áreas do emprego, da formação profissional e das relações e condições de trabalho faz-se salientar o regresso da Inspecção-Geral do Trabalho no âmbito da administração directa do Estado, deste modo permitindo a criação do Instituto para a Segurança, Higiene e Saúde no Trabalho, I. P.; e, assim, aproximando a estrutura operativa encarregada da execução dos programas e acções decorrentes das políticas e dos regimes estabelecidos em matéria de prevenção dos riscos profissionais".

Cabendo à **Inspecção-Geral do Trabalho** o controlo e fiscalização do "cumprimento das normas relativas às condições de trabalho, emprego, desemprego e pagamento das contribuições para a segurança social" (art. 15.º, n.º 1, do Decreto-Lei n.º 171/2004).

Por sua vez, ao **Instituto para a Segurança, Higiene e Saúde no Trabalho, I. P.**, "tem por objectivo a execução das políticas de segurança, saúde e bem-estar no trabalho" (art. 25.º, n.º 1, do Decreto-Lei n.º 171/2004).

As normas relativas à segurança, higiene e saúde no trabalho visam actuar **a montante**, de molde a evitar ou atenuar o acidente de trabalho. Essa actuação preventiva tem e deve ser cada vez mais valorizada.[526]

O Código do Trabalho consagra no domínio da sua tutela, o Direito penal e contra-ordenacional laboral, sem embargo da aplicação das disposições do Código Penal.

---

[526] O texto transcrito corresponde à nossa introdução ao Direito de Segurança, Higiene e Saúde no Trabalho como direito emergente, *in* "Direito de segurança, higiene e saúde no trabalho", PAULA QUINTAS, Almedina, 2006, p. 11.

Da segurança, higiene e saúde no trabalho 347

A RCT, por sua vez, estabeleceu as modalidades e os princípios gerais dos serviços de segurança, higiene e saúde no trabalho (arts. 218.º a 263.º). Ainda, e pela primeira vez, regulou-se a eleição e o regime de tutela dos representantes dos trabalhadores para a segurança, higiene e saúde no trabalho (arts. 264.º a 289.º).

As modalidades constantes na RCT (art. 219.º) acompanham as instituídas pelo regime de organização dos serviços de segurança, higiene e saúde no trabalho, aprovado pelo Decreto-Lei n.º 26/94, de 01.02, na redacção dada pela Lei n.º 7/95, de 29.03, pela Lei n.º 118/99, de 11.08 e pelo Decreto-Lei n.º 109/00, de 30.06.[527]

As modalidades de organização dos serviços de segurança, higiene e saúde no trabalho previstas no art. 219.º, n.º 1, da RCT são as seguintes:

– serviços internos (criados pelo empregador e que abrangem exclusivamente os trabalhadores que prestam serviço na empresa, segundo o previsto no art. 224.º, n.º 1, da RCT);

– serviços interempresas (criados por várias empresas ou estabelecimentos para utilização comum dos respectivos trabalhadores, nos termos do art. 228.º, n.º 1, da RCT);

– serviços externos (contratados pelo empregador a outras entidades, conforme dispõe o art. 229.º, n.º 1, da RCT).

Entendemos o Decreto-Lei n.º 26/94, de 01.02 foi tácita e parcialmente revogado pelas disposições da RCT sobre esta matéria.

V., a correspondência de regimes, na nossa "Regulamentação do Código do Trabalho Anotada", Almedina, 2006, p. 170 e ss.

A segurança e higiene no trabalho e a saúde no trabalho são **realidades autonomizadas.** A primeira está contida nos arts. 241.º a 243.º, da RCT, a segunda, cabe ao médico do trabalho (coadjuvado ou não por enfermeiro), segundo estatuem os arts. 244.º a 250.º, da RCT.

Relativamente às actividades técnicas de segurança e higiene no trabalho, o seu exercício compete exclusivamente aos técnicos superiores ou técnicos-profissionais habilitados para tal, nos termos do Decreto-Lei n.º 110/2000, de 30.06[528] (de acordo com o disposto no art. 241.º, n.º 1, da RCT que acolhe o art. 23.º, n.º 2, al. *a*),

---

[527] Entendemos que o Decreto-Lei n.º 26/94, de 01.02 foi tacitamente revogado pelas disposições da RCT sobre esta matéria.

[528] Com as alterações constantes da Lei n.º 14/2001, de 04.06.

do Decreto-Lei n.º 441/91, de 14.11). O n.º 2, do art. 241.º, da RCT realça a autonomia técnica destes profissionais, que, por força do respectivo vínculo contratual, poderia ser tendencialmente esbatida.

As actividades técnicas de **segurança e higiene** no trabalho são asseguradas por técnicos superiores ou técnico-profissionais certificados pelo ISHST (art. 241.º, n.º 1, da RCT).

A actividade técnica de **saúde** no trabalho é assegurada pelo médico do trabalho, como tal reconhecido pela respectiva Ordem (art. 256.º, n.º 1, da RCT). No caso de comprovada insuficiência destes, a Direcção-Geral de Saúde pode autorizar outros licenciados em medicina a exercer a função de vigilância na saúde (n.º 3, do art. 241.º, da RCT). O médico do trabalho tem acesso, naturalmente, às informações técnicas, sujeitas a sigilo profissional (art. 249.º, da RCT).

Tratando-se de grande empresa, deve ser coadjuvado por enfermeiro (art. 246.º, da RCT).

Ainda, a nível de recursos humanos, as **medidas de emergência** (primeiros socorros, combate a incêndios, evacuação de trabalhadores, disponibilização a estes de material adequado) devem ser asseguradas pelos próprios trabalhadores da empresa, qualquer que seja a modalidade de organização dos serviços de segurança, higiene e saúde no trabalho (arts. 217.º e 220.º, da RCT).

A consagração no Livro II, dedicado ao Direito Penal e Contra-Ordenacional (arts. 607.º a 689.º, do CT) assume expoencial efeito pedagógico, nos termos da política de prevenção da sinistralidade laboral, coadjuvada pelo regime de segurança e saúde no trabalho previsto nos arts. 272.º a 280.º, do CT (muitas vezes, mera repetição dos normativos do Decreto-Lei n.º 441/91, de 14 de Novembro[529], que procedeu ao enquadramento da segurança e saúde do trabalho, em transposição da Directiva n.º 89/391/CEE, relativa à aplicação de medidas destinadas a promover a melhoria da segurança e da saúde dos trabalhadores no trabalho, e em cumprimento da Convenção n.º 155 da OIT, sobre Segurança, Saúde dos Trabalhadores e Ambiente de Trabalho).

---

[529] Este diploma manteve-se em vigor nos aspectos laborais não tratados pelo Código do Trabalho.

Da segurança, higiene e saúde no trabalho 349

Indicação de alguma Legislação comunitária e nacional sobre segurança, higiene e saúde no trabalho

- *Segurança e da saúde dos trabalhadores*
- Directiva-Quadro n.º 89/391, de 12.06 – melhoria da segurança e da saúde dos trabalhadores.
- Directiva 91/383, de 25.06 – melhoria da segurança e da saúde dos trabalhadores que têm uma relação de trabalho a termo ou uma relação de trabalho temporário.

Transposição:
- Decreto-Lei n.º 441/91, de 14.11 (segurança, higiene e saúde no trabalho)[530].
- Decreto-Lei n.º 488/99, de 17.11 (regulamenta a al. *c*) do n.º 2 do art. 23.º, regula a aplicação aos serviços e organismos da administração central, regional e local do Decreto-Lei n.º 441/91).
- *Decreto-Lei n.º 26/94, de 01.02 (regulamenta os arts. 13.º e 23.º, regula a organização e funcionamento das actividades de segurança, higiene e saúde no trabalho)*[531].
- *Portaria n.º 467/2002, de 23.04 (instrução do requerimento de autorização de serviços externos ou de alteração da autorização, a vistoria prévia e os parâmetros a ter em conta na decisão)*[532].
- Portaria n.º 1179/95, de 26.09 (Modelo da ficha de notificação da modalidade de segurança, higiene e saúde no trabalho adoptada).
- Portaria n.º 1184/2002, de 29.08 (Modelo de relatório anual da actividade dos serviços de segurança, higiene e saúde).
- Portaria n.º 1009/2002, de 09.08 (Taxas de actos relativos à autorização ou à avaliação da capacidade de serviços externos de segurança, higiene e saúde no trabalho).
- Portaria n.º 299/2007, de 16.03 (Modelo de ficha de aptidão, a preencher pelo médico do trabalho face aos resultados dos exames de admissão, periódicos e ocasionais).
- **Arts. 272.º a 280.º, do CT.**
- **Arts. 218.º a 263.º, da RCT.**

---

[530] Apenas aplicável nas relações laborais não previstas no Código do Trabalho (arts. 272 a 280.º).

[531] Quanto a nós, revogados pelos arts. 218.º a 263.º, da RCT.

[532] Quanto a nós, revogados pelos arts. 218.º a 263.º, da RCT.

350 *Direito do Trabalho*

– *Segurança e da saúde no Trabalho*
– Regulamento n.° 2062/94 do Conselho, de 18.07 (alterado pelos Regulamentos n.os 1643/95, de 29.06; 1654/2003, de 18.06 e 1112/2005, de 24.06) – Agência Europeia para a Segurança e a Saúde no Trabalho.

– *Programa trabalho seguro*
– Decreto-Lei n.° 429/99, de 21.10 – institui o Programa Trabalho Seguro.
– Portaria n.° 1041/99, de 25.11 – benefícios atribuídos às boas práticas em matéria de segurança, higiene e saúde no trabalho.

– *Tempo de trabalho*
– Directiva 2003/88, de 04.11 – relativa a determinados aspectos da organização do tempo de trabalho.
Transposição:
– **Art. 155.° a 207.°, do CT.**
– **Arts. 84.° a 95.°, da RCT.**

– *Segurança e da saúde das trabalhadoras grávidas, puérperas ou lactantes no trabalho*
– Directiva 92/85, de 19.10 – melhoria da segurança e da saúde das trabalhadoras grávidas, puérperas ou lactantes no trabalho.
Transposição:
– **Art. 49.°, do CT.**
– **Arts. 84.° a 95.°, da RCT.**

– *Protecção dos jovens no trabalho*
– Directiva 94/33, de 22.06 – protecção dos jovens no trabalho.
Transposição:
– **Arts. 57.° a 70.°, do CT.**
– **Arts. 115.° a 126.°, da RCT.**

– *Equipamentos de trabalho*
– Directiva 89/655, de 30.11, alterada pela Directiva 95/63, de 05.12 e pela Directiva 2001/45/CE, do PE e do Conselho, de 27.06.2001 – prescrições mínimas de segurança e de saúde para a utilização pelos trabalhadores de equipamentos de trabalho no trabalho.
Transposição:
– Decreto-Lei n.° 50/2005, de 25.02 – prescrições mínimas de segurança e de saúde para a utilização pelos trabalhadores de equipamentos de trabalho no trabalho.

Da segurança, higiene e saúde no trabalho 351

- ***Equipamentos de protecção individual no trabalho***
- Directiva n.° 89/656, de 30.11, alterada pela Directiva 95/63, de 05.12 e pela Directiva 2001/45, de 27.06 e Directiva 89/686/CEE, de 21.11 – prescrições mínimas de segurança e de saúde para a utilização pelos trabalhadores de equipamentos de protecção individual no trabalho.
Transposição:
- Decreto-Lei n.° 348/93, de 01.10 – prescrições mínimas de segurança e de saúde para a utilização pelos trabalhadores de equipamentos de protecção individual no trabalho.

- ***Equipamentos dotados de visor***
- Directiva n.° 90/270, de 29.05 – prescrições mínimas de segurança e de saúde respeitantes ao trabalho com equipamentos dotados de visor.
Transposição:
- Decreto-Lei n.° 349/93, de 01.10 – prescrições mínimas de segurança e de saúde respeitantes ao trabalho com equipamentos dotados de visor.
- Portaria n.° 989/93, de 06.10 – regulamentação.

- ***Segurança e saúde relativa a máquinas***
- Directiva n.° 98/37, de 22.06, alterada pela Directiva n.° 98//79, de 27.10 – segurança e de saúde relativa a máquinas.
Transposição:
- Decreto-Lei n.° 320/2001, de 12.12 – prescrições mínimas de segurança e de saúde para os locais de trabalho.
- Decreto-Lei n.° 214/95, de 18.08 – máquinas usadas.
- Portaria n.° 172/2000, de 23.03 – máquinas usadas de especial perigosidade.

- ***Segurança e de saúde para os locais de trabalho***
- Directiva n.° 89/654, de 30.11 – prescrições mínimas de segurança e de saúde para os locais de trabalho.
Transposição:
- Decreto-Lei n.° 347/93, de 01.10 – prescrições mínimas de segurança e de saúde para os locais de trabalho.
- Portaria n.° 987/93, de 06.10 – regulamentação.

352   *Direito do Trabalho*

– *Movimentação manual de cargas*
– Directiva n.° 90/269, de 29.05 – prescrições mínimas de segurança e de saúde respeitantes à movimentação manual de cargas que comportem riscos.
Transposição:
– <u>Decreto-Lei n.° 330/93, de 25.09</u> – prescrições mínimas de segurança e de saúde respeitantes à movimentação manual de cargas que comportem riscos.

– *Sinalização de segurança*
– Directiva n.° 92/58, de 24.06 – prescrições mínimas para a sinalização de segurança e/ou de saúde no trabalho.
Transposição:
– <u>Decreto-Lei n.° 141/95, de 14.06</u> – prescrições mínimas para a sinalização de segurança e/ou de saúde no trabalho.
– <u>Portaria n.° 1456-A/95, de 11.12</u> – regulamentação.

– *Sinalização de segurança*
– Decreto-Lei n.° 103/92, de 30.05 e Decreto-Lei n.° 139/95, de 14.06.

– *Exposição ao ruído*
– Directiva n.° 2003/10/CE do Conselho, de 06.02.2003 – protecção dos trabalhadores contra os riscos devidos à exposição ao ruído durante o trabalho.
– Decreto-Lei n.° 221/2006, de 08.11, quadro geral de protecção dos trabalhadores contra os riscos devidos à exposição ao ruído durante o trabalho;
– Decreto-Lei n.° 9/2007, de 17.01 – regulamento geral do ruído.

– *Acidentes graves que envolvem substâncias perigosas*
– Directiva 96/82, de 09.12, alterada pelo Regulamento n.° 1882/ /2003, de 29.09 e pela Directiva 2003/105/CE, do PE e do Conselho, de 16.12.2003 – perigos associados a acidentes graves que envolvem substâncias perigosas.
Transposição:
– <u>Decreto-Lei n.° 164/01, de 23.05</u> – prevenção de acidentes graves que envolvem substâncias perigosas.

Da segurança, higiene e saúde no trabalho 353

- ***Radiações ionizantes***
- Directiva 96/29/EURATOM, 13.05 – protecção contra radiações ionizantes.

Transposição:
- Decreto-Lei n.º 165/2002, de 17.07 – protecção contra radiações ionizantes.
- Decreto-Lei n.º 348/89, de 12.10 – Adopção de providências tendentes a assegurar uma protecção eficaz das expostas às radiações ionizantes.
- Decreto-Lei n.º 140/2005, de 17.08 – Dispensa de declaração do exercício de práticas que impliquem risco resultante de radiações ionizantes.

- ***Agentes químicos***
- Directiva 98/24, de 07.04 – exposição a agentes químicos no trabalho.
- Directiva 91/322, de 29.05 – exposição a agentes químicos, físicos e biológicos durante o trabalho.
- Directiva 2000/39, de 08.06 – lista de valores limite de exposição a agentes químicos no trabalho.

Transposição:
- Decreto-Lei n.º 290/2001, de 16.11 – exposição a agentes e substâncias químicas.
- Decreto-Lei n.º 274/89, de 21.08 – protecção dos trabalhadores contra os riscos resultantes da exposição ao chumbo e aos seus compostos iónicos nos locais de trabalho.

- ***Agentes físicos***
- Directiva 2004/40, de 29.04 – exposição a agentes físicos no trabalho.
- Directiva 2002/44/CE do PE e do Conselho, de 25.06 – vibrações.

Transposição:
- Decreto-Lei n.º 46/2006, de 24.02.

- ***Tabaco***
- Decreto-Lei n.º 226/83, de 27 de Maio, alterado pelos Decretos-Leis n.os 393/88, de 08.11 e 200/91, de 29.05 – prevenção do tabagismo.

354 *Direito do Trabalho*

– Decreto-Lei n.º 25-A/2005, de 08.11 – Convenção-Quadro da OMS para o combate do Tabaco.

– *Amianto*
– Directiva 83/477, de 19.09, alterada pelas Directivas n.º 91/ /382, de 25.06, n.º 98/24, do Conselho, de 07.04 e n.º 2003/18, do PE e do Conselho, de 27.03 – exposição ao amianto.
– Decreto-Lei n.º 266/2007, de 24.07 – amianto.

– *Agentes biológicos*
– Directiva 2000/54, de 18.09 – exposição a agentes biológicos.
Transposição:
– <u>Decreto-Lei n.º 84/97, de 16.04</u> – exposição a agentes biológicos (este diploma transpôs a Directiva 90/679, que a Directiva 2000/54 revogou).

– *Agentes cancerígenos*
– Directiva 2004/37/CE, de 29.04, que revogou a Directiva n.º 90/394, de 28.06.1990 – agentes cancerígenos.
– Decreto-Lei n.º 301/2000, de 18.11. – agentes cancerígenos.

– *Chumbo*
– Directiva 82/605/CE, de 28.07. – chumbo.
Transposição:
– <u>Decreto-Lei n.º 274/89, de 21.08</u> – chumbo.

– *Radioactividade*
– Tratado EURATOM (art. 35.º) – radioactividade.
– Decreto-Lei n.º 138/2005, de 17.08. – radioactividade.

– *Atmosfera explosiva*
– Directiva 1999/92, de 16.12 – prescrições mínimas de segurança e de saúde dos trabalhadores susceptíveis de serem expostos a riscos derivados de atmosferas explosivas.
– Decreto-Lei n.º 236/2003, de 30.09 – atmosfera explosiva no local de trabalho.
– Decreto-Lei n.º 139/2002, de 17.05 – Regulamento de segurança dos estabelecimentos de fabrico e de armazenagem de produtos explosivos.

– Decreto-Lei n.º 87/2005, de 23.05 – Regime aplicável por força da caducidade de alvará e licenças dos estabelecimentos de fabrico e de armazenagem de produtos explosivos.

– Decreto-Lei n.º 376/84, de 30.11 – Regulamento sobre o licenciamento dos estabelecimentos de fabrico e de armazenagem de produtos explosivos, o Regulamento sobre o fabrico, armazenagem, comércio e emprego de produtos explosivos e o Regulamento sobre a fiscalização de produtos explosivos.

– Decreto-Lei n.º 180/2005, de 03.11 – Regime de identificação de artigos de pirotecnia e de certas munições não balísticas e de uso não militar (transpondo a Directiva n.º 2004/57/CE, da Comissão, de 23.04).

– *Organismos geneticamente modificados*
– Directiva 90/219/CEE, do Conselho, de 23.04, alterada pela Directiva 98/81/CE, do Conselho, de 26.10 – organismos geneticamente modificados.

Transposição:
– Decreto-Lei n.º 2/2001, de 04.01 – organismos geneticamente modificados.

– *Actividade de construção*
– Decreto-Lei n.º 12/2004, de 09.01 – Regime jurídico de ingresso e permanência na actividade de construção.

– Portaria n.º 15/2004, de 10.01 – pagamento das taxas.

– Portaria n.º 16/2004, de 10.01 – condições mínimas para a manutenção do alvará.

– Portaria n.º 1384/2004, de 05.11 (que revogou a Portaria n.º 17/2004, de 10.01) – correspondência entre as classes de habilitações constantes dos alvarás das empresas e os valores das obras.

– Portaria n.º 18/2004, de 10.01 – documentação para o ingresso e permanência na actividade de construção.

– Portaria n.º 19/2004, de 10.01 – tipos de trabalhados que os habilitados com alvará podem realizar.

– Portaria n.º 994/2004, de 05.08 – Indicadores de liquidez geral e autonomia financeira e valores de referência, para efeitos de avaliação da capacidade económica e financeira das empresas de construção.

– Estaleiros temporários ou móveis

– Directiva n.° 92/57, de 24.06 – prescrições mínimas de segurança e de saúde a aplicar nos estaleiros temporários ou móveis.
Transposição:
– Decreto-Lei n.° 273/2003, de 29.10 – prescrições mínimas de segurança e de saúde a aplicar nos estaleiros temporários ou móveis.
– Portaria n.° 101/96, de 03.04 – regulamentação.

– Indústrias extractivas a céu aberto ou subterrâneas

– Directiva n.° 92/91/CEE, de 03.11 e 92/104/CEE, de 03.12 – prescrições mínimas de segurança e de saúde a aplicar nas indústrias extractivas por perfuração a céu aberto e subterrâneas.
Transposição:
– Decreto-Lei n.° 324/95, de 29.11, alterado pela Lei n.° 113/ /99, de 03.08 – indústria extractiva.

– Minas e pedreiras

– Decreto-Lei n.° 162/90, de 22.05 – regulamento geral de segurança e higiene nas minas e pedreiras.
– Decreto-lei n.° 270/2001, de 06.10 – regime jurídico em matéria de exploração de massas minerais-pedreiras.

– Trabalho a bordo dos navios de pesca

– Directiva n.° 93/103, de 23.11 – prescrições mínimas de segurança e de saúde no trabalho a bordo dos navios de pesca.
Transposição:
– Decreto-Lei n.° 116/97, de 12.05 – prescrições mínimas de segurança e de saúde no trabalho a bordo dos navios de pesca.
– Portaria n.° 356/98, de 24.06 – regulamentação.
– Decreto-Lei n.° 280/2001, de 23 de Outubro, alterado pelo Decreto-Lei n.° 206/2005, de 28.11 (nível mínimo de formação dos marítimos), transpondo a Directiva n.° 2003/103/Ce, de 17.11.

– Estabelecimentos comerciais

– Decreto-Lei n.° 259/2007, de 17.07 – Aprova o regime de declaração prévia a que estão sujeitos os estabelecimentos de comércio de produtos alimentares e alguns estabelecimentos de comércio não alimentar e de prestação de serviços que podem envolver riscos para a saúde e segurança das pessoas.

– Decreto-Lei n.° 243/86, de 20.08 – Regulamento Geral de Higiene e Segurança do Trabalho nos Estabelecimentos Comerciais, de escritório e serviços.

– Lei n.° 12/2004, de 30.05 – Estabelecimento de comércio a retalho e de comércio por grosso e a instalação de conjuntos comerciais.

– Portaria n.° 620/2004, de 07.06 – Taxas de instalação ao abrigo da Lei n.° 12/2004, de 30.03.

– Estabelecimentos industriais
– Decreto-Lei n.° 69/2003, de 10.04 – Laboração dos estabelecimentos industriais.

– Decreto-Regulamentar n.° 8/2003, de 11.04 – Regulamento do exercício da actividade industrial.

– Decreto-Lei n.° 152/2004, de 30.06 – Regime de intervenção das entidades acreditadas.

– Portaria n.° 464/2003, de 06.06 – Classificação das actividades industriais.

– Portaria n.° 1235/2003, de 27.10, alterada pela Portaria n.° 1058/2004, de 21.08 – Constituição de seguro para os estabelecimentos que envolvam risco potencial.

– Portaria n.° 53/71, de 03.02, alterada pela Portaria n.° 702//80, de 22.09 – Regulamento geral de segurança e higiene do trabalho.

– Técnico superior de segurança e higiene no trabalho
– Decreto-Lei n.° 110/2000, de 30.06, alterado pela Lei n.° 14//2001, de 04.06 – Condições de acesso e de exercício das profissões de técnico superior de segurança e higiene no trabalho e técnico de segurança e higiene do trabalho.

– Portaria n.° 137/2001, de 01.03 – Taxas dos actos relativos aos procedimentos de certificação.

– Lei de Protecção de Dados Pessoais
– Directiva n.° 95/46/CE, do PE e do Conselho, de 24.10 – protecção das pessoas singulares no que diz respeito ao tratamento dos dados pessoais e à livre circulação desses dados.

Transposição:
– Lei n.º 67/98, de 26.10 – Lei de Protecção de Dados Pessoais.

– *Informação genética pessoal e informação de saúde*
– Lei n.º 12/2005, de 26.01.

– *Lei de Segurança Privada*
– Decreto-Lei n.º 35/2004, de 21.02, alterado pelo Decreto-Lei n.º 198/05, de 10.11 – Lei de Segurança Privada.
– Portaria n.º 786/2004, de 09.07 – Obtenção de alvará.
– Portaria n.º 734/2004, de 28.06 – Modelos dos cartões profissionais de vigilante de segurança privada.

– *Fundo de Acidentes de Trabalho*
– Decreto-Lei n.º 142/99, de 30.04.

– *Lista das Doenças Profissionais*
– Decreto-Regulamentar n.º 6/2001, de 05.05, alterado pelo Decreto-Regulamentar n.º 76/2007, de 17.07.

– *Lista das Doenças Crónicas*
– Portaria n.º 349/96, de 08.08.

– *Lista das Doenças de Declaração Obrigatória*
– Portaria n.º 1071/98, de 31.12, alterada pela Portaria n.º 258//2005, de 16.03.

– *Tabela Nacional de Incapacidades*
– Decreto-Lei n.º 341/1993, de 30.09.

CAPÍTULO XVI

Responsabilidade Penal
e Responsabilidade Contra-ordenacional

1. Responsabilidade penal

1.1. *Considerações preliminares*

No domínio do Direito Penal são de destacar os seguintes princípios fundamentais:

a) *Princípio da legalidade (nullum crimen sine lege)*
Segundo o qual só pode ser punido criminalmente o facto descrito e declarado passível de pena por lei anterior ao momento da sua prática (art. 1.°, n.° 1, do CP).

b) *Princípio da não retroactividade da lei penal*
Ao abrigo deste princípio, as penas e as medidas de segurança são determinadas pela lei vigente no momento da prática do facto (arts. 2.°, n.° 1, do CP).
Este princípio está igualmente consagrado no n.° 1, do art. 29.°, da CRP (com as alterações introduzidas pela Lei Constitucional n.° 1/2004, de 24 de Julho).

c) *Princípio da proibição da analogia*
À luz deste princípio não é permitido o recurso à analogia para qualificar um facto como crime (art. 1.°, n.° 3, do CP).

d) *Princípio da aplicação da lei (ou do regime) mais favorável (lex mellior)*
O princípio da aplicação da lei mais favorável implica que se uma lei criminal vigente no momento da prática do facto punível

apresentar um regime diferente de uma outra estabelecida posteriormente, é sempre aplicada a que concretamente se apresentar mais favorável ao agente, salvo se este já tiver sido condenado por sentença transitada em julgado (art. 2.º, n.º 4, do CP).

Este princípio está igualmente consagrado no n.º 4, do art. 29.º, da CRP (com as alterações introduzidas pela Lei Constitucional n.º 1/2004, de 24 de Julho).

A definição de crime pressupõe a enumeração e concretização dos diversos elementos que o compõe (EDUARDO CORREIA *in* "Direito Criminal", vol. I, p. 198).

"Assim, o crime, como preceito de espécie que é, supõe uma série hierarquizada de conceitos que, de degrau em degrau, se vão obtendo pela sucessiva abstracção dos seus diversos elementos".

No fim desse processo chegamos a um "conceito mais vasto, substracto de todos os outros, que é justamente a *"acção naturalística – uma modificação do mundo exterior, ligada causalmente à vontade, cega e indiferente a todo o juízo de valor"*, loc., cit..

A doutrina aponta, ainda, um conceito formal de crime, definindo-o como uma desobediência à lei criminal.

Nos termos do art. 13.º, do CP só é punível o facto praticado com dolo, ou, nos casos especialmente previstos na lei, com negligência.

O dolo e a negligência constituem as formas que a culpa pode revestir.

Quanto ao dolo, podemos considerar:

a) *O dolo directo*, em que o agente representando um facto que preenche um tipo de crime, actua com intenção de o realizar (art. 14.º, n.º 1, do CP);

b) *O dolo indirecto*, quando o agente representa a realização de um facto que preenche um tipo de crime como consequência necessária da sua conduta (art. 14.º, n.º 1, do CP) e

c) *O dolo eventual*, quando a realização de um facto que preenche um tipo de crime for representada como consequência possível da conduta e o agente actua conformando-se com aquela realização (art. 14.º, n.º 1, do CP).

Por sua vez, a negligência pode ser:

a) *Consciente*, quando o agente representa como possível a realização de um acto que preenche um tipo de crime mas actua sem se conformar com essa realização (art. 15.º, al. a), do CP) e

b) *Inconsciente*, quando o agente não chega sequer a representar a possibilidade de realização do facto (art. 15.º, al. b), do CP).

O Código Penal consagra um conjunto de causas que excluem a ilicitude e a culpa, quais sejam:

a) A exclusão da ilicitude propriamente dita (art. 31.º);
b) A legítima defesa (art. 32.º);
c) Direito de necessidade (art. 34.º);
d) Estado de necessidade desculpante (art. 35.º);
e) Conflito de deveres (art. 36.º);
f) Obediência indevida desculpante (art. 37.º);
g) Consentimento (art. 38.º) e
h) Consentimento presumido (art. 39.º).

O Direito Penal do Trabalho visa "a protecção «penal» dos interesses dos trabalhadores (individuais e colectivos), mas, simultaneamente, é um instrumento de disciplina, regulação e regulamentação da ordem social e, nessa perspectiva, avultam os interesses da Administração Pública", JOÃO CORREIA *in* "Direito Penal Laboral – As contra-ordenações laborais", QL, 15, Ano VII, 2000, ps. 31 e 32.

1.2. Sujeitos dos crimes laborais

No domínio da responsabilidade penal laboral também as pessoas colectivas respondem pela prática dos crimes tipificados (conforme prevê expressamente o art. 607.º, do CT).

Trata-se de uma das excepções contidas na expressão "Salvo disposição em contrário" do art. 11.º, do CP, em que vigora o princípio da responsabilização da pessoa singular, com efeito diz-nos esse artigo que:

"Salvo disposição em contrário, só as pessoas singulares são susceptíveis de responsabilidade criminal"[533].

---

[533] *V.* o nosso "Código do Trabalho – Anotado", p. 1229.

Depois da discussão sobre a aferição da culpa da prática criminal e de como punir em conformidade, aceita-se pacificamente que *societas delinquere potest*, respondendo pelo delito os respectivos gestores sociais, como órgãos de gestão e administração, em determinado contexto e a própria sociedade, que sofre sanções eminentemente económicas (coima, suspensão de actividade, proibição de aceder a concursos...).

O Código do Trabalho, num contexto pedagógico, refere o regime da Segurança, Saúde e Higiene (arts. 272.º a 280.º), como uma actuação a montante de alcance preventivo e de seguida, inclui o regime dos Acidentes de trabalho e das doenças profissionais (arts. 281.º a 312.º), de intuito reparatório, como uma actuação a jusante.

Ainda e na linha do disposto na LAT (art. 18.º, n.º 2), o CT, no art. 295.º, preceitua que a actuação culposa de empregador pode implicar responsabilidade civil e criminal pelo acidente de trabalho.

1.3. *Alguns exemplos de tipos de crime directamente ou indirectamente conectados ou conectáveis com o Direito do Trabalho*

a) **Tipos de crime previstos no Código Penal (A L n.º 59/2007, de 4 de Setembro alterou o art. 277.º e aditou os arts. 152.º-A e 152.º-B)**

Artigo 152.º-A
Maus tratos

1 – Quem, tendo ao seu cuidado, à sua guarda, sob a responsabilidade da sua direcção ou educação ou a trabalhar ao seu serviço, pessoa menor ou particularmente indefesa, em razão de idade, deficiência, doença ou gravidez, e:

a) Lhe infligir, de modo reiterado ou não, maus tratos físicos ou psíquicos, incluindo castigos corporais, privações da liberdade e ofensas sexuais, ou a tratar cruelmente;

b) A empregar em actividades perigosas, desumanas ou proibidas; ou

c) A sobrecarregar com trabalhos excessivos;

é punido com pena de prisão de um a cinco anos, se pena mais grave lhe não couber por força de outra disposição legal.

2 – Se dos factos previstos nos números anteriores resultar:

a) Ofensa à integridade física grave, o agente é punido com pena de prisão de dois a oito anos;

b) A morte, o agente é punido com pena de prisão de três a dez anos.

Artigo 152.°-B
Violação de regras de segurança

1 – Quem, não observando disposições legais ou regulamentares, sujeitar trabalhador a perigo para a vida ou a perigo de grave ofensa para o corpo ou a saúde, é punido com pena de prisão de um a cinco anos, se pena mais grave lhe não couber por força de outra disposição legal.

2 – Se o perigo previsto no número anterior for criado por negligência o agente é punido com pena de prisão até três anos.

3 – Se dos factos previstos nos números anteriores resultar ofensa à integridade física grave o agente é punido:

a) Com pena de prisão de dois a oito anos no caso do n.° 1;

b) Com pena de prisão de um a cinco anos no caso do n.° 2.

4 – Se dos factos previstos nos n.ᵒˢ 1 e 2 resultar a morte o agente é punido:

a) Com pena de prisão de três a dez anos no caso do n.° 1;

b) Com pena de prisão de dois a oito anos no caso do n.° 2.

Nota:

Sublinhamos a interesse deste tipo legal, porquanto no âmbito do Código do Trabalho não consta nenhum enquadramento criminal pelo abuso do trabalho de grávidas.

A al. b) cuida do património físico e genético do trabalhador, em particular da grávida e do menor, v., em particular, os arts. 41.° a 51.°, 60.° a 65.° e 84.° a 95.°, todos da RCT.

Art. 159.°
(Escravidão)

"Quem:

a) Reduzir outra pessoa ao estado ou à condição de escravo; ou

b) Alienar, ceder ou adquirir pessoa ou dela se apossar com a intenção de a manter na situação prevista na alínea anterior;

é punido com pena de prisão de 5 a 15 anos."

Artigo 277.°
(Infracção de regras de construção, dano em instalações e perturbação de serviços)

"1 – Quem:

a) No âmbito da sua actividade profissional infringir regras legais, regulamentares ou técnicas que devam ser observadas no planeamento, direcção ou execução de construção, demolição ou instalação, ou na sua modificação ou conservação;

b) Destruir, danificar ou tornar não utilizável, total ou parcialmente, aparelhagem ou outros meios existentes em local de trabalho e destinados a prevenir acidentes, ou, infringindo regras legais, regulamentares ou técnicas, omitir a instalação de tais meios ou aparelhagem;

c) Destruir, danificar ou tornar não utilizável, total ou parcialmente, instalação para aproveitamento, produção, armazenamento, condução ou distribuição de água, óleo, gasolina, calor, electricidade, gás ou energia nuclear, ou para protecção contra forças da natureza; ou

d) Impedir ou perturbar a exploração de serviços de comunicações ou de fornecimento ao público de água, luz, energia ou calor, subtraindo ou desviando, destruindo, danificando ou tornando não utilizável, total ou parcialmente, coisa ou energia que serve tais serviços;

e criar deste modo perigo para a vida ou para a integridade física de outrem, ou para bens patrimoniais alheios de valor elevado, é punido com pena de prisão de 1 a 8 anos.

2 – Se o perigo referido no número anterior for criado por negligência, o agente é punido com pena de prisão até 5 anos.

3 – Se a conduta referida no n.° 1 for praticada por negligência, o agente é punido com pena de prisão até 3 anos ou com pena de multa."

b) *Tipos de crime previstos no Código do Trabalho*

Art. 608.°
(Utilização indevida de trabalho de menor)

"1. A utilização do trabalho de menor em violação do disposto no n.° 1 do artigo 55.° e do n.° 2 do artigo 60.° é punida com pena de prisão até 2 anos ou com pena de multa até 240 dias, se pena mais grave não couber por força de outra disposição legal.

2. No caso de o menor não ter ainda completado a idade mínima de admissão nem ter concluído a escolaridade obrigatória, os limites das penas são elevados para o dobro.

3. No caso de reincidência, os limites mínimos das penas previstas nos números anteriores são elevados para o triplo."

Art. 609.°
(Desobediência)

"Quando a Inspecção-Geral do Trabalho verificar a violação do disposto no n.° 1 do artigo 55.° ou das normas relativas a trabalhos proibidos a que se refere o n.° 2 do artigo 60.°, notifica, por escrito, o infractor para fazer cessar de imediato a actividade do menor, com a cominação que, se o não fizer, incorre no crime de desobediência qualificada".

Notas:

Ao crime de desobediência simples (previsto e punido pelo art. 348.º, do CP) corresponde uma pena de prisão até 1 ano ou uma pena de multa até 120 dias.

No entanto, nos casos em que uma disposição legal cominar a punição da desobediência qualificada (como é o caso do art. 468.º, da RCT), este crime passa a ser punível com pena de prisão até 2 anos ou de multa até 240 dias, nos termos do n.º 2, do art. 348.º, do CP).

Nos termos do art. 610.º, do CT, se o sujeito dos crimes previstos nos arts. 608.º e 609.º for pessoa colectiva, para além das penas aí previstas pode ser aplicada, isolada ou cumulativamente:

– pena de multa;

– pena de interdição temporária do exercício de actividade de dois meses a dois anos ou

– pena de privação do direito a subsídios ou subvenções, outorgados por entidades ou serviços públicos, de um a cinco anos.

Art. 611.º
(Violação da autonomia e da independência sindicais)

"1. As entidades ou organizações que violem o disposto nos n.ᵒˢ 1 e 2 do artigo 452.º e no artigo 453.º são punidas com pena de multa até 120 dias.

2. Os administradores, directores ou gerentes, e os trabalhadores que ocupem lugares de chefia, responsáveis pelos actos referidos no número anterior, são punidos com pena de prisão até um ano.

3. Perdem as regalias que lhes são atribuídas por este Código os dirigentes sindicais ou delegados sindicais que forrem condenados nos termos do número anterior."

Art. 612.º
(Retenção de quota sindical)

"A retenção e não entrega à associação sindical da quota sindical cobrada pelo empregador é punida com a pena prevista para o crime de abuso de confiança".

Art. 613.º
(Violação do direito à greve)

"1. A violação do disposto nos artigos 596.º e 603.º é punida com pena de multa até 120 dias.

2. A violação do disposto no artigo 605.º é punida com pena de prisão até dois anos ou com pena de multa até 240 dias."

c) Tipos de crime previstos na Regulamentação do Código do Trabalho

Art. 465.º
(Encerramento ilícito)

"A violação do disposto nos artigos 296.º (Procedimento relativo a encerramento temporário) e 299.º (Encerramento definitivo) é punida com pena de prisão até dois anos ou com pena de multa até 240 dias".

Art. 466.º
(Actos proibidos em caso de encerramento temporário)

"A violação do artigo 297.º (Inibição da prática de certos actos) é punida com pena de prisão até três anos, sem prejuízo de pena mais grave aplicável ao caso".

Art. 467.º
(Actos proibidos em caso de incumprimento do contrato)

"A violação do n.º 1 do artigo 301.º (Inibição da prática de certos actos) é punida com pena de prisão até três anos, sem prejuízo de pena mais grave aplicável ao caso".

Art. 468.º
(Desobediência qualificada)

1. O empregador incorre no crime de desobediência qualificada sempre que não apresentar à Inspecção-Geral do Trabalho os documentos e outros registos por esta requisitados que interessem para o estabelecimento de quaisquer situações laborais.

2. Incorre ainda no crime de desobediência qualificada o empregador que ocultar, destruir ou danificar documentos ou outros registos que tenham sido requisitados pela Inspecção-Geral do Trabalho."

Nota:

Ao crime de desobediência simples (previsto e punido pelo art. 348.º, do CP) corresponde uma pena de prisão até 1 ano ou uma pena de multa até 120 dias.

No entanto, nos casos em que uma disposição legal cominar a punição da desobediência qualificada (como é o caso do art. 468.º, da RCT), este crime passa a ser punível com pena de prisão até 2 anos ou de multa até 240 dias, nos termos do n.º 2, do art. 348.º, do CP.

2. Responsabilidade contra-ordenacional

2.1. *Considerações preliminares*

O regime jurídico das contra-ordenações laborais encontra-se, actualmente, consagrado, nos arts. 614.º a 640.º (Regime geral) e arts. 641.º a 689.º (Das contra-ordenações em especial).

No regime anterior à entrada em vigor do CT, o regime das contra-ordenações laborais estava regulado na Lei n.º 116/99, de 04 de Agosto (revogada pela al. *a*), do n.º 1, do art. 21.º, da Lei n.º 99/2003, de 27 de Agosto, que aprovou o CT).

Nos termos do art. 615.º, do CT, às contra-ordenações laborais aplicam-se, em primeira linha, as disposições do CT referidas e, subsidiariamente, o regime geral das contra-ordenações constante do DL n.º 433/82, de 27 de Outubro (com as alterações introduzidas pelo DL n.º 356/89, de 17 de Outubro, pelo DL n.º 244/95, de 14 de Setembro e pela Lei n.º 109/2001, de 24 de Dezembro).

Uma das grandes especificidades do regime jurídico das contra-ordenações laborais face ao regime geral é a regra da punibilidade da negligência (art. 616.º, do CT).

Ao invés, de acordo com o n.º 1, do art. 8.º, do DL n.º 433/82, só é punível o facto praticado com dolo ou, nos casos especialmente previstos na lei, com negligência (regime semelhante ao do CP).

A actuação dolosa ou negligente tem relevância, desde logo, para determinação dos valores das coimas (art. 621.º).

No domínio do Direito contra-ordenacional valem alguns dos princípios em que assenta o Direito Penal, designadamente:

a) *Princípio da legalidade*
Segundo o qual só pode ser punido como contra-ordenação o facto descrito e declarado passível de coima por lei anterior ao momento da sua prática (art. 2.º, do DL n.º 433/82).

b) *Princípio da não retroactividade da lei penal*
Ao abrigo deste princípio, a punição da contra-ordenação é determinada pela lei vigente no momento da prática do facto ou do preenchimento dos pressupostos de que depende (art. 3.º, n.º 1, do DL n.º 433/82).

Este princípio está igualmente consagrado no n.° 1, do art. 29.°, da CRP (com as alterações introduzidas pela Lei Constitucional n.° 1/2004, de 24 de Julho).

    c) *Princípio da aplicação da lei (ou do regime) mais favorável (lex mellior)*

O princípio da aplicação da lei mais favorável implica que se a lei vigente no momento da prática do facto punível apresentar um regime diferente de uma outra estabelecida posteriormente, é sempre aplicada a que concretamente se apresentar mais favorável ao agente, salvo se este já tiver sido condenado por sentença transitada em julgado (art. 3.°, n.° 2, do DL n.° 433/82).

Este princípio está igualmente consagrado no n.° 4, do art. 29.°, da CRP (com as alterações introduzidas pela Lei Constitucional n.° 1/2004, de 24 de Julho).

O art. 614.°, do CT define contra-ordenação laboral como "todo o facto típico, ilícito e censurável que consubstancie a violação de uma norma que consagre direitos ou imponha deveres a qualquer sujeito no âmbito das relações laborais e que seja punível com coima."

2.2. Sujeitos

No domínio da Lei n.° 116/99, de 04 de Agosto, a definição de contra-ordenação laboral (mais precisamente o seu âmbito subjectivo) tinha sido objecto de algumas críticas, na medida em que, se restringia aos sujeitos de relação de trabalho "isto é, aos empregadores e trabalhadores (ou seus representantes)", deixando, assim, "de fora vários outros sujeitos aos quais a própria lei pretendia também aplicar, e aplicava, coimas como era, desde logo, o caso do *"dono da obra"* constante do elenco do artigo 4.° do regime de 1999", SOARES RIBEIRO in "Contra-ordenações Laborais", ps. 219 e 220.

Assim, na definição de contra-ordenação laboral constante do art. 614.°, do CT, foi adoptada uma expressão mais ampla ("qualquer sujeito no âmbito das relações laborais").

Conforme considera SOARES RIBEIRO, ob. cit., p. 220, no âmbito subjectivo deste artigo cabem agora, não só os sujeitos da relação laboral (empregador e trabalhador), como também, *v.g.*, o dono da obra, o trabalhador independente, o autor do projecto, a associação sindical, etc..

Quando um tipo contra-ordenacional tiver por agente o empregador abrange também a pessoa colectiva, a associação sem personalidade colectiva, bem como a comissão especial (art. 617.º, n.º 1, do CT).

Para maiores desenvolvimentos sobre o tema da responsabilidade conjunta contra-ordenacional do empregador e simultaneamente da própria pessoa colectiva, v. Soares Ribeiro *in* "Contra-ordenações Laborais", ps. 227 e ss..

No que concerne especificamente ao pagamento da coima convém destacar a responsabilidade solidária do contratante (salvo se demonstrar que agiu com a diligência devida), nos casos em que o subcontratante, ao executar toda ou parte do contrato nas instalações daquele ou sob a sua responsabilidade, violar disposições a que corresponda uma infracção muito grave (n.º 2, do art. 617.º, do CT). Sendo o infractor pessoa colectiva, respondem, também, solidariamente, os respectivos administradores, gerentes ou directores (n.º 3, do art. 617.º, do CT).

2.3. *Procedimento*

A entidade competente para o procedimento das contra-ordenações é a Inspecção-Geral do Trabalho, mais precisamente a delegação ou subdelegação em cuja área se haja verificado a infracção (conforme leitura conjugada dos arts. 630.º, n.º 1 e 631.º, ambos CT).

Para aplicação das coimas correspondentes tem competência o Inspector-Geral do Trabalho (art. 630.º, n.º 2, do CT).

Por sua vez, a instrução dos processos de contra-ordenações laborais é confiada a funcionários dos quadros técnicos e técnicos de inspecção, que podem ser coadjuvados por pessoal técnico-profissional ou administrativo (art. 639.º, do CT).

Nos processos instaurados para aplicação das coimas prevista no CT, podem constituir-se assistentes as associações sindicais representativas dos trabalhadores relativamente aos quais se verifique a contra-ordenação (art. 640.º, n.º 1, do CT).

Conforme resulta do n.º 2, do art. 640.º, do CT, à constituição de assistente são, adaptadamente, aplicáveis, as disposições do

370   *Direito do Trabalho*

CPP. Os arts. do CPP que versam sobre esta matéria são, fundamentalmente, os arts. 68.º e 519.º. Convém ter em atenção que o art. 519.º, do CPP e, por remissão, o art. 83.º, do CCJ (que determinam a obrigatoriedade de pagamento de taxa de justiça pela constituição de assistente e fixam o respectivo montante) não se aplicam neste caso, pois conforme resulta do n.º 3, do art. 640.º, do CT, pela constituição de assistente não são devidas quaisquer prestações pecuniárias.

Da tramitação específica do procedimento das contra-ordenações laborais prevista no Código do Trabalho, destaquemos:
a) O auto de advertência (art. 632.º, do CT);
b) O auto de notícia ou participação (art. 633.º e 634.º, do CT);
c) A notificação do arguido para exercer o direito de defesa (art. 635.º, do CT).

João Correia *in* "Direito Penal Laboral – As contra-ordenações laborais", QL, 15, Ano VII, 2000, p. 41 refere que, ao "contrário do que se prevê no art. 54.º do Regime Jurídico das contra-ordenações, o processo de contra-ordenação laboral só pode iniciar-se por um Auto de Notícia e por uma Participação", vigorando, aqui, o princípio da oficialidade.

Quanto ao resto valem as disposições referente ao processo de contra-ordenação do regime geral, mais precisamente os arts. 33.º, e ss. (aplicáveis, subsidiariamente, por força do art. 615.º, do CT).

2.4. *Sanções e Coimas*

Ao abrigo do disposto no art. 619.º, do CT, as infracções contra-ordenacionais classificam-se nos seguintes escalões:
– leves;
– graves e
– muito graves.

No âmbito do CT, os valores das coimas correspondentes a cada escalão de gravidade da infracção variam em função:
a) do volume de negócios da empresa, n.º 1, art. 620.º, n.º 1;
b) do grau de culpa (dolo ou negligência) n.º 1, art. 620.º, n.º 1;

c) da natureza do agente, n.º 1, do art. 621.º. Com efeito, nos casos em que o agente não é uma empresa, são aplicáveis as coimas referidas, especificamente, nos n.ºs 2, 3 e 4, daquele artigo;

d) do tipo de norma violada, art. 622.º, n.º 1. Nos termos desta disposição, os valores máximos das coimas aplicáveis a infracções muito graves previstos no n.º 4, do art. 620.º são elevados para o dobro nas situações de violação de normas sobre:

– trabalho de menores;

– segurança, higiene e saúde no trabalho;

– direitos de organismos representativos dos trabalhadores, nomeadamente das comissões de trabalhadores, bem como de dirigentes das associações sindicais, dos dirigente e delegados sindicais ou equiparados e, ainda,

– direito à greve.

Uma nota para referir que em caso de reincidência os limites mínimo e máximo da coima são elevados em um terço do respectivo valor, não podendo esta ser inferior ao valor da coima aplicada pela infracção anterior desde que os limites mínimo e máximo desta não sejam superiores aos daquela (art. 626.º, n.º 2, do CT).

Considera-se reincidente o agente que cometa uma infracção grave praticada com dolo ou uma infracção muito grave, depois de ter sido condenado por outra infracção grave praticada com dolo ou infracção muito grave, se entre as duas infracções não tiver decorrido um prazo superior ao da prescrição da primeira (art. 626.º, n.º 1, do CT).

Para efeitos de reincidência, o pagamento voluntário da coima equivale a condenação (art. 636.º, n.º 5, do CT).

Por sua vez, a determinação da medida da coima faz-se em função:

a) da gravidade da contra-ordenação, da culpa, da situação económica do agente e do benefício económico que este retirou da prática da contra-ordenação (art. 18.º, n.º 1, do DL n.º 433/82 *ex vi* art. 625.º, n.º 1, do CT);

b) da medida do incumprimento das recomendações constantes do auto de advertência, da coacção, da falsificação, da simulação ou de outro meio fraudulento usado pelo agente (art. 625.º, n.º 1, do CT) e *c*) no caso de infracções a normas de segurança, higiene e saúde no trabalho, dos princípios gerais de prevenção a que devem obedecer as medidas de protecção, bem como da permanência ou transitoriedade da infracção, do número de trabalhadores potencialmente afectados e das medidas e instruções adoptadas pelo empregador para prevenir os riscos (art. 625.º, n.º 2, do CT).

Conforme já referimos[534], "o montante das coimas é apurado com referência a uma UC (Unidade de Conta).

A UC corresponde à quantia em dinheiro equivalente a um quarto da remuneração mínima mensal mais elevada, garantida, no momento da condenação, aos trabalhadores por conta de outrém, arredondada, quando necessário, para a unidade de euros mais próxima ou, se a proximidade for igual, para a unidade de euros imediatamente inferior, cfr. art. 5.º, n.º 2, do DL n.º 212/89, de 30 de Junho com a redacção introduzida pelo DL n.º 323/2001, de 17 de Dezembro.

Para este efeito, a UC, trienalmente, considera-se automaticamente actualizada a partir de 1 de Janeiro de 1992, devendo, para o efeito, atender-se sempre à remuneração anterior (art. 6.º, n.º 1, do referido DL n.º 212/89)".

O destino das coimas está previsto no art. 628.º, do CT.

O pagamento voluntário da coima só é admitido:
– relativamente a infracções leves e graves, bem como a infracções muito graves, praticadas com negligência (art. 636.º, n.º 1, do CT) e
– nos casos em que a infracção consistir na falta de entrega de mapas, relatórios ou outros documentos ou na omissão de comunicações obrigatórias, se o arguido sanar a falta no mesmo prazo (art. 636.º, n.º 2, do CT).

De acordo, com o estipulado no n.º 3, do citado artigo, no pagamento voluntário, a coima é liquidada pelo valor mínimo que corresponda à infracção praticada com negligência (calculado nos termos do art. 621.º, do CT), devendo ter em conta o agravamento a título de reincidência imposto pelo n.º 2, do art. 626.º, do CT. Se, contudo, o infractor agir com desrespeito das medidas recomendadas no auto de advertência, a coima pode ser elevada até ao valor

---

[534] *In* "O regime jurídico dos despedimentos – Uma abordagem prática", Almedina, 2007, ps. 124 e 125.

mínimo do grau que corresponda à infracção praticada com dolo (n.º 4, do art. 636.º, do CT).

No domínio do Regime Geral das Contra-Ordenações (aplicável, subsidiariamente, ao regime das contra-ordenações laborais por força do art. 615.º, do CT), a autoridade administrativa ou o tribunal podem autorizar o pagamento da coima dentro de prazo que não exceda um ano, sempre que a situação económica do arguido o justifique (art. 88.º, n.º 4).

Paralelamente, o n.º 5, do referido art. 88.º admite a possibilidade de a autoridade administrativa ou o tribunal autorizar o pagamento em prestações da coima, contanto a última das prestações não vá para além dos dois anos subsequentes ao carácter definitivo ou ao trânsito em julgado da decisão. A falta de pagamento de uma das prestações implica o vencimento das restantes.

O pagamento da coima em prestações no âmbito das contra-ordenações laborais, apresenta uma importante particularidade, de acordo com a qual, os créditos laborais em que o empregador tenha sido condenado são pagos com a primeira prestação (art. 638.º, do CT). Os casos em que o arguido deve ser condenado a pagar o quantitativo da retribuição em dívida no prazo estabelecido para o pagamento da coima estão previsto no art. 669.º, n.º 3, do CT.

Conforme dispõe o n.º 1, do art. 627.º, do CT, ao agente da contra-ordenação podem ser aplicadas (cumulativamente com a coima) sanções acessórias quando:

a) o agente seja reincidente em contra-ordenação muito grave. (quanto ao conceito de reincidente cfr. art. 626.º, n.º 1, do CT);

b) o agente tenha actuado com dolo ou negligência e;

c) se tenham produzido efeitos gravosos para o trabalhador.

As sanções acessórias aplicáveis são:

a) Interdição temporária do exercício de actividade no estabelecimento, unidade fabril ou estaleiro onde se verificou a infracção por um período até seis meses;

b) Privação de participar em arrematações ou concursos públicos por um período até seis meses;

c) Publicidade da decisão condenatória, nos casos previstos na lei.

Os casos em que a lei admite a publicidade da decisão condenatória são, por exemplo, os dos arts. 641.º, n.º 3 (Direitos de personalidade), 642.º, n.º 2 (Igualdade), 644.º, n.º 5 (Trabalho de menores) e 669.º, n.º 5 (Retribuição).

A publicidade da decisão condenatória obedece à tramitação prevista nos n.os 2 e 3, do art. 627.º, do CT.

PARTE II

DO PROCESSO DO TRABALHO

CAPÍTULO I

Introdução

O processo laboral é o ramo do direito público que adjectiva o Direito Laboral.

A expressão processo é entendida como uma sequência de actos articulado entre si, com vista à prossecução de determinado fim.

Para ÁLVARO LOPES-CARDOSO *in* "Manual de Processo do Trabalho", Livraria Petrony, 2000, ISBN 972-685-087-8, p. 16, o processo laboral ou processo do trabalho será "a sequência de actos destinados à justa composição de um conflito de interesses (litígio) privados, relativos à disciplina do trabalho ou com ele conexos, mediante a intervenção de um órgão imparcial de autoridade, o tribunal".

O Processo do Trabalho (embora regulado subsidiariamente pela legislação processual comum, civil ou penal, aplicável, nos termos do art. 2.º, n.º 1, al. *a*), do CPT) goza de uma autonomia jurídico-normativa que tem vindo a ganhar uma dimensão e alcance notáveis.

De facto, a partir de determinada altura, passou a ser necessário a intervenção de um Direito Processual que adjectivasse o Direito do Trabalho (não esqueçamos que o fenómeno do trabalho subordinado é um fenómeno moderno, que ganhou relevância jurídica após a Revolução Industrial).

O desenvolvimento do Direito do Trabalho, enquanto sistema, assenta na constatação "da ineficácia do direito civil para resolver alguns problemas laborais em concreto e para compensar genericamente a situação de debilidade económica e jurídica do trabalhador subordinado", PALMA RAMALHO *in* "Da autonomia dogmática do Direito do Trabalho", Almedina, 2000, ISBN 972-40-1484-3, p. 213.

Conclui a mesma autora, ob. cit., p. 271, "A perspectiva dogmática civilista da relação de trabalho tem como pressuposto axiológicos e técnico-jurídicos os princípios da liberdade e da igualdade dos sujeitos privados e a estrutura tripartida da figura da *locatio conductio* (...).

A perspectiva laboralista da relação de trabalho tem como ponto de partida a crítica dos pressupostos da concepção civilista e assenta no reconhecimento da dependência do trabalhador e na pessoalidade do vínculo laboral".

Em suma, o Processo do Trabalho (na medida em que, adjectiva um ramo do direito que, dadas as suas particularidades, apresenta autonomia dogmática) carecia de uma regulamentação própria.

CAPÍTULO II

Uma brevíssima resenha histórica do Código de Processo do Trabalho

A regulamentação autónoma do Processo Laboral tem história recente na nossa Ordem Jurídica.

Os primeiros Códigos de Processo de Trabalho surgiram arrastados pelas reformas empreendidas no Código de Processo Civil. Que, como Código-pai, reclamava um regime jurídico do processo laboral ajustado à sua medida.

O primeiro Código de Processo do Trabalho (aprovado pelo Decreto-Lei n.º 30 910, de 3 de Novembro de 1940) surge logo após a publicação do CPC de 1939, da autoria do saudoso prof. ALBERTO DOS REIS, que marcou um avanço extraordinário nos terrenos jurídico normativos do processo civil.

O segundo Código de Processo de Trabalho (aprovado pelo Decreto-Lei n.º 45 497, de 30 de Dezembro de 1963) surge na sequência da reforma do CPC de 1961.

Quando o legislador *pretendeu dar à luz o filho antes do nascimento do pai* motivou um caos que viria a ser atenuado mediante manobras legislativas pouco recomendadas.

A *estória* merece ser contada.

Em 1979, o Decreto-lei n.º 537/79, de 31 de Dezembro aprovou um novo Código de Processo do Trabalho antes de se iniciar a profunda revisão do Código de Processo Civil.

Nos termos do art. 3.º, desse diploma, o referido Código entraria em vigor em 08 de Abril de 1980.

Início de vigência que, contudo, viria a ser sucessivamente protelado.

Assim, em 26 de Dezembro de 1980, a Lei n.º 48/80 suspendeu a aplicação do *feliz* Código até 01 de Outubro de 1981.

"Não se considera este faseamento o mais indicado mas os antecedentes aconselham a não inversão repentina do método", lia-se no preâmbulo do Decreto-Lei n.º 272-A/81, de 30 de Setembro, que viria a aprovar um novo Código.

Nesse mesmo preâmbulo lia-se o seguinte:

"É do conhecimento geral ter o Ministério da Justiça iniciado os trabalhos de revisão do processo civil e, por tal motivo difere-se no presente diploma o início da vigência do Código de Processo de Trabalho para 1 de Janeiro de 1982. Mas não só por esta razão, pois torna-se indispensável permitir o debate público do novo Código(...)".

O art. 3.º, do Decreto-Lei n.º 272-A/81, de 30 de Setembro, preceituava o seguinte:

"Este diploma entra em vigor no dia 1 de Janeiro de 1982, ficando, entretanto, revogado o Decreto-Lei n.º 537/79, de 31 de Dezembro, pelo que vigorará, até aquela data, o Código de Processo do Trabalho aprovado pelo Decreto-Lei n.º 45 497, de 30 de Dezembro de 1963".

Sem comentários.

O Código de Processo do Trabalho, actualmente em vigor, foi aprovado pelo Decreto-lei n.º 480/99, de 9 de Novembro e resulta da necessidade de eliminar algumas "desarmonias com a nova legislação processual civil, em que nem sempre se torna fácil estabelecer a distinção entre a subsidiariedade da sua aplicação ou a especialidade do direito processual do trabalho, entretanto imodificado" e de introduzir "preceitos de compatibilização com as novas realidades" com incidência no mundo laboral, cfr. preâmbulo do referido diploma.

Para CARLOS ALEGRE *in* "Código de Processo do Trabalho Anotado", Almedina, 2001, ISBN 972-40-1523-8, p. 7 o longo preâmbulo do Decreto-Lei n.º 480/99 *"faz supor uma ampla reforma, uma vez que seriam necessárias detalhadas explicações para o justificar"*. Acontece que, "O preâmbulo é, todo ele, um texto ideologicamente datado e a presente "reforma" não será mais duradoura que as anteriores. É, apenas, paleativa, até se definir o que verdadeiramente se pretende da justiça laboral".

A ver vamos...

CAPÍTULO III

Princípios gerais do direito processual laboral

Os princípios gerais do Direito Processual do Trabalho regulam, supletivamente e numa determinada ordem hierárquica, o Processo do trabalho (art. 1.º, n.º 2, al. *d*), do CPT), por isso mesmo parece relevante elencar alguns desse princípios.

1. Princípio da conciliação

O princípio da conciliação pode ser definido como o princípio segundo o qual as partes devem ser conduzidas para uma tentativa de composição amigável do litígio, procurando-se, assim, minimizar as sequelas e os incómodos inerentes à demanda judicial.

Manifestação deste princípio é a audiência de partes, novidade do actual CPT, prevista no art. 54.º, n.º 2.

Lembremos que a tentativa de conciliação das partes deve também realizar-se na audiência preliminar (art. 62.º, do CPT) e na audiência final (art. 70.º, n.º 1, do CPT).

2. Princípio do baixo custo da demanda

De acordo com este princípio o trabalhador teria direito a um regime de custas judiciais especialmente favorável.

CARLOS ALEGRE *in* "Código de Processo ...", p. 29, "Tal princípio não vigora em Portugal, muito embora o Código das Custas Judiciais, aqui e ali, refira alguns baixos custos".

Reflexos deste princípio é o art. 14.º, n.º 1, als. *d*) e *q*), do CCJ, segundo o qual:

"A taxa de justiça é reduzida a metade, não sendo devida taxa de justiça subsequente nos processos emergentes de acidente de trabalho ou de doença profissional terminados na fase contenciosa por decisão condenatória imediata ao exame médico e nos acordos em matéria laboral homologados na fase conciliatória do processo, desde que nessa fase lhe tenha sido posto termo".

3. Princípio da equidade

O princípio da equidade procura garantir que os cidadãos tenham um processo justo e um julgamento equitativo.

O princípio da equidade está consagrado no art. 20, n.º 4, da CRP (e nos arts. 10.º da DUDH e 6.º, n.º 1, da CEDH) e revela-se no princípio do contraditório repetidamente consagrado no CPT (v.g. alínea *b*), do art. 27.º e art. 72.º), bem como no princípio da igualdade consagrado no art. 3.º-A, do CPC e art. 10.º, do DUDH.

A equitatividade, aqui reclamada, deve assentar, ainda, na imparcialidade e independência do tribunal (art. 10.º, do DUDH e art. 6.º, n.º 1, da CEDH), na publicidade das audiências (art. 10.º, do DUDH e art. 6.º, n.º 1, da CEDH), no princípio do juiz natural (art. 6.º, n.º 1, da CEDH) e no proferimento da decisão num prazo razoável (art. 6.º, n.º 1, da CEDH), cfr. TEIXEIRA DE SOUSA *in* "Estudos sobre o novo Processo Civil", 2.ª Edição, Lex, 1997, ISBN 972-9495--55-6, ps. 39 e 40.

4. Princípio da celeridade

O processo de trabalho, dada a necessidade de preservação da paz social e a natureza e implicações sociais, económicas e humanas que a relação jurídico-laboral comporta, deve ter um andamento especialmente célere e regular.

Não devemos esquecer que a justiça laboral procura obter a paz social.

Vejamos alguns exemplos em que este princípio se manifesta:

– No processo civil, o prazo para contestar é de 30, 20 ou 15 (consoante se trata de processo ordinário, sumário ou sumaríssimo, respectivamente, cfr. art. 486.°, n.° 1, 783.°, 794.°, n.° 1, todos do CPC). Por sua vez, no processo laboral o prazo de contestação é de 10 dias (art. 56.°, al. *a*), do CPT);

– No processo civil, o prazo para interposição do recurso é de 30 dias (art. 685.°, do CPC com a redacção introduzida pelo Decreto-Lei n.° 303/2007, de 24.08). Por seu lado, no processo de trabalho o prazo de interposição do recurso é de 10 ou 20 dias, consoante se trate de recurso de agravo ou de apelação, art. 80.°, do CPT. O requerimento de interposição deve conter as respectivas alegações.

5. Princípio da simplicidade da tramitação processual

Este princípio está intimamente ligado com o da celeridade e assenta nos mesmos fundamentos.

Procura-se, aqui, garantir que o conjunto de actos judiciais a realizar tenham uma interligação e um ajustamento ao fim do processo, originando, assim, uma tramitação processual célere, pouco incómoda e pouco dispendiosa.

A este propósito convém referir que impende sobre o juiz o dever de determinar a prática dos actos que melhor se ajustem ao fim do processo, art. 56.°, do CPT.

6. Não obrigatoriedade de patrocínio de advogado ou solicitador

Este princípio elencado por CARLOS ALEGRE *in* "Código de Processo ...", p. 29, traduz-se numa perspectiva segundo a qual o Ministério Público surge como principal defensor e protector dos trabalhadores.

Reflexo deste princípio é o preceituado no art. 7.°, al. *a*), do CPT de acordo com o qual o Ministério Público exerce o patrocínio dos trabalhadores e seus familiares.

Este autor acaba por admitir que "Este princípio é substancialmente reduzido na prática, sobretudo porque vem faltando uma certa "cultura" do Ministério Público, nos Tribunais de Trabalho, no sentido de que estará numa primeira linha da defesa judiciária dos interesses dos trabalhadores".

De salientar que no âmbito dos acidentes de trabalho este princípio tem forte aplicação prática.

7. O princípio da condenação *extra vel ultra petitum*

O princípio da condenação *extra vel ultra petitum* é uma emanação do princípio da verdade material e consiste numa das pedras de toque do processo laboral.

Segundo este princípio, o juiz deve condenar para além do pedido quando:

– tal resulte da matéria provada ou de factos notórios (considerando-se estes como os factos que são do conhecimento geral e os que o tribunal tem conhecimento por força do exercício das sua funções, art. 514.º, do CPC) e

– estejam em causa preceitos inderrogáveis de leis ou instrumentos de regulamentação colectiva de trabalho.

Este princípio está expressamente consagrado no art. 74.º, do CPT.

8. O princípio da prevalência da justiça material sobre a justiça formal

De acordo com este princípio o tribunal deve procurar a reconstrução histórica dos factos, sem se sujeitar apenas à contribuição das partes e à existência de irregularidades formais, recorrendo-se dos meios processualmente admissíveis.

Alguns exemplos de manifestação deste princípio são:

– o suprimento de excepções dilatórias e convite ao aperfeiçoamento, art. 61.º, do CPT e

– a possibilidade de ampliação da base instrutória, art. 72.º, do CPT.

CAPÍTULO IV
Princípios gerais do processo civil

De acordo com o art. 1.º, n.º 2, al. *e*), do CPT, os princípios gerais do Direito Processual Civil regulam, supletivamente e em última instância, a parte processual civil do CPT (compreendida no livro I, arts. 2.º a 186.º), vejamos alguns desses princípios.

1. Princípio da justiça

O princípio do processo justo é sem dúvida o princípio norteador mais importante do Direito Processual, é comum a todas as formas de processo e a todos os ramos do universo jurídico-processual.

Todo e qualquer cidadão tem direito e cria expectativas de ter um "julgamento justo", ou seja, de ver analisada e apreciada a sua pretensão de modo justo e equitativo.

O princípio da justiça impõe a obrigatoriedade das partes serem tratadas, no acesso, na defesa, na participação e na apreciação; de modo paritário.

O princípio da justiça está consagrado no art. 20.º, n.º 4, da CRP (e nos arts. 10.º da DUDH e 6.º, n.º 1, da CEDH).

2. Direito de acesso à justiça

Princípio constitucionalmente consagrado no art. 20.º, da CRP e que se traduz no direito que qualquer cidadão tem de aceder à justiça para defesa dos seus direitos e interesses legalmente protegidos, independentemente da sua condição económica.

386   *Do Processo do Trabalho*

O novo regime jurídico do Apoio Judiciário foi aprovado pela Lei 34/2004, de 29 de Julho.

3. Princípio do dispositivo

Princípio típico do processo civil, o dispositivo consiste na regra segundo a qual, cabe às partes alegar os factos que integram a causa de pedir, impondo ao juiz o dever de fundar a sua decisão nesses factos, art. 264.º, do CPC.

Ao princípio do dispositivo contrapõe-se o princípio do inquisitório, de acordo com o qual, a verdade material "pode ser alcançada pela actividade de investigação directa do juiz activo", PESSOA VAZ *in* "Direito Processual Civil", 2.º Edição, Almedina, 2002, ISBN 972-40-1719-2, p. 325.

O princípio do inquisitório tem vindo a ganhar terreno no processo civil, exemplo disso, é o art. 265.º, n.º 3, do CPC, que faculta ao juiz a possibilidade de "realizar ou ordenar, mesmo oficiosamente, todas as diligências necessárias ao apuramento da verdade e à justa composição do litígio, quanto aos factos de que lhe é lícito conhecer".

4. Princípio da igualdade das partes

O princípio da igualdade das partes está consagrado expressamente no art. 3.º-A, do CPC, "Este preceito estabelece que o tribunal deve assegurar, durante todo o processo, um estatuto de igualdade substancial das partes, designadamente no exercício de faculdades, no uso dos meios de defesa e na aplicação de cominações ou de sanções processuais", TEIXEIRA DE SOUSA *in* "Estudos sobre …", p. 42.

5. Princípio do prazo razoável

Princípio constitucionalmente consagrado no art. 20.º, n.º 5, da CRP e que se traduz na necessidade de o processo se desenrolar num período de tempo necessário à realização do fim que se propõe atingir, tendo em conta a simplicidade ou complexidade da causa e os direitos e interesses a proteger e/ou satisfazer.

6. Princípio da publicidade

Segundo o princípio da publicidade, *"As audiências dos tribunais são públicas, salvo quando o próprio decidir o contrário, em despacho fundamentado para salvaguarda da dignidade das pessoas e da moral pública, ou para garantir o seu normal funcionamento"*, arts. 206.º, da CRP, 656.º, do CPC, 10.º DUDH e 6.º, n.º 1, da CEDH.

7. Princípio do direito à prova

TEIXEIRA DE SOUSA *in* "Estudos sobre ...", p. 56 fala de um direito à prova, que consiste na faculdade que as partes têm de utilizar todo e qualquer meio de prova legalmente admissível.

Vejamos algumas consagrações legais deste princípio destacadas por este autor:

– Art. 6.º, n.º 3, al. *d*), da CEDH, segundo o qual, o acusado tem o direito de interrogar ou fazer interrogar as testemunhas de acusação e de defesa;

– Art. 266.º, n.º 4, do CPC, de acordo com o qual, se uma das partes alegar dificuldade na obtenção de uma informação ou documento, deve o juiz, sempre que tal lhe seja possível, providenciar pela eliminação do obstáculo.

8. Princípio da efectividade

"A produção da prova orienta-se por um princípio de efectividade, através do qual se procura evitar que essa actividade se torne impossível por não ter sido realizada no momento oportuno", TEIXEIRA DE SOUSA *in* "Estudos sobre ...", p. 336.

9. Princípio da livre apreciação da prova

Este princípio consiste no facto da prova produzida estar su-

388   *Do Processo do Trabalho*

jeita à livre apreciação do tribunal, que assenta na prudente "convicção do tribunal sobre a prova produzida (art. 655.°, n.° 1), ou seja, em regras da ciência e do raciocínio e em máximas de experiência", TEIXEIRA DE SOUSA *in* "Estudos sobre ...", p. 345.

10. Princípio da fundamentação

De acordo com este princípio o tribunal deve indicar quais os fundamentos de facto e de direito que justificam a decisão, sob pena de nulidade da sentença, art. 668.°, n.° 1, al. *b*), do CPC.

Quanto à decisão da matéria de facto cumpre lembrar que esta deve conter os fundamentos em que se baseou o tribunal na apreciação da prova, art. 653.°, n.° 2, do CPC.

11. Princípio da adequação formal

Nos termos do art. 265.°-A, do CPC, que consagra este princípio, "*Quando a tramitação processual prevista na lei não se adequar às especificidades da causa, deve o juiz oficiosamente, ouvidas as partes, determinar a prática de actos que melhor se ajustem ao fim do processo, bem como as necessárias adaptações*".

12. Princípio da imparcialidade do tribunal

De acordo com este princípio, o juiz deve ser independente e neutro na apreciação da causa.

TEIXEIRA DE SOUSA *in* "Estudos sobre ...", p. 40 distingue as garantias de imparcialidade em:

– garantias materiais (que se reportam à liberdade do tribunal perante qualquer outro órgão de soberania) e

– garantias pessoais ("que protegem o juiz em concreto: são elas a irresponsabilidade (art. 5.° EMJ) e a inamovibilidade (art. 6.° EMJ)").

Quanto às garantias de imparcialidade prevista no CPC, cfr. arts. 122.° a 125.° (impedimentos), arts. 126.° e 133.° (escusas) e arts. 127.° a 133.° (suspeições).

13. Princípio do contraditório

O princípio do contraditório confere à parte o direito de ser informada de que contra ela foi proposta uma acção ou requerida qualquer providência ou diligência e de ser ouvida antes da decisão e, ainda, o direito a ser informada dos actos praticadas pela contraparte e a responder aos mesmos.

O princípio do contraditório está consagrado no art. 3.º, do CPC.

Quanto ao direito de resposta *vide* art. 229.º, do CPC.

14. Princípio da boa fé

Segundo este princípio as partes devem agir de boa fé e observar os deveres de cooperação, art. 266.º-A, do CPC.

A actuação contrária à boa fé processual é punível nos termos da litigância de má fé, art. 456.º, do CPC.

15. Princípio da cooperação

Ao abrigo do princípio da cooperação devem os intervenientes processuais, na condução e intervenção judiciais, cooperar entre si "concorrendo para se obter, com brevidade e eficácia, a justa composição do litígio", art. 266.º, n.º 1, do CPC.

16. Princípio da aquisição processual

Nos termos deste princípio, a matéria que tenha sido carreada para os autos é por este adquirida, impondo-se, assim, a ambas as partes, independentemente de quem a invocou.

Reflexo legal deste princípio é o art. 515.º, do CPC, de acordo com o qual, o tribunal deve considerar as provas produzidas, tenham ou não emanado da parte que as devia produzir.

17. Princípio da celeridade

O princípio da celeridade processual está previsto no art. 265.º, n.º 1, do CPC, de acordo com o qual, "Iniciada a instância, cumpre ao juiz, sem prejuízo do ónus de impulso especialmente imposto pela lei às partes, providenciar pelo andamento regular e célere do processo, promovendo oficiosamente as diligências necessárias ao normal prosseguimento da acção e recusando o que for impertinente ou meramente dilatório".

18. Princípio da concentração

Segundo o princípio da concentração "torna-se indispensável que entre os diversos actos de instrução e a decisão não medeie nenhum interregno. (...) Há que concentrar quanto possível os actos de instrução, discussão e julgamento de cada causa, para que possam ser eficazmente aproveitados no acto decisório os tais coeficientes específicos de valorização do contacto directo do julgador como meios de prova", ANTUNES VARELA, SAMPAIO E NORA/MIGUEL BEZERRA *in* "Manual de Processo Civil", 2.ª Edição, Coimbra, p. 659.

19. Princípio da continuidade da audiência

Conforme salienta ÁLVARO LOPES-CARDOSO *in* "Manual de ...", p. 37, um dos corolários do princípio da concentração é o princípio da continuidade da audiência, segundo o qual, a audiência é contínua, só podendo ser interrompida nos casos excepcionais previstos na lei (art. 656.º, n.º 2, do CPC).

20. Princípio da plenitude da assistência dos juízes

Segundo este princípio, a apreciação e julgamento da pretensão deve ser feita pelos juízes que tenham assistido e presidido a todos os actos de instrução e discussão praticados na audiência final, art. 654.º, n.º 1, do CPC.

21. Princípio da imediação

Ao abrigo do princípio da imediação, "o julgador da matéria de facto deve ter o contacto mais directo possível com as pessoas ou coisa que servem de fontes de prova", ÁLVARO LOPES-CARDOSO *in* "Manual de ...", p. 43.

Alguns exemplos em que tal princípio está subjacente são os arts. 588.º, 612.º, 621.º, 652.º e 653.º, todos do CPC.

22. Princípio da oralidade

Segundo este princípio, a prova em princípio é produzida oralmente perante o tribunal.

"Dele resulta que a produção da prova tenha lugar, em princípio, perante os julgadores da matéria de facto, (arts. 652.º, 653.º, n.ºs 3 e 4, do CPC e 72.º do CPT), sem prejuízo da gravação da prova pessoal, (art. 522.º-B, do CPC e art. 68.º, do CPT)", ÁLVARO LOPES-CARDOSO *in* "Manual de ...", p. 45.

23. Princípio da preclusão e da auto-responsabilidade das partes

Este princípio é uma consequência do princípio do dispositivo, segundo o qual, o processo é da responsabilidade das partes.

De acordo com o princípio da preclusão, o não exercício tempestivo de um direito pode implicar a extinção do mesmo.

"A auto-responsabilidade traduz-se na obrigatoriedade de o réu deduzir, em princípio, toda a sua defesa na contestação (n.º 1, do art. 489.º); na estabilidade da instância (art. 268.º, do CPC); na inalterabilidade do pedido e da causa de pedir (art. 273); nas limitações à modificação subjectiva da instância (art. 29.º, do CPT)", ÁLVARO LOPES-CARDOSO *in* "Manual de ...", p. 49.

24. Princípio da estabilidade da instância

O princípio da estabilidade da instância (expressamente consagrado no art. 268.º, do CPC) procura evitar que os elementos objectivos e subjectivos do processo sejam livremente modificados, prejudicando, assim, "o regular andamento da causa e impedindo ou dificultando a actividade do tribunal a quem compete administrar a justiça", ABRANTES GERALDES *in* "Temas da Reforma do Processo Civil", I Volume, 2.ª Edição, Almedina, 1999, ISBN 972-40--1144-5, p. 102.

CAPÍTULO V

Princípios gerais do processo penal

Nos termos do disposto no art. 1.º, n.º 2, al. *e*), do CPT, os princípios gerais do Direito Processual Penal regulam, supletivamente e em última instância, a parte processual penal do CPT (compreendida no livro II, arts. 187.º a 200.º), vejamos alguns desses princípios.

1. Princípio da investigação ou da verdade material ou do inquisitório

"Com o princípio da investigação pretende-se a traduzir *o poder-dever que ao tribunal incumbe de esclarecer e instruir autonomamente, mesmo para além das contribuições da acusação e da defesa, o "facto" sujeito a julgamento, criando aquele mesmo as bases necessárias à sua decisão*", Figueiredo Dias *in* "Direito Processual Penal", secção de textos da FDC, 1988-9, p. 107.

2. O princípio da oficialidade

De acordo com este princípio, a iniciativa de investigar a prática de um crime e a decisão de a submeter ou não a julgamento pertence a uma entidade pública (o Ministério Público, art. 221.º, n.º 1, da CRP).

"O princípio do monopólio estadual da função jurisdicional constitui hoje um alicerce inatacável de todas as sociedades (v. entre nós, o art. 205.º da CRP)", Figueiredo Dias *in* "Direito Processual Penal", secção de textos da FDC, 1988-9, p. 86.

3. Princípio do juiz natural ou legal

O Princípio do juiz natural ou legal implica que nenhuma causa possa ser subtraída ao tribunal cuja competência esteja fixada em lei anterior, art. 32.º, n.º 9, da CRP.

Este princípio procura evitar a designação arbitrária de um juiz para um determinado processo.

4. O princípio da legalidade

O princípio da legalidade implica a obrigatoriedade do Ministério Público promover o procedimento criminal, abrindo inquérito sempre que tenha tido conhecimento de um crime (art. 241.º e ss., do CPP) e a deduzir acusação se tiver recolhido indícios suficientes da sua prática e da sua autoria, arts. 262.º, n.º 2 e 283.º, n.º 1, ambos do CPP.

Nestes termos, o Ministério Público não tem a liberdade de promover ou não promover, de acusar ou não acusar. Com efeito, a sua actuação está estritamente vinculada à lei e não a juízos de oportunidade.

5. Princípio do acusatório

Este princípio está consagrado no art. 32.º, n.º 5, da CRP, segundo o qual, *"o processo criminal tem estrutura acusatória, estando a audiência de julgamento e os actos instrutórios que a lei determinar subordinados ao princípio do contraditório"*.

O princípio do acusatório implica que o processo penal se inicie "com a acusação pelo ofendido ou quem o represente e desenvolve-se com pleno contraditório entre o acusador e o acusado, pública e oralmente, perante a passividade do juiz que não tem qualquer iniciativa em ordem à aquisição da prova, recaindo o encargo da prova sobre o acusador", GERMANO MARQUES DA SILVA *in* "Curso de Processo Penal", Vol. I, Verbo, 2000, ISBN 972-22-1557-4, ps. 58 e 59.

6. Princípio da igualdade de oportunidades

Ao abrigo deste princípio, o processo deve estar estruturado de molde a garantir que a acusação e a defesa disponham dos mesmos direitos e deveres no âmbito da intervenção judicial.

Convém lembrar que o arguido tem a possibilidade de usar todos os meios necessários à sua defesa (art. 32.º, n.º 1, da CRP).

7. O princípio do contraditório

O princípio do contraditório está consagrado no n.º 5, do art. 32.º, da CRP (*vide*, ainda, o art. 10.º, da DUDH e o art. 6.º, da CEDH).

O princípio do contraditório confere ao arguido os direitos de ser ouvido antes de ser tomada qualquer decisão e de ser informado dos actos praticadas pela contraparte, podendo responder aos mesmos.

Conforme salienta FIGUEIREDO DIAS *in* "Direito Processual ...", p. 108 de acordo com este princípio, *"toda a prossecução processual de cumprir-se de modo a fazer ressaltar não só as razões da acusação, mas também as da defesa"*.

8. Princípio da suficiência

De acordo com este princípio, o processo penal é competente para apreciar todas as questões cuja solução tenha interesse e/ou seja necessária para a decisão a tomar (art. 7.º, do CPP).

9. Princípio da concentração

O princípio da concentração reivindica uma tramitação unitária, continuada e concentrada (do ponto de vista temporal e espacial) do processo penal.

O princípio da concentração, na perspectiva temporal, está consagrado no art. 32.º, n.º 1, parte final, da CRP, nos termos do qual, o arguido deve ser julgado no mais curto prazo compatível com as garantias de defesa. Cfr. o art. 328.º, do CPP (com a redacção introduzida pela Lei n.º 48/2007, de 29.08).

O princípio da concentração, na perspectiva espacial, resulta da oralidade e imediação e exige que a audiência de julgamento se desenrole no mesmo local.

10. O princípio da livre apreciação da prova

O princípio da livre apreciação da prova está previsto no art. 127.º, do CPP, nos termos do qual, *"Salvo quando a lei dispuser diferentemente, a prova é apreciada segundo as regras da experiência e a livre convicção da entidade competente"*.

Na opinião de FIGUEIREDO DIAS *in* "Direito Processual ...", p. 139, *"a liberdade de apreciação da prova é, no fundo*, uma liberdade de acordo com um dever – *o dever de perseguir a chamada "verdade material" –, de tal sorte que a apreciação há-de ser, em concreto, recondutível a critérios objectivos e, portanto, em geral susceptível de motivação e controlo (possa embora a lei renunciar à motivação e ao controlo efectivos)"*.

11. Princípio *in dubio pro reo*

Princípio constitucionalmente consagrado no art. 32.º, n.º 2, 1.º parte, da CRP, segundo o qual, *"Todo o arguido se presume inocente até ao trânsito em julgado da sentença de condenação"*.

12. Princípio da publicidade

Nos termos deste princípio, *"As audiências dos tribunais são públicas, salvo quando o próprio decidir o contrário, em despacho fundamentado para salvaguarda da dignidade das pessoas e da moral pública, ou para garantir o seu normal funcionamento"*, arts. 206.º, da CRP.

Vide os arts. 10.º DUDH e 6.º, n.º 1, da CEDH.

No âmbito do CPP, o princípio da publicidade está previsto no art. 321.º.

13. Princípio da oralidade

Segundo o qual, a actividade processual deve ser exercida, oralmente, na presença dos agentes processuais.

Alguns reflexos deste princípio estão previstos nos arts. 96.º, 298.º, 348.º, 350.º, 355.º, 360.º, 363.º e 423.º, todos do CPP (com a redacção introduzida pela Lei n.º 48/2007, de 29.08).

14. O princípio da imediação

O princípio da imediação pode ser definido *"como a relação de proximidade comunicante entre o tribunal e os participantes no processo, de modo tal que aquele possa obter um percepção própria do material que haverá de ter como base da sua decisão"*, FIGUEIREDO DIAS *in* "Direito Processual ...", p. 158.

CAPÍTULO VI

Espécies e formas do processo laboral

O código de processo do trabalho está dividido em dois Livros, um primeiro referente ao processo civil (arts. 2.º a 186.º) e um segundo relativo ao processo penal (arts. 187.º a 200.º).

Quanto à espécie, o processo laboral (na sua parte processual civil) é declarativo ou executivo.

Quanto ao fim, a o processo declarativo pode ser comum ou especial.

O processo declarativo comum aplica-se nos casos em que não há processo especial correspondente (art. 48.º, n.º 3, do CPT) e segue a tramitação dos arts. 54.º e ss. (art. 49.º, n.º 1, do CPT).

Nos casos omissos aplica-se o regime do processo sumário, previsto nos arts. 783.º a 791.º, do CPC (art. 49.º, n.º 2, do CPT).

O processo especial é aplicável nos casos expressamente previstos na lei, que são;

a) Processos emergentes de acidente de trabalho e de doença profissional (arts. 99.º a 155.º, do CPT), que, por sua vez, subdividem-se em;

– Processo para efectivação de direitos resultantes de acidente de trabalho, arts. 99.º a 150.º, do CPT;

– Processo para declaração de extinção de direitos resultantes de acidente de trabalho, arts. 151.º a 153.º, do CPT;

– Processo para efectivação de direitos de terceiros conexos com acidente de trabalho, art. 154.º, do CPT;

– Processo para efectivação de direitos resultantes de doença profissional, art. 155.º, do CPT;

b) Processos de impugnação de despedimento colectivo (arts. 156.° a 161.°, do CPT);

c) Processo do contencioso das instituições de previdência, abono de família e associações sindicais (arts. 162.° a 186.°, do CPT).

CAPÍTULO VII

Processo do trabalho declarativo comum

De seguida iremos sobrevoar a tramitação normal de uma acção de trabalho declarativa comum.

1. Petição inicial

Considerações preliminares

A petição inicial é, por assim dizer, o articulado promotor e percursor do processo.

É através dela que o Autor manifesta a sua pretensão e deduz o pedido que lhe está subjacente.

Esta iniciativa judicial assenta no princípio do dispositivo (cfr., quanto a este princípio, a p. 246).

Estrutura

A petição inicial divide-se em cinco partes:

1.º *Endereço e cabeçalho*

Que contém a designação do tribunal, a identificação das partes e a forma de processo (als. *a*) e *c*), do n.º 1, do art. 467.º, do CPC, com a redacção introduzida pelo DL n.º 303/2007, de 24.08);

2.º *Narração*

Aonde o Autor expõe os factos e invoca as razões de direito que fundamentam a acção (al. *d*), do n.º 1, do art. 467.º, do CPC);

3.º *Conclusão*

Destinada à formulação do pedido (al. *e*), do n.º 1, do art. 467.º, do CPC);

402 *Do Processo do Trabalho*

4.º *Indicações complementares*

Esta parte da petição inicial deverá conter:
– o valor da causa, (al. *f*), do n.º 1, do art. 467.º, do CPC);
– a indicação dos documentos que vão juntos;
– a assinatura do seu subscritor;
O Autor, aqui, poderá requerer quaisquer meios de prova.

Requisitos

Os requisitos da petição inicial estão previstos no art. 467.º, do CPC, aplicável por remissão ao processo do trabalho.

Nos termos deste artigo, a petição inicial deve conter:

a) *Indicação do tribunal em que a acção é proposta, n.º 1, al. a).*
A matéria da competência dos tribunais em processo laboral está compreendida nos arts. 10.º a 20.º, do CPT.

Quanto à competência material dos tribunais do trabalho, cfr. ainda, os arts. 85.º a 88.º, da LOFTJ.

b) *Identificação das partes, com os respectivos nomes, domicílios ou sedes e, sempre que possível, números de identificação civil e de identificação fiscal, profissões e locais de trabalho, n.º 1, al. a)* (com as alterações introduzidas pelo DL n.º 303/2007, de 24.08).

A matéria da capacidade judiciária e da legitimidade para ser parte está prevista nos arts. 2.º a 5.º, do CPC.

c) *Indicação do domicílio profissional do mandatário judicial, n.º 1, al. b).*

As matérias do patrocínio judiciário estão consagradas nos arts. 32.º a 44.º, do CPC.

No âmbito do processo do trabalho convém lembrar que a constituição de mandatário judicial faz cessar a representação ou o patrocínio oficioso que estiver a ser exercido, art. 9.º, do CPT.

d) *Indicação da forma de processo, n.º 1, al. c);*
As formas do processo laboral desapareceram com o actual CPT, tendo sido estabelecida uma tramitação única para o processo declarativo comum.

Quanto às espécies de processo vide p. 259.

Processo do trabalho declarativo comum 403

e) *Exposição dos factos e das razões de direito que servem de fundamento à acção, n.º 1, al. d).*

A fundamentação de facto, aqui exigida, consiste na exposição factual dos acontecimentos cuja ocorrência originou e motivou a pretensão do Autor e que constitui a causa de pedir. Correspondendo esta "ao núcleo fáctico essencial tipicamente previsto por uma ou mais normas como causa do efeito de direito material pretendido", LEBRE DE FREITAS *in* "A acção declarativa comum", Coimbra Editora, 2000, ISBN 972-32-0942-x, p. 37.

A fundamentação de direito, por sua vez, traduz-se no chamamento e invocação do Direito que é aplicável à situação jurídica em causa.

f) *Formulação do pedido, n.º 1, al. e).*

O pedido pode ser definido como o meio através do qual as partes requerem "do tribunal o meio de tutela jurisdicional destinado à reparação da violação ou ao afastamento da ameaça", ANTUNES VARELA/J. MIGUEL BEZERRA/SAMPAIO E NORA *in* "Manual de Processo Civil", 2.º Edição, Coimbra Editora, 1985.

Os pedidos podem ser:
> alternativos (art. 468.º, do CPC)
> subsidiários (art. 469.º, do CPC) e
> cumulativos (art. 470.º, do CPC)

No que concerne a estes últimos convém esclarecer que a cumulação só é admitida se os pedidos forem compatíveis.

No âmbito do processo laboral é permitido ao Autor aditar novos pedidos e causas de pedir (art. 28.º, n.º 1, do CPT) quando:

– ocorram, até à audiência de discussão e julgamento, factos que permitam ao Autor deduzir novos pedidos a que corresponda a mesma forma de processo ou

– o Autor justifique a não inclusão de factos ocorridos antes da propositura da acção e que permitem deduzir novos pedidos (arts. 28.º, n.ºs 2 e 3).

g) *Indicação do valor da causa, n.º 1, al. f).*

O valor da causa é o valor certo, expresso em moeda legal atribuído a uma causa e que representa a utilidade económica do pedido (art. 305.º, n.º 1, do CPC).

A matéria do valor da causa está prevista nos arts. 305.º a 319.º, do CPC.

h) *Designar o solicitador de execução que efectuará a citação ou o mandatário judicial que a promoverá, n.º 1, al. g).*

O Autor com a petição inicial:

i) deve juntar documento comprovativo do pagamento de taxa de justiça inicial ou da concessão de apoio judiciário (art. 467.º, n.º 3, do CPC);

ii) deve apresentar os documentos que fundamentem a pretensão (art. 523.º, n.º 1, do CPC);

iii) pode requerer a produção antecipada de prova, nos termos do art. 521.º, do CPC;

iv) deve apresentar o rol de testemunhas (art. 63.º, n.º 1, do CPT).

O Autor só pode arrolar:

– 10 testemunhas para prova dos fundamentos da acção (art. 64.º, n.º 1, do CPT);

– 3 testemunhas sobre cada facto, não contando as que declarem nada saber (art. 65.º, do CPT).

Tenhamos presente que o rol de testemunhas pode ser alterado ou aditado até 20 dias antes da data em que se realize a audiência final, sendo a parte contrária notificada para usar, querendo, de igual faculdade no prazo de 5 dias (art. 63.º, n.º 2, do CPT).

v) pode requerer quaisquer outras provas (art. 63.º, n.º 1, do CPT).

vi) pode requerer a citação prévia à distribuição (art. 478.º, n.º 1, do CPC).

Se a citação não se realiza dentro de 5 dias depois de ter sido requerida, por causa não imputável ao Autor, tem-se a prescrição por interrompida logo que decorram os cinco dias (art. 323.º, n.º 2, do CC).

Modo de apresentação

A instância inicia-se pela propositura da acção.

Por sua vez, a acção considera-se proposta logo que a respectiva petição inicial seja recebida pela secretaria (art. 267.º, n.º 1, do CPC).

No caso das acções emergentes de acidente de trabalho e de doenças profissionais a instância inicia-se com o recebimento da participação (art. 26.º, n.º 3, do CPT).

O início da instância impede a caducidade (art. 331.º, do CC).

Processo do trabalho declarativo comum 405

As formas de apresentação da petição inicial estão previstas na lei.

A petição inicial é apresentada a juízo preferencialmente por transmissão electrónica de dados, nos termos definidos na portaria prevista no n.º 1 do artigo 138.º-A, valendo como data da prática do acto processual a da respectiva expedição (art. 150.º, n.º 1, do CPC, com as alterações introduzidas pelo DL n.º 303/2007, de 24.08). O envio da petição inicial por transmissão electrónica pode ser feito em qualquer dia e independentemente da hora da abertura e do encerramento dos tribunais (art. 143.º, n.º 4, com as alterações introduzidas pelo DL n.º 303/2007, de 24.08).

Neste caso, a petição inicial e os documentos que a devam acompanhar devem ser apresentados por transmissão electrónica, ficando o Autor dispensado de remeter os respectivos originais (art. 150.º, n.º 3, do CPC).

Os documentos, assim, apresentados têm a força probatória dos originais, nos termos definidos para as certidões (n.º 7, do citado art. 150.º).

A apresentação dos documentos nesta forma não tem lugar, designadamente, quando o seu formato ou a dimensão dos ficheiros a enviar não o permitir, nos termos definidos na portaria prevista no n.º 1 do artigo 138.º-A (n.º 4, do referido art. 150.º).

Não obstante a apresentação por transmissão electrónica, o Autor, sempre que o juiz o determine, tem o dever de exibir a petição inicial e os respectivos originais em suporte de papel (n.º 8, do art. 150.º).

De acordo com o n.º 2, do deste artigo, a petição inicial pode, igualmente, ser apresentada a juízo por uma das seguintes formas:

a) Entrega na secretaria judicial, valendo como data da prática do acto processual a da respectiva entrega.

A petição inicial deve ser entregue na secretaria central do tribunal nas horas de expediente (art. 143.º, n.º 3, do CPC).

b) Remessa pelo correio, sob registo, valendo como data da prática do acto processual a da efectivação do respectivo registo postal;

c) Envio através de telecópia, valendo como data da prática do acto processual a da expedição.

O envio da petição inicial através de telecópia pode ser feito em qualquer dia e independentemente da hora da abertura e do encerramento dos tribunais (art. 143.º, n.º 4, com as alterações introduzidas pelo DL n.º 303/2007, de 24.08).

d) *Envio através de correio normal*

Embora a lei nada diga, ABRANTES GERALDES *in* "Temas da Reforma ...", p. 228 entende que nada impede o envio da petição por correio normal, assumindo o Autor o risco de extravio ou de demora "por tempo superior àquele com que razoavelmente poderia contar)".

Não devemos esquecer que a instância considera-se iniciada com o efectivo recebimento.

A exposição dos factos na petição inicial deve ser deduzida por artigos (art. 151.º, n.º 2, do CPC).

Juntamente com a petição inicial deve ser apresentado:

a) um número de duplicados da mesma correspondente ao número de Réus (art. 152.º, n.º 1, do CPC).

Nos termos da leitura conjugada dos arts. 152.º, n.º 3, 1.º parte e 145.º, n.º 5, 1.º parte, ambos do CPC, se o Autor não o fizer será notificado para, no prazo de 2 dias, juntar os duplicados em falta, pagando uma multa de montante igual a um quarto da taxa de justiça inicial por cada dia de atraso, não podendo exceder 1 UC.

Se o Autor não o fizer em definitivo será extraída certidão dos duplicados em falta, ficando este obrigado a pagar:

    – o custo da certidão e

    – uma multa correspondente a 3 UC, cfr., conjugadamente, os arts. 152.º, n.º 3, *in fine* e 145.º, n.º 5, *in fine*, ambos do CPC.

b) cópias dos documentos junto com a mesma em número correspondente ao número de duplicados (art. 152.º, n.º 2, do CPC).

Nos termos da leitura conjugada dos arts. 152.º, n.º 3, 1.º parte e 145.º, n.º 5, 1.º parte, ambos do CPC, se o Autor não o fizer será notificado para, no prazo de 2 dias, juntar as cópias em falta, pagando uma multa de montante igual a um quarto da taxa de justiça inicial por cada dia de atraso, não podendo exceder 1 UC.

Se o Autor não o fizer em definitivo será extraída certidão das cópias em falta, ficando este obrigado a pagar:

    – o custo da certidão e

Processo do trabalho declarativo comum

– uma multa correspondente a 3 UC, cfr., conjugadamente, os arts. 152.°, n.° 3, *in fine* e 145.°, n.° 5, *in fine*, ambos do CPC.

Se o Autor apresentar a petição inicial por transmissão electrónica de dados fica dispensado de oferecer os duplicados ou cópias exigidas, bem como as cópias dos documentos (n.° 7 do art. 152.°, com a redacção introduzida pelo DL n.° 303/2007, de 24.08).

Recusa da petição inicial pela secretaria

Os motivos de recusa de recebimento pela secretaria são, como não poderia deixar de ser, de natureza formal.

Ao abrigo do disposto no art. 474.°, do CPC (com a redacção introduzida pelo DL n.° 303/2007, de 24.08), a secretaria pode recusar o recebimento da petição inicial quando esta:

– *Não tenha endereço, al. a);*
– *Esteja endereçada a outro tribunal, al. a);*
– *não indique os nomes, domicílios ou sedes, e sempre que possível, as profissões e locais de trabalho das partes, al. b);*
– *não indique o domicílio profissional do mandatário judicial, al. c);*
– *não indique a forma de processo, al. d);*
– *não indique o valor da causa, al. e);*
– *não tenha sido comprovado o prévio pagamento da taxa de justiça inicial ou a concessão de apoio judiciário;*
– *não esteja assinada, al. g);*
– *não esteja redigida em língua portuguesa, al. h);*
– *o papel utilizado não obedeça aos requisitos regulamentares al. i).*

Perante a recusa de recebimento da petição inicial o Autor pode:

1.° Reclamar para o juiz, art. 475.°, n.° 1, do CPC.

Se o juiz confirmar o não recebimento o Autor pode, ainda, apresentar recurso para a Relação (art. 475.°, n.° 2, do CPC, com a redacção introduzida pelo DL n.° 303/2007, de 24.08);

2.° Apresentar outra petição ou

3.° se a recusa tiver sido motivada pelo não junção de documento comprovativo do pagamento da taxa de justiça inicial ou documento que ateste a concessão do apoio judiciário, juntar tal documento, no prazo de 10 dias, contados a partir da recusa de recebimento ou da notificação da decisão judicial que a haja confirmado (art. 476.º, do CPC).

Neste caso, a acção considera-se proposta na data em que foi apresentada a petição cujo recebimento tinha sido recusado (art. 476.º, do CPC).

2. Despacho liminar

No âmbito do processo civil, com a reforma do CPC de 1995/96, o despacho liminar passou a ter um carácter residual.

Ao abrigo do disposto no n.º 4, do art. 234.º, do CPC, o despacho liminar é obrigatório:
– nos casos previstos na lei;
– nos procedimentos cautelares e em todos os casos em que incumba ao juiz decidir da prévia audiência do requerido;
– quando a propositura deva ser anunciada;
– quando se trate de citar terceiros chamados a intervir na causa;
– no processo executivo, nos termos dos arts. 812.º e 812.º-A, n.º 2.

No âmbito do processo laboral a petição inicial é, desde logo, apreciada pelo juiz.

Esta apreciação liminar visa, por um lado, impedir o prosseguimento de acções manifestamente infundadas ou afectadas por vícios de tal forma graves que levariam à absolvição da instância, por outro, evitar despesas e transtornos desnecessários para o Réu.

ABRANTES GERALDES in "Temas da Reforma ...", p. 244, em elogio ao despacho liminar do CPC (anterior à reforma de 1995/96), refere que este, pelos motivos acima exposto, "garantia uma melhor imagem dos tribunais".

Nos termos do art. 54.º, do CPT, o juiz deve proferir despacho liminar com uma das seguintes finalidades:

1. *convidar o autor a aperfeiçoar a petição inicial, se nela detectar obscuridades, deficiências ou incoerências.*

O convite ao aperfeiçoamento está previsto em termos mais amplos no art. 508.°, n.ᵒˢ 1, al. *b*), 2 e 3, do CPC, e pode subdividir-se num convite:

1.1 – ao suprimento de irregularidades da petição inicial, designadamente: a falta de requisitos legais (não só os exigidos no art. 467.°, como também a necessidade de dedução por artigos, art. 151.°, n.° 2, do CPC) e a não junção de documento essencial ou de que dependa o prosseguimento da causa, nos termos do art. 508.°, n.° 2, do CPC.

Se o Autor não suprir as irregularidades da petição, o juiz, em princípio, deve abster-se de conhecer o mérito da causa e absolver o Réu da instância, MONTALVÃO MACHADO *in* "O dispositivo e os Poderes do Tribunal À Luz do Novo Código de Processo Civil", 2.° Edição, Almedina, 2001, ISBN 972-40-1490-8, p. 252.

Por outro lado, se o Autor não juntar o documento essencial para a prova de determinado facto, este deverá considerar-se como não provado, MONTALVÃO MACHADO *in* "O dispositivo...", p. 252.

1.2 – ao aperfeiçoamento da petição inicial quando esta contenha factos articulados de modo inexacto ou impreciso.

O juiz, aqui, convida, o Autor a apresentar uma nova petição inicial corrigida ou completada, art. 508.°, n.° 3, do CPC.

Se o Autor não apresentar nova peça processual, não será afectado por nenhuma consequência concreta.

Conforme refere MONTALVÃO MACHADO *in* "O dispositivo...", p. 259, "Se as partes querem permanecer na obscuridade fáctica", assumem um risco que não pode ser contrariado pelo juiz.

Ou

2. *Indeferir a petição inicial*

Nos termos do disposto no art. 234.°-A, do CPC (para o qual remete o art. 54.°, n.° 1, do CPT) o juiz pode indeferir liminarmente a petição inicial quando esta seja manifestamente improcedente ou quando ocorram, de forma evidente, excepções dilatórias insupríveis de conhecimento oficioso.

Os casos de indeferimento liminar, figura adjectiva que assenta no princípio da economia processual, "correspondem a situações em que a petição inicial apresenta **vícios formais** ou **substanciais** de tal modo graves que permitem prever, logo nesta fase, que jamais o processo assim iniciado terminará com uma decisão de mérito, ou que é inequívoca a inviabilidade da pretensão apresentada pelo autor", ABRANTES GERALDES *in* "Temas da Reforma ...", p. 255.

As excepções dilatórias motivam o indeferimento liminar quando:

– *ocorram de modo evidente, ou seja, se resultarem da simples leitura da petição inicial e dos documentos que a acompanhem;*

– *sejam insupríveis e*

– *sejam de conhecimento oficioso.*

Vejamos alguns exemplos de excepções dilatórias que motivam o indeferimento liminar.

  i) Incompetência absoluta, art. 105.º, do CPC;

  ii) Falta de personalidade judiciária, salvo o previsto no art. 8.º, do CPC;

  iii) Ilegitimidade singular;

  iv) Ineptidão da petição inicial, art. 193.º, do CPC;

  Para maiores desenvolvimentos acerca da insanabilidade da ineptidão da petição inicial, *vide* MONTALVÃO MACHADO *in* "O dispositivo...", ps. 265 e ss..

  v) Total inadequação da forma processual utilizada, que não permita o aproveitamento do processo nos termos do art. 199.º, do CPC.

Perante o indeferimento liminar da petição inicial o Autor pode:

  a) Apresentar nova petição inicial, no prazo de 10 dias contados da notificação do respectivo despacho, considerando-se a acção proposta na data em que a primeira petição inicial foi apresentada, conforme resulta do art. 476.º *ex vi* 234.º-A, n.º 1, parte final, ambos do CPC.

  Como é lógico a nova petição inicial fica sujeita a nova apreciação liminar.

  b) Apresentar recurso até à Relação, nos termos do art. 234.º-A, n.º 2, do CPC (com a redacção introduzida pelo DL n.º 303//2007, de 24.08), aplicando-se, no nosso entendimento, o regime dos arts. 79.º e ss., do CPT.

3. Audiência de partes

A audiência de partes prevista no art. 55.°, do CPT, pode afirmar-se como a principal novidade do Código de Processo do Trabalho, aprovado pelo Decreto-Lei n.° 480/99, de 09 de Novembro.

De acordo com o preâmbulo do referido diploma a audiência de partes visa "permitir uma mais fácil conciliação mediante acordo equitativo, visto o litígio ainda não se ter verdadeiramente sedimentado nem radicalizado e, desse modo, ser previsível uma maior disponibilidade das partes para o consenso, tanto mais que tudo se desenrolará já na presença mediadora do juiz".

Para além disso, a audiência de partes procura simplificar a tramitação e a definição do verdadeiro objecto do processo, permitindo "na maioria dos casos, estabelecer *ab initio* o agendamento de todos os posteriores actos processuais, com o conhecimento imediato de todos os intervenientes, assim se evitando a necessidade de múltiplos despachos de simples expediente do juiz minorando a intervenção da secretaria".

Nos termos do art. 54.°, n.° 2, do CPT, estando a acção em condições de prosseguir, o juiz designa data para a audiência de partes, a realizar no prazo de 15 dias.

O Autor é notificado para comparecer pessoalmente (art. 55.°, n.° 2, do CPT).

O Réu é citado para comparecer pessoalmente, sendo-lhe entregue duplicado da petição inicial e cópia dos documentos que a acompanhem (art. 55.°, n.os 2 e 3, do CPT).

Autor e Réu podem fazer representar-se por mandatário judicial com poderes especiais para confessar, transigir ou desistir.

Conforme lembra LOPES CARDOSO *in* "Manual...", p. 157, se o mandatário não tiver poderes suficientes para confessar, desistir ou transigir "nada impede que intervenha como «gestor de negócios» (hipótese em que terá de justificar imediatamente a «urgência» da sua intervenção – n.° 1, do art. 41.°, do CPC) ou, já como mandatário, ao abrigo do disposto no art. 40.°, do mesmo Código".

Em ambos estes casos, a actuação do mandatário está sujeita a ratificação do seu representado, sob pena de:

a) No caso de falta, insuficiência e irregularidade do mandato, ficar sem efeito tudo o que tiver sido praticado pelo mandatário, devendo este ser condenado nas custas respectivas e, se tiver agido culposamente, na indemnização dos prejuízos a que tenha dado causa, conforme resulta do n.º 2, do art. 40.º, do CPC;

b) no caso da gestão de negócios, o gestor será condenado nas custas que provocou e na indemnização do dano causado à parte contrária ou à parte cuja gestão assumiu, nos termos do art. 41.º, n.º 2, do CPC.

Tramitação

1. A audiência é presidida pelo juiz que a declara aberta.
2. De seguida, o Autor expõe os fundamentos de facto e de direito da sua pretensão.
3. O Réu apresenta a sua resposta.
4. O juiz procede à tentativa de conciliação obrigatória nos termos dos arts. 51.º a 53.º, do CPT.

A tentativa de conciliação, de acordo com o n.º 2, do art. 51.º, do CPT, destina-se a pôr termo ao litígio mediante acordo equitativo.

Nos termos do n.º 2, do art. 52.º *ex vi* n.º 2, do art. 55.º, ambos do CPT, o juiz certifica-se:

– da capacidade das partes e
– da legalidade do resultado da conciliação ("nomeadamente no que diz respeito a direitos indisponíveis", Mendes Batista *in* "Código de Processo...", p. 106).

No auto de conciliação deve constar:

a) a certificação da capacidade das partes e da legalidade do resultado da conciliação (n.º 2, do art. 52.º *ex vi* n.º 2, do art. 55.º, ambos do CPT).

b) pormenorizadamente os termos do acordo, no que diz respeito, a prestações, respectivos prazos e lugares de cumprimento (n.º 1, do art. 53.º *ex vi* n.º 2, do art. 55.º, ambos do CPT).

Se houver cumulação de pedidos, o acordo deve discriminar os pedidos por ele abrangidos (n.º 2, do art. 53.º *ex vi* n.º 2, do art. 55.º, ambos do CPT).

c) os fundamentos que, no entendimento das partes, justificam a persistência do litígio (n.º 3, do art. 53.º *ex vi* n.º 2, do art. 55.º, ambos do CPT).

Processo do trabalho declarativo comum 413

A desistência, a confissão ou a transacção efectuadas na audiência de conciliação não carecem de homologação para produzir efeitos de caso julgado, constituindo, assim, título executivo, Lopes Cardoso *in* "Manual...", p. 158.

À desistência, à confissão e à transacção em processo laboral, aplica-se o regime previsto nos arts. 293.º a 301.º, do CPC.

Nos termos do n.º 1, do art. 456.º, do CPC *ex vi* n.º 5, do art. 54.º, do CPT, a parte que faltar injustificadamente à audiência de partes pode ser condenada em multa e numa indemnização à parte contrária, se esta a pedir (sanções previstas para a litigância de má fé).

Conforme previsto no art. 56.º, do CPT, se a conciliação se frustrar a audiência prossegue (pois como vimos a conciliação não é o único propósito da audiência de partes), devendo o juiz:

a) Ordenar a imediata notificação do réu para contestar, no prazo de 10 dias.

No âmbito do processo civil, o Réu é citado para contestar (art. 486.º, do CPC), por sua vez, no processo laboral, o Réu é citado para comparecer na audiência de partes (art. 54.º, n.º 3, do CPT). Sendo assim, e porque a citação só se faz uma vez, o Réu, no foro laboral é notificado (e não citado) para contestar.

O prazo para contestar é de 10 dias, contados a partir da notificação para o fazer.

Acontece que, na prática, o prazo para contestar é superior, pois não devemos esquecer que ao Réu, no momento em que foi citado para comparecer na audiência de partes, foi-lhe remetido duplicado da petição inicial e cópia dos documentos que a acompanham (art. 54.º, n.ºs 3 e 4, do CPT).

Assim, ao prazo de 10 dias deve, na prática (repita-se), acrescer o prazo que decorreu desde a citação até à audiência de partes.

b) Determinar a prática dos actos que melhor se ajustem ao fim do processo, bem como as necessárias adaptações, depois de ouvidas as partes presentes.

Com o CPT (aprovado pelo DL n.º 480/99), "*institui-se* uma única forma de processo, *com tramitação simplificada, mas em termos suficientemente maleáveis para, sem quebra de garantias, permitir adequação às situações de diversa complexidade colocadas perante o tribunal, deixando-se ao critério do juiz a escolha daquelas que, em razão de maior*

414   *Do Processo do Trabalho*

complexidade exijam uma ritualismo de conformação mais ampla", cfr. preâmbulo daquele diploma.

Neste seguimento, a presente alínea confere ao juiz o poder de adequação ao fim do processo.

O conteúdo prático desta alínea tem sido discutido pela nossa doutrina.

Para LOPES CARDOSO *in* "Manual...", p. 161, a faculdade de adequação aqui prevista limita-se "praticamente, à questão do «número de articulados»; à questão dos «prazos», do «número de testemunhas», à questão do tempo concedido para as «alegações orais» ou a «discussão escrita» do aspecto jurídico da causa.

O que, deve reconhecer-se, é muito pouco para justificar a inserção duma tal norma que será mais um quebra-cabeças para o juiz que lhe encontrar utilidade.

Cremos que, em boa verdade, cairá em desuso (se desde logo por este não começar)".

c) Fixar a data da audiência final, mediante acordo com os mandatários (art. 155.º, n.º 1, do CPC *ex vi* al. *c*), do art. 56.º, do CPT).

Os mandatários impedidos de comparecer na data designada, em virtude de outro serviço judicial marcado, devem comunicar tal facto ao tribunal, no prazo de 5 dias, propondo datas alternativas, após contacto com os restantes mandatários interessados (art. 155.º, n.º 2, do CPC *ex vi* al. *c*), do art. 56.º, do CPT).

O juiz, ponderadas as razões apresentadas, pode alterar a data inicialmente fixada (art. 155.º, n.º 3, do CPC *ex vi* al. *c*), do art. 56.º, do CPT).

Ao abrigo do disposto no art. 1.º do DL n.º 184/2000, de 10 de Agosto, *"a marcação das audiências não pode ser feita com uma antecedência superior a três meses e para cada dia só podem ser marcadas as audiências que efectivamente o tribunal tenha disponibilidade de realizar"*.

A propósito desta norma, LOPES CARDOSO *in* "Manual...", p. 159 considera que "impondo-se a marcação com a antecedência de três meses, isso significa que, se não tiver agenda disponível a esse prazo, os processos ficarão na prateleira a aguardar vez, vindo possivelmente os julgamentos a ser designados para data posterior aquela em que, nas condições que existiam, teriam sido realizados".

Se houver lugar a audiência preliminar, fica sem efeito a data designada para a audiência final, conforme prevê o n.º 3, do art. 62.º, do CPT.

4. Contestação

Noção

A contestação é a peça processual escrita na qual o Réu, chamado a juízo, responde à petição inicial apresentada pelo Autor. A contestação está regulada nos arts. 486.° e ss., do CPC.

Modalidades

Na contestação, o Réu pode defender-se por impugnação ou por excepção (art. 487.°, do CPC).

a) Na defesa por impugnação o Réu limita-se a recusar a pretensão do Autor.

A defesa por impugnação pode subdividir-se em:

a.1 – *Defesa por impugnação de facto*. Neste caso, o Réu opõe-se "à versão da realidade apresentada pelo autor, negando os factos alegados, como causa de pedir, na petição inicial", LEBRE DE FREITAS *in* "A acção...", p. 83.

A impugnação dos factos pode ser:

– *directa* quando o Réu nega frontal e cabalmente os factos aduzidos pelo Autor, afirmando que não se verificaram.

– *indirecta* quando o Réu, confessando ou admitindo partes dos factos alegados pelo Autor, "afirma, por sua vez, factos cuja existência é incompatível com a realidade de outros também alegados pelo autor no âmbito da mesma causa de pedir", LEBRE DE FREITAS *in* "A acção...", p. 83.

a.2 – *Defesa por impugnação de direito*. Aqui, o Réu contradiz o efeito jurídico que o autor pretende extrair dos factos vertidos, "pondo em causa a determinação, interpretação ou aplicação da norma de direito feita pelo autor na petição inicial", LEBRE DE FREITAS *in* "A acção...", p. 83.

b) Na defesa por excepção o Réu "sem negar propriamente a realidade dos factos articulados na petição, nem atacar isoladamente o feito jurídico que deles se pretende extrair" (ANTUNES VARELA/MIGUEL BEZERRA/SAMPAIO E NORA *in* "Manual...", p. 291)

416   *Do Processo do Trabalho*

alega factos novos que obstam à apreciação do mérito da acção ou que, servindo de causa impeditiva, modificativa ou extintiva do direito invocado pelo Autor, determinam a improcedência total ou parcial do pedido (art. 487.°, n.° 2, parte final, do CPC).

As excepções podem ser dilatórias ou peremptórias (art. 493.°, n.° 1, do CPC).

b.1. As excepções dilatórias obstam a que o tribunal conheça do mérito da causa e dão lugar à absolvição da instância ou à remessa do processo para outro tribunal.

As excepções dilatórias tipificadas no art. 494.°, do CPC, são os seguintes:

i) *A incompetência absoluta e relativa do tribunal.*

A *incompetência absoluta* resulta da infracção das regras de competência em razão da matéria e da hierarquia e das regras de competência internacional (art. 101.°, do CPC).

A incompetência absoluta implica a absolvição do réu da instância ou o indeferimento em despacho liminar, quando o processo o comportar (art. 105.°, n.° 1, do CPC).

No entanto, se a incompetência for decretada depois de findos os articulados, podem estes ser aproveitados desde que:

– haja acordo das partes no aproveitamento e

– o autor requeira a remessa do processo ao tribunal em que a acção deveria ter sido proposta (art. 105.°, n.° 2, do CPC).

Por seu lado, a *incompetência relativa* resulta da infracção das regras de competência fundadas no valor da causa, na forma de processo aplicável, na divisão judicial do território ou decorrentes do estipulado nas convenções previstas nos arts. 99.° e 100.°, do CPC (art. 108.°, do CPC).

A incompetência relativa implica que o processo seja remetido para o tribunal competente. Se a incompetência resultar da violação de pacto privativo de jurisdição, o Réu deverá ser absolvido da instância (art. 111.°, n.° 3, do CPC).

ii) *A nulidade de todo o processo.*

O processo é nulo quando a petição inicial for inepta (art. 193.°, n.° 1, do CPC).

A nulidade do processo implica a absolvição do Réu da instância (art. 288.°, n.° 1, al. *b*), do CPC).

Processo do trabalho declarativo comum 417

Convém, no entanto, lembrar que a arguição da ineptidão poderá não proceder se se verificar que o Réu interpretou convenientemente a petição inicial (art. 193.º, n.º 3, do CPC).

iii) *A falta de personalidade ou de capacidade judiciária de alguma das partes*

A personalidade judiciária consiste na susceptibilidade de ser parte (art. 5.º, n.º 1, do CPC).

Quem tiver personalidade jurídica (art. 66.º, do CC) tem igualmente personalidade judiciária (art. 5.º, n.º 2, do CPC).

A falta de personalidade jurídica implica a absolvição do Réu da instância, nos termos do art. 288.º, n.º 1, al. *c*), do CPC.

A capacidade judiciária consiste na susceptibilidade de estar, por si, em juízo (art. 9.º, n.º 1, do CPC).

De acordo com o n.º 2, do art. 9.º, do CPC, a capacidade judiciária tem por base e por medida a capacidade de exercício de direitos.

A capacidade de exercício de direitos "é a idoneidade para actuar juridicamente, exercendo direitos ou cumprindo deveres, adquirindo direitos ou assumindo obrigações, por *acto próprio e exclusivo* ou mediante um *representante voluntário ou procurador*, isto é, um representante escolhido pelo próprio representado", MOTA PINTO *in* "Teoria Geral...", p. 212.

A incapacidade judiciária e irregularidade da representação são supríveis nos termos do art. 23.º e 24.º, ambos do CPC.

Se a falta de capacidade judiciária não for sanada, o Réu deverá ser absolvido da instância, conforme resulta do art. 288.º, n.ºs 1, al. *e*), 2 e 3, do CPC.

iv) *A falta de autorização ou deliberação que o autor devesse obter.*

Nestes casos, a lei substantiva exige que o Autor, para a propositura da acção, esteja munido de autorização (v.g., a autorização ao tutor, art. 1938.º, n.º 1, al. *e*), do CC) ou da deliberação de um órgão (v.g., autorização concedida ao administrador do condomínio pela assembleia de condóminos, nos termos do art. 1437.º, n.º 1, do CC ou ao órgão da administração da associação pela assembleia geral , ao abrigo do n.º 2, do art. 172.º, do CC), LEBRE DE FREITAS E OUTROS *in* "Código de Processo...", Vol. 2.º, p. 308.

A falta de autorização ou de deliberação pode ser sanada nos termos do art. 25.º, do CPC. Caso contrário, o Réu será absolvido da instância, nos termos do art. 288.º, n.ºs 1, al. *e*), 2 e 3, do CPC.

v) *A ilegitimidade de alguma das partes*

Nos termos do art. 26.°, n.ºs 1 e 2, do CPC, o Autor é parte legítima quando tem interesse directo em demandar (traduzido na utilidade derivada da procedência da acção). Por sua vez, o Réu é parte legítima quando tem interesse directo em contradizer (traduzido no prejuízo que advenha da procedência da acção).

Os sujeitos da relação controvertida, tal como é configurada pelo Autor, presumem-se partes legítimas (art. 26.°, n.° 3, do CPC).

A ilegitimidade é sanável "quando resulta de não ter demandado, ou não ter sido demandada, determinada pessoa, que devia tê-lo sido juntamente com o autor ou com o Réu" (arts. 28.° e 269.°, do CPC), LEBRE DE FREITAS *in* "A acção…", p. 95.

Nos termos do art. 269.°, n.° 1, do CPC, a ilegitimidade plural pode ser suprimida com a intervenção da parte que não esteja em juízo, nos termos dos arts. 325.° e ss., do CPC.

Se a ilegitimidade não for ou não puder ser sanada, o Réu deve ser absolvido da instância, nos termos do art. 288.°, n.ºs 1, al. *d*), 2 e 3, do CPC.

vi) *A coligação ilegal de Autores ou Réus*

A coligação de Autores ou Réus, por pedidos diferentes, é permitida quando:

– a causa de pedir seja a mesma e única (art. 30.°, n.° 1, do CPC);

– os pedidos estejam entre si numa relação de prejudicialidade ou de dependência (art. 30.°, n.° 1, do CPC);

– sendo diferente a causa de pedir, a procedência dos pedidos principais dependa essencialmente da apreciação dos mesmos factos ou da interpretação e aplicação das mesmas regras de direito ou de cláusulas de contrato perfeitamente análogas (art. 30.°, n.° 2, do CPC);

– os pedidos contra os vários Réus se baseiem na invocação da obrigação cartular para uns e da respectiva relação subjacente para outros (art. 30.°, n.° 3, do CPC);

Se a coligação não tiver por base a conexão entre os pedidos exigida pelo art. 30.°, o juiz notifica o Autor para indicar qual o pedido que pretende ver apreciado sob cominação de, não o fazendo, o Réu ou os Réus serem absolvidos da instância (art. 31.°-A, do CPC).

Processo do trabalho declarativo comum 419

vii) *Pluralidade subjectiva fora dos casos previstos no art. 31.°-B, do CPC*

O Autor tem o possibilidade de deduzir o mesmo pedido subsidiariamente contra Réu diverso do demandado a título principal, caso alegue dúvida fundamentada sobre o sujeito da relação controvertida (art. 31.°-B, do CPC).

Podemos, assim, concluir que se não for alegada dúvida sobre o sujeito da relação controvertida (ou, sendo ela alegada, não tiver sido devidamente fundamentada), a pluralidade subjectiva subsidiária não é admissível. Neste caso, o Réu deve ser absolvido da instância, nos termos do art. 288.°, n.° 1, al. *e*), do CPC.

viii) *Falta de constituição de mandatário nos processos indicados no art. 32.°, n.° 1, do CPC.*

De acordo com este artigo, a constituição de mandatário e obrigatória:

a) nas causas de competência de tribunais com alçada, em que seja admissível recurso ordinário;

b) nas causas em que seja sempre admissível recurso, independentemente do valor e

c) nos recursos e nas causas propostas nos tribunais superiores.

A parte que não constituir advogado (sendo obrigatória a sua constituição) é notificada para o fazer, sob pena de o Réu ser absolvido da instância, de não ter seguimento o recurso ou de ficar sem efeito a defesa (art. 33.°, do CPC).

ix) *Falta, insuficiência e irregularidade do mandato.*

No caso de falta, insuficiência e irregularidade do mandato, fica sem efeito tudo o que tiver sido praticado pelo mandatário, devendo este ser condenado nas custas respectivas e, se tiver agido culposamente, na indemnização dos prejuízos a que tenha dado causa, conforme resulta do n.° 2, do art. 40.°, do CPC.

Por outro lado, o Réu deve ser absolvido da instância, nos termos do art. 288.°, n.° 1, al. *e*), do CPC.

x) *A litispendência ou o caso julgado.*

A litispendência e o caso julgado estão regulados nos arts. 497.° e ss., do CPC.

A litispendência ou o caso julgado implicam que o Réu seja absolvido da instância, nos termos do art. 288.°, n.° 1, al. *e*), do CPC.

420 Do Processo do Trabalho

xi) *A preterição do tribunal arbitral necessário ou a violação de convenção de arbitragem.*

O regime do tribunal arbitral necessário está previsto nos arts. 1525.º e ss., do CPC.

A violação de convenção de arbitragem, na qual as partes se obrigam a recorrer a árbitros, constitui excepção dilatória.

A preterição do tribunal arbitral necessário ou a violação de convenção de arbitragem implica que o Réu seja absolvido da instância, nos termos do art. 288.º, n.º 1, al. *e*), do CPC.

b.2. As excepções peremptórias "importam a absolvição total ou parcial do pedido e consistem na invocação de factos que impedem, modificam ou extinguem o efeito jurídico dos factos articulados pelo autor", art. 493.º, n.º 3, do CPC.

Prazo

O Réu, na audiência de partes, é notificado para contestar no prazo de 10 dias (art. 56.º, al. *a*), do CPT).

Se o Ministério Público patrocina um trabalhador, Réu na acção, deve declarar, no prazo inicial para contestar, que assumiu esse patrocínio, contando-se o prazo para contestar a partir dessa declaração (art. 58.º, n.º 1, do CPT).

O prazo para contestar pode ser prorrogado, até 10 dias, quando:

– O Ministério Público tiver requerido, fundamentadamente, tal prorrogação com base na falta de informações que não poderá obter atempadamente ou quando tenha de aguardar resposta a consulta feita a instância superior (n.º 4, do art. 486.º, do CPC *ex vi* art. 58.º, do CPT) ou

– O Réu ou o seu mandatário tenha requerido tal prorrogação, em virtude de motivo ponderoso que impeça ou dificulte a organização da defesa respectiva (n.º 5, do art. 486.º, do CPC *ex vi* art. 58.º, do CPT).

No caso de haver vários Réus, a contestação de todos ou de cada um deles pode ser apresentada até termo do prazo que começou a correr em último lugar para contestar (art. 486.º, n.º 2, do CPT).

A contestação pode, ainda, ser apresentada fora de prazo se o Réu alegar a verificação de evento que não lhe seja imputável (nem aos seus representantes ou mandatários) e que obste à apresentação atempada da contestação. Trata-se, aqui, da figura do justo impedimento prevista no n.º 4, do art. 145.º e no art. 146.º, ambos do CPC.

Se não for alegado justo impedimento, a contestação pode ser apresentada nos três primeiros dias úteis subsequentes ao termo do prazo, contanto o Réu pague, até ao termo do 1.º dia útil posterior ao da prática do acto, uma multa de montante igual a 1/4 da taxa de justiça inicial por cada dia de atraso, não podendo a multa exceder 3 UC (art. 145.º, n.º 5, do CPC).

Se a multa não for paga no prazo supra referido, o Réu será notificado para pagar uma multa de montante igual ao dobro da taxa de justiça inicial, não podendo a multa exceder 20 UC (art. 145.º, n.º 6, do CPC).

Modo de apresentação

Remeter para considerações tecidas acerca da petição inicial.

Ónus de impugnação e revelia

A revelia pode ser:
– absoluta, quando o Réu não intervém de nenhuma forma em juízo (art. 483.º, do CPC) ou
– relativa, neste caso, o Réu não contesta, mas manifesta-se no processo, mediante constituição de mandatário ou por outro modo qualquer.

O Réu deve tomar posição clara perante os factos articulados na petição inicial (art. 490.º, n.º 1, do CPC).

A impugnação não tem ser feita "facto por facto, individualizadamente, podendo ser genérica", LEBRE DE FREITAS E OUTROS *in* "Código de Processo...", Vol. 2.º, p. 298.

De acordo com o art. 57.º, n.º 1, do CPT (que contêm um regime igual ao do art. 484.º, do CPC), os factos articulados pelo Autor consideram-se confessados quando:
– o Réu não contestar (tendo sido ou devendo considerar-se regularmente citado na sua própria pessoa), ou

422 Do Processo do Trabalho

– tenha juntado procuração a mandatário judicial no prazo da contestação.

Estamos perante um *efeito cominatório semi-pleno*, segundo o qual, a não apresentação de contestação implica, apenas a confissão dos factos e não a admissão da matéria de direito, "impondo-se o *princípio de conhecimento do mérito da causa*, ainda que com a possibilidade de o juiz poder decidir simplificadamente", MENDES BATISTA *in* "Código de Processo...", p. 120.

Se o Réu não contestar o tribunal profere sentença a julgar a causa conforme for de direito, nos termos do art. 57.º, n.º 1, parte final, do CPT (no âmbito do CPC, o processo previamente é facultado para consulta aos advogados do Autor e do Réu, art. 484.º, n.º 2, do CPC).

Esta sentença pode limitar-se à parte decisória, precedida da identificação das partes e da fundamentação sumária do julgado, desde que a causa se revista de manifesta simplicidade (art. 57.º, n.º 2).

Aliás, a fundamentação pode ser feita mediante simples adesão ao alegado pelo Autor, nos casos em que, os factos confessados conduzem à procedência da acção (art. 57.º, n.º 2, do CPT).

Nos termos do art. 485.º, do CPC, o efeito cominatório semi-pleno não se verifica:

a) Relativamente aos factos impugnados pelo contestante, quando haja vários Réus e algum deles contestar;

b) Quando o Réu ou algum dos Réus for incapaz, situando-se a causa no âmbito da incapacidade, ou houver sido citado editalmente e permaneça na situação de revelia absoluta;

c) Quando a vontade das partes for ineficaz para produzir o efeito jurídico que pela acção se pretende obter;

d) Quando se trate de factos para cuja prova se exija documento escrito.

Elementos e instrução

De acordo com o disposto no art. 488.º, do CPC, a contestação deve:

– individualizar a acção;

– conter a exposição das razões de facto e de direito que contradizem a pretensão do Autor.

Processo do trabalho declarativo comum 423

A exposição dos factos na contestação deve ser deduzida por artigos (art. 151.°, n.° 2, do CPC);
– especificar separadamente as excepções apresentadas.

A propósito é de referir que o Réu com a contestação:
a) deve juntar documento comprovativo do pagamento de taxa de justiça inicial ou da concessão de apoio judiciário (art. 467.°, n.° 3 *ex vi* art. 486.°-A, n.° 1, ambos do CPC, com a redacção introduzida pelo DL n.° 303/2007, de 24.08).

Se o Réu estiver a aguardar decisão sobre a concessão de apoio judiciário na modalidade de dispensa total ou parcial do pagamento da taxa de justiça inicial, pode juntar comprovativo da apresentação do respectivo requerimento (art. 486.°-A, n.° 1, do CPC).

Caso o apoio judiciário seja indeferido, o Réu deverá juntar, no prazo de 10 dias, comprovativo do pagamento da taxa de justiça inicial, sob pena de ser condenado a pagar o montante omitido, acrescido de multa de igual valor, mas não inferior a 1 UC nem superior a 10 UC (conforme leitura conjugada dos n.ºs 2 e 3, do art. 486.°-A, do CPC);

b) deve apresentar os documentos que fundamentem a pretensão (art. 523.°, n.° 1, do CPC);

c) pode requerer a produção antecipada de prova, nos termos do art. 521.°, do CPC;

d) deve apresentar o rol de testemunhas (art. 63.°, n.° 1, do CPT).

Tenhamos presente que o rol de testemunhas pode ser alterado ou aditado até 20 dias antes da data em que se realize a audiência final, sendo a parte contrária notificada para usar, querendo, de igual faculdade no prazo de 5 dias (art. 63.°, n.° 2, do CPT).

O Réu só pode arrolar:
– 10 testemunhas para prova dos fundamentos da defesa (art. 64.°, n.° 1, do CPT);
– 3 testemunhas sobre cada facto, não contando as que declarem nada saber (art. 65.°, do CPT).

Se o Réu deduzir reconvenção pode apresentar mais 10 testemunhas para prova dos seus fundamentos (art. 64.°, n.° 2, do CPT). Continua a valer, em nossa opinião, o limite de 3 testemunhas sobre cada facto (art. 65.°, do CPT).

e) requerer quaisquer outras provas (art. 63.°, n.° 1, do CPT).

Quanto aos duplicados e cópias a apresentar com a contestação cfr. considerações tecidas acerca da petição inicial.

Estrutura

A contestação tem uma estrutura semelhante à petição inicial.

Notificação da contestação ao Autor

A contestação é notificada ao Autor (art. 59.°, n.° 1, do CPT).

Havendo vários Réus, a notificação tem lugar depois de apresentada a última contestação ou de haver decorrido o prazo para o seu oferecimento (art. 59.°, n.° 1, do CPT).

Para LOPES CARDOSO *in* "Manual ...", p. 172, a falta de contestação também deve ser notificada ao Autor, habilitando-o a exercer o direito de opção do art. 13.°, da LCCT (actual art. 438.°, do CT).

Convém, no entanto, lembrar que nem sempre o Autor é o trabalhador.

Reconvenção ou pedido reconvencional

Considerações preliminares

A reconvenção consiste no pedido autónomo formulado pelo Réu contra o Autor, no âmbito da acção por este instaurada.

Como refere ANTUNES VARELA/MIGUEL BEZERRA/SAMPAIO E NORA *in* "Manual...", p. 323, na reconvenção "há uma contrapretensão do réu, há um verdadeiro contra-ataque desferido pelo reconvinte (Réu, parêntesis nosso) contra o reconvindo (Autor, parêntesis nosso). Passa a haver assim *uma nova acção* dentro do *mesmo processo*. O pedido reconvencional é *autónomo*, na medida em que transcende a simples improcedência da pretensão do autor e os corolários dela decorrentes".

Admissibilidade e requisitos

A reconvenção é admissível quando:

a) o pedido do Réu emirja de facto jurídico que sirva de fundamento à acção (art. 30.º, n.º 1, do CPT).

Diferentemente, no âmbito do CPC, a reconvenção é admitida não só quando emerge de facto jurídico que serve de fundamento à acção, mas também, quando emerge de facto jurídico que serve de fundamento à defesa.

b) a questão reconvencional tenha uma relação de conexão com a acção, por acessoriedade, complementaridade ou dependência, nos termos do art. 85.º, als. *p)* e *o),* da Lei n.º 3/99, de 13 de Janeiro (que aprovou a LOFTJ) *ex vi* 30.º, n.º 1, do CPT.

Segundo MENDES BATISTA *in* "Código de Processo...", p. 76, "o pedido tem de estar objectivamente subordinado ao pedido principal sendo dele dependente (**acessoriedade**), de ter subjacente uma relação que foi controvertida por vontade das partes em complemento da do pedido principal, sem prejuízo de ambas as relações manterem a sua autonomia (**complementaridade**), ou de existir uma relação, embora autónoma, entre os dois pedidos, constituindo o pedido principal o suporte imprescindível do outro (**dependência**)".

c) o Réu invoque a compensação. Neste caso, não é necessário que entre a acção e a reconvenção haja uma relação de acessoriedade, complementaridade ou dependência (art. 85.º, als. *p)* e *o),* da Lei n.º 3/99, de 13 de Janeiro (que aprovou a LOFTJ) *ex vi* 30.º, n.º 1, do CPT).

Em qualquer um dos casos é, ainda, necessário que:

– o valor da causa exceda a alçada do tribunal (art. 30.º, n.º 1, do CPT).

Em matéria cível, a alçada dos tribunais de 1.º instância é de Euros 5.000, nos termos do art. 24.º, da LOFTJ (com a redacção introduzida pelo DL n.º 303/2007, de 24 de Agosto).

O valor da causa, para efeitos de determinação da admissibilidade da reconvenção, é o valor indicado na petição inicial e não este valor acrescido do da reconvenção. Isto porque, conforme resulta do n.º 2, do art. 30.º, do CPT, este aumento do valor da causa só produz efeitos no que respeita aos actos e termos posteriores à reconvenção.

426 *Do Processo do Trabalho*

– ao pedido do Réu corresponda a mesma espécie de processo que corresponde ao pedido do Autor.

As espécies de processo laboral estão elencadas no art. 21.°, do CPT.

– o tribunal da acção seja competente em razão da nacionalidade, da matéria e da hierarquia, para apreciar a questão reconvencional, sob pena de absolvição da instância do reconvindo, conforme resulta do art. 98.°, n.° 1, do CPC.

O reconvinte deve na contestação:

– identificar e deduzir separadamente a reconvenção (art. 501.°, n.° 1, do CPC);

– expor os fundamentos da reconvenção (art. 501.°, n.° 1, do CPC).

Fundamentos esses que consistem nos factos e nas razões de direito em que assenta a pretensão reconvencional (art. 467.°, n.° 1, al. *d*), *ex vi* art. 501.°, n.° 1, ambos do CPC);

– formular o pedido reconvencional (art. 501.°, n.° 1, do CPC);

– declarar o valor da reconvenção (art. 501.°, n.° 2, do CPC).

Caso haja reconvenção, o seu valor acresce ao valor da causa (art. 308.°, do CPC).

Se não for indicado o valor da reconvenção, a contestação não deixa de ser recebida, mas o reconvinte é convidado a fazê-lo, sob pena de a reconvenção não ser atendida (art. 501.°, n.° 2, do CPC).

Conforme já referimos, o reconvinte pode apresentar 10 testemunhas para prova dos fundamentos da reconvenção (art. 64.°, n.° 2, do CPT). Continuando, em nossa opinião, a valer o limite de 3 testemunhas sobre cada facto (art. 65.°, do CPT).

5. Resposta

Noção e considerações preliminares

A resposta é o articulado através do qual o Autor responde à contestação do Réu, quando nesta tenha sido deduzida excepção e/ou formulado pedido reconvencional (art. 60.°, n.° 1, do CPT).

No âmbito do processo civil os articulados de resposta à contestação são:
- a réplica, no processo declarativo ordinário (art. 502.º, do CPC) e
- a resposta, no processo declarativo sumário (art. 785.º, do CPC).

Requisitos de admissibilidade

Nos termos do art. 60.º, n.º 1, do CPT, a resposta é admissível quando o Réu:
- se tiver defendido por excepção (dilatória ou peremptória) ou
- tiver deduzido pedido reconvencional.

Para que a resposta seja admissível é, ainda, necessário que a valor da causa exceda a alçada do tribunal (art. 60.º, n.º 1, do CPT).

Em matéria cível, a alçada dos tribunais de 1.º instância é de Euros 5.000, nos termos do art. 24.º, da LOFTJ (com a redacção introduzida pelo DL n.º 303/2007, de 24 de Agosto).

Para CARLOS ALEGRE *in* "Código de Processo...", p. 179, o requisito do valor da causa só se aplica quando a resposta tenha por base a dedução de excepção.

Se a resposta se destina, apenas, a responder ao pedido reconvencional "não é necessária a verificação cumulativa" de tal requisito.

A resposta tem que assentar, apenas, na excepção ou na reconvenção deduzidas, assim, "O autor não pode aproveitar a resposta à contestação para tentar corrigir, completar ou esclarecer a petição inicial.

Se exceder o âmbito da matéria da excepção, o articulado deve ser considerado nulo na parte em que excede tais limites – art. 201.º do CPC", MENDES BATISTA *in* "Código de Processo...", p. 126.

Prazos

Ao abrigo do art. 60.º, n.º 1, do CPT, a resposta deve ser apresentada no prazo de:
- 10 dias, se o Réu tiver deduzido excepção ou
- 15 dias, se tiver havido reconvenção.

Como já referimos para a contestação, também a resposta pode ser apresentada fora de prazo se o Autor alegar a verificação de evento que não lhe seja imputável (nem aos seus representantes ou mandatários) e que obste à apresentação atempada da resposta. Fala-se, aqui, do instituto do justo impedimento, previsto no n.º 4, do art. 145.º e no art. 146.º, ambos do CPC.

Se não for alegado justo impedimento, a resposta pode ser apresentada nos 3 primeiros dias úteis subsequentes ao termo do prazo, contanto, o Autor pague, até ao termo do 1.º dia útil posterior ao da prática do acto, uma multa de montante igual a 1/4 da taxa de justiça inicial por cada dia de atraso, não podendo a multa exceder 3 UC (art. 145.º, n.º 5, do CPC).

Se a multa não for paga no prazo supra referido, o Autor será notificado para pagar uma multa de montante igual ao dobro da taxa de justiça inicial, não podendo a multa exceder 20 UC (art. 145.º, n.º 6, do CPC).

Modo de apresentação

Quanto ao modo de apresentação cfr. considerações tecidas acerca da petição inicial.

No que diz respeito à resposta importa referir que na mesma deve ser:

a) indicado o rol de testemunhas (art. 63.º, n.º 1, do CPT).

Tenhamos presente que o rol de testemunhas pode ser alterado ou aditado até 20 dias antes da data em que se realize a audiência final, sendo a parte contrária notificada para usar, querendo, de igual faculdade no prazo de 5 dias (art. 63.º, n.º 2, do CPT).

Se o Réu deduzir reconvenção, o Autor tem a faculdade de arrolar mais 10 testemunhas para prova dos fundamentos da defesa (art. 64.º, n.º 2, do CPT). Continuando, em nossa opinião, a valer o limite de 3 testemunhas sobre cada facto (art. 65.º, do CPT).

b) requerido qualquer outro meio de prova (art. 63.º, n.º 1, do CPT).

Processo do trabalho declarativo comum 429

Ónus de impugnação

O Autor, na resposta, deve tomar posição definida sobre os factos articulados na contestação e que servem de fundamento à excepção e/ou à reconvenção deduzidas (art. 490.°, n.° 1, do CPC *ex vi* n.° 3, do art. 60.°, do CPT).

Conforme leitura adaptada do n.° 2, do art. 490.°, do CPC *ex vi* n.° 3, do art. 60.°, do CPT, os factos que não sejam impugnados consideram-se admitidos por acordo, salvo se:

– estiverem em oposição com a versão global apresentada na petição inicial;

– não for admissível a sua confissão ou

– só puderem ser provados por documento escrito.

A impugnação não tem que ser feita "facto por facto, individualizadamente, podendo ser genérica", LEBRE DE FREITAS E OUTROS *in* "Código de Processo...", Vol. 2.°, p. 298.

De igual forma, também são considerados confessados os factos pessoais ou de que o Autor deva conhecer e que declare não saber se são reais.

Por sua vez, são considerados impugnados, os factos que o Autor não deva conhecer ou que não sejam pessoais e que declare não saber se são reais, nos termos da leitura adaptada do n.° 3, do art. 490.°, do CPC *ex vi* n.° 3, do art. 60.°, do CPT.

Contra-resposta

Na opinião de CARLOS ALEGRE *in* "Código de Processo...", p. 180, "Não se vislumbram razões para impedir que o réu se defenda de alguma excepção que o autor", na sua resposta, "tenha deduzido, no âmbito da reconvenção".

Também MENDES BATISTA *in* "Código de Processo ...", p. 125, defenda tal possibilidade. Para este autor "o réu tem direito de contra-resposta, se, no caso de na reconvenção, o autor deduzir alguma excepção, não obstante uma interpretação literal do art. 60.° o não admitir".

A este propósito, vide o n.° 4, do art. 3.°, do CPC, que contém uma consagração do princípio do contraditório.

6. Articulados supervenientes

Noção

Os articulados supervenientes são os articulados que contêm factos constitutivos, modificativos ou extintivos de qualquer direito (ou direitos) alegado na acção que sejam supervenientes ao termo dos prazos fixados para o contestação e para a resposta (art. 506.º, n.os 1 e 2, do CPC, analisado adaptadamente).

Admissibilidade

Conforme leitura adaptada do art. 506.º, do CPC, os articulados supervenientes são admissíveis para deduzir factos constitutivos, modificativos ou extintivos de qualquer direito (ou direitos) alegado na acção que tenham ocorrido:
– depois do termo dos prazos fixados para a contestação e para a resposta (superveniência objectiva);
– antes do termo dos prazos fixados para a contestação e para a resposta, mas que a parte só tenha tido conhecimento posteriormente (superveniência subjectiva);
A superveniência subjectiva tem que ser alegada e provada, ou seja, a parte, que apresenta o articulado, deve provar que teve conhecimento do facto depois do termo dos prazos fixados para a contestação e para a resposta.
Se a superveniência não for provada "o articulado deve ser rejeitado, é uma decorrência do dever judicial de rejeição por verificação da apresentação do articulado fora de prazo", LEBRE DE FREITAS E OUTROS *in* "Código de Processo...", Vol. 2.º, p. 341.

No âmbito do processo laboral, os articulados supervenientes são (para além das situações previstas no art. 506.º, do CPC) também admissíveis para que o Autor deduza contra o Réu novos pedidos que tenham como causa factos que:
– ocorram antes da audiência de discussão e julgamento (art. 28.º, n.º 2 *ex vi* art. 60.º, n.º 2, ambos do CPT);
– tenham ocorrido antes da propositura da acção, desde que, justifique a sua não inclusão na petição inicial (art. 28.º, n.º 3 *ex vi* art. 60.º, n.º 2, ambos do CPT).

Processo do trabalho declarativo comum 431

Os novos pedidos não podem corresponder a uma espécie de processo diferente.

Os regimes de articulação superveniente dos arts. 506.°, do CPC e do art. 28.° *ex vi* n.° 2, do art. 60.°, ambos do CPT, apresentam uma diferença essencial:

"– nos casos do art. 506.°, n.ᵒˢ 1 e 2, os factos supervenientes (constitutivos, modificativos ou extintivos) dizem respeito ao *direito accionado;*

– nos casos do art. 28.°, n.ᵒˢ 2 e 3, os factos supervenientes não dizem respeito ao direito accionado, mas a *novos direitos* (n.° 1).

Nas situações do artigo 506.°, n.ᵒˢ 1 e 2, a causa de pedir mantém-se a mesma; nas situações do artigo 28.°, são *aditados novos pedidos e causas de pedir.",* CARLOS ALEGRE *in* "Código de Processo...", p. 180.

Momento de apresentação

Conforme decorre do n.° 3, do art. 506.°, do CPC, os articulados supervenientes devem ser oferecidos:

– na audiência preliminar, quando a superveniência (objectiva ou subjectiva) se tenha verificado até ao respectivo encerramento, al. *a*);

– nos 10 dias posteriores à notificação da data designada para a realização da audiência de discussão e julgamento, quando a superveniência (objectiva ou subjectiva) seja posterior ao termo da audiência preliminar ou esta não se tenha realizado, al. *b*).

Lembremos que no processo laboral, as partes são, logo na audiência de partes, notificados da data designada para a realização da audiência final (art. 56.°, al. *c*), do CPT). Sendo assim, esta alínea não terá grande aplicabilidade no processo laboral.

LOPES CARDOSO *in* "Manual...", p. 182, vai mais longe defendendo que "terá necessariamente que entender-se que a al. *b*), do n.° 3, do art. 506.°, do CPC, é *inaplicável* ao processo laboral socorrendo-me, para o fazer do n.° 3, do art. 1.°, do Código de Processo de Trabalho, sobre a inaplicabilidade das normas subsidiárias quando incompatíveis com a *índole* do processo nele regulado".

– na audiência de discussão e julgamento, se a superveniência (objectiva ou subjectiva) se verificou depois dos 10 dias posteriores à notificação da data designada para a realização da audiência de discussão e julgamento, al. *c*).

Modo de apresentação

Vide as notas desenvolvidas para os outros articulados.

No articulado superveniente devem ser oferecidas, desde logo, as respectivas provas (art. 506.º, n.º 5, do CPC).

Despacho liminar

Depois de receber o articulado superveniente, o juiz profere, nos termos do n.º 4, do art. 506.º, do CPC *ex vi* art. 60.º, n.º 2, do CPT, despacho liminar no sentido de:

a) rejeitar o articulado, por ter sido apresentado fora de tempo, por culpa da parte ou porque os factos alegados não têm interesse para a decisão da causa ou

b) admitir o articulado, ordenando a notificação da parte contrária para responder em 10 dias.

Resposta

Depois de notificada do articulado superveniente, a parte contrária tem 10 dias, para apresentar a sua resposta, devendo oferecer, desde logo, as respectivas provas (art. 506.º, n.ºs 4 e 5, do CPC *ex vi* art. 60.º, n.º 2, do CPT).

Conforme resulta da leitura conjugada dos arts. 506.º, n.º 4 e 505.º, do CPC, à falta de resposta ou à falta de impugnação dos novos factos alegados, aplica-se o disposto no art. 490.º, do CPC (cfr. p. 282).

No caso dos articulados supervenientes se destinarem à dedução de novos pedidos e causas de pedir (nos termos do art. 28.º, do CPT), o Réu é notificado para contestar tanto a matéria do aditamento como a sua admissibilidade.

Processo do trabalho declarativo comum 433

Factos supervenientes relevantes

Nos termos do n.° 6, do art. 506.°, do CPC (com a redacção introduzida pelo DL n.° 303/2007, de 24.08), os factos alegados nos articulados supervenientes, que tenham relevância para a decisão da causa, são:

– incluídos na base instrutória.

As partes podem reclamar contra a selecção da matéria de facto, nos termos do art. 511.°, n.° 2, do CPC;

ou

– se esta já estiver elaborada, aditados à base instrutória, aplicando-se o disposto no art. 511.°.

7. Saneamento

Findo os articulados o juiz pode:

1. proferir, nos termos do art. 508.°, n.° 1, do CPC *ex vi* art. 61.°, n.° 1, do CPT, despacho (designado pela doutrina como despacho pré-saneador) destinado a:

a) Providenciar pelo suprimento de excepções dilatórias, nos termos dos art. 265.°, n.° 2, do CPC;

b) Convidar as partes ao aperfeiçoamento dos articulados. V. as considerações tecidas sobre o despacho liminar.

Conforme resulta da leitura conjugada dos arts. 27.° e 61.°, n.° 1, ambos do CPT, o despacho supra referido não afasta o dever que impende sobre o juiz de, até à audiência de discussão e julgamento:

a) Mandar intervir na acção qualquer pessoa e determinar a realização dos actos necessários ao suprimento da falta de pressupostos processuais susceptíveis de sanação;

b) Convidar as partes a completar e a corrigir os articulados, quando no decurso do processo reconheça que deixaram de ser articulados factos que poderiam interessar à decisão da causa.

2. se o processo já contiver os elementos necessários e a simplicidade da causa o permitir, o juiz pode, ainda:

– julgar procedente alguma excepção dilatória ou nulidade que lhe cumpra conhecer;

– decidir do mérito da causa (art. 61.°, n.° 2, do CPT).

434 *Do Processo do Trabalho*

Em qualquer uma das situações, o juiz não pode decidir questões de direito ou de facto, sem que as partes tenham tido a possibilidade de sobre elas se pronunciarem (art. 3.°, n.° 3, do CPC *ex vi* art. 61.°, n.° 2, do CPT).

Por outro lado, tenhamos presente que o direito que a parte tem de responder, na audiência preliminar (ou, não havendo lugar a ela, no início da audiência final), às excepções contra si deduzidas, não sofre, aqui, qualquer limitação (art. 3.°, n.° 4, do CPC *ex vi* art. 61.°, n.° 2, do CPT).

3. Convocar audiência preliminar, nos termos do art. 62.°, do CPT.

8. **Audiência preliminar**

Considerações preliminares

A audiência preliminar consiste na reunião entre as partes e os seus mandatários, que serve de antecâmara da audiência final.

Admissibilidade

No âmbito do processo laboral, a audiência preliminar só se realiza se a complexidade da causa o justifique (art. 62.°, n.° 1, do CPT).

"Está na inteira disponibilidade do juiz convocar ou não a audiência preliminar, visto que será ele quem tem de apreciar da «complexidade» do processo", LOPES CARDOSO *in* "Manual…", p. 188.

O regime, aqui, previsto é semelhante ao do processo civil declarativo sumário (art. 787.°, n.° 1, do CPC).

Ao invés, no âmbito do processo civil declarativo ordinário, a audiência preliminar, em regra, é de realização obrigatória (art. 508.°-A, do CPC). Sendo, contudo, admissível a sua dispensa quando:

a) a simplicidade da causa o justifique;

b) tiver como objectivo a discussão de excepções dilatórias já debatidas nos articulados ou do mérito da causa, nos casos em que a sua apreciação revista manifesta simplicidade (art. 508.°-B, do CPC).

Prazo

Ao abrigo do disposto no n.º 2, do art. 62.º, do CPT, a audiência preliminar deve realizar-se no prazo de 20 dias "após a prolação do despacho de pré-saneamento" (art. 61.º, n.º 1, do CPT), Lopes Cardoso *in* "Manual...", p. 188.

Finalidades

O despacho que marque a audiência preliminar deve conter a indicação do seu objecto e finalidade (art. 508.º-A, n.º 3, do CPC *ex vi* 62.º, do CPT).

Conforme resulta do art. 508.º-A, do CPC *ex vi* 62.º, do CPT, a audiência preliminar tem as seguintes finalidades:

a) realizar a tentativa de conciliação, n.º 1, al. *a*).

Tentativa de conciliação que, como já vimos, foi realizada na audiência de partes, nos termos do art. 55.º, n.º 2 (cfr. as considerações aí tecidas).

Para Carlos Alegre *in* "Código de Processo ...", p. 184, a tentativa de conciliação não se deve repetir, porquanto "não foi produzido nenhum acto judiciário, pelas partes, que o justifique, a menos que uma delas ou ambas, o requeira. A ser, assim, será uma segunda tentativa de conciliação";

b) facultar às partes a discussão de facto e de direito, nos casos em que o juiz cumpra apreciar excepções dilatórias ou quando tencione conhecer imediatamente, no todo ou em parte, do mérito da causa, n.º 1, al. *b*);

c) discutir as posições das partes, com vista à delimitação dos termos do litígio e suprir as insuficiências ou imprecisões na exposição da matéria de facto que ainda subsistam ou se tornem patentes na sequência do debate, n.º 1, al. *d*).

A este propósito convém lembrar que as partes podem ser convidadas a suprir insuficiências ou imprecisões na matéria de facto, nos termos do art. 508.º, n.º 3, do CPC *ex vi* art. 61.º, n.º 1, do CPT.

Aliás, o juiz logo que receba a petição inicial pode convidar liminarmente o autor a completá-la ou esclarecê-la, conforme previsto no art. 54.º, n.º 1, do CPT;

d) Proferir despacho saneador, n.º 1, al. *d*).

Nos termos do n.º 1, do art. 510.º, do CPC, o despacho saneador destina-se a:

– conhecer das excepções dilatórias e nulidades processuais que hajam sido suscitadas pelas partes, ou que, face aos elementos constante dos autos, deva apreciar oficiosamente.

Neste caso, o despacho constitui, depois de transitado, caso julgado formal quanto às questões apreciadas (art. 510.º, n.º 3, do CPC);

– conhecer do mérito da causa, sempre que o estado do processo permitir (sem necessidade de mais provas) a apreciação, total ou parcial, do ou dos pedidos deduzidos ou de alguma excepção peremptória.

Aqui, ao despacho é atribuído o valor de sentença (art. 510.º, n.º 3, do CPC).

O despacho saneador, quando é proferido no âmbito da audiência preliminar, deve ser logo ditado para a acta, podendo, no entanto o juiz proferi-lo por escrito, no prazo de 20 dias, se a complexidade das questões a resolver o exija (art. 510.º, n.º 2, do CPC);

e) Após debate, fixar a base instrutória e seleccionar a matéria de facto assente (al. *e*), do n.º 1).

Antes de mais, é de referir que, no domínio do processo laboral, o juiz pode abster-se de fixar a base instrutória, sempre que, a selecção da matéria de facto controvertida se revestir de simplicidade (art. 49.º, n.º 3 *ex vi* 62.º, n.º 2, parte final, ambos do CPC).

O juiz, ao fixar a base instrutória, selecciona a matéria de facto relevante para decisão da causa, segundo as várias soluções plausíveis da questão de direito que deva considerar-se controvertida.

Ou seja, o juiz não pode limitar a selecção aos factos que sejam essenciais apenas para a sua visão do litígio. Como referem Lebre de Freitas e outros *in* "Código de Processo...", Vol. 2.º, p. 381, "o juiz tem de seleccionar também os factos que interessem a outras vias de solução possível do litígio, tidas em conta as posições assumidas pelas partes quanto à fundamentação jurídica das pretensões e excepções e as correntes doutrinárias e jurisprudenciais formadas em torno dos tipos de questão que elas levantem".

Por outro lado, a base instrutória não deve conter conceitos jurídicos, "*maxime* quando a qualificação é controvertida entre as partes", ob., cit., p. 384.

A reclamação da selecção da matéria de facto, feita na audiência preliminar, deve ser aí deduzida e decidida (art. 508.°-A, n.° 1, al. *e*), parte final).

A reclamação assenta na deficiência, no excesso ou na obscuridade da selecção (art. 511.°, n.° 2, do CPC).

O despacho proferido sobre as reclamações apenas pode ser impugnado no recurso interposta da decisão final (art. 511.°, n.° 3, do CPC).

A base instrutória pode ser ampliada, nos termos do art. 72.°, do CPT.

f) Indicar os meios de prova e decidir sobre a admissão e a preparação das diligências probatórias, requeridas pelas partes ou oficiosamente determinadas, (al. *a*), do n.° 2);

g) Estando o processo em condições de prosseguir, designar, sempre que possível, a data para a realização da audiência final (al. *b*), do n.° 2).

Como vimos, a data da audiência final é logo fixada na audiência de partes (art. 56.°, al. *c*), do CPT).

Por este motivo e para evitar incongruências nos regimes aplicáveis, o legislador consagrou, expressamente no art. 62.°, al. *c*), do CPT, que, havendo lugar a audiência preliminar, a data designada para a audiência final fica, desde logo, sem efeito;

h) Requerer a gravação da audiência final ou a intervenção do tribunal colectivo (al. *c*), do n.° 2).

Conforme aliás resulta, algo desnecessariamente, do art. 68.°, n.° 4, do CPT.

Falta de comparência

Se as partes ou os seus mandatários não comparecerem na audiência preliminar, a mesma não é adiada (art. 508.°-A, n.° 3, do CPC *ex vi* 62.°, do CPT).

Neste caso, a parte ausente pode apresentar, no prazo de 5 dias após a realização da audiência preliminar, requerimento destinado a:
– indicar meios de prova;

– requerer a gravação da audiência final;

I – A gravação da prova em audiência de julgamento de processo do foro laboral apenas passou a ser consentida pelo novo CPT, que entrou em vigor em 1 de Janeiro de 2000, sendo somente aplicável aos processos instaurados a partir dessa data.

II e III – (...)

Ac. do STJ, de 15.01.03 in CJ, Ano XXVIII, Tomo I, p. 245

– requerer a intervenção do colectivo.

9. Despacho saneador

Se não houver lugar a audiência preliminar, "em vez do despacho *pré-saneador* já referido, previsto no n.º 1, do art. 61.º, o juiz proferirá **despacho saneador**, no prazo de 20 dias, entrando-se na fase do *saneamento do processo*, i. é., da apreciação das questões que devam impedir a sua prossecução, da fixação da matéria que mereça ser controvertida para apreciação da causa", LOPES CARDOSO *in* "Manual ...", p. 194.

O despacho saneador nos termos do n.º 1, do art. 510.º, do CPC destina-se:

– a conhecer das excepções dilatórias e nulidades processuais que hajam sido suscitadas pelas partes, ou que, face aos elementos constantes dos autos, deva apreciar oficiosamente.

Neste caso o despacho constitui, depois de transitado, caso julgado formal quanto às questões apreciadas (art. 510.º, n.º 3, do CPC);

– a conhecer do mérito da causa, sempre que o estado do processo permitir (sem necessidade de mais provas) a apreciação, total ou parcial, do ou dos pedidos deduzidos ou de alguma excepção peremptória.

Aqui, ao despacho saneador é atribuído o valor de sentença (art. 510.º, n.º 3, do CPC), trata-se do vulgarmente designado *saneador-sentença*;

– à selecção da matéria de facto, que pode ser feita por remissão para os articulados (art. 508.º-B, n.º 2, do CPC).

Processo do trabalho declarativo comum 439

Jurisprudência:

Ao contrário do que acontece com a expressão "subordinação jurídica", as expressões "sob a autoridade, direcção e fiscalização de" podem ser levadas à base instrutória, uma vez que têm um sentido inequívoco na linguagem comum.
Ac. da RP, de 10.03.03 in CJ, Ano XXVIII, Tomo II, p. 217.

10. Instrução e Prova

Noções e considerações prévias

A instrução é o "período da acção que se destina à assunção dos meios de prova relativos aos factos quesitados", ANTUNES VARELA/MIGUEL BEZERRA/SAMPAIO E NORA *in* "Manual...", p. 429.

O regime da instrução está previsto no arts. 513.° e ss., do CPC, aplicáveis ao processo laboral por força dos arts. 1.°, n.° 2, al. *a*) e 49.°, ambos do CPT.

No âmbito da instrução, é de salientar o dever de cooperação que impende sobre qualquer pessoa de colaborar com a justiça para a descoberta de verdade (art. 519.°, do CPC).

Em princípio, a instrução cabe ao tribunal singular, art. 68.°, do CPT.

No entanto, pode caber ao tribunal colectivo:
– nas causas de valor superior à alçada da Relação (actualmente, de € 30.000, nos termos do art. 24.°, n.° 1, da LOFTJ, com a redacção introduzida pelo DL 303/2007, de 24.08) e
– quando alguma das partes o tenha pedido e nenhuma tenha requerido a gravação da audiência final.

As provas têm por função a demonstração da realidade dos factos (art. 341.°, do CC).

"O valor da prova é livremente apreciado pelo tribunal, segundo a sua prudente convicção", LOPES CARDOSO *in* "Manual ...", p. 201.

Com efeito, o art. 655.°, n.° 1, do CPC consagra a livre apreciação da prova, segundo a prudente convicção acerca de cada facto.

No entanto, quando a lei exija, para a existência ou prova do facto jurídico, qualquer formalidade especial, não pode esta ser dispensada (n.° 2, do art. 655.°, do CPC).

Convém referir que a "prova assenta na certeza subjectiva da realidade do facto, ou seja, no (alto) grau de probabilidade de verificação do facto, suficiente para as necessidades práticas da vida; a verosimilhança, na simples probabilidade da sua verificação", ANTUNES VARELA/MIGUEL BEZERRA/SAMPAIO E NORA *in* "Manual...", p. 436.

Ónus da prova

Quem invoca um direito tem o ónus de provar os respectivos factos constitutivos (art. 342.º, n.º 1, do CC).

Quem alega factos impeditivos, modificativos ou extintivos de um direito tem o dever de os provar (art. 342.º, n.º 2, do CC).

Em caso de dúvida quanto à natureza do facto, o mesmo deve ser considerado constitutivo (art. 342.º, n.º 3, do CC).

Nos termos do art. 344.º, do CC, o ónus da prova inverte-se quando:

a) haja presunção legal (n.º 1);
b) seja dispensado ou liberado (n.º 1);
c) seja admitida por convenção válida (n.º 1).

Conforme disposto no art. 345.º, do CC, a convenção sobre prova é nula quando:

– estejam em causa direitos indisponíveis;
– a inversão torne excessivamente difícil a uma das partes o exercício do direito;
– exclua ou admita algum meio de prova diverso dos legais;
– tiver por fundamento razões de ordem pública;
– a lei o determine (n.º 1);
– a parte contrária tenha, culposamente, tornado impossível a prova ao onerado (n.º 2).

Indicação das provas

Nos termos do art. 63.º, n.º 1, do CPT, os meios de prova devem ser requeridos e apresentados nos articulados.

Por sua vez, no domínio do processo civil, os meios de prova serão indicados:

– na audiência preliminar, nos termos do art. 508.º-A, n.º 2, al. *a*), aplicável ao processo laboral por força do art. 62.º, n.º 2.

Processo do trabalho declarativo comum 441

– não havendo audiência preliminar, em requerimento autónomo apresentado em 15 dias após o recebimento de notificação para o efeito, nos termos do art. 512.°, do CPC.

Como conciliar estes regimes?

Para LOPES CARDOSO *in* "Manual …", p. 199, o art. 63.°, n.° 1, do CPT, não deve valer como regra absoluta, devendo "admitir-se que a indicação dos meios de prova pode ainda ter lugar na audiência preliminar ou, não havendo lugar a ela, após a notificação" do art. 512.°, do CPC.

Com efeito, "o autor, ao apresentar a petição inicial, ignora os termos em que o réu irá contestar; como o réu não sabe, ao contestar, qual a forma por que o autor vai reagir contra a contestação", loc., cit..

Como argumentos a favor da sua posição LOPES CARDOSO refere:

– a possibilidade de as partes alterarem ou aditarem o rol de testemunhas, nos termos do art. 63.°, n.° 2, do CPT;

– a possibilidade de as partes juntarem documentos até ao encerramento da discussão em 1ª instância (art. 523.°, n.° 2, do CPC);

– a possibilidade de as partes juntarem documentos depois do encerramento da discussão em 1ª instância (art. 524.°, do CPC).

Meios de prova

Os meios de prova são os elementos de que o julgador (no caso da prova produzida em juízo) se pode servir para formar a sua convicção acerca dum facto, ANTUNES VARELA/MIGUEL BEZERRA/SAMPAIO E NORA *in* "Manual…", p. 467.

1. Prova por documentos

Diz-se documento qualquer objecto elaborado pelo homem com o fim de reproduzir ou representar uma pessoa, coisa ou facto (art. 362.°, do CC).

O regime jurídico da prova documental está previsto nos arts. 362.° a 387.°, do CC e nos arts. 523.° a 551.°-A, do CPC.

Os documentos devem ser juntos com os articulados, art. 63.°, n.° 1, do CPT (no mesmo sentido art. 523.°, n.° 1, do CPC).

O regime do CPC autoriza a junção de documentos:

– até ao encerramento da discussão em 1ª instância, nos termos do art. 523.°, n.° 2 e

442 *Do Processo do Trabalho*

– depois do encerramento da discussão em 1ª instância (neste caso é necessário provar que a sua apresentação não foi possível em momento anterior, art. 524.º, n.º 1, do CPC).

2. Prova por confissão

O juiz pode, mediante requerimento ou oficiosamente, determinar a comparência pessoal das partes para a prestação de depoimento sobre os factos que interessam à decisão da causa.

O regime da prova por confissão das partes está previsto nos arts. 552.º a 567.º, do CPC.

3. Prova pericial

A prova pericial tem por fim a percepção ou apreciação de factos por meio de peritos, quando sejam necessários conhecimentos especiais que os julgadores não possuem, ou quando os factos, relativos a pessoas, não devam ser objecto de inspecção judicial (art. 388.º, do CC).

O regime jurídico da prova pericial está previsto nos arts. 388.º e 389.º, do CC e nos arts. 568.º a 591.º, do CPC.

4. Prova por inspecção

A inspecção judicial pode ser definida como o exame de coisas e pessoas, levado a cabo pelo tribunal, com vista ao esclarecimento de qualquer facto com interesse para a decisão da causa.

O tribunal na sua actividade inspectora pode deslocar-se ao local em questão ou mandar proceder à reconstituição dos factos (art. 612.º, do CPC).

A inspecção judicial pode ser realizada oficiosamente ou mediante requerimento (art. 612.º, do CPC). Neste caso, a parte que a requer deverá fornecer os meios adequados à sua realização, salvo se, beneficiar de isenção ou dispensa do pagamento de custas (art. 612.º, n.º 2, do CPC).

O regime jurídico da inspecção judicial está previsto nos arts. 390.º e 391.º, do CC e nos arts. 612.º a 615.º, do CPC.

5. Prova testemunhal

"Diz-se *testemunha* a pessoa que, não sendo parte na acção, nem seu representante, é chamada a narrar as suas percepções sobre factos passados que interessam ao julgamento da causa.

Processo do trabalho declarativo comum 443

O *depoimento testemunhal* (o testemunho) constitui assim uma *declaração de ciência*, que só pela *qualidade do sujeito* (declarante) se distingue do *depoimento de parte"*, ANTUNES VARELA/MIGUEL BEZERRA/SAMPAIO E NORA *in* "Manual…", p. 609.

No regime do processo laboral, as partes devem juntar com os articulados o rol de testemunhas, art. 63.º, n.º 1, do CPT.

Rol este que pode ser alterado ou aditado até 20 dias antes da data em que se realize a audiência final, sendo a parte contrária notificada para usar, querendo, de igual faculdade no prazo de 5 dias (art. 63.º, n.º 2, do CPT).

As partes só podem arrolar:

– 10 testemunhas para prova dos fundamentos da acção e da defesa (art. 64.º, n.º 1, do CPT);

– 3 testemunhas sobre cada facto, não contando as que declarem nada saber (art. 65.º, do CPT).

Havendo reconvenção, as partes podem apresentar mais 10 testemunhas para prova dos fundamentos da reconvenção e da respectiva defesa (art. 64.º, n.º 2, do CPT).

Continuando, em nossa opinião e conforme já referimos por diversas vezes, a valer o limite de 3 testemunhas sobre cada facto (art. 65.º, do CPT).

O regime jurídico da prova testemunhal está previsto nos arts. 392.º e 396.º, do CC e nos arts. 616.º a 645.º, do CPC.

No que concerne à prova testemunhal no âmbito do processo laboral, v. os arts. 64.º a 67.º, do CPT.

11. **Discussão e julgamento**

Noções

A discussão é a fase do processo ulterior à instrução e que consiste, essencialmente, na apreciação crítica da prova sobre a matéria de facto que interessa à decisão da causa.

A discussão verifica-se a "meio da audiência de discussão e julgamento, a que é costume chamar-se audiência final.

Esta, portanto, comporta três momentos, com três tipos de actividades distintas:

– um primeiro momento com actividades de instrução (audição da prova);

444 *Do Processo do Trabalho*

– um segundo momento com actividades de discussão;
– o terceiro momento com o julgamento de facto", CARLOS ALEGRE *in* "Código de Processo ...", p. 191.

Por sua vez, "o julgamento é a fase destinada à *decisão final* da causa, não excluindo a expressão *final* a possibilidade de impugnação da decisão, mediante recurso.", ANTUNES VARELA/MIGUEL BEZERRA/SAMPAIO E NORA *in* "Manual...", p. 647.

Incumbência

Em princípio, a discussão e o julgamento (à semelhança da instrução) cabem ao tribunal singular, art. 68.º, n.º 1, do CPT.

A composição e competência do tribunal singular estão previstas no art. 104.º, da LOFTJ.

No entanto, podem caber ao tribunal colectivo:

i) nas causas de valor superior à alçada da Relação (actualmente é de € 30.000, nos termos do art. 24.º, n.º 1, da LOFTJ, com a redacção introduzida pelo DL n.º 303/2007, de 24.08);

ii) quando alguma das partes o tenha requerido.

Conforme resulta do art. 68.º, n.º 4, do CPT, a intervenção do colectivo deve ser requerida:

– nos 5 dias posteriores ao termo do prazo para oferecimento do último articulado (no entendimento de LOPES CARDOSO *in* "Manual ...", p. 210, este prazo deve contar-se, "não sobre o último articulado *concretamente produzido* mas sobre o termo do prazo para a apresentação do articulado *teoricamente* admissível, seja ou não ele oferecido") ou

– na audiência preliminar.

LOPES CARDOSO *in* "Manual ...", p. 210, alerta para o facto de as partes no fase dos articulados desconhecerem se irá ou não haver audiência preliminar (lembramos que a audiência só se realiza se o juiz entender que a complexidade da causa o justifica, art. 62.º, n.º 1, do CPT).

Para este autor, "se não houver lugar a audiência preliminar, o requerimento para a intervenção do tribunal colectivo (como para a gravação da audiência final) poderá ser apresentado após a notificação do despacho a que alude o n.º 1, do art. 512.º, do CPC, aplicável por força, sucessivamente, do art. 787.º, n.º 3, do CPC e n.º 2, do art. 49.º, do CPT)", ob., cit., p. 211.

Esta posição é discutível, sendo possível defender que o n.º 4, do art. 68.º, do CPT como norma especial que é, afasta a aplicação subsidiária do CPC.

e

iii) nenhuma das partes tenha requerido a gravação da audiência final.

Valem aqui as considerações tecidas quanto à intervenção do colectivo, previstas na página anterior.

A gravação da audiência final pode ser requerida ou determinada oficiosamente, nas causas cuja decisão admita recurso ordinário (art. 68.º, n.º 2, do CPC).

Cfr. art. 678.º, n.º 1, do CPC (com a redacção introduzida pelo DL n.º 303/2007, de 24.08)

A matéria de facto é decidida imediatamente por despacho ou por acórdão, se o julgamento tiver decorrido perante tribunal colectivo (art. 68.º, n.º 5, do CPT).

O princípio da continuidade da audiência ganha, aqui, especial relevância. No entanto, conforme afirma MENDES BATISTA *in* "Código de Processo ...", p. 138 "O termo "imediatamente" não pode querer significar logo de seguida, sem qualquer intervalo".

Sobre o tribunal colectivo dispõem os arts. 105.º a 109.º, da LOFTJ.

Efectuadas as diligências de prova prévias à audiência final, o processo vai com vista, por três dias, a cada um dos juízes-adjuntos se a complexidade da causa o justificar (art. 69.º, n.º 1, do CPT).

Assim, podemos concluir facilmente que os vistos podem ser dispensados em virtude da simplicidade da causa. Neste caso, o tribunal reunirá imediatamente antes da audiência final para que "tomem conhecimento do processo os juízes a quem este não foi com vista" (art. 69.º, n.º 2, do CPT).

Audiência de julgamento

1. Princípio da continuidade da audiência

A audiência é contínua "e, se não for possível conclui-la num dia, será marcada a continuação para o dia útil imediato ainda que caia em férias.

446 *Do Processo do Trabalho*

Contudo, para além dos casos previstos na lei, não pode deixar de admitir-se a suspensão ou interrupção da audiência, por motivo justificado, como nos casos de extensas respostas aos quesitos ou de excesso de expediente obrigatório diário – art. 656.°, n.° 2, do CPC", Mendes Batista *in* "Código de Processo ...", p. 138.

2. *Tramitação*

2.1. *Chamamento das pessoas convocadas* (art. 70.°, n.° 1, do CPT).

No domínio do processo laboral, Autor e Réu devem comparecer pessoalmente no julgamento (art. 71.°, n.° 1, do CPT).

Quanto às testemunhas v. arts. 66.° e 67.°, do CPT.

2.2. *Tentativa de conciliação*

O juiz deve iniciar a audiência com a tentativa de conciliação das partes (art. 70.°, n.° 1, do CPT).

A tentativa de conciliação está regulada nos arts. 51.° a 53.°, do CPT.

"A não realização da tentativa de conciliação antes da audiência de discussão e julgamento constitui **nulidade processual**, por se tratar de uma irregularidade com influência no desfecho da causa, mas tem de ser imediatamente arguida se a parte estiver presente, por si ou por mandatário", Mendes Batista *in* "Código de Processo ...", p. 140.

2.3 *Produção da prova e ampliação da base instrutória*

A produção da prova pode ser entendida como a actividade de constatação da veracidade dos factos alegados, através das diligências e elementos probatórios legalmente admissíveis.

Nos termos do art. 72.°, n.° 1, do CPT, se o juiz, no âmbito da produção de prova, se aperceber de factos novos que considere relevantes para a boa decisão da causa:

– deve ampliar a base instrutória. Neste caso, às partes é conferida a faculdade de indicar ou requerer imediatamente as respectivas provas, podendo fazê-lo no prazo de 5 dias, em caso de reconhecida impossibilidade (art. 72.°, n.° 2, do CPT) ou

– não havendo base instrutória (que, como já vimos, o juiz pode abster-se de fixar se a simplicidade da matéria de facto o permitir, art. 49.°, n.° 3, do CPT), deverá considerá-los na decisão da matéria de facto.

2.4 Discussão

Depois de produzida a prova apresentada, é dada a palavra primeiro ao Advogado do Autor e depois ao Advogado do Réu, para, duma só vez e por período não superior a 1 hora, alegarem sobre a matéria de facto e de direito (art. 72.º, n.º 5, do CPT).

2.5 Designação de técnico

Conforme resulta da leitura conjugada dos arts. 649.º, n.º 1, do CPC e art. 72.º, n.º 6, do CPT, mesmo depois de findos os debates é permitido ao juiz, em qualquer altura do processo e quando a tecnicidade da matéria de facto o justifique:

– designar pessoa competente para assistir à audiência final e que aí preste os esclarecimentos necessários e

– requisitar os pareceres técnicos indispensáveis ao apuramento da verdade dos factos.

2.6 Decisão da matéria de facto

Após o encerramento da discussão, o tribunal decide da matéria de facto.

No caso de intervenção do tribunal colectivo, a decisão é tomada por maioria (art. 653.º, n.º 3, do CPC *ex vi* al. *a*), do n.º 2, do art. 1.º do CPT), votando, nos termos do art. 72.º, n.º 5, do CPT:

1.º os juízes sociais, pela ordem estabelecida pelo presidente.

A possibilidade de os juízes sociais intervirem no julgamento das questões de trabalho está consagrado no art. 207.º, n.º 2, da CRP.

Os juízes sociais são designados de entre pessoas de reconhecida idoneidade, art. 67.º, n.º 3, da LOFTJ;

2.º o juiz-adjunto com mais antiguidade;

3.º o juiz-adjunto com menos antiguidade e

4.º o Presidente.

A decisão é proferida por acórdão lavrado pelo presidente (art. 653.º, n.º 3, do CPC *ex vi* al. *a*), do n.º 2, do art. 1.º do CPT).

Por sua vez, tratando-se de juiz singular, a decisão é proferida por despacho (art. 791.º, n.º 3, do CPC *ex vi* al. *a*), do n.º 2, do art. 1.º do CPT).

Ampliação da matéria de facto

O tribunal pode ampliar a matéria de facto que seja relevante para a boa decisão da causa e que:

– tenha sido articulada (art. 72.º, n.º 4, do CPT);

448   *Do Processo do Trabalho*

– decorra da instrução (art. 72.º, n.º 1, do CPT);
– resulte da discussão (art. 72.º, n.º 4, do CPT).

Ao invés do previsto na ampliação da base instrutória (art. 72.º, n.º 2, do CPT), o legislador, na ampliação da matéria de facto, não consagrou expressamente no CPT o princípio do contraditório, ao contrário do que foi defendido durante os trabalhos preparatórios.

Não obstante, LOPES CARDOSO *in* "Manual ...", ps. 226 e 227 defende que, tal princípio (consagrado no n.º 3, do art. 3.º, do CPC) é aplicável no foro laboral por força da al. *a*), do n.º 2, do art. 1.º, do CPT.

Assim, para este autor, "o tribunal deverá, apesar da falta de formulação expressa, dar a conhecer a natureza da ampliação da matéria de facto que tenciona efectuar e deixar as partes pronunciarem-se, antes de decidir".

Reclamação da decisão sobre a matéria de facto

De acordo com o art. 653.º, n.º 4, do CPC, os advogados (depois de lhes ser facultada a decisão da matéria de facto por um período necessário para uma apreciação ponderada, tendo em conta a complexidade da causa) podem reclamar contra a decisão, por esta conter:

– *deficiência*

Quando "não foi dada resposta a todos os pontos de factos controvertidos ou à totalidade de um facto controvertido", LEBRE DE FREITAS E OUTROS *in* "Código de Processo...", Vol. 2.º, p. 631;

– *obscuridade*

A decisão é obscura quando contém respostas equívocas, ambíguas, ininteligíveis ou imprecisas;

– *contraditoriedade*

Quando as respostas sobre certos pontos colidam entre si, ou "colidem as respostas com factos dados como assentes na "especificação", sendo entre si inconciliáveis", LEBRE DE FREITAS E OUTROS *in* "Código de Processo...", Vol. 2.º, p. 631;

– *falta de fundamentação*

Neste caso, "o tribunal não fundamentou devidamente as respostas ou algumas delas", loc., cit..

Apresentadas as reclamações, o tribunal reunirá de novo para se pronunciar sobre elas, não sendo admitidas novas reclamações contra a decisão que proferir (art. 653.º, n.º 4, parte final, do CPC).

2.7 Decisão final

Se a causa apresentar questões de direito que sejam de simples apreciação e interpretação, o tribunal pode ditar a sentença para a acta ou lavrá-la imediatamente por escrito, nos termos do art. 73.º, n.º 2, do CPT.

Neste caso, a decisão pode, conforme previsto no n.º 3, do art. 73.º, do CPT, limitar-se à:

– identificação das partes;
– sucinta fundamentação de facto e de direito do julgado, e
– decisão.

Assim, podemos concluir que, quando a simplicidade das questões de direito o permitir, a sentença em processo laboral pode ser proferida sem obedecer às formalidades do art. 659.º, do CPC.

3. Faltas de comparência

Conforme já vimos no âmbito do processo laboral, Autor e Réu devem comparecer pessoalmente na audiência final (art. 71.º, n.º 1, do CPT).

Nos termos do art. 651.º, n.º 6, do CPC a falta de qualquer pessoa que deva comparecer deverá ser justificada na própria audiência ou nos cinco dias imediatos, salvo tratando-se de pessoa de cuja audição prescinda a parte que a indicou.

Segundo LEBRE DE FREITAS E OUTROS in "Código de Processo...", Vol. 2.º, p. 620, esta norma é "aplicável à parte (convocada para depoimento ou tentativa de conciliação) e aos intervenientes acidentais".

Temos algumas dúvidas em aceitar que o n.º 6, do art. 651.º, do CPC tenha aplicação no âmbito do processo laboral. De facto, a obrigatoriedade da presença das partes atribui ao processo laboral uma especificidade nesta matéria, daí que sejamos da opinião de que a justificação da falta da parte deva ser apresentada antes da audiência ou logo no seu início, de molde a que seja possível o seu adiamento.

"Só assim se conseguirá evitar os efeitos legalmente previstos para a falta de comparência das partes", MENDES BATISTA *in* "Código de Processo ...", p. 142.

Conforme refere este autor não é de afastar a possibilidade de invocação de justo impedimento, nos termos do art. 146.º, do CPC.

No seguimento desta especificidade, o legislador determinou os efeitos da falta de comparência de uma ou de ambas as partes na audiência final.

Vejamos as seguintes situações:

a) Se alguma das partes faltar injustificadamente e não se fizer representar por mandatário judicial, consideram-se provados os factos alegados pela outra parte que forem pessoais do faltoso (art. 71.º, n.º 2, do CPT);

b) Se ambas as partes faltarem injustificadamente e não se fizerem representar por mandatário judicial, consideram-se provados os factos alegados pelo autor que sejam pessoais do Réu (art. 71.º, n.º 3, do CPT);

c) Se alguma ou ambas as partes apenas se fizerem representar por mandatário judicial, o juiz ordenará a produção da prova que haja sido requerida e se revele possível e a demais que considere indispensável, julgando a causa conforme for de direito (art. 71.º, n.º 4, do CPT).

Podemos, assim, concluir que a falta injustificada de alguma ou de ambas as partes não é motivo de adiamento.

Para efeitos do art. 71.º, do CPT, "São factos pessoais aqueles que a parte, seja pessoa física ou pessoa colectiva, não desconhece ou em relação aos quais não lhe é lícito invocar desconhecimento.

Os factos pessoais da pessoa colectiva referem-se naturalmente aos de esta e não aos dos seus representantes. O que equivale a dizer que se estes forem substituídos, os factos são sempre da entidade colectiva e não dos titulares dos órgãos que, em concreto, os praticam.", MENDES BATISTA *in* "Código de Processo ...", p. 142.

4. Motivos de adiamento

Nos termos do art. 71.º, n.º 2, do CPT, a audiência só pode ser adiada uma vez e se se verificarem, cumulativamente, os seguintes requisitos:

– acordo das partes.

"O acordo das partes, por si só, não é susceptível de provocar o adiamento da audiência", CARLOS ALEGRE *in* "Código de Processo ...", p. 196

e

– fundamento legal.

No âmbito do processo civil, a audiência pode ser adiada caso se verifiquem os fundamentos legalmente consagrados no art. 651.º, do CPC.

Podemos, assim, concluir que, "O regime do processo laboral é, nesta matéria, mais restritivo do que o do processo civil comum, porquanto não basta fundamento legal para que a audiência seja adiada, exigindo-se cumulativamente o acordo das partes para esse efeito", MENDES BATISTA *in* "Código de Processo ...", p. 140.

Nesta especificidade do foro laboral está subjacente o princípio da resolução amigável dos litígios.

As causas de adiamento previstas no art. 651.º, do CPC, são as seguintes:

a) Impossibilidade de constituição do tribunal colectivo, sem que nenhuma das partes prescinda do julgamento pelo mesmo (al. *a*), do n.º 1).

Neste caso, para que não haja motivo de adiamento basta que uma das partes prescinda da sua intervenção, restando à outra parte a possibilidade de, nos termos do art. 651.º, n.º 2, do CPC, requerer a gravação da audiência logo após a abertura da mesma;

b) Impossibilidade de uma das partes examinar, no próprio acto, documento junto *ex novo* pela parte contrária, contanto, o tribunal entenda que a resposta sobre o documento oferecido é conveniente para a audiência (al. *b*), do n.º 1).

Neste caso, não faz muito sentido exigir cumulativamente o acordo das partes como requisito de adiamento da audiência, "pois de outra forma podia ser postergado o princípio do contraditório", MENDES BATISTA *in* "Código de Processo ...", p. 140.

Se o tribunal entender que a resposta ao documento oferecido não constitui grave inconveniente ao prosseguimento da audiência, esta deve iniciar-se com a produção das provas que puderem de imediato ser produzidas, sendo interrompida antes de iniciado o debate, designando-se logo dia para continuar decorrido o tempo (nunca superior a 10 dias) necessário para exame do documento (art. 651.º, n.º 5, do CPC);

c) Falta de algum dos advogados, não tendo o juiz providenciado, nos termos do art. 155.º, do CPC, pela marcação da audiência mediante acordo prévio com os mandatários judiciais (al. *c*), do n.º 1);

d) Falta de algum dos mandatários judiciais que, de acordo com o n.º 5, do art. 155.º, do CPC, tenham prontamente comunicado ao tribunal quaisquer circunstâncias impeditivas da sua presença e que determinem o adiamento de diligência marcada (al. *d*), do n.º 1).

No caso de falta de advogado, fora dos casos previstos nas als. *c*) e *d*), do art. 651.º, do CPC, os depoimentos, informações e esclarecimentos são gravados, podendo o advogado faltoso requerer, após a audição do respectivo registo, a renovação de alguma da provas produzidas, se alegar que não compareceu por motivo justificado que o impediu de comunicar ao tribunal, em cumprimento do art. 155.º, n.º 5, do CPC, as circunstâncias impeditivas da sua presença (art. 651.º, n.º 5, do CPC).

12. Sentença

Noção

A sentença é o acto pelo qual o juiz decide sobre o mérito da causa ou sobre alguma excepção e/ou incidente que hajam sido invocados e promovidos.

"A *sentença final* contém a *decisão da causa*, marcando a derradeira fase do período do julgamento e constituindo o momento culminante do processo no juízo de 1.º instância", ANTUNES VARELA/MIGUEL BEZERRA/SAMPAIO E NORA *in* "Manual...", p. 663.

Formalidades

Em regra, a sentença proferida em processo laboral está sujeita às formalidades do art. 659.º, do CPC.

No entanto, como já vimos, se a simplicidade da causa o permitir o juiz pode, logo após o debate, ditar para a acta ou lavrar imediatamente por escrito a sentença, nos termos do art. 73.°, n.° 1, do CPT, limitando-se esta a identificar as partes e a conter os fundamentos e a decisão do julgado (art. 73.°, n.° 3, do CPT).

Tal possibilidade está igualmente prevista para o processo civil nos casos em que o debate tenha sido oral (n.° 4, do art. 659.°, do CPC).

Ao abrigo do disposto no art. 659.°, do CPC, a sentença deve:

1.° – Identificar as partes (n.° 1);

2.° – Identificar o objecto do litígio, fixando as questões que ao tribunal cumpra solucionar (n.° 1);

3.° – Discriminar os factos que considera provados (n.° 2).

De acordo com o n.° 3, o juiz, aqui, deve considerar os factos:

– admitidos por acordo;

– provados por documentos;

– provados por confissão reduzida a escrito;

– e os que o tribunal colectivo tenha dado como provados, mediante exame das provas.

"O juiz deve tomar em consideração todas as provas produzidas, tenham ou não imanado da parte que devia produzi-las sem prejuízo das disposições que declarem irrelevante a alegação de um facto, quando sejam feita por certo interessado. A dúvida sobre a realidade dum facto e sobre a repartição do ónus da prova, resolve-se contra a parte a quem o facto aproveita (arts. 515.° e 51.°, do CPC)", Lopes Cardoso *in* "Manual ...", ps. 230 e 231, nota 2.

I – Na fundamentação da decisão na impugnação do despedimento são só de atender os factos provados no julgamento.

II – Não podem ser tidos em conta os factos constantes na nota de culpa e não provados em julgamento.

Ac. da RL, de 26.03.03 in CJ, Ano XXVIII, Tomo II, p. 153;

4.° – Indicar, interpretar e aplicar as normas correspondentes (n.° 2);

5.° – Conter a decisão final.

A sentença conhece, em primeiro lugar, das questões processuais que possam determinar a absolvição da instância, segundo a ordem imposta pela sua precedência lógica, nos termos do art. 660.°, n.° 1, do CPC.

Os casos de absolvição da instância, bem como o seu alcance e efeitos estão previstos nos arts. 288.°, n.° 1 e 289.°, ambos do CPC.

Conforme alerta LOPES CARDOSO *in* "Manual ...", p. 231, nota 1, o facto de tais questões "já anteriormente deverem ter sido apreciadas não obsta a que a sentença final as deva apreciar e julgar se o não tiver feito antes, por falta de elementos necessários à sua resolução ou por qualquer outra circunstância".

O julgamento prévio de alguma excepção dilatória ou nulidade está previsto no art. 61.°, n.° 2, do CPT.

Depois de conhecidas as questões processuais que possam determinar a absolvição da instância, o tribunal decide do mérito da causa, sendo o Réu condenado ou absolvido (total ou parcialmente) do pedido.

O juiz deve apreciar e decidir sobre todas as questões que as partes tenham submetido à sua apreciação, exceptuadas aquelas cuja decisão esteja prejudicada pela solução dada a outras (art. 660.°, n.° 2, 1.° parte, do CPC).

Por outro lado, o juiz não pode ocupar-se senão das questões suscitadas pelas partes, salvo nos casos de conhecimento oficioso (art. 660.°, n.° 2, parte final, do CPC).

Prazo

A sentença deve ser proferida no prazo de 20 dias após o encerramento da audiência final (art. 73.°, n.° 1, do CPT).

Causas de nulidade

De acordo com o disposto no n.° 1, do art. 668.°, do CPC (alterado pelo DL n.° 303/2007, de 24.08), a sentença é nula quando:

a) Não contenha a assinatura do juiz.

Para LEBRE DE FREITAS E OUTROS *in* "Código de Processo...", Vol. 2.°, p. 668, apenas a falta da assinatura consiste numa verdadeira nulidade, porquanto trata-se dum requisito de forma essencial.

"O acto nem sequer tem a aparência de sentença, tal como não têm a respectiva aparência o documento autêntico e o documento particular não assinados (arts. 370-1 CC e 373-1 CC)".

Processo do trabalho declarativo comum   455

A falta de assinatura do juiz pode ser sempre arguida no tribunal que proferiu a sentença (parte final, do n.º 3, do art. 668.º, do CPC), podendo ser suprida (oficiosamente ou a requerimento de qualquer das partes), enquanto for possível colher a assinatura do juiz que proferiu a sentença, devendo este declarar em que data apôs a assinatura (n.º 2, do art. 668.º, do CPC).

b) Não especifique os fundamentos que justificam a decisão;

c) os fundamentos estejam em oposição com a decisão;

d) o juiz deixe de pronunciar-se sobre questões que devesse apreciar ou conheça de questões de que não podia tomar conhecimento;

e) o juiz condene em quantia superior ou em objecto diverso do pedido.

Os casos de nulidade previstas nas als. *b*) a *e*) "constituem, rigorosamente, situações de anulabilidade da sentença, e não de verdadeira nulidade", Lebre de Freitas e outros *in* "Código de Processo...", Vol. 2.º, p. 669.

As causas de nulidade das als. *b*) e *c*) respeitam à estrutura da sentença. Por sua vez, as das als. *d*) e *e*) respeitam aos seus limites, loc., cit..

Conforme resulta do art. 77.º, n.º 1, do CPT, a arguição das nulidades é feita expressa e separadamente no requerimento de interposição de recurso, "sob pena de intempestividade e, por isso dela se não tomar conhecimento", Mendes Batista *in* "Código de Processo ...", p. 149.

Verificadas as nulidades das als. *b*) a *e*), do n.º 1, do art. 668.º, do CPC, as partes podem:

– argui-las em requerimento dirigido ao juiz que proferiu a sentença, quando, de acordo com o art. 678.º, n.º 1, do CPC, desta não caiba recurso ou não se pretenda recorrer (art. 77.º, n.º 2, do CPT).

O prazo de arguição, nos casos em que não haja recurso, é de 10 dias, nos termos do art. 153.º, n.º 1, do CPC, "já que não existe prazo especialmente fixado na lei", Lopes Cardoso *in* "Manual ...", p. 240.

A decisão sobre a nulidade, aqui, cabe ao juiz que proferiu a sentença (art. 77.º, n.º 3, do CPT);

"A extemporaneidade da arguição da nulidade é uma questão de conhecimento oficioso, pelo que a falta de audição das partes sobre tal questão não constitui violação do princípio do contraditório", MENDES BATISTA *in* "Código de Processo ...", p. 150.

– apresentar recurso tendo como fundamento qualquer uma dessas nulidades (art. 668.º, n.º 3, do CPC).

No caso de recurso, o prazo para a arguição da nulidade da sentença é de 10 ou de 20 dias (art. 80.º, do CPT), "conforme o recurso seja, respectivamente, de agravo ou de apelação, já que a sua invocação é feita no requerimento de interposição de recurso", MENDES BATISTA *in* "Código de Processo ...", p. 151.

A decisão sobre a nulidade, aqui, cabe ao tribunal superior (art. 77.º, n.º 3, do CPT).

Ao abrigo dos princípios da economia e celeridade processuais, a lei confere ao juiz a possibilidade de suprir as nulidades invocadas, nos termos do art. 668.º, n.º 4, do CPC e parte final, do n.º 3, do art. 77.º, do CPT.

Saliente-se que, caso tenha havido recurso, as nulidades devem ser supridas antes da respectiva subida (parte final, do n.º 3, do art. 77.º, do CPT).

Esclarecimento ou reforma da sentença

Nos termos do n.º 1, do art. 669.º, do CPC (com a redacção introduzida pelo DL n.º 303/2007, de 24.08) as partes têm a faculdade de requerer, no tribunal que proferiu a sentença:

a) *o esclarecimento* de alguma obscuridade ou ambiguidade da decisão ou dos seus fundamentos.

Podemos considerar que a sentença é obscura quando é ininteligível, ou seja, quando não se percebe.

O esclarecimento pode ser requerido, "tanto a propósito da *decisão*, como dos seus *fundamentos* (que também constituem parte integrante da sentença)", ANTUNES VARELA/MIGUEL BEZERRA/SAMPAIO E NORA *in* "Manual...", ps. 693 e 694.

O pedido de esclarecimento (não havendo recurso) é feito no prazo geral de 10 dias, do art. 153.º, do CPC;

b) a reforma desta:

– quanto a custas e multa;

Processo do trabalho declarativo comum   457

O pedido de reforma é feito no prazo geral de 10 dias do art. 153.º, n.º 1, do CPC.

"A omissão da sentença quanto a custas constitui erro material, sujeito ao regime do art. 667.º, do CPC", LEBRE DE FREITAS E OUTROS *in* "Código de Processo…", Vol. 2.º, p. 673.

Não cabendo recurso da decisão, é ainda lícito a qualquer das partes requerer a reforma da sentença quando, por manifesto lapso do juiz:

a) Tenha ocorrido erro na determinação da norma aplicável ou na qualificação jurídica dos factos;

b) Constem do processo documentos ou outro meio de prova plena que, só por si, impliquem necessariamente decisão diversa da proferida (art. 669.º, n.º 2, com as alterações introduzirias pelo DL n.º 303/2007, de 24.08).

O pedido de reforma (não havendo recurso) é feito no prazo geral de 10 dias do art. 153.º, n.º 1, do CPC.

Cabendo recurso da decisão o requerimento deve ser feito na própria alegação, podendo o juiz suprir o vício, conforme resulta da leitura conjugada do n.º 3, do art. 669.º (com a redacção introduzida pelo DL n.º 303/2007, de 24.08) e do n.º 4, do art. 668.º, ambos do CPC.

A condenação extra vel ultra petitum

No âmbito do processo civil vigora, marcadamente, o princípio do dispositivo, segundo o qual, cabe às partes alegar os factos que integram a causa de pedir, impondo ao juiz o dever de fundar a sua decisão nesses factos (art. 264.º, do CPC).

Com base neste princípio, é vedado ao tribunal condenar em quantia superior ou em objecto diverso do que se pedir, sob pena de nulidade da sentença, de acordo com a leitura conjugada dos arts. 667.º, n.º 1 e 668.º, n.º 2, al. *e*), ambos do CPC.

Ao invés, no domínio do processo laboral vigora, como pedra de toque, o princípio da condenação *extra vel ultra petitum*, que se traduz no dever de o juiz condenar em quantidade superior ou em objecto diverso quando verificadas determinadas circunstâncias (art. 74.º, do CPT).

Procurou-se, com este princípio, dotar o processo laboral de um mecanismo jurídico-processual (diferente do previsto no processo civil), que permita garantir a prevalência da justiça material sobre a justiça formal.

Por outro lado, "A possibilidade de condenação *ultra petita* é uma decorrência natural do princípio da irrenunciabilidade de determinados direitos do trabalhador.

Assim, só os direitos irrenunciáveis constituem preceitos inderrogáveis", MENDES BATISTA *in* "Código de Processo ...", p. 146.

Nos termos do art. 74.°, do CPT, o dever de condenar *extra vel ultra petitum* depende dos seguintes requisitos:

– que tal resulte da matéria provada ou de factos notórios.

Factos notórios traduzem-se nos factos que são do conhecimento geral e os que o tribunal tem conhecimento por força do exercício das sua funções (art. 514.°, do CPC) e

– estejam em causa preceitos inderrogáveis de leis ou instrumentos de regulamentação colectiva de trabalho.

Para efeitos deste princípio, os preceitos inderrogáveis são entendidos como as disposições que consagrem direitos irrenunciáveis do trabalhador, como por exemplo, o direito à retribuição (arts. 249.° e ss., do CT), "**mas apenas na vigência do contrato**, dada a situação de subordinação jurídica em que se encontra o trabalhador relativamente à entidade patronal", MENDES BATISTA *in* "Código de Processo ...", p. 146.

O princípio da condenação *ultra petita* é aplicável "tanto ao autor como ao réu, independentemente da posição em que figurem trabalhador e entidade patronal", MENDES BATISTA *in* "Código de Processo ...", p. 147.

Foi com base nesta realidade, que o TC (no Ac. n.° 644/94, de 13 de Dezembro, publicado no DR, II Série, de 01 de Fevereiro de 1995) considerou não haver, aqui, violação do princípio da igualdade, previsto no art. 13.°, da CRP.

De qualquer forma, deve sempre ser garantida às partes interessadas a possibilidade de se pronunciarem sobre a condenação *ultra petita*, sob pena de estarmos, aí sim, perante uma verdadeira inconstitucionalidade (Ac. do TC n.° 605/95, publicado no DR, II Série, de 15 de Março de 1996).

Notificação

A sentença é notificada às partes. Tratando-se de sentença condenatória em quantia certa, a parte condenada é, também, advertida de que deve juntar ao processo documento comprovativo da extinção da dívida para evitar o prosseguimento da respectiva execução (art. 76.º, do CPT).

Caso julgado

"Diz-se que a sentença faz *caso julgado* quando a decisão nela contida se torna *imodificável*. A *imodificabilidade* da decisão constitui assim a pedra de toque do *caso julgado*. A sentença converte-se em caso julgado quando os tribunais já a não podem *modificar*", ANTUNES VARELA/MIGUEL BEZERRA/SAMPAIO E NORA *in* "Manual...", p. 702.

De acordo com o art. 677.º, do CPC (com a redacção introduzida pelo DL n.º 303/2007, de 24.08), a decisão considera-se transitada em julgado, logo que não seja susceptível de recurso ordinário, ou de reclamação.

O trânsito em julgado da sentença implica que esta passe, quanto à relação material controvertida, a ter força obrigatória dentro e fora do processo. Falamos, aqui, do chamado caso julgado material (art. 671.º, n.º 1, do CPC, com a redacção introduzida pelo DL n.º 303/2007, de 24.08).

Se houver repetição de causas (nos termos definidos pelo art. 498.º, do CPC), posterior à decisão proferida na primeira que já não admita recurso, há lugar à excepção de caso julgado, conforme dispõe o art. 497.º, n.º 1, do CPC.

As decisões que recaiam unicamente sobre a relação processual têm força obrigatória dentro do processo. Neste caso, estamos perante o caso julgado formal (art. 672.º, do CPC, com a redacção introduzida pelo DL n.º 303/2007, de 24.08).

Se existirem duas decisões contraditórias sobre a mesma questão concreta (quer da relação material, quer da relação processual) deverá ser cumprida a que transitou em julgado em primeiro lugar, nos termos do art. 675.º, do CPC.

No âmbito do processo laboral, são de salientar duas especificidades, quais sejam:

Em primeiro lugar, tratando-se de litisconsórcio (previsto no art. 3.º, do CPT), a sentença constitui caso julgado em relação a todos os trabalhadores, conforme resulta do art. 78.º, n.º 1, do CPT.

Em segundo lugar, se as associações sindicais e patronais intervierem como autores nas acções respeitantes aos interesses colectivos que representam (nos termos do art. 5.º, do CPT), a sentença constitui caso julgado em relação ao trabalhador que renunciou à intervenção no processo, de acordo com o 78.º, n.º 2, do CPT.

I – Enquanto a sentença proferida em acção de impugnação de despedimento não tiver transitado em julgado – e independentemente do efeito dos recursos nela interpostos – a relação jurídica controvertida mantém-se instável, pelo que não existe uma obrigação da trabalhadora-autora se apresentar ao serviço.

II – Assim, se a entidade patronal a despede, antes do trânsito em julgado dessa sentença, com o fundamento de faltas injustificadas ao serviço, tal despedimento é ilícito.

Ac. da RC, de 03.04.03 in CJ, Ano XXVIII, Tomo II, p. 61.

13. Recursos

Noção

No nosso sistema processual, os recurso são "meios de impugnação destinados à eliminação ou correcção das decisões judiciais inválidas, erradas ou injustas por devolução do seu julgamento ao órgão jurisdicional hierarquicamente superior, no caso dos *recursos ordinários*, ou sem devolução do julgamento a outro órgão, por a reponderação da decisão competir ao próprio órgão jurisdicional que a emitiu, nos caso dos *recursos extraordinários*", AMÂNCIO FERREIRA *in* "Manual dos Recursos em Processo Civil", 2.º Edição, Almedina, 2001, ISBN 972-40-1492-4, p. 64.

Admissibilidade

Nos termos do art. 678.º, n.º 1, do CPC, com a redacção introduzida pelo DL n.º 303/2007, de 24.08 (*ex vi* 79.º, do CPT), só é admissível o recurso ordinário nas causas de valor superior à alçada do tribunal de que se recorre, e a decisão impugnada seja desfavorável ao recorrente em valor superior a metade da alçada desse tribunal.

No âmbito do anterior CPT, discutia-se a questão de saber se a regra da sucumbência era aplicável no foro laboral.

O CPT (aprovado pelo DL 480/99) consagrou expressamente que "também no foro laboral tem aplicação a regra da sucumbência estabelecida no Código de Processo Civil, sem prejuízo dos casos em que, por força da natureza dos valores em discussão, o recurso até à Relação é sempre admissível, e a cujo elenco se acrescenta o relativo às causas respeitantes à determinação da categoria profissional", conforme se lê no preâmbulo.

Ao abrigo do disposto no art. 79.º, do CPT, o recurso para a Relação é sempre admissível, independentemente do valor da causa e da sucumbência:

a) nas acções em que esteja em causa a determinação da categoria profissional, o despedimento do trabalhador, a sua reintegração na empresa e a validade ou subsistência do contrato de trabalho;

b) nos processos emergentes de acidente de trabalho ou de doença profissional;

c) nos processos do contencioso das instituições de previdência, abono de família e associações sindicais.

Espécies ou modalidades

No que concerne às espécies de recurso, não existem diferenças entre o processo civil e o processo laboral.

A propósito é de referir que a secção I, do Capítulo VI (referentes aos recursos), do CPC é aplicável a qualquer espécie de recurso.

Nesta matéria podemos distinguir:

a) *Os recursos ordinários*

Os recursos ordinários só são admissíveis para reapreciação de uma decisão ainda não transitada em julgado.

Os recursos ordinários são:

a.1 – O recurso de apelação

O recurso de apelação é o recurso ordinário da decisão da 1ª instância, que ponha termo ao processo (art. 691.º, n.º 1, do CPC, com as alterações introduzidas pelo DL n.º 303/2007, de 24.08).

O regime jurídico específico do recurso de apelação está previsto nos arts. 691.º a 720.º, do CPC.

Com as alterações introduzidas pelo DL n.º 303/2007, de 24.08 deixou de haver recurso de agravo. Nos termos do art. 4.º, deste diploma, todas as referências ao agravo consideram-se feitas ao termo de apelação.

a.2 – O recurso de revista

O recurso de revista é o recurso ordinário, na 2ª instância, que tem por base a reapreciação do acórdão da Relação que ponha termo ao processo ou que decida do mérito da causa (cfr., conjungadamente, arts. 721.º, n.º 1 e 691.º, n.ºˢ 1 e 2, al. *h*), do CPC, com a redacção introduzida pelo DL n.º 303/2007, de 24.08).

O regime jurídico específico do recurso de revista está previsto nos arts. 721.º a 732-B.º, do CPC.

a.3 – O recurso para o Tribunal Constitucional

O recurso para o Tribunal Constitucional "é igualmente um recurso ordinário, porque deve ser interposto antes do trânsito em julgado da decisão (cfr. arts. 70.º, n.º 2, e 75.º, n.º 1, LTC)", TEIXEIRA DE SOUSA *in* "Estudos sobre ...", ps. 391 e 392.

As decisões judiciais de que cabe recurso para o Tribunal Constitucional estão elencadas no art. 70.º, n.º 1, da LTC.

b) *Os recursos extraordinários*

Os recursos extraordinários só podem ser interpostos depois do trânsito em julgado da sentença ou acórdão objecto do recurso.

"Os recursos extraordinários desdobram-se em duas fases processuais: a primeira destinada à eliminação ou rescisão da decisão transitada em julgado (*juízo rescidente*) e a segunda destinada a novo exame e julgamento da causa em vista à obtenção de nova decisão (juízo rescisório)", AMÂNCIO FERREIRA *in* "Manual ...", p. 72.

Processo do trabalho declarativo comum

O único recurso extraordinário previsto na lei é, de acordo com as alterações introduzidas pelo DL, n.° 303/2007, de 24.08:

O recurso de revisão

O recurso de revisão é o recurso extraordinário que consiste no "expediente processual que faculta a quem tenha ficado vencido num processo anteriormente terminado a sua reabertura, mediante a invocação de certas causas taxativamente indicadas na lei", AMÂNCIO FERREIRA *in* "Manual ...", p. 315.

O regime jurídico específico do recurso de revisão está previsto nos arts. 771.° a 777.°, do CPC.

c) *O Recurso independente*

"O recurso independente tem vida própria, desenvolvendo-se por si só, independentemente da posição a assumir pela parte contrária", AMÂNCIO FERREIRA *in* "Manual ...", p. 77.

O recurso independente está consagrado no art. 682.°, do CPC (com as alterações introduzidas pelo DL n.° 303/2007, de 24.08).

d) *O Recurso subordinado*

"O recurso subordinado tem a sua existência dependente da do recurso independente, mantendo-se apenas enquanto este subsistir", AMÂNCIO FERREIRA *in* "Manual ...", p. 77.

O recurso subordinado está consagrado no art. 682.°, do CPC (com as alterações introduzidas pelo DL n.° 303/2007, de 24.08).

e) *O Recurso por adesão*

Verifica-se o recurso por adesão "sempre que, havendo vários compartes em regime de litisconsórcio voluntário ou de coligação e com interesse comum, um dos vencidos, que não interpôs atempadamente recurso, vem declarar que deseja aproveitar o recurso interposto pelo seu comparte", AMÂNCIO FERREIRA *in* "Manual ...", p. 80.

O recurso por adesão está consagrado no art. 683.°, do CPC (com as alterações introduzidas pelo DL n.° 303/2007, de 24.08).

Quanto à classificação doutrinária entre recursos puros e recursos mistos, v. AMÂNCIO FERREIRA *in* "Manual ...", ps. 82 e ss.

Prazos

Nos termos do regime dos recursos previsto no processo civil, os prazos de interposição de recurso contam-se a partir da notificação da decisão (art. 685.°, n.° 1, do CPC, com as alterações introduzidas pelo DL n.° 303/2007, de 24.08).

Convém ter presente que a decisão final é notificada às partes e aos respectivos mandatários (art. 24.°, n.° 1, do CPT).

Nos casos de representação ou patrocínio oficioso, a notificação é feita ao representado ou patrocinado em seguida ao representante ou patrono oficioso, independentemente de despacho (art. 24.°, n.° 2, do CPT).

Em qualquer um dos casos, os prazos para apresentação de quaisquer requerimentos contam-se a partir da notificação ao mandatário, representante ou patrono oficioso (art. 24.°, n.° 4, do CPT).

Tratando-se de despachos ou sentenças orais, reproduzidas no processo, o prazo de interposição corre a partir do dia em que foram proferidas, se a parte estiver presente ou tiver sido notificada para assistir ao acto (art. 685.°, n.° 3, do CPC, com as alterações introduzidas pelo DL n.° 303/2007, de 24.08).

O prazo de interposição do recurso de apelação é de 20 dias (art. 80.°, n.° 1, do CPT).

Se o recurso de apelação tiver por objecto a reapreciação da prova gravada, o prazo de interposição é de 30 dias (20 + 10), nos termos do art. 80.°, n.° 3, do CPT.

No que diz respeito ao recurso de revista, o CPT absteve-se de consagrar expressamente um prazo específico de interposição.

No entendimento da nossa doutrina, o prazo para interposição do recurso de revista é de 10 dias, contados da notificação da decisão, "por força do disposto no art. 685.°, n.° 1, do CPC, uma vez que o CPT não estabelece o prazo do recurso de revista", MENDES BATISTA *in* "Código de Processo ...", p. 146.

O recorrido pode apresentar a sua alegação, em prazo igual ao previsto para a interposição de recurso (art. 81.°, n.° 2, do CPT).

No caso de haver recurso subordinado, o recurso deve ser interposto no mesmo prazo da alegação do recorrido (art. 81.°, n.os 4 e 2).

O prazo para interposição de recurso, no caso de o recorrente ter constituído mandatário, inicia-se com a notificação a este da decisão recorrida, independentemente da notificação ao mandante.

Ac. da RL, de 09.07.03 in CJ, Ano XXVIII, Tomo IV, p. 150

Modo de interposição

No âmbito do processo laboral (à semelhança do que acontece hoje com o processo civil, cfr. art. 684.°-B, do CPC, aditado pelo DL n.° 303/2007, de 24.08), o requerimento de interposição de recurso deve conter a respectiva alegação (art. 81.°, n.° 1, do CPT).

Nos termos do n.° 1, do art. 81.°, do CPT, o requerimento de interposição deve conter:

1.° a identificação da decisão recorrida, especificando, se for caso disso, a parte a que o recurso se restringe e

2.° a respectiva alegação.

Conforme resulta do n.° 2, do art. 685.°-A, do CPC (aditado pelo DL n.° 303/2007, de 24.08), se o recurso versar sobre matéria de direito deve indicar:

a) as normas jurídicas violadas;

b) o sentido com que, no entender do recorrente, as normas que constituem fundamento jurídico da decisão deviam ter sido interpretadas e aplicadas;

c) invocando-se erro na determinação da norma aplicável, a norma jurídica que, no entendimento do recorrente, devia ter sido aplicada.

Por sua vez, se o recurso versar sobre matéria de facto deve, nos termos do n.° 1, do art. 685.°-A, do CPC (aditado pelo DL n.° 303/2007, de 24.08), indicar, sob pena de rejeição:

a) os concretos pontos de facto que considera incorrectamente julgados;

b) os concretos meios probatórios, constantes do processo ou de registo ou gravação nele realizada, que impunham decisão sobre os pontos da matéria de facto impugnados diversa da recorrida.

No que diz respeito à interposição e alegação do recurso de revista aplica-se o regime estabelecido no CPC (art. 81.°, n.° 5, do CPT).

Admissão, indeferimento ou retenção do recurso

De acordo com o disposto no n.° 1, do art. 82.°, do CPT, a subida do recurso deverá ser ordenada quando:

– a decisão seja recorrível;

466   *Do Processo do Trabalho*

– o recurso tenha sido interposto tempestivamente;
– o recorrente tenha legitimidade.

Ao abrigo do disposto no art. 680.º, do CPC (com a redacção introduzida pelo DL n.º 303/2007, de 24.08), têm legitimidade para interpor recursos:

– a parte principal na causa, que tenha ficado vencida;
– as pessoas directa e efectivamente prejudicadas pela decisão, ainda que não sejam partes na causa ou sejam apenas partes acessórias;
– no caso de litígio assente sobre acto simulado das partes, terceiro que se considere prejudicado com a sentença.

Se a subida não for ordenada ou o recurso tiver sido retido, o recorrente pode apresentar reclamação (art. 82.º, n.º 2, do CPT).

Depois de apresentada a reclamação pode acontecer uma de duas situações:

– o juiz defere-a, mandando subir o recurso (art. 82.º, n.º 3, do CPT) ou
– o juiz indefere-a, mandando ouvir a parte contrária (salvo se tiver sido impugnada apenas a admissibilidade do recurso). Neste caso, a reclamação será decidida, no prazo de 5 dias, pelo presidente do tribunal superior (art. 82.º, n.º 4, do CPT).

Efeitos

Os efeitos do recurso são diferentes consoante a espécie de recurso apresentado.

O recurso de apelação tem efeito meramente devolutivo, sem necessidade de declaração (art. 83.º, n.º 1, do CPT), podendo a parte vencedora executar imediatamente a sentença.

Conforme refere AMÂNCIO FERREIRA *in* "Manual ...", p. 165 "Daí poder a parte vencedora promover imediatamente a execução, com base no traslado que deve requerer, dentro de 10 dias seguintes à notificação do despacho que admita o recurso" (art. 693.º, n.º 1, do CPC).

No entanto e conforme admite o art. 83.º, n.º 1, parte final, do CPT, o apelante pode obter efeito suspensivo se, no requerimento de interposição de recurso, requerer a prestação de caução da importância em que foi condenado.

A caução pode ser prestada por meio:
– de depósito efectivo na Caixa Geral de Depósitos ou
– de fiança bancária.

Requerida a prestação de caução, o juiz fixará um prazo nunca superior a 10 dias para que a mesma seja prestada (art. 82.°, n.° 2, do CPT).

De acordo com o art. 83.°, n.° 3, do CPT, o incidente da caução é processado nos próprios autos.

O regime do incidente da prestação de caução está previsto nos arts. 981.° e ss., do CPC.

Se a caução não for prestada no prazo fixado a sentença poderá ser executada de imediato, logrando-se, em absoluto, a tentativa de obter efeito suspensivo (art. 83.°, n.° 2, parte final, do CPT).

De igual forma, também o recurso de apelação, em processo civil, tem efeito meramente devolutivo, nos termos do art. 692.°, n.° 1, do CPC, com as alterações introduzidas pelo DL n.° 303/2007, de 24.08.

Os casos em que o recurso de apelação tem efeito suspensivo estão previstos no art. 692.°, n.ºs 2 e 3, do CPC, com a redacção introduzida pelo DL n.° 303/2007, de 24.08.

O recurso de revista, em regra, tem efeito meramente devolutivo, salvo quando estiverem em causa questões sobre o estado das pessoas. Neste caso, tem efeito suspensivo (art. 723.°, do CPC).

Julgamento

Ao julgamento do recurso em processo laboral aplicam-se as disposições do CPC, que regulamentam o julgamento do recurso de agravo, quer na 1ª instância, quer na 2ª instância, consoante os casos (art. 87.°, n.° 1, do CPT).

Conforme conclui LOPES CARDOSO *in* "Manual ...", p. 294 "Daqui resulta que, *em processo laboral*, semelhantemente ao que sucede *em processo civil*, quer quanto à *apelação* quer quanto aos *agravos na 1.° ou na 2.° instância* quer quanto à *revista* são aplicáveis, por força deste artigo, com algumas especificidades, as regras estabelecidas em processo civil, para a apelação, por decorrência dos arts. 749.°, 762.° e 726.°, regras essas enunciadas nos arts. 700.° e segs., todos do CPC".

PARTE III

MINUTAS

CAPÍTULO I

Contratos de Trabalho

(PROPOSTA DE) CONTRATO SEM TERMO

Entre ..., com sede ..., pessoa colectiva ..., registada na Conservatória do Registo Comercial de ..., sob o n.° ..., contribuinte da Segurança Social ..., adiante designada por Primeira Outorgante;

E

..., nascido em ..., detentor do BI n.° ..., contribuinte n.° ..., residente na Rua ..., adiante designado por Segundo Outorgante;

É celebrado e reciprocamente aceite entre as partes outorgantes o presente **contrato de trabalho sem termo**, nos seguintes termos:

CLÁUSULA 1ª
(Funções pretendidas e mobilidade funcional)

1. A Primeira Outorgante, no exercício da sua actividade de indústria de ..., contrata o Segundo Outorgante para, sob a sua direcção e orientação, desempenhar as funções de ....

2. O Segundo Outorgante deverá ainda, acessoriamente, realizar quaisquer outras tarefas que lhe sejam indicadas pela Primeira Outorgante, para as quais tenha qualificação ou capacidade bastantes e que tenham afinidade funcional com as que habitualmente correspondem às suas funções normais, sem qualquer prejuízo para a sua posição na empresa.

CLÁUSULA 2ª
(Local de trabalho e mobilidade geográfica)

1. O Segundo Outorgante desempenhará as funções na sede da Primeira Outorgante, sita na Rua ....

2. O Segundo Outorgante, atenta a natureza das funções pretendidas, deverá realizar as deslocações necessárias ao bom desempenho dessas

472   *Minutas*

funções, em todo o território nacional, por períodos do tempo de 8 a 15 dias.

3. As despesas inerentes à referida mobilidade oorão suportadas integralmente pela Primeira Outorgante.

CLÁUSULA 3ª
(Período normal de trabalho)

O período normal de trabalho a prestar pelo Segundo Outorgante é de 40 horas semanais, distribuídas por 5 dias da semana, de segunda a sexta-feira, em regime de isenção de horário de trabalho[1], atento o exercício regular da actividade fora do estabelecimento, sem controlo imediato da hierarquia, de acordo com o disposto na al. *c)* do n.º 1, do art. 177.º, do CT.

CLÁUSULA 4ª
(Valor, forma e data de pagamento da retribuição)

1. Como contrapartida do trabalho prestado, o Segundo Outorgante auferirá a retribuição base mensal ilíquida de ... euros.

2. O Segundo Outorgante tem direito ao valor diário de ... euros, a título de ajudas de custo.

3. O Segundo Outorgante tem direito a uma retribuição especial, por isenção de horário de trabalho, de ... euros[2].

4. A referida retribuição será liquidada através de transferência bancária (conforme NIB indicado pelo Segundo Outorgante), até ao último dia útil do mês a que respeita.

CLÁUSULA 5ª
(Período experimental)

Durante os primeiros 90 dias de vigência do presente contrato, qualquer das partes o poderá denunciar, sem invocação de justa causa, nem direito a qualquer compensação ou indemnização[3].

---

[1] Na ausência de estipulação contratual, entende-se que a isenção de horário de trabalho, compreende a não sujeição aos limites máximos dos períodos normais de trabalho (art. 178.º, n.º 2, do CT).

[2] O regime de isenção de horário de trabalho atribui ao trabalhador o direito a uma retribuição especial, que não deve ser inferior à retribuição correspondente a uma hora de trabalho suplementar por dia (art. 256.º, n.º 2, do CT).

[3] Nos casos em que o período experimental dura mais de 60 dias, a denúncia do contrato por parte do empregador está sujeita a um aviso prévio de sete dias (art. 105.º, n.º 2, do CT).

CLÁUSULA 6ª
(Deveres do trabalhador)

O Segundo Outorgante fica especialmente obrigado, além do cumprimento de todos os demais deveres que da relação de trabalho resultam para o trabalhador:

a) A desempenhar as suas funções com total zelo e diligência, responsabilizando-se pela adequada utilização e conservação do equipamento técnico que lhe seja confiado, responsabilizando-se pessoal e integralmente, nos termos gerais, pelo ressarcimento de quaisquer prejuízos que venha a causar à Primeira Outorgante, directa ou indirectamente, por um grave e/ou negligente desempenho de funções, nomeadamente, eventual extravio de equipamento ou danificação do mesmo, sem prejuízo de procedimento disciplinar.

b) A observar rigoroso sigilo relativamente a toda a informação que venha a obter na execução do presente contrato, nomeadamente, as comunicações que lhe são dirigidas ou informações perante si divulgadas, estejam elas relacionadas com a Primeira Outorgante, respectivos clientes, fornecedores, Banca ou outros intervenientes.

c) A acatar a proibição geral de copiar ou utilizar para outros fins, que não os eminentemente profissionais, bem como transmitir ou facultar a terceiros, as bases de dados a que tenha acesso, sejam do empregador ou de terceiros.

d) A respeitar as regras e procedimentos técnicos e de segurança no trabalho emanados pela Primeira Outorgante, bem como aquelas que digam directamente respeito à conduta a observar nas instalações, nomeadamente, manuseamento de aplicações informáticas, de equipamentos técnicos e de outros mecanismos de precisão.

e) A observar o dever de não-concorrência durante a vigência do presente contrato.

CLÁUSULA 7ª
(Dever de não concorrência após a cessação do contrato de trabalho)

1. Para além do dever de não-concorrência na vigência do contrato de trabalho, o Segundo Outorgante compromete-se a, durante os dois anos[4] subsequentes à cessação do contrato, não exercer actividade que possa efectivamente causar grave prejuízo à Primeira Outorgante, nomeadamente ....

---

[4] A limitação temporal imposta ao trabalhador pode ser prolongada até 3 anos, no caso de exercício de actividades cuja natureza suponha especial relação de confiança ou com acesso a informação particularmente sensível no plano da concorrência (n.º 5, do art. 146.º, do CT).

2. Para o acatamento desse dever de abstenção, receberá o Segundo Outorgante uma compensação pecuniária, cujo montante será atribuído por acordo entre as partes.

3. Os Outorgantes, caso não acordem no valor referido no ponto 2 desta cláusula, comprometem-se, desde já, a aceitar a intervenção de um árbitro, cuja decisão irão acatar plena e integralmente.

CLÁUSULA 8ª
(Testes e exames médicos)

Para o bom desempenho das funções pretendidas, e atenta a natureza da actividade a exercer, de grande desgaste físico e psíquico, aceita o Segundo Outorgante a sujeição aos estritamente necessários e adequados testes e exames médicos para comprovação da respectiva aptidão profissional.

CLÁUSULA 9ª
(Apólice de seguros)

O Segundo Outorgante está abrangido por um seguro de acidentes de trabalho com a apólice n.º ..., da Companhia de Seguros ....

CLÁUSULA 10ª
(Deveres das partes em virtude da cessação contratual)

1. O Segundo Outorgante deve devolver imediatamente à Primeira Outorgante os instrumentos de trabalho e quaisquer outros objectos que sejam pertença deste, sob pena de incorrer em responsabilidade civil pelos danos causados.

2. A Primeira Outorgante é obrigada a entregar ao Segundo Outorgante um certificado de trabalho, indicando as datas de admissão e de saída, o cargo que desempenhou, bem como, os documentos previstos na legislação de Segurança Social.

CLÁUSULA 11ª
(Foro competente)

Para a resolução de toda e qualquer questão emergente do presente contrato é competente o Tribunal da Comarca de ..., com exclusão de qualquer outro.

CLÁUSULA 12ª
(Lei aplicável)

Em tudo o que não se achar especialmente previsto no presente contrato, aplicam-se as disposições do Código do Trabalho, aprovado pela Lei n.° 99/2003, de 27 de Agosto, e respectiva legislação complementar.

O presente contrato é feito em duplicado, ficando um exemplar na posse de cada um dos Outorgantes.

_____, ... de .... de ......

ASSINATURA DA PRIMEIRA OUTORGANTE:

_____

ASSINATURA DO SEGUNDO OUTORGANTE:

_____

(PROPOSTA DE) CONTRATO A TERMO CERTO

Entre ..., com sede ..., pessoa colectiva ..., registada na Conservatória do Registo Comercial de ..., sob o n.° ..., contribuinte da Segurança Social ..., adiante designada por Primeira Outorgante;
E
..., nascido em ..., detentor do BI n.° ..., contribuinte n.° ..., residente na Rua ..., adiante designado por Segundo Outorgante;
É celebrado e reciprocamente aceite entre as partes outorgantes o presente **contrato de trabalho a termo certo**, nos seguintes termos:

CLÁUSULA 1ª
(Funções pretendidas e mobilidade funcional)
1. A Primeira Outorgante, no exercício da sua actividade de indústria de componentes de automóveis, contrata o Segundo Outorgante para, sob a sua direcção e orientação, desempenhar as funções de ....

2. O Segundo Outorgante deverá ainda, acessoriamente, realizar quaisquer outras tarefas que lhe sejam indicadas pela Primeira Outorgante, para as quais tenha qualificação ou capacidade bastantes e que tenham afinidade funcional com as que habitualmente correspondem às suas funções normais, sem qualquer prejuízo para a sua posição na empresa.

CLÁUSULA 2ª
(Local de trabalho)
O Segundo Outorgante desempenhará as suas funções na sede da Primeira Outorgante, sita na Rua ....

CLÁUSULA 3ª
(Período normal de trabalho)
1. O período normal de trabalho a prestar pelo Segundo Outorgante é de 35 horas semanais, distribuídas por 5 dias da semana, de segunda a sexta-feira, entre as 22h e as 2h00 e as 3h e as 7h00.

2. O Segundo Outorgante aceita qualquer alteração do horário de trabalho, na vigência do presente contrato, atentos os limites legais.

CLÁUSULA 4ª
(Valor, forma e data de pagamento da retribuição)
1. Como contrapartida do trabalho prestado, o Segundo Outorgante auferirá a retribuição base mensal ilíquida de ... euros.

Contratos de Trabalho

2. O Segundo Outorgante terá um subsídio de refeição de ... euros, por cada dia completo de trabalho.

3. O Segundo Outorgante terá um subsídio por prestação de trabalho nocturno de ... euros, por cada dia completo de trabalho[5].

4. A referida retribuição será liquidada através de transferência bancária (conforme NIB indicado pelo Segundo Outorgante), até ao último dia útil do mês a que respeita.

CLÁUSULA 5ª
(Motivação do contrato e adequabilidade temporal)

1. Ao abrigo do disposto na al. *f)*, do n.° 2, do art. 129.°, do CT, o presente contrato a termo é motivado por um acréscimo excepcional de actividade, na sequência de uma política de expansão para o mercado exterior, nomeadamente, para o francês, adoptada pela Primeira Outorgante.

2. Política de expansão essa que originou um aumento considerável do volume de encomendas de bancos estofados da cliente francesa ..., sendo os actuais recursos humanos da Primeira Outorgante insuficientes para responder a tal aumento.

3. Contudo, e dado tratar-se de uma linha de produção nova, não pode a Primeira Outorgante garantir a estabilidade do novo mercado e a manutenção do volume de encomendas actual, pelo que, o reforço dos meios humanos será temporário, e adequado às respectivas necessidades de expansão.

CLÁUSULA 6ª
(Duração do contrato)

1. O contrato de trabalho que agora se celebra tem a duração de um ano, iniciando-se em 01.02.2004 e terminando em 31.01.2005.

2. O empregador e o trabalhador comunicarão, com um aviso prévio de, respectivamente, quinze ou oito dias, a vontade de o não renovar, segundo o previsto no n.° 1, do art. 388.°, do CT.

CLÁUSULA 7ª
(Regime de férias)

O Segundo Outorgante tem direito a um período de férias retribuído equivalente a dois dias úteis por cada mês completo e efectivo de trabalho, bem como a um subsídio de férias.

---

[5] Correspondente a 25% relativamente à retribuição do trabalho equivalente prestado durante o dia (art. 257.°, n.° 1, do CT).

CLÁUSULA 8ª
(Subsídio de Natal)
O Segundo Outorgante tem direito a um subsídio de Natal correspondente a dois dias por cada mês completo e efectivo de trabalho.

CLÁUSULA 9ª
(Período experimental)
Durante os primeiros 30 dias de vigência do presente contrato, qualquer das partes o poderá denunciar, sem invocação de justa causa, nem direito a qualquer compensação ou indemnização.

CLÁUSULA 10ª
(Apólice de seguros)
O Segundo Outorgante está abrangido por um seguro de acidentes de trabalho com a apólice n.º ..., da Companhia de Seguros ....

CLÁUSULA 11ª
(Deveres das partes em virtude da cessação contratual)
1. O Segundo Outorgante deve devolver imediatamente à Primeira Outorgante os instrumentos de trabalho e quaisquer outros objectos que sejam pertença deste, sob pena de incorrer em responsabilidade civil pelos danos causados.

2. A Primeira Outorgante é obrigada a entregar ao Segundo Outorgante um certificado de trabalho, indicando as datas de admissão e de saída e os cargo ou cargos que desempenhou, bem como, os documentos previstos na legislação de Segurança Social.

O presente contrato é feito em duplicado, ficando um exemplar na posse de cada um dos Outorgante.

_____, ... de .... de ......

ASSINATURA DA PRIMEIRA OUTORGANTE:

_____

ASSINATURA DO SEGUNDO OUTORGANTE:

_____

NOTAS AO PRESENTE CONTRATO A TERMO CERTO

A redução a escrito do contrato a termo é imposta pelo estatuído no art. 103.º, al. *c*), sob pena de conversão em contrato sem termo, de acordo com o n.º 4 do art. 131.º, ambos do CT.

Quanto à cláusula 1ª:

Nos termos do art. 131.º, n.º 1, al. *b*), 1ª parte, do CT, basta a indicação da actividade contratada, prescindindo-se da indicação da "categoria profissional". O n.º 2, da cláusula 1ª recebe o regime da mobilidade funcional, previsto no art. 314.º, do CT (articular este regime com o art. 4.º, do CT).

Quanto à cláusula 3ª:

A definição de horário de trabalho está prevista no art. 159.º, e a definição de período normal de trabalho, no art. 158.º, ambos do CT.

Compete ao empregador a definição do horário de trabalho dos trabalhadores (art. 170.º, n.º 1, do CT), sob consulta das comissões de trabalhadores, ou, na sua falta, das comissões intersindicais, das comissões sindicais ou dos delegados sindicais (n.º 2).

O Código do Trabalho (ao contrário do regime anterior do art. 42.º, n.º 1, al. *c*), da LCCT), não obriga à indicação do horário de trabalho, bastando a previsão do período normal de trabalho (art. 131.º, n.º 1, al. *c*), 2ª parte).

Questiona-se se a indefinição do horário de trabalho, que cria uma vulnerabilidade na posição do trabalhador, não colide com o princípio da determinabilidade do objecto negocial (art. 280.º, n.º 1, do CC).

Nos termos do art. 163.º, do CT, o limite máximo de trabalho não pode exceder 8h por dia nem 40h por semana.

Na ausência de fixação por instrumento de regulamentação colectiva de trabalho, trabalho nocturno é o trabalho prestado entre as 22 horas de um dia e as 7 horas do dia seguinte (art. 192.º, n.º 3, do CT).

A prestação de trabalho nocturno beneficia de um acréscimo de 25% relativamente à retribuição do trabalho equivalente prestado durante o dia (art. 257.º, n.º 1).

Quanto à cláusula 4ª:

O conceito de retribuição base foi agora definido no art. 250.º, n.º 2, al. *a*), do CT, encontrando-se associado estritamente à actividade desempenhada no quadro do período normal de trabalho definido.

As prestações complementares (como por exemplo, o subsídio de refeição, de transporte, de turnos) também fazem parte da retribuição, conforme dispõe o n.º 2, do art. 249.º, do CT.

Nos termos do n.º 1, do art. 250.º, do CT, a base de cálculo das prestações complementares e acessórias é constituída, em princípio, pela própria retribuição-base e diuturnidades.

O empregador pode efectuar o pagamento por meio de cheque bancário, vale postal ou depósito à ordem do trabalhador, devendo a retribuição estar à disposição do trabalhador na data do vencimento ou no dia útil imediatamente anterior (art. 267.º, n.º 4, al. *a*), do CT.

480 *Minutas*

Quanto à cláusula 5ª:
Admitindo agora o art. 129.º, n.º 1, do CT uma *cláusula geral de admissibilidade* (deixando de enquadrar uma motivação taxativa), há que ponderar se em concreto, a motivação acolhida não representa "fraude" ao contrato de trabalho a termo, conforme estatui o n.º 2, do art. 130.º, do CT.

Este preceito sanciona a subordinação dos contratos de trabalho a cláusulas acessórias que visam iludir o regime próprio da contratação a termo.

Cabe ao empregador o ónus probatório quanto à factualidade invocada (art. 130.º, n.º 1, do CT).

Quanto à cláusula 6ª:
O Código do Trabalho exige agora, além da indicação da data de início da execução contratual (art. 131.º, n.º 1, al. *d*), do CT) e da data da celebração do contrato (art. 131.º, n.º 1, al. f), 1.ª parte, do CT), a referência à data da respectiva cessação (art. 131.º, n.º 1, al. *f*), 2.ª parte, do CT).

Quanto à cláusula 7ª:
O regime de férias para contratos de duração igual ou superior a seis meses, encontra-se previsto no art. 212.º, do CT.

O tempo de férias no ano da contratação do trabalhador está preceituado no n.º 2, sendo de dois dias úteis por cada mês de duração do contrato.

A retribuição de férias corresponde à retribuição correspondente ao trabalho efectivamente prestado (art. 255.º, n.º 1, do CT).

O subsídio de férias deixou de ser igual à retribuição de férias, correspondendo, agora, à retribuição base e demais prestações retributivas que sejam *contrapartida do modo específico da execução do trabalho* (n.º 2, do art. 255.º, do CT).

Quanto à cláusula 8ª:
O subsídio de Natal encontra-se previsto no art. 254.º, do CT.

Quanto à cláusula 9ª:
O período experimental nos contratos a termo encontra-se previsto no art. 108.º, do CT. Nos casos em que o período experimental dure mais de 60 dias, a denúncia do contrato por parte do empregador está sujeita a um aviso prévio de sete dias (art. 105.º, n.º 2, do CT).

Quanto à cláusula 10ª:
Nos termos do art. 303.º, do CT, o empregador é obrigado a transferir a responsabilidade por acidente de trabalho para as entidades legalmente autorizadas a realizar este seguro.

Quanto à cláusula 11ª:
O art. 386.º, do CT estipula o dever de devolução de instrumentos de trabalho.

O art. 385.º, do CT refere o dever do empregador, no termo do contrato, entregar certo tipo de documentos ao trabalhador.

(PROPOSTA DE) ACORDO DE RENOVAÇÃO DE CONTRATO A TERMO CERTO

Entre ..., com sede ..., pessoa colectiva..., registada na Conservatória do Registo Comercial de ..., sob o n.° ..., contribuinte da Segurança Social..., adiante designada por Primeira Outorgante;

E ..., nascido em ..., detentor do BI n.° ..., contribuinte n.° ..., residente na Rua..., adiante designado por Segundo Outorgante, *tendo em consideração que a Primeira e o Segundo Outorgantes:*

a) celebraram um contrato de trabalho a termo certo com a duração de um ano, inciando em 01.02.2004 e terminando em 31.01.2005, renovável nos termos do art. 139.°, do CT por iguais períodos e que

b) pretendem renovar o referido contrato por mais 1 ano

É celebrado e reciprocamente aceite entre as partes outorgantes a presente **renovação do contrato de trabalho a termo certo supra referido**, nos seguintes termos:

CLÁUSULA 1ª
(Funções pretendidas, mobilidade funcional, local de trabalho)

1. O Segundo Outorgante continua a estar obrigado a desempenhar as funções de ...., na sede da Primeira Outorgante, sita na Rua ..., sob a direcção e orientação desta.

2. O Segundo Outorgante continua a estar obrigado a, acessoriamente, realizar quaisquer outras tarefas que lhe sejam indicadas pela Primeira Outorgante, para as quais tenha qualificação ou capacidade bastantes e que tenham afinidade funcional com as que habitualmente correspondem às suas funções normais, sem qualquer prejuízo para a sua posição na empresa.

CLÁUSULA 2ª
(Período normal de trabalho)

1. O período normal de trabalho a prestar pelo segundo outorgante continua a ser de 35 horas semanais, distribuídas por 5 dias da semana, de segunda a sexta-feira, entre as 22h e as 2h00 e as 3h e as 7h00.

2. O Segundo Outorgante continua a aceitar qualquer alteração do horário de trabalho, na vigência do presente contrato, atentos os limites legais.

CLÁUSULA 3ª
(Retribuição)

1. Como contrapartida do trabalho prestado, o Segundo Outorgante continua a auferir a retribuição base mensal ilíquida de ... euros.

2. O Segundo Outorgante continua a ter direito a um subsídio de refeição de ... euros, por cada dia completo de trabalho.

3. O Segundo Outorgante continua a ter direito a um subsídio por prestação de trabalho nocturno de... euros, por cada dia completo de trabalho.

CLÁUSULA 4ª
(Motivação da renovação)

1. A presente renovação é motivado por um acréscimo excepcional de actividade, na sequência de uma política de expansão para o mercado exterior, nomeadamente, para o francês adoptada pela Primeira Outorgante, ao abrigo do disposto na al. f), do n.º 2, do art. 129.º, do CT.

2. Política de expansão essa que originou um aumento considerável do volume de encomendas de bancos estofados da cliente francesa ..., que renovou por mais um ano o contrato de fornecimento celebrado com a Primeira Outorgante.

3. A Primeira Outorgante, dado tratar-se de uma linha de produção nova, não pode garantir a estabilidade do novo mercado e a manutenção do volume de encomendas actual, pelo que, o reforço dos meios humanos será temporário, e adequado às respectivas necessidades de expansão.

CLÁUSULA 5ª
(Duração da renovação)

O contrato a termo certo é renovado pelo período de um ano, iniciando--se em 01.02.2005 e terminando em 31.01.2006.

O presente acordo de renovação é feito em duplicado, ficando um exemplar na posse de cada um dos Outorgante.

_____, ... de .... de ......

ASSINATURA DA PRIMEIRA OUTORGANTE:

_____

ASSINATURA DO SEGUNDO OUTORGANTE:

_____

NOTAS AO PRESENTE ACORDO DE RENOVAÇÃO DE CONTRATO A TERMO CERTO

O contrato a termo certo não pode ser renovado mais de duas vezes, nem pode exceder três anos, incluindo renovações (art. 139.º, n.º 1, do CT), sob pena de ser considerado contrato sem termo (art. 141.º, do CT).

No entanto, decorrido o período de 3 anos ou verificado o número máximo de renovações, o contrato pode ser objecto de mais uma renovação desde que a respectiva duração não seja inferior a 1 nem superior a 3 anos (art. 139.º, n.º 2, do CT).

A renovação do contrato está sujeita à verificação das exigências materiais da sua celebração, bem como às de forma no caso de se estipular prazo diferente (art. 140.º, n.º 3, do CT), sob pena de o contrato ser considerado sem termo (art. 140.º, n.º 4, do CT).

Considera-se como único contrato aquele que seja objecto de renovação (art. 140.º, n.º 5, do CT).

Por acordo das partes, o contrato a termo certo pode não estar sujeito a renovação (art. 140.º, n.º 1, do CT).

O contrato renova-se no final do termo estipulado, por igual período, na falta de declaração das partes em contrário (art. 140.º, n.º 2, do CT).

(PROPOSTA DE) CONTRATO A TERMO INCERTO

Entre ..., com sede ..., pessoa colectiva ..., registada na Conservatória do Registo Comercial de ..., sob o n.º ..., contribuinte da Segurança Social ..., adiante designada por Primeira Outorgante;

E

Américo Matias de Abreu, nascido em ..., detentor do BI n.º ..., contribuinte n.º ..., residente na Rua ..., adiante designado por Segundo Outorgante;

É celebrado e reciprocamente aceite entre as partes outorgantes o presente **contrato de trabalho a termo incerto**, nos seguintes termos:

CLÁUSULA 1ª
(Funções pretendidas e mobilidade funcional)

1. A Primeira Outorgante, no exercício da sua actividade de indústria de componentes de automóveis, contrata o Segundo Outorgante para, sob a sua direcção e orientação, desempenhar as funções de ....

2. O Segundo Outorgante deverá ainda, acessoriamente, realizar quaisquer outras tarefas que lhe sejam indicadas pela Primeira Outorgante, para as quais tenha qualificação ou capacidade bastantes e que tenham afinidade funcional com as que habitualmente correspondem às suas funções normais, sem qualquer prejuízo para a sua posição na empresa.

CLÁUSULA 2ª
(Local de trabalho)

O Segundo Outorgante desempenhará as suas funções na sede da Primeira Outorgante, sita na Rua ....

CLÁUSULA 3ª
(Período normal de trabalho)

O período normal de trabalho a prestar pelo Segundo Outorgante é de 40 horas semanais, distribuídas por 5 dias da semana, de segunda a sexta-feira, entre as 09h e as 13h00 e as 14h e as 18h00.

CLÁUSULA 4ª
(Valor, forma e data de pagamento da retribuição)

1. Como contrapartida do trabalho prestado, o Segundo Outorgante auferirá a retribuição base mensal ilíquida de ... euros.

2. O Segundo Outorgante terá um subsídio de refeição de ... euros, por cada dia completo de trabalho.

Contratos de Trabalho   485

3. A referida retribuição será liquidada através de transferência bancária (conforme NIB indicado pelo Segundo Outorgante), até ao último dia útil do mês a que respeita.

CLÁUSULA 5ª
(Motivação do contrato e adequabilidade temporal)
Segundo o previsto no art. 143.°, alínea *a*), do CT, o presente contrato a termo é motivado pela necessidade de substituição directa do trabalhador Augusto Martins em relação ao qual se encontra pendente em juízo acção de apreciação da licitude do despedimento, a correr seus termos no.... Juízo, da.... Secção do Tribunal da Comarca de..., sob o n.°...

CLÁUSULA 6ª
(Duração do contrato)
1. O contrato de trabalho, que agora se celebra, dura por todo o tempo necessário para a substituição da trabalhadora ausente, iniciando-se em 01.02.2004.

2. O empregador comunicará, com o aviso prévio legalmente previsto, a caducidade contratual, nos termos do n.° 1, do art. 389.°, do CT.

CLÁUSULA 7ª
(Regime de férias)
O Segundo Outorgante tem direito a um período de férias retribuído equivalente a dois dias úteis por cada mês completo e efectivo de trabalho, bem como, a um subsídio de férias.

CLÁUSULA 8ª
(Subsídio de Natal)
O Segundo Outorgante tem direito a um subsídio de Natal correspondente a dois dias por cada mês completo e efectivo de trabalho.

CLÁUSULA 9ª
(Período experimental)
Segundo o disposto na alínea *b*), do art. 108.°, do CT, qualquer um dos contraentes tem a possibilidade de denunciar o presente contrato durante os primeiros 15 dias de vigência, sem invocação de justa causa, nem direito a qualquer compensação ou indemnização, dado que a sua duração, previsivelmente, não excederá seis meses.

CLÁUSULA 10ª
(Apólice de seguros)

O Segundo Outorgante está abrangido por um seguro de acidentes de trabalho com a apólice n.º ..., da Companhia de Seguros ....

CLÁUSULA 11ª
(Deveres das partes em virtude da cessação contratual)

1. O Segundo Outorgante deve devolver imediatamente à Primeira Outorgante os instrumentos de trabalho e quaisquer outros objectos que sejam pertença deste, sob pena de incorrer em responsabilidade civil pelos danos causados.

2. A Primeira Outorgante é obrigada a entregar ao Segundo Outorgante um certificado de trabalho, indicando as datas de admissão e de saída e o cargo ou cargos que desempenhou, bem como, os documentos previstos na legislação de Segurança Social.

O presente contrato é feito em duplicado, ficando um exemplar na posse de cada um dos Outorgantes.

_____, ... de .... de ......

ASSINATURA DA PRIMEIRA OUTORGANTE:

_____

ASSINATURA DO SEGUNDO OUTORGANTE:

_____

NOTAS AO PRESENTE CONTRATO A TERMO INCERTO

A redução a escrito do contrato a termo é imposta pelo estatuído no art. 103.º, al. *c*), sob pena de conversão em contrato sem termo, de acordo com o n.º 4 do art. 131.º, ambos do CT.

Quanto à cláusula 5ª:

De acordo com o art. 143.º, do CT, também a celebração do contrato a termo incerto deve ser motivada pela satisfação de necessidades temporárias e pelo período estritamente necessário para o efeito.

A motivação só será atendível se for conforme à admissibilidade legal, que, neste tipo de contrato, se mantém taxativa.

Contratos de Trabalho 487

(PROPOSTA DE) CONTRATO DE CEDÊNCIA OCASIONAL DE TRABALHADOR

Entre ..., com sede ..., pessoa colectiva ..., registada sob o n.º ..., na Conservatória do Registo Comercial de ..., contribuinte da Segurança Social ..., dedicada à actividade de ..., adiante designada por Primeira Outorgante;
E
Entre ..., com sede ..., pessoa colectiva ..., registada sob o n.º ..., na Conservatória do Registo Comercial de ..., contribuinte da Segurança Social ..., dedicada à actividade de ..., adiante designada por Segunda Outorgante;
É celebrado e reciprocamente aceite entre as partes outorgantes o presente **contrato de cedência ocasional de trabalhador**, nos seguintes termos:

CLÁUSULA 1ª
(Objecto do contrato)
1. As Outorgantes são sociedades coligadas entre si, detendo um quadro de colaboração recíproca, nos termos da al. *b*), do art. 324.º, do CT.

2. Pelo presente contrato, a Primeira Outorgante disponibiliza à Segunda Outorgante temporária e eventualmente trabalhadores do seu quadro de pessoal próprio, ficando os trabalhadores cedidos vinculados ao poder de direcção da Segunda Outorgante, sem prejuízo da manutenção do vínculo contratual com a Primeira Outorgante.

CLÁUSULA 2ª
(Trabalhador cedido)
1. Nos termos do presente contrato, a Primeira Outorgante cede à Segunda, o trabalhador ..., residente ..., vinculado à Primeira Outorgante por contrato de trabalho sem termo.

2. O trabalhador desempenhará as suas funções de ....

3. O trabalhador manifestou a sua concordância na presente cedência.

CLÁUSULA 3ª
(Duração da cedência)
A cedência acordada é realizada pelo período de seis meses, tendo início em ... e termo em ...[6]

---

[6] A duração máxima da cedência, incluindo renovações, está fixada em 5 anos (art. 324.º, al. *d*), do CT).

CLÁUSULA 4ª
(Valor, forma e data de pagamento da retribuição)

1. Durante o período de vigência deste contrato, o trabalhador cedido auferirá, como contrapartida do trabalho prestado, a retribuição base mensal ilíquida de ... euros.

2. Cabe à Primeira Outorgante pagar ao trabalhador cedido a retribuição devida.

3. A referida retribuição será liquidada através de transferência bancária, até ao último dia útil do mês a que respeita.

CLÁUSULA 5ª
(Regime da prestação de trabalho)

Durante a execução do presente contrato, o trabalhador cedido fica sujeito ao regime de trabalho aplicável à Segunda Outorgante, no que respeita ao modo, lugar, duração e suspensão da prestação de trabalho, segurança, higiene e saúde no trabalho.

CLÁUSULA 6ª
(Regime das férias)

O trabalhador cedido tem direito, na proporção do tempo de duração do presente contrato, a férias, subsídios de férias e de Natal e outros subsídios regulares e periódicos que pela Segunda Outorgante sejam devidos aos seus trabalhadores por idêntica prestação de trabalho.

Este contrato é feito em triplicado, ficando cada uma das partes com um exemplar.

_____, ... de .... de ......

ASSINATURA DA PRIMEIRA OUTORGANTE:

_____

ASSINATURA DO SEGUNDO OUTORGANTE:

_____

ASSINATURA DO TRABALHADOR CEDIDO:

_____

NOTAS AO PRESENTE CONTRATO DE CEDÊNCIA OCASIONAL DE TRABALHADOR

A cedência ocasional de trabalhadores consiste na disponibilização temporária e eventual do trabalhador do quadro de pessoal próprio de um empregador para outra entidade, a cujo poder de direcção o trabalhador fica sujeito, sem prejuízo da manutenção do vínculo contratual inicial (art. 322.°, do CT).

O regime jurídico da cedência ocasional de trabalhadores estava previsto nos arts. 26.° a 30.°, do Decreto-Lei n.° 358/89, de 17.10.

Com a entrada em vigor do Código do Trabalho (aprovado pela Lei n.° 99//2003, de 27.08) tais disposições foram revogados pela al. n), do n.° 1, do art. 21.°, da Lei preambular.

O regime jurídico da cedência ocasional de trabalhadores está actualmente previsto nos arts. 322.° a 329.°, do CT.

Quanto ao cabeçalho:

A cedência deve ser titulada por documento que contenha a identificação do trabalhador cedido temporariamente (art. 325.°, n.° 1, do CT). A violação desta norma constitui contra-ordenação leve (n.° 2, do art. 676.°, do CT).

Quanto à cláusula 1ª:

Uma das condições exigidas para a licitude da cedência é que a mesma ocorra no quadro de colaboração entre sociedades coligadas, em relação societária de participações recíprocas, de domínio ou de grupo, ou entre empregadores, independentemente da natureza societária, que mantenham estruturas organizativas comuns (al. b), do art. 324.°, do CT). A violação desta norma constitui contra--ordenação grave (n.° 1, do art. 676.°, do CT).

Nos termos do n.° 3, do art. 325.°, do CT, cessando o acordo de cedência e em caso de extinção ou de cessação da actividade da empresa cessionária, o trabalhador cedido regressa à empresa cedente, mantendo os direitos que detinha à data do início da cedência, contando-se na antiguidade o período de cedência. A violação desta norma constitui contra-ordenação grave (n.° 1, do art. 676.°, do CT).

Quanto à cláusula 2ª:

A licitude da cedência depende da verificação, entre outras, das seguintes condições:

– O trabalhador cedido esteja vinculado ao empregador cedente por contrato de trabalho sem termo resolutivo (al. a), do art. 324.°, do CT);

– O trabalhador manifeste a sua vontade em ser cedido (al. c), do art. 324.°, do CT).

A este propósito importa salientar que, a cedência só é legítima se o documento que a titula contiver declaração de concordância do trabalhador (art. 325.°, n.° 2, do CT). A violação desta norma constitui contra-ordenação leve (n.° 2, do art. 676.°, do CT).

A violação do art. 324.°, do CT constitui contra-ordenação grave (n.° 1, do art. 676.°, do CT).

490 *Minutas*

A cedência deve ser titulada por documento que contenha a actividade a executar (art. 325.°, n.° 1, do CT). A violação desta norma constitui contra ordenação leve (n.° 2, do art. 676.°, do CT).

Quanto à cláusula 3ª:
A cedência só é lícita se não exceder um ano, renovável por iguais períodos até ao limite máximo de cinco anos (al. d), do art. 324.°, do CT). A violação desta norma constitui contra-ordenação grave (n.° 1, do art. 676.°, do CT).

Por outro lado, importa, ainda, referir que, a cedência deve ser titulada por documento que contenha a data do seu início e a respectiva duração (art. 325.°, n.° 1, do CT). A violação desta norma constitui contra-ordenação leve (n.° 2, do art. 676.°, do CT).

Quanto à cláusula 4ª:
O trabalhador cedido ocasionalmente tem direito a auferir a retribuição mínima fixada na lei ou no instrumento de regulamentação colectiva de trabalho aplicável à entidade cessionária para a categoria profissional correspondente às funções desempenhadas, a não ser que outra mais elevada seja por esta praticada para o desempenho das mesmas funções, sempre com ressalva de retribuição mais elevada consagrada em instrumento de regulamentação colectiva de trabalho aplicável ao empregador cedente (art. 328.°, n.° 1, do CT). A violação desta norma constitui contra-ordenação grave (n.° 1, do art. 676.°, do CT).

Quanto à cláusula 5ª:
Durante a execução do contrato de cedência ocasional, o trabalhador cedido fica sujeito ao regime de trabalho aplicável à entidade cessionária no que respeita ao modo, lugar, duração de trabalho e suspensão da prestação de trabalho, segurança, higiene e saúde no trabalho e acesso aos seus equipamentos sociais (art. 327.°, n.° 1, do CT).

Quanto à cláusula 6ª:
O trabalhador tem direito, na proporção do tempo de duração do contrato de cedência ocasional, a férias, subsídio de férias e de Natal e a outros subsídios regulares e periódicos que pela entidade cessionária sejam devidos aos seus trabalhadores por idêntica prestação de trabalho (art. 328.°, n.° 2, do CT). A violação desta norma constitui contra-ordenação grave (n.° 1, do art. 676.°, do CT).

Quanto à parte final:
Conforme já referimos, a cedência deve ser titulada por documento assinado pelo cedente e pelo cessionário (art. 325.°, n.° 1, do CT). A violação desta norma constitui contra-ordenação leve (n.° 2, do art. 676.°, do CT).

(PROPOSTA DE) CONTRATO DE TRABALHO TEMPORÁRIO

Empresa utilizadora: ...

Entre ..., com sede ..., pessoa colectiva ..., registada na Conservatória do Registo Comercial de ..., sob o n.° ..., contribuinte da Segurança Social ..., titular do alvará n.° ..., de autorização para o exercício da actividade de empresa de trabalho temporário, datado de ..., adiante designada por ETT;

E

..., nascido em ..., detentor do BI n.° ..., contribuinte n.° ..., residente na Rua ...,

adiante designado por Segundo Outorgante;

Tendo presente que:

– a ETT pode, em virtude dos objectivos que prossegue e da licença obtida para o efeito, contratar trabalhadores para serem utilizados por terceiros (neste caso, a Empresa Utilizadora identificada supra), que deles careçam, e que, para o efeito, tenham celebrado com a ETT o competente contrato de utilização de trabalho temporário, tudo ao abrigo do regime legal do trabalho temporário e

– o Segundo Outorgante tem pleno conhecimento e aceita trabalhar segundo aquele regime legal.

É celebrado e reciprocamente aceite entre as partes outorgantes o presente **contrato de trabalho temporário**, nos seguintes termos:

CLÁUSULA 1ª
(Funções pretendidas e mobilidade funcional)

1. Pelo presente contrato, o Segundo Outorgante é contratado pela ETT para, sob a direcção e orientação da Empresa Utilizadora ..., desempenhar as funções inerentes à sua actividade profissional de ....

2. O Segundo Outorgante deverá ainda, acessoriamente, realizar quaisquer outras tarefas que lhe sejam indicadas pela Primeira Outorgante, para as quais tenha qualificação ou capacidade bastantes e que tenham afinidade funcional com as que habitualmente correspondem às suas funções normais, sem qualquer prejuízo para a sua posição na empresa.

CLÁUSULA 2ª
(Motivação do contrato e adequabilidade temporal)

1. Segundo o previsto na alínea *g*), do n.° 1, do art. 18.°, da Lei n.° 19/

/2007, de 22.05[7], o presente contrato a termo é motivado pelo acréscimo ou excepcional de actividade, mais propriamente a necessidade de assegurar uma bolsa permanente de guias turísticos, para acompanhar os participantes e adeptos do EURO 2004.

2. A Empresa Utilizadora não tem qualquer expectativa de conseguir manter as necessidades de recursos humanos que motivam a celebração do presente contrato, porquanto o evento desportivo referido no ponto 1 da presente cláusula tem natureza pontual e duração limitada.

CLÁUSULA 3ª
(Local de trabalho)
O Segundo Outorgante desempenhará as suas funções na sede da Empresa Utilizadora, sita na Rua ....

CLÁUSULA 4ª
(Período normal de trabalho)
O período normal de trabalho a prestar pelo Segundo Outorgante é de 35 horas semanais, distribuídas por 5 dias da semana, de segunda a sexta-feira, das 09h às 12h30 e das 14h às 18h30 e será cumprido através da sua integração no horário de trabalho em vigor no departamento e área da Empresa Utilizadora a que o trabalhador irá ficar afecto.

CLÁUSULA 5ª
(Valor, forma e data de pagamento da retribuição)
1. Como contrapartida do trabalho prestado, o Segundo Outorgante auferirá a retribuição base mensal ilíquida de ... euros.

2. O Segundo Outorgante terá um subsídio de refeição de ... euros, por cada dia completo de trabalho.

3. A retribuição do Segundo Outorgante será paga através de transferência bancária (conforme NIB indicado) até ao último dia do mês a que diz respeito.

CLÁUSULA 6ª
(Qualificação e duração do contrato)
1. O contrato de trabalho temporário é celebrado a termo certo, atendendo a que as funções e tarefas pretendidas são condicionadas à duração

---

[7] A Lei Preambular ao Código do Trabalho (Lei n.º 99/2003, de 27.08), apenas havia revogado os artigos 26.º a 30.º do regime do Decreto-Lei n.º 358/89, de 17.10. Este diploma só foi inteiramente revogado pela Lei n.º 19/2007, de 22.05.

do contrato de utilização de trabalho temporário existente entre a ETT e a Empresa Utilizadora.

2. O presente contrato tem início em 02.06.2004 e termo em 01.07.2004, sendo renovável por iguais períodos, enquanto subsistirem as necessidades alegadas pelo Utilizador, não podendo exceder 12 meses, nos termos do n.º 1, do art. 27.º, da Lei n.º 19/2007, de 22.05.

3. Nos termos do n.º 1, do art. 388.º, do CT, a ETT e o Segundo Outorgante comunicarão, com um aviso prévio de, respectivamente, 15 e 8 dias, a vontade de não renovar o contrato de trabalho temporário.

CLÁUSULA 7ª
(Regime de férias)

1. O Segundo Outorgante tem direito a um período de férias retribuído equivalente a dois dias úteis por cada mês completo e efectivo de trabalho, bem como a um subsídio de férias.

2. O subsídio de férias não inclui o subsídio de refeição diário.

CLÁUSULA 8ª
(Subsídio de Natal)

O Segundo Outorgante tem direito a um subsídio de Natal correspondente a dois dias por cada mês completo e efectivo de trabalho.

CLÁUSULA 9ª
(Período experimental)

Durante os primeiros 15 dias de vigência do presente contrato, qualquer das partes o poderá denunciar, sem invocação de justa causa, nem direito a qualquer compensação ou indemnização.

CLÁUSULA 10ª
(Apólice de seguros)

O Segundo Outorgante está abrangido por um seguro de acidentes de trabalho com a apólice n.º ..., da Companhia de Seguros ....

Este contrato é feito em duplicado, ficando cada uma das partes com um exemplar.

_____, ... de .... de ......

ASSINATURA DO REPRESENTANTE DA ETT:

_____

ASSINATURA DO SEGUNDO OUTORGANTE:

_____

NOTAS AO PRESENTE CONTRATO DE TRABALHO TEMPORÁRIO

O contrato de trabalho temporário era definido como o contrato de trabalho "triangular" "em que a posição contratual da entidade empregadora é desdobrada entre a empresa de trabalho temporário (que contrata, remunera e exerce poder disciplinar) e o utilizador (que recebe nas suas instalações um trabalhador que não integra os seus quadros e exerce em relação a ele, por delegação da empresa de trabalho temporário, os poderes de autoridade e de direcção próprios da entidade empregadora)", cfr. preâmbulo do Decreto-Lei n.° 358/89, de 17.10.

O exercício das empresas de trabalho temporário, as suas relações contratuais com os trabalhadores temporários e com os utilizadores, bem como o regime de cedência ocasional de trabalhadores encontravam-se, total e exclusivamente, regulados pelo Decreto-Lei n.° 358/89, de 17.10, com as alterações introduzidas pela Declaração de Rectificação n.° 30.11.1989 (publicada no DR n.° 276), pela Lei n.° 39/96, de 31.08 e pela Lei n.° 146/99, de 01.09.

Com a entrada em vigor do Código do Trabalho (aprovado pela Lei n.° 99/2003, de 27.08) foram revogados os arts. 26.° a 30.°, do Decreto-Lei n.° 358/89, de 17.10, que regulavam apenas o regime jurídico da cedência ocasional de trabalhadores, cfr. art. 21.°, n.° 1, al. n), da Lei preambular.

O regime jurídico da cedência ocasional de trabalhadores está previsto nos arts. 322.° a 329.°, do CT.

Actualmente, o regime jurídico do trabalho temporário está regulado pela Lei n.° 19/2007, de 22 de Maio, que revogou, integralmente, o Decreto-Lei n.° 358/89, de 17.10.

Nos termos da al. d), do art. 2.°, da referida Lei, o contrato de trabalho temporário pode ser definido como o contrato de trabalho a termo celebrado entre uma empresa de trabalho temporário e um trabalhador, pelo qual este se obriga, mediante retribuição daquela, a prestar temporariamente a sua actividade a utilizadores, mantendo o vínculo jurídico-laboral à empresa de trabalho temporário.

O contrato de trabalho temporário está sujeito a forma escrita (art. 14.°, n.° 1, da Lei n.° 19/2007, de 22.05).

Na falta de documento escrito, considera-se que o trabalho é prestado pelo trabalhador à empresa de trabalho temporário em regime do contrato de trabalho sem termo (art. 26.°, n.° 2, da Lei n.° 19/2007, de 22.05).

Quanto ao cabeçalho:

O contrato de trabalho temporário deve conter o nome ou denominação e domicílio ou sede dos contraentes e número e data do alvará de licenciamento para o exercício da actividade de empresa de trabalho temporário (al. a), do n.° 1, do art. 26.°, da Lei n.° 19/2007, de 22.05).

A violação desta norma constitui contra-ordenação leve imputável à empresa de trabalho temporário (al. a), do n.° 1, do art. 44.°, da Lei n.° 19/2007, de 22.05).

Quanto à cláusula 1.ª:

O contrato de trabalho temporário deve conter a actividade contratada (al. c), do n.° 1, do art. 26.°, da Lei n.° 19/2007, de 22.05).

A violação desta norma constitui contra-ordenação leve imputável à empresa de trabalho temporário (al. a), do n.° 1, do art. 44.°, da Lei n.° 19/2007, de 22.05).

Contratos de Trabalho

Quanto à cláusula 2.ª:

O contrato de trabalho temporário deve conter a indicação dos motivos que justificam a celebração do contrato, com menção concreta dos factos que integram esses motivos (al. b), do n.º 1, do art. 26.º, da Lei n.º 19/2007, de 22.05).

Em caso de omissão ou insuficiência da indicação do motivo justificativo da celebração do contrato de trabalho a termo, considera-se que o trabalho é prestado pelo trabalhador à empresa de trabalho temporário em regime do contrato de trabalho sem termo (art. 26.º, n.º 2, da Lei n.º 19/2007, de 22.05).

Convém lembrar que o contrato temporário está sujeito às regras constantes do regime do contrato a termo, embora sendo em relação a este um contrato hiper-precário.

A necessidade contratualmente acolhida tem, portanto, natureza temporária e só nesse contexto deve ser admitido o contrato.

A celebração de contrato de trabalho temporário a termo certo ou incerto só é permitida nas situações previstas para a celebração de contrato de utilização consagradas no art. 18.º (art. 25.º, n.º 1, da Lei n.º 19/2007, de 22.05). Sob pena de nulidade do termo (art. 25.º, n.º 2, da Lei n.º 19/2007, de 22.05).

Sendo nulo o termo, considera-se que o trabalho é prestado pelo trabalhador à empresa de trabalho temporário em regime de contrato de trabalho sem termo (art. 25.º, n.º 3, da Lei n.º 19/2007, de 22.05).

Quanto às cláusulas 3.ª e 4.ª:

O contrato de trabalho temporário deve conter o local e o período normal de trabalho (al. d), do n.º 1, do art. 26.º, da Lei n.º 19/2007, de 22.05).

A violação desta norma constitui contra-ordenação leve imputável à empresa de trabalho temporário (al. a), do n.º 1, do art. 44.º, da Lei n.º 19/2007, de 22.05).

Quanto à cláusula 5.ª:

O contrato de trabalho temporário deve conter a retribuição (al. e), do n.º 1, do art. 26.º, da Lei n.º 19/2007, de 22.05).

A violação desta norma constitui contra-ordenação leve imputável à empresa de trabalho temporário (al. a), do n.º 1, do art. 44.º, da Lei n.º 19/2007, de 22.05).

O trabalhador cedido tem direito a auferir a retribuição mínima fixada na lei ou instrumento de regulamentação colectiva de trabalho aplicável ao utilizador para a categoria profissional correspondente às funções desempenhadas, a não ser que outra mais elevada seja por este praticada para o desempenho das mesmas funções, sempre com ressalva da retribuição mais elevada consagrada em instrumento de regulamentação colectiva de trabalho aplicável à empresa de trabalho temporário (art. 37.º, n.º 1, da Lei n.º 19/2007, de 22.05).

Quanto à cláusula 6.ª:

O contrato de trabalho temporário deve conter a data de início do trabalho e o termo do contrato, de acordo com o disposto no artigo 27.º (als. f) e g), do art. 26.º, da Lei n.º 19/2007, de 22.05).

A não indicação da data de início do trabalho constitui contra-ordenação leve imputável à empresa de trabalho temporário (al. a), do n.º 1, do art. 44.º, da Lei n.º 19/2007, de 22.05).

496 *Minutas*

Na falta de menção do termo do contrato, o contrato considera-se celebrado pelo prazo de um mês, não sendo permitida a sua renovação (art. 26.º, n.º 4, da Lei n.º 19/2007, de 22.05).

O contrato de trabalho temporário a termo certo dura pelo tempo acordado, não podendo exceder 2 anos, ou 6 ou 12 meses, quando o motivo justificativo invocado pelo utilizador seja respectivamente o constante da alínea e) ou g) do n.º 1 do artigo 18.º, incluindo renovações, podendo estas ocorrer enquanto se mantenha a causa justificativa da sua celebração (art. 27.º, n.º 1, da Lei n.º 19/2007, de 22.05).

O contrato de trabalho temporário a termo incerto dura por todo o tempo necessário à satisfação das necessidades temporárias do utilizador, não podendo no entanto ultrapassar o limite máximo de 2 anos, ou 6 ou 12 meses, quando o motivo justificativo invocado seja respectivamente o constante da alínea e) ou g) do n.º 1 do artigo 18.º (art. 27.º, n.º 2, da Lei n.º 19/2007, de 22.05).

O contrato de trabalho temporário não está sujeito aos limites previstos no artigo 142.º, do Código do Trabalho (art. 28.º, da Lei n.º 19/2007, de 22.05).

À caducidade do contrato de trabalho temporário a termo é aplicável o disposto nos artigos 388.º e 389.º do Código do Trabalho, consoante se trate de termo certo ou incerto (art. 29.º, da Lei n.º 19/2007, de 22.05).

Quanto às cláusulas 7.ª e 8.ª:

O trabalhador tem direito, na proporção do tempo de duração do contrato de trabalho temporário, a férias, subsídios de férias e de Natal e a outros subsídios regulares e periódicos que pelo utilizador sejam devidos aos seus trabalhadores por idêntica prestação de trabalho (art. 37.º, n.º 2, da Lei n.º 19/2007, de 22.05). Esta norma aplica-se, igualmente, ao trabalhador temporário que tenha realizado a sua actividade a mais de um utilizador (art. 37.º, n.º 3, da Lei n.º 19/2007, de 22.05).

A retribuição de período de férias e os subsídios de férias e de Natal do trabalhador contratado por tempo indeterminado para cedência temporária são calculados com base na média das retribuições auferidas nos últimos 12 meses ou no período de execução do contrato se este for inferior, sem incluir as compensações referidas no artigo 32.º e os períodos correspondentes (art. 38.º, da Lei n.º 19/2007, de 22.05).

Os trabalhadores temporários cedidos a utilizadores no estrangeiro por período inferior a oito meses têm direito ao pagamento de um abono mensal a título de ajudas de custo até ao limite de 25% do valor da retribuição base (art. 37.º, n.º 4, da Lei n.º 19/2007, de 22.05).

Quanto à cláusula 10.ª:

A empresa de trabalho temporário é obrigada a transferir a responsabilidade pela indemnização devida por acidente de trabalho para empresas legalmente autorizadas a realizar este seguro (art. 41.º, n.º 3, da Lei n.º 19/2007, de 22.05).

Quanto à parte final:

O contrato de trabalho temporário deve conter a identificação e a assinatura das partes e ser redigido em duplicado, sendo um dos exemplares entregue ao trabalhador (art. 14.º, n.º 2, da Lei n.º 19/2007, de 22.05).

A violação desta norma constitui contra-ordenação leve imputável à empresa de trabalho temporário (al. a), do n.º 1, do art. 44.º, da Lei n.º 19/2007, de 22.05).

O contrato de trabalho temporário deve conter a data da celebração (al. h), do n.º 1, do art. 26.º, n.º 3, da Lei n.º 19/2007, de 22.05).

(PROPOSTA DE) CONTRATO DE TRABALHO DOMÉSTICO

Entre ..., contribuinte n.° ..., portadora do BI n.° ..., emitido em .../.../...., pelo Arquivo de Identificação de ..., residente na Rua ..., adiante designada por Primeira Outorgante

E

..., nascida em ..., detentora do BI n.° ..., contribuinte n.° ..., residente na Rua ..., adiante designada por Segunda Outorgante;

É celebrado e reciprocamente aceite entre as partes outorgantes o presente **contrato de trabalho doméstico**, nos seguintes termos:

CLÁUSULA 1ª
(Funções pretendidas)

Pelo presente contrato a Primeira Outorgante admite a Segunda Outorgante para, sob a sua direcção e orientação, desempenhar as funções de empregada doméstica, cuidando das necessidades gerais de arrumação, limpeza e asseio do agregado familiar da Primeira Outorgante, podendo, eventualmente, confeccionar algumas refeições e tomar sobre a sua vigilância os seus filhos menores.

CLÁUSULA 2ª
(Local de trabalho)

A Segundo Outorgante desempenhará as suas funções na casa de morada de família da Primeira Outorgante, sita na Rua ....

CLÁUSULA 3ª
(Período normal de trabalho)

1. O período normal de trabalho a prestar pela Segunda Outorgante é fixado no seguinte horário de trabalho: das 9h00 às 18h30, de segunda a sexta-feira.

2. Dentro do período normal de trabalho são conferidos os seguintes intervalos para refeições:

Das 12h00 às 13h e das 17h às 17h20m.

CLÁUSULA 4ª
(Valor, forma e data de pagamento da retribuição)

1. Como contrapartida do trabalho prestado, a Segunda Outorgante auferirá a retribuição base mensal ilíquida de ... euros.

2. A Segunda Outorgante terá direito diariamente a almoço e lanche, a prestar pela Primeira Outorgante.

3. A retribuição em dinheiro será liquidada, através de cheque, até ao último dia útil do mês a que respeita.

CLÁUSULA 5ª
(Duração do contrato)
O presente contrato é celebrado sem termo, iniciando-se nesta data.

CLÁUSULA 6ª
(Regime de férias)
A Segunda Outorgante tem direito a 22 dias úteis de férias retribuidas e subsidiadas.

CLÁUSULA 7ª
(Período experimental)
Durante os primeiros 90 dias de vigência do presente contrato, qualquer das partes o poderá denunciar, sem invocação de justa causa, nem direito a qualquer compensação ou indemnização.

CLÁUSULA 8ª
(Apólice de seguros)
A Segunda Outorgante está abrangida por um seguro de acidentes de trabalho com a apólice n.º ..., da Companhia de Seguros ....

CLÁUSULA 9ª
(Deveres das partes em virtude da cessação contratual)
1. A Segunda Outorgante deve devolver imediatamente à Primeira Outorgante os instrumentos de trabalho e quaisquer outros objectos que sejam pertença desta, sob pena de incorrer em responsabilidade civil pelos danos causados.

2. A Primeira Outorgante é obrigada a entregar à Segunda Outorgante um certificado de trabalho, indicando as datas de admissão e de saída e o cargo que desempenhou, bem como, os documentos previstos na legislação de Segurança Social.

O presente contrato é feito em duplicado, ficando um exemplar na posse de cada uma das partes.

_____, ... de .... de ......

ASSINATURA DA PRIMEIRA OUTORGANTE:

_____

ASSINATURA DA SEGUNDA OUTORGANTE:

_____

Contratos de Trabalho

NOTAS AO PRESENTE CONTRATO DE TRABALHO DOMÉSTICO

O Código do Trabalho não revogou o DL n.º 235/92, de 24.10, que regula o regime do trabalho doméstico (cfr. art. 21.º, da Lei Preambular ao Código do Trabalho).

A redução a escrito do contrato de trabalho doméstico só é imposta quando este seja celebrado a termo (art. 3.º, do DL n.º 235/92, de 24.10), sob pena de conversão em contrato sem termo, de acordo com o n.º 3, do art. 5.º, do diploma citado.

Na prestação do trabalho doméstico só podem ser admitidos menores que já tenham completado 16 anos de idade (art. 4.º, n.º 1, do diploma citado), estando a admissão sujeita a comunicação à IGT, instruída com os elementos previstos no n.º 2.

Quanto à cláusula 1ª:
O art. 2.º, do DL citado estabelece um leque exemplificativo bastante alargado das necessidades próprias ou específicas de um agregado familiar.

Quanto à cláusula 3ª:
O período normal de trabalho não pode exceder as 44 horas (art. 13.º, n.º 1, do DL citado).

O trabalhador tem direito a intervalos para refeições e descanso (art. 14.º, n.º 1).

O repouso nocturno deverá ser de, pelo menos, 8 horas consecutivas, cuja interrupção só poderá ocorrer por motivos graves, imprevistos ou de força maior, ou em virtude de assistência a doentes ou crianças até aos 3 anos (n.º 2).

Quanto à cláusula 4ª:
A retribuição pode ser paga em dinheiro ou em espécie, designadamente, alimentação e alojamento (art. 9.º, n.º 2).

A retribuição vence-se, salvo estipulação em contrário, no termo da unidade de tempo que servir de base para a sua fixação (n.º 1, do art. 10.º).

Quanto à cláusula 5ª:
O contrato de trabalho doméstico pode ser celebrado sem termo ou a termo.

O contrato de trabalho será celebrado a termo quando se verifique a natureza transitória ou temporária do trabalho a prestar (art. 5.º, n.º 1), na falta de indicação de prazo, o contrato é celebrado pelo período em que persistir o motivo determinante (n.º 3).

Ainda, poderá ser a termo certo, havendo acordo das partes, mas com o limite temporal de um ano (n.º 2).

A falta de motivação do contrato torna nula a estipulação do termo (n.º 4).

Quanto à cláusula 6ª:
O trabalhador doméstico tem direito a 22 dias úteis de férias retribuídas (art. 16.º, n.º 1) e subsidiadas (art. 18.º).

Nos contratos a termo cuja duração não atinja um ano, o período de férias corresponde a dois dia úteis por cada mês completo de trabalho (art. 16.º, n.º 4).

Quanto à cláusula 7ª:

Ô período experimental é fixado em 90 dias, podendo ser eliminado ou reduzido por vontade das partes (art. 8.°, n.° 1).

Havendo cessação do contrato de trabalho, na vigência do período experimental, deve ser concedido ao trabalhador alojado um prazo não inferior a 24 horas para abandono do alojamento (n.° 3).

Quanto à cláusula 9ª:

O certificado de trabalho consta do art. 35.°.

Contratos de Trabalho 501

(PROPOSTA DE) CONTRATO DE TRABALHO
COM ESTRANGEIRO

Entre... com sede..., pessoa colectiva..., registada na Conservatória do Registo Comercial de..., sob o n.º..., contribuinte da Segurança Social...., dedicada à actividade de...., adiante designada por Primeira Outorgante
E
..., (nacionalidade), nascido em ..., detentor do Passaporte n.º ..., contribuinte n.º ..., residente na Rua ..., adiante designado por Segundo Outorgante;

É celebrado e reciprocamente aceite entre as partes outorgantes o presente **contrato de trabalho a termo**, no seguinte regime:

CLÁUSULA 1ª
(Funções pretendidas)

1. A Primeira Outorgante, no exercício da sua actividade de ..., contrata o Segundo Outorgante para, sob a sua direcção e orientação, desempenhar as funções de ....

2. O Segundo Outorgante deverá ainda, acessoriamente, realizar quaisquer outras tarefas que lhe sejam indicadas pela Primeira Outorgante, para as quais tenha qualificação ou capacidade bastantes e que tenham afinidade funcional com as que habitualmente correspondem às suas funções normais, sem qualquer prejuízo para a sua posição na empresa.

CLÁUSULA 2ª
(Local de trabalho)

O Segundo Outorgante desempenhará as suas funções na sede da Primeira Outorgante, sita na Rua ....

CLÁUSULA 3ª
(Período normal de trabalho)

O período normal de trabalho a prestar pelo Segundo Outorgante é de 35 horas semanais, distribuídas por 5 dias da semana, de segunda a sexta-feira, entre as 09h e as 12h30 e as 14h e as 18h30.

CLÁUSULA 4ª
(Valor, forma e data de pagamento da retribuição)

1. Como contrapartida do trabalho prestado, o Segundo Outorgante auferirá a retribuição base mensal ilíquida de ... euros.

Minutas

2. O Segundo Outorgante terá um subsídio de refeição de ... euros, por cada dia completo de trabalho.

3. A retribuição será liquidada, através de cheque, até ao último dia útil do mês a que respeita.

CLÁUSULA 5ª
(Motivação do contrato e adequabilidade temporal)

Segundo o previsto no art. 129.°, n.° 2, al. alínea *h*), do CT, o presente contrato é motivado pela execução de obra de construção das vias de acesso para a circulação do Metro do Porto.

CLÁUSULA 6ª
(Duração do contrato)

1. O contrato de trabalho que agora se celebra tem a duração de seis meses, iniciando-se em 01.02.2004 e terminando em 31.07.2004.

2. A Primeira Outorgante e o Segundo Outorgante comunicarão, com um aviso prévio de, respectivamente, 15 e 8 dias, a vontade de não renovar o presente contrato, nos termos do n.° 1, do art. 388.°, do CT.

CLÁUSULA 7ª
(Regime de férias)

O Segundo Outorgante tem direito a um período de férias retribuído equivalente a dois dias úteis por cada mês completo de trabalho, bem como a um subsídio de férias.

CLÁUSULA 8ª
(Período experimental)

No presente contrato, não há lugar a período experimental.

CLÁUSULA 9ª
(Documentos comprovativos de entrada regular)

1. O Segundo Outorgante é portador da autorização de residência temporária, n.°...., válida até 30 de Janeiro de 2008.

2. O Segundo Outorgante assume o compromisso de manter válidos os documentos comprovativos de entrada regular em Portugal, para efeitos de celebração e execução do presente contrato.

3. O Segundo Outorgante deverá comunicar à Primeira Outorgante qualquer acontecimento que ponha em crise a manutenção de entrada regular em Portugal.

CLÁUSULA 10ª
(Apólice de seguros)

O Segundo Outorgante está abrangido por um seguro de acidentes de trabalho com a apólice n.° ..., da Companhia de Seguros ....

CLÁUSULA 11ª
(Certificado de trabalho)

A Primeira Outorgante é obrigada a entregar ao Segundo Outorgante um certificado de trabalho, indicando as datas de admissão e de saída, o cargo que desempenhou, bem como, os documentos previstos na legislação de Segurança Social.

O presente contrato é feito em triplicado, sendo um exemplar enviado à Inspecção-Geral do Trabalho, e os restantes para cada um dos Outorgantes.

_____, ... de .... de ......

ASSINATURA DA PRIMEIRA OUTORGANTE:

_____

ASSINATURA DO SEGUNDO OUTORGANTE:

_____

Em Anexo identificação de beneficiário de pensão.

NOTAS AO PRESENTE CONTRATO DE TRABALHO (DE ESTRANGEIRO)

O formalismo particular do contrato com estrangeiro, atenta a especial vulnerabilidade do trabalhador, vem indicado no art. 158.º, da RCT, destacando-se a obrigatoriedade das seguintes menções:

– referência ao visto de entrada ou ao título de autorização de residência do trabalhador em território português (cfr. cláusula 9.º da minuta contratual), nos termos da alínea *b*) do n.º 1, deste preceito; tendo em consideração que o art. 158.º da RCT deve ser interpretado à luz do novo regime jurídico de entrada, permanência, saída e afastamento de cidadãos estrangeiros, introduzido pela Lei n.º 23/2007, de 04 de Julho (que revogou o Decreto-Lei n.º 244/98, de 08.08).

– indicação da actividade do empregador (al. *c*), do n.º 1);

– datas da celebração do contrato e do início da prestação de actividade (al. *g*) do n.º 1).

504   *Minutas*

O n.° 2 do preceito indicado obriga à identificação do beneficiário da pensão em caso de morte do trabalhador resultante de acidente de trabalho ou doença profissional.

O contrato de trabalho, em princípio, sujeito a escrito (art. 103.°, n.° 1, al. d), do Código do Trabalho) deve ainda ser elaborado em triplicado, segundo o disposto no n.° 3, atendendo a que um dos exemplares do contrato de trabalho celebrado, será enviado, para arquivamento, à Inspecção-Geral do Trabalho (n.° 2, do art. 159.°, da RCT).

Cabe ao empregador a comunicação, por escrito, à Inspecção-Geral do Trabalho, da celebração do contrato de trabalho com estrangeiro (art. 159.°, n.° 1), acompanhada de um exemplar (n.° 2).

Igualmente, ocorrendo a cessação do contrato, deve o empregador, no prazo de 15 dias, comunicar tal facto à Inspecção-Geral do Trabalho (n.° 3, do art. 159.°, da RCT).

O disposto no art. 159.°, da RCT, não se aplica aos cidadãos provenientes do espaço económico europeu (EEE) ou outros em que vigore regime idêntico (n.° 4, do art. 159.°, da RCT).

A Lei n.° 20/98, de 12.05 (que regulava o regime do contrato de trabalho com cidadão estrangeiro) foi revogada pela lei regulamentadora do Código do Trabalho (Lei n.° 35/2004, de 29.07), segundo o previsto no art. 21.°, n.° 2, al. j), da Lei Preambular ao Código do Trabalho.

Com o novo regime de circulação de cidadãos estrangeiros aboliram-se os vistos de trabalho (que constavam do art. 37.°, do Decreto-Lei n.° 244/98, de 08.08), sendo actualmente adequados, para desempenhos de curta duração, os vistos de estada temporária. Nomeadamente, o visto de estada temporária para o "exercício em território nacional de uma actividade profissional, subordinada ou independente, de carácter temporário, cuja duração não ultrapasse, em regra, 6 meses" (art. 54.°, n.° 1, al. c)).

Dentro deste tipo de vistos acolhe-se ainda o exercício de:

– uma actividade científica, de uma actividade docente ou de uma actividade altamente qualificada durante um período de tempo inferior a 1 ano (al. d));

– uma actividade desportiva amadora, certificada pela respectiva federação, desde que o clube ou associação desportiva se responsabilize pelo alojamento e cuidados de saúde (al e)).

O visto de estada temporária para exercício de uma *actividade profissional subordinada* de carácter temporário é concedido pelo tempo de duração do contrato de trabalho (art. 56.°, n.° 4, da Lei n.° 23/2007, de 04 de Julho), salvo o caso previsto no n.° 5.

O visto pode ser concedido a estrangeiro que disponha de contrato de trabalho ou de mero contrato-promessa de trabalho (art. 56.°, n.° 1, do diploma citado).

A listagem de ofertas de trabalho subordinadas, de carácter temporário, não preenchidas é divulgada pelo Instituto do Emprego e Formação Profissional (n.° 2).

Para permanências mais longas em território nacional, é necessário o visto de residência para exercício de actividade profissional subordinada (art. 59.°). A concessão do visto depende da existência de oportunidades de emprego, não preen-

Contratos de Trabalho 505

chidas por nacionais portugueses, trabalhadores nacionais de Estados membros da União Europeia, do EEE, de Estado terceiro com o qual a Comunidade tenha celebrado um acordo de livre circulação de pessoas, bem como por trabalhadores nacionais de Estados terceiros com residência legal em Portugal (n.° 1).

Para o efeito, e à semelhança do já estabelecido no anterior regime,[8] o Conselho de Ministros aprova anualmente uma resolução que define um contingente global indicativo de oportunidades de emprego presumivelmente não preenchidas (n.° 2).

Havendo contrato de trabalho, inscrição na segurança social, e encontrando-se preenchidas as condições previstas no art. 77.°, pode o cidadão estrangeiro requer autorização de residência para exercício de actividade profissional subordinada (art. 88.°), no pressuposto de uma estada mais duradoura e estável.

---

[8] *V.* Resolução do Conselho de Ministros n.° 51/2004, de 13.04 (Relatório sobre Oportunidades de Trabalho).

(PROPOSTA DE) ANEXO DE IDENTIFICAÇÃO
DE BENEFICIÁRIO DE PENSÃO

Eu, ..., titular de visto válido com o n.° ..., detentor do Passaporte n.° ..., contribuinte n.° ..., Beneficiário da Segurança Social n.° ..., residente na Rua ..., em cumprimento do disposto no art. 158.°, n.° 2, da Regulamentação do Código do Trabalho, informo que a identificação e o domicílio da minha mulher, que será a beneficiária de pensão em caso de morte resultante de acidente de trabalho ou doença profissional, é:

Nome: ..., portadora do Passaporte n.° ...
Domicílio: Rua ...

O Declarante,

_____

(...)

NOTAS AO PRESENTE ANEXO

De acordo com o disposto no art. 158.°, n.° 2, da RCT, o trabalhador deve anexar ao contrato a identificação e domicílio da pessoa ou pessoas beneficiárias de pensão em caso de morte resultante de acidente de trabalho ou doença profissional.

(PROPOSTA DE) COMUNICAÇÃO À INSPECÇÃO-GERAL DO TRABALHO DA CELEBRAÇÃO DE CONTRATO DE TRABALHO COM ESTRANGEIRO

INSPECÇÃO-GERAL DE TRABALHO
...

10.10.2007
Com A/R

ASSUNTO: Comunicação de celebração de contrato de trabalho com estrangeiro

Exmos. Senhores,

Em cumprimento do disposto nos n.os 1 e 2, do art. 159.º, da Regulamentação do Código do Trabalho, somos pela presente a comunicar que celebramos com o Sr. ..., Ucraniano, titular de visto válido com o n.º ..., detentor do Passaporte n.º ..., contribuinte n.º ..., Beneficiário da Segurança Social n.º ..., residente na Rua ..., contrato de trabalho, cujo exemplar segue em anexo.

Informamos, ainda, que nos termos do referido contrato a prestação de trabalho iniciar-se-á em 31 de Outubro de 2007.

Com os nossos melhores cumprimentos,

NOTAS À PRESENTE COMUNICAÇÃO

De acordo como o disposto no art. 159.º, n.º 1, da RCT, antes do início da prestação de trabalho por parte do trabalhador estrangeiro ou apátrida, o empregador deve comunicar, por escrito, a celebração do contrato à Inspecção-Geral do Trabalho.

A comunicação deve ser acompanhada de um exemplar do contrato de trabalho, que fica arquivado no serviço competente (art. 159.º, n.º 2, da RCT).

O disposto nestas normas não se aplica à celebração de contratos de trabalho com cidadãos nacionais dos países membros do espaço económico europeu ou outros relativamente aos quais vigore idêntico regime (art. 159.º, n.º 4, da RCT).

CAPÍTULO II

Denúncia

(PROPOSTA DE) DECLARAÇÃO DE DENÚNCIA DURANTE O PERÍODO EXPERIMENTAL

Exma. Senhora:
...
Rua ...

2004.02.25
Registada c/Aviso de Recepção

ASSUNTO: **Denúncia do contrato de trabalho durante o período experimental**

Exma. Senhora,

No uso da faculdade conferida pelo art. 105.°, n.° 1, do CT, venho denunciar o contrato de trabalho celebrado em ..., cuja execução se encontra em período experimental fixado em ... dias[9].

Como os meus melhores cumprimentos.

O trabalhador (ou o empregador)

_____

---

[9] Para os contratos por tempo indeterminado, o período experimental tem a seguinte duração, nos termos do art. 107.°, do CT:
– 90 dias, para a generalidade dos trabalhadores;
– 180 dias, para cargos de complexidade técnica, elevado grau de responsabilidade ou especial qualificação, e ainda para as funções de confiança;
– 240 dias, para pessoal de direcção e quadros superiores.

NOTAS À PRESENTE DECLARAÇÃO DE DENÚNCIA

O n.º 2, do art. 105.º, do CT vem, agora, impor ao empregador a observância do prazo de 7 dias de aviso prévio para denunciar os contratos de trabalho, cujo período experimental tenha durado mais de 60 dias.

Nos casos em que a duração do contrato não alcançou 6 meses, ao direito a férias será aplicável o regime do art. 214.º, do CT. Para os outros casos, vale o disposto no n.º 2, do art. 212.º, conjuntamente com a norma correctiva do n.º 3 do art. 221.º, ambos do CT.

Para os contratos a termo, o período experimental tem a seguinte duração, nos termos do art. 108.º, do CT:

– 30 dias, para contratos a termo certo de duração igual ou superior a seis meses e para contratos a termo incerto cuja duração se preveja vir a atingir essa duração;

– 15 dias, para contratos a termo certo de duração inferior a seis meses e para contratos a termo incerto cuja duração se preveja não vir a ser superior àquele limite.

Denúncia 511

(PROPOSTA DE) COMUNICAÇÃO DE CADUCIDADE DO CONTRATO DE TRABALHO A TERMO CERTO, POR PARTE DO EMPREGADOR

Exmo. Senhor:
...
Rua ...

04.07.2004
Registada c/Aviso de Recepção

ASSUNTO: Caducidade do contrato de trabalho a termo certo

Exmo. Senhor,

Dando cumprimento ao disposto no n.° 1, do artigo 388.°, do CT sou pela presente a informar que o contrato de trabalho a termo certo celebrado em 25.01.2004, com esta empresa, cessará por caducidade, em 24.07.2004.

De acordo com o indicado no n.° 2, do art. 388.°, do CT, tem V. Exa. o direito a receber uma compensação correspondente a 3/2[10] dias de retribuição base e diuturnidades por cada mês de duração do vínculo laboral, para além dos restantes créditos emergentes da cessação do presente contrato de trabalho.

Com os nossos cumprimentos,

O empregador

NOTAS À PRESENTE COMUNICAÇÃO DE CADUCIDADE

Para efeito de atribuição de compensação, a duração do contrato de trabalho que corresponda a fracção de mês, é calculada proporcionalmente (n.° 3, do art. 388.°, do CT).

Nos contratos cuja duração não atinja 6 meses, à atribuição do direito a férias, aplica-se o art. 214.°, do CT. Por sua vez, nos contratos cuja duração atinja ou ultrapasse 6 meses, aplica-se o art. 212.°, n.° 2, do CT.

Nos contratos cuja duração não alcance 12 meses aplica-se o n.° 3, do art. 221.°, do CT.

---

[10] A compensação corresponde a 3 dias, se o contrato de trabalho tiver durado até 6 meses e a 2 dias, se o contrato de trabalho exceder esse período (art. 388.°, n.° 2, do CT).

(PROPOSTA DE) COMUNICAÇÃO DE CADUCIDADE DE CONTRATO DE TRABALHO A TERMO CERTO, POR PARTE DO TRABALHADOR

Exmo. Senhor:

...

Rua ...

2004.05.20

Registada c/Aviso de Recepção

ASSUNTO: Caducidade do contrato de trabalho a termo certo

Exmo. Senhor,

Dando cumprimento ao disposto no n.° 1, do art. 388.°, do CT, venho informar que pretendo desvincular-me do contrato de trabalho a termo certo celebrado com a V. empresa em 2004.02.01, a partir de 2004.05.30.

Com os melhores cumprimentos,

O trabalhador

_____

NOTAS À PRESENTE COMUNICAÇÃO DE CADUCIDADE

O Código do Trabalho consagrou, agora, um prazo próprio para a declaração de cessação do contrato de trabalho por parte do trabalhador, de 8 dias, antes do termo do contrato (art. 388.°, n.° 1, do CT).

No entanto, é de assinalar que sempre assistirá ao trabalhador a promoção da denúncia contratual nos termos gerais (art. 447.°, n.° 3, do CT).

(PROPOSTA DE) COMUNICAÇÃO DE CADUCIDADE DE CONTRATO DE TRABALHO A TERMO INCERTO, POR PARTE DO EMPREGADOR

Exmo. Senhor:

...

Rua ...

2004.05.25

Registada c/Aviso de Recepção

ASSUNTO: Caducidade do contrato de trabalho a termo incerto

Exmo. Senhor,

Dando cumprimento ao disposto no n.º 1, do art. 389.º, do CT vimos informar que o contrato de trabalho a termo incerto celebrado em ..., com esta empresa, cessará por caducidade, em ..., atendendo à conclusão da obra de construção civil sita em ....

Com os nossos melhores cumprimentos,

O empregador

NOTAS À PRESENTE COMUNICAÇÃO DE CADUCIDADE

O período de aviso prévio imposto ao empregador está fixado, segundo o disposto no n.º 1 do artigo 389.º, do CT em:

– 7 dias, para os casos em que o contrato tenha durado até 6 meses;
– 30 dias, para os casos em que o contrato tenha entre 6 meses a 2 anos;
– 60 dias, para os casos em que o contrato tenha por mais de 2 anos.

A falta de observância do aviso prévio não invalida a comunicação de caducidade, implica somente o pagamento da retribuição, correspondendo ao período de aviso prévio em falta (n.º 3, do art. 389.º, do CT).

No entanto, se o empregador continuar a receber a prestação do trabalhador, após a data da produção de efeitos da comunicação (ou, no caso de não ter havido comunicação e apesar da ocorrência do termo do contrato, receber essa prestação durante 15 dias) o contrato converte-se em contrato sem termo (art. 145.º, n.º 1, do CT).

A cessação do contrato confere ao trabalhador o direito a uma compensação correspondente a 3 dias, se o contrato de trabalho tiver durado até 6 meses e de 2 dias, se o contrato de trabalho exceder esse período (art. 388.º, n.º 2 *ex vi* art. 389.º, n.º 4, ambos do CT).

(PROPOSTA DE) DECLARAÇÃO DE DENÚNCIA DE CONTRATO DE TRABALHO SEM TERMO POR PARTE DO TRABALHADOR

Exmo. Senhor:

...

Rua ...

2004.03.28
Registada c/Aviso de Recepção

ASSUNTO: Denúncia do contrato de trabalho sem termo

Exmo. Senhor,

De acordo com o previsto no artigo 447.°, n.° 1, do CT venho denunciar o contrato de trabalho celebrado com a V. empresa em 20.01.1995, com produção de efeitos a partir de 2004.05.31, dando cumprimento aos 60[11] dias de aviso prévio imposto por lei.

Solicito, ainda, a liquidação de todos os créditos emergentes da presente cessação.

Como os meus melhores cumprimentos,

O trabalhador

NOTAS À PRESENTE DECLARAÇÃO DE DENÚNCIA:

A declaração de denúncia do contrato de trabalho por parte do trabalhador, é possível em qualquer momento contratual.

Tal declaração deve, no entanto, cumprir um prazo de aviso prévio. Prazo esse cujo incumprimento (embora não invalide a declaração de denúncia) constitui o trabalhador na obrigação de indemnizar (art. 448.°, do CT).

A lei separa, no regime geral da denúncia, os contratos sem termo dos contratos a termo:

---

[11] O aviso prévio estabelecido na denúncia contratual, é, respectivamente, de 30 ou 60 dias, consoante o trabalhador tenha até 2 ou mais de 2 anos de antiguidade (art. 447.°, n.° 1, *in fine, do CT).

Denúncia

– para os contratos *sem termo*, impõe-se um prazo de aviso prévio de 30 ou 60 dias, consoante se trate de um contrato de duração inferior ou superior a dois anos (art. 447.º, n.º 1, do CT).

Relativamente a trabalhadores que ocupem cargos de administração ou direcção, bem como funções de representação ou de responsabilidade, por contrato de trabalho ou por instrumento de regulamentação colectiva pode ser estipulado um prazo de aviso prévio até 6 meses (n.º 2).

– para os contratos *a termo*, impõe-se um prazo de aviso prévio de 15 ou de 30 dias, consoante o contrato tenha uma duração inferior (ou igual) ou superior a seis meses (art. 447.º, n.º 3, do CT).

Para o contrato a termo incerto, o prazo de aviso prévio é calculado com base no tempo de duração efectiva do contrato (n.º 4).

Nos termos do art. 449.º, n.º 1, do CT, a declaração de denúncia, que não tenha sido objecto de reconhecimento notarial presencial, pode ser revogada até ao 7.º dia seguinte à data em que a mesma chega ao poder do empregador.

(PROPOSTA DE) DECLARAÇÃO DE CESSAÇÃO DE CONTRATO DE TRABALHO PELO EMPREGADOR EM VIRTUDE DE ABANDONO DO TRABALHO

Exmo. Senhor:

...

Rua ...

2004.05.25
Registada c/Aviso de Recepção

ASSUNTO: Cessação do contrato de trabalho pelo empregador em virtude de abandono do trabalho

Exmo. Senhor,

Atendendo a que V. Exa. não comparece ao trabalho desde 2004.04.25 até à presente data, não tendo apresentado qualquer justificação para tal ausência, presumimos que pretende desvincular-se do contrato de trabalho que o vinculava a esta empresa.

Nestes termos e caso não indique e prove, dentro de prazo razoável, motivo de força maior impeditivo da comunicação da ausência, consideraremos extinto o contrato de trabalho celebrado, nos termos do disposto no n.º 4, do art. 450.º, do CT.

A ausência de V. Exa. deve ser entendida como uma verdadeira denúncia, que, por não ter respeitado o prazo de aviso prévio imposto por lei, nos permite reclamar uma indemnização pelos prejuízos causados, neste caso, correspondente a 60 dias de retribuição base e diuturnidades, nos termos do n.º 4, do art. 450.º que remete para o art. 448.º, ambos do CT.

Como os nossos melhores cumprimentos,

O empregador

NOTAS À PRESENTE DECLARAÇÃO DE CESSAÇÃO

A declaração de cessação do contrato de trabalho só é eficaz se comunicada por carta registada com aviso de recepção para a última morada conhecida do trabalhador (n.º 5, do art. 450.º, do CT).

Denúncia 517

O abandono do trabalho implica o pagamento de uma indemnização de valor igual à retribuição base e diuturnidades correspondentes ao aviso prévio em falta, sem embargo de responsabilidade civil por danos se esta existir (n.º 4, do art. 450.º, que remete para o art. 448.º, ambos do CT).

A presunção de abandono do trabalho pode assentar em:

– comportamento do trabalhador que revela a vontade de não retomar o contrato de trabalho (n.º 1, do art. 450.º, do CT);

– comportamento omissivo do trabalhador que (mantido, pelos menos, durante 10 dias úteis seguidos, sem qualquer indicação do motivo da ausência) permita presumir da vontade de não retomar o contrato de trabalho (n.º 2, do art. 450.º, do CT).

CAPÍTULO III

Revogação

(PROPOSTA DE) ACORDO DE REVOGAÇÃO DO CONTRATO DE TRABALHO

Entre ..., contribuinte n.° ..., portadora do BI n.° ..., emitido em .../.../...., pelo Arquivo de Identificação de ..., residente na Rua ..., adiante designada por Primeira Outorgante

E

..., nascida em ..., detentora do BI n.° ..., contribuinte n.° ..., residente na Rua ..., adiante designado por Segunda Outorgante;

é realizado o presente **acordo de revogação do contrato de trabalho**, nos termos seguintes:

CLÁUSULA 1ª

Declaram as Outorgantes que entre ambas foi celebrado um contrato de trabalho com início em ..., mediante o qual, a Segunda Outorgante, sob as ordens e direcção da Primeira Outorgante, exercia as funções de ....

CLÁUSULA 2ª

Nos termos do art. 393.° e ss., do CT, as Outorgantes fazem, pelo presente acordo, cessar nesta data o contrato referido, deixando de produzir todo e qualquer efeito jurídico, decorrido que esteja o período facultado à trabalhadora para revogar o presente acordo (art. 395.°, do CT[12]).

CLÁUSULA 3ª

1. Pela cessação do contrato de trabalho, em virtude do presente

---

[12] A faculdade conferida ao trabalhador de fazer cessar o acordo revogatório pode ser afastada mediante o reconhecimento notarial presencial das assinaturas dos Outorgantes (n.° 4, do art. 395.°, do CT).

acordo, à Segunda Outorgante é atribuída a quantia de … euros, incluindo-se neste montante, todos e quaisquer créditos salariais devidos.

2. A Segunda Outorgante dá, por este meio, a respectiva quitação, não podendo exigir, seja a que título for, da Primeira Outorgante qualquer quantia emergente da cessação do presente contrato, conforme disposto no n.º 4, do art. 394.º, do CT.

O presente contrato é feito em duplicado, ficando um exemplar na posse de cada uma das Outorgantes.

_____, ….. de ………………… de ……

ASSINATURA DA PRIMEIRA OUTORGANTE:

_____

ASSINATURA DA SEGUNDA OUTORGANTE:

_____

(PROPOSTA DE) ACORDO DE REVOGAÇÃO DO CONTRATO DE TRABALHO COM INDICAÇÃO DO MOTIVO

Entre ..., contribuinte n.° ..., portadora do BI n.° ..., emitido em .../.../...., pelo Arquivo de identificação de ..., residente na Rua ..., adiante designada por Primeira Outorgante

E

..., nascida em ..., detentora do BI n.° ..., contribuinte n.° ..., residente na Rua ..., adiante designada por Segunda Outorgante;

é realizado o presente **acordo de revogação do contrato de trabalho**, nos termos seguintes:

CLÁUSULA 1ª

Declaram as Outorgantes que entre ambas foi celebrado um contrato de trabalho com início em ..., mediante o qual, a Segunda Outorgante, sob as ordens e direcção da Primeira Outorgante, exercia as funções de ....

CLÁUSULA 2ª

Nos termos do art. 393.° e ss., do CT, as Outorgantes fazem, pelo presente acordo, cessar nesta data o contrato referido, deixando de produzir todo e qualquer efeito jurídico, decorrido que esteja o período facultado à trabalhadora para revogar o presente acordo (art. 395.°, do CT[13]).

CLÁUSULA 3ª

A presente revogação por mútuo acordo deve-se à necessidade de proceder à redução de pessoal, em virtude de decréscimo acentuado do volume de serviços solicitados à Primeira Outorgante.

CLÁUSULA 4ª

Pela cessação do contrato de trabalho, em virtude do presente acordo por mútuo acordo, é atribuída à Segunda Outorgante, a quantia de ... euros, incluindo-se neste montante, todos e quaisquer créditos laborais devidos, nomeadamente retribuições, créditos de férias, subsídio de férias e de Natal, retribuição correspondente a trabalho suplementar e a trabalho nocturno, prémios, etc.

---

[13] A faculdade conferida ao trabalhador de fazer cessar o acordo revogatório pode ser afastada mediante o reconhecimento notarial presencial das assinaturas dos Outorgantes (n.° 4, do art. 395.°, do CT).

CLÁUSULA 5ª

A quantia referida na cláusula 4ª deste acordo será paga em três prestações mensais e sucessivas, nos termos que se discrimina:

1.º – Prestação de ... euros, a liquidar nesta data;
2.º – Prestação de ... euros, com vencimento no dia ...;
3.º – Prestação de ... euros, com vencimento no dia ....

CLÁUSULA 6ª

A Segunda Outorgante dá, por este meio, quitação da primeira prestação.

CLÁUSULA 7ª

A Segunda Outorgante compromete-se a dar quitação das 2ª e 3ª prestações depois de liquidadas.

CLÁUSULA 8ª

Depois de pagas as três prestações, a Segunda Outorgante, desde já, declara que não tem direito a exigir da Primeira Outorgante qualquer quantia emergente da cessação do presente contrato, seja a que título for, conforme disposto no n.º 4, do art. 394.º, do CT.

O presente contrato é feito em duplicado, ficando um exemplar na posse de cada uma das Outorgantes.

_____, ... de .... de ......

ASSINATURA DA PRIMEIRA OUTORGANTE:

_____

ASSINATURA DA SEGUNDA OUTORGANTE:

_____

(PROPOSTA DE) DECLARAÇÃO DE CESSAÇÃO DO ACORDO REVOGATÓRIO DO CONTRATO DE TRABALHO

Exmos. Senhores:

...

Rua ...

2004.05.25
Registada c/Aviso de Recepção

ASSUNTO: Acordo revogatório do contrato de trabalho

Exmos. Senhores,

No uso da faculdade conferida pelo artigo 395.º, n.º 1, do CT, venho extinguir o acordo revogatório do contrato de trabalho entre nós celebrado, em ..., com efeitos a partir desta data.

Em consequência, junto, em anexo, cheque n.º ..., sacado sobre o Banco ..., à V. ordem, titulando a quantia de ... euros, recebida a título de compensação pecuniária global.

Com os meus cumprimentos,

O trabalhador

NOTAS À PRESENTE DECLARAÇÃO DE CESSAÇÃO DO ACORDO REVOGATÓRIO

O *direito ao arrependimento* que o art. 395.º, do CT acolhe, visa, essencialmente, permitir ao trabalhador um prazo de reflexão.

São três os requisitos exigidos para este direito:

– exercício até ao 7.º dia seguinte à data da celebração do acordo revogatório (art. 395.º, n.º 1, do CT);

– comunicação por escrito (art. 395.º, n.º 1, *in fine*, do CT);

– entrega ou disponibilização do valor da compensação pecuniária eventualmente paga (art. 395.º, n.º 3, do CT).

Se a vontade do trabalhador tiver sido viciada, este direito não preclude a aplicação do regime civil (arts. 246.º, 247.º, 253.º e 255.º, todos do CC).

CAPÍTULO IV
Suspensão

SUSPENSÃO DO CONTRATO DE TRABALHO COM BASE NO NÃO PAGAMENTO PONTUAL DA RETRIBUIÇÃO

(PROPOSTA DE) COMUNICAÇÃO AO EMPREGADOR

Exmos. Senhores:

...

Rua ...

2004.03.25
Registada c/Aviso de Recepção

ASSUNTO: **Suspensão do contrato de trabalho com fundamento na falta de pagamento pontual da retribuição**

Exmos. Senhores,

De acordo com o previsto no artigo 303.°, n.° 1, do CT, sou pela presente a suspender o contrato de trabalho celebrado com a V. empresa em..., com base no não pagamento culposo da retribuição base e respectivas prestações complementares, do mês de Fevereiro de 2004, sem que haja quaisquer expectativas de os receber.

Em conformidade com o disposto na parte final do n.° 1, do art. 303.°, do CT, a presente suspensão produzira os seus efeitos a partir do dia 02 de Abril de 2004.

Com os melhores cumprimentos,

O trabalhador

_____

NOTAS À PRESENTE COMUNICAÇÃO DE SUSPENSÃO

Quando a falta de pagamento pontual da retribuição se prolongue por período de 15 dias sobre a data do vencimento, pode o trabalhador suspender o contrato de trabalho, após comunicação ao empregador e à Inspecção-Geral do Trabalho, com a antecedência mínima de oito dias em relação à data do início da suspensão (art. 303.º, n.º 1, 1.º parte, do CT).

A faculdade de suspender o contrato de trabalho pode ser exercida antes de esgotado o período de 15 dias referido no número anterior, quando o empregador declare por escrito a previsão de não pagamento, até ao termo daquele prazo, do montante da retribuição em falta (art. 303.º, n.º 2, do CT).

A falta de pagamento pontual da retribuição que se prolongue por período de 15 dias deve ser declarada pelo empregador, a pedido do trabalhador, no prazo de cinco dias ou, em caso de recusa, suprida mediante declaração da Inspecção-Geral do Trabalho após solicitação do trabalhador (art. 303.º, n.º 3, do CT).

CAPÍTULO V
Resolução

1. **RESOLUÇÃO DO CONTRATO DE TRABALHO COM FUNDAMENTO EM *COMPORTAMENTO NÃO CULPOSO* DO EMPREGADOR (TRANS-FERÊNCIA PARA OUTRO LOCAL DE TRABALHO)**

(PROPOSTA DE) DECLARAÇÃO

Exmos. Senhores:

...

Rua ...

2004.05.25
Registada c/Aviso de Recepção

ASSUNTO: Resolução do contrato de trabalho com fundamento em comportamento não culposo do empregador

Exmos. Senhores,

De acordo com o previsto no artigo 315.°, n.° 4, do CT, venho resolver o contrato de trabalho celebrado com a V. empresa em ....

A motivação da presente resolução assenta na ordem de transferência para outro local de trabalho, mais propriamente do GAIA Shopping de VNG, para o Centro Comercial Colombo, em virtude de mudança total do estabelecimento comercial onde prestava serviço.

Resultando dessa transferência grave prejuízo para a minha vida pessoal e familiar, atendendo a que resido em VNG, em casa própria, sendo também nessa cidade que trabalha a minha mulher e estudam os nossos 2 filhos, em idade escolar. Toda a minha família reside igualmente próximo de nós.

Pelo que, a deslocação para uma outra cidade, seria, para todos, gravemente prejudicial.

Neste contexto, reclamo o pagamento de ... euros, a título de indemnização por danos morais e patrimoniais, por ruptura do contrato de trabalho, bem como, o ressarcimento dos restantes créditos emergentes da cessação do contrato de trabalho.

Com os melhores cumprimentos,

O trabalhador

_____

NOTAS À PRESENTE DECLARAÇÃO DE RESOLUÇÃO

Nos termos do artigo 315.º, n.º 2, do CT, o empregador pode transferir o trabalhador para outro local de trabalho se a alteração resultar da mudança, total ou parcial, do estabelecimento onde o trabalhador prestava trabalho.

Em tal circunstância, o trabalhador tem a faculdade de resolver o contrato, se houver prejuízo sério, com direito à indemnização por todos os danos patrimoniais e não patrimoniais sofridos (art. 315.º, n.º 4, que remete para o n.º 1 do art. 443.º, ambos do CT).

A indemnização é fixada dentro da moldura dos 15 a 45 dias de retribuição base e diuturnidades por cada ano completo de antiguidade (n.º 1, do art. 443.º, do CT), não podendo ser inferior a três meses (n.º 2, *in fine*).

No caso de fracção de ano o valor de referência, é fixado proporcionalmente (n.º 2).

No caso de contratos a termo, a indemnização não pode ser inferior à quantia correspondente às retribuições vincendas (n.º 3, do art. 443.º, do CT).

2. RESOLUÇÃO DO CONTRATO DE TRABALHO COM FUNDAMENTO EM *COMPORTAMENTO NÃO CULPOSO* DO EMPREGADOR (NECESSIDADE DE CUMPRIMENTO DE OBRIGAÇÕES LEGAIS INCOMPATÍVEIS COM A CONTINUAÇÃO AO SERVIÇO)

(PROPOSTA DE) DECLARAÇÃO

Exmo. Senhor:
...
Rua ...

2004.05.25
Registada c/Aviso de Recepção

ASSUNTO: Resolução do contrato de trabalho com fundamento em comportamento não culposo do empregador

Exmo. Senhor,

De acordo com o previsto no artigo 441.º, n.º 3, al. *a*), do CT venho resolver o contrato de trabalho celebrado com a V. empresa em ....

A motivação da presente resolução assenta na necessidade de cumprimento de obrigações legais incompatíveis com a continuação ao serviço, mais propriamente o exercício de mandato como deputado à Assembleia da República.

Com os melhores cumprimentos,

O trabalhador

_____

3. RESOLUÇÃO DO CONTRATO DE TRABALHO COM FUNDAMENTO EM *COMPORTAMENTO CULPOSO* DO EMPREGADOR (FALTA CULPOSA DO PAGAMENTO PONTUAL DA RETRIBUIÇÃO)

(PROPOSTA DE) DECLARAÇÃO

Exmo. Senhor:
...
Rua ...

2004.06.10
Registada c/Aviso de Recepção

ASSUNTO: Resolução do contrato de trabalho com fundamento em comportamento culposo do empregador

Exmo. Senhor,

De acordo com o previsto no artigo 441.º, n.º 2, al. *a*), do CT venho resolver o contrato de trabalho celebrado com a V. empresa em ....

A motivação da presente resolução assenta no não pagamento culposo da retribuição base, e respectivas prestações complementares, dos meses de Fevereiro e Março de 2004, sem que haja quaisquer expectativas de os receber.

O descrito incumprimento torna impossível a manutenção da relação laboral, nos termos do art. 396.º, n.º 2, do CT, atendendo a que a única fonte de subsistência de toda a m/ família é constituída pelo meu rendimento de trabalho, não sendo possível, por conseguinte, aguardar por mais tempo o pagamento dos créditos devidos.

A cessação do presente contrato produz efeitos a partir de 30.06.2004.

Aguardo agora o ressarcimento de todos os créditos devidos.

Como os melhores cumprimentos,

O trabalhador

NOTAS À PRESENTE DECLARAÇÃO DE RESOLUÇÃO

Nos termos do art. 269.º, n.º 4, do CT, o empregador fica constituído em mora "se o trabalhador, por facto que não lhe for imputável, não puder dispor do montante da retribuição na data do vencimento".

O empregador que falte culposamente ao cumprimento de prestações pecuniárias, constitui-se na obrigação de pagar os correspondentes juros de mora, nos termos do art. 364.º, n.º 1, do CT.

Em tal caso, o trabalhador pode suspender a prestação de trabalho nos 15 dias seguintes ou resolver o respectivo contrato, nos 60 posteriores, conforme dispõe o n.º 2, daquele artigo.

Este prazo resolutivo visa demonstrar uma presunção de justa causa para a resolução do contrato de trabalho. Assim, presume-se com justa causa, uma resolução contratual assente no incumprimento culposo continuado do empregador por período superior a 60 dias.

Nos termos do n.º 1, do art. 442.º, do CT, o trabalhador nos 30 dias, subsequentes ao conhecimento desses factos, deve resolver o contrato de trabalho, sob pena de caducidade.

A resolução com justa causa (art. 441.º, n.º 2, do CT) atribui ao trabalhador uma indemnização por todos os danos patrimoniais e não patrimoniais sofridos (art. 443.º, n.º 1, do CT), que deverá ser fixada entre "15 e 45 dias de retribuição base e diuturnidades por cada ano completo de antiguidade".

O empregador pode impugnar judicialmente a resolução, com base na sua ilicitude, um ano a contar da data da mesma (art. 444.º, n.ºs 1 e 2, do CT).

Os factos constantes do teor da declaração de resolução serão os únicos atendíveis para a apreciação da ilicitude da resolução (n.º 3).

A exemplo do previsto no art. 436.º, n.º 2, do CT, na impugnação da resolução ilícita, pode o trabalhador corrigir os vícios procedimentais até ao termo do prazo para contestar (art. 445.º, do CT).

Em caso de resolução ilícita, o art. 446.º, do CT confere ao empregador o direito a uma indemnização pelos prejuízos causados.

4. (RESOLUÇÃO DO CONTRATO DE TRABALHO COM FUNDAMENTO EM *COMPORTAMENTO CULPOSO* DO EMPREGADOR (CONDIÇÕES DE SEGURANÇA, HIGIENE E SAÚDE NO TRABALHO)

(PROPOSTA DE) DECLARAÇÃO

Exmo. Senhor:

...

Rua ...

2004.02.28
Registada c/Aviso de Recepção

ASSUNTO: Resolução do contrato de trabalho com fundamento em comportamento culposo do empregador

Exmo. Senhor,

De acordo com o previsto no artigo 441.°, n.° 2, al. *d*), do CT, venho resolver o contrato de trabalho celebrado com a V. empresa em ....

A motivação da presente resolução assenta na falta culposa de condições de segurança, e de saúde no trabalho, em estaleiros temporários ou móveis, constantes:

– do DL n.° 273/2003, de 29.10, mais propriamente, no art. 7.°, al. *a*), sobre risco de soterramento, de afundamento ou de queda em altura, atenta a natureza da actividade de construção civil;

– do art. 22.°, als. *a*), *b*), *f*), *m*) e *n*), do Decreto-Lei n.° 441/91, de 14.11;

– dos arts. 272.° e 273.°, n.° 1, als. *a*), *b*), *d*), *h*), *j*), *l*), *m*), *n*) e *o*), do CT,

o que torna impossível e insustentável a manutenção da relação laboral (nos termos do art. 396.°, n.° 1, do CT).

Acresce que o trágico acidente de 10.02.2003, que ocasionou a morte de 2 trabalhadores e me provocou graves lesões, motivado por actuação culposa de V. Exas. quanto à inobservância das norma de segurança (de acordo com a sentença proferida, nos autos ..... e de acordo com o previsto no art. 295.°, n.° 1, do CT e a violação continuada e persistente das normas invocadas) coloca-me numa posição de especial vulnerabilidade, ansiedade e sofrimento.

Neste contexto, venho reclamar a título de indemnização por danos morais e patrimoniais, a quantia de ... euros, para além do ressarcimento dos restantes créditos emergentes da cessação do presente contrato de trabalho.

Como os melhores cumprimentos,

O trabalhador

_____

NOTAS À PRESENTE DECLARAÇÃO DE RESOLUÇÃO

Sobre o prazo resolutivo, *v.* comentário aduzido na minuta anterior.

A falta culposa de condições de segurança, higiene e saúde no trabalho, constitui justa causa de resolução contratual por parte do trabalhador (art. 441.°, n.° 2, al. *d*), do CT).

Neste caso, o empregador fica obrigado a indemnizar o trabalhador pela totalidade dos prejuízos, patrimoniais e não patrimoniais sofridos (art. 295.°, n.° 1, do CT), sem embargo de responsabilidade criminal (n.° 2).

5. RESOLUÇÃO DO CONTRATO DE TRABALHO COM FUNDAMENTO EM *COMPORTAMENTO CULPOSO* DO EMPREGADOR (VIOLAÇÃO DO DEVER DE RESPEITO, DE URBANIDADE, MUDANÇA DE CATEGORIA)

5.1. *DECLARAÇÃO*

(PROPOSTA DE) DECLARAÇÃO

...
Rua ...

Carta registada com A/R
2004.03.31

ASSUNTO: Resolução com justa causa

Exmo. Senhor:

Sou pela presente a resolver, com justa causa, o contrato de trabalho que celebrei com V. Exa., no dia 01 de Janeiro de 1995, com base nos seguintes fundamentos:

1. No dia 2004.03.03, disse-me, na presença de .... e de ..., o seguinte: *"Tu aqui não mandas nada, nenhum subordinado teu te deve respeito"*.

2. No dia 2004.03.05, disse-me, na presença de ...., o seguinte: *"És um ladrão, um chulo andas-me a chular desde sempre"*.

3. No dia 2004.03.08, disse-me, na presença de .... e ..., o seguinte: *"Se eu pudesse malhava-te de pancada, se eu um dia te apanho sem ninguém ver..."*.

4. No dia 2004.03.10, disse-me, na presença de .... e ..., o seguinte: *"Tu não queres ir embora? É que a partir de hoje não tens mais acesso ao computador"*.

5. No dia 2004.03.10, retirou-me o acesso ao sistema informático da empresa, ficando impossibilitado de gerir stocks, aceder a fichas de clientes, processar facturas, emitir recibos, o que dificultou, em larga medida, o meu desempenho profissional.

6. Em 2004.03.14, deu-me a seguinte ordem: *"A partir de agora vais trabalhar para o armazém, sito na Rua..., e tens que registar o material que entra e que sai"*.

7. A partir desse dia, passei a prestar serviço nesse local, onde haviam algumas caixas contendo material não usado, uma secretária e uma cadeira.

8. De 2004.03.11 a 2004.03.29, cumpri com o meu horário de trabalho, ficando no referido armazém sentado à espera da recolha ou depósito de material.

9. Acontece que, durante esse período, nesse local não foi recolhida nem depositada uma única peça, aliás, não entrou ninguém.

10. O isolamento a que fui sujeito afectou, como é natural, todo o meu património profissional, designadamente capacidade, conhecimentos, contactos, enriquecimento e reconhecimento profissionais.

11. Deixei de exercer funções inerentes à minha categoria, aliás deixei de exercer quaisquer funções.

Assim, o comportamento desrespeitoso e ofensivo da minha dignidade pessoal e profissional observado por V. Exa. torna impossível e insuportável a minha continuidade ao trabalho, em consequência, resolvo pela presente o contrato de trabalho celebrado com V. Exa. e reclamo os créditos em dívida.

Como os melhores cumprimentos,

O trabalhador

536   *Minutas*

5.2. *IMPUGNAÇÃO JUDICIAL DA RESOLUÇÃO*

(PROPOSTA DE) PETIÇÃO INICIAL

TRIBUNAL DO TRABALHO ...
..., residente na Rua..., vem propor

ACÇÃO DECLARATIVA COMUM EMERGENTE DE CONTRATO DE TRABALHO,
contra
..., com sede na Rua ...,
nos termos e com os seguintes fundamentos:

I – DO CONTRATO

1.º

O Autor é proprietário de um estabelecimento comercial sito na Rua ...,
onde se dedica à actividade de reparação e venda de material informático.

2.º

No exercício da sua actividade admitiu, em 01 de Janeiro de 1995, ao
seu serviço o Réu,

3.º

para desempenhar as seguintes funções (que sempre desempenhou de
facto):
Introdução da identificação dos produtos para venda no sistema informático;

4.º

Venda ao público;

5.º

Elaboração de relatório de contas diário.

6.º

Laborando no aludido estabelecimento das 9:00 horas às 13:00 horas e
das 14:00 horas às 18;00 horas, de segunda-feira a sexta-feira e

7.º

mediante uma retribuição mensal de Euros 600,00 (Seiscentos euros).

8.°

No dia 2004.03.31, o Réu resolveu o contrato de trabalho referido.

II – DA INEXISTÊNCIA DOS FACTOS QUE MOTIVARAM A RESOLUÇÃO

9.°

É falso que o Autor tenha dito ao Réu, no dia 2004.03.03 e na presença de .... e ..., o seguinte:

"*Tu aqui não mandas nada, nenhum subordinado teu te deve respeito*".

10.°

É falso que o Autor tenha dito ao Réu, no dia 2004.03.05 e na presença de ...., o seguinte:

"*És um ladrão, um chulo andas-me a chular desde sempre*".

11.°

É falso que o Autor tenha dito ao Réu, no dia 2004.03.08 e na presença de .... e ..., o seguinte:

"*Se eu pudesse malhava-te de pancada, se eu um dia te apanho sem ninguém ver...*".

12.°

É falso que o Autor tenha dito ao Réu, no dia 2004.03.10 e na presença de .... e ..., o seguinte:

"*Tu não queres ir embora? É que a partir de hoje não tens mais acesso ao computador*".

13.°

O Autor nunca faltou ao respeito, injuriou ou maltratou o Ré, pelo contrário sempre o tratou, como aliás faz com todos os seus trabalhadores, com o maior respeito e consideração.

14.°

Pelo exposto são falsos os factos vertidos nos pontos 1, 2, 3 e 4, da carta de resolução apresentada pelo Réu junta como doc. n.° 1.

15.°

O sistema informático da empresa do Autor é de acesso livre, não sendo necessário nenhum código para o efeito.

16.º

Ao Autor não só nunca foi negado o acesso ao sistema informático da empresa, como também, nunca lhe foi impedido que: gerisse stocks, acedesse a fichas de clientes, processasse facturas, emitisse recibos.

17.º

Pelo exposto é falso o vertido no ponto 5, da carta de resolução apresentada pelo Réu.

18.º

O estabelecimento do Autor é constituído por um espaço de venda directa a clientes não comerciantes e um espaço de atendimento e venda a clientes comerciantes.

19.º

Em 2004.03.13, o trabalhador ..., que prestava funções no espaço de venda e atendimento a clientes comerciantes, teve um grave acidente de trabalho.

20.º

Em virtude disso, o Autor pediu ao Réu se podia substituir esse colega até à sua alta clínica.

21.º

Ao que o Réu consentiu, passando, a partir de 2004.03.14, a prestar funções no espaço destinado a clientes comerciantes.

22.º

Tal espaço era e continua a ser composto por um balcão, três secretárias, 10 estantes, 8 cadeiras e diverso material para venda.

23.º

Aí exerciam funções, para além do Autor, o Sr. ... e o Sr. ....

24.º

O primeiro dedicava-se e dedica-se à venda directa ao público.

25.º

O Segundo dedicava-se e dedica-se à reparação de material.

26.º
O movimento e circulo de clientes no espaço de atendimento e venda a comerciantes é, desde sempre, muita maior do que no espaço de venda a não comerciantes.

27.º
Por outro lado, o contacto com os clientes é muito mais aliciante e estimulante, dado o grau de tecnicidade envolvido.

28.º
Durante o período em que esteve nesse espaço, o Réu atendeu inúmeros clientes, emitiu recibos, fez encomendas, elaborou relatórios de contas, ordenou reparações.

29.º
Sendo assim, não houve nenhuma baixa de categoria, bem pelo contrário.

30.º
Pelo exposto, é falso que o Autor tenha dado ao Réu, em 2004.03.14, a seguinte ordem:

"A partir de agora vais trabalhar para o armazém e tens que registar o material que entra e que sai".

31.º
É falso que no espaço em causa existam apenas algumas caixas contendo material não usado, uma secretária e uma cadeira, bem como é falso que o Réu tenha ficado, durante o período de 2004.03.11 a 2004.03.31, sentado à espera da recolha ou depósito de material.

32.º
É falso que durante esse período, nesse local não tenha sido recolhida nem depositada uma única peça, nem tenha entrado uma única pessoa.

33.º
É Falso que o Réu tenha sido isolado e que tenha deixado de exercer quaisquer funções.

34.°

Pelo exposto, são falsos os factos alegados nos pontos 6, 7, 8, 9, 10 e 11, da carta de resolução apresentada pelo Réu.

35.°

Em suma, o Autor não violou nenhum direito ou garantia do Réu, pelo que não praticou nenhum comportamento que configurasse justa causa de resolução.

36.°

Termos em que deve a resolução do Réu ser declarada ilícita, ao abrigo do art. 444.°, n.° 1, do CT.

III – DA INDEMNIZAÇÃO PELA RESOLUÇÃO ILÍCITA

37.°

No dia 2004.03.26, o Réu atendeu o Sr. ..., que encomendou material informático destinado à vigilância e segurança, pelo mesmo foi dito que precisava desse material, impreterivelmente, no dia 2004.04.03 e que passaria na loja para o levantar.

38.°

Tendo o Réu, nessa data, assumido que o material estaria disponível.

39.°

Para responder a tal encomenda, o Réu teria que solicitar ao fornecedor do Autor duas peças de origem germânica que demorariam cerca de dois dias a chegar.

40.°

Seria, ainda necessário, fazer a formatação do respectivo SOFTWARE.

41.°

Acontece que, o Réu não só não encomendou as peças referidas, como também não solicitou a formatação do SOFTWARE.

42.°

Em 2004.04.03, o Sr. ... dirigiu-se ao estabelecimento do Autor para levantar a encomenda.

43.º

Acontece que, a encomenda não estava pronta, não só porque o trabalhador não providenciou pela sua entrega, como também, porque não comunicou a nenhum colega que a mesma tinha sido pedida.

44.º

O cliente ficou extremamente indignado, até porque precisava daquele material (como aliás tinha dito ao Réu) impreterivelmente, para esse dia.

45.º

Perante tal situação, decidiu não levar nenhum material, nem fazer nenhuma encomenda, pois tinha perdido a confiança naquela casa.

46.º

O Autor se tivesse vendido o referido material teria lucrado a quantia de Euros 2.000,00 (Dois mil euros).

47.º

Pelo exposto, deve o Réu ser condenado a pagar ao Autor a quantia de Euros 2.000,00 (Dois mil euros), a título de indemnização pelos prejuízos causados em virtude da ilicitude da resolução, conforme previsto no art. 446.º, do CT.

Termos em que e nos demais de direito, deve a presente acção ser julgada provada e procedente, e em consequência, ser:
I – declarada ilícita a resolução do Réu;
II – o Réu condenada a pagar ao Autor a quantia de Euros 2.000,00 (Dois mil euros), a título de indemnização pelos prejuízos causados em virtude da ilicitude da resolução, a que acresce juros legais desde a citação até efectivo e integral pagamento.

PROVA TESTEMUNHAL:
1. ..., comerciante, residente na Rua...;
2. ..., vendedor, residente na Rua...;
3. ..., técnico de reparações, residente na Rua...;

VALOR: Euros 2.000,00 (Dois mil euros).

JUNTA: 1 documento, procuração forense, comprovativo do pagamento de taxa de justiça inicial, duplicados e cópias legais.

O Advogado,

(PROPOSTA DE) CONTESTAÇÃO

TRIBUNAL DO TRABALHO DE ...
Proc. n.° 000/00
2.° Juízo
..., Réu, nos autos à margem identificados, vem
APRESENTAR A SUA CONTESTAÇÃO,
nos termos e com os seguintes fundamentos:

I – DO CONTRATO

1.°

São verdadeiros os factos vertidos nos arts. 1.°, 2.°, 6.°, 7.° e 8.° , da petição inicial.

2.°

É falso que a actividade do Réu se limita-se à introdução da identificação dos produtos para venda no sistema informático; à venda ao público e elaboração de relatório de contas diário.

3.°

O Réu, sob a autoridade e direcção do Autor, cumpriu com zelo, assiduidade e competência as funções de chefe de vendas para que foi contratado.

4.°

No exercício da sua actividade, o Réu chefiava uma equipa constituída pelos trabalhadores ..., dando-lhes instruções e ordens; controlava e geria os stocks da empresa; contactava com clientes e promovia a realização de negócios.

5.°

Enfim, era o único e principal responsável pela direcção de vendas, o que contribuía para a sua realização e enriquecimento profissionais.

6.°

Pelo exposto é falso o vertido nos arts. 3.°, 4.° e 5.°, da petição inicial.

Resolução 543

II – DOS FACTOS QUE MOTIVARAM A RESOLUÇÃO COM JUSTA CAUSA

7.º

No dia 2004.03.03, o Autora disse ao Réu, na presença de .... e ...,
o seguinte:

"*Tu aqui não mandas nada, nenhum subordinado teu te deve respeito*",
ponto 1 da carta de resolução junta com a petição inicial, como doc. n.º 1.

8.º

No dia 2004.03.05, o Autor disse ao Réu, na presença de ...., o seguinte:

"*És um ladrão, um chulo andas-me a chular desde sempre*", ponto 2 da
carta de resolução.

9.º

No dia 2004.03.08, o Autor disse ao Réu, na presença de .... e ..., o seguinte:

"*Se eu pudesse malhava-te de pancada, se eu um dia te apanho sem
ninguém ver...*", ponto 3 da carta de resolução.

10.º

No dia 2004.03.10, o Autor disse ao Réu, na presença de .... e ..., o seguinte:

"*Tu não queres ir embora? É que a partir de hoje não tens mais acesso
ao computador*", ponto 4 da carta de resolução.

11.º

Pelo exposto é falso o vertido nos arts. 9.º, 10.º, 11.º, 12, 13.º e 14.º da
petição inicial.

12.º

No dia 2004.03.10, o Réu deixou de ter acesso ao sistema informático
da empresa.

13.º

Em virtude disso, ficou impossibilitado de gerir stocks, aceder a fichas
de clientes, processar facturas, emitir recibos, o que dificultou, em larga medida, o seu desempenho profissional (ponto 5 da carta de resolução).

14.º

Não obstante, cumpriu, como sempre fez, as suas obrigações.

15.º

Tais circunstâncias contribuíram, sobremaneira, para o desequilíbrio emocional e psíquico do Réu,

16.º

que passaria a enfrentar uma relação de tensão insuportável dentro dos limites do humanamente exigível.

17.º

Pelo exposto é falso o vertido nos arts. 15.º, 16.º e 17.º, da petição inicial.

18.º

O estabelecimento do Autor é constituído não só por um espaço de venda directa a clientes não comerciantes e um espaço de atendimento e venda a clientes comerciantes, mas também por um armazém nas traseiras aonde é depositado material.

19.º

Em 2004.03.14, o Autor deu ao Réu a seguinte ordem:
"A partir de agora vais trabalhar para o armazém nas traseiras e tens que registar o material que entra e que sai".

20.º

A partir desse dia, o Réu passou a prestar serviço nesse local,

21.º

onde haviam algumas caixas contendo material não usado, uma secretária e uma cadeira.

22.º

De 2004.03.11 a 2004.03.31, o Réu cumpriu com o seu horário de trabalho, ficando no referido armazém sentado à espera da recolha ou depósito de material.

Resolução 545

23.º
Acontece que, durante esse período, nesse local não foi recolhida nem depositada uma única peça, aliás, não entrou nenhuma pessoa.

24.º
O isolamento a que o Réu foi sujeito afectou, como é natural, todo o seu património profissional, designadamente capacidade, conhecimentos, contactos, enriquecimento e reconhecimento profissionais.

25.º
O comportamento do Autor traduz-se numa clara baixa de categoria,

26.º
porquanto as tarefas (ou melhor a ausência delas) que passou a exigir ao Réu correspondem, inequivocamente, a uma categoria inferior àquela de que este era titular.

27.º
Pelo exposto é falso o vertido nos arts. 18.º, 20.º, 21.º, 23.º, 28.º, 29.º, 30.º, 31.º, 32.º e 33.º, da petição inicial.

28.º
Quanto ao alegado nos arts. 19.º, da petição inicial, o Réu desconhece a sua veracidade, o que, por não serem factos pessoais ou de que deva ter conhecimento equivale à sua impugnação expressa, nos termos do art. 490.º, n.º 3, do CPC.

29.º
O empregador tem o dever de respeitar e tratar com urbanidade e probidade o trabalhador, de lhe proporcionar boas condições de trabalho e de contribuir para a elevação do seu nível de produtividade, conforme preceituam as als. a), c) e d), do art. 120.º, do CT.

30.º
Por outro lado, nos termos da al. e), do art. 122.º, do CT, é proibido ao empregador baixar a categoria do trabalhador.

31.º
Com os comportamentos ora imputados, o Autor violou, entre outros, os

546 *Minutas*

deveres elencados no art. 120.°, als. a), c) e d) e as garantias previstas no art. 122.°, als. c) e e), ambos do CT,

32.°

o que constitui justa causa de resolução, nos termos, entre outras, das als. b) e f), do n.° 2, do art. 441.°, do CT.

33.°

Pelo exposto é falso o vertido nos arts 35.° e 36.°, da petição inicial.

III – DA RESOLUÇÃO COM JUSTA CAUSA

34.°

A conduta do Autor, tornou, pela sua gravidade e consequências, manifestamente insustentável a manutenção do vínculo laboral, forçando o Réu, em 31 de Março de 2004, a resolver o contrato de trabalho em causa.

IV – DA INDEMNIZAÇÃO PELA RESOLUÇÃO ILÍCITA

35.°

O Réu não atendeu o Sr. ..., no dia 2004.03.26, aliás não conhece, nem nunca viu essa pessoa.

Sendo, assim, nunca o referido Sr. ... encomendou ao Réu material informático destinado à vigilância e segurança, e muito menos lhe disse que precisava desse material, impreterivelmente, no dia 2004.04.03 e que passaria na loja para o levantar.

36.°

Por esse motivo não encomendou as peças referidas, como também não solicitou a formatação do SOFTWARE.

37.°

Pelo exposto são falsos os factos vertidos nos arts. 37.°, 38.°, 41.°, 42.° e 43.°, da petição inicial, que, assim, se impugnam.

38.°

A Ré desconhece a veracidade dos factos constantes dos arts. 42.°, 44.°, 45.° e 46.°, da petição inicial o que, por não serem factos pessoais ou de que deva ter conhecimento, equivale à sua impugnação expressa, nos termos do art. 490.°, n.° 3, do CPC.

39.°

Pelo exposto, o Autor não tem direito a reclamar a quantia peticionada no art. 47.°, da petição inicial.

V – DOS DIREITOS E CRÉDITOS LABORAIS

40.°

O trabalhador, em caso de resolução com justa causa, tem direito a uma indemnização que deverá ser fixada entre 15 e 45 dias de retribuição base e diuturnidades por cada ano completo de antiguidade, art. 443.°, n.° 1, do CT.

41.°

No caso sub iudice, os comportamentos do Autor que motivaram a resolução são especialmente graves.

42.°

Por outro lado, o valor da retribuição do Réu é baixo.

43.°

Em consequência, deve o Autor ser condenado a pagar ao Réu, a quantia de Euros 8.325,00 (Oito mil trezentos e vinte e cinco euros), a título de indemnização por antiguidade, calculada da seguinte forma:

Euros 900,00 (45 dias de retribuição) x 9 (antiguidade) = Euros 8.100,00

A que acresce a quantia correspondente à fracção do ano da cessação (art. 443.°, n.° 2, do CT), calculada da seguinte forma:

Euros 900,00 ——————— 12 meses

X ——————————— 3 meses   x = Euros 225,00

44.°

O Autor deve ser condenado a pagar ao Réu a quantia de Euros 1.200,00 (Mil e duzentos euros), a título de retribuição correspondente a férias e subsídio de férias vencidas em Janeiro de 2004 e não gozadas, conforme previsto no n.° 2, do art. 221.°, do CT.

45.°

O Autor, de acordo com o n.° 2, do art. 221.°, do CT, deve ser condenado a pagar ao Réu a quantia de Euros 300,00 (Trezentos euros), a título de retribuição correspondente a férias e subsídio de férias proporcionais ao tempo de serviço prestado no ano da cessação, calculada nos seguintes termos:

Euros 600 (salário base) —————— 264 (dias de trabalho durante o ano)

x —————————————— 66 (dias de trabalho prestado no ano da cessação)

x = 600 x 66 : 264 = Euros 150,00

Euros 150 x 2 (retribuição correspondente a férias e subsídio de férias) = Euros 300,00

46.°

Nos termos do art. 2.°, al. b), do art. 254.°, do CT, o Réu tem, ainda, direito ao pagamento da quantia de Euros 150,00 (Cento e cinquenta euros), a título de subsídio de Natal proporcional ao tempo de serviço prestado no ano da cessação, calculada com base na fórmula do artigo anterior.

Nestes termos e nos demais de direito, deve a presente acção ser julgada não provada e improcedente e, em consequência, Ser:

I – o Réu absolvido do pedido;

II – o Autor condenado a pagar ao Réu;

– a quantia de Euros 8.325,00 (Oito mil trezentos e vinte e cinco euros), a título de indemnização por antiguidade,

– a quantia de 1,200,00 (Mil e duzentos euros), a título de retribuição correspondente a férias e subsídio de férias vencidas em Janeiro de 2004 e não gozadas;

– a quantia de Euros 300,00 (Trezentos euros), a título de retribuição correspondente a férias e subsídio de férias proporcionais ao tempo de serviço prestado no ano da cessação;

– a quantia de Euros 150,00 (Cento e cinquenta euros), a título de subsídio de Natal proporcional ao tempo de serviço prestado no ano da cessação,

no montante global de Euros 9.975,00 (Nove mil novecentos e setenta e cinco euros), a que acresce juros legais desde a citação até efectivo e integral pagamento.

PROVA TESTEMUNHAL:
1. ..., comerciante, residente na Rua...;
2. ..., vendedor, residente na Rua...;
3. ..., vendedor, residente na Rua...;

VALOR: Euros 11.975,00 (Onze mil novecentos e setenta e cinco euros).

JUNTA: Procuração forense, comprovativo do pagamento de taxa de justiça inicial, duplicados e cópias legais.

O Advogado,

_____

CAPÍTULO VI
Despedimento por Facto Imputável ao Trabalhador

1. DESPEDIMENTO SEM PROCEDIMENTO DISCIPLINAR E POR MOTIVOS RELIGIOSOS (O CHAMADO *DESPEDIMENTO DE FACTO*)

(PROPOSTA DE) PETIÇÃO INICIAL

TRIBUNAL DO TRABALHO DE ...   c/Apoio Judiciário
..., residente na Rua ..., padeiro, vem propor
ACÇÃO DECLARATIVA COMUM EMERGENTE DE CONTRATO INDIVIDUAL DE TRABALHO contra
..., LDA, com sede na Rua ...,
nos termos e com os seguintes fundamentos:

I – DOS FACTOS

1.º
A Ré é titular de um estabelecimento sito na Rua..., onde se dedica à actividade de panificação e restauração.

2.º
Em 04 Abril de 1995, admitiu ao seu serviço, mediante contrato de trabalho sem termo, o Autor, que, sob a sua autoridade e direcção, cumpriu com zelo, assiduidade e diligência as funções de ajudante de pasteleiro,

3.º
laborando no aludido estabelecimento das 5:00 horas às 13:00 horas e

4.º

auferindo uma retribuição horária aproximada de Euros 2,90, calculada nos termos do art. 264.º, do CT, a que corresponde uma retribuição mensal de Euros 500,00, cfr. cópia de recibo que se junta como doc. n.º 1.

5.º

Em 05 de Março de 2004, Y, gerente da Ré disse ao Autor o seguinte: *"A partir de hoje não trabalhas mais nesta casa, aqui não há lugar para testemunhas de Jeová"*, acto contínuo impediu-o de entrar nas instalações da Ré.

II – DO DESPEDIMENTO

6.º

O comportamento da R. configura um despedimento ilícito.

7.º

Em primeiro lugar, porque não foi precedido de procedimento disciplinar.

8.º

Em segundo lugar, porque se fundou em motivos religiosos.

9.º

De referir, ainda, que o Autor nunca adoptou qualquer comportamento violador dos seus deveres contratuais, muito menos que configurasse justa causa de despedimento, nem isso, alguma vez, foi alegado pela Ré.

10.º

Desta forma, o despedimento do Autor, é ilícito, de acordo com o disposto no art. 429.º, als. a) e b), do CT.

III – DOS DIREITOS E CRÉDITOS LABORAIS

11.º

A partir do dia 05 de Março de 2004, a Ré deixou de pagar ao Autor a respectiva retribuição.

Despedimento por Facto Imputável ao Trabalhador	553

12.º

O A. reclama as retribuições que deixar de auferir desde a data do despedimento até ao trânsito em julgado da decisão judicial que vier a declarar a ilicitude do mesmo, nos termos do art. 437.º, n.º 1, do CT.

13.º

O Autor tem direito a optar pela reintegração na empresa da Ré até à sentença do tribunal, ao abrigo do disposto no art. 438.º, n.º 1, do CT.

14.º

Caso não o faça, tem direito, em substituição, a uma indemnização entre 15 e 45 dias de retribuição base e diuturnidades por cada ano completo ou fracção de antiguidade, decorrido desde a data do início do contrato até ao trânsito em julgado da sentença, art. 439.º, n.ºs 1 e 2, do CT.

15.º

O despedimento *sub iudice* apresenta um elevado grau de ilicitude, porquanto, para além de não ter sido precedido de procedimento disciplinar, assentou, claramente, em motivos religiosos.

16.º

Por outro lado, o valor da retribuição do Autor é baixo.

17.º

Em consequência, deve a Ré ser condenada a pagar ao Autor, caso este não opte pela reintegração, uma indemnização correspondente a 45 dias de retribuição base e diuturnidades por cada ano completo ou fracção de antiguidade, decorrido desde a data do início do contrato até ao trânsito em julgado decisão judicial.

IV – DA RETRIBUIÇÃO CORRESPONDENTE A FÉRIAS E SUBSÍDIOS DE FÉRIAS E DE NATAL

18.º

O Autor tem direito ao pagamento da quantia de **Euros 1.000,00 (Mil euros), a título de retribuição correspondente a férias e subsídio de férias vencidas em Janeiro de 2004 e não gozadas**, conforme previsto no n.º 2, do art. 221.º, do CT.

19.º

De acordo com o n.º 2, do art. 221.º, do CT, o Autor tem, igualmente, direito ao pagamento da retribuição correspondente a férias e subsídio de férias proporcionais ao tempo de serviço prestado no ano da cessação, que, no presente caso, ascende à quantia de **Euros 185,60 (Cento e oitenta e cinco euros e sessenta cêntimos)**, calculada nos seguintes termos:

Euros 500 (salário base) ——— 264 (dias de trabalho durante o ano)

x ————————— 49 (dias de trabalho prestado no ano da cessação)

x = 500 x 49 : 264 = Euros 92,80

Euros 92,80 x 2 (retribuição correspondente a férias e subsídio de férias) = Euros 185,60

20.º

Nos termos do art. 2.º, al. b), do art. 254.º, do CT, o Autor tem, ainda, direito à quantia de Euros 92,80 (Noventa e dois euros e oitenta cêntimos) a título de subsídio de Natal proporcional ao tempo de serviço prestado no ano da cessação, calculada com base na fórmula referida no artigo anterior.

21.º

O Autor reclama, ainda, o pagamento das retribuições correspondentes a férias e subsídios de férias e de Natal que se venham a vencer.

V – DO APOIO JUDICIÁRIO

22.º

O A. beneficia de Apoio Judiciário na modalidade de dispensa total do pagamento de taxa de justiça e dos demais encargos do processo e de nomeação e pagamento de honorários a patrono (cfr. doc. n.º 2 e 3).

Termos em que e nos demais de direito deve a presente acção ser julgada provada e procedente e, em consequência:

I – Ser declarada a ilicitude do despedimento do Autor, com as legais consequências;

II – Ser a Ré condenada na reintegração do Autor, se este por ela optar;

Despedimento por Facto Imputável ao Trabalhador　　　555

III – Ser a Ré condenada a pagar ao Autor as retribuições que este deixou de auferir desde a data do despedimento até ao trânsito em julgado da decisão judicial;

IV – Ser a Ré condenada a pagar ao Autor as retribuições correspondentes a férias e subsídios de férias e de Natal que se venham a vencer;

V – Ser a Ré ser condenada a pagar ao Autor, caso este não opte pela reintegração, uma indemnização correspondente a 45 dias de retribuição base e diuturnidades por cada ano completo ou fracção de antiguidade, decorrido desde a data do início do contrato até ao trânsito em julgado decisão judicial;

V – Ser a Ré condenada a pagar ao Autor as seguintes quantias:

– Euros 1,000,00 (Mil euros), a título de retribuição correspondente a férias e subsídio de férias vencidas em Janeiro de 2004 e não gozadas;

– Euros 185,60 (Cento e oitenta e cinco euros e sessenta cêntimos), a título de retribuição correspondente a férias e subsídio de férias proporcionais ao tempo de serviço prestado no ano da cessação;

– de Euros 92,80 (Noventa e Duzentos e noventa e oito euros noventa e dois cêntimos), a título de subsídio de Natal proporcional ao tempo de serviço prestado no ano da cessação;

No montante global de Euros 1.278,40 (mil duzentos e setenta e oito euros e quarenta cêntimos), a que acresce juros legais desde a citação até efectivo e integral pagamento.

PROVA TESTEMUNHAL:
1. ..., pasteleiro, residente na Rua...;
2. ..., vendedor, residente na Rua....

VALOR: EUROS 1.278,40 (mil duzentos e setenta e oito euros e quarenta cêntimos),

JUNTA: 3 documentos, duplicados e cópias legais.

O patrono oficioso,

(PROPOSTA DE) CONTESTAÇÃO

TRIBUNAL DO TRABALHO DE ...
   Proc. n.° 000/00
   2.° Juízo
   ..., Ré nos autos à margem identificados, vem

APRESENTAR A SUA CONTESTAÇÃO,
   nos termos e com os seguintes fundamentos:

I – DOS FACTOS

1.°
São verdadeiros os factos vertidos nos arts. 1.°, 3.° e 4.°, da petição inicial.

2.°
O Autor desde Fevereiro de 2004, passou a confeccionar os bolos sem a qualidade a que o estabelecimento comercial da Ré habituou os seus clientes.

3.°
Em consequência, a Ré recebeu imensas reclamações,

4.°
tendo inclusive perdido uma parte dos clientes.

5.°
Para além disto, o Autor, no dia 15 de Fevereiro de 2004, disse ao seu colega .... O seguinte:
"Já estou cansado desta porcaria de trabalho, a partir de hoje é só para afundar. A partir de Março já não trabalho aqui".

6.°
No dia 20 de Fevereiro disse ao seu colega... o seguinte:
"Se queres melhor faz tu, já pensas que mandas".

7.º

No dia 25 de Fevereiro de 2004 disse ao seu colega ... o seguinte:
"Já te disse que a partir de Março não trabalho mais aqui, quero lá saber que os clientes tenham reclamado".

8.º

No dia 05 de Março de 2004, o Autor disse ao gerente da Ré o seguinte:
"Finalmente estou livre de vocês, nunca mais me verão, vou trabalhar para a pastelaria ...".

9.º

No dia 03 de Março de 2004, a Ré, mediante a gravidade dos comportamentos do Autor e a impossibilidade de manutenção do vínculo laboral, havia instaurado um procedimento disciplinar que perdeu o efeito útil, dado o comportamento deste, referido no artigo anterior.

10.º

A Ré não despediu o Autor.

11.º

Por tudo o que referimos é falso o vertido nos arts. 2.º (parte final), 5.º, 6.º, 7.º, 8.º, 9.º, 10.º, 11.º, 15.º da petição inicial.

12.º

Assim, o Autor não tem direito aos créditos reclamados nos arts. 12.º, 13.º, 14.º, 17.º, 18.º, 19.º, 20.º e 21.º, da petição inicial.

II – DA OPOSIÇÃO À REINTEGRAÇÃO

13.º

No artigo 13.º, da petição inicial, o Autor salvaguarda o direito a optar pela reintegração até à sentença do tribunal, ao abrigo do disposto no art. 438.º, n.º 1, do CT.

Se por mera hipótese académica, se admitir a procedência da presente acção e caso o trabalhador opte pela reintegração, a Ré, desde já, se opõe à mesma, nos termos do art. 438.º, n.º 2, do CT.

Com os seguintes fundamentos,

14.º

A empresa de que a Ré é titular é uma micro-empresa, com 7 trabalhadores, conforme mapa de pessoal que se junta como doc. n.º 1.

15.º

Os factos vertidos nos arts. 2.º a 9.º, da presente peça processual comprovam, inequivocamente, que o Autor não respeita nem nunca mais respeitará a Ré e que perdeu o interesse no seu sucesso.

16.º

A acrescer a tudo isto, o Autor, nos dias posteriores a 05 de Março de 2004, por diversas vezes difamou a Ré.

17.º

Tendo inclusive no dia 10 de Março de 2004 dito aos Sr... e ... o seguinte: *"Na pastelaria do ... os bolos são feitos de restos, nem queiram saber o que lá metíamos"*.

18.º

Com tais comportamentos, o Autor revelou, não só o maior desrespeito pela Ré, como também, o maior desinteresse, desleixo e falta de diligência no exercício da sua actividade profissional.

19.º

Não restam, assim, quaisquer dúvidas que a reintegração do Autor na empresa da Ré prejudica e perturba a prossecução da actividade empresarial, pelo que não deve ser nunca ser decretada.

III – DO APOIO JUDICIÁRIO

20.º

A R. requereu a concessão do benefício do apoio judiciário, na modalidade de dispensa de pagamento de preparos e demais encargos com o processo, cfr. doc. n.º 2, que se junta.

Termos em que e nos demais de direito deve:
I – a presente acção ser julgada não provada e improcedente e, em consequência ser a Ré absolvida do pedido;

Despedimento por Facto Imputável ao Trabalhador

II – Se por mera hipótese académica a presente acção for declarada procedente, ser recusada a reintegração do Autor, tudo com as legais consequências.

PROVA TESTEMUNHAL:
1. ..., pasteleiro, residente na Rua...;
2. ..., vendedor, residente na Rua...;

VALOR: O da acção.
JUNTA: 2 documentos, duplicados e cópias legais.

O Advogado,

(PROPOSTA DE) RESPOSTA

TRIBUNAL DO TRABALHO DE ...
   Proc. n.º 000/00
   2.º Juízo
   ..., Autor nos autos à margem identificados, vem

APRESENTAR A SUA RESPOSTA,
   nos termos e com os seguintes fundamentos:

I – DA ALEGADA INEXISTÊNCIA DE DESPEDIMENTO

1.º

A Ré alega que, o Autor desde Fevereiro de 2004, passou *a confeccionar os bolos sem a qualidade a que o seu estabelecimento comercial habituou os seus clientes.*

2.º

E que, em consequência, *recebeu imensas reclamações, tendo inclusive perdido uma parte dos clientes.*

3.º

Alega, ainda, que, o Autor proferiu um conjunto de frases transcritas nos arts. 5.º, 6.º, 7.º e 8.º, da contestação, reveladoras de desleixo, incúria e falta de empenho.

4.º

De tal forma que, em 05 de Março de 2004, declarou que não pretendia continuar a trabalhar para a Ré.

5.º

Tais factos são falsos, com efeito,

6.º

O Autor deixou de trabalhar para a Ré em virtude do despedimento em causa.

7.º

Sempre exerceu as suas funções com empenho, competência e dili-

Despedimento por Facto Imputável ao Trabalhador   561

gência, sendo, inclusive, reconhecido pelos seus colegas como um excelente profissional.

8.º

Desta forma, não correspondem à verdade os factos vertidos nos arts. 2.º, 3.º, 4.º, 5.º, 6.º, 7.º, 8.º, 9.º, 10.º e 11.º, da contestação.

II – DA OPOSIÇÃO À REINTEGRAÇÃO

9.º

A Ré, caso a presente acção proceda e o Autor opte pela reintegração, opõe-se a esta, nos termos do art. 438.º, n.º 2, do CT.

Tal oposição não é admissível e, por isso, terá que ser recusada.

10.º

Em primeiro lugar, porque o Autor é um profissional, extremamente empenhado e cuja actividade deu e dá enorme reputação, ao estabelecimento da Ré.

11.º

Aliás, diga-se a este propósito, que o Autor criou duas receitas de bolos que são consideradas a "especialidade da casa" e que atraem imensa clientela.

12.º

Em segundo lugar, porque com já referimos na petição inicial o despedimento do Autor assentou em motivos religiosos, o que afasta a possibilidade de oposição à reintegração, nos termos do n.º 4, do art. 438.º, do CT.

13.º

Pelo exposto é falso o vertido nos arts. 15.º, 16.º, 17.º, 18.º e 19.º, da contestação, que se impugnam para os devidos efeitos.

14.º

Não tendo a Ré direito a opor-se à reintegração.

Termos em que e nos demais de direito:
I – Deve a excepção peremptória ser julgada não provada e improcedente, concluindo-se, no demais, como na petição inicial e

II – Deve a oposição à reintegração ser considerada inadmissível tudo com os devidos efeitos.

VALOR: O da acção.

JUNTA: Duplicados e comprovativo da notificação ao mandatário da parte contrária.

O Patrono oficioso,

_____

2. DESPEDIMENTO COM PROCEDIMENTO DISCIPLINAR

(PROPOSTA DE) AUTO DE OCORRÊNCIA

A trabalhadora ... praticou as seguintes condutas:

a) No dia 09 de Janeiro de 2004, desobedeceu ao seu superior hierárquico o Sr. ..., gerente do empregador, recusando limpar o balcão de atendimento a clientes.

b) No dia 16 de Janeiro de 2004 disse ao Sr. ..., gerente do empregador, a seguinte frase:

"O Senhor aqui não manda nada, se quer a loja limpa, limpe-a Você".

c) No dia 17 de Janeiro de 2004, furtou da caixa registadora a quantia de Euros 150,00 (Cento e cinquenta euros);

d) No dia 18 de Janeiro de 2004, furtou da caixa registadora a quantia de Euros 100,00 (Cem euros).

Tais factos foram presenciados pelas seguintes testemunhas:

1. ..., gerente de loja, residente na Rua...;

2. ..., caixa, residente na Rua....

3. ..., vendedor, residente na Rua....

Tais condutas, para além de afectaram a confiança e o respeito que existia na relação de trabalho que tínhamos com essa trabalhadora, constituem infracção disciplinar, motivos pelos quais promovemos a instauração de inquérito à trabalhadora ..., de modo a aferir qual a sua culpa.

Para o efeito nomeamos instrutora do processo a Exma. Sra. Dra. ...., Advogada, com escritório na Rua ...

Aproveitamos, ainda, para juntar cópia do contrato celebrado entre a trabalhadora ... e a nossa empresa.

.... 19 de Janeiro de 2004

A empregadora,

(PROPOSTA DE) TERMO DE ABERTURA

Aos 20 de Janeiro de 2004, no seguimento:
– da nota de ocorrência junta a fls. ... referente a comportamentos alegadamente praticados pela trabalhadora ..., caixa e vendedora da empresa ..., susceptíveis de integrar sanção de disciplinar;
– da respectiva instrução para abertura do presente procedimento disciplinar e
– da minha nomeação como instrutor,
procede-se à abertura de inquérito para averiguação e apuramento da eventual responsabilidade da referida trabalhadora.

Neste âmbito serão convocadas para comparecer no meu escritório, no próximo dia 23 de Janeiro de 2004, a fim de serem inquiridas, as seguintes testemunhas:
1. ..., gerente de loja, residente na Rua...;
2. ..., caixa, residente na Rua....
3. ..., vendedor, residente na Rua....

Com a nota de ocorrência foi junta cópia do contrato de trabalho celebrado entre a trabalhadora ... e o empregador ...

.... 20 de Janeiro de 2004

A Instrutora

_____

(PROPOSTA DE) CARTA DE NOTIFICAÇÃO DE TESTEMUNHAS

Exmo. Senhor:
...
Av. ...
...

2004.01.20
Registada c/Aviso de Recepção

ASSUNTO: Notificação para inquirição no âmbito do inquérito instaurado contra a trabalhadora ...

Exmo. Senhor:

Somos pela presente a solicitar a V. Exa. que compareça no meu escritório, sito na Rua ... , no dia 23 de Janeiro de 2004, pelas 10:00 horas, para ser inquirida no âmbito do inquérito em epígrafe.

Com os meus melhores cumprimentos,

A Instrutora

_____

NOTA:

A convocação das testemunhas pode ser feita por carta ou mediante entrega pessoal.

(PROPOSTA DE) AUTO DE DECLARAÇÃO DE CONVOCAÇÃO PESSOAL DE TESTEMUNHAS

Eu, ..., trabalhadora da empresa ..., residente na Rua ..., declaro que fui convocada pela Exma. Sra. Dra. ..., instrutora do inquérito instaurada à Exma. Senhora, ..., para comparecer no seu escritório, sito na Rua ... , no dia 23 de Janeiro de 2004, pelas 10:00 horas, para ser inquirida no âmbito desse mesmo inquérito.

A declarante,

(PROPOSTA DE) AUTO DE INQUIRIÇÃO DE TESTEMUNHAS

Aos 23 de Janeiro de 2004, perante mim, ..., instrutora do inquérito instaurada pela empresa ... contra a trabalhadora ..., compareceu o Exmo. Sr. ..., indicado como testemunha nos presentes autos, o qual inquirido sobre os factos declarou o seguinte:

1. No dia 09 de Janeiro de 2004, dei ordem à trabalhadora ..., caixa e vendedora da empresa ..., para que esta limpasse o balcão de atendimento a clientes, ao que a mesma desobedeceu, recusando realizar tal tarefa, sem dar qualquer satisfação ou justificação.

2. No dia 16 de Janeiro de 2004, a trabalhadora ..., caixa e vendedora, após lhe ter ordenado que limpasse as estantes de arquivo, disse-me o seguinte:

"O Senhor aqui não manda nada, se quer a loja limpa, limpe-a Você".

3. As referidas ordens foram dadas por mim dentro do maior profissionalismo e respeito.

4. Tais factos foram presenciados pela trabalhadora ....

Nada mais tendo a acrescer foi o presente auto, depois de lido e conferido, atestado conforme e devidamente assinado.

A instrutora,

O declarante,

(PROPOSTA DE) AUTO DE INQUIRIÇÃO DE TESTEMUNHAS

Aos 23 de Janeiro de 2004, perante mim, ..., instrutora do inquérito instaurada pela empresa ... contra a trabalhadora ..., compareceu a Exma. Sra. D. ..., indicada como testemunha nos presentes autos, a qual inquirida sobre os factos declarou o seguinte:

1. No dia 09 de Janeiro de 2004, o Sr. ..., gerente, pediu à trabalhadora ... que limpasse o balcão de atendimento a clientes, tendo a mesma recusada realizar tal tarefa, sem apresentar qualquer justificação.

2. No dia 16 de Janeiro de 2004, ouvi a trabalhadora ..., dizer ao Sr. ..., gerente, o seguinte:

"O Senhor aqui não manda nada, se quer a loja limpa, limpe-a Você".

3. No dia 17 de Janeiro de 2004, vi a trabalhadora ... furtar da caixa registadora a quantia de Euros 150,00 (Cento e cinquenta euros), de imediato comuniquei tal facto ao Sr. ..., gerente.

4. Não me recorda da presença de outras pessoas, para além do Sr..., gerente.

Nada mais tendo a acrescer foi o presente auto, depois de lido e conferido, atestado conforme e devidamente assinado.

A instrutora,

_____

A declarante,

_____

(PROPOSTA DE) AUTO DE INQUIRIÇÃO DE TESTEMUNHAS

Aos 23 de Janeiro de 2004, perante mim, ..., instrutora do inquérito instaurada pela empresa ... contra a trabalhadora ..., compareceu o Exmo. Sr. ..., indicado como testemunha nos presentes autos, o qual inquirido sobre os factos declarou o seguinte:

1. No dia 18 de Janeiro de 2004, vi a trabalhadora ... furtar da caixa registadora a quantia de Euros 100,00 (Cem euros), de imediato comuniquei tal facto ao Sr. ..., gerente.

2. Não me recorda da presença de outras pessoas, para além do Sr..., gerente.

Nada mais tendo a acrescer foi o presente auto, depois de lido e conferido, atestado conforme e devidamente assinado.

A instrutora,

_____

O declarante,

_____

(PROPOSTA DE) RELATÓRIO PRELIMINAR

I – No dia 19.01.2004, a empregadora ..., no uso do poder disciplinar de que é titular, lavrou auto de ocorrência em virtude de comportamentos alegadamente praticados pela trabalhadora ..., caixa e vendedora da empresa ..., susceptíveis de integrar sanção disciplinar, dando instrução para abertura de inquérito, a fim de averiguar todas as circunstâncias de modo, tempo e lugar e de apurar a eventual culpa da referida trabalhadora.

Para o efeito nomeou instrutora a Exma. Sra. Dra. ..., Advogada, com escritório na Rua ....

Com o referido auto, a empregadora juntou cópia do contrato celebrado com aquela trabalhadora e arrolou, para serem inquiridos, o Exmo. Sr. ..., gerente de loja, residente na Rua...; a Exma. Sra. D. ..., caixa, residente na Rua.... e o Exmo. Sr. ... vendedor, residente na Rua.....

II – No dia 20.01.2004, a instrutora, a Exma. Sra. Dra. ..., procedeu à abertura do referido inquérito.

No decurso do qual foram inquiridos, depois de devidamente convocados, o Exmo. Sr. ..., gerente de loja, residente na Rua...; a Exma. Sra. D. ..., caixa, residente na Rua.... e o Exmo. Sr. ... vendedor, residente na Rua.....

Analisados e apreciados tais depoimentos escritos, concluímos que, há fortes indícios que a trabalhadora ..., tenha praticado os seguintes factos:

a) no dia 09 de Janeiro de 2004, desobedeceu ao seu superior hierárquico o Sr. ..., gerente da Ré, recusando limpar o balcão de atendimento a clientes;

b) no dia 16 de Janeiro de 2004, disse ao Sr. ..., gerente da Ré, a seguinte frase:

"O Senhor aqui não manda nada, se quer a loja limpa, limpe-a Você".

c) no dia 17 de Janeiro de 2004, furtou da caixa registadora a quantia de Euros 150,00 (Cento e cinquenta euros);

d) no dia 18 de Janeiro de 2004, furtou da caixa registadora a quantia de Euros 100,00 (Cem euros).

III – Com as condutas supra referidas a trabalhadora:

– desrespeitou e não tratou com urbanidade e probidade os seus superiores hierárquicos e o empregador;

– não realizou o seu trabalho com diligência e zelo;

– não cumpriu as ordens e instruções dadas pelo empregador respeitantes à execução e disciplina do trabalho, violando, entre outros, os deveres previstos nas als. a), c) e d), do art. 121.º, do CT.

IV – Analogamente, com tais condutas graves e culposas a trabalhadora:

– desubedeceu a ordens dadas por responsáveis hierarquicamente superiores;

– violou direitos e garantias de trabalhadores da empresa;

– provocou repetidamente conflitos com outros trabalhadores da empresa;

– manifestou desinteresse repetido pelo cumprimento, com a diligência devida, das obrigações inerentes ao exercício da sua função;

– lesou interesses patrimoniais sérios da empresa,

assumindo comportamentos que, pela sua gravidade e consequências, tornaram impossível a subsistência da relação de trabalho, constituindo justa causa de despedimento, nos termos do art. 396.°, n.os 1 e 3, als. a), b), c), d) e e), do CT.

V – Se ficar provado que a trabalhadora ... agiu conforme supra descrito, a empregadora ... pode e pretende promover o seu despedimento.

VI – A trabalhadora ... não está abrangida por qualquer Instrumento de regulamentação colectiva, sendo-lhe aplicáveis as normas do Código do Trabalho.

Pelo exposto propõe-se, desde já, que seja elabora a respectiva nota de culpa, que deverá ser comunicada à trabalhadora ... juntamente com a respectiva intenção de despedimento.

...., 24 de Janeiro de 2004

A Instrutora,

_____

(PROPOSTA DE) AUTO DE ABERTURA DE PROCEDIMENTO DISCIPLINAR

Aos 24 de Janeiro de 2004, procede-se à abertura de procedimento disciplinar contra a trabalhadora ..., caixa e vendedora da empresa ..., em virtude dos factos constantes do inquérito que aqui se junta.

A instrutora,

_____

(PROPOSTA DE) NOTA DE CULPA

A empresa ..., no âmbito do procedimento disciplinar que move contra a sua trabalhadora ..., caixa e vendedora, com intenção de despedimento, vem, em cumprimento do disposto no art. 411.°, n.° 1, do CT, deduzir a presente nota de culpa, nos termos e com os seguintes fundamentos:

1.°

A empresa ... é titular de um estabelecimento comercial sito na Rua..., onde se dedica à comercialização de vestuário.

2.°

Em 30 de Janeiro de 1998, admitiu ao seu serviço, mediante contrato de trabalho sem termo, a arguida que, sob a sua autoridade e direcção, exercia as funções de caixa e de vendedora,

3.°

laborando no aludido estabelecimento das 9:00 horas às 13:00 horas e das 15:00 às 19:00,

4.°

mediante uma retribuição horária de Euros 4,00, calculada nos termos do art. 264.°, do CT, a que corresponde uma retribuição mensal de Euros 640,00 (Seiscentos e quarenta euros).

5.°

No dia 09 de Janeiro de 2004, o Sr. ..., gerente, deu ordem à arguida para que esta limpasse o balcão de atendimento a clientes, ao que a mesma desobedeceu, recusando realizar tal tarefa, sem dar qualquer satisfação ou justificação.

6.°

No dia 16 de Janeiro de 2004, o Sr...., gerente, deu ordem à arguida para que esta limpasse as estantes de arquivo, ao que a mesma respondeu o seguinte:

"*O Senhor aqui não manda nada, se quer a loja limpa, limpe-a Você*".

7.°

Tais ordens foram dadas com o maior profissionalismo e respeito.

8.°

Por outro lado, as tarefas que foram solicitadas enquadravam-se no âmbito da actividade para que foi contratada a arguida, nos termos do art. 151.º, n.º 1, do CT.

0.º

No dia 17 de Janeiro de 2004, a arguida furtou da caixa registadora a quantia de Euros 150,00 (Cento e cinquenta euros).

10.º

No dia 18 de Janeiro de 2004, a arguida furtou da caixa registadora a quantia de Euros 100,00 (Cem euros).

11.º

Com as condutas supra referidas, a arguida:

– desrespeitou e não tratou com urbanidade e probidade os seus superiores hierárquicos e o empregador;

– não realizou o seu trabalho com diligência e zelo;

– não cumpriu as ordens e instruções dadas pelo empregador respeitantes à execução e disciplina do trabalho, violando, entre outros, os deveres previstos nas als. a), c) e d), do art. 121.º, do CT.

12.º

Analogamente, com tais condutas:

– desobedeceu a ordens dadas por responsáveis hierarquicamente superiores;

– violou direitos e garantias de trabalhadores da empresa;

– provocou repetidamente conflitos com outros trabalhadores da empresa;

– manifestou desinteresse repetido pelo cumprimento, com a diligência devida, das obrigações inerentes ao exercício da sua função;

– lesou interesses patrimoniais sérios da empresa, assumindo comportamentos que, pela sua gravidade e consequências, tornaram impossível a subsistência da relação de trabalho, constituindo justa causa de despedimento, nos termos do art. 396.º, n.os 1 e 3, als. a), b), c), d) e e), do CT.

...., 25 de Janeiro de 2004

O Instrutor,

NOTA:

A notificação da nota de culpa, juntamente com a comunicação da intenção de despedimento, é obrigatória, nos termos do art. 411.º, n.º 1, do CT.

A falta de comunicação da intenção de despedimento e da nota de culpa é causa de invalidade do procedimento disciplinar, nos termos do art. 430.º, n.º 2, al. a), do CT.

(PROPOSTA DE) CARTA DE NOTIFICAÇÃO DA NOTA DE CULPA COM A RESPECTIVA INTENÇÃO DE DESPEDIMENTO

Exma. Senhora:

...

Rua ...

...

2004.01.31
Registada c/Aviso de Recepção

ASSUNTO: Notificação de nota de culpa e de abertura de procedimento disciplinar com intenção de despedimento

Exma. Senhora:

Somos pela presente a comunicar que face ao comportamento assumido por V. Exa. nos passados dias 9, 16, 17 e 18 de Janeiro de 2004, a empresa ..., sua empregadora, no exercício do poder disciplinar de que é titular, decidiu instaurar-lhe procedimento disciplinar, com intenção de proceder ao seu despedimento com justa causa.

Fica notificada, que deverá, querendo, apresentar a sua defesa por escrito e/ou requerer quaisquer diligências de prova, no prazo de 10 dias úteis a contar, da data de recepção da presente comunicação, conforme previsto no art. 413.°, do CT.

Em cumprimento do disposto no art. 411.°, n.° 1, do CT, junto enviamos nota de culpa.

Informo, ainda, que a resposta à nota de culpa deverá ser enviada para o escritório da instrutora nomeada, a Exma. Sra. Dra. ..., com escritório na Rua ....

O processo encontra-se à sua disposição para consulta nesta morada.

A Instrutora,

NOTA:

A notificação da nota de culpa, juntamente com a comunicação da intenção de despedimento, é obrigatório nos termos do art. 411.°, n.° 1, do CT.

A falta de comunicação da intenção de despedimento e da nota de culpa é causa de invalidade do procedimento disciplinar, nos termos do art. 430.°, n.° 2, al. a), do CT.

(PROPOSTA DE) CARTA DE REMISSÃO DE CÓPIA DA COMUNICAÇÃO DA INTENÇÃO DE DESPEDIMENTO E DA NOTA DE CULPA À COMISSÃO DE TRABALHADORES

Comissão de Trabalhadores da empresa
...
Rua ...
...

2004.01.31
Registada c/Aviso de Recepção

ASSUNTO: Envio de cópia da comunicação de intenção de despedimento e da nota de culpa decorrentes do procedimento disciplinar instaurado à trabalhadora ...

Exmos. Senhores:

Na qualidade de instrutora nomeada no procedimento disciplinar que a empresa ... decidiu instaurar à trabalhadora ... , caixa e vendedora, junto remeto respectiva cópia da comunicação de intenção de proceder ao seu despedimento e da nota de culpa, conforme impõe o art. 411.º, n.º 2, do CT.

A instrutora,

_____

NOTA:

A necessidade de remissão à comissão de trabalhadores da empresa de cópia da comunicação de intenção de despedimento e da nota de culpa está consagrada no art. 411.º, n.º 2, do CT.

A inobservância desta norma é causa de invalidade do procedimento disciplinar, nos termos do art. 430.º, n.º 2, al. a), do CT.

Despedimento por Facto Imputável ao Trabalhador 575

(PROPOSTA DE) TERMO DE ENTREGA DA COMUNICAÇÃO DE DESPEDIMENTO E DA NOTA DE CULPA

Na qualidade de instrutora ..., entreguei, na presente data, à trabalhadora ..., caixa e vendedora, na qualidade de arguida no procedimento disciplinar que lhe foi instaurado pela empresa ..., carta contendo a comunicação da intenção de proceder ao seu despedimento e a respectiva nota de culpa contra si deduzida.

Declara a arguida que as recebeu e que ficou ciente do seu conteúdo, assinando comigo.

...., 31 de Janeiro de 2004

A trabalhadora arguida,

_____

A instrutora,

_____

NOTA:

A comunicação da intenção de despedimento e da nota de culpa, prevista no art. 411.º, n.º 1, do CT, pode ser efectuada mediante entrega directa pessoal ao trabalhador.

(PROPOSTA DE) CARTA A ENVIAR RESPOSTA
À NOTA DE CULPA

Exma. Senhora:
Dra. ...
Rua ...
...

2004.02.08
Registada c/Aviso de Recepção

ASSUNTO: Envio de resposta à nota de culpa

Exma. Sra. Dra.,

Sou pela presente a enviar resposta à nota de culpa deduzida contra mim e recebida no dia 2004.02.02.

Com os meus melhores cumprimentos,

A arguida

JUNTA: Resposta à nota de culpa

NOTA:
O exercício do direito de resposta previsto no art. 413.º, do CT, resulta do princípio do contraditório.

O desrespeito pelo princípio do contraditório determina a invalidade do procedimento disciplinar, nos termos do art. 430.º, n.º 2, al. b), do CT.

(PROPOSTA DE) RESPOSTA À NOTA DE CULPA

..., caixa e vendedora, trabalhadora da empresa ..., vem, ao abrigo do art. 413.º, do CT,
APRESENTAR A SUA RESPOSTA
à nota de culpa deduzida no âmbito do procedimento disciplinar que lhe foi instaurado, nos termos e com os seguintes fundamentos:

1.º
A arguida foi e continua a ser uma trabalhadora responsável, tendo, no exercício das suas funções, agido sempre de modo zeloso, diligente e empenhado.

2.º
É falso que, no dia 09 de Janeiro de 2004, tenha recusado limpar o balcão de atendimento a clientes, após ordem do Sr. ..., gerente.

3.º
É, também, falso que, no dia 16 de Janeiro de 2004, tenha dito ao Sr...., gerente, que este não mandava nada e que se queria a loja limpa a limpasse ele.

4.º
Quanto aos furtos de que vem acusada, à arguida cumpre referir que a mesma nunca furtou nada à empregadora.

5.º
Pelo que é falso:
Que no dia 17 de Janeiro de 2004, tenha furtado da caixa registadora a quantia de Euros 150,00 (Cento e cinquenta euros) e

6.º
que no dia 18 de Janeiro de 2004, tenha furtado da caixa registadora a quantia de Euros 100,00 (Cem euros).

7.º
Pelo exposto, são falsos os factos vertidos nos arts. 5.º, 6.º, 9.º e 10.º, da nota de culpa.

8.º

Cumpre, ainda, salientar que a arguida nunca entrou em conflito com os seus colegas de trabalho, com o empregador ou com os seus superiores hierárquicos, aliás, sempre teve e continua a ter um bom relacionamento com os seus colegas.

9.º

De igual forma, nunca desobedeceu às ordens que lhe foram e continuam a ser dadas.

10.º

Em suma, a arguida nunca adoptou qualquer comportamento violador dos seus deveres contratuais e/ou que motivasse a aplicação de alguma sanção disciplinar por parte da empregadora.

11.º

Assim, é falso o vertido nos arts. 11.º e 12.º, da nota de culpa.

Termos em que deve o presente procedimento disciplinar ser arquivado.

TESTEMUNHAS A INQUIRIR:
1. ... , caixa, residente na Rua...;
2. ..., comerciante, residente na Rua....

JUNTA: Procuração.

O Advogado,

_____

NOTA:
Como é evidente, o trabalhador para responder à nota de culpa não tem que constituir mandatário.

(PROPOSTA DE) CARTA DE NOTIFICAÇÃO DO TRABALHADOR--ARGUIDO DA DATA E LOCAL DESIGNADOS PARA INQUIRIÇÃO DAS TESTEMUNHAS POR SI ARROLADAS

Exma. Senhora:

...

Rua ...

...

2004.02.10
Registada c/Aviso de Recepção

ASSUNTO: Notificação da data e local designados para inquirição da testemunha ... por si arrolada no âmbito do procedimento disciplinar que lhe foi instaurado pela empresa ...

Exma. Senhora:

Sou pela presente e na qualidade de instrutora do procedimento em epígrafe, a comunicar que foi designado o dia 2004.02.15, pelas 10:00 horas, nas instalações da empresa ..., sitas na Rua ..., para a inquirição de testemunha ..., arrolada por V. Exa., em cumprimento do disposto no art. 414.º, n.º 1 e 2, do CT.

Desta forma, solicito a V. Exa. que assegure a presença da referida testemunha na hora e local indicados ou, no caso de motivo impeditivo, proceda à comunicação atempada da falta.

Com os meus melhores cumprimentos,

A instrutora

_____

NOTA:

Cabe ao trabalhador assegurar a comparência das testemunhas por si arroladas, na respectiva audição, nos termos do art. 414.º, n.º 2, parte final, do CT.

Se o arguido tiver constituído mandatário, a notificação da data e local designados para a inquirição das testemunhas poderá ser feita neste último.

(PROPOSTA DE) CARTA DO ARGUIDO A SOLICITAR NOVA DATA PARA INQUIRIÇÃO DE TESTEMUNHA POR SI ARROLADA

Exma. Senhora:
Dra. ...
Rua ...
...

2004.02.12
Registada c/Aviso de Recepção

ASSUNTO: **Impossibilidade de comparência da testemunha ... na data e local designados para a sua inquirição no âmbito do procedimento disciplinar que me foi instaurado pela empresa ...**

Exma. Senhora:

No seguimento da V. missiva de 2004.02.10, sou pela presente informar que a testemunha ..., não pode comparecer no dia 2004.02.15, pelas 10:00 horas, nas instalações da empresa ..., sitas na Rua ..., para a sua inquirição.

Desta forma, solicito a V. designe nova data e local para o efeito referido.

Com os meus melhores cumprimentos,

A arguida
_____

(PROPOSTA DE) AUTO DE INQUIRIÇÃO DE TESTEMUNHAS

Aos 18 de Fevereiro de 2004, perante mim, ..., instrutora do inquérito instaurada pela empresa ... contra a trabalhadora ..., compareceu a Exma. Sra. D. ..., indicada como testemunha nos presentes autos, a qual inquirida sobre os factos declarou o seguinte:

1. É colega de trabalho da arguida à mais de quatro anos, sempre tiveram e continuam a ter um bom relacionamento.

2. A arguida é muita respeitada e frequentemente elogiada pelos seus superiores hierárquicos.

3. No dia 17 de Janeiro de 2004, a arguida não esteve nas instalações da empresa sitas na Rua ....

Nada mais tendo a acrescer foi o presente auto, depois de lido e conferido, atestado conforme e devidamente assinado.

A instrutora,

_____

A declarante,

_____

(PROPOSTA DE) DESPACHO DE INDEFERIMENTO DE INQUIRIÇÃO DE TESTEMUNHAS

No âmbito do procedimento disciplinar instaurado pela empresa ..., a arguida, no exercício do direito de resposta, arrolou, a fim de ser inquirida como testemunha, o Exmo. Senhor ..., comerciante, residente na Rua....

Acontece que, a referida testemunha esteve durante o mês todo de Janeiro ausente do país, sendo assim, é absolutamente impossível que tenha conhecimento directo das condutas imputadas à arguida.

Pelo exposto, decide-se, não proceder à sua inquirição por esta se manifestar impertinente para o apuramento da verdade e para a comprovação dos factos em causa no presente procedimento disciplinar, nos termos do art. 414.°, n.° 1, do CT.

.... 20 de Fevereiro de 2004

A instrutora,

_____

NOTA:

O empregador, que não proceda às diligências probatórias requeridas na resposta à nota de culpa, por as considerar dilatórias ou impertinentes, deve alegar e fundamentar tal facto por escrito, conforme previsto no art. 414.°, n.° 1, do CT.

Despedimento por Facto Imputável ao Trabalhador 583

(PROPOSTA DE) CARTA DE APRESENTAÇÃO DE CÓPIA INTEGRAL DO PROCEDIMENTO DISCIPLINAR À COMISSÃO DE TRABALHADORES

Comissão de Trabalhadores da empresa
...
Rua ...
...

2004.02.21
Registada c/Aviso de Recepção

ASSUNTO: Envio de cópia integral do procedimento disciplinar instaurado à trabalhadora ...

Exmos. Senhores:

Na qualidade de instrutora nomeada no procedimento disciplinar que a empresa ... decidiu instaurar à trabalhadora ... , caixa e vendedora, junto remeto cópia integral do referido procedimento disciplinar, conforme impõe o art. 414.º, n.º 3, do CT.

A instrutora,

_____

NOTA:

A necessidade de apresentação do procedimento disciplinar à comissão de trabalhadores da empresa está consagrada no art. 414.º, n.º 3, do CT.

(PROPOSTA DE) RELATÓRIO FINAL

1. A empresa ... é titular de um estabelecimento comercial sito na Rua..., onde se dedica à comercialização de vestuário.

Em 30 de Janeiro de 1998, admitiu ao seu serviço, mediante contrato de trabalho sem termo, a trabalhadora ... que, sob a sua autoridade e direcção, exerceu as funções de caixa e de vendedora, laborando no aludido estabelecimento das 9:00 horas às 13:00 horas e das 15:00 às 19:00, mediante uma retribuição horária de Euros 4,00, calculada nos termos do art. 264.°, do CT, a que corresponde uma retribuição mensal de Euros 640,00 (Seiscentos e quarenta euros).

A trabalhadora ... não está abrangida por qualquer Instrumento de regulamentação colectiva, sendo-lhe aplicáveis as normas do Código do Trabalho.

2. Em 19.01.2004, foi lavrado auto de ocorrência referente a comportamentos da trabalhadora ..., alegadamente violadores dos seus deveres contratuais e que, para além de afectarem a confiança e o respeito que existia na relação de trabalho, constituem infracção disciplinar.

Nessa mesma data a empresa ... decidiu instaurar procedimento disciplinar àquela trabalhadora, nomeando como instrutora a Exma. Sra. Dra. ..., Advogada, com escritório na Rua ....

Com a nota de ocorrência foi junta cópia do contrato de trabalho celebrado entre a trabalhadora ... e o empregador ....

3. Em 20.01.2004, a instrutora nomeada procedeu à abertura de inquérito para averiguação e apuramento da eventual responsabilidade da referida trabalhadora e das circunstâncias de modo, tempo e lugar das infracções alegadamente cometidas pela trabalhadora ....

Neste âmbito foram inquiridas, em 23.01.2004, as seguintes testemunhas indicadas no auto de ocorrência: . ..., gerente de loja, residente na Rua...; ... , caixa, residente na Rua.... e ..., vendedor, residente na Rua....

4. Em 24.01.2004, foi elaborado relatório preliminar onde se concluiu que havia fortes probabilidades de a trabalhadora ... ter praticado os comportamentos de que vinha indiciada.

5. Em 24.01.2004, procedeu-se à abertura de procedimento disciplinar à trabalhadora ..., caixa e vendedora da empresa ..., em virtude dos factos apurados no inquérito.

6. Em 25.01.2004, foi elaborada nota de culpa na qual a trabalhadora ... foi acusada de ter praticado os seguintes factos:

a) No dia 09 de Janeiro de 2004, desobedeceu, sem dar qualquer sa-

Despedimento por Facto Imputável ao Trabalhador 585

tisfação ou justificação, ao Sr. ..., gerente, recusando limpar o balcão de atendimento a clientes;

b) No dia 16 de Janeiro de 2004, após lhe terem ordenado que limpasse as estantes de arquivo, disse ao Sr...., gerente, o seguinte:

"O Senhor aqui não manda nada, se quer a loja limpa, limpe-a Você".

c) No dia 17 de Janeiro de 2004, furtou da caixa registadora a quantia de Euros 150,00 (Cento e cinquenta euros);

d) No dia 18 de Janeiro de 2004, furtou da caixa registadora a quantia de Euros 100,00 (Cem euros).

Com as condutas supra referidas a arguida:

– desrespeitou e não tratou com urbanidade e probidade os seus superiores hierárquicos e o empregador;

– não realizou o seu trabalho com diligência e zelo;

– não cumpriu as ordens e instruções dadas pelo empregador respeitantes à execução e disciplina do trabalho, violando, entre outros, os deveres previstos nas als. a), c) e d), do art. 121.º, do CT.

Analogamente, com tais condutas:

– desobedeceu a ordens dadas por responsáveis hierarquicamente superiores;

– violou direitos e garantias de trabalhadores da empresa;

– provocou repetidamente conflitos com outros trabalhadores da empresa;

– manifestou desinteresse repetido pelo cumprimento, com a diligência devida, das obrigações inerentes ao exercício da sua função;

– lesou interesses patrimoniais sérios da empresa, assumindo comportamentos que, pela sua gravidade e consequências, tornaram impossível a subsistência da relação de trabalho, constituindo justa causa de despedimento, nos termos do art. 396.º, n.os 1 e 3, als. a), b), c), d) e e), do CT.

7. No dia 31.01.2004, a arguida foi notificada da nota de culpa e da intenção da empresa ... proceder ao seu despedimento.

8. No dia 31.01.2004, foi enviada à Comissão de trabalhadores cópia da comunicação de intenção de despedimento e da nota de culpa decorrentes do procedimento disciplinar instaurado à arguida.

9. Em 08.02.2004, a arguida, depois de devidamente notificada da nota de culpa, apresentou a sua resposta no prazo legal, alegando em síntese que:

a) Sempre foi uma trabalhadora responsável, tendo, no exercício das suas funções, agido de modo zeloso, diligente e empenhado;

b) no dia 09 de Janeiro de 2004, não recusou limpar o balcão de atendimento a clientes;

586 *Minutas*

c) no dia 16 de Janeiro de 2004, não disse ao Sr...., gerente, que este não mandava nada e que se queria a loja limpa a limpasse ele;

d) Nunca furtou nada à empregadora, pelo que é falso que no dia 17 de Janeiro de 2004, tenha furtado da caixa registadora a quantia de Euros 150,00 (Cento e cinquenta euros) e que no dia 18 de Janeiro de 2004, tenha furtado da caixa registadora a quantia de Euros 100,00 (Cem euros);

e) nunca adoptou qualquer comportamento violador dos seus deveres contratuais e/ou que motivasse a aplicação de alguma sanção disciplinar por parte da empregadora.

Concluindo pelo arquivamento do procedimento disciplinar que lhe foi instaurado.

10. A arguida arrolou as seguintes testemunhas:

– ... , caixa, residente na Rua...;

– ..., comerciante, residente na Rua....

11. Em 18.02.2004, a testemunha ..., caixa, foi inquirida sobre os factos dos autos.

12. A testemunha ..., comerciante (arrolada pela arguida) não podia ter conhecimento dos factos dos autos, pois na data em que os mesmos se verificaram encontrava-se ausente do país. Por esse motivo a sua inquirição era impertinente para o apuramento da verdade e para a comprovação dos factos em causa no presente procedimento disciplinar, pelo que foi dispensada.

13. Em 21.02.2004, foi enviada, à Comissão de trabalhadores, cópia integral do procedimento disciplinar instaurado à arguida.

14. No presente procedimento disciplinar ficou provado que:

a) A empresa ... é titular de um estabelecimento comercial sito na Rua..., onde se dedica à comercialização de vestuário;

b) Em 30 de Janeiro de 1998, admitiu ao seu serviço, mediante contrato de trabalho sem termo, a arguida que, sob a sua autoridade e direcção, exerceu as funções de caixa e de vendedora, laborando no aludido estabelecimento das 9:00 horas às 13:00 horas e das 15:00 às 19:00, mediante uma retribuição horária de Euros 4,00, calculada nos termos do art. 264.º, do CT, a que corresponde uma retribuição mensal de Euros 640,00 (Seiscentos e quarenta euros);

c) No dia 09 de Janeiro de 2004, o Sr. ..., gerente, deu ordem à arguida para que esta limpasse o balcão de atendimento a clientes, ao que a mesma desobedeceu, recusando realizar tal tarefa, sem dar qualquer satisfação ou justificação;

d) No dia 16 de Janeiro de 2004, o Sr...., gerente, deu ordem à arguida para esta limpar as estantes de arquivo, ao que a mesma respondeu o seguinte:

Despedimento por Facto Imputável ao Trabalhador 587

"*O Senhor aqui não manda nada, se quer a loja limpa, limpe-a Você*";
e) Tais ordens foram dadas com o maior profissionalismo e respeito;
f) Por outro lado, as tarefas que foram solicitadas, enquadravam-se no âmbito da actividade para que foi contratada a arguida, nos termos do art. 151.º, n.º 1, do CT;

g) No dia 17 de Janeiro de 2004, a arguida furtou da caixa registadora a quantia de Euros 150,00 (Cento e cinquenta euros);

h) No dia 18 de Janeiro de 2004, a arguida furtou da caixa registadora a quantia de Euros 100,00 (Cem euros).

Ficou, assim, provada toda a matéria constante da nota de culpa e que a arguida não conseguiu afastar com a prova apresentada.

A arguida praticou os comportamentos objecto do presente procedimento, apesar de saber que não lhe eram permitidos.

Agiu, assim, livre e conscientemente, sabendo que estava a cometer infracções disciplinares que punham em causa a confiança em que assenta a relação de trabalho e que lesavam os interesses da empresa.

CONCLUSÕES:

I – No presente procedimento disciplinar ficou provada toda a matéria constante da nota de culpa, que se dá, aqui, por integralmente reproduzida, concluindo-se como na mesma.

II – Com as condutas agora provadas a arguida:

– desrespeitou e não tratou com urbanidade e probidade os seus superiores hierárquicos e o empregador;

– não realizou o seu trabalho com diligência e zelo;

– não cumpriu as ordens e instruções dadas pelo empregador respeitantes à execução e disciplina do trabalho, violando, entre outros, os deveres previstos nas als. a), c) e d), do art. 121.º, do CT.

III – Analogamente, com tais condutas a Autora:

– desobedeceu a ordens dadas por responsáveis hierarquicamente superiores;

– violou direitos e garantias de trabalhadores da empresa;

– provocou repetidamente conflitos com outros trabalhadores da empresa;

– manifestou desinteresse repetido pelo cumprimento, com a diligência devida, das obrigações inerentes ao exercício da sua função;

– Lesou interesses patrimoniais sérios da empresa, assumindo comportamentos que, pela sua gravidade e consequências, tornaram impossível a subsistência da relação de trabalho, constituindo justa causa de despedimento, nos termos do art. 396.°, n.os 1 e 3, als. a), b), c), d) e e), do CT.

Pelo exposto, em nosso opinião deverá o trabalhador ser despedido com justa causa.

....25 de Fevereiro de 2004

A instrutora,

Despedimento por Facto Imputável ao Trabalhador 589

(PROPOSTA DE) DECISÃO FINAL

I – A empresa, ..., depois de visto o procedimento disciplinar que mandou instaurar à trabalhadora ... e de analisar as respectivas conclusões, verifica que:

As acusações que constam da nota de culpa, que aqui se dá como integralmente reproduzidas, foram dadas como provadas.

II – Com as condutas agora provadas a arguida desrespeitou e não tratou com urbanidade e probidade os seus superiores hierárquicos e o empregador, não realizou o seu trabalho com diligência e zelo e não cumpriu as ordens e instruções dadas pelo empregador respeitantes à execução e disciplina do trabalho, violando, entre outros, os deveres previstos nas als. a), c) e d), do art. 121.º, do CT.

Analogamente, com tais condutas, desobedeceu a ordens dadas por responsáveis hierarquicamente superiores; violou direitos e garantias de trabalhadores da empresa; provocou repetidamente conflitos com outros trabalhadores da empresa; manifestou desinteresse repetido pelo cumprimento, com a diligência devida, das obrigações inerentes ao exercício da sua função e lesou interesses patrimoniais sérios da empresa, assumindo comportamentos que, pela sua gravidade, consequências e grau de culpa da arguida, tornaram impossível a subsistência da relação de trabalho, constituindo justa causa de despedimento, nos termos do art. 396.º, n.os 1 e 3, als. a), b), c), d) e e), do CT.

No âmbito do poder disciplinar de que sou titular ao abrigo do disposto no art. 365.º, do CT, decido pelo despedimento imediato com justa causa do trabalhadora ..., com base nos fundamentos invocados.

....25 de Fevereiro de 2004

A empregadora,

_____

NOTA:

1. Decorridos os 5 dias que a Comissão de trabalhadores tem para juntar o seu parecer, o empregador deve, no prazo de 30 dias, proferir decisão final, sob pena de caducidade do direito disciplinar, nos termos do n.º 1, do art. 415.º, do CT.

2. A decisão deve ser fundamentada e constar de documento escrito, n.º 2, do art. 415.º, do CT.

3. Na decisão devem ser ponderadas:

a) as circunstâncias do facto;

b) a adequação do despedimento à culpabilidade do trabalhador e

c) os pareceres que tenham sido juntos nos termos do n.° 3, do art. 414.°, do CT.

4. Na decisão não podem ser invocados factos constantes da nota de culpa c/ou da resposta do trabalhador, salvo se, atenuarem ou diminuírem a responsabilidade, conforme resulta do n.° 3, do art. 415.°, do CT.

5. Se a decisão de despedimento e os seus fundamentos não constarem de documento escrito, o procedimento disciplinar é inválido, nos termos da al. c), do n.° 2, do art. 430.°, do CT.

(PROPOSTA DE) CARTA DE COMUNICAÇÃO DA DECISÃO AO TRABALHADOR

Exma. Senhora:

...

Rua ...

...

2004.02.25
Registada c/Aviso de Recepção

ASSUNTO: **Comunicação da decisão de despedimento proferida no âmbito do procedimento disciplinar que lhe foi instaurado pela empresa ...**

Exma. Senhora:

Somos pela presente a comunicar que, na sequência do procedimento disciplinar que lhe foi instaurado em 20.01.2004, decidimos proceder ao seu despedimento com justa causa, motivado por comportamentos ilícitos adoptados por V. Exa. que, pela sua gravidade e consequências, tornam imediata e praticamente impossível a manutenção da relação de trabalho.

Em cumprimento do disposto no n.º 4, do art. 415.º, do CT, remetemos em anexo cópia da decisão fundamentada e do relatório final proferidos no âmbito do referido procedimento disciplinar.

Informo, ainda, que o processo encontra-se à sua disposição para consulta na Rua ..., sede da empresa.

Com os nossos melhores cumprimentos,

A empregadora,

_____

JUNTA: Cópia do relatório e da decisão finais.

NOTA:

A decisão disciplinar deve ser comunicada, por cópia ou transcrição, ao trabalhador, nos termos do art. 415.º, n.º 4, do CT.

(PROPOSTA DE) CARTA DE REMISSÃO DE CÓPIA DA COMUNICAÇÃO DA INTENÇÃO DE DESPEDIMENTO E DA NOTA DE CULPA À COMISSÃO DE TRABALHADORES

Comissão de Trabalhadores da empresa

...

Rua ...

...

2004.01.25
Registada c/Aviso de Recepção

ASSUNTO: Comunicação da decisão de despedimento proferida no âmbito do procedimento disciplinar que foi instaurado à trabalhadora ...

Exmos. Senhores:

Somos pela presente a comunicar que, na sequência do procedimento disciplinar que foi instaurado em 20.01.2004, à trabalhadora ..., caixa e vendedora, decidimos proceder ao seu despedimento com justa causa, motivado por comportamentos ilícitos adoptados que, pela sua gravidade e consequências, tornam imediata e praticamente impossível a manutenção da relação de trabalho.

Em cumprimento do disposto no n.º 4, do art. 415.º, do CT, remetemos em anexo cópia da decisão fundamentada e do relatório final proferidos no âmbito do referido procedimento disciplinar.

Com os nossos melhores cumprimentos,

A empregadora

JUNTA: Cópia do relatório e da decisão finais.

NOTA:

A decisão disciplinar deve ser comunicada, por cópia ou transcrição, à Comissão de Trabalhadores, nos termos do art. 415.º, n.º 4, do CT.

(PROPOSTA DE) PETIÇÃO INICIAL

TRIBUNAL DO TRABALHO ...   C/apoio judiciário
..., caixa e vendedora, contribuinte fiscal n.º ..., residente na Rua ...
vem propor

ACÇÃO DECLARATIVA COMUM EMERGENTE DE CONTRATO DE TRABALHO
contra
..., contribuinte fiscal n.º ..., com sede na Rua ...
nos termos e com os seguintes fundamentos:

I – DO CONTRATO

1.º
A Ré é titular de um estabelecimento comercial sito na Rua..., onde se dedica à comercialização de vestuário.

2.º
Em 30 de Janeiro de 1998, admitiu ao seu serviço, mediante contrato de trabalho sem termo, a Autora que, sob a sua autoridade e direcção, cumpriu com zelo, assiduidade e diligência, as funções de caixa e de vendedora,

3.º
laborando no aludido estabelecimento das 9:00 horas às 13:00 horas e das 15:00 às 19:00,

4.º
mediante uma retribuição horária de Euros 4,00, calculada nos termos do art. 264.º, do CT, a que corresponde uma retribuição mensal de Euros 640,00 (Seiscentos e quarenta euros), cfr. cópia de recibo que se junta como doc. n.º 1.

II – DA ILICITUDE DO DESPEDIMENTO

5.º
Em 2004.01.31, a Ré comunicou à Autora, a sua intenção de proceder ao seu despedimento com justa causa (cfr. doc. 2), com base nos fundamentos indicados na nota de culpa (cfr. doc. 3).

6.º

Na nota de culpa, a Autora é acusado de:

a) no dia 09 de Janeiro de 2004, ter desobedecido ao seu superior hierárquico o Sr. ..., gerente da Ré, recusando limpar o balcão de atendimento a clientes;

b) no dia 16 de Janeiro de 2004, ter dito ao Sr. ..., gerente da Ré, a seguinte frase:

"O Senhor aqui não manda nada, se quer a loja limpa, limpe-a Você".

c) no dia 17 de Janeiro de 2004, ter furtado da caixa registadora a quantia de Euros 150,00 (Cento e cinquenta euros);

d) no dia 18 de Janeiro de 2004, ter furtado da caixa registadora a quantia de Euros 100,00 (Cem euros).

7.º

Na nota de culpa, a Ré concluiu que o comportamento da Autora tornava imediata e praticamente impossível a continuação do vínculo laboral, constituindo, em consequência, justa causa de despedimento, nos termos do art. 396.º, n.os 1, 2 e 3, als. a), c), d) e e), do CT.

8.º

A Autora respondeu à nota de culpa (cfr. doc. 4), contestando, integralmente, as acusações formuladas e respectivos fundamentos, concluindo pela improcedência e imediato arquivamento do procedimento disciplinar.

9.º

A Autora arrolou as seguintes testemunhas:

1. ...;

2. ...

10.º

Porém, a Ré não ouviu a testemunha 2,

11.º

não agindo em conformidade com o previsto no art. 414.º, n.º 1, do CT e, mais grave, violando o direito de defesa da Autora, consagrado no art. 413.º, do CT.

12.º

No dia 25 de Fevereiro de 2004, a Autora, na sequência desse procedimento disciplinar, foi despedida.

13.°

A Autora conforme referiu na resposta à nota de culpa, sempre foi e continua a ser uma trabalhadora responsável, tendo, no exercício das suas funções, agido de modo zeloso, diligente e empenhado.

14.°

A Autora nunca proferiu as expressões citados em ...da nota de culpa.

15.°

A Autora nunca furtou qualquer quantia ou bem da Ré.

16.°

A Autora nunca entrou em conflito com os colegas de trabalho ou com a Ré, diga-se aliás, que tinha um bom relacionamento com os seus colegas.

17.°

A Autora nunca desobedeceu às ordens que lhe eram dadas.

18.°

Do exposto concluímos que, a Autora nunca adoptou qualquer comportamento violador dos seus deveres contratuais e/ou que motivasse a aplicação de alguma sanção disciplinar por parte da Ré.

19.°

Pelo exposto, o despedimento da Autora é ilícito por dois motivos:

a) Em primeiro lugar, porque o respectivo procedimento disciplinar é inválido, na medida em que violou o princípio do contraditório, nos termos do art. 430.°, n.° 1 e 2, al. b), do CT:

b) Em segundo lugar, porque assenta em motivos justificativos inexistentes, nos termos do art. 429.°, al. c), do CT.

III – DOS DIREITOS E CRÉDITOS LABORAIS

20.°

A partir do dia 18 de Janeiro de 2004, a Ré deixou de pagar à Autora a respectiva retribuição.

21.º

A Autora reclama as retribuições que deixar de auferir desde a data do despedimento até ao trânsito em julgado da decisão judicial que vier a declarar a ilicitude do mesmo, nos termos do art. 437.º, n.º 1, do CT.

22.º

A Autora tem direito a optar pela reintegração na empresa da Ré até à sentença do tribunal, ao abrigo do disposto no art. 438.º, n.º 1, do CT.

23.º

Caso não o faça, tem direito, em substituição, a uma indemnização entre 15 e 45 dias de retribuição base e diuturnidades por cada ano completo ou fracção de antiguidade, decorrido desde a data do início do contrato até ao trânsito em julgado da sentença, art. 439.º, n.º 1 e 2, do CT.

24.º

O despedimento *sub iudice* apresenta um elevado grau de ilicitude, porquanto não tem qualquer motivo justificativo, assentando em acusações falsas e graves.

25.º

Por outro lado, o valor da retribuição da Autora é baixo.

26.º

Em consequência, deve a Ré ser condenada a pagar à Autora, caso este não opte pela reintegração, uma indemnização correspondente a 45 dias de retribuição base e diuturnidades por cada ano completo ou fracção de antiguidade, decorrido desde a data do início do contrato até ao trânsito em julgado decisão judicial.

IV – DA RETRIBUIÇÃO CORRESPONDENTE A FÉRIAS E SUBSÍDIOS DE FÉRIAS E DE NATAL

27.º

A Ré deve ser condenado a pagar à Autora a quantia de Euros 1.280,00 (Mil duzentos e oitenta euros), a título de retribuição correspondente a férias e subsídio de férias vencidas em Janeiro de 2004 e não gozadas, conforme previsto no n.º 2, do art. 221.º, do CT.

28.º
De acordo com o n.º 2, do art. 221.º, do CT, a Ré deve ser condenada a pagar à Autora a quantia de Euros 188,90 (Cento e oitenta e oito euros e noventa cêntimos), a título de retribuição correspondente a férias e subsídio de férias proporcionais ao tempo de serviço prestado no ano da cessação, calculada nos seguintes termos:

Euros 640 (salário base) ———— 264 (dias de trabalho durante o ano)

x ———————— 39 (dias de trabalho prestado no ano da cessação)

x = 640 x 39 : 264 = Euros 94,45

Euros 94,45 x 2 (retribuição correspondente a férias e subsídio de férias) = Euros 188,90

29.º
Nos termos do art. 2.º, al. b), do art. 254.º, do CT, a Autora tem, ainda, direito ao pagamento da quantia de Euros 94,45 (Noventa e quatro euros quarenta e cinco cêntimos), a título de subsídio de Natal proporcional ao tempo de serviço prestado no ano da cessação, calculada com base na fórmula do artigo anterior.

30.º
A Autora reclama, ainda, o pagamento das retribuições correspondentes a férias e subsídios de férias e de Natal que se venham a vencer.

V – DOS DANOS NÃO PATRIMONIAIS

31.º
A instauração do procedimento disciplinar em causa, e, em geral, a conduta da Ré a este associada provocou inúmeros e extensos danos não patrimoniais que afectaram e continuarão a afectar a Autora para o resto da sua vida, quer profissional, quer pessoal.

32.º
As graves e injuriosas acusações em que assenta tal procedimento ofendem a honra e consideração da Autora, como pessoa e como trabalhador.

33.º
A Ré sabia e sabe que as mesmas careciam e carecem de fundamento e que lesavam e lesam injustamente o bom nome e respeito devido à Autora.

34.º

Não se contendo com a instauração do procedimento disciplinar em causa, a Ré tornou públicas as acusações que injustamente imputou à Autora, divulgando-as não só a todos os seus trabalhadores, mas também aos seus clientes.

35.º

Designadamente, afirmando que a Autora era uma ladra, furtava dinheiro da caixa e

36.º

que, era uma péssima profissional que nunca recomendaria a ninguém.

37.º

Ora, a Autora era conhecida e respeitada no meio, como pessoa trabalhadora e honesta.

38.º

Sempre foi uma trabalhadora exemplar, e subitamente vê a sua carreira profissional gravemente afectada.

39.º

Tem sentido enormes dificuldades para resistir à humilhação e vergonha a que ficou sujeita.

40.º

Vive num meio pequeno onde o assunto foi falado.

41.º

Tudo isto, afectou e continua a afectar gravemente, como não poderia deixar de ser, as suas relações com familiares e amigos, que a vêm permanentemente desalentada e com grande frustração e desânimo.

42.º

Com tais comportamentos, a Ré destruiu a carreira profissional e o futuro profissional da Autora.

43.º

A Autora tem e terá enormes dificuldades em conseguir um novo emprego.

Despedimento por Facto Imputável ao Trabalhador 599

44.º

Em virtude de exposto viu-se forçada a recorrer a acompanhamento psicológico.

45.º

Pelo exposto deve a Ré, nos termos do art. 436.º, n.º 1, al. a), do CT, ser condenado a pagar à Autora a quantia de Euros 5.000,00 (Cinco mil euros), a título de compensação por tão graves e extensos danos não patrimoniais.

VI – DO APOIO JUDICIÁRIO

46.º

A Autora beneficia de Apoio Judiciário na modalidade de dispensa total do pagamento de taxa de justiça e dos demais encargos do processo e de nomeação e pagamento de honorários a patrono (cfr. doc. n.º 5 e 6).

Termos em que e nos demais de direito deve a presente acção ser julgada provada e procedente e, em consequência:

I – Ser declarada a ilicitude do despedimento da Autora, com as legais consequências;

II – Ser a Ré condenada a pagar à Autora as retribuições que este deixou de auferir desde a data do despedimento até ao trânsito em julgado da decisão judicial;

III – Ser a Ré condenada a pagar as retribuições correspondentes a férias e subsídios de férias e de Natal que se venham a vencer;

IV – Ser a Ré condenada a pagar à Autora, caso este não opte pela reintegração, uma indemnização correspondente a 45 dias de retribuição base e diuturnidades por cada ano completo ou fracção de antiguidade, decorrido desde a data do início do contrato até ao trânsito em julgado da decisão judicial;

V – Ser a Ré condenada a pagar à Autora as seguintes quantias:

– de Euros 1,280,00 (Mil duzentos e oitenta euros), a título de retribuição correspondente a férias e subsídio de férias vencidas em Janeiro de 2004 e não gozadas;

– Euros 188,90 (Cento e oitenta e oito euros e noventa cêntimos), a título de retribuição correspondente a férias e subsídio

de férias proporcionais ao tempo de serviço prestado no ano da cessação;

— Euros 94,45 (Noventa e quatro euros quarenta e cinco cêntimos), a título de subsídio de Natal proporcional ao tempo de serviço prestado no ano da cessação;

— de Euros 5.000,00 (Cinco mil euros), a título de compensação pelos danos não patrimoniais sofridos;

No montante global de Euros 13.283,35 (Treze mil duzentos e oitenta e três euros trinta e cinco cêntimos), a que acresce juros legais desde a citação até efectivo e integral pagamento.

PROVA TESTEMUNHAL:

1. ... , caixa, residente na Rua...;

2. ..., comerciante, residente na Rua....

VALOR: Euros 13.283,35 (Treze mil duzentos e oitenta e três euros trinta e cinco cêntimos).

JUNTA: 6 documentos, duplicados e cópias legais.

O patrono oficioso,

(PROPOSTA DE) CONTESTAÇÃO

TRIBUNAL DO TRABALHO ...
Proc. n.º 000/00
2.º Juízo
..., Ré, nos autos à margem identificados, vem

APRESENTAR A SUA CONTESTAÇÃO
nos termos e com os seguintes fundamentos:

I – DO CONTRATO

1.º
São verdadeiros os factos vertidos nos arts. 1.º, 3.º, 4.º, 5.º, 6.º, 7.º, 8.º, 9.º, 10.º e 12.º, da petição inicial.

2.º
A partir do início do ano de 2004, a Autora começou a assumir comportamentos violadores dos seus deveres laborais, designadamente, desobedecendo aos seus superiores hierárquicos, provocando conflitos entre os seus colegas de trabalho e furtando quantias em dinheiro.

3.º
Em virtude disso, a Ré iniciou procedimento disciplinar para averiguação de tais factos, cfr. doc. n.º 1.

4.º
Na fase de inquérito foram ouvidas as seguintes testemunhas:
1. ..., gerente de loja, residente na Rua...(cfr. auto de inquérito junto como doc. n.º 2);
2. ..., caixa, residente na Rua...(cfr. auto de inquérito junto como doc. n.º 3);
2. ..., vendedor, residente na Rua...(cfr. auto de inquérito junto como doc. n.º 4).

5.º
Concluída a fase de inquérito, ficou provado que a Autora:

a) no dia 09 de Janeiro de 2004, desobedeceu ao seu superior hierárquico o Sr. ..., gerente da Ré, recusando limpar o balcão de atendimento a
clientes;

b) no dia 16 de Janeiro de 2004, disse ao Sr. ..., a seguinte frase:
"*O Senhor aqui não manda nada, se quer a loja limpa, limpe-a Você*".

c) no dia 17 de Janeiro de 2004, furtou da caixa registadora a quantia
de Euros 150,00 (Cento e cinquenta euros);

d) no dia 18 de Janeiro de 2004, furtou da caixa registadora a quantia
de Euros 100,00 (Cem euros).

6.º

Neste seguimento, foi elaborada, em 25 de Janeiro de 2004, a correspondente nota de culpa, concluindo a Ré que o comportamento da Autora tornava imediata e praticamente impossível a continuação do vínculo laboral,
constituindo, em consequência, justa causa de despedimento, nos termos do
art. 396.º, n.os 1, 2 e 3, als. a), c), d) e e), do CT.

7.º

Em 2004.01.31, a Autora foi notificada, mediante carta registada com
aviso de recepção, da nota de culpa referida, bem como da intenção de proceder ao despedimento com justa causa (cfr. doc. 5), tudo conforme previsto
no art. 411.º, n.º 1, do CT.

8.º

Notificação essa que viria a ser recebida pela Autora em 2004.02.02.

9.º

A Autora respondeu à nota de culpa (cfr. doc. 6), contestando, integralmente, as acusações formuladas e respectivos fundamentos, concluindo pela
improcedência e imediato arquivamento do procedimento disciplinar.

10.º

A Autora indicou as seguintes testemunhas, trabalhadores ao serviço
da Ré:

1. ...e
2. ....

11.º

Apenas a testemunha n.º 1 foi ouvida.

12.°

Isto porque, a testemunha 2 esteve durante o mês todo de Janeiro ausente do país.

13.°

Conforme alegado e justificado no procedimento disciplinar, a Ré não procedeu à inquirição das testemunhas 2, porquanto esta não podia ter conhecimento dos factos em causa, pelo que a sua inquirição seria impertinentes, para efeitos do art. 414.°, n.° 1, do CT.

14.°

Em 2004.02.25, a Autora foi despedida conforme decisão final junta como doc. n.° 7 .

15.°

Nestes termos o direito de defesa da Autora não foi violado, pelo que o despedimento *sub iudice* é válido, ao contrário do alegado nos arts. 11.° e 19.°, da petição inicial, que, desde já, se impugna por não corresponder à verdade.

II – DA EXISTÊNCIA DE JUSTA CAUSA

16.°

Conforme consta da nota de culpa a Autora praticou os seguintes comportamentos:

no dia 09 de Janeiro de 2004, desobedeceu ao seu superior hierárquico o Sr...., gerente da Ré, recusando limpar o balcão de atendimento a clientes;

17.°

no dia 16 de Janeiro de 2004, disse ao Sr. ..., gerente da Ré, a seguinte frase:

"O Senhor aqui não manda nada, se quer a loja limpa, limpe-a Você".

18.°

Tais ordens foram dadas com o maior profissionalismo e respeito.

19.°

Por outro lado as tarefas que foram solicitadas, enquadravam-se no âmbito da actividade para que foi contratada a arguida, nos termos do art. 151.°, n.° 1, do CT.

20.°

No dia 17 de Janeiro de 2004, furtou da caixa registadora a quantia de Euros 150,00 (Cento e cinquenta euros).

21.°

No dia 18 de Janeiro de 2004, furtou da caixa registadora a quantia de Euros 100,00 (Cem euros).

22.°

Com as condutas supra referidas a Autora:

– desrespeitou e não tratou com urbanidade e probidade os seus superiores hierárquicos e o empregador;

– não realizou o seu trabalho com diligência e zelo;

– não cumpriu as ordens e instruções dadas pelo empregador respeitantes à execução e disciplina do trabalho, violando, entre outros, os deveres previstos nas als. a), c) e d), do art. 121.°, do CT.

23.°

Analogamente, com tais condutas a Autora:

– desobedeceu a ordens dadas por responsáveis hierarquicamente superiores;

– violou direitos e garantias de trabalhadores da empresa;

– provocou repetidamente conflitos com outros trabalhadores da empresa;

– manifestou desinteresse repetido pelo cumprimento, com a diligência devida, das obrigações inerentes ao exercício da sua função;

– lesou interesses patrimoniais sérios da empresa,

24.°

assumindo comportamentos que, pela sua gravidade e consequências, tornaram impossível a subsistência da relação de trabalho, constituindo justa causa de despedimento, nos termos do art. 396.°, n.os 1 e 3, als. a), b), c), d) e e), do CT.

25.°

Do exposto concluímos que, a Autora adoptou comportamentos violadores dos seus deveres contratuais e que motivaram a aplicação da sanção disciplinar de despedimento que lhe foi aplicada pela Ré.

26.°

Pelo exposto, o despedimento que foi aplicado à Autora é licito.

27.º

Assim, os factos e considerações vertidas nos arts. 2.º, 11.º, 13.º, 14.º, 15.º, 16.º, 17.º, 18.º e 19.º, da petição inicial, não correspondem à verdade pelo que se impugnam para os devidos efeitos legais.

III – DOS DIREITOS E CRÉDITOS LABORAIS

28.º

A Autora recebeu a sua retribuição correspondente ao trabalho prestado no mês de Janeiro e no mês de Fevereiro, pelo que é falso o alegado no art. 20.º, da petição inicial.

29.º

Conforme vimos, o despedimento em causa foi lícito pelo que a Autora não tem direito às quantias peticionadas nos arts. 21.º, 23.º, 24.º, 25.º e 26.º e 30.º, da petição inicial, nem à reintegração reclamada no art. 22.º, da petição inicial.

30.º

A Ré já pagou à Autora a quantia de Euros 1,280,00 (Mil duzentos e oitenta euros), a título de retribuição correspondente a férias e subsídio de férias vencidas em Janeiro de 2004 e não gozados, conforme doc. n.º 8, pelo que se impugna por não corresponder à verdade o vertido nos art. 27.º, da petição inicial.

31.º

De igual forma, a Ré já pagou à Autora as quantias de:

– Euros 188,90 (Cento e oitenta e oito euros e noventa cêntimos), a título de retribuição correspondente a férias e subsídio de férias proporcionais ao tempo de serviço prestado no ano da cessação (doc. n.º 9) e

– de Euros 94,45 (Noventa e quatro euros quarenta e cinco cêntimos), a título de subsídio de Natal proporcional ao tempo de serviço prestado no ano da cessação (doc. n.º 10).

32.º

Pelo que, não são devidas as quantias peticionadas nos arts. art. 28.º e 29.º, da petição inicial.

IV – DOS DANOS NÃO PATRIMONIAIS

33.º

No que concerne aos danos não patrimoniais invocadas pela Autora, cumpre referir que a Ré não praticou nenhum facto ilícito que possa integrar responsabilidade civil.

34.º

A Ré sempre tratou a Autora com enorme respeito e consideração, mesmo depois de instaurado o procedimento disciplinar em causa.

35.º

os factos vertidos nos arts. 32.º, 33.º, 34.º, 35.º, 36.º, 38.º e 42.º são falsos pelo que se impugnam para os devidos efeitos legais.

36.º

Quanto ao alegado nos arts. 31.º, 37.º, 39.º, 40.º, 41.º, 43 e 44.º , da petição inicial, a Ré desconhece a sua veracidade o que, por não serem factos pessoais ou de que deva ter conhecimento, equivale à sua impugnação expressa, nos termos do art. 490.º, n.º 3, do CPC.

37.º

Pelo exposto, a Autora não tem direito à quantia reclamada no art. 45.º, da petição inicial.

Termos em que e nos demais de direito deve a presente acção ser julgada improcedente e não provada e, em consequência, ser a Ré absolvida dos pedidos, com as devidos efeitos legais.

PROVA TESTEMUNHAL:
1. ..., gerente de loja, residente na Rua...;
2. ..., , caixa, residente na Rua....
3. ..., vendedor, residente na Rua....

VALOR: O da acção.
JUNTA: 10 documentos, duplicados e cópias legais, procuração forense.

O Advogado,

CAPÍTULO VII
Reclamação de Créditos
(Gratificações e Subsídio de Alimentação)

(PROPOSTA DE) PETIÇÃO INICIAL

TRIBUNAL DO TRABALHO DE ...
..., escriturária, residente na Rua..., vem intentar,

ACÇÃO DECLARATIVA COMUM EMERGENTE DE CONTRATO DE TRABALHO,
contra
..., com sede em ...
nos termos e com os seguintes fundamentos:

I – DOS FACTOS

1.º

A Ré dedica-se à actividade de fabrico e comercialização de papel e material escolar e de escritório.

2.º

No exercício da sua actividade admitiu, em Janeiro de 1992, a Autora que,

3.º

sob a sua autoridade e direcção, cumpre com zelo, assiduidade e competência as funções para que foi contratada.

4.º

Actualmente desempenha as funções inerentes à categoria de 1.º escriturária.

5.º

Conforme usual na empresa da Ré, a Autora recebeu todos os meses, até Novembro de 1997, subsídio de alimentação (cfr. primeiro e último recibos de cada ano juntos como doc.s n.os 1, 2, 3, 4, 5, 6, 7, 8, 9 e 10).

6.º

Que no ano de 1996 tinha o valor médio mensal de Euros 75,00.

7.º

A partir de Novembro de 1997 deixou, injustificada e inexplicavelmente, de receber o referido subsídio (cfr. doc.s n.os 11, 12, 13, 14, 15, 16 e 17 e cópia do mapa de atribuição do subsídio de alimentação junto como doc. n.º 18).

8.º

De igual modo, a Autora recebeu todos os anos, no mês de Janeiro, um montante a título de gratificação (cfr. doc.s n.os 1, 3, 5, 7, 9, 13, 14 e 15),

9.º

que no ano de 2000 foi de Euros 350,00.

10.º

Gratificação essa que a partir de 2000 deixou, mais uma vez de modo injustificado e inexplicável, de receber (cfr. doc. n.º 16 e 17).

11.º

Nos termos do art. 249, n.º 1, do CT, "*Só se considera retribuição aquilo a que, nos termos do contrato, das normas que o regem ou dos usos, o trabalhador tem direito como contrapartida do seu trabalho*".

12.º

A determinação qualitativa da retribuição assenta em dois aspectos:

13.º

o da certeza e periodicidade no pagamento (característica que tem um duplo sentido "*por um lado, apoia a presunção da existência de uma vinculação prévia (...) por outro lado, assinala a medida das expectativas de ganho do trabalhador e, por essa via, confere relevância ao nexo existente entre a retribuição e as necessidades pessoais e familiares daquele*", MONTEIRO FERNANDES *in* "Direito do Trabalho", 12.º Almedina, Coimbra, 1998, ISBN 972-40-2099-1, p. 457) e

14.º

o da obrigatoriedade das prestações efectuadas pelo empregador, que pode decorre, não só da lei, de Instrumento de Regulamentação do Trabalho, das estipulações expressas nos contratos individuais, como também <u>dos usos da profissão e da empresa</u>.

Reclamação de Créditos (Gratificações e Subsídio de Alimentação) 609

15.º
Assim, todas as prestações realizadas pelo empregador que reunam estas características devem ser consideradas no conceito de retribuição.

16.º
É o caso do subsídio de alimentação (art. 260.º, do CT) e da gratificação anual (art. 260.º, n.º 2, do CT) que a Autora auferia e que a partir de determinada altura deixou de auferir.

17.º
Com efeito, tais valores foram pagos à Autora de 1992 a 1997 (no caso do subsídio de alimentação) e de 1992 a 1999 (no caso da gratificação anual), o que demonstra inequivocamente a natureza certa e periódica de tais prestações,

18.º
e no seguimento dos usos e práticas correntes da empresa (obrigatoriedade).

19.º
De tal forma que, foram criadas legítimas expectativas em relação ao recebimento de tais quantias.

20.º
Neste sentido é de salientar o carácter alimentar da retribuição, segundo o qual a retribuição destina-se "*à satisfação de necessidades pessoais e familiares do trabalhador*".

21.º
A Ré, a partir do momento em que deixou de pagar o subsídio de alimentação e a gratificação anual, violou e continua a violar o princípio da irredutibilidade da retribuição, consagrado na al. c), do n.º 1, do art. 21.º, da LCT.

22.º
Atento o exposto são devidos à Autora retroactivos relativos ao subsídio de alimentação em dívida, nos termos que a seguir se discriminam (tendo como referência o valor médio de Euros 75,00 pago no ano de 1996):

A. **Ano de 1997**
2 meses _____Euros 150,00

B. **Ano de 1998**
14 meses _____Euros 1.050,00

C. **Ano de 1999**

14 meses	Euros 1.050,00
D. Ano de 2000	
14 meses	Euros 1.050,00
E. Ano de 2001	
14 meses	Euros 1.050,00
F. Ano de 2002	
14 meses	Euros 1.050,00
F. Ano de 2003	
14 meses	Euros 1.050,00
F. Ano de 2004	
4 meses	Euros 300,00

23.º

no montante global de Euros 6.750,00 (Seis mil setecentos e cinquenta euros).

24.º

De igual forma é devida a Autora a quantia de Euros 1.050,00 (Mil e cinquenta euros – Euros 350,00 (valor da última gratificação paga) x 3 (Ano de 2001, 2002 e 2003) – referente às gratificações anuais em dívida.

Termos em que e nos demais de direito, deve a presente acção ser julgada provada e procedente, e, em consequência, Ser a Ré condenada a pagar à Autora as seguintes quantias:

I – de Euros 6.750,00 (Seis mil setecentos e cinquenta euros), a título de retroactivos referentes aos montantes de subsídio de refeição em dívida;

II – de Euros 1.050,00 (Mil e cinquenta euros), referente aos valores de gratificação anual em dívida, no montante global de Euros 7.800,00 (Sete mil e oitocentos euros), acrescido de juros de mora, desde a citação até efectivo e integral pagamento.

PROVA TESTEMUNHAL:
1. ..., escriturário, residente na Rua...;
2. ..., maquinista, residente na Rua...;

VALOR: Euros 7.800,00 (Sete mil e oitocentos euros).

JUNTA: 19 documentos, duplicados e cópias legais e comprovativo do pagamento de taxa de justiça subsequente.

O Advogado,

(PROPOSTA DE) CONTESTAÇÃO

TRIBUNAL DO TRABALHO DE ...
Proc. n.° 000/00
2.° Juízo
..., Ré, nos autos à margem identificados, vem

APRESENTAR A SUA CONTESTAÇÃO,
nos termos e com os seguintes fundamentos:

1.°
São verdadeiros os factos vertidos nos arts. 1.°, 2.°, 3.°, 4.° e 6.°, da petição inicial.

2.°
A Autora reclama o pagamento de retroactivos de quantias alegadamente devidas como subsídio de alimentação, relativamente aos anos de 1997 até Abril de 2004 e das gratificações anuais referentes aos anos de 2001, 2002 e 2003.

3.°
No entanto, conforme veremos tais quantias não integram o conceito de retribuição.

DO SUBSÍDIO DE REFEIÇÃO

4.°
A Autora de 1992 a 1997, recebeu subsídio de refeição.

5.°
Os funcionários ... ..., colegas de trabalho da Autora, nunca receberam tal subsídio.

6.°
Nunca foi prática habitual da Ré atribuir subsídio de refeição aos seus trabalhadores.

7.º

Em 1997, a Autora foi transferida, para as instalações da Ré sitas na Rua ....

8.º

Instalações essas que estavam e continuam a estar equipadas com uma cantina, que fornece refeições diárias de Euros 2,00, mediante comparticipação da Ré.

9.º

Pelo que, a Ré não está obrigada a continuar a pagar subsídio de refeição, uma vez que passou a comparticipar as refeições regularmente tomadas pela Autora na cantina.

10.º

Por outro lado, de acordo com o previsto no art. 260.º, do CT, o subsídio de refeição ora reclamado pela Autora nunca poderia ser considerado retribuição, na medida em que não estava (nem está) previsto no contrato nem podia (nem pode) ser considerado pelos usos como elemento integrante da retribuição do trabalhador.

DA GRATIFICAÇÃO

11.º

A gratificação anual ora reclamada pela Autora também não integra o conceito de retribuição, conforme passamos a explicar.

12.º

Tal gratificação trata-se de uma quantia que a Ré se disponibilizou a pagar no início de cada ano civil aos trabalhadores que apresentem maiores índices de rendimento e caso a situação financeira da empresa o permita.

13.º

O desempenho e rendimento dos trabalhadores é avaliado anualmente pelos directores da empresa da área respectiva.

14.º

Assim, a gratificação era paga quando:

Reclamação de Créditos (Gratificações e Subsídio de Alimentação)   613

– o trabalhador em causa, no entendimento do director da área respectiva, apresentasse um grau de produtividade, desempenho, dedicação e rendimento que merecesse tal prémio e

– a empresa apresentasse uma situação económico-financeira que permitisse assumir tal custo adicional.

15.º
O desempenho e rendimento dos trabalhadores é avaliado anualmente pelos directores da empresa da área respectiva.

16.º
A gratificação em causa não foi calculada, tendo por base o vencimento dos trabalhadores, cfr. doc. n.º 1.

17.º
Alias, como podemos constatar da leitura do doc. n.º 1, a gratificação paga a alguns trabalhadores foi decrescendo, enquanto que os respectivos vencimentos foram aumentados todos os anos.

18.º
Por outro lado, é de referir que a Ré, desde 1998, tem vindo a acumular prejuízos cada vez mais acentuados.

19.º
O que motivou uma redução do pessoal.

20.º
A gratificação em causa nunca foi paga regular e permanente aos trabalhadores.

21.º
Durante os anos de 1998 e 1999, por exemplo, os trabalhadores ..., ... e ... não receberam gratificação voltando a recebê-la no ano de 2000 (cfr. doc. n.º 1).

22.º
Durante os anos de 1996, 1997, 1998 e 1999, por exemplo, os trabalhadores ..., ..., ... e ... não receberam gratificação, voltando a recebê-la no ano de 2000 (cfr. doc. n.º 1).

23.°
Não existe nenhum acordo entre a Autora e a Ré quanto ao pagamento da gratificação ora reclamada.

24.°
Assim, a gratificação ora reclamada pela Autora não pode ser considerada retribuição, na medida em que não estava (nem está) previsto no contrato *sub iudice* nem podia (nem pode) ser considerado pelos usos como elemento integrante da retribuição do trabalhador, conforme resulta do art. 261.°, n.° 1, do CT.

25.°
A razão pela qual a Autora recebeu gratificações nalguns anos e noutros não, deve-se à avaliação que o seu director fez dos seus rendimento e desempenho e à situação económico-financeira da Ré.

26.°
Pelo exposto, é falso o vertido nos arts. 5.°, 6.°, 7.°, 8.°, 9.°, 10.°, 16.°, 17.°, 18.°, 19.°, 21.°, 22.°, 23.°, 24.°, da petição inicial.

Nestes termos e nos demais de direito deve a presente acção ser julgada não provada e improcedente e, em consequência, a Ré absolvida do pedido, tudo com as legais consequências.

PROVA TESTEMUNHAL:
1. ..., secretária, residente na Rua...;
2. ..., vendedor, residente na Rua...;

VALOR: O da acção.
JUNTA: 1 documento, duplicados e cópias legais, procuração forense e comprovativo do pagamento da taxa de justiça inicial.

O Advogado,

(PROPOSTA DE) RESPOSTA

TRIBUNAL DO TRABALHO DE ...
Proc. n.° 000/00
2.° Juízo
..., Autor nos autos à margem identificados, vem

APRESENTAR A SUA RESPOSTA
nos termos e com os seguintes fundamentos:

1.°

Em sede de defesa por excepção, a Ré alega que a gratificação e subsídio de alimentação reclamados pela Autora não têm natureza retributiva.

2.°

Com o devido respeito por opinião contrária, o nosso entendimento é outro.

I – DO SUBSÍDIO DE ALIMENTAÇÃO

3.°

A Autora trabalhou nas instalações da Ré na ... até Novembro de 1997.

4.°

Durante esse período recebeu sempre subsídio de alimentação.

5.°

Esse subsídio foi sempre incluído no valor da retribuição global paga todos os meses à Autora, cfr. os respectivos recibos de vencimento juntos com a petição inicial.

6.°

A Autora trabalhava, juntamente com outros colegas, na área comercial da Ré, na equipa chefiada pelo Sr. ..., director comercial da altura.

7.°

Em Dezembro, de 1997, a Ré transferiu a equipa dirigida pelo Sr. ...(onde se incluí a Autora) para as suas instalações em ....

616 *Minutas*

8.º

Transferência essa que viria a ser imposto aos trabalhadores.

9.º

De sublinhar que, a Autora apenas aceitou a sua transferência na condição de continuar a receber o valor da retribuição que lhe era paga, incluindo o subsídio de alimentação e a gratificação anual.

10.º

O que foi garantido pelo seu Director.

11.º

Certo é que, a partir da data da transferência em causa, a Autora nunca mais recebeu subsídio de alimentação.

12.º

Curioso é que outros trabalhadores da Ré, abrangidos pela mesma transferência, continuaram e continuam a receber, de modo certo e regular, subsídio de alimentação, não obstante a existência de cantina.

13.º

Como prova disso requer-se, desde já, seja notificada a Ré para juntar os mapas salariais dos seguintes trabalhadores:

a) ...;

b) ...;

c) ...;

d) ....

14.º

O que demonstra que o pagamento do subsídio de alimentação, para além de ser prática usual da empresa, nada tem a ver com a comparticipação no pagamento da refeição servida na cantina, pelo que se impugna para os devidos efeitos legais o teor dos art. 20.º e 25.º da contestação.

15.º

Vejamos se o subsídio de alimentação deve ou não ser considerado retribuição.

16.º

Os n.os 1 e 2 do art. 249, do CT, dizem-nos que:

"1. Só se considera retribuição aquilo a que, nos termos do contrato, das

normas que o regem ou dos usos, o trabalhador tem direito como contrapartida do seu trabalho.

2. A retribuição compreende a remuneração base e todas as outras prestações regulares e periódicas feitas, directa ou indirectamente, em dinheiro ou em espécie".

17.º

Numa ponto estamos todos de acordo:

a retribuição é uma contrapartida patrimonial da actividade do trabalhador, regular e periódica (cfr. ROMANO MARTINEZ *in* "Direito do Trabalho", livraria Almedina, 2002, ISBN 972-40-1707-9, p.s 533 e ss).

18.º

Não temos dúvidas que, o subsídio de alimentação, ora em apreço, é uma contrapartida patrimonial da actividade da Autora, a questão é saber se tem natureza regular e periódica.

19.º

A certeza e regularidade são as pedras de toque da retribuição.

20.º

O trabalhador depende economicamente do empregador, criando, em virtude disso, legítimas expectativas em relação ao recebimento das prestações pagas regularmente por este,

21.º

que, assim, integram o orçamento familiar e satisfazem as respectivas necessidades do agregado.

22.º

Em resumo, toda a gestão financeira da economia familiar assenta nessas prestações.

23.º

O subsídio de alimentação *sub iudice* tem natureza certa e regular e por isso integra-se no conceito de retribuição.

24.º

A Autora criou expectativas legítimas em relação ao seu recebimento.

25.º

Constata-se, assim, que o subsídio de alimentação era *"pago com ca-*

rácter de regularidade e continuidade, como contrapartida do trabalho prestado e que constituía uma obrigação da entidade patronal* conferindo à A. "a justa expectativa do seu recebimento, de modo a poder contar com ele para a satisfação das sua necessidades pessoais e familiares", conforme já decidido no Ac. do STJ, de 13.01.93 in CJ, Ano I, Tomo I, p. 227.

26.º

"Nesta conformidade, pode concluir-se que o subsídio de refeição, sendo pago pelo empregador com carácter de continuidade e regularidade, por forma a criar no espírito do trabalhador a convicção de que constitui um complemento do seu salário, é integrável no conceito de retribuição", Ac. citado.

27.º

Conforme se lê no Ac. da RL, de 15.05.96 in CJ, Ano XXI, Tomo III, p. 161:

"É doutrina e jurisprudência pacíficas que o subsídio de alimentação, de refeição ou de almoço, integra a retribuição, na medida em que esta, de harmonia com o preceituado no art. 82.º, da LCT, abrange todos os benefícios outorgados pela entidade patronal", que pela sua natureza regular e periódica, "se destinam a integrar o orçamento normal do trabalhador, conferindo-lhe a justa expectativa do seu recebimento".

Cfr., entre muitos outros, o Ac. da RL, de 27.09.95 in CJ, Ano XX, Tomo IV, p. 156.

28.º

Pelo exposto impugna-se para os devidos efeitos legais o disposto nos art.s 3.º, 5.º, 6.º, 8.º, 9.º e 10.º, da contestação.

II – DA GRATIFICAÇÃO

29.º

Defende a Ré que a gratificação devida à Autora não tem natureza retributiva.

30.º

Mais uma vez discordamos de tal entendimento.

31.º

O art. 261.º, da LCT diz-nos que:

"1. Não se consideram retribuição as gratificações extraordinárias con-

cedidas pela entidade patronal como recompensa ou prémio pelos bons serviços do trabalhador.
2. O disposto no número anterior não se aplica às gratificações que sejam devidas por força do contrato ou das normas que o regem, ainda que a sua atribuição esteja condicionada aos bons serviços do trabalhador, nem àquelas que, pela sua importância e carácter regular e permanente, devam, segundo os usos, considerar-se como elemento integrante da remuneração daquele".

32.°
Concluímos, assim, conjuntamente com a nossa doutrina, que as gratificações podem ser extraordinárias e ordinárias.

33.°
As gratificações extraordinárias não se integram no conceito de retribuição, enquanto que as gratificações ordinárias têm natureza retributiva.

34.°
"A distinção entre gratificações ordinárias e extraordinárias é feita a partir do critério da obrigatoriedade..." que está intimamente conexionado com as ideias *"...de regularidade e de periodicidade..."*, MÁRIO PINTO/FURTADO MARTINS/NUNES DE CARVALHO in "Comentário às leis do trabalho", Vol. I, Lex, Lisboa, 1994, ISBN 972-9495-22-X, p. 262.

35.°
As gratificações ordinárias devem, pela sua importância e regularidade, *"considerar-se elemento integrante da retribuição"*, BERNARDO XAVIER in "Curso de Direito do Trabalho", 2.° edição, Verbo, 1993, Lisboa, ISBN 972-22-1149-8, p. 390.

36.°
Porquanto, *"na verdade, representam atribuições patrimoniais com que os trabalhadores podem legitimamente contar, quer pela sua previsão no contrato e nas normas que o regem, quer pela regularidade e permanência com que são prestadas, conferindo-lhes justas expectativas ao seu recebimento"*, loc. Cit..
Vide, neste mesmo sentido, o Ac. do STJ, de 08.05.96 *in* CJ, Ano IV, Tomo II, p. 252 e Ac. da RL, de 27.09.95 *in* CJ, Ano XX, Tomo IV, p. 156.

37.°
A Autora, de 1991 até 2000, recebeu todos os anos, no mês de Janeiro, a gratificação ora reclamada,

38.º

de tal forma que, à semelhança do subsídio de alimentação, criou legítimas expectativas do seu recebimento.

39.º

Valem, aqui, na íntegra os argumentos apresentados em relação ao subsídio de alimentação.

40.º

Não podem restar dúvidas que a gratificação *in casu* tem carácter regular e permanente e, segundo os usos da Ré, foi sempre considerada como elemento integrante da retribuição, pelo que deve ser considerada como retribuição.

41.º

Por tudo o que aqui defendemos é falso o vertido nos art.s 11.º, 12.º, 13.º, 14.º, 16.º, 17.º, 20.º, 23.º, 24.º e 25.º, da contestação que se impugnam para os devidos efeitos legais.

Nestes termos e nos demais de direito devem as excepções apresentadas ser consideradas não provadas e improcedentes, com as legais consequências, concluindo-se, no demais, como na petição inicial.

REQUER SEJA NOTIFICADA A RÉ PARA JUNTAR AOS AUTOS OS MAPAS SALARIAIS DOS SEGUINTES TRABALHADORES:

a) ...;
b) ...;
c) ...;
d) ...;

VALOR: O da acção.

JUNTA: Duplicados legais, comprovativo da notificação ao mandatário da parte contrária.

O Patrono oficioso,

_____

BIBLIOGRAFIA

ABRANTES, José João – "Do Tratado de Roma ao Tratado de Amesterdão – a caminho de um Direito do trabalho europeu?", Questões Laborais, Ano VII, n.° 16, Coimbra Editora, 2000.

ABREU, Coutinho – "Empresarialidade (Da) – as empresas no direito", Almedina, Colecção Teses, 1996.

ALEGRE, Carlos – "Código de Processo do Trabalho Anotado", Almedina, 2001

ALMEIDA, António – "Cláusulas contratuais gerais e o postulado da liberdade contratual", Revista Portuguesa de Direito do Consumo, n.° 11.

ALMEIDA, Carlos Ferreira de – " Direitos (Os) dos Consumidores", Coimbra, Almedina, 1982.

ALMEIDA, Moitinho de – "Direito Comunitário – A ordem Jurídica Comunitária – As liberdades Fundamentais na CEE", Lisboa, 1985, Centro de Publicações do Ministério da Justiça.

AMADO, João Leal – "Despedimento ilícito e salários intercalares: a dedução do *aliunde perceptum* – uma boa solução?", Questões Laborais, Ano I, n.° 1, Coimbra Editora, 1994.

– "Pornografia, informática e despedimento (a propósito de um acordão da Relação de Lisboa)", Questões Laborais, Ano I, n.° 2, Coimbra Editora, 1994.

– "Revogação do contrato e compensação pecuniária para o trabalhador: notas a um acordão do Supremo Tribunal de Justiça", Questões Laborais, Ano I, n.° 3, Coimbra Editora, 1995.

ANDRADE, Manuel de – "Teoria Geral da Relação Jurídica", vol. II, Coimbra, Almedina, 1987.

ASCENSÃO, Oliveira – "Direito (O) – Introdução e Teoria Geral", Coimbra, Almedina, 1999.

BAPTISTA, Mendes – "Código de Processo de Processo do Trabalho – Anotado", *Quid Iuris*, Lisboa, 2000.

– "Faltas por motivo de prisão", Questões Laborais, Ano V, n.° 11, Coimbra Editora, 1997.

– "Jurisprudência do Trabalho Anotada", 3ª ed. (reimpressão), *Quid Iuris*, 2000.

BETTENCOURT, Pedro – "Contrato de trabalho a termo", Erasmos Editora, 1996.

BORGOGELLI, Franca – "Direito (O) e a jurisprudência social comunitária", Questões Laborais, n.os 9-10, Coimbra Editora, 1997.

CABRAL, Fernando e ROXO, Manuel – "Segurança e Saúde do Trabalho – Legislação Anotada", 3ª ed., Almedina, 2004.

CAMPOS, Mota – "Manual de Direito Comunitário", Fundação Calouste Gulbenkian, 2000;
- "Manual de Direito Comunitário", Fundação Calouste Gulbenkian, vol. III, 1991.
- «A Salvaguarda Jurisdicional da Legalidade Comunitária», Lisboa, Ordem dos Advogados-Conselho Geral, 1983, Instituto da Conferência.
CAMPOS, João Mota de e CAMPOS, João Luiz Mota de – "Manual de Direito Comunitário", Coimbra Editora, 2007.
CANOTILHO, Gomes – "Carta de Direitos Fundamentais da União Europeia", Coimbra Editora, 2002.
CANOTILHO, Gomes e MOREIRA, Vital – "Constituição da República Anotada", vol. I, Coimbra Editora, 1993, 3ª ed..
CARVALHO, Catarina
- "A problemática da igualdade e não-discriminação no Direito do Trabalho", IV Congresso Nacional do Direito do Trabalho, Almedina, 2002.
- "Mobilidade (Da) dos trabalhadores no âmbito dos grupos de empresas nacionais", Porto, Publicações Universidade Católica, 2000.
CORDEIRO, António Menezes – "Cessação (Da) do contrato de trabalho por inadaptação do trabalhador perante a Constituição da República", RDES, Julho-Dez., 1991.
- "Manual do Direito do Trabalho", Coimbra, Almedina, 1997.
- "Tratado de Direito Civil Português", I, Parte Geral, Tomo I, Coimbra, Almedina, 1999.
CORDEIRO, Robalo – "Lições de Política e Direito Social Europeu", Univ. de Coimbra, Fac. de Direito, Curso de Estudos Europeus, 1991.
CORREIA, Eduardo – "Direito Criminal", vol. I e II, Coimbra, Almedina, 1968.
CORREIA, João – "Direito Penal Laboral – As contra-ordenações laborais", QL, 15, Ano VII, 2000, ps. 31 e 32.
CUNHA, Paulo de Pitta e – "A União Monetária e suas implicações", in A União Europeia, Curso de Estudos Europeus, Universidade de Coimbra.
DIAS, Amadeu – "Redução do tempo de trabalho, adaptabilidade do horário e polivalência funcional", Coimbra Editora, 1997.
DIAS, Figueiredo – "Direito Processual Penal", secção de textos da FDC, 1988-9.
DUARTE, Maria Luísa – "A Liberdade de circulação de pessoas e a ordem pública no direito comunitário", Coimbra Editora, 1992.
- "Estudos de Direito da União e das Comunidades Europeias", Coimbra Editora, 2000.
- «A cidadania da União e a responsabilidade dos Estados por violação do Direito Comunitário», Lisboa, Lex, Edições Jurídicas, 1994.
FERNANDES, António Monteiro – "Direito do Trabalho", Coimbra, Almedina, 2004.
FERNANDES, Liberal – "Harmonização social no direito comunitário: a Directiva 77/187/CEE", AB UNO AD OMNES, 75 anos da Coimbra Editora, Coimbra Editora, 1998.
- "Transmissão do estabelecimento e oposição do trabalhador à transferência do contrato: uma leitura do art. 37.° da LCT conforme o direito comunitário", Questões Laborais, n.° 14, Coimbra Editora.

Bibliografia

FERREIRA, Amâncio – "Manual dos Recursos em Processo Civil", 2.ª Edição, Almedina, 2001

FREITAS, Lebre de – "A acção declarativa comum", Coimbra Editora, 2000.

LEBRE DE FREITAS E OUTROS – "Código de Processo Civil – Anotado", Vol. 2.º, Coimbra Editora, 2001.

GERALDES, Abrantes – "Temas da Reforma do Processo Civil", I Volume, 2.ª Edição, Almedina, 1999.

GOMES, Carla Amado – "A Natureza Constitucional do Tratado da União Europeia", Lex, Ed. Jur., Lisboa, 1997.

GOMES, Júlio – "Cláusulas (As) de não concorrência no Direito do Trabalho", RDES, Jan.-Março, Verbo, 1999.

– "Jurisprudência (A) recente do Tribunal de Justiça das Comunidades Europeias em matéria de transmissão de empresa, estabelecimento ou parte de estabelecimento – inflexão ou continuidade?", Estudos do Instituto do Direito do Trabalho, vol. I, Almedina, 2000.

GORJÃO-HENRIQUES, Miguel – "A Europa e o «Estrangeiro»: Talo(s) ou Cristo?", Temas de Integração, Coimbra, Almedina, 3.º vol., 2.º semestre de 1998, n.º 6.

– "Aspectos Gerais dos Acordos de Schengen na Perspectiva da Livre Circulação de Pessoas na União Europeia", *in* Temas de Integração, Universidade de Coimbra, 1996, 2.º semestre, 1.º vol.

– "Direito Comunitário", Almedina, 2002.

– "Uma carta sem destino?", Temas de Integração, 5.º vol., 1.º semestre, n.º 9.

GUERRA, Amadeu, "Privacidade (A) no local de trabalho", Almedina, 2004.

JOLIET, R. – «Le Droit institutionnel des Communautés Européennes – Le contentieux», Liége, 1981.

LEITE, Jorge – "Lições de Direito do Trabalho", policopiadas, Coimbra.

LIMA, Pires e VARELA, Antunes – "Noções Fundamentais de Direito Civil", Coimbra, 1986.

LOPES-CARDOSO, Álvaro – "Manual de Processo do Trabalho", Livraria Petrony, 2000.

LOUIS, J. V. – "A Ordem Jurídica Comunitária", 3ª ed., Bruxelas, Comissão das Comunidades Europeias, Col. Perspectivas Europeias.

MACHADO, Montalvão – "O dispositivo e os Poderes do Tribunal À Luz do Novo Código de Processo Civil", 2.ª Edição, Almedina, 2001.

MARTINEZ, Pedro Romano – "Apontamentos sobre a cessação do contrato de trabalho à luz do Código do Trabalho", AAFDL, Lisboa, 2004.

– "Direito do Trabalho, Instituto do Direito do Trabalho, Coimbra, Almedina, 2002.

– "Incumprimento contratual e justa causa de despedimento", Estudos do Instituto de Direito do Trabalho, vol. II, Coimbra, Almedina, 2001.

MARTINEZ, Pedro Romano e outros – "Código do Trabalho Anotado", Coimbra, Almedina, 2003.

MARTINS, Ana Maria Guerra – "Curso de Direito Constitucional da União Europeia", Almedina, 2004.

– "O Tratado da União Europeia – Contributo para a sua compreensão", Lex, Ed. Jurídicas, Lisboa, 1993.

624   *Da Prática Laboral – à Luz do Novo Código do Trabalho*

MEDEIROS, Rui – "Ensaio sobre a responsabilidade civil do Estado por actos legislativos", Coimbra, Livraria Almedina, 1992 (Tese de mestrado), ISSN 972-40-0660-3.

MELO, Barbosa de – «Notas de Contencioso Comunitário», Coimbra, 1986.

MIRANDA, Jorge – "Direito Constitucional III", Lisboa, AAFDL, 2001.

PALMA, Maria João – "Breves notas sobre a invocação das normas das directivas comunitárias perante os tribunais nacionais", 1ª reimpressão, AAFDL, 2000.

PALMA, Maria João e ALMEIDA, Luís Duarte de – "Direito Comunitário", AAFDL, Lisboa, 2000.

PIÇARRA, Nuno – "O Tribunal de Justiça das Comunidades Europeias como Juiz Legal e o processo do artigo 177.° do Tratado CEE", AAFDL, 1991.

PINA, David – Comentário ao Ac. Lopes da Veiga, Colecção Divulgação, n.° 10, Ano 4.

PINTO, Carlos Mota – "Teoria Geral da Relação Jurídica", Coimbra, Coimbra Editora, 3ª ed.

PINTO, Maria Lúcia Amaral – "Responsabilidade do Estado e dever de indemnizar do legislador", Coimbra Editora, 1998, p. 742.

PIRES, Francisco de Lucas – "Schengen e a Comunidade de Países Lusófonos", Coimbra Editora, 1997, Corpus Iuris Gentium Conimbridge.

PRATA, Ana – "Dicionário Jurídico", Coimbra, 3ª ed., Almedina, 1995.

PRECHAL, Sacha – "Directives in European Community Law – A study of directives and their enforcement in national courts", Oxford, Clarendon Press, 1995, European Community Law Series.

QUINTAS, Paula/QUINTAS, Helder
- "Código do Trabalho Anotado e Comentado", Coimbra, Almedina, 2007, 5ª ed.;
- "Regulamentação do Código do Trabalho", Almedina, 2006, 3ª ed.;
- "Regime (O) jurídico dos despedimentos – Uma abordagem prática", Almedina, 2005.

QUINTAS, Paula – "Directiva (A) n.° 80/987 quanto à aproximação das legislações dos Estados-membros respeitantes á protecção dos trabalhadores assalariados em caso de insolvência do empregador – o antes e o depois de *Francovich*", Questões Laborais, n.° 16, Coimbra Editora, 2000.
- "Efeito (O) directo nas directivas comunitárias – um conceito moribundo?", Percursos & Ideias, Revista Científica do ISCET, n.° 2.
- "Problemática (Da) do efeito directo das directivas comunitárias", Dixit, 2000.
- "A precariedade dentro da precariedade ou a demanda dos trabalhadores à procura de primeiro emprego", QL, n.° 24.
- "A *preversidade* da tutela indemnizatória do art. 443.° do CT – a desigualdade entre iguais (breve reflexão)", PDT, n.° 71.
- "A *dificultosa* transposição da Directiva 98/59/CE, do Conselho, de 20.08.1998", *Scientia Iuridica*, n.° 302.

RAMALHO, Maria do Rosário – "(Da) Autonomia dogmática do Direito do Trabalho", Coimbra, Almedina, Colecção Teses, 2001.

Bibliografia 625

RAMOS, Vasco Moura – "Âmbito (O) material de aplicação da Directiva 77/187/CE de 14 de Fevereiro de 1977 – A manutenção dos direitos dos trabalhadores em caso de transferência de empresas, estabelecimentos ou partes e estabelecimentos –, à luz da jurisprudência do Tribunal das Comunidades", Temas de Integração, 5.º vol., 1.º semestre de 2000, número 9, Almedina.

RIBEIRO, Soares – "Cessação do contrato de trabalho por inadaptação do trabalhador", IV Congresso Nacional de Direito do Trabalho, Almedina;
– "Contra-ordenações Laborais", 2.ª edição, Almedina, 2003.

RIBEIRO, Sousa – "Problema (O) do contrato – as cláusulas contratuais gerais e o princípio da liberdade contratual", Coimbra, Almedina, Colecção Teses, 1999.

SANTOS, Sabina Pereira dos – "Direito do Trabalho e Política Social na União Europeia", *Principia*, 2000.

SILVA, Maria Manuela Maia da – "Discriminação (A) sexual no mercado de trabalho – Uma reflexão sobre as discriminações directas e indirectas", Questões Laborais, n.º 15, Coimbra Editora, 2000.

SILVA, Germano Marques da – "Curso de Processo Penal", Vol. I, Verbo, 2000.

SOUSA, Teixeira de – "Estudos sobre o novo Processo Civil", 2.ª Edição, Lex, 1997,

TEIXEIRA, Sónia – "A Protecção dos Direitos Fundamentais na Revisão do Tratado da União Europeia", AAFDL, Lisboa, 1998.

TELLES, Inocêncio Galvão – "Condições (Das) gerais dos contratos e da directiva europeia sobre as cláusulas abusivas", Revista Portuguesa de Direito do Consumo, n.º 2.

VARELA, Antunes – "Obrigações (Das) em geral", vol. I, Coimbra, Almedina, 1989, 6.ª edição.

VARELA, Antunes/Sampaio e Nora/Miguel Bezerra – "Manual de Processo Civil", 2.ª Edição, Coimbra, 1985.

VAZ, Pessoa – "Direito Processual Civil", 2.ª Edição, Almedina, 2002;

VEIGA, Motta – "Lições de Direito do Trabalho", Verbo, 2000, 2.ª edição.

XAVIER, Bernardo Lobo – "Curso de Direito do Trabalho", Verbo, 1992, 2.ª ed.
– "Regime (O) dos despedimentos colectivos e as modificações introduzidas pela Lei n.º 32/99, de 18.05.", Estudos do Instituto de Direito do Trabalho, Almedina, 2001.

XAVIER, Bernardo Lobo, MARTINS, Pedro Furtado, CARVALHO, António Nunes – "Cessação factual da relação de trabalho e aplicação do regime jurídico do despedimento", RDES, Jan.-Março, Verbo, 1999.

ÍNDICE ANALÍTICO

Adaptabilidade do horário de trabalho, 192

Articulados supervenientes
- Admissibilidade, 430
- Despacho liminar, 432
- Factos supervenientes relevantes, 433
- Modo de apresentação, 432
- Momento de apresentação, 431
- Noção, 430
- Resposta, 432

Assédio, 185

Audiência de julgamento
- Faltas de comparência, 449
- Motivos de adiamento, 450
- Princípio da continuidade da audiência, 445
- Tramitação, 446

Audiência de partes, 411

Audiência preliminar
- Admissibilidade, 434
- Considerações preliminares, 434
- Falta de comparência, 449
- Finalidades, 435
- Prazo, 435

Caducidade, 269

Caducidade do procedimento disciplinar, 294

Características do contrato de trabalho
- Consensualismo ou a liberdade da forma, 29
- Execução continuada, 32
- *Intuitu personae*, 34
- Não real (*quoad constitutionem*), 36
- Nominado, 34
- Puro ou simples, 37
- Onerosidade, 30
- Sinalagmaticidade, 31

Cessão da posição contratual (versus transmissão da empresa ou estabelecimento), 206

Cláusulas contratuais gerais (rjccg), 27

Codificação do Direito do Trabalho, 28

Contestação
- Elementos e instrução, 422
- Estrutura, 424
- Modalidades, 415
- Modo de apresentação, 421
- Noção, 415
- Notificação da contestação ao Autor, 424
- Ónus de impugnação e revelia, 421
- Prazo, 420

Contrato de adesão, 23

Contrato de trabalho
- características (características do contrato de trabalho), 29
- Elementos, 38

Contrato de trabalho de duração indeterminada, 215

Créditos salariais devidos emergentes do despedimento sem justa causa, 309

Denúncia, 328

Despacho liminar, 408

Despacho saneador, 438

Despedimento colectivo
- Considerações preliminares, 330
- Procedimento, 333
- Ilicitude do despedimento, 334

Despedimento com justa causa, 298

Despedimento individual subjectivo, 280

Despedimento por extinção de postos de trabalho, 334

Despedimento por inadaptação, 335

Deveres do trabalhador
- Assiduidade, 291
- De não afectação da relação de confiança, 290
- Lealdade, 288
- Obediência, 285
- Respeito, 288
- Zelo e diligência, 289

Diminuição temporária da actividade, 267

Direito Comunitário
- A fase da cooperação, 47
- As instituições da União Europeia, 54
- A teoria da integração económica, os cinco patamares, 51

- Fontes de Direito Comunitário (V. Fontes de Direito Comunitário)
- Os alargamentos da Comunidade, 53
- Os órgãos da Comunidade, 55
- Princípios fundamentais do Direito Comunitário, 71

Direito Comunitário do Trabalho, 99

Direitos de personalidade do trabalhador
- Enquadramento na fase de recrutamento e selecção, 147

Discriminação (V. Igualdade e não discriminação)

Discriminação sexual, 188

Discussão e julgamento
- Noções, 443
- Incumbência, 444

Dívidas sociais das sociedades comerciais (regime jurídico quanto à responsabilidade), 22

Doenças de declaração obrigatória, 158

Empregador-empresário, 20

Empregados (Processamento de Retribuições, Prestações e Abonos, autorização de isenção n.º 1/99), 154

Empresa, 211

Encerramento temporário do estabelecimento, 267

Entrada, permanência, saída e afastamento de estrangeiros, 126

Espécies e formas do processo laboral, 399

Índice Analítico

Facturação de Contactos com Clientes, Fornecedores e Prestadores de Serviços, autorização de isenção n.° 3/99, 156

Faltas
- Combate à falta fraudulenta, 257
- Comunicação, 257
- Efeitos (das faltas injustificadas), 259
- Efeitos (das faltas justificadas), 259
- Injustificadas, 258
- Noção, 253
- Por motivo de prisão, 292
- Prova, 257
- Quadro legal, 260
- Tipologia legal das faltas justificáveis, 253

Feriados
- Obrigatórios, 252
- Incompensabilidade, 252
- Inalterabilidade, 252

Férias
- Adiamento, 244
- Aquisição, 236
- Cessação, 251
- Cumulação, 243
- Duração, 241
- Gozo, 236
- Interrupção, 244
- Marcação, 244
- Principais novidades, 235
- Regime especial dos contratos de curta duração, 240
- Retribuição, 244
- Suspensão, 250
- Vencimento, 236

Ficha de pessoal (Proposta de), 151

Fontes de Direito do Trabalho
- Fontes comunitárias, 59
- Fontes internas juslaborais, 43
- Noção, 43

Fontes de Direito Comunitário, 59

Funcionários (Processamento de Retribuições, Prestações e Abonos, autorização de isenção n.° 1/99), 154

Graduação de créditos, 202

Gestão de Contactos com Clientes, Fornecedores e Prestadores de Serviços, autorização de isenção n.° 3/99, 156

Gestão Administrativa de Funcionários, Empregados e Prestadores de Serviços, autorização de isenção n.° 4/99, 157

Horário de trabalho
- Adaptabilidade (V. Adaptabilidade do horário de trabalho)
- Alteração, 192
- Disposições gerais, 191

Identidade económica, 209

Igualdade e não discriminação
- Acção positiva (positive action), 186
- Assédio (V. Assédio)
- Considerações preliminares, 177
- Ónus da prova na discriminação, 184

Impugnação do despedimento, 320

Informação genética, 161

Insolvência do empregador (protecção do trabalhador em caso de), 339

Instrução e Prova
- Indicação das provas, 440
- Meios de prova, 441
- Noções e considerações prévias, 439
- Ónus da prova, 440

630 Da Prática Laboral — à Luz do Novo Código do Trabalho

Justa causa de despedimento, 280

Legislação comunitária e nacional sobre segurança, higiene e saúde no trabalho, 349

Liberdade de circulação de trabalhadores, 100
Liberdade de circulação de trabalhadores na comunidade, 107

Matéria de facto
- Ampliação, 447
- Considerações preliminares, 439
- Reclamação da decisão, 448

Meios de vigilância à distância, 162

Mobilidade funcional, 203

Mobilidade geográfica, 205

Mora salarial, 197

Período experimental
- Alargamento, 230
- Considerações preliminares, 230
- Duração, 234
- Execução contratual como elemento essencial, 231
- Livre desvinculação na pendência, 232
- Vícios do consentimento, 233

Petição inicial
- Considerações preliminares, 401
- Estrutura, 401
- Modo de apresentação, 404
- Recusa da petição inicial pela secretaria, 407
- Requisitos, 402

Precariedade laboral ou os contratos com pouca esperança de vida, 215

Prescrição salarial, 200

Prescrição da infracção disciplinar, 294

Princípio da igualdade de tratamento, 177

Princípios fundamentais da retribuição
- Continuidade, 199
- Impenhorabilidade parcial, 198
- Imprescritibilidade dos créditos salariais na vigência do contrato de trabalho, 199
- Inadmissibilidade da compensação integral, 198
- Irredutibilidade da retribuição, 197
- Irrenunciabilidade da retribuição, 198

Princípios gerais do processo laboral
- Baixo custo da demanda, 381
- Celeridade, 382
- Conciliação, 381
- Condenação *extra vel ultra petitum*, 384
- Equidade, 382
- Não obrigatoriedade de patrocínio de advogado ou solicitador, 383
- Prevalência da justiça material sobre a justiça formal, 384
- Simplicidade da tramitação processual, 383

Princípios gerais do processo civil
- Acesso à justiça, 385
- Adequação formal, 388
- Aquisição processual, 389
- Boa fé, 389
- Celeridade, 390
- Concentração, 390
- Continuidade da audiência, 390
- Contraditório, 389
- Cooperação, 389
- Direito à prova, 387
- Dispositivo, 386
- Efectividade, 387
- Estabilidade da instância, 391

Índice Analítico

- Fundamentação, 388
- Igualdade das partes, 386
- Imediação, 391
- Imparcialidade do tribunal, 388
- Justiça, 385
- Livre apreciação da prova, 387
- Oralidade, 391
- Plenitude da assistência dos juízes, 390
- Prazo razoável, 386
- Preclusão e da auto-responsabilidade das partes, 391
- Publicidade, 387

Princípios gerais do processo penal
- Acusatório, 394
- Concentração, 395
- Contraditório, 395
- Igualdade de oportunidades, 395
- Imediação, 397
- *In dubio pro reo*, 396
- Investigação ou da verdade material ou do inquisitório, 393
- Juiz natural ou legal, 394
- Legalidade, 394
- Livre apreciação da prova, 396
- Oficialidade, 393
- Oralidade, 396
- Publicidade, 396
- Suficiência, 395

Privilégios creditórios, 200

Procedimento disciplinar
- Decisão de despedimento, 305
- Diligências probatórias, 304
- Direito de resposta do trabalhador, 303
- Nota de culpa, 300

Procedimento disciplinar nas micro-empresas, 309

Processo do Trabalho
- Espécies e formas (V. Espécies e formas do processo do trabalho)

- Introdução, 377
- Princípios gerais (V. Princípios gerais do processo laboral)

Protecção da saúde e segurança dos trabalhadores, 345

Prova (V. Instrução e Prova)

Oposição à reintegração, 320

Reconvenção ou pedido reconvencional
- Admissibilidade, 425
- Considerações preliminares, 424
- Requisitos, 425

Recrutamento e selecção (Questionário para efeito de), 147

Recursos
- Adesão, 463
- Admissão, indeferimento ou retenção do recurso, 465
- Admissibilidade, 461
- Apelação, 462
- Efeitos, 466
- Espécies ou modalidades, 461
- Independente, 463
- Julgamento, 467
- Modo de interposição, 465
- Noção, 460
- Para o Tribunal Constitucional, 462
- Prazos, 464
- Revisão, 463
- Revista, 462
- Subordinado, 463

Redução temporária do período normal de trabalho, 265

Resolução do contrato por iniciativa do trabalhador
- Considerações preliminares, 323
- Falta culposa do pagamento pontual da retribuição na forma de-

vida como especial causa resolutiva, 324
- Limite indemnizatório, 327
- Pressupostos de validade substancial e formal da resolução, 326
- Sanabilidade do procedimento resolutivo, 328

Responsabilidade contra-ordenacional
- Considerações preliminares, 367
- Procedimento, 369
- Sanções e Coimas, 370
- Sujeitos, 368

Responsabilidade penal
- Alguns exemplos de tipos de crime directamente ou indirectamente conectados ou conectáveis com o Direito do Trabalho, 362
- Considerações preliminares, 359
- Sujeitos dos crimes laborais, 361

Resposta
- Considerações preliminares, 426
- Contra-resposta, 429
- Modo de apresentação, 428
- Noção, 426
- Ónus de impugnação, 429
- Prazos, 427
- Requisitos de admissibilidade, 427

Retribuição
- Carácter alimentício, 199
- Considerações preliminares, 195
- Igualdade de tratamento em matéria salarial, 196
- Modalidades, 197
- Princípios fundamentais da retribuição (V. princípios fundamentais da retribuição)

Revogação
- Considerações preliminares, 274
- Direito ao arrependimento do trabalhador, 276

- Natureza da compensação pecuniária global, 276

Sanabilidade do procedimento disciplinar inválido, 317

Saneamento, 433

Segurança, higiene e saúde no trabalho, 349

Sentença
- Caso julgado, 459
- Causas de nulidade, 454
- Condenação *extra vel ultra petitum*, 457
- Esclarecimento ou reforma da sentença, 456
- Formalidades, 452
- Noção, 452
- Notificação, 459
- Prazo, 454

Subordinação jurídica, 38

Suspensão do contrato de trabalho, 263

Suspensão do contrato de trabalho por facto respeitante ao empregador, 265

Suspensão judicial do despedimento, 308

Tempo de trabalho, 191

Termo (Contrato de trabalho a)
- Admissibilidade, 216
- Caducidade contratual, 223
- Cessação, 322
- Contratação sucessiva, 224
- Conversão do contrato sem termo em contrato a termo, 220
- Definição, 216
- Duração, 221
- justificação, 216
- motivação, 216

Índice Analítico

– Omissão dos requisitos formais e substantivos do contrato, 219
– Renovação contratual, 222

Termo incerto (contrato de trabalho a)
– Caducidade contratual, 228
– Considerações preliminares, 226

Testes de despistagem de consumo de álcool ou droga, 160

Testes e exames médicos, 158

Trabalho suplementar, 193

Transferência definitiva, 205

Transferência individual temporária, 205

Transmissão da empresa ou estabelecimento, 206

INDÍCE DE FORMULÁRIOS

ABANDONO DO TRABALHO, 516

ACORDO DE RENOVAÇÃO DE CONTRATO A TERMO CERTO, 481

ANEXO DE IDENTIFICAÇÃO DE BENEFICIÁRIO DE PENSÃO EM CASO DE MORTE DE TRABA-LHADOR ESTRANGEIRO, 506

CADUCIDADE, 515 e ss.

COMUNICAÇÃO À INSPECÇÃO--GERAL DO TRABALHO DA CELEBRAÇÃO DE CONTRATO DE TRABALHO COM ESTRAN-GEIRO, 507

CONTRATO A TERMO CERTO, 476

CONTRATO A TERMO INCERTO, 484

CONTRATO DE CEDÊNCIA OCA-SIONAL DE TRABALHADOR, 487

CONTRATO DE TRABALHO COM ESTRANGEIRO, 501

CONTRATO DE TRABALHO DO-MÉSTICO, 497

CONTRATO DE TRABALHO TEM-PORÁRIO, 491

CONTRATO SEM TERMO, 471

DENÚNCIA
– Declaração de denúncia durante o período experimental, 509
– Comunicação de caducidade do contrato de trabalho a termo certo, por parte do empregador, 511
– Comunicação de caducidade de contrato de trabalho a termo certo, por parte do trabalhador, 512
– Comunicação de caducidade de contrato de trabalho a termo incerto, por parte do empregador, 513
– Declaração de denúncia de contrato de trabalho sem termo, por parte do trabalhador, 514
– Declaração de cessação de contrato de trabalho pelo empregador em virtude de abandono do trabalho, 516

DESPEDIMENTO POR FACTO IM-PUTÁVEL AO TRABALHADOR
1. Despedimento sem procedimento disciplinar/Oposição à reintegração
– Contestação, 556
– Petição inicial, 551
– Resposta, 560
2. Despedimento com procedimento disciplinar
– Auto de abertura de procedimento disciplinar, 570

- Auto de declaração de convocação pessoal de testemunhas, 566
- Auto de inquirição, 566 e 581
- Auto de ocorrência, 536
- Carta a enviar resposta à nota de culpa, 576
- Carta de apresentação de cópia do procedimento disciplinar à Comissão de Trabalhadores, 583
- Carta de comunicação da decisão ao trabalhador, 591
- Carta de notificação da nota de culpa com a respectiva intenção de despedimento, 573
- Carta de notificação de testemunhas, 565
- Carta de notificação do trabalhador-arguido da data e local designados para inquirição das testemunhas por si arroladas, 579
- Carta de remissão de cópia da comunicação da intenção de despedimento e da nota de culpa à Comissão de Trabalhadores, 574 e 592
- Carta do arguido a solicitar nova data para inquirição de testemunha por si arrolada, 580
- Contestação (em processo judicial), 601
- Decisão final, 589
- Despacho de indeferimento de inquirição de testemunhas, 582
- Nota de culpa, 571
- Petição inicial (em processo judicial), 593
- Relatório Final, 584
- Relatório preliminar, 569
- Resposta à nota de culpa, 577
- Termo de abertura, 564
- Termo de entrega da comunicação de despedimento e da nota de culpa, 575

RECLAMAÇÃO DE CRÉDITOS
- Contestação, 611
- Petição inicial, 607
- Resposta, 615

RESOLUÇÃO
- **Declaração de resolução do contrato de trabalho com fundamento em comportamento não culposo do empregador (transferência para outro local de trabalho), 527**
- **Declaração de resolução do contrato de trabalho com fundamento em comportamento não culposo do empregador (necessidade de cumprimento de obrigações legais incompatíveis com a continuação ao serviço), 529**
- **Declaração de resolução do contrato de trabalho com fundamento em comportamento culposo do empregador (falta culposa do pagamento pontual da retribuição), 530**
- **Declaração de resolução do contrato de trabalho com fundamento em comportamento culposo do empregador (condições de segurança, higiene e saúde no trabalho), 532**
- **Resolução do contrato de trabalho com fundamento em comportamento culposo do empregador (violação do dever de respeito, de urbanidade, mudança ilegítima de categoria), 534**
- Contestação, 542
- Declaração, 534
- Petição inicial, 536

REVOGAÇÃO
- Acordo de revogação do contrato de trabalho, 519

- Acordo de revogação do contrato de trabalho com indicação do motivo, 521
- Declaração de cessação do acordo revogatório do contrato de trabalho, 523

SUSPENSÃO
- Comunicação, 525

INDÍCE GERAL

Prefácio da 4.ª Edição	5
Prefácio da 3.ª Edição	7
Prefácio da 2.ª Edição	9
Prefácio	11
Glossário	13

PARTE I
DIREITO DO TRABALHO

CAPÍTULO I
A relação jurídico-Laboral

1. A relação jurídico-laboral – introdução	19
2. O empregador-empresário	20
2.1. O regime jurídico das sociedades comerciais quanto à responsabilidade pelas dívidas sociais	22
3. O contrato de trabalho como contrato de adesão	23
3.1. A limitação aos contratos de adesão imposta pelo regime jurídico das cláusulas contratuais gerais (RJCCG)	27
4. A codificação do Direito do Trabalho	28
5. Algumas das características do contrato de trabalho	29
a) O consensualismo ou a liberdade da forma	29
b) A onerosidade	30
c) A sinalagmaticidade	31
d) A natureza duradoura de execução continuada	32
e) Intuitu personae	34
f) Carácter nominado	34
g) Natureza não real (quoad constitutionem)	36
h) Puro ou simples	37
6. Elementos do contrato de trabalho	38
A subordinação jurídica em especial	38

CAPÍTULO II
As Fontes de Direito do Trabalho

1. Noção de fonte em sentido jurídico	43
2. As fontes internas juslaborais	43

640 *Da Prática Laboral – à Luz do Novo Código do Trabalho*

CAPÍTULO III
Direito Comunitário

I – OS PRIMÓRDIOS DA COMUNIDADE. BREVE RESENHA HISTÓRICA   47
1. **A fase da cooperação** 47
2. **A teoria da integração económica – os cinco patamares** 51
3. **Os alargamentos da Comunidade** 53
4. **As instituições da União Europeia** 54
5. **Os órgãos da Comunidade** 55
II – AS FONTES DE DIREITO COMUNITÁRIO 59
1. **As fontes de Direito Comunitário originário** 59
2. **As fontes de Direito Comunitário Derivado** 69
3. **Princípios fundamentais do Direito Comunitário** 71
   3.1. Princípio do primado (ou princípio da primazia comunitária ou princípio da preferência comunitária) 71
   3.2. Princípio da subsidiariedade 73
   3.3. Princípio da solidariedade ou da cooperação 73
   3.4. Princípio do adquirido comunitário ou do acervo comunitário 74
   3.5. Princípio da aplicabilidade directa 74
   3.6. Princípio do efeito directo 74
   3.7. Princípio da uniformidade 87
   3.8. Princípio da interpretação conforme ou princípio do efeito indirecto   88
   3.9. Princípio da responsabilização estatal 89

CAPÍTULO IV
Direito Comunitário do Trabalho

1. **O Direito Comunitário do Trabalho** 99
2. **A liberdade de circulação de trabalhadores** 100
   2.1. A Carta Social Europeia 103
   2.2. Carta Comunitária dos Direitos Sociais Fundamentais dos Trabalhadores 103
   2.3. Carta dos Direitos Fundamentais da União Europeia 105
3. **Liberdade de circulação de trabalhadores comunitários na Comunidade**   107
   3.1. A Directiva 2004/38/CE do Parlamento Europeu e do Conselho, de 29 de Abril de 2004 relativa ao direito de livre circulação e residência dos cidadãos da União e dos membros das suas famílias no território dos Estados-Membros 107
     a) Âmbito de aplicação pessoal da directiva 108
     b) Âmbito de aplicação material da directiva 108
     c) Livre regime de entrada e saída 109
     d) Direito de residência não permanente 110
     e) Direito de residência permanente 112
     f) Restrições ao direito de entrada e ao direito de residência por razões de ordem pública, de segurança pública ou de saúde pública   112

Índice Geral

i) A reserva de ordem pública e da segurança pública 113
ii) A reserva de saúde pública 116
g) Protecção contra o afastamento 117
h) Conceito de trabalhador comunitário................................ 118
3.2. O Regulamento 1612/68, de 15.10.1968, que consagra a livre circulação dos trabalhadores na Comunidade 120
  a) Supressão da carta de trabalho 120
  b) Preferência comunitária.. 121
  c) Recrutamento directo... 122
  d) As limitações linguísticas... 122
  e) A igualdade de condições de trabalho e de regalias sociais....... 122
  f) Vantagens sociais 122
  g) Exercício de direitos sindicais 125
  h) O emprego na Administração Pública.............................. 126
4. **Regime jurídico de entrada, permanência, saída e afastamento de estrangeiros do território nacional**....................................... 126
4.1. Entrada no território nacional... 130
4.2. Recusa de entrada... 134
4.3. Residência em território nacional...................................... 135
  a) temporária (art. 74.º, n.º 1, al. a)) 135
  b) permanente (art. 74.º, n.º 1, al. b)) 135
  4.3.1. Autorização de residência para exercício de actividade profissional 136
  4.3.2. Autorização de residência para reagrupamento familiar 137
4.4. Afastamento do território nacional..................................... 138
  4.4.1. Expulsão determinada por autoridade administrativa 139
  4.4.2. Expulsão judicial... 140
    4.4.2.1. Pena acessória de expulsão............................ 140
    4.4.2.2. Medida autónoma de expulsão judicial................ 141
4.5. A liberdade de estabelecimento e a livre prestação de serviços 142
  4.5.1. Restrições que limitam ou entravam o exercício da liberdade de estabelecimento.. 144
  4.5.2. Limitações devido ao exercício da autoridade pública 145

CAPÍTULO V
Direitos de personalidade do trabalhador

1. **Enquadramento dos direitos de personalidade do trabalhador, em particular, na fase de recrutamento e selecção**............................. 147
  – Proposta de questionário para efeito de recrutamento e selecção....... 149
  – (Proposta de) Ficha de pessoal 151
  – Autorização de isenção n.º 1/99 (Processamento de Retribuições, Prestações, Abonos de Funcionários ou Empregados) 154
  – Autorização de isenção n.º 3/99 (Facturação e Gestão de Contactos com Clientes, Fornecedores e Prestadores de Serviços)....................... 156

642   *Da Prática Laboral – à Luz do Novo Código do Trabalho*

– Autorização de isenção n.º 4/99 (Gestão Administrativa de Funcionários, Empregados e Prestadores de Serviços) 157
2. **Realização de testes e exames médicos** 158
3. **Doenças de declaração obrigatória** 158
4. **Dos testes de despistagem de consumo de álcool ou droga** 160
5. **Da informação genética** 161
6. **Meios de vigilância à distância** 162
7. **Confidencialidade de mensagens e de acesso a informação** 164

CAPÍTULO VI
Igualdade e não discriminação

1. **Considerações preliminares** 177
2. **O ónus da prova na discriminação** 184
3. **O assédio** 185
4. **A política de acção positiva (positive action)** 186
5. **Da discriminação sexual em especial** 188

CAPÍTULO VII
Tempo de trabalho

1. **O horário de trabalho** 191
   a) Adaptabilidade do horário de trabalho 192
   b) Alteração do horário de trabalho 192
2. **O trabalho suplementar** 193

CAPÍTULO VIII
Retribuição

1. **Considerações preliminares** 195
2. **A igualdade de tratamento em matéria salarial** 196
3. **As modalidades da retribuição** 197
4. **Mora salarial** 197
5. **Princípios fundamentais da retribuição** 197
   5.1. O princípio da irredutibilidade da retribuição 197
   5.2. O princípio da inadmissibilidade da compensação integral 198
   5.3. O princípio da impenhorabilidade parcial 198
   5.4. O princípio da irrenunciabilidade da retribuição 198
   5.5. O princípio da imprescritibilidade dos créditos salariais na vigên-
        cia do contrato de trabalho 199
   5.6. O princípio da continuidade 199

Índice Geral

6. Carácter alimentício da retribuição.. 199
7. A prescrição salarial.. 200
8. Os créditos salariais como créditos privilegiados......................... 200
    a) Considerações preliminares.. 200
    b) Graduação dos créditos salariais à luz do art. 377.° do Código do Trabalho.. 202

CAPÍTULO IX
A mobilidade do trabalhador e a transmissão da empresa ou do estabelecimento

1. A mobilidade funcional e geográfica... 203
    1.1. A mobilidade funcional.. 203
    1.2. Mobilidade geográfica.. 205
        a) A transferência definitiva... 205
        b) A transferência individual temporária.................................. 205
2. Transmissão da empresa ou estabelecimento................................. 206
    a) A figura da transmissão v. a cessão da posição contratual.............. 206
    b) Ainda a Directiva 77/187, de 14.02.1977, hoje revogada.......... 207
    c) O âmbito de aplicação material da actual directiva.............. 208
    d) O conceito lato de empresa.. 211

CAPÍTULO X
A contratação jurídico-laboral individual

1. O contrato de duração indeterminada... 215
2. A precariedade laboral ou os contratos com pouca esperança de vida 215
    2.1. Os contratos de trabalho a termo (uma das modalidades de trabalho precário).. 216
        a) Definição de contrato a termo.. 216
        b) Admissibilidade, motivação e justificação............................. 216
        c) A omissão dos requisitos formais e substantivos do contrato ... 219
        d) Sobre a conversão do contrato sem termo em contrato a termo 220
        e) Duração do contrato a termo... 221
        f) Possibilidade de renovação contratual................................... 222
        g) A caducidade contratual.. 223
        h) A contratação sucessiva... 224
    2.2. Contrato de trabalho a termo incerto...................................... 226
        a) Considerações preliminares.. 226
        b) A caducidade contratual.. 228
3. Período experimental... 230
    a) Considerações preliminares.. 230

644 *Da Prática Laboral — à Luz do Novo Código do Trabalho*

b) O possível alargamento do período experimental............................. 230
c) A execução contratual como elemento essencial do período experi-
mental... 231
d) A livre desvinculação na pendência do período experimental......... 232
e) Os vícios do consentimento... 233
f) A duração do período experimental 234

CAPÍTULO XI
Regime Jurídico das férias, feriados e faltas

1. **O regime jurídico das férias**... 235
   1.1. Principais novidades no que concerne ao direito a férias............... 235
   1.2. A aquisição, o vencimento e o gozo das férias............................... 236
   O regime especial dos contratos de curta duração.......................... 240
   1.3. A duração das férias... 241
   1.4. O gozo de férias 243
   1.5. A cumulação de férias... 243
   1.6. A marcação, a interrupção, o adiamento e a suspensão das férias. 244
   1.7. Retribuição das férias 244
   Aplicação do Código do Trabalho no tempo e alcance retributivo
   do subsídio de férias... 247
   1.8. A suspensão do contrato por impedimento prolongado e a sua re-
   percussão no direito a férias 250
   1.9. A cessação do contrato de trabalho e a sua repercussão no direito
   a férias.. 251
   a) Regime geral de cessação 251
   b) Regime especial de cessação.. 251
2. **Feriados**.. 252
   2.1. Os feriados obrigatórios... 252
   2.2. A incompensabilidade e a inalterabilidade dos feriados 252
3. **Faltas justificadas e faltas injustificadas e sua articulação com o po-
   der disciplinar do empregador** 253
   3.1. Noção de falta.. 253
   3.2. Tipologia legal das faltas justificáveis 253
   3.3. Comunicação e prova da falta 257
   3.4. Combate à falta fraudulenta... 257
   3.5. Faltas injustificadas.. 258
   3.6. Efeitos das faltas justificadas.. 259
   3.7. Efeitos das faltas injustificadas 259
   Quadro de faltas justificadas à luz do regime de protecção de ma-
   ternidade e paternidade.. 260
   Quadro legal de faltas justificadas... 261

Índice Geral

645

CAPÍTULO XII
A redução da actividade e suspensão do contrato de trabalho

1. A suspensão do contrato de trabalho 263
2. Redução temporária do período normal de trabalho ou suspensão do contrato de trabalho por facto respeitante ao empregador 265
3. Encerramento temporário do estabelecimento ou diminuição temporária da actividade 267

CAPÍTULO XIII
A cessação do contrato de trabalho

1. Considerações preliminares 269
2. Caducidade 269
3. Revogação... 274
   3.1. Considerações preliminares 274
   3.2. O direito ao arrependimento do trabalhador................................. 276
   3.3. A natureza da compensação pecuniária global 276
4. O despedimento individual subjectivo 280
   4.1. A justa causa de despedimento e os deveres do trabalhador......... 280
   4.2. A violação dos deveres contratuais ou legais................................. 283
      – Dever de obediência 285
      – Dever de respeito 288
      – Dever de lealdade 288
      – Deveres de zelo e diligência... 289
      – Dever de não afectação da relação confiança 290
      – Dever de assiduidade.. 291
      – A problemática das faltas por motivo de prisão......................... 292
   4.3. Prazos prescricionais da infracção disciplinar e prazo de caducidade do procedimento 294
   4.4. Procedimento de despedimento por justa causa 298
   4.5. A suspensão judicial do despedimento... 308
   4.6. O procedimento disciplinar nas microempresas 309
   4.7. Créditos salariais devidos emergentes do despedimento sem justa causa.. 309
   4.8. A sanabilidade do procedimento disciplinar inválido 317
   4.9. Da oposição à reintegração.. 320
   4.10. Prazo de impugnação do despedimento... 320
   4.11. A cessação do contrato de trabalho nos contratos a termo............ 322
5. Resolução do contrato por iniciativa do trabalhador 323
   5.1. Considerações preliminares 323
   5.2. A falta culposa do pagamento pontual da retribuição na forma devida como especial causa resolutiva.. 324
   5.3. Pressupostos de validade substancial e formal da resolução 326

646 *Da Prática Laboral – à Luz do Novo Código do Trabalho*

5.4. O limite indemnizatório na resolução contratual 327
5.5. A sanabilidade do procedimento resolutivo 328
6. **Denúncia** 328
7. **Cessação por causas objectivas ligadas à empresa** 330
   7.1. Despedimento colectivo 330
      a) Considerações preliminares 330
      b) Procedimento de despedimento colectivo 333
      c) A ilicitude do despedimento 334
   7.2. Despedimento por extinção de postos de trabalho 334
   7.3. Despedimento por inadaptação 335

CAPÍTULO XIV
A protecção do trabalhador em caso de insolvência do empregador

.... 339

CAPÍTULO XV
Da segurança, higiene e saúde no trabalho

Indicação de alguma legislação comunitária e nacional sobre segurança, higiene e saúde no trabalho 349

CAPÍTULO XVI
Responsabilidade penal e contra-ordenacional

1. **Responsabilidade penal** 359
   1.1. Considerações preliminares 359
   1.2. Sujeitos dos crimes laborais 361
   1.3. Alguns exemplos de tipos de crime directamente ou indirectamente conectados ou conectáveis com o Direito do Trabalho 362
2. **Responsabilidade contra-ordenacional** 367
   2.1. Considerações preliminares 367
   2.2. Sujeitos 368
   2.3. Procedimento 369
   2.4. Sanções e coimas 370

Índice Geral 647

PARTE II
DO PROCESSO DO TRABALHO

CAPÍTULO I
Introdução

.... 377

CAPÍTULO II
Uma brevíssima resenha histórica do Código de Processo do Trabalho

.... 379

CAPÍTULO III
Princípios gerais do direito processual laboral

1. Princípio da conciliação 381
2. Princípio do baixo custo da demanda 381
3. Princípio da equidade.. 382
4. Princípio da celeridade.. 382
5. Princípio da simplicidade da tramitação processual............. 383
6. Não obrigatoriedade de patrocínio de advogado ou solicitador.......... 383
7. O princípio da condenação extra vel ultra petitum................. 384
8. O princípio da prevalência da justiça material sobre a justiça formal .. 384

CAPÍTULO IV
Princípios gerais do processo civil

1. Princípio da justiça... 385
2. Direito de acesso à justiça... 385
3. Princípio do dispositivo 386
4. Princípio da igualdade das partes 386
5. Princípio do prazo razoável.. 386
6. Princípio da publicidade... 387
7. Princípio do direito à prova.. 387
8. Princípio da efectividade 387
9. Princípio da livre apreciação da prova 387
10. Princípio da fundamentação 388
11. Princípio da adequação formal 388
12. Princípio da imparcialidade do tribunal 388
13. Princípio do contraditório.. 389
14. Princípio da boa fé 389

648 Da Prática Laboral – à Luz do Novo Código do Trabalho

15. Princípio da cooperação 389
16. Princípio da aquisição processual 389
17. Princípio da celeridade 390
18. Princípio da concentração 390
19. Princípio da continuidade da audiência 390
20. Princípio da plenitude da assistência dos juízes 390
21. Princípio da imediação 391
22. Princípio da oralidade 391
23. Princípio da preclusão e da auto-responsabilidade das partes 391
24. Princípio da estabilidade da instância 391

CAPÍTULO V
Princípios gerais do processo penal

1. Princípio da investigação ou da verdade material ou do inquisitório.. 393
2. O princípio da oficialidade 393
3. Princípio do juiz natural ou legal 394
4. O princípio da legalidade 394
5. Princípio do acusatório 394
6. Princípio da igualdade de oportunidades 395
7. O princípio do contraditório 395
8. Princípio da suficiência 395
9. Princípio da concentração 395
10. O princípio da livre apreciação da prova 396
11. Princípio *in dubio pro reo* 396
12. Princípio da publicidade 396
13. Princípio da oralidade 396
14. O princípio da imediação 397

CAPÍTULO VI
Espécies e formas do processo laboral

.... 399

CAPÍTULO VII
Processo do trabalho declarativo comum

1. Petição inicial 401
   Considerações preliminares 401
   Estrutura 401

Índice Geral 649

Requisitos	402
Modo de apresentação	404
Recusa da petição inicial pela secretaria	407
2. **Despacho liminar**	408
3. **Audiência de partes**	411
4. **Contestação**	415
Noção	415
Modalidades	415
Prazo	420
Modo de apresentação	421
Ónus de impugnação e revelia	421
Elementos e instrução	422
Estrutura	424
Notificação da contestação ao Autor	424
Reconvenção ou pedido reconvencional	424
Considerações preliminares	424
Admissibilidade e requisitos	425
5. **Resposta**	426
Noção e considerações preliminares	426
Requisitos de admissibilidade	427
Prazos	427
Modo de apresentação	428
Ónus de impugnação	429
Contra-resposta	429
6. **Articulados supervenientes**	430
Noção	430
Admissibilidade	430
Momento de apresentação	431
Modo de apresentação	432
Despacho liminar	432
Resposta	432
Factos supervenientes relevantes	433
7. **Saneamento**	433
8. **Audiência preliminar**	434
Considerações preliminares	434
Admissibilidade	434
Prazo	435
Finalidades	435
Falta de comparência	437
9. **Despacho saneador**	438
10. **Instrução e Prova**	439
Noções e considerações prévias	439
Ónus da prova	440
Indicação das provas	440
Meios de prova	441
Prova por documentos	441

650 Da Prática Laboral – à Luz do Novo Código do Trabalho

Prova por confissão 442
Prova pericial 442
Prova por inspecção 442
Prova testemunhal 442
11. **Discussão e julgamento** 443
Noções 443
Incumbência 444
Audiência de julgamento 445
1. Princípio da continuidade da audiência 445
2. Tramitação 446
    2.1. Chamamento das pessoas convocadas 446
    2.2. Tentativa de conciliação 446
    2.3. Produção da prova e ampliação da base instrutória ... 446
    2.4. Discussão 447
    2.5. Designação de técnico 447
    2.6. Decisão da matéria de facto 447
Ampliação da matéria de facto 447
Reclamação da decisão sobre a matéria de facto 448
    2.7. Decisão final 449
3. Faltas de comparência 449
4. Motivos de adiamento 450
12. **Sentença** 452
Noção 452
Formalidades 452
Prazo 454
Causas de nulidade 454
Esclarecimento ou reforma da sentença 456
A condenação extra vel ultra petitum 457
Notificação 459
Caso julgado 459
13. **Recursos** 460
Noção 460
Admissibilidade 461
Espécies ou modalidades 461
a) Os recursos ordinários 462
    a.1 – O recurso de apelação 462
    a.2 – O recurso de revista 462
    a.3 – O recurso para o Tribunal Constitucional 462
b) Os recursos extraordinários 462
    O recurso de revisão 463
c) O recurso independente 463
d) O recurso subordinado 463
e) O recurso por adesão 463
Prazos 464
Modo de interposição 465
Admissão, indeferimento ou retenção do recurso 465

Índice Geral   651

Efeitos 466
Julgamento 467

PARTE III
MINUTAS

CAPÍTULO I
Contratos de trabalho

Contrato sem termo 471
Contrato a termo certo 476
Acordo de renovação de contrato a termo certo 481
Contrato a termo incerto 484
Contrato de cedência ocasional de trabalhador 487
Contrato de trabalho temporário 491
Contrato de trabalho doméstico 497
Contrato de trabalho com estrangeiro 501
Anexo de identificação de beneficiário de pensão 506
Comunicação à Inspecção-Geral do Trabalho da celebração de contrato de
    trabalho com estrangeiro 507

CAPÍTULO II
Denúncia

Declaração de denúncia durante o período experimental 509
Comunicação de caducidade do contrato de trabalho a termo certo, por
    parte do empregador 511
Comunicação de caducidade de contrato de trabalho a termo certo, por
    parte do trabalhador 512
Comunicação de caducidade de contrato de trabalho a termo incerto, por
    parte do empregador 513
Declaração de denúncia de contrato de trabalho sem termo por parte do
    trabalhador 514
Declaração de cessação de contrato de trabalho pelo empregador em vir-
    tude de abandono do trabalho 516

CAPÍTULO III
Revogação

Acordo de revogação do contrato de trabalho 519
Acordo de revogação do contrato de trabalho com indicação do motivo ... 521
Declaração de cessação do acordo revogatório do contrato de trabalho 523

CAPÍTULO IV
Suspensão

Comunicação ao empregador 525

CAPÍTULO V
Resolução

1. Declaração resolução do contrato de trabalho com fundamento em comportamento não culposo do empregador (transferência para outro local de trabalho) 527
2. Declaração resolução do contrato de trabalho com fundamento em comportamento não culposo do empregador (necessidade de cumprimento de obrigações legais incompatíveis com a continuação ao serviço) 529
3. Declaração resolução do contrato de trabalho com fundamento em comportamento culposo do empregador (falta culposa do pagamento pontual da retribuição) 530
4. Declaração de resolução do contrato de trabalho com fundamento em comportamento culposo do empregador (condições de segurança, higiene e saúde no trabalho) 532
5. Resolução do contrato de trabalho com fundamento em comportamento ulposo do empregador (violação do dever de respeito, de urbanidade, mudança de categoria) 534
   5.1. Declaração 534
   5.2. Impugnação judicial da resolução 536
       Petição inicial 536
       Contestação 542

CAPÍTULO VI
Despedimento por facto imputável ao trabalhador

1. Despedimento sem procedimento disciplinar e por motivos religiosos (o chamado despedimento de facto) 551
   Petição inicial 551
   Contestação 556
   Resposta 560
2. Despedimento com procedimento disciplinar 563
   - Auto de ocorrência 563
   - Termo de abertura 564
   - Carta de notificação de testemunhas 565
   - Auto de declaração de convocação pessoal de testemunhas 566
   - Auto de inquirição de testemunhas 566
   - Relatório preliminar 569
   - Auto de abertura de procedimento disciplinar 570

Índice Geral

– Nota de culpa 571
– Carta de notificação da nota de culpa com a respectiva intenção de despedimento 573
– Carta de remissão de cópia da comunicação da intenção de despedimento e da nota de culpa à Comissão de Trabalhadores 574
– Termo de entrega da comunicação de despedimento e da nota de culpa 575
– Carta a enviar resposta à nota de culpa 576
– Resposta à nota de culpa 577
– Carta de notificação do trabalhador-arguido da data e local designados para inquirição das testemunhas por si arroladas 579
– Carta do arguido a solicitar nova data para inquirição de testemunha por si arrolada 580
– Auto de inquirição de testemunhas 581
– Despacho de indeferimento de inquirição de testemunhas 582
– Carta de apresentação de cópia integral do procedimento disciplinar à Comissão de Trabalhadores 583
– Relatório Final 584
– Decisão final 589
– Carta de comunicação da decisão ao trabalhador 591
– Carta de remissão de cópia da comunicação da intenção de despedimento e da nota de culpa à Comissão de Trabalhadores 592
– Petição inicial 593
– Contestação 601

CAPÍTULO VII
Reclamação de créditos (gratificações e subsídio de alimentação)

Petição inicial 607
Contestação 611
Resposta 615

Bibliografia 621
Índice Analítico 627
Índice de Formulários 635
Índice Geral 639